BASTEI
LÜBBE

Mainhardt Graf von Nayhauß-Cormons, geboren 1926 in Berlin, begann seinen journalistischen Werdegang bei den *Nachrichten für Außenhandel.* Ab 1956 war er Bonner Korrespondent verschiedener Tages- und Wochenzeitungen (u. a. *Spiegel, Stern, Bunte, Welt, Wirtschaftswoche*). Heute ist er der meistgelesene politische Kolumnist in Deutschland und arbeitet als freier Buchautor.

Von Mainhardt Graf von Nayhauß-Cormons ist außerdem bei BASTEI-LÜBBE lieferbar:
61197 Helmut Schmidt

Das Foto auf der Umschlagvorderseite, entstanden 1944 in Rußland nahe der lettischen Grenze, zeigt v.r.n.l.: Richard von Weizsäcker, Max von Arnim, einen Art. Verbindungsoffizier, Regimentskommandeur Rudolf Trittel, Dr. Walter Aeffner (halb verdeckt), Hans Sievers; links außen Oberleutnant Westphal.

Mainhardt Graf von
Nayhauß

Zwischen Gehorsam und Gewissen

Zum Kämpfen verdammt.
Das Leid
der deutschen Soldaten
im Zweiten Weltkrieg

BASTEI
LÜBBE

BASTEI-LÜBBE-TASCHENBUCH
Band 65107

1. Auflage 1995
2. Auflage 1996

Redaktionelle Bearbeitung: Heike Rosbach, Nürnberg
Karten: Roland Winkler, Bergisch Gladbach
Printed in Germany
Einbandgestaltung: KOMBO KommunikationsDesign GmbH, Köln
Titelfoto: Hans Sievers, Neustadt a. Rbge.
Satz: Dörlemann Satz, Lemförde
Druck und Bindung: Elsnerdruck, Berlin
ISBN 3-404-65107-3

Inhalt

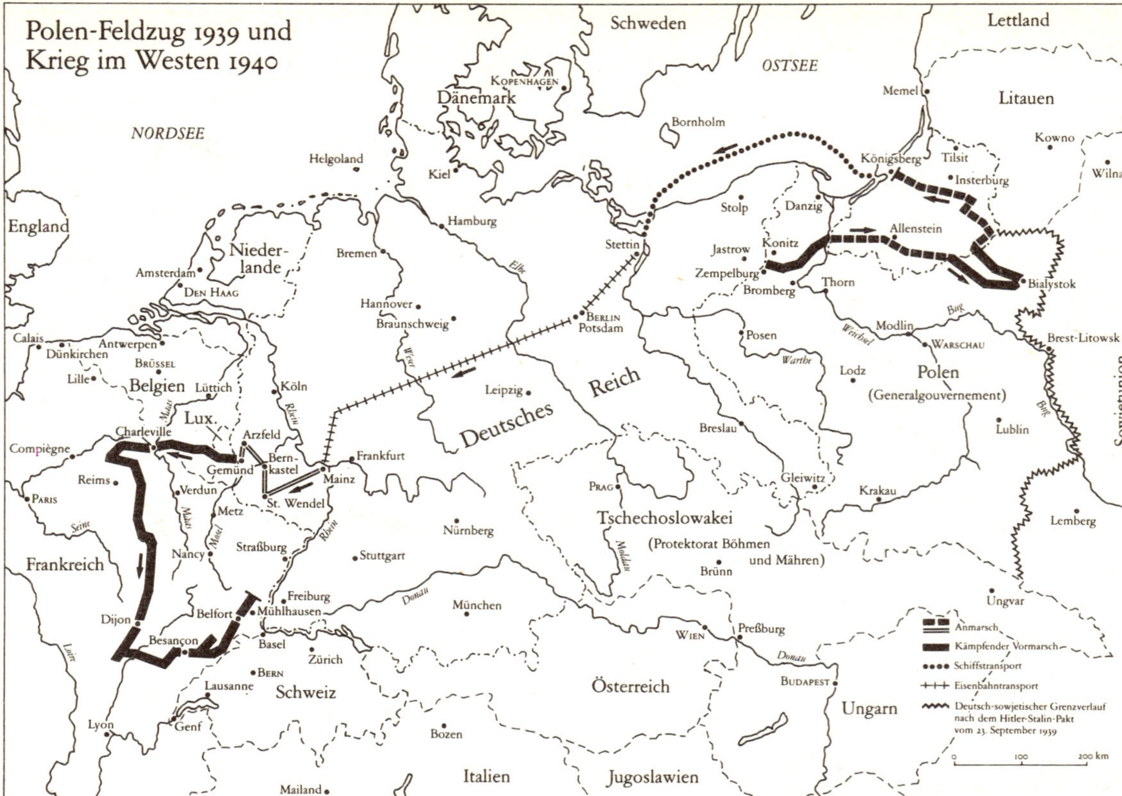
Polen-Feldzug 1939 und
Krieg im Westen 1940
NORDSEE
OSTSEE
England
Niederlande
Belgien
Lux.
Frankreich
Schweiz
Italien
Dänemark
Schweden
Lettland
Litauen
Deutsches Reich
Tschechoslowakei
(Protektorat Böhmen und Mähren)
Österreich
Ungarn
Jugoslawien
Polen
(Generalgouvernement)
Sowjetunion
Kopenhagen
Helgoland
Kiel
Hamburg
Bremen
Hannover
Braunschweig
Amsterdam
Den Haag
Calais
Dünkirchen
Antwerpen
Brüssel
Lille
Lüttich
Köln
Charleville
Arzfeld
Bern-kastel
Gemünd
Compiègne
Reims
Paris
Verdun
Metz
St. Wendel
Mainz
Frankfurt
Nancy
Straßburg
Stuttgart
Freiburg
Mühlhausen
Belfort
Dijon
Besançon
Basel
Zürich
Bern
Lausanne
Genf
Lyon
Bozen
Mailand
Leipzig
Berlin
Potsdam
Stettin
Bornholm
Nürnberg
München
Prag
Brünn
Wien
Preßburg
Budapest
Breslau
Gleiwitz
Krakau
Posen
Lodz
Stolp
Danzig
Jastrow
Konitz
Zempelburg
Bromberg
Thorn
Allenstein
Königsberg
Memel
Tilsit
Insterburg
Kowno
Wilna
Bialystok
Modlin
Warschau
Brest-Litowsk
Lublin
Lemberg
Ungvar
Elbe
Weser
Rhein
Maas
Mosel
Seine
Loire
Donau
Moldau
Warthe
Weichsel
Bug
Anmarsch
Kämpfender Vormarsch
Schiffstransport
Eisenbahntransport
Deutsch-sowjetischer Grenzverlauf nach dem Hitler-Stalin-Pakt vom 23. September 1939
0
100
200 km

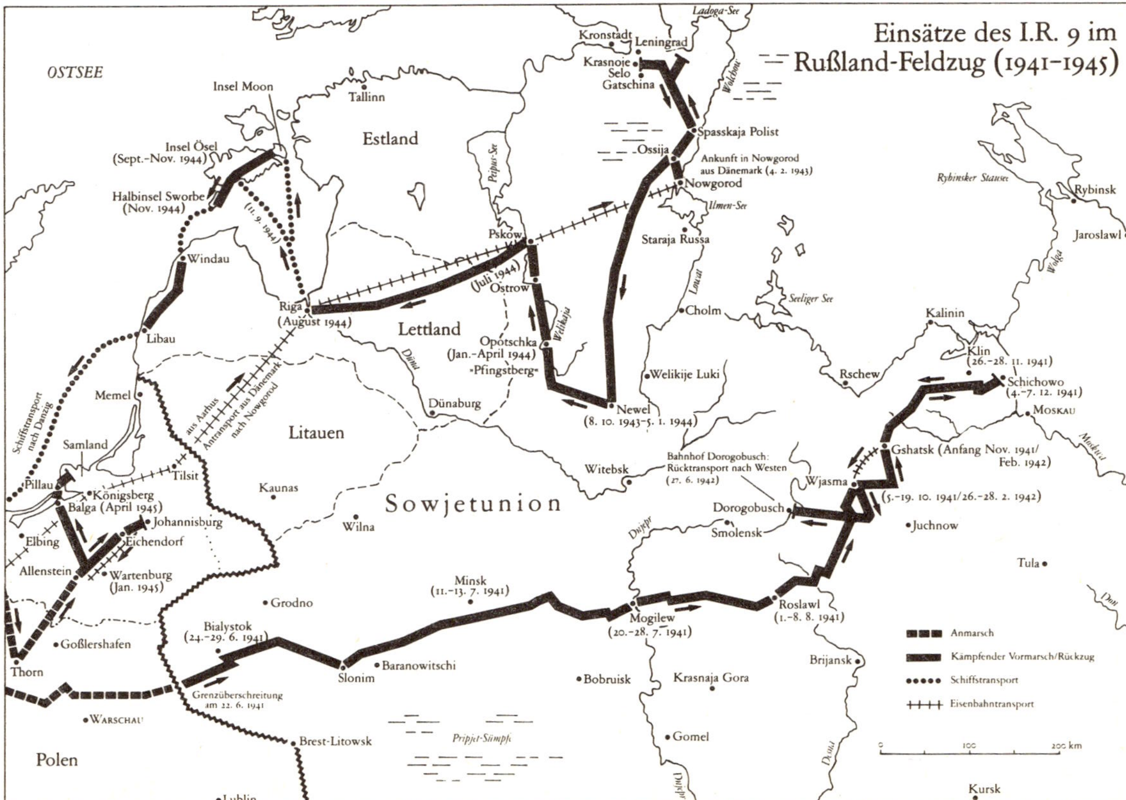
Einsätze des I.R. 9 im Rußland-Feldzug (1941–1945)
OSTSEE
Insel Moon
Tallinn
Estland
Insel Ösel (Sept.-Nov. 1944)
Halbinsel Sworbe (Nov. 1944)
(11. 9. 1944)
Windau
Libau
Riga (August 1944)
Lettland
Pskow
(Juli 1944)
Ostrow
Opotschka (Jan.-April 1944) "Pfingstberg"
Welikaja
Peipus-See
Kronstadt
Leningrad
Krasnoje Selo
Gatschina
Ladoga-See
Wolchow
Spasskaja Polist
Ossija
Ankunft in Nowgorod aus Dänemark (4. 2. 1943)
Nowgorod
Ilmen-See
Staraja Russa
Lowat
Cholm
Seeliger See
Welikije Luki
Newel (8. 10. 1943–5. 1. 1944)
Dünaburg
Düna
Litauen
Memel
Schiffstransport nach Danzig
aus Aarhus Antransport aus Dänemark nach Nowgorod
Samland
Tilsit
Pillau
Königsberg
Balga (April 1945)
Johannisburg
Elbing
Eichendorf
Allenstein
Wartenburg (Jan. 1945)
Thorn
Goßlershafen
Warschau
Polen
Kaunas
Wilna
Grodno
Sowjetunion
Bialystok (24.–29. 6. 1941)
Grenzüberschreitung am 22. 6. 1941
Brest-Litowsk
Lublin
Slonim
Baranowitschi
Minsk (11.–13. 7. 1941)
Pripjet-Sümpfe
Bobruisk
Mogilew (20.–28. 7. 1941)
Dnjepr
Krasnaja Gora
Gomel
Witebsk
Bahnhof Dorogobusch: Rücktransport nach Westen (27. 6. 1942)
Dorogobusch
Smolensk
Wjasma
(5.–19. 10. 1941/26.–28. 2. 1942)
Gshatsk (Anfang Nov. 1941/ Feb. 1942)
Roslawl (1.–8. 8. 1941)
Brijansk
Desna
Juchnow
Tula
Rschew
Kalinin
Klin (26.–28. 11. 1941)
Schichowo (4.–7. 12. 1941)
Moskau
Moskwa
Rybinsker Stausee
Rybinsk
Jaroslawl
Wolga
Don
Kursk
Anmarsch
Kämpfender Vormarsch/Rückzug
Schiffstransport
Eisenbahntransport
0
100
200 km

Für meine Tochter Tamara

Danksagung des Autors

Dieses Buch hätte nicht ohne die Mitwirkung ehemaliger Soldaten des Infanterie-Regiments 9 geschrieben werden können. Ich danke darum ganz besonders: Max von Arnim, Gottfried Becker, Philipp von Bismarck, Ernst Brandes, Helmut von Gottberg, Walter Henze, Hermann Jannsen, Joachim Kredel, Hans Sievers, Hermann Ulrichs. Wolf Graf von Baudissin und Axel Freiherr von dem Bussche sind inzwischen verstorben. Sie als Zeitzeugen noch gesprochen und erlebt zu haben, bleibt für mich eine besonders wertvolle Erinnerung.

Mein Dank gilt aber vor allem Richard von Weizsäcker, dessen Name der Untertitel dieses Buches trägt, der es im I.R. 9 vom Schützen zum Hauptmann und Regimentsadjutanten brachte, der - wundersame Fügung - 39 Jahre später Bundespräsident der Bundesrepublik Deutschland wurde. Über seine Kriegserlebnisse kam ich auf die Idee, am Beispiel persönlicher Schicksale ein Buch über den Weg des traditionsreichen Potsdamer Infanterie-Regiments im Zweiten Weltkrieg zu schreiben. Er opferte viel von seiner knappen Zeit, um mir mit Rat und Erfahrung zu helfen.

Aber auch die anderen Genannten standen mir für viele Stunden - oft an mehreren Tagen - zur Verfügung und überließen mir persönliche Unterlagen. Einige Interviewpartner wußten ihre Gefühle zu beherrschen, andere gestanden hinterher, wie sehr sie das Gespräch über das Erlebte aufgewühlt hätte. Dank auch jenen, die sich die Mühe machten, über 850 Manuskriptseiten gegenzulesen. So wurden nicht nur Fehler getilgt, sondern auch manche Schilderung angereichert. Wo es zunächst Meinungsverschiedenheiten darüber gab, wie weit der Autor bei der Schilderung der Grausamkeiten jener Zeit gehen darf, stieß ich letztlich auf Toleranz, so daß um der historischen Wahrheit willen über die Geschehnisse mit allen Schattenseiten berichtet werden konnte. In fünfjähriger Arbeit entstand so ein weitgehend authentisches Buch.

Auch dem Politiker und Weltkriegsteilnehmer Erich Mende sei gedankt. Er diente zwar nicht im I.R. 9, war mir aber mit seinem beeindruckenden Gedächtnis eine wertvolle, immer auskunftbereite Hilfe, wenn mich die Erinnerung an meine Militärzeit im Stich ließ. (Welches ist der größere Truppenverband: Armee oder Armeekorps?) Schließlich sei ebenfalls mit Dank die Nützlichkeit der von Wolfgang Paul erstellten und vom Biblio Verlag, Osnabrück, herausgegebenen Regiments-Chronik erwähnt.

Bonn, im Juni 1994 Mainhardt Graf von Nayhauß-Cormons

Einstieg

Konzertabend in der Villa Hammerschmidt, dem Bonner Amtssitz des Bundespräsidenten. Etwa 80 Gäste im Smoking oder Abendkleid, die atonale Musik ist nicht jedermanns Sache, aber die Gespräche sind interessant und das Essen vorzüglich. Gegen Ende der Veranstaltung flüstert mir Richard von Weizsäcker zu: »Bleiben Sie noch ein bißchen? Wir wollen in den Geburtstag von Axel hineinfeiern.«

Für eine Sekunde bin ich verwirrt: Axel? Es ist eine Bonner Eigenart, daß Insider bei der Unterhaltung über Dritte nur deren Vornamen nennen. Wenn Ehmke von »Oskar« spricht, ist Lafontaine gemeint. Und wenn »Irmchen« Schwaetzer von »Otto« spricht, kann es sich nur um Otto Graf Lambsdorff handeln. Aber »Axel«? Dann plötzlich fiel der Groschen: Der Bundespräsident meinte seinen besten, an diesem Abend auch eingeladenen Kriegs- und Studienkameraden, Axel Freiherr von dem Bussche-Streithorst. Der Freund war unübersehbar. Nicht nur wegen seines Gardemaßes von 196 Zentimetern, seines spöttischen Blicks aus blitzblauen Augen. Unübersehbar war ebenso, daß er sich wegen eines fehlenden Beins auf Krücken fortbewegte und man beim Handschlag das Fehlen des Daumens spürte.

Axel Bussche war für mich kein Unbekannter. In meinen frühen Bonner Jahren war er Gründer und Leiter des Deutschen Entwicklungsdienstes, des German Peace Corps. Und seit damals wußte ich, daß er ein wirklicher Held war. Ein Mann, der als Vierundzwanzigjähriger bereits Geschichte machte, der im Kriegsjahr 1943 als hochdekorierter Frontoffizier vom Widerstandskämpfer Oberst Graf Stauffenberg dazu ausersehen war, sich bei der Vorführung einer neuen Einsatzuniform mit Hitler in die Luft zu sprengen. Ein Attentat, das dann daran scheiterte, daß das Musterexemplar bei einem vorangegangenen englischen Luftangriff auf Berlin zerstört worden war.

Nun, in der Villa Hammerschmidt schlug die Mitternachtsstunde, es begann der 20. April 1989, der Bundespräsident hob sein Champagnerglas, verschmitzter Gesichtsausdruck über makellosem Smokinghemd: »Am 20. April haben ja zwei bekannte Deutsche Geburtstag. Aber keine Sorge, wir wollen nicht auf Adolf anstoßen, sondern auf unseren Axel.« Allgemeines Schmunzeln unter den Gästen. Es folgten ein paar Reminiszenzen an gemeinsame Zeiten mit Bussche, die obligatorischen guten Wünsche für die Zukunft, und dann leerten wir auf Axels Wohl unsere Gläser.

Als der Gefeierte seines abgesetzt hatte, rief er mir zu – und zeigte dabei auf einen links neben mir stehenden Herren: »Mit dem müssen Sie sich mal unterhalten! Das ist ein wahrer Zeitzeuge!«

Daß ausgerechnet Bussche, selbst die Personifizierung des Zeitzeugen, mit diesem Attribut einen anderen schmückte, fand ich beinahe belustigend. Aber er hatte ja nicht so ganz unrecht. Neben mir stand Helmut von Gottberg, der mit Weizsäcker und Bussche im selben Regiment gedient hatte, dem traditionsreichen Preußischen Infanterie-Regiment 9 zu Potsdam. Gottberg, inzwischen längst pensionierter Oberregierungsrat, spielte bei der Verschwörung eine wichtige Rolle: Er besorgte die Zünder für den Sprengstoff, mit dem Hitler getötet werden sollte!

Ich begann, mich für die Lebensgeschichte dieser Männer, ihre Motive, ihren Lebenskreis und das Regiment, in dem sie gedient hatten, zu interessieren. Der Gedanke reifte, darüber ein Buch zu schreiben.

Ich besuchte Bussche in der Nähe von Genf, wo er nach dem Tod seiner englischen Frau Camilla und dem Auszug seiner erwachsenen Töchter in einem Haus auf dem Land allein lebte. Ich blieb zwei Tage. Er besprach viele Tonbänder. Am ersten Abend aßen wir in der Küche. Statt mit Hilfe der Krücken bewegte er sich mit überraschender Geschicklichkeit in einem Rollstuhl. Er bestand darauf, alles selbst zu verrichten – das Decken des Tisches, die Zubereitung der Mahlzeit, sogar das Abwaschen. Während er die Teller unter einem heißen Wasserstrahl mit einer Stielbürste säuberte, schilderte er völlig emotionslos, just matter of fact, wie er von Stauffenberg für das Attentat auf einen der größten Diktatoren und Menschenverächter dieses Jahrhunderts gewonnen wurde:

»Wir saßen allein in seinem Büro in Düppel, im äußersten Südwesten von Berlin, die Tür hatte man hinter mir geschlossen. Erst sprachen wir ein bißchen über seine Verwandtschaft, dann kam er direkt zur Sache. Man hätte einen besonderen Vorführtermin ausgewählt, an dem auch Himmler und Göring im Führerhauptquartier anwesend sein würden. Alle drei sollten auf einen Schlag umgebracht werden. Er berichtete über englischen Sprengstoff, den er hatte besorgen lassen. Schließlich sagte er: ›Also, ich muß mir jetzt die Haare schneiden lassen. Überlegen Sie sich das in der Zwischenzeit, und kommen Sie am Nachmittag wieder.‹

Ich kam nachmittags wieder, sagte: ›Da brauchen wir gar nicht mehr darüber zu reden, Herr Graf. Ich mach's.‹ Da hatte er schon mein Nachtschnellzug-Ticket mit der Schlafwagenkarte für die Strecke Berlin-Ostpreußen parat, wo Hitlers Hauptquartier lag.«

Ich war beeindruckt, mit welcher Nüchternheit und Furchtlosigkeit ein solcher Plan besprochen wurde. Da wurde einem Mann zugemutet, sein Leben – zugegebenerweise für eine Sache von geschichtlicher Tragweite, aber immerhin – zu opfern, und ihm als Bedenkzeit die Dauer eines Haarschnitts eingeräumt. Kein Zaudern, kein Wehklagen, nicht die Frage: Warum nicht ein anderer? Statt dessen die knappe Antwort: »Ich mach's.« Bussche mußte meine Gedanken erraten haben. Denn während er nun begann, die gespülten Teller abzutrocknen, sagte er: »Wissen Sie, draußen an der Front war man täglich bereit zu sterben. Mit dem Attentat hatte ich ja noch die einmalige Chance, etwas wirklich Großes zu leisten, Adolf mit ins Jenseits zu nehmen!«

Mir fiel auf, daß er über die Widerstandspläne ohne theatralischen Haß auf Hitler, ohne ideologische Verbohrtheit berichtete. Anders als das im nachhinein bei vielen selbsternannten Nazigegnern, die jene Zeit nie miterlebten, zur Unsitte geworden ist.

Bussche sagte plötzlich zu mir: »Ich muß Ihnen etwas zeigen«, rollte für ein paar Minuten aus der Küche und kam mit einem blauen Amtsbriefumschlag zurück. »Schauen Sie mal da rein.« Mit spottlustigem Blick reichte er mir das Kuvert, gespannt, wie ich reagieren würde. Ich zog eine goldgeränderte Visitenkarte aus dem Umschlag – und stockte, als ich den Namen las. In vornehmer Prägeschrift stand geschrieben: »Adolf Hitler«.

Ich schaute verdutzt zu ihm hinüber. Er grinste. »Da sind Sie baff, nicht wahr?«

»Ist die echt?«

»Glauben Sie, ich handle mit Fälschungen?«

»Aber wie in Teufelsnamen sind ausgerechnet Sie, der Hitler umbringen wollte, in den Besitz seiner Visitenkarte gekommen?«

»Ich lag Weihnachten 1944 wegen meiner Beinamputation in Berlin-Wannsee im Lazarett. Am Vierundzwanzigsten pochte es an der Tür, herein kam ein Soldat des Wachbataillons, machte eine militärische Ehrenbezeugung, fragte nach mir. Wir lagen zu viert in einem Zimmer. Ich sagte: ›Hier!‹

›Mit den Grüßen des Führers‹, überreichte er mir ein Paket, darin waren Kaffee, Zucker und Schokolade - Kostbarkeiten in Zeiten großer Kriegsnot und rationierter Lebensmittel. Der Soldat fuhr fort: ›Wir sind vor ein paar Tagen zusammengerufen worden, mußten eine Liste von 100 schwerstverwundeten Ritterkreuzträgern zusammenstellen, von denen jeder ein solches Paket bekommt.‹«

Bussche, jetzt fast ein halbes Jahrhundert danach, lachte über das ganze Gesicht. »Da beschenkt Adolf einen Mann, der ihn umbringen wollte! Ist das nicht komisch?« Dann setzte er der unglaublichen Geschichte noch eine Pointe auf. »Wochen später bin ich zu Hause in Thale auf Urlaub, sitze mit meinem Vater - er war hoch in den Sechzigern - in unserem sehr großen Eßzimmer. Ich sage: ›Papa, du wirst es nicht glauben. Ich habe übrigens von dem Adolf eine Visitenkarte.‹ Er: ›Die will ich sehen. Ich zeige sie ihm, er guckt sie sich an, und was hat ein Mann seiner Generation zu Hitlers Visitenkarte zu sagen? ›Zu meiner Zeit hatten nur Blumenläden so goldene Karten.«

Bussche lachte dröhnend, ich lachte mit, unser Lachen kam von den Küchenkacheln als Echo zurück. Aus was für einem Holz muß ein Mann geschnitzt sein, der sich bei allem persönlichen Leid, das ihm und ganzen Völkern durch das NS-Regime zugefügt wurde, Sinn für solche Situationskomik bewahrt?

Mehr denn je war ich entschlossen, ein Buch über diese Kriegsgeneration zu schreiben. Welche Rolle spielte Weizsäcker in diesem auf Widerstand gegen Hitler ausgerichteten Kameradenkreis? Kann man sich den Bundespräsidenten überhaupt im Schützengraben vorstellen? Wie wurden die Offiziere des Infanterie-Regiments 9 mit dem Gewissenskonflikt fertig, einerseits einen Fahneneid auf den »Führer« abgelegt zu haben, andererseits aber bereit zu sein, Hitler umzubringen?

Als ich dem Bundespräsidenten die ausgeschriebenen Tonbänder unseres Interviews mit zusätzlichen Fragen zuschickte, schrieb er auf eine Manuskriptseite mit grünem Filzstift:

»Graf Nayhauß, wenn Sie eine Geschichte so wahr wie möglich

schreiben wollen, dann beeinflussen Sie Ihre Gesprächspartner nicht in Richtung auf größere Genauigkeit, als das Gedächtnis des Menschen dies nach 46 Jahren noch wissen kann. Der Genauigkeitsfimmel ist geradezu eine Quelle von Fehlern!

Also, so gut wie ich es noch weiß ...«

Dann fiel ihm noch eine Menge Einzelheiten ein. Das galt auch für die meisten seiner damaligen Kameraden, die heute über ganz Deutschland verstreut leben, in den verschiedensten Zivilberufen landeten – Architekt, Forstmann, Verwaltungsangestellter – und mit gesunder Skepsis gegenüber ihrer Soldatenzeit, dennoch mit großer innerer Anteilnahme mir Rede und Antwort für dieses Buch standen. Das Schicksal hatte sie in eine düstere geschichtliche Epoche gestellt, die sie sich nicht hatten aussuchen können.

An einem Mittwochvormittag im Januar 1993 klingelte bei mir das Telefon. »Der Herr Bundespräsident möchte Sie sprechen!« Daß er mich anrief, hatte es noch nie gegeben. Ich war gespannt. Seine Stimme klang gedämpft. »Ich habe eine traurige Mitteilung. Axel ist gestorben.«

In einer Luftwaffen-Maschine flogen wir zusammen zur Trauerfeier ins Schwäbische, nach Lehrensteinsfeld. Sechs Offiziere der Bundeswehr flankierten den Sarg. Ein siebter trug das Ordenskissen, darauf in der Mitte das Ritterkreuz. Ein Trompeter der Bundeswehr blies in den sonnigen Wintertag: »Ich hatt' einen Kameraden ...« Die Bänder auf dem Kranz des Bundespräsidenten leuchteten schwarzrotgold. Vor Trauer versagte Richard von Weizsäcker die Stimme.

Gott der Herr hat Axel Freiherr von dem Bussche-Streithorst zu sich gerufen – einen wahren Helden, der nach dem Inferno der Hitler-Zeit stets von der Vorstellung geplagt war: »Unsere Schuld ist es, überlebt zu haben.«

Nun war diese Schuld getilgt.

1 Üb' immer Treu und Redlichkeit: Offiziersanwärter in Potsdam

In Sanssouci, am Mühlenberg, da steht ein altes Haus.
Dort schauen schon des Morgens früh zwei schöne Mädchen raus.
Die eine heißt Veronika, die andere Marie.
Zwei Mädchen wie Milch und Blut, der Stolz der Kompanie.

Der Leutnant Axel Freiherr von dem Bussche war bei seinem Eintritt in das Potsdamer Infanterie-Regiment 9, 1. Kompanie, I. Bataillon, ein Vorzeige-Germane: fast zwei Meter groß, kräftige Statur, dunkelblond, blauäugig, mit leicht spöttischem Blick und einem vorgeschobenen Kinn, das in der Mitte von einem Grübchen gezeichnet war.

Er war am Ostermontag des Jahres 1919 als Sohn des Gutsbesitzers Georg Clamor Freiherr von dem Bussche-Streithorst und seiner dänischen Frau Jenny Lassen zur Welt gekommen. Sein Elternhaus lag am Nordhang des Harzes. Ringsherum gab es Wälder, und vor dem Haus floß ein Flüßchen namens Bode. Der Vater, ein Mann, der Japan und China bereist hatte, interessierte sich für die Kultur des Fernen Ostens, aber vornehmlich bewirtschaftete er das Gut. Es gab Gärtner, Zimmermädchen, einen treuen Diener und eine junge Gouvernante. Punkt acht Uhr morgens pflegte die Gouvernante die Haupttreppe hochzugehen, um Axel und seine Geschwister zu wecken. Zur gleichen Zeit ging der Diener nach unten, um seinen Herrn zu wecken. Wortlos gingen Diener und Gouvernante aneinander vorbei, bis er auf halber Treppe stehenblieb und sich umdrehte: »Fräulein Kuntze, haben Sie mir guten Morgen gesagt, oder haben Sie nur gedacht, daß es sich so gehören würde?«

Obwohl der Leutnant von dem Bussche dem Wunschbild der nationalsozialistischen Rassenfanatiker entsprach, hatte er einen »Webfehler«, was allerdings die Nazis nicht wußten, weil der von jedem Offizier verlangte »Arier-Nachweis« nur bis zum Jahre 1850 beigebracht werden mußte. Eine Urgroßmutter war die Gräfin Anna Cosel gewesen, aus dem nördlich von Lemberg gelegenen, mal zu Polen, mal zur Ukraine gehörenden Städtchen Dubno. Sie bekam von einem jüdischen Liebhaber ein Kind, ein Fräulein von Taube, das später in die Familie der Bussches einheiratete. Den Leutnant interessierte diese Vergangenheit wenig; es amüsierte ihn eher der Gedanke, was sich damals in Polen unter den Bettdecken des Adels abspielte.

In seiner Kindheit hatte Axel zunächst ein nahe gelegenes Gymnasium besucht, wurde dann im Jahre 1936 auf ein oberbayrisches Landerziehungsheim geschickt. Zusammen mit seinen Schulfreunden heckte er allerhand Streiche aus. So fuhren sie einmal zu zweit auf einem Motorrad zum Oktoberfest nach München. Am Holzkirchener Bahnhof passierte ein Unfall. Axel kippte vom Beifahrersitz, blieb ohnmächtig auf der Straße liegen. Als er wieder zu sich kam, hatte sich bereits die Polizei eingefunden. Der Schulkamerad nannte einen falschen Namen und eine getürkte Adresse, um der Strafe zu entgehen. Das Motorrad war ein Totalverlust, aber anhand des Nummernschildes fiel es der Polizei nicht schwer, herauszufinden, wer in Wirklichkeit in diesen Unfall verwickelt war. Zu Hause gab es von Vater Bussche eine Standpauke: »Hör mal, aus dir wird anscheinend nichts. Der Unfall wird mich furchtbar viel Geld kosten, und ich muß den Schuldirektor überreden, euch nicht rauszuschmeißen. Der Vater deines Freundes und ich sind der Meinung, ihr müßt jetzt endlich mal in eine wirklich harte Schule kommen. Am besten, du wirst Offizier!«

Es traf sich, daß im selben Herbst die 23. Infanterie-Division mit ihrem traditionsreichen Preußischen Infanterie-Regiment 9 im Harz Manöver abhielt. Der Regimentsstab des I.R. 9 war im Vaterhaus einquartiert. Kommandeur der Division war damals der Generalmajor Ernst Busch, der es später zum Generalfeldmarschall bringen sollte. Der Vater bat den General: »Also, ich hab' da einen ganz mißratenen Sohn, dessen Erziehung bereits furchtbar viel Geld gekostet hat. Den muß ich jetzt zum Militär stecken, sonst wird aus ihm nichts. Darf er sich bei Ihnen einmal vorstellen?«

»Er soll sich nach dem Manöver in Potsdam beim Regimentsadjutanten Graf Baudissin melden.«

Zwischen Weihnachten und Neujahr 1936 fuhr Jung-Axel nach Potsdam. Der Adjutant, bei dem sich der Filius vorstellte, ein hochgewachsener Mann mit glatt zurückgekämmtem Haar und einem leichten Hang zum Spott, musterte abschätzend den jungen Gutsbesitzersohn: »Warum werden Sie nicht Turnlehrer?«

»Herr Graf, das wäre nicht so der richtige geistige Beruf für mich.« Bussche hatte gerade ein Buch mit dem Titel *Der geistige Soldat* gelesen und war der Meinung, das sei eine besonders geistreiche Tätigkeit.

»Sagen Sie mal«, setzte der Regimentsadjutant das Vorstellungsgespräch fort, »wann war denn die Schlacht von Waterloo?«

»1815!«

»Und wann war die Schlacht von Belle-Alliance?«

Axel Bussche glaubte, nun bewege sich das Interview auf den Deutsch-Französischen Krieg von 1870/71 zu, und sagte: »1870.«

»Nee, das war dieselbe Schlacht von 1815, nur die Franzosen gaben ihr einen anderen Namen.«

Bussche bekam einen roten Kopf. »Ach so.«

Der Regimentsadjutant hatte immer noch sein spöttisches Lächeln, als er Bussche bedeutete: »Nun gehen Sie mal zum Herrn Oberst, dem Regimentskommandeur, rein. Das ist der Freiherr von und zu Gilsa.«

Der Oberst war wenige Monate zuvor Kommandant des olympischen Dorfes bei Berlin gewesen. Er begrüßte den etwas verlegen vor ihm stehenden, großgewachsenen Jüngling jovial: »Ja, ich habe schon von Ihrem Vater gehört, daß Sie bei uns Offizier werden sollen. Ist in Ordnung.« Er erkundigte sich noch nach ein paar Belanglosigkeiten (»Ihre Lieblingsfächer in der Schule?«), dann war Bussche entlassen.

So meldete er sich im November 1937, nach sechsmonatigem Arbeitsdienst, den jeder Jugendliche nach Schul- oder Lehrabschluß damals leisten mußte, bei der 1. Kompanie des Infanterie-Regiments 9 in der Potsdamer Priesterstraße neben der Garnisonkirche. In der 1. Kompanie dienten die größten Soldaten des I.R. 9. Axel mit seinen 1,96 Metern war etwa der achtzehntgrößte. Als die Rekruten am nächsten Morgen erstmals antraten, versteckte er sich im dritten Glied. Er hatte beim Arbeitsdienst die Erfahrung gemacht, besser nicht aufzufallen. Weder positiv noch negativ. Aber hier machte er die Rechnung ohne den Rekrutenausbilder, den Unteroffizier Dogs. Der baute sich breitbeinig, die Hände gegen die Hüften gestemmt, auf: »Ick heeße Dogs. D wie doof, O wie Ochse, G wie Justav, S wie Sau.« Das »S wie Sau« lispelte er. Axel Bussche war der einzige Offiziersanwärter in seinem Zug. Klar, daß der Unteroffizier längst Erkundigungen über das adlige Bürschlein eingezogen hatte. Er ließ seine strengen Augen die Formation entlanggleiten, erspähte Bussche im dritten Glied. »Wie heeßt du?«

»Schütze Bussche, Herr Unteroffizier.«

»Ick gloobe, du irrst dir. Det is nich alles. Vortreten!«

Dem Schützen Bussche wurde es ungemütlich. Er spürte die auf sich gerichteten Augen der Kameraden und ahnte, daß er dem Ausbilder gnadenlos ausgeliefert war.

Dogs: »Nun bitte mal den janzen Namen von A bis Z!«

Bussche holte tief Luft, nahm seinen ganzen Mumm zusammen und brüllte – beim Militär wurde immer gebrüllt: »Schütze Axel Freiherr von dem Bussche-Streithorst!«

Der Unteroffizier spielte seine Überlegenheit aus: »Nun dat Janze von vorne buchstabiert!«

Auf der Stirn des Rekruten mit dem stolzen Namen bildeten sich kleine Schweißperlen. Sein Kopf wurde rot, aber er tat wie ihm geheißen: »Anton, Xanthippe, Emil, Ludwig ...« Als er geendet hatte, nickte der Unteroffizier zufrieden. Er hatte den jungen Adligen, der vielleicht auf den Gedanken hätte kommen können, etwas Besseres zu sein, auf das Durchschnittsmaß eines Rekruten zurechtgestutzt. »Zurück ins Glied treten!« Ein Glück, daß er nicht um die acht Vornamen des Rekruten wußte – Axel Ernst August Clamor Franz Albrecht Erich Leo. Diese auch noch zu buchstabieren, hätte den jungen Mann total verunsichert und die anderen Rekruten über Gebühr belustigt.

Die Ausbildung war hart, die Unterbringung spartanisch. Die Kaserne in der Priesterstraße war ein dunkler, wuchtiger Bau aus der Wilhelminischen Zeit. Geschlafen wurde auf Strohsäcken, das erste Essen bestand aus einer merkwürdigen Zusammensetzung – Milchreis mit Bockwurst. Von der nahe gelegenen Garnisonkirche klang das Glockenspiel »Lobe den Herren« zur vollen, »Üb' immer Treu und Redlichkeit« zur halben Stunde. Als Rekrut trug man weißes Drillichzeug mit feldgrauem Käppi. Beim ersten »Hinlegen!« war die Montur schmutzig. Ansonsten herrschte der übliche Kommißbetrieb. Von früh bis spät wurden die Rekruten angebrüllt, außerhalb der Gebäude hatte man sich nur im Laufschritt zu bewegen.

Nächstwichtigster Vorgesetzter war nach dem Unteroffizier Dogs der Fähnrichsvater des Regiments, Philipp von Bismarck. Sein Urgroßonkel war der Reichskanzler Otto von Bismarck. Der Fähnrichsvater war zuständig für alle Offiziersanwärter, hielt einmal in der Woche Unterricht über die Regimentsgeschichte im Kasino ab, und wenn die Offiziersanwärter schon etwas weiter in der Ausbildung waren, bimste er ihnen für die offiziellen Bälle des Regiments Benimm ein. »Heute abend wird getanzt! Wir haben viele Mädchen aus Berlin und Umgebung eingeladen. In diesem Regiment gibt es keine Mauerblümchen!« Das war ein eindeutiger Befehl.

Bismarck überwachte aber auch das übungsmäßige Werfen von scharfen Stielhandgranaten. Dabei kam es zu einem Vorfall, den Axel von dem Bussche zeitlebens nicht vergessen würde, alldieweil er sich vor der ganzen Kompanie bis auf die Knochen blamierte.

Früher geschah das Handgranatenwerfen aus einem Bunker, und zwar aus der fürsorglichen Überlegung, daß viele Rekruten in der Aufregung entweder die Handgranate nach Reißen der Zündleine nicht nach genau drei Sekunden wegwarfen (Detonation nach viereinhalb Sekunden) – sie also zu nah mit entsprechender Splitterwirkung detonierte. Wenn ein Rekrut sie gar im Bunker fallen ließ, war es an dem aufsichtsführenden Offizier, die Handgranate blitzschnell zu pakken und aus dem Bunker zu werfen.

Seit einiger Zeit wurde das Werfen aus einer Erdmulde im Freien geübt. Rekrut und leitender Offizier lagen zusammen in besagter Mulde. Die Handgranate wog ein Kilo und bestand aus einem sogenannten Topf mit 165 Gramm Sprengladung sowie Stiel mit Zünder und Abzugsschnur. Nach der Detonation konnte sie im Umkreis von drei bis sechs Metern schwere Verwundungen verursachen, außerdem durch Knall und Luftdruck demoralisierend wirken. Sie besaß bis zu 15 Meter Entfernung noch schwache Splitterwirkung. Die Wurfweite betrug 30 bis 40, aus dem Stehen geworfen manchmal bis 50 Meter. Aus dem Liegen zu werfen, war nicht ganz einfach. Man mußte sich mit dem linken Arm aufstützen und dann, weit nach hinten ausholend, mit dem rechten werfen. Bussche hatte in der Aufregung die Handgranate nur lächerliche zwei Meter weit weggeschmissen. Der Übungsoffizier Bismarck schrie: »Raus!« Bussche sprang aus der Mulde, rannte fünf Schritte rückwärts, kauerte sich blitzschnell hinter eine Eiche. Bismarck kam nicht weit, ließ sich fallen, drehte noch das Gesicht weg, dann eine ohrenbetäubende Explosion, beißender Pulverqualm, Sand, Kieselsteine, Grasfetzen wirbelten durch die Luft. Bismarck wurde es glühend heiß auf dem Rücken. Soldaten sprangen herbei, zogen ihm hastig die Uniformjacke aus, auf dem weißen Unterhemd breiteten sich große Blutflecken aus. Viele kleine Splitter waren in die Schulter eingedrungen. Bismarck wurde schnellstens ins Lazarett geschafft, der

Regimentsarzt entschied, die Splitter nicht herauszuoperieren. Bussche schlich fortan nur noch um seinen Fähnrichsvater herum.

Ein weiterer wichtiger Vorgesetzter für den Offiziersanwärter Bussche war natürlich sein Kompaniechef, Hauptmann Jonas Graf zu Eulenburg, der 1939 zum Bataillonskommandeur avancierte. »Die Eule«, wie der Kommandeur von jedermann genannt wurde, war eine Zangengeburt, mußte daher einen Spezialhelm tragen, da die normale Ausführung nicht auf den eierförmigen Kopf paßte. Das Beherrschende in seinem Gesicht war eine kräftige Nase, von deren Nasenflügeln rechts und links tiefe Falten zu den Mundwinkeln herabliefen. Die Augenlider hatten eine leicht mongoloide Stellung. Trotz seines komischen Aussehens war Eulenburg gleichermaßen von Untergebenen gefürchtet wie bei Vorgesetzten respektiert. Über seine direkte Art, mit der Meinung nicht hinter dem Berg zu halten, gab es Serien von Geschichten, so die von dem Oberstleutnant aus dem Berliner Kriegsministerium, der früher beim I.R. 9 gedient hatte und anläßlich eines Kasinoabends seine alte Einheit besuchte. Zu später Stunde, es ging auf Mitternacht zu, saßen schließlich noch etwa sieben Gäste um einen großen Tisch. Der Oberstleutnant schwadronierte von den Nationalsozialisten und ihren Erfolgen, schwärmte vom »Führer« und verstieg sich zu der Behauptung: »Seine Genialität ist grenzenlos.« Eulenburg war eingenickt, plötzlich wieder aufgewacht. Er lauschte kurz mit noch verschlafenem Blick den Lobhudeleien des Gastes aus Berlin, der als Oberstleutnant immerhin zwei Dienstgrade über ihm rangierte. Nichtsdestotrotz erhob sich Eulenburg zu seiner ganzen respektablen Größe, die Adern an den Schläfen waren vor Zorn geschwollen. Mit zuerst lauter, dann sich fast überschlagender Stimme schrie er: »Solche braunen Arschlöcher wie Sie wollen wir hier nie wieder sehen!«

Alle Anwesenden erstarrten. Peinliche Stille. Die Ordonnanz, die bediente, trat erschrocken einige Schritte zurück. Alle Blicke waren auf den Gast aus Berlin gerichtet. Langsam stand der Oberstleutnant mit bleichem Gesicht auf, wandte sich vom Tisch ab, verließ grußlos das Kasino und wurde nie wieder gesehen. Es kam auch keine Aufforderung zur Berichterstattung aus dem Kriegsministerium.

Die zweite Geschichte, die zum Ruhm der »Eule« beitrug, spielte sich auf dem Exerzierplatz des Bataillons ab. Er lag im Potsdamer Lustgarten, gleich neben dem Stadtschloß. Bei der 1. Kompanie des 1. Bataillons, der Axel von dem Bussche angehörte, war Oberstleutnant von Schellwitz, der Bataillonskommandeur, zur Besichtigung angesagt. Hauptmann Graf Eulenburg saß hoch zu Roß vor der angetretenen Kompanie. Der Oberstleutnant, ebenfalls beritten, trabte heran und rief schon von weitem: »Eulenburg, Ihr 3. Zug hat sich verschoben!«

»Herr Oberstleutnant, die Erde ist rund. Da verschiebt sich manchmal etwas.«

Eulenburg wurde von Untergebenen stets mit »Herr Graf« angeredet, niemals mit seinem Dienstgrad, auch nicht, als er es zum Oberst brachte. In der ganzen Armee wurden Grafen bis hinauf zum Generalmajor nie mit ihrem Dienstgrad angesprochen. Erst ab dem Generalleutnant stand ihnen die Anrede »Exzellenz« zu, und das war »mehr« als Graf. Eine noch aus der kaiserlichen Armee übernommene Förmlichkeit, die zunächst unter Hitler Gültigkeit behielt, erst recht im I.R. 9. Aber kurz vor Kriegsausbruch wurde diese Form der Anrede mit einem eigens vom »Führer« unterschriebenen Befehl untersagt, ohne daß sich beim I.R. 9 jemand daran hielt.

Mit zunehmender Zugehörigkeit zum Regiment verlor für den Rekruten von dem Bussche die Ausbildung an Härte. Der junge Mann avancierte zum Fahnenjunker-Unteroffizier und nach Besuch der Kriegsschule zum Oberfähnrich. Als solcher gehörte er bereits zum Offizierkorps und nahm an den gelegentlichen Herrenessen im Kasino teil. Das Kasino in der Straße Am Kanal 2 bestand aus mehreren, relativ schlicht eingerichteten Räumen. Es gab ein Hindenburg-Zimmer, in dem ein großes längliches, goldgerahmtes Porträt des ehemaligen Generalfeldmarschalls hing. Ohrensessel waren zwanglos um einen größeren Billardtisch gruppiert. Der Speisesaal zeichnete sich nicht durch besonderen Luxus aus, mit Ausnahme des Silbers, das, wie in einem englischen Club, über mehrere Jahrzehnte gesammelt, einen beachtlichen Wert darstellte.

Der 25. August 1939 sollte in der Regimentsgeschichte ein historisches Datum werden. Es war ein Freitag. Kommandeur von und zu Gilsa hatte zu einem Herrenessen ohne Damen, aber mit den Militärattachés verschiedener Botschaften aus dem nahegelegenen Berlin eingeladen. Oberfähnrich von dem Bussche saß neben dem dänischen Militärattaché Herluf Zahle, einem Oberst in Husarenuniform, der über die dänische Mutter Bussches ein Großonkel von ihm war. Frohsinn wollte an diesem Abend nicht aufkommen. Die politischen Ereignisse steuerten auf einen

Krieg zu. Just am selben Tag unterzeichneten der Außenminister Großbritanniens, Lord Halifax, und der polnische Botschafter in London, Edward Graf Raczynski, einen Beistandspakt. Polen schloß nach mehreren Zwischenfällen den kleinen Grenzverkehr mit Deutschland. In England fanden große Marine- und Luftwaffenmanöver statt. Deutschland und die Sowjetunion hatten ihrerseits am 23. August einen Nichtangriffspakt abgeschlossen, mehr noch, in einem geheimen Zusatzabkommen Polen zwischen sich aufgeteilt. Die Kriegsgefahr war spürbar. Dennoch hegten die meisten Regimentsangehörigen die Hoffnung, es werde nicht zu einem bewaffneten Konflikt kommen.

Gegen Ende des Essens stand der Regimentskommandeur plötzlich auf. Gilsa hielt sein Weinglas in der Hand, blickte mit ernstem Gesicht in die Runde. Nachdem das Scharren der zurückgeschobenen Stühle verstummt war, sagte er mit leiser Stimme: »Meine Herren, es ist soweit. Mir liegen die Einsatzbefehle vor. Morgen früh geht es los.« Der Kommandeur war auf einmal blaß. »Dieses ist unser letztes gemeinsames Abendessen. Ich wünsche Ihnen viel Soldatenglück!« Mit zitternder Hand führte er sein Glas zum Munde.

Als nächster erhob sich der Hohenzollern-Prinz Eitel Friedrich, der zweitälteste Sohn des letzten deutschen Kaisers. Er trug die Uniform eines preußischen Generals. Im Ersten Weltkrieg befehligte er das 1. Garde-Regiment zu Fuß, dessen Tradition Bussches Kompanie offiziell fortführte. Eitel Friedrich neigte zur Korpulenz, war nichtsdestotrotz im Ersten Weltkrieg wegen besonderer Tapferkeit mit dem Pour le mérite ausgezeichnet worden. »Möge dieses Regiment in einem kommenden Waffengang genauso tapfer sein wie einstmals das 1. Garde-Regiment zu Fuß!« Dann brachte er ein »Heil« auf den »Führer« aus. Es klang routinehaft und nicht besonders kräftig. Was er in diesem Moment nicht ahnte: Drei Jahre später verbot Hitler, daß der inzwischen verstorbene Hohenzollern-Prinz mit militärischen Ehren bestattet werden konnte.

Der Oberfähnrich von dem Bussche war in Gedanken noch mit sich selbst beschäftigt, als sein Blick auf seinen Verwandten, den dänischen Militärattaché, fiel. Über dessen wettergebräunte Wangen liefen Tränen. »Axel«, sagte dieser, »schon 1914 durften wir nicht kämpfen. Nun müssen wir wahrscheinlich wieder neutral bleiben – und ich als Berufssoldat!« Bussche kam nicht dazu, über solche Ungereimtheiten nachzudenken. Er vernahm wieder die Stimme des

Kommandeurs: »Meine Herren, bitte begeben Sie sich zu Ihren Einheiten.«

Als Bussche seine Kompanie erreichte, war sie schon angetreten. Er trat ins Glied, um dann von seinem Kompaniechef einen einzigen Satz zu hören: »Es ist Krieg! Kompanie weggetreten!«

2 Die Tradition der »Langen Kerls«: Semper talis

Die 5. Kompanie gehörte zum II. Bataillon des Infanterie-Regiments 9. Sie setzte die Tradition der Garde-Schützen fort. Auch sie waren an jenem schicksalsträchtigen Abend mit dem Befehl: »Kompanie raustreten!« aus den Kasernenstuben gescheucht worden. Dann das Kommando »Stillgestanden!« und Meldung durch den Spieß an den Kompaniechef, einen fünfundzwanzigjährigen Oberleutnant und Ostpreußen namens Batocki, hart, aber beliebt. Er machte die Sache kurz: »Es ist Mobilmachung! Morgen abend verladen wir. Kompanie weggetreten.« Im ersten Glied stand der Stubengefreite Gottfried Becker, neben ihm sein Kamerad »Bubi« Sauermann, ein großer Kerl, Forstmann von Beruf wie Becker. Er sagte im Weggehen: »Mensch, Gottfried, drück' uns bloß die Daumen, daß wir mit einem gesunden Kreuz nach Hause kommen.«

Die Stimmung in der 5. Kompanie war gedrückt, doppelt gedrückt, weil die Mannschaft kurz vor der Entlassung gestanden hatte. Becker hatte sich bereits seine Forstuniform schicken lassen. Sie hing, fein säuberlich gefaltet, seit drei Tagen im Spind. Wann würde er sie nun anlegen können? In sechs Wochen? In einem Jahr? In zehn Jahren? Die Antwort darauf wußte nur Gott. Becker hatte sich freiwillig zum I.R. 9 gemeldet, war am 3. November 1937 eingerückt. Der Rekruten-Gefreite, dem er zugeteilt worden war, hatte nur kurz gesagt: »Mein Name ist Bensch. Mit mir müssen Sie auskommen, ob Sie wollen oder nicht.« Und nach einer kurzen Pause: »Stellen Sie mal Ihre Sachen weg und nehmen Sie sich dieses Spind vor, da sind ein paar Flecken drin. Schrubben Sie den Schrank im Waschraum.«

»Im Waschraum?«

»Sie haben richtig gehört.«

»Jawohl, Herr Gefreiter! Spind im Waschraum schrubben.«

Becker überlegte, wie krieg' ich das Spind in den Waschraum? Zwei Meter hoch und 1,20 Meter breit! Der Gefreite schien seinen Gedanken zu erraten. »Och, zu zweit werden Sie das schon schaffen.« So begann für den Rekruten Gottfried Becker der Dienst im Potsdamer Elite-Regiment reichlich plebejisch. Als er hinterher, stolz auf geleistete Arbeit, sein Spind präsentieren wollte – »Darf ich vorzeigen?« –, korrigierte ihn der Gefreite: »Merken Sie sich, bei uns heißt das: ›Bitte das Spind Herrn Gefreiten vorzeigen zu dürfen.‹«

Becker war gerne Soldat, er besaß sogar eine vormilitärische Ausbildung, hatte beim Grenzschutz freiwillig einige Wochen gedient. So wurde er bereits nach einem knappen halben Jahr Ausbildung selbst Stubengefreiter in der 5. Kompanie. Kompaniechef Winkler pflegte seine Soldaten täglich zu begrüßen: »Guten Morgen, Garde-Schützen!« Diese Anrede machte sie stolz.

Die »Garde«, der Begriff kommt aus dem Französischen (Wache), galt von jeher als eine besondere Einheit, die den Wach- und Ehrendienst in der Residenz des Monarchen versah und bei Feldzügen als Schlachtreserve diente. Napoleon I. hatte aus seinen Garde-Truppen ein ganzes Armeekorps gebildet – dic Garde Impériale –, das den preußischen Königen als Vorbild diente. Das preußische Gardekorps stand in Berlin, Potsdam und Jüterbog. Mindestgröße der Soldaten: 170 Zentimeter.

Die Tradition des I.R. 9 wiederum ging zurück bis zu den »Langen Kerls« König Friedrich Wilhelms I., die damals noch den Namen »Rotes Leibbataillon« führten. Später hieß es »Erstes Garde-Regiment zu Fuß«. Seine Losung: »semper talis« – immer der Gleiche. Kurz nach der Kapitulation im November 1918 hörte das Erste Garde-Regiment zu Fuß auf zu existieren. In weit über 100 Schlachten hatte es mit einer einzigen Ausnahme keine Stellung verloren, war bei keinem Angriff zurückgewichen. Kein Wunder, daß es den Soldaten Gottfried Becker gereizt hatte, bei diesem Traditionsregiment zu dienen. Dafür nahm er Übungsmärsche bis zu 320 Kilometer Länge in sechs Tagen in Kauf, »feldmarschmäßig ausgerüstet«, das heißt, mit allen Waffen und Geräten. Spitzenleistung an einem Tag: 80 Kilometer.

Aber nun wurde aus dem Kriegsspiel ernst. Nach der Verkündung der Mobilmachung verlud man sofort alle schweren Waffen und Geräte auf Güterwaggons, und am Morgen des 27. August um sechs Uhr marschierte das I.R. 9 zum Bahnhof. Es war ein Sonntag. Auf den verwaisten Straßen war kaum ein Potsdamer zu sehen. Nur Posten hatten längs der Marschkolonnen Aufstellung bezogen, und die Zeitungsfrau stand an der Brücke bei der Garnisonkirche. Das waren ihre

Jungs, denen sie morgens vor die Kasernenstuben die Zeitung legte, die jetzt in den Krieg zogen. Im Morgendunst winkte sie den Soldaten, Gott behüte sie, nach. Ein Bild, das sich in Beckers Gedächtnis tief einprägte.

Welch ein Gegensatz zum Beginn des Ersten Weltkrieges. Da war auf dem Potsdamer Lustgarten vor dem Stadtschloß das gesamte Erste Garde-Regiment zu Fuß angetreten. Es hatte einen Gottesdienst mit Geistlichen beider Konfessionen vor 8000 Soldaten gegeben. Sie sangen »Ein' feste Burg ist unser Gott . . .« Der Kaiser hielt eine kurze Ansprache: »Ich erwarte von meinem Ersten Garde-Regiment und meiner Garde, daß sie ihrer glorreichen Geschichte ein neues Ruhmesblatt hinzufügen werde . . .« Dann hatte Wilhelm II. blankgezogen – »so ziehe ich denn das Schwert, das ich mit Gottes Hilfe jahrzehntelang in der Scheide gelassen habe«, hatte den Säbel hoch über seinen blitzenden Helm gehalten, »und ihr alle sollt mir dafür sorgen, daß es erst in Ehren wieder eingesteckt werden kann. Auf denn in den Kampf! In Staub mit allen Feinden Brandenburgs! Auf unser Heer! Auf unser Heer dreimal Hurra! Hurra! Hurra!«

Donnernd schallte es zurück: »Hurra! Hurra! Hurra!« In langgezogenen, schnurgeraden Zweierreihen – je 36 Soldaten nebeneinander – paradierten die Soldaten an ihrem Monarchen vorbei. Auf dem Schloß wehte die Standarte des Kaisers, den Damen bei Hofe lief ein Kribbeln über den Rücken.

Jetzt, am 26. August 1939, verließ das Regiment ohne Jubel, ohne jedwede Beteiligung der Potsdamer in gedrückter Stimmung die Garnison. »Mensch, dieser Wahnsinnige macht ja wirklich Krieg«, sagte Gilsa zu seinem Verpflegungsoffizier, Leutnant Jannsen, und meinte Hitler.

Kein Wort wurde gesprochen. Die Männer kamen aus verschiedenen Berufsständen, aus Pommern und Brandenburg. Sie hatten sich auf einen befristeten Militärdienst vorbereitet. Nun warf sie das Schicksal in eine höchst ungewisse Zukunft. Wer würde überleben? Wer auf dem Felde der Ehre bleiben, ohne das Leben überhaupt gelebt zu haben? Ihnen war nicht nach Jubel zumute.

3 Nach Hitlers Machtübernahme: Ein Bankier emigriert ins I.R. 9

Leutnant Hermann Jannsen war vom Aussehen und Herkommen alles andere als ein Militär – mittelgroß, gütiges Gesicht, Reservist, Bankkaufmann. Andererseits hatte er bereits als siebzehnjähriger königlich-preußischer Fahnenjunker am Ersten Weltkrieg teilgenommen, war in der Schlacht von Flandern schwer verwundet worden. Nach einer dreijährigen Banklehre und einem abgeschlossenen Volkswirtschaftsstudium hatte er eine Anstellung im Berliner Privatbankhaus von Goldschmidt-Rothschild & Co. gefunden, dessen Inhaber Nachkommen der alten jüdischen Frankfurter Familie Rothschild waren. In dieser Welt der Finanzen waren seine Erlebnisse von denen seiner Offizierskameraden vom I.R. 9 grundverschieden. In den zwanziger Jahren war er zum Beispiel Zeuge bei notariellen Beurkundungen für das Engagement amerikanischer Firmen in Deutschland, darunter Woolworth, General Motors, Ford, T & T, Gillette.

Er und seinesgleichen überlegten nach Hitlers Machtübernahme im Jahre 1933, ob man nicht – »wie viele andere anständig gesinnte Männer« – der NSDAP beitreten sollte, um die Nationalsozialisten »in eine vernünftige Richtung zu führen«. Aber zu seinem Glück nahm er von dieser Idee Abstand. Statt dessen beschloß er, in die Wehrmacht zu »emigrieren«, meldete sich 1936 als Reservist, wurde nach einem Einstellungsgespräch beim Regimentsadjutanten Graf von Baudissin mit seinem letzten Dienstgrad im Ersten Weltkrieg als Fahnenjunker-Unteroffizier eingestellt. Ein Jahr später war er Leutnant der Reserve und hatte fortan in jedem Jahr an einer Reserveübung teilgenommen.

Nach der Mobilmachung war Jannsen zunächst als Führer der 14. Motorisierten Kompanie eines neu aufgestellten Infanterie-Regiments eingeteilt worden. So richtig wohl fühlte er sich in dieser Einheit nicht, weil er niemanden kannte. Als er eines Tages über den Kasernenhof in Potsdam ging, begegnete er dem Grafen von Bothmer. Dieser war kurz zuvor zum Regimentsadjutanten befördert worden. »Ich hab' was für

Sie«, erklärte Bothmer auf Jannsens Klagen. »Ich muß zwei Stellen beim Regimentsstab des I.R. 9 kriegsmäßig besetzen. Das eine ist der Major beim Stabe, den haben wir bereits. Das macht Major der Reserve Freiherr von Plettenberg. Aber ich brauche noch einen Verpflegungsoffizier. Wäre das nicht etwas für Sie?«

»Das mache ich.« Daraufhin war Bothmer mit ihm zum Regimentskommandeur gegangen. Oberst Gilsa blickte kurz von seinen Schreibtischpapieren auf. »Wissen Sie denn, was Sie zu tun haben werden?« fragte er Jannsen.

»Keine Ahnung, Herr Oberst.«

»Sie werden es schon machen.« Damit war der Bankkaufmann Jannsen zum Verpflegungsoffizier ernannt.

Jedes der drei Bataillone hatte einen bespannten Verpflegungszug. Obwohl das I.R. 9 ein Infanterie-Regiment mit etwas über 3000 Soldaten war, besaß es 768 Pferde, jeder Offizier eines oder mehrere. Zum Regiment gehörten ferner ein Reiterzug und die bespannten Verpflegungskolonnen. Die Kompanien waren von 1 bis 14 durchnumeriert, jeweils vier gehörten zu einem Bataillon, die dreizehnte war eine Infanterie-Geschützkompanie mit acht Geschützen vom Kaliber 7,5 cm und vier 15-cm-Haubitzen, die vierzehnte die Panzerabwehrkompanie.

Mit seinem Vorsatz, vor den Nationalsozialisten in die Wehrmacht zu »emigrieren«, wäre Jannsen fast vom Regen in die Traufe gekommen. Im Frühjahr 1936 hatte Hitler unter Bruch des Vertrages von Locarno (gegenseitiges Sicherheitssystem in Westeuropa) die entmilitarisierte Zone links des Rheins besetzt und den politischen Handstreich durch eine Volksabstimmung, verbunden mit einer Neuwahl des von ihm aufgelösten Reichstages, bestätigen lassen. Hitler trat zuvor in zwölf Versammlungen auf, in der letzten sprach er auf einer Lokomotive stehend zu 120000 (!) Krupp-Arbeitern. Das Abstimmungsergebnis in ganz Deutschland war überwältigend: 99 Prozent hielten seine Politik für gut und richtig. Der Oberbefehlshaber des Heeres, Generaloberst Werner Freiherr von Fritsch, bat den »Führer«, »dem Heer die Ehre anzutun, Chef des Potsdamer I.R. 9 zu werden« – eine Auszeichnung vergleichbar mit der des Ehrenobersts in den britischen Streitkräften. Hitler fand Gefallen an dieser Idee. Im Ersten Weltkrieg hatte er es nur zum Gefreiten gebracht – allerdings mit dem Eisernen Kreuz I. Klasse ausgezeichnet. Vom Reichspräsidenten und Generalfeldmarschall von Hindenburg wurde er verächtlich als der »böhmische Gefreite« bezeichnet - eine Abqualifizierung, die übrigens auf einem geographischen Irrtum beruhte: Hitler stammte aus dem österreichischen Braunau am Inn, seine Eltern aus ärmlichen Verhältnissen im niederösterreichischen Wald. Für den im habsburgischen Monarchiedenken stehengebliebenen, greisen Hindenburg war das Böhmen. Das Regiment bekam Befehl, am 20. April 1936, an »Führers« Geburtstag, in Berlin aufzumarschieren.

Am 19. April erhielt Generaloberst Fritsch überraschend einen Anruf aus der Reichskanzlei: »Der Führer hat seine Zusage zurückgenommen, Chef des I.R. 9 zu werden.« Eine offizielle Begründung wurde dem völlig verblüfften OB des Heeres nicht geliefert. Über die wahren Hintergründe gab es verschiedene Versionen, eine lautete: Als Chef des I.R. 9 hätte sich Hitler zu Pferde zeigen müssen. Er war aber kein Reiter, und die Gefahr bestand, daß er hoch zu Roß eine schlechte Figur machen würde. Eine andere Deutung besagte, daß der Reichsführer-SS, Heinrich Himmler, quergeschossen habe, weil er einen stärkeren Einfluß des Heeres auf Hitler befürchtete, wenn dieser Ehren-Chef des I.R. 9 sei.

Obwohl im Regiment die ablehnende Haltung gegenüber den braunen Machthabern überwog, gab es Offiziere, die sich für die nationalsozialistische Weltanschauung begeisterten. So der ehemalige I.R.-9-Oberleutnant Rudolf Schmundt, der im Februar 1938, inzwischen Major im Generalstab, zum Wehrmachtsadjutanten Hitlers avancierte und es bis zum General brachte. Seine Verbindungen zu den Kameraden aus alten Zeiten gab er jedoch nie auf, selbst wenn er um deren politisch gegensätzliche Einstellung wußte. Es gab sogar Nazi-Größen, welche die Mitgliedschaft beim elitären »I.R. Graf Neun«, wie das Regiment wegen seiner zahlreichen adligen Offiziere vielfach genannt wurde, suchten, wie wohl bei Kriegsausbruch im Regiment nur fünf Grafen dienten: Baudissin, Bothmer, Eulenburg, Matuschka, Schlieffen. Einer dieser Obernazis war der Kronjurist des Regimes, Hans Frank, Reichsminister und Reichsleiter des Rechtsamtes der NSDAP. Er war Reserveleutnant. Nach der Mobilmachung in Potsdam meldete er sich beim Fähnrichsvater Philipp von Bismarck. »Ich kann nicht einrücken. Befehl vom Führer, soll eine Stellung als Gouverneur antreten!«

Bismarck musterte ihn kühl, weder wissend, welch hochgestellter Vertreter des Regimes da vor ihm stand, noch konnte er sich etwas unter einem Gouverneur vorstellen. Also sagte er, keinen Widerspruch duldend: »Herr Frank, Sie sind auf meiner Mobilmachungsliste für die

2. Kompanie eingeteilt. Die Zweite befindet sich bereits in der Gegend von Stolp.«

»Aber . . .«

»Kein Aber. In einer Stunde haben wir das Auto hier, das Sie dorthin bringen wird. Alles andere interessiert nicht.«

»Aber der Führer . . .«

»Sie wissen, was auf Desertieren steht?«

»Jawohl.«

»Vielen Dank. Das war's.«

Der Reichsminister schluckte, war unverkennbar wütend, aber ließ sich zunächst einmal zu seiner Einheit fahren. Wenig später wurde er von Berlin »uk«, unabkömmlich, gestellt, durfte die Truppe verlassen und wurde 14 Tage später zum Chef der obersten deutschen Zivilverwaltung im besetzten Polen, später zum Generalgouverneur, ernannt. Aus dieser herausragenden Position hätte er sich leicht an Bismarck rächen können. Aber er tat es nicht. Dafür war er dem I.R. 9 viel zu sehr verbunden.

4 Aufnahmeprüfung: mit verbundenen Augen auf dem Drehstuhl

Leutnant Maximilian von Arnim, Max, wie er von seinen Kameraden genannt wurde, war ein hochaufgeschossener junger Mann mit dichtem, dunkelblondem, linksgescheiteltem Haar. Das schmale Gesicht war von einer kräftigen Nase geprägt. Der Blick signalisierte Geradlinigkeit. Der Leutnant, 7. Kompanie, gehörte zu den wenigen des Regiments, die Gelegenheit hatten, Hitler, den »Wahnsinnigen, der jetzt wirklich Krieg macht«, aus nächster Nähe zu erleben. Wenige Monate zuvor, am 18. Januar 1939, dem 238. Gründungstag des Königreiches Preußen, hatte der »Führer« sämtliche Leutnants des jüngsten Jahrgangs aller drei Wehrmachtsteile in der Reichskanzlei versammelt und in einer Rede ziemlich ungeschminkt auf einen bevorstehenden Krieg hingewiesen. Seine Worte hatten bei den jungen Offizieren alles andere als Begeisterung ausgelöst.

Leutnant von Arnim war der Sproß einer bekannten deutschen Dichterfamilie, Urenkel des Dichters und Liedersammlers Achim von Arnim *(Des Knaben Wunderhorn)* und seiner Frau Bettina, geborene Brentano. Max war auf einem Besitz der Familie in Wiepersdorf bei Jüterbog, wo das Dichterehepaar gelebt hatte, geboren. Er verbrachte dort die ersten acht Jahre seines Lebens. Zu den unauslöschlichen Eindrücken seiner Kindheit gehörten die Arbeitsglocke auf dem Hof und der Gong, der zu den gemeinsamen Mahlzeiten rief. Vor allem aber waren ihm die Unkenrufe der Frösche vom nahen Teich an warmen Sommerabenden in Erinnerung. Es gab Petroleumlampen, und Weihnachten wurde in einem 100 Quadratmeter großen und sieben Meter hohen Raum gefeiert, der einem Onkel als Maleratelier gedient hatte. In der Mitte, vom Fußboden bis zur Decke reichend, stand der Weihnachtsbaum, um den herum alle Kinder spielen konnten. Das Schmükken und Aufstecken der Kerzen erfolgte mit Hilfe einer Stehleiter. In einer Ecke stand ständig ein großes Faß mit Wasser für alle Fälle, und mit einem langen Holzrohr konnte man die obersten Lichter ausblasen.

Als Max acht war, mußte die Familie von Wiepersdorf auf einen anderen Besitz derer von Arnim umziehen, auf ein kleines Waldgut in Burow im nördlichen Zipfel der Mark Brandenburg, zwischen Rheinsberg und Stechlin-See. Die nächste Bahnstation, Drögen, war sechs Kilometer entfernt, eine Strecke, die man zu Fuß zurücklegte.

Sein Vater, ein Land- und Forstwirt, durfte ihm mit besonderer Erlaubnis des Schulrates in den ersten Jahren Privatunterricht erteilen. Später schickte er Max auf das Arndt-Gymnasium in Berlin-Dahlem, einem vornehmen Villenviertel. Nach zwei Jahren schrieb ihm sein Vater: »Leider macht Dahlem seinem im Schülerjargon gebrauchten Namen ›Feudahlem‹ alle Ehre. Ich muß Dich auf eine Schule geben, die etwas billiger kommt, und das ist das Joachimsthalsche Gymnasium in Templin.« Diese Schule wurde 1607 vom brandenburgischen Kurfürsten Joachim Friedrich gegründet. Sie war mit einem großen land- und forstwirtschaftlichen Besitz ausgestattet. Die Schüler konnten durch gute Leistungen das vom Vater zu zahlende Schulgeld herabsetzen. Es gab Sportplatz, Tennisplatz, einen »Schülerwald«, ein Bootshaus mit Vierern und zwei Doppelskull-Booten. Auf die Frage seines Vaters »Was willst du eigentlich mal werden?« hatte Max geantwortet: »Forstmann.« Er hatte fünf Brüder, zwei davon waren bereits Forstleute. Der Vater schlief darüber zwei Nächte sehr unruhig, sagte schließlich: »Hör mal zu, ich habe mir das sehr überlegt. Wenn du als dritter aus derselben Familie den gleichen Beruf ergreifst, zudem eine staatliche Laufbahn, wird die Staatsforstverwaltung glauben, ihr drei wolltet die Macht im Staate ergreifen. Dann verdirbst du nicht nur deinen beiden Brüdern, sondern auch dir die Karriere. Also das schlag dir mal aus dem Kopf.«

Daraufhin beschloß der junge Max, aktiver Offizier zu werden. Da sein Vater und zwei ältere Brüder beim Garde-Schützen-Bataillon gedient hatten, meldete er sich bei der 5. Kompanie des I.R. 9, den traditionellen Garde-Schützen. Nach der schriftlichen Bewerbung wurde er, damals 19, zur Vorstellung beim Regiment eingeladen. Es war Frühjahr 1936. Die Prüfung dauerte drei Tage. Unter anderem bekam von Arnim ein Bild des Schweizer Malers Arnold Böcklin vorgelegt und mußte es interpretieren. Es gab eine körperliche Prüfung, bei der man im Drillichanzug mit Tornister, Stahlhelm und Gewehr über eine Hindernislaufbahn gejagt wurde. Ein weiterer Test bestand darin, daß man vor eine Schalttafel gesetzt wurde und drei Hebel zu bedienen hatte, wobei die

Betätigung des rechten ein rotes Licht auslöste, die des mittleren ein grünes und des linken ein gelbes. Wenn man die beiden äußeren betätigte, leuchtete eine blaue Lampe auf, und wenn man andere Kombinationen wählte, gab es wiederum andere Farben. Der Prüfling mußte nun auf Kommando eine bestimmte Farbe per Hebel aufleuchten lassen. Max schaltete schnell und richtig. Alsdann wurde er auf einen Drehstuhl gesetzt, bekam die Augen verbunden und mußte lange Handschuhe überziehen, damit er keinen Luftzug verspürte. Schließlich wurde er in Drehung versetzt, plötzlich angehalten und gefragt: »Wo ist das Fenster?« Max von Arnim blitzschnell: »Das Fenster ist da!« Er deutete in die richtige Richtung.

»Woran haben Sie das gemerkt?«

»Weil da die Straßenbahn gerade vorbeigefahren ist.«

Nach einigen Wochen bekam Max die Nachricht, daß er die Prüfung bestanden und sich am 4. Dezember 1936 bei der 5. Kompanie des Infanterie-Regiments 9 in Potsdam, Jägerkaserne, zu melden habe.

Die Jägerkaserne, früher eine Unteroffiziersschule, war ein langgestreckter, dreistöckiger Bau mit einem Grünstreifen davor und einem Schilderhaus vor einem großen Portal. Mit Max von Arnim wurden 22 Fahnenjunker bei der 5. Kompanie zur Ausbildung eingestellt. Sein unmittelbarer Vorgesetzter war der Stubengefreite Paulick, ein trotz seines niedrigen Mannschaftsdienstgrades hervorragender Psychologe, der es später zum Offizier brachte. Er half den Rekruten, die Schlafstrohsäcke zu stopfen und einzuräumen. Er ging mit ihnen auf die Kleiderkammer und sorgte dafür, daß sie passende Sachen bekamen. Machte der Kleiderfeldwebel Schwierigkeiten, ein Uniformstück zurückzunehmen, sagte Paulick geschickt: »Halt, das können wir uns nicht erlauben. Der Fähnrichsvater wird damit nicht einverstanden sein.« Fähnrichsvater war 1936 Leutnant Kaempfe.

Exerziert wurde auf einem Hof, der nur durch eine hohe Mauer vom Pausenhof eines Mädchenlyzeums getrennt war. Von ihren Klassenzimmern aus beobachteten die Mädels das Geschehen auf dem Kasernenhof. So stachelte Leutnant Kaempfe seine Rekruten gelegentlich an: »Kinder, jetzt hört mal zu! Schaut euch mal an, was die Mädchen, die da zugucken, von euch wohl denken. Reißt euch zusammen und stellt euch vor, wie nett das wäre, wenn ihr hinterher mit einem von diesen Mädchen zusammen seid. Da könnt ihr euch die Kritik abholen!« Gelegentlich leistete er sich auch einen Scherz, befahl »Marsch, marsch auf die Mauer zu!«, wenn die Mädchen auf der anderen Seite gerade Pause hatten und furchtbar kreischten angesichts der sich die Mauer hochhangelnden Soldaten.

Zu ihrer Vereidigung nach ein paar Wochen traten die 23 Fahnenjunker der 5. Kompanie in Linie an, Leutnant Kaempfe meldete dem Regimentskommandeur von und zu Gilsa. Der hielt eine Ansprache, die jungen Offiziersanwärter berührten die Fahne und schworen, »sich jederzeit mit Leib und Leben für den Führer, für Reich und Volk einzusetzen«. Das Regimentsmusikkorps intonierte die Nationalhymne, und dann mußten die Fahnenjunker grüßenderweise am Kommandeur vorbeimarschieren. Ganz Schlaue meinten: »Kinder, der prüft, ob wir grüßen können. Vielleicht haben wir die Chance, Weihnachten nach Hause zu kommen.« Sie bekamen sogar zweimal Urlaub, Weihnachten und völlig überraschend auch über Neujahr. Am 31. Dezember gegen elf Uhr kehrten sie dreckverschmiert von einer Felddienstübung auf dem Bornstedter Feld zurück. Während sie ihre Waffen reinigten, betrat der Fähnrichsvater Arnims Stube und sagte, absichtlich leise, so daß es nicht alle mitbekamen: »Wollt ihr nach Hause fahren?«

Die ihn hörten schauten sich erstaunt an.

»Wollt ihr nach Hause fahren?«

Noch immer nichts.

Jetzt laut: »Wenn ihr nicht nach Hause fahren wollt, nehme ich die Urlaubsscheine wieder mit!« Riesenjubel! Max traf abends zu Hause ein. Als er das Wohnzimmer betrat, starrte ihn sein Vater fassungslos an. Er konnte sich nicht vorstellen, daß man bei der Wehrmacht sowohl zu Weihnachten als auch zum Jahreswechsel Urlaub bekäme. »Zeig mir mal deinen Urlaubsschein.«

All das waren Erinnerungen, die Max bei Kriegsausbruch 1939 durch den Kopf gingen. Hatte er in seinem kurzen Leben etwas falsch gemacht? Er hatte seine Offiziersausbildung zügig abgewickelt, war zur Kriegsschule nach Hannover gekommen, bestand Fähnrichs- und Oberfähnrichsprüfung, dann, gewissermaßen als Belohnung, besuchte der gesamte Fähnrichsjahrgang die Schlachtfelder des Ersten Weltkrieges in Ostpreußen. Der Taktiklehrer war seinerzeit als junger Leutnant dabeigewesen, konnte mithin alle Einzelheiten erklären, als die russische Armee in der größten Einkreisungsschlacht vernichtend geschlagen wurde (90000 Gefangene). Man besichtigte das Tannenberg-Denkmal, das Grab des damaligen deutschen Heerführers und späteren Reichspräsidenten von Hindenburg und fuhr per Schiff über die Ostsee zurück.

Nicht alle ehemaligen Fahnenjunker kamen nach der Offiziersausbildung wieder zu ihrem alten Regiment. Arnim hatte Glück, landete bei der 7. Kompanie des I.R. 9, wurde Kompanieoffizier und war damit der erste Offizier nach dem Kompaniechef, Oberleutnant Waldemar Freiherr Grote. Wenn in Marschformation ausgerückt wurde, führte automatisch der Kompanieoffizier den ersten Zug, den zweiten und dritten dagegen ein Oberfeldwebel oder ein Feldwebel.

Politisch herrschte im Regiment eine zwiespältige Atmosphäre. Die meisten der jungen Leutnants setzten sich kaum mit dem Dritten Reich und dem Nationalsozialismus auseinander. Sie sahen ihre Aufgabe vornehmlich darin, den ihnen anvertrauten Mannschaften ein militärisches Vorbild zu sein und sie nach bestem Wissen und Gewissen zu guten Soldaten zu erziehen. Max von Arnim bildete politisch eine Ausnahme. Von Haus aus war er kritisch eingestellt. Sein Vater wollte »mit diesem Emporkömmling« - gemeint war Hitler - nichts zu tun haben. Er war ehrenamtlicher Bürgermeister des kleinen 150-Seelen-Dorfes. Er lehnte es grundsätzlich ab, mit »Heil Hitler« zu grüßen. Statt dessen zog er seinen Hut, den er immer trug.

Als Schüler war Arnim mit der gesamten Schulbelegschaft Mitte der dreißiger Jahre automatisch in die Hitler-Jugend übernommen worden, ohne daß der einzelne gefragt worden wäre. Er und seine Kameraden betrachteten den HJ-Dienst als Pfadfinderleben mit Zeltlager, Geländespielen und viel Sport. Bis sich ein Vorfall ereignete, der ihnen zu denken gab. Das Joachimsthalsche Gymnasium hatte einen Direktor namens Kuhlmann, Humanist vom Scheitel bis zur Sohle, ein von seinen Schülern verehrter Pädagoge. Sie liebten vor allem seinen Griechisch-Unterricht. Eines Tages - Hitler war etwa ein Jahr an der Macht - wehte am Fahnenmast der Schule plötzlich die HJ-Fahne. Der Direktor, der sie bei seinem täglichen Rundgang erspähte, war nicht gefragt worden. Also winkte er zwei zufällig vorbeikommende Schüler heran: »Holt die Fahne runter!« So geschah es denn auch. Es dauerte nicht lange, da ließ der HJ-Führer der Schule alle Schüler antreten und hielt eine abfällige Rede über den Direktor, der es gewagt hatte, die Fahne einholen zu lassen. Er befahl: »Alle, die sich mit der Maßnahme des Direktors einverstanden erklären, vortreten!« Etwa 20 Schüler traten vor. Ihnen wurden Schulterstücke, Schulterriemen und Halstuch der HJ-Uniform abgenommen und erklärt, sie seien aus der HJ ausgestoßen. Den übrigen Schülern wurde befohlen, mit den »Ausgestoßenen« künftig nicht zu reden, überhaupt keinen Kontakt aufrechtzuerhalten.

Max von Arnim war, wie die meisten Schüler, nicht vorgetreten; weniger aus Feigheit, sondern weil er im Moment nicht richtig begriff, was gespielt wurde. Hinterher bekam er Gewissenskonflikte. Mit der Zeit fühlte er sich immer unwohler in der Hitler-Jugend. Um dem politischen Druck zu entkommen, meldete er sich mit anderen freiwillig zu einer Zweigorganisation, der Flieger-HJ, wo Segelfliegen gelehrt wurde, ohne daß man »weltanschaulichen Unterricht« über sich ergehen lassen mußte.

Diese Zeit lag nun aber schon Jahre zurück. Aus dem Schüler war der junge Leutnant geworden. Richtig schmuck sah er aus mit der silbernen Fangschnur und dem »Sarrasani-Rock«, wie die Ausgehuniform in Anspielung auf einen bekannten Zirkus genannt wurde. Er tanzte auf Regimentsbällen leidenschaftlich gern den mehr und mehr in Mode gekommenen Lambethwalk. Dieses unbeschwerte Leutnantsleben wurde plötzlich unterbrochen, und die Offiziere wurden mit dem überraschenden Mob-Befehl des Regimentskommandeurs am Abend des 25. August 1939 konfrontiert: »Dieses ist unser letztes gemeinsames Abendessen. Ich wünsche Ihnen viel Soldatenglück!«

Die erste Enttäuschung auf dem Weg in eine ungewisse Zukunft stellte sich schon am nächsten Morgen ein: Arnim und sein gesamter Leutnantsjahrgang wurden laut »Mob-Verwendung« vom I.R. 9 abkommandiert, um als Kader ein neues Regiment, das I.R. 178, aufzustellen. Sie kamen überdies auch noch zu einer neuen Division. Arnim mußte in die Räume der Kriegsschule in der Pappelallee umziehen. Fürs erste war er von seinem alten Haufen getrennt. Ein Stück Sicherheit, der lebenswichtige Rückhalt im Krieg durch die Kameraden, ging verloren. Immerhin, Arnims neuer Kompaniechef, der Reservehauptmann von Klitzing, gab die Parole aus: »Wer weiß, was aus uns wird? Laßt uns noch einmal die guten Seiten des Lebens mitnehmen!« Bereits einige Tage später ging es per LKW in den Westerwald, in die Gegend von Hachenburg. Die Kriegsbombe tickte.

5 Schütze Weizsäcker: im Paradeschritt an Hitler vorbei

Der Schütze Richard von Weizsäcker diente in der 4. Kompanie, einer bespannten Maschinengewehr-Kompanie, des Regiments. Er war mittelgroß, hatte ein schmales Gesicht mit breiter Stirn, kämmte das glatte dunkelblonde Haar mit einem hohen Linksscheitel. Vom Vater hatte er eine größere, leicht gebogene Nase mitbekommen. Er hatte siebzehnjährig sein Abitur gebaut, den für alle Jugendlichen männlichen und weiblichen Geschlechts vorgeschriebenen sechsmonatigen Arbeitsdienst mit wenig Begeisterung hinter sich gebracht und im Oktober 1938 seine zweijährige Wehrpflicht begonnen.

Vorübergehend hatte er mit dem Gedanken gespielt, seine Dienstzeit bei der Aufklärungsabteilung, dem Traditionsregiment der 1. Garde-Ulanen, in Stahnsdorf bei Berlin abzuleisten. Dann aber entschied er sich doch für das I.R. 9, weil dort bereits sein ihm in vielerlei Hinsicht als Vorbild geltender, zweitältester Bruder Heinrich – er hatte drei Geschwister – als Leutnant diente. Er liebte diesen Bruder. Heinrich, ein Hüne, sehr schlank, war ein Bewunderer Kaiser Friedrichs II., des Stauferkaisers, der wegen seiner für das 13. Jahrhundert ungewöhnlichen geistig-politischen Spannkraft das »Staunen der Welt« genannt wurde. Von diesen Geschichtskenntnissen hatte er vieles seinem jüngeren Bruder Richard vermittelt. Er war ihm ein väterlicher Freund, auch dann, wenn Richard ihn mit immer neuen Fragen von dem ablenkte, was ihn gerade selbst beschäftigte.

Die 4. Maschinengewehr-Kompanie war in der Pappelallee untergebracht. Kompaniechef war Oberleutnant Ekkehard Baron von Ardenne, ein Bruder des Physikers und Radiopioniers Manfred von Ardenne. Dem jungen Rekruten imponierte, wie der Kompaniechef am 9. November 1938 die unumgängliche Würdigung des 15 Jahre zuvor vor der Münchner Feldherrenhalle gescheiterten Putschversuches Hitlers und der Nationalsozialisten abhandelte. Er ließ die Kompanie antreten, sagte einige Worte über den 9. November 1918, das Ende des Ersten

Weltkrieges und die Ausrufung der Republik. Dann fügte er verschmitzt hinzu: »Alles, was im übrigen über den 9. November anderer Jahre zu sagen ist, können Sie der Zeitung entnehmen.« Damit war das Nazi-Thema erledigt. »Kompanie weggetreten!«

Der junge Weizsäcker wurde auf eine Stube mit 15 Soldaten und einem Gefreiten als Stubenältesten gelegt. Der Gefreite hieß Beitler und war klein. Weizsäcker war gleich am Tag des Einrückens durch Vorlautsein aufgefallen. Es geschah beim Einräumen der Spinde, in welche die Wäsche »auf Kante« gestapelt werden mußte. Anschließend machte Gefreiter Beitler Spindappell. Als er schließlich den letzten Schrank für gerade noch abnehmbar erklärt hatte, tönte Weizsäcker: »Und jetzt wollen wir doch mal in den Schrank des Stubenältesten reingucken!« Sprach's und holte einen Kamm heraus, der nicht ganz sauber war. Dröhnendes Gelächter. Es dauerte nur ein paar Stunden, da hieß es: »Rekrut Weizsäcker zum Kompaniechef!« Oberleutnant von Ardenne machte es kurz: »Schütze von Weizsäcker! Wenn Sie noch einmal die Disziplin der Truppe untergraben, werde ich nicht davor zurückschrekken, Sie als ersten der eingerückten Rekruten mit verschärftem Arrest zu bestrafen! Weggetreten!« Daß der Kompaniechef derart strenge Töne anschlug, hatte einen Grund: Er war mit Weizsäckers Bruder Heinrich, Kompanieoffizier in der 1. Kompanie, befreundet und wollte nicht den leisesten Verdacht einer Bevorzugung aufkommen lassen.

Der Rekrut Weizsäcker empfand den Dienst als hart, insbesondere, wenn er auf dem nördlich der Pappelallee gelegenen Exerzierplatz, dem Bornstedter Feld, rauf- und runterrobben mußte. Er paßte eigentlich nicht in diese preußische Kommißatmosphäre. Seine Vorfahren stammten aus einer schwäbischen Bürgerfamilie. Der Stammvater aller zwölf Familienzweige führte in der ersten Hälfte des 17. Jahrhunderts im Hohenloher Land, eine halbe Stunde von Neuenstein entfernt, die Ziegelmühle. Hundert Jahre später wurde ein Gottlieb Jacob Weizsäcker Koch in fürstlichen Diensten. Dessen Sohn, Christian Ludwig Friedrich Weizsäcker, brachte es zum Stiftsprediger und dessen Sprößling wiederum, Carl Heinrich von Weizsäcker (1822 bis 1899), zum Universitätskanzler und Professor der Theologie, damit verbunden das nicht erbliche Adelsprädikat. Fortan bekleideten die Vorfahren des Rekruten Staatsämter. Sein Großvater, Karl Hugo Weizsäcker, Jurist, wurde württembergischer Ministerpräsident und 1916 für seine Verdienste in den Freiherren-Stand erhoben – nunmehr vererbbar. Der Vater des Rekruten, Ernst Heinrich von Weizsäcker, ursprünglich Berufsoffizier, Korvettenkapitän, war nach dem Ersten Weltkrieg in den Auswärtigen Dienst übernommen worden und hatte es ein halbes Jahr, bevor sich sein Sohn Richard beim I.R. 9 zum Wehrdienst meldete, zum Staatssekretär, zum höchsten Beamten im Außenministerium gebracht. Er war nach der Geschäftsordnung die rechte Hand des damaligen Außenministers Joachim von Ribbentrop. Die Mutter seines Vaters, Paula, geborene von Meibom, hatte ihn gewarnt, sich nicht allzu eng mit dem NS-Regime einzulassen, aber andere, zum Beispiel der Generalstabschef des Heeres, Ludwig Beck, rieten dringend zur Annahme, damit Weizsäcker senior ein Gegengewicht zu dem Hitler ergebenen Außenminister abgäbe. Er nahm schließlich an, und Ernst Heinrich von Weizsäcker gab sich der Hoffnung hin, nicht nur seinen Chef, sondern auch Hitler im positiven Sinne beeinflussen, insbesondere ihn von seinen Kriegsabsichten abbringen zu können.

Mit diesem Vorsatz hatte sich der Vater, ein distinguierter Herr alter Schule, jedoch übernommen. Bald mußte er feststellen, daß er nur teilweise über die außenpolitischen und militärpolitischen Pläne des »Führers« unterrichtet wurde. Das meiste lief direkt zwischen Hitler und Ribbentrop. So kam es sehr schnell zu Kontroversen zwischen Weizsäcker senior und seinem Minister. Am 8. Juni 1938 hatte der Vater des Rekruten in einer Denkschrift Ribbentrop und Hitler gewarnt, Großbritannien und Frankreich zu provozieren. »Der Krieg würde mit unserer Erschöpfung und Niederlage enden. Der Verlierer wäre mit uns ganz Europa.« Knapp vier Wochen später schrieb er seiner Mutter: »Was mich in Gang hält, ist der Gedanke, drei Söhne im wehrpflichtigen Alter ... zu besitzen.« In der ersten Augusthälfte desselben Jahres hatte Vater Weizsäcker mit Rücktrittsgedanken gespielt, »bevor der Weggang zur wertlosen Geste herabsinkt«. Er schrieb erneut eine Mahnung an seinen Minister, nicht zuzulassen, daß Hitler in die Tschechoslowakei einmarschiert, um die Sudetendeutschen zu retten. Ribbentrop antwortete, Weizsäcker sei »nur ihm, er nur dem Führer und der Führer allein dem deutschen Volk verantwortlich«. Am 22. und 23. August bat der Staatssekretär schriftlich seinen Minister und Hitler im Falle eines Kriegsausbruches um Entlassung aus dem Auswärtigen Dienst und Übertragung eines Kommandos auf einem Schiff der Kriegsmarine. Ribbentrop lehnte ab, der »Führer« schwieg. Aber es gab auch Freunde, so einen General Hermann Geyer und den am 18. August 1938 zurückgetretenen

Generalstabschef des Heeres, Ludwig Beck, die Ernst von Weizsäcker baten, nicht aufzugeben. Er könne durch sein Bleiben versuchen, »etwas für den Frieden zu tun«.

Vater Weizsäcker ging im September 1938 sogar so weit, »mit der Offenheit eines Verzweifelten« (so ein Freund) die Engländer konspirativ zu kontaktieren. Über zwei Mittelsmänner bat er die Londoner Regierung, alles nur Mögliche zu unternehmen, um einen bevorstehenden deutschen Überfall auf die Tschechoslowakei zu verhindern. Dieser eigentlich alarmierende Hinweis verpuffte in London. Statt dessen beschloß der britische Premierminister Neville Chamberlain, Hitler am 15. September auf dem Obersalzberg bei Berchtesgaden aufzusuchen. Die internationale Lage war explosiv. Im Sudetenland brach ein Aufstand der Volksdeutschen aus. Die Tschechoslowakei hatte das Standrecht verhängt. Es kam zu Schießereien, Morden, an die 250 000 Menschen flohen nach Deutschland. Aber das Gespräch zwischen Hitler und Chamberlain beseitigte nicht die Kriegsgefahr.

Auch eine zweite Begegnung Hitlers mit dem britischen Premierminister vom 22. bis zum 24. September in Bad Godesberg bei Bonn brachte nur ein scheinbares Einlenken des »Führers«. Staatssekretär von Weizsäcker tüftelte einen Kompromißvorschlag aus (den Hitler billigte), den er dem italienischen Staats- und Parteichef Benito Mussolini zukommen ließ. Die Vorlage Weizsäckers diente dem »Duce« bei einem Treffen der Staats- und Regierungschefs Deutschlands, Italiens, Englands und Frankreichs in der bayerischen Hauptstadt als Basis für das »Münchner Abkommen«: Danach trat die Tschechoslowakei die deutschbesiedelten Randgebiete Böhmens an das Deutsche Reich ab, Hitler garantierte im Gegenzug angeblich Bestand und Sicherheit der neuen Grenzen, sprich die Existenz der übrigen Tschechoslowakei.

Trotz dieser Zuarbeit war Hitler mit seinem AA-Staatssekretär alles andere als zufrieden. Als er erfuhr, daß Ernst von Weizsäcker in der internationalen Grenzkommission einen neuen, nach Meinung Hitlers zu weit gehenden Kompromißvorschlag unterbreitet hatte, erregte er sich: »Dieser Weizsäcker!« Zeitweise wurde überlegt, Weizsäcker als Botschafter nach Warschau abzuschieben.

Insofern war Richard von Weizsäcker im I.R. 9 wahrscheinlich der Rekrut mit dem prominentesten Vater, der sich allerdings bemühte, seine Familie aus den Zwistigkeiten des Amtes und dem direkten Kontakt mit dem Nazi-Regime herauszuhalten. Seinen vier erwachsenen Kindern, Richard war das jüngste, schärfte er ein, »Zunge und Feder stets im Zaum zu halten«. Im Juli 1938 hatte Richards Schwester Adelheid mit dem zwölf Jahre älteren Diplomlandwirt Botho-Ernst Graf zu Eulenburg die Ehe geschlossen. Der Schwiegervater war Siegfried Graf zu Eulenburg, ein Halbbruder des Chefs der 1. Kompanie im I.R. 9. Alle Rekruten des Regiments waren natürlich gleich, nur Richard von Weizsäcker mit seinen familiären Beziehungen war »gleicher«. Wiewohl kein Offiziersanwärter, sondern lediglich Wehrdienstleistender, wurde er zum Reitdienst befohlen, jeden Tag in aller Herrgottsfrühe im Drillichanzug auf ein Pferd ohne Zügel gesetzt, um vom Futtermeister Gerike über ein - wenn auch nicht besonders hohes, aber immerhin - Hindernis gepeitscht zu werden. Prompt fiel er diverse Male vom Pferd. Zu allem Übel kam hinzu, daß er für den Reitunterricht eine Stunde früher als seine Kameraden aufstehen mußte.

Unter den Rekruten herrschte kaum Kriegsstimmung, auch nicht das Gefühl, daß sie einer gefährlichen Zukunft entgegensähen - anders als bei den Offizieren des Regiments, wo Gespräche »Wie wird das noch enden?« von Zeit zu Zeit aufkamen. Richard von Weizsäcker war vollauf damit beschäftigt, sich an die Härte und den rauhen Umgangston des Militärdienstes zu gewöhnen und sich nicht unterbuttern zu lassen. Andererseits war er froh, dem Reichsarbeitsdienst (RAD) entronnen zu sein, den er von April bis Oktober abgeleistet hatte - vornehmlich beschäftigt mit dem Anpflanzen von Bäumen in der Schorfheide, nahe Berlin. Seine RAD-Vorgesetzten waren in der Regel charakterlich für eine Karriere in der Wehrmacht nicht geeignet. Es waren primitive Betonköpfe, die sich ihrer geistigen Beschränktheit bewußt waren und versuchten, diese unter anderem durch Übereifer im »Staatsbürgerlichen Unterricht« zu kompensieren. So hatte sich Richard die Behauptung anhören müssen: »Alles, was wir aus der Geschichte durch Ausgrabungen wissen, bedeutet, daß die Geschichte nichts anderes ist als die Geschichte des Spatens ...« Der langstielige Spaten ersetzte im Reichsarbeitsdienst das Gewehr, wurde beim Exerzieren genauso geschultert und präsentiert wie der Karabiner beim Kommiß.

Im I.R. 9 war die Härte des Dienstes nach der Grundausbildung durch die Sonntagsurlaube gemindert. Inzwischen hatten Weizsäckers Eltern ihre Berliner Wohnung im vierten Stock der Meineckestraße 12, einer Querstraße des Kurfürstendamms, mit der Dienstvilla in der Admiral-von-Schröder-Straße 36 getauscht. Im »Admiral«, wie sie die

Villa nannten, führten sie einerseits ein genügsames, andererseits ein stilvolles Leben. Marianne von Weizsäcker, die Mutter des Soldaten Richard von Weizsäcker, arrangierte zur Freude ihres Mannes oft Hauskonzerte.

Im Frühjahr 1939 spitzte sich die außenpolitische Lage zu. Am 14./15. März ließ Hitler unter Bruch des erst sechs Monate zuvor geschlossenen Münchner Abkommens die Tschechoslowakei besetzen. Am 16. März erklärte er sie zum deutschen Protektorat. Am 20. April, zu Hitlers 50. Geburtstag, fand auf der »Ost-West-Achse« in Berlin-Tiergarten eine Parade statt, um Macht und Stärke des neuen Deutschland zu demonstrieren. Hitler fuhr vorher in einem offenen Mercedes die zu Tausenden angetretenen Soldaten aller Streitkräfte ab, am Straßenrand Massen jubelnder Berliner. Unter den anschließend am »Führer« vorbeiparadierenden Soldaten sah man das I.R. 9, an der Spitze seinen Regimentskommandeur Freiherr von und zu Gilsa. Irgendwo in der feldgrauen Kolonne des I. Bataillons das jungenhafte Gesicht des fünf Tage zuvor gerade 19 gewordenen Schützen Richard von Weizsäcker. Er und seine Generation waren drauf und dran, unter die Räder der Weltpolitik zu geraten, ohne dies zu ahnen.

Dabei waren die Vorzeichen eigentlich unübersehbar. Acht Tage nach seinem Fünfzigsten kündigte Hitler in einer Reichstagsrede sowohl den deutsch-englischen Flottenvertrag, der das Stärkeverhältnis der deutschen zur englischen Flotte auf 35 zu 100 festlegte, als auch den deutsch-polnischen Freundschaftsvertrag. Nun hatte der Frieden noch eine Gnadenfrist von genau 125 Tagen.

Im Juli fanden für das I.R. 9 Verbandsübungen im Divisionsrahmen statt. Dabei mußte Schütze Weizsäcker, feldmarschmäßig ausgerüstet, zwei Gewaltmärsche bewältigen, der erste annähernd 50 Kilometer lang. Am ersten Abend wurde ihm schlecht. Als er dies meldete, bekam er einen »Anschiß«: »Mensch, stellen Sie sich nicht so an! Sie wollen sich bloß drücken. Legen Sie sich schlafen. Morgen sind Sie wieder auf dem Posten.« Am nächsten Morgen war sein Zustand um keinen Deut besser. Im Gegenteil, er verspürte einen heftigen Schmerz. Nach ein paar Marschkilometern machte er schlapp, fiel in den Straßengraben. Statt Mitgefühls erntete er nur mißbilligende Blicke seines Gruppenführers, wurde dann aber mit Hilfe eines Wagens ins nächstgelegene Krankenhaus gebracht, wo ihn ein junger Arzt untersuchte. »Na ja, halt ein bißchen überanstrengt. Soll sich mal ausschlafen!«

Kurz darauf kam der Chefarzt zur Visite. Weißer Kittel, Stethoskop, bedeutungsvolle Miene. Er nahm die Decke weg, tastete eher Sekunden als Minuten die Bauchdecke ab. »Sofort den jungen Mann operieren.« Es wurde eine ziemlich komplizierte Sache, den wahrscheinlich von Geburt an verlagerten, inzwischen stark entzündeten Blinddarm zu finden. Weizsäcker indes empfand Genugtuung, daß sein Schlappmachen erwiesenermaßen keine Drückebergerei war. Nach dem Krankenhausaufenthalt durfte er als Rekonvaleszent nach Hause - aus der tristen Kasernenwelt in die gepflegte Atmosphäre einer Villa mit Dienstmädchen. Inzwischen war es August, ein schöner, warmer Sommer. Nur, die Gnadenfrist des Friedens lief unweigerlich ab.

Drei Tage später erhielt er Befehl, sich sofort beim I.R. 9 zu melden. Die Mobilmachung war angeordnet. Der Abschied von zu Hause fiel ihm dank jugendlicher Unbekümmertheit leichter als den Eltern, die sich, ihm an Lebenserfahrung weit voraus, große Sorgen um ihre Söhne machten, von denen gleich zwei beim Militär waren und im Kriegsfall mit als erste an die Front müßten. Als Schütze Weizsäcker mit seiner Kompanie die Kaserne verließ, um verladen zu werden, und noch bei Dunkelheit schweigend zum Bahnhof marschierte - nur der Gleichschritt der genagelten Soldatenstiefel war zu hören -, überkam den Soldaten Weizsäcker ein Gefühl merkwürdiger Gleichgültigkeit. Abmarsch in den Krieg war befohlen worden, also marschierte er stumm in Reih und Glied mit - ein winziges Schräubchen im Räderwerk einer anlaufenden, gigantischen Kriegsmaschinerie. Irgendwo an der Spitze der Kolonne marschierte sein Bruder.

Heinrich hatte noch genau sechs Tage zu leben.

6 Polen-Feldzug: Weizsäckers Bruder Heinrich fällt

Die Nacht zum 1. September 1939 war kühl und naß. Die Temperaturen lagen nur wenige Grade über Null. Starker Bodennebel durchnäßte die Uniformen der Soldaten der 23. Division, zu der das I.R. 9 aus Potsdam gehörte. Der Verband lag auf dem Truppenübungsplatz Groß Born, unweit der polnischen Grenze. Kein Manöver stand an, sondern der Aufmarsch zum Zweiten Weltkrieg.

Als die Nacht dem Tag wich, rissen deutsche Stuka-Bomber die Polen aus dem Schlaf. Der Krieg wälzte sich mit ohrenbetäubendem Dröhnen und zuckenden Blitzen wie ein Riesenscheusal über eben noch friedliche Landschaften. Die Luft vibrierte. Jeder wähnte Gott auf seiner Seite.

Das Infanterie-Regiment 9 trat um zehn Uhr in der zweiten Welle an. Die wärmende Sonne hatte die Uniformen getrocknet. Über mitgeführte Rundfunkempfänger konnten die Männer die Ansprache ihres obersten Befehlshabers und Reichskanzlers Adolf Hitler hören, die er zur selben Zeit im Berliner Reichstag hielt. Sie klang bedrohlich und feierlich zugleich:

»Wenn ich diese Wehrmacht aufrief, und wenn ich nun vom deutschen Volk Opfer und, wenn notwendig, alle Opfer fordere, dann habe ich ein Recht dazu. Denn ich bin auch selbst heute genauso bereit, wie ich es früher war, jedes persönliche Opfer zu bringen. Ich verlange von keinem deutschen Mann etwas anderes, als was ich selber über vier Jahre freiwillig bereit war, jederzeit zu tun. Es soll keine Entbehrung in Deutschland geben, die ich nicht selber sofort übernehme. Mein ganzes Leben gehört von jetzt ab erst recht meinem Volk. Ich will nichts anderes jetzt sein als der erste Soldat des Deutschen Reiches.

Ich habe damit wieder jenen Rock angezogen, der mir einst selbst der heiligste und teuerste war. Ich werde ihn nur ausziehen nach dem Sieg, oder ich werde dieses Ende nicht erleben! . . .«

Hitlers gutturale, scharfe Stimme war gut zu verstehen. Die meisten

Soldaten überkam eine innere Erregung. Sie wurden Zeuge eines geschichtlichen Augenblicks. Dieses Gefühl überdeckte die unterschwellige Angst, aus dem Krieg nicht lebend zurückzukommen. Tags zuvor hatte Hitler kurz vor 13.00 Uhr die »Weisung Nr. 1 für die Kriegführung« der Wehrmacht erteilt - als »Geheime Kommandosache/Chef-Sache/nur durch Offizier [zu öffnen]«:

»1. Nachdem alle politischen Möglichkeiten erschöpft sind, um auf friedlichem Wege eine für Deutschland unerträgliche Lage an seiner Ostgrenze zu beseitigen, habe ich mich zur gewaltsamen Lösung entschlossen.

2. Der Angriff gegen Polen ist nach den für Fall Weiß getroffenen Vorbereitungen zu führen, mit den Abänderungen, die sich beim Heer durch den inzwischen fast vollendeten Aufmarsch ergeben.

Aufgabenverteilung und Operationsziel bleiben unverändert.

Angriffstag: 1.9.1939

Angriffszeit: 4.45 Uhr [...]

Adolf Hitler.«

Im nördlichen Frontabschnitt griff die 4. Armee unter Generaloberst Hans Günther von Kluge an. Die Spitze des Angriffs bildete Guderians Panzer-Korps. Die 23. Division mit dem Infanterie-Regiment 9 sollte als Reserve folgen. Die Stärke des I.R. 9 betrug genau 3060 Soldaten, wovon 91 Offiziere waren. Das I. Bataillon kommandierte inzwischen die »Eule«, das II. Oberstleutnant Thieme, das III. Major Ekkehard von Saldern.

In der 6. Kompanie des II. Bataillons marschierte der Gefreite Brandes, gelernter Forstmann. Für die Soldaten des II. Bataillons war die Mindestgröße 170 Zentimeter. Im I. Bataillon hätte Brandes keine Chance gehabt; dort mußten alle Soldaten über 180 groß sein. Seine zweijährige Wehrpflicht wäre eigentlich im Herbst 1939 abgelaufen. Nun befand sich Brandes statt dessen plötzlich im Krieg. Ihm war mulmig zumute. Er erinnerte sich der Erzählungen seines Vaters, der im Ersten Weltkrieg vor Verdun gelegen hatte. Der Sohn machte sich auf das Schlimmste gefaßt.

Das I.R. 9 marschierte bei Klein Lutau-Zempelburg über die deutsch-polnische Grenze, Richtung Pruszcz. Guderians Panzer hatten schnell die polnischen Linien durchbrochen, rollten weit voraus Richtung Weichsel. Die Infanterie hatte Mühe zu folgen.

Die Gesichter der Marschierenden waren staubig und schweißbedeckt. Es wurde mit »freigemachtem Gerät« vorgerückt, das heißt, Maschinengewehre und Munitionskisten, die sonst mit bespannten Gefechtswagen nachgeführt wurden, mußten getragen werden. Die ledernen Schulterriemen drückten, am Koppel hingen Gasmaske, Brotbeutel, Feldflasche, Patronentaschen, Feldspaten und das Seitengewehr – die etwa 30 Zentimeter lange Klinge, die, am Gewehrlauf aufgesteckt, als Bajonett diente. Der Uniformstoff – für Sommer und Winter gedacht – war viel zu warm, die weißen Kragenbinden, statt eines Oberhemdes innen am Uniformkragen eingeknöpft, waren längst verschmutzt und durchgeschwitzt. Die fast über die Waden reichenden Stiefel, die »Knobelbecher«, begannen an den Fersen zu scheuern. Noch gab es keine Feindberührung. Die Kompaniechefs gaben ab und zu Befehl zu singen. So zogen sie daher, sangen das Lied von den »Blauen Dragonern« oder vom »Schönen Westerwald«. Die erste Nacht wurde in Zempelburg kampiert.

Am nächsten Morgen, dem 2. September 1939, trat das Regiment um fünf Uhr zum Weitermarsch an. Die Kolonne führte das II. Bataillon mit dem Regimentskommandeur an der Spitze. Hinter dem II. Bataillon kamen der Reiterzug und der Regimentsstab mit dem Nachrichtenzug. Es schlossen sich die Artillerieabteilung, das I. und das III. Bataillon an. Die Panzerabwehrkompanie hatte die Vormarschstraße zu sichern. Marschziel war nach wie vor Pruszcz. Die Schulterstücke des Leutnants Axel von dem Bussche waren noch neu, glänzten in der Septembersonne. Er war, inzwischen Zugführer in der 3. Kompanie, I. Bataillon, zwei Tage zuvor mit 20 Jahren zum Offizier befördert worden. Auf den vierfach gewundenen Litzen prangte in schimmerndem Messing eine 9. Ein Strom von Menschen, Pferden, Material ergoß sich über die alte Reichsstraße 1 nach Osten. Die Sonne stach, Staub wirbelte auf, es wurde jetzt schweigend marschiert. Jeder versuchte, mit seinen Kräften hauszuhalten. Nur nicht schlappmachen! Die Straßen, besonders in Richtung Hammermühle, waren bald durch die Marschkolonnen hoffnungslos verstopft. Die Kompanien mußten nunmehr »in Reihe« vorgehen. Aus nahegelegenen Waldstücken fielen in unregelmäßigen Abständen die ersten Schüsse, die erschöpften Soldaten waren plötzlich hellwach. Im Gefechtsbericht des Regiments stand später: »Hunderte von Fahrzeugen, Kraftwagen und bespannten Kolonnen haben sich rechts und links der Straße angesammelt und warten seit Stunden, zum Teil schon seit dem Abend des 1. September, auf die Möglichkeit zur Weiterfahrt.«

Über die Lage bestand keine Klarheit. Sicher war nur, daß die vorausgeschickte 3. Panzer-Division in einem kleinen Ort jenseits der Grenze mit dem deutschen Namen Hammermühle in schwere Kämpfe verwickelt war und daß zwischen ihr und den nachrückenden Truppen im Wald rechts und links der Vormarschstraße noch polnische Truppen lagen, die durch kleine, nicht organisierte Vorstöße die Kolonnen belästigten. Bei energischer Führung konnten sie aber für den Vormarsch gefährlich werden. Der Divisionskommandeur, Generalleutnant Walter Graf von Brockdorff-Ahlefeldt, wegen seiner Härte »Knochen-Karl« genannt, befahl Säuberung des Waldes nördlich der Straße und eines parallel verlaufenden Bahndammes: Stoßrichtung die Ortschaft Klonowo. Die Feuertaufe war damit angesagt. Die 7. Kompanie wurde vorausgeschickt.

Sie hatte prompt die erste Feindberührung. Wiederholt setzte leichtes MG- und Infanteriefeuer ein. Die 7. erreichte schließlich den Bahnhof Klonowo ohne Ausfälle. Die nachfolgende 5. Kompanie besetzte den Bahndamm ostwärts des Bahnhofs. Die übrigen Soldaten des Regiments lagen erschöpft von den langen Märschen im Straßengraben, Beine ausgestreckt, Gewehr und Stahlhelm abgelegt. Es war die Mittagsstunde, die Sonne brannte im Gesicht, gierig tranken die Landser aus ihren Feldflaschen, die benetzten Münder mit dem Handrücken trocken wischend. Wenn das der Krieg war – nun ja, das würde man überstehen.

Am frühen Nachmittag plötzlich Alarm! Zwei polnische Kompanien griffen das Dorf an. Geschickt verteilten sie sich in dünne Schützenlinien, so daß die Feuereröffnung durch die Deutschen wenig Erfolg hatte. Im nahegelegenen Wald sickerten die Polen massiv ein, besetzten das Gelände westlich des Bahnhofs. Sie wurden zwar nicht durch Artillerie unterstützt, setzten aber schwere Maschinengewehre und gezieltes Infanteriefeuer ein. Den Deutschen dämmerte, daß es sich um gut geführte Berufssoldaten handelte. Bataillonskommandeur Oberstleutnant Thieme befahl: »6. Kompanie fertigmachen zum Gegenstoß!« – »Warum ausgerechnet wir?« fragte der Gefreite Brandes seinen Nebenmann. Der zuckte nur mit den Schultern und verjagte eine lästige Fliege. Brandes war als stellvertretender Gruppenführer eingeteilt. Ihm unterstanden zehn Gewehrschützen. »Ausschwärmen!« befahl er, sprang als erster aus der Deckung. Die ersten Schüsse der Polen peitschten. Verdammt noch mal, wo steckten sie denn? Während Brandes mit seinen Schützen von Deckung zu Deckung sprang, schoß es ihm durch den

Kopf: Komisch, warum habe ich überhaupt keine Angst? Das ist also die Feuertaufe! Der Gegenstoß verhinderte den Durchbruch der Polen. Es wurde dunkel. Brandes und seine Männer arbeiteten sich zum Bahndamm vor.

Auch als sich der blutjunge Leutnant Bussche mit seinen Soldaten dem Waldstück, das längs des Bahndammes von Klonowo lag, genähert hatte, fielen erste Schüsse. Merkwürdig, in diesem Moment hatte er weniger Angst vor den Polen als vor der Möglichkeit, seinem Bataillonskommandeur erneut unangenehm aufzufallen. Er hatte bei einer vorherigen Rast seinen Stahlhelm vergessen, trug nun nur seine Offiziersmütze – ein Vergehen, das mit Arrest bestraft werden konnte. So streng waren die Dienstvorschriften in der deutschen Wehrmacht. Und mit dem Kommandeur, Graf Eulenburg, dem knorrigen Haudegen, war nicht gut Kirschen essen. Besser, du meldest ihm den Verlust gleich, ehe er dich ohne Stahlhelm erwischt, dachte Bussche. So war er, noch bevor es in das Waldstück ging, aus dem marschierenden Bataillon ausgeschert, hatte sich mit einer Ehrenbezeugung vor Graf Eulenburg aufgebaut. »Melde gehorsamst, Stahlhelm verloren!«

Die »Eule« musterte ihn streng, fauchte ihn im nächsten Moment an: »Ich will keinen Kinderkreuzzug führen! Scheren Sie sich zum Troß!«

Bussche stieg Schamröte ins Gesicht, die Anspielung auf seine 20 Jahre war deutlich. Bussche salutierte »Zu Befehl, Herr Major!«, machte eine zackige Kehrtwendung – und beging zum erstenmal in seiner Dienstzeit eine Befehlsverweigerung. Er »scherte« sich nicht zum Troß, das heißt zur rückwärtigen Nachschubeinheit, sondern reihte sich wieder bei der 3. Kompanie in die Marschkolonne ein. Es war nicht das erste Mal, daß er an diesem entscheidenden Tag unangenehm auffiel. Als das Bataillon in dem inzwischen erreichten Waldstück nach rechts und links ausschwärmte – die Dämmerung legte sich bereits ber die Landschaft –, sah er plötzlich am Wegesrand den Regimentskommandeur. Der »Alte« stand hoch aufgerichtet in einem offenen Wehrmachts-Kübelwagen, neben ihm kein Geringerer als Panzer-General Guderian, dessen Truppe die Speerspitze des Angriffs bildete. Bussche hielt in jeder Hand eine Pistole, weil ihm gesagt worden war, die Polen würden besonders gefährlich sein, sich in Baumkronen getarnt festschnallen und auf die eindringenden deutschen Soldaten herabschießen. Oberst von und zu Gilsa herrschte ihn laut an: »Bussche, stecken Sie eine Pistole weg! Wir sind so lange im Geschäft, wir brauchen nicht nachzuweisen, daß wir tapfer sind!« Verschämt schob Bussche die linke Pistole ins Halfter und schlich sich, die rechte Pistole entsichert im Anschlag, mit seinen Soldaten tiefer in den Wald hinein. Daran mußte er denken, als die ersten Schüsse fielen. Vor den Polen hatte er keine Angst, aber vor den beiden »Alten«.

Rechts von Bussche tastete sich Leutnant Heinrich von Weizsäcker mit seinen Soldaten durch den Wald in Richtung Bahndamm, der zu nehmen war, damit Guderians steckengebliebene Panzer weiter gen Osten vordringen könnten. Links von Bussche arbeitete sich der Führer der 3. Kompanie, ein mit der Mobilmachung zum I.R. 9 abkommandierter, dicklicher, etwa vierzigjähriger Landwehr-Oberleutnant vor. Mitten in die einsetzende Schießerei rief er plötzlich mit erregter Fistelstimme: »Kamerad Bussche! Wir haben die Verbindung verloren!« In der Tat, zwischen der 3. und der 6. Kompanie klaffte eine Lücke von etwa 100 Metern Wald, auf der kein einziger deutscher Soldat zu sehen war. Ehe sich Bussche entschließen konnte, wer diese Lücke ausfüllen müßte, rief einer seiner Soldaten, Alfred Giesen, Kohlenhändlersohn aus Düsseldorf, mit unüberhörbarem Spott in der Stimme mitten im Gefecht: »Herr Leutnant, ich dachte, der letzte Kamerad wäre bei Verdun gefallen!« Bussche, sich geduckt vorwärts schleichend, mußte lachen. Das Wort »Kamerad« war wegen seiner Schwülstigkeit im Regiment tabu. Bussches innerliche Aufgeregtheit, die Angst, ein drittes Mal vor den Augen seines bärbeißigen Kommandeurs zu versagen, war plötzlich weggeblasen. Der letzte Kamerad bei Verdun gefallen ... Einen Humor hat dieser Giesen!

Rechts war die 1. Kompanie mit Heinrich von Weizsäcker schon über den Bahndamm vorgestoßen. Eine weiße Leuchtkugel stieg auf zum Zeichen, daß in diesem Abschnitt der Bahndamm in deutscher Hand war. Bussches Wehrmachts-Armbanduhr mit schwarzem Zifferblatt und phosphoreszierenden Zahlen zeigte 16.00 Uhr an. Er kämpfte sich abgeduckt, von Baumstamm zu Baustamm springend, mit seinem Zug durch den vor dem Bahndamm gelegenen Wald. Die Soldaten keuchten, ihre Augen waren weit aufgerissen. Aus den Baumkronen wurde auf sie heftig geschossen. Die polnischen Verteidiger hockten in den Baumwipfeln, nur für Sekundenbruchteile am Mündungsfeuer erkennbar. Der Modergeruch des nassen Waldlaubes mischte sich mit dem Gestank von bläulichem Munitionspulver. Bussche feuerte in eine Baumkrone, ein Körper löste sich aus dem Geäst, durchbrach krachend mehrere Zweige, schlug dumpf auf den Boden. Die Schießerei schien kein Ende zu nehmen. Der Knall der Schüsse kam als vielfaches Echo zurück, Wattebäusche schienen die Ohren zu verstopfen. Weiter hinten sackte Leutnant Blobel getroffen zusammen. Die ersten Verwundeten stießen Schreie aus: »Sanitäter!« Bussche schoß – nun aus beiden Pistolen – wie im Rausch.

Von jenseits des Bahndammes drang der dumpfe Knall detonierender Handgranaten herüber. Dort war die 1. Kompanie plötzlich auf heftigen Widerstand gestoßen und in einen erbitterten Nahkampf verwickelt. Leutnant Heinrich von Weizsäcker kam aus der Deckung, richtete sich auf und riß die Zündschnur einer Handgranate, um sie nach vorne zu schleudern. Sein Gesicht drückte wilde Entschlossenheit aus. Nur nicht zurückweichen! Er holte weit aus, um die Handgranate genau dorthin zu werfen, wo er den Gegner vermutete – im nächsten Moment sackte er zusammen, getroffen von einem polnischen Geschoß, das seinen Hals durchschlagen hatte. Vielleicht spürte er noch die Wucht des Geschoßaufpralls, Sekunden später war er tot.

Auch der Führer des 1. Zuges, Feldwebel Werner Ilgenstein, und der des 3. Zuges, Hans Strauß, fielen tödlich getroffen. Ausgerechnet die 1. Kompanie, die Traditionseinheit des ruhmreichen Königlich-Preußischen Ersten Garde-Regiments zu Fuß, verlor innerhalb von Minuten drei ihrer Zugführer. Die Soldaten, die ihre Vorgesetzten sterben sahen, gerieten in Panik, ergriffen die Flucht, sprangen über den Bahndamm zurück zur deutschen Seite.

Die Panik wirkte ansteckend, plötzlich Chaos auf der ganzen Linie. Leutnant Bussche sah, wie auch Feldwebel Dogs stiften ging. Ausgerechnet Dogs, dieser zähe Ausbilder! Dogs' Helm war ins Gesicht gerutscht, die Uniform mit Laub bedeckt. Er hatte beide Arme vorgestreckt, als wollte er einem Sturz vorbeugen. Bussche schrie durch den Gefechtslärm, so laut er konnte: »Dogs, stehenbleiben! Dogs!« Der Feldwebel, total von Sinnen, stolperte weiter zurück. Nun rächte sich, daß bei der friedensmäßigen Ausbildung die nervliche Belastung des ersten Gefechts, hochtrabend die »Feuertaufe« genannt, nie erklärt worden war. Zum Beispiel die nicht auszuschließende Möglichkeit, daß man in die Hose urinierte, ohne diese Panikreaktion kontrollieren zu können! Dogs kam nicht weit. Plötzlich stand die riesige Gestalt seines Bataillonskommandeurs Graf Eulenburg vor ihm. »Dogs!« schrie die »Eule«. »Dogs, ich laß Sie erschießen!« Der Feldwebel blieb wie angewurzelt stehen, keuchend, Todesangst im geröteten Gesicht. Was dann mit ihm geschah, nahm er nur in Trance wahr: Der Kommandeur riß ihm brutal die Schulterstücke mit den Rangabzeichen eines Feldwebels von der Uniform, schleuderte sie weg und brüllte: »Zurück zu Ihren Leuten! Los, laufen Sie!« Benommen und degradiert taumelte Dogs zurück.

Die Soldaten hatten jedes Zeitgefühl verloren. Zehn, zwanzig Minuten oder gar eine Stunde waren seit Ausbruch des Gefechts vergangen. Einzelnen pochte das Herz wie verrückt. Der eigene Angriff wurde schließlich am Bahndamm eingestellt. Die Polen versuchten erfolglos zwei Gegenangriffe. Dunkelheit brach herein, der Gefechtslärm ebbte ab. Die Soldaten des I.R. 9 lagen auf dem Waldboden, preßten die Gesichter in das feuchte Laub, als könne es ihnen Schutz bieten. Bussche vernahm das Stöhnen eines verwundeten Soldaten rechts von sich. Er robbte sich heran und erkannte Quandt, mit dem er in der Rekrutenzeit auf einer Stube gelegen hatte. Quandt hatte einen Bauchschuß, Blut färbte Hose und Uniformjacke. Bussche sah mit Entsetzen, wie dieser häßliche, furchtbares Unheil signalisierende Fleck auf dem graugrünen Militärtuch immer breiter wurde. Bussche überkam totale Hilflosigkeit. Eine innere Stimme sagte ihm, daß hier jede Hilfe vergebens wäre. Er beugte sich zum Gesicht des Verwundeten. Quandt erkannte ihn: »Axel, weißt du«, sagte er völlig aus dem Zusammenhang gerissen, »der Goebbels war Hauslehrer bei uns. Magda, seine heutige Frau, war erst verheiratet mit einem Quandt. Dann ist sie mit Goebbels abgehauen. Mit diesen Nazis geht das nicht.« Er wollte noch mehr sagen, aber die gepreßte Stimme versagte, sein Blick brach, der Tod hatte in diesem Moment sein Leben ausgelöscht.

Wieder auflebender Gefechtslärm holte Bussche aus seinen Gedanken zurück, warum es gerade Quandt erwischt hatte. Das I.R. 9 versuchte einen erneuten Angriff. Bussche sprang auf und stürmte, die Soldaten durch sein Vorbild mitreißend, in Richtung Bahndamm.

Schließlich hatten alle Kompanien des I. und II. Bataillons den Bahndamm erreicht. Gegen 21.00 Uhr schoß die eigene Artillerieabteilung der Division Sperrfeuer für etwa eine Stunde zum Schutz der Infanterie. Dann erst kehrte vorübergehend Ruhe in die Truppe ein. Die Offiziere fragten sich, was in der Erregung des ersten Gefechts mit zudem noch kriegsunerfahrenen Soldaten schiefgelaufen war. Zum Beispiel war viel zuviel Munition mit Handfeuerwaffen verschossen worden. Andererseits: Die Maschinengewehre lagen zu weit entfernt von ihren Munitionsfahrzeugen in Stellung, um genügend Nachschub zu bekommen. Eine nachteilige Rolle hatte auch die Übermüdung der Truppe gespielt, die durch die Gewaltmärsche der vorangegangenen Tage bei Staub und Hitze erschöpft war. Sogar an Verpflegung hatte es gemangelt, da die Gulaschkanonen und Verpflegungsfahrzeuge wegen der durch andere Kolonnen verstopften Wege nicht zügig herangeholt werden konnten. Im Gefechtsbericht des Regiments hieß es später nüchtern: »Die bei dem Regiment am Nachmittag des 2.9. und während der Nacht eingetretenen Verluste sind zwar sehr schmerzlich, doch kann das Regiment mit Stolz darauf zurücksehen, daß es einen Angriff der Polen erfolgreich abwies und bei dem großen Durchbruch durch den polnischen Korridor erfolgreich mitwirkte.«

Leutnant Bussche und seine Soldaten lagen inzwischen hinter der oberen Brüstung des Bahndammes und spähten angestrengt in die Dunkelheit, um herauszufinden, was sich auf polnischer Seite abspielte. Dort herrschte merkwürdige Ruhe. Es wurde kalt, sehr kalt. Die Soldaten begannen in ihren durchgeschwitzten Uniformen zu frieren. Das Septemberwetter war paradox: tagsüber heiß, nachts so kalt, daß man lange Unterhosen brauchte. Es mußte gegen drei Uhr gewesen sein, als von hinten Geräusche zu vernehmen waren. Einer von Bussches Soldaten rief: »Halt! Wer da?«

»Oberleutnant von Ardenne!«

Aus der Dunkelheit tauchte die Gestalt des Chefs der 4. (Maschinengewehr-)Kompanie auf. An seiner Seite der Oberleutnant Tortilowicz von Batocki, Kompanieführer im II. Bataillon.

»Stimmt es, daß Weizsäcker gefallen ist?« fragte Ardenne.

»Ja, seine Leute haben das berichtet.«

Bussche verschwieg taktvoll, daß Weizsäckers Soldaten zum Teil stiften gegangen waren. Ardenne atmete schwer, das nächtliche Vortasten durch den Wald hatte ihn außer Atem gebracht. »Bussche, geben Sie uns ein paar Leute mit, wir wollen Weizsäckers Leiche bergen.«

Bussche rief die Namen von vier Soldaten, darunter einen, der zur 1. Kompanie Heinrich von Weizsäckers gehörte. Die beiden Offiziere mit den vier Soldaten kletterten über den Bahndamm, vereinzelt kullerten Steine hinunter, dann schluckte sie die Dunkelheit. Bussche erinnerte sich nicht mehr, wie lange sie fort gewesen waren. Plötzlich tauchten sie aus der Dunkelheit wieder auf. Vorweg die Offiziere, dahinter die vier Landser, die keuchend in einer Zeltbahn den leblosen Körper des gefallenen Leutnants schleppten. Die Gruppe arbeitete sich zurück über den Bahndamm, froh, wieder in dessen Schutz zu gelangen. Kein einziger Schuß war gefallen.

»Hat schon jemand seinen Bruder Richard benachrichtigt?« fragte Bussche.

»Nein. Wir machen das schon.« Ardenne gab ein Zeichen, die vier Soldaten ergriffen die Zeltbahn mit dem Toten, und die Männer mit der traurigen Last verschwanden abermals in der Dunkelheit.

Richard von Weizsäcker hatte zu Beginn des Waldgefechts gedacht: Das klingt ja viel lauter als auf dem Schießstand! Als nächstes registrierte er das unangenehme Geräusch von Querschlägern. Unwillkürlich duckte er sich. Auch er verlor bald jegliches Zeitgefühl. Er stellte lediglich fest, daß die anfängliche Dämmerung einer tiefen Dunkelheit gewichen war. Die Rufe der vorrückenden Kameraden, die hastigen Befehle der Vorgesetzten »Ausschwärmen!« vermischten sich mit den Schmerzensschreien der Getroffenen. Der Gegenangriff der Polen hatte die allgemeine Verwirrung noch verstärkt. Schließlich hatte sich der Gefechtslärm abgeschwächt und war nach Mitternacht sogar gänzlich verstummt.

Das nächste, woran er sich erinnerte, war das plötzliche Auftauchen seines Kompaniechefs, Oberleutnant von Ardenne. »Tut mir leid, Weizsäcker, aber ich muß es Ihnen sagen.« Der Oberleutnant musterte das schmale Jungengesicht und überlegte, wie er ihm die Nachricht schonend beibringen könnte. Ihm fiel nichts ein. »Ihr Bruder ist gefallen.«

Jähes Entsetzen im Gesicht des jungen Schützen. »Mein Bruder gefallen? Wieso mein Bruder? Sind Sie sicher? Wo? Wann?« Noch ehe er die durcheinanderpurzelnden Gedanken ordnen konnte, hörte er, wie von fern, die Stimme seines Kompaniechefs: »Kommen Sie mit, Weizsäcker.«

Er tastete sich hinter seinem Offizier durch den dunklen Wald, bis sie schließlich an einer Stelle angelangten, durch die vom Nachthimmel etwas Licht einfiel. Oberleutnant von Ardenne trat drei Schritte zurück, ließ dem jungen Soldaten den Vortritt. Richard von Weizsäcker starrte auf den leblosen Körper, der da auf einer Zeltbahn lag. Hals und Uniform waren blutverschmiert. Es gab keinen Zweifel, das war sein geliebter, verehrter Bruder. Tränen füllten die Augen des Jüngeren. Er versuchte sich an die letzte Begegnung zu erinnern. Diskret zog sich der Oberleutnant zurück, ließ den Schützen mit seinem toten Bruder allein.

Es wurde eine Totenwache, bis das Morgenlicht seine ersten Strahlen durch die Baumkronen schickte. Als die Sonne kräftiger wurde, begruben sie Heinrich von Weizsäcker und die anderen Gefallenen in der Nähe des Flüßchens Brahe, zimmerten Holzkreuze und steckten die Stahlhelme darauf. Wer würde als nächster unter einem Holzkreuz liegen?

7 Vater Weizsäcker: zwischen Pflicht und Verzweiflung

Das I.R. 9 wurde zur Divisionsreserve erklärt. Es marschierte hinter dem Infanterie-Regiment 67, den »Spandauern«, die ebenfalls zur 23. Infanterie-Division gehörten.

Marschiert wurde anfangs wie in Friedenszeiten durch Potsdam in Dreierreihen. Vorneweg die Kompaniechefs, dann die drei Zugführer, gefolgt von den MG-Schützen, meistens Gefreite, und dem Rest der Kompanien. Am Ende die bespannten Nachschubwagen mit dem schweren Gerät, so es nicht »freigemacht«, an die Truppe verteilt war.

Es wurde wieder gesungen wie in Potsdam, wenn sie von einer Übung in die Kasernen einrückten. »Ein Lied!« befahl der Kompanieoffizier. »Wildgänse« rief einer der vorne marschierenden Unteroffiziere, »zwo - drei!«, und 120 Männer schmetterten: »Wildgänse rauschen durch die Nacht mit wildem Schrei nach Norden. Unstete Fahrt, habt acht, habt acht, die Welt ist voller Morden ...« Das Lied des im Ersten Weltkrieg auf der baltischen Insel Ösel gefallenen deutschen Dichters Walter Flex hatte es ihnen besonders angetan - nicht ahnend, daß das Regiment fünf Jahre später ausgerechnet auf Ösel in eine seiner verlustreichsten Schlachten geschickt werden würde.

Widerstand kam polnischerseits nur noch gelegentlich auf. Polnische Baumschützen wurden mit Maschinengewehren abgeschossen. Siegesstimmung ließ die Soldaten die Strapazen der endlosen Märsche ertragen. Es war tagsüber immer noch heiß, der Stahlhelm wog schwer, die »Knobelbecher« drückten, der Uniformkragen durfte nur auf den ausdrücklichen Befehl »Marscherleichterung!« geöffnet werden. Der Verpflegungsoffizier Jannsen war mit seiner pferdebespannten Verpflegungseinheit zurückgefallen. Da entdeckte er eines Nachts, daß seine Soldaten nach Burenart schon bei Anbruch der Dämmerung eine Wagenburg aufschlugen und sofort schlafen gingen. Jetzt war ihm klar, warum der Nachschub immer mehr von der marschierenden Truppe abfiel. Er pfiff sie an: »Was heißt hier Wagenburgen bilden? Ran an die

Kompanien, vor allem die Feldküchen, damit die Kameraden was zu essen kriegen!« Die ersten drei Tage hatten sich die Kompanien morgens in Marsch gesetzt, ohne Kaffee oder ein anderes warmes Getränk bekommen zu haben. Jannsen schlug Regimentskommandeur von Gilsa vor: »Bitte Herrn Oberst, daß wir meine Zugführer ablösen. Ich habe drei andere, die sind zwar Reservisten, verstehen aber mehr vom Geschäft.«

»Sie müssen wissen, Jannsen, was richtig ist. Da mische ich mich nicht ein.« So wechselte er die Unterführer aus.

Das vorrückende Regiment nahm nachts meistens Quartier in besetzten Dörfern. Am fünften Tag saßen in einem der beschlagnahmten Häuser, das dem Regimentsstab als Unterkunft diente, Jannsen und Oberleutnant Hans Caspar Graf von Bothmer, der bei Kriegsausbruch Regimentsadjutant geworden war, zusammen. Plötzlich ging die Tür auf, der »Alte« trat ein. »Sorgen Sie dafür, daß die Leiche des Leutnants Heinrich von Weizsäcker nach Deutschland auf die Solitude bei Stuttgart überführt wird. Außerdem will ich seinen Bruder, den Schützen Richard, nach Hause schicken. Der ist, wenn ich mich nicht irre, Schütze in der 4. Kompanie. Ich will die Familie schonen.«

»Zu Befehl, Herr Oberst!« Oberleutnant Bothmer drehte sich zu Jannsen: »Füllen Sie doch mal gleich die Marschpapiere aus. Ich lasse nach dem Schützen rufen.« Er öffnete die Tür, rief in ein Vorzimmer: »Melder!« Sekunden später knallte ein Obergefreiter die Hacken zusammen: »Herr Oberleutnant befehlen?«

»Schaffen Sie den Schützen Weizsäcker heran. 4. Kompanie!«

»Zu Befehl, Herr Oberleutnant, den Schützen Weizsäcker heranschaffen!« Wieder Hackenknallen, zackige Kehrtwendung, der Melder verschwand.

Er fand die 4. Kompanie schnell, meldete sich bei Kompaniechef von Ardenne: »Befehl vom Kommandeur, der Schütze Weizsäcker soll sich auf dem Regimentsgefechtsstand melden!« Ardenne schien zu wissen, was mit dem jungen Soldaten geplant war. »Weizsäcker finden Sie dort hinten.«

Weizsäcker war erstaunt, als der Melder ihn aufforderte, zum Regimentsgefechtsstand mitzukommen. Es mußte schon etwas ganz Besonderes sein, wenn ein einfacher Soldat wie er zum Regimentsgefechtsstand befohlen wurde. »Weißt du, was die von mir wollen?« – »Keene Ahnung.« Wenig später betrat Weizsäcker das Haus mit dem Gefechtsstand, wurde in das Zimmer des Regimentsadjutanten geführt; dort nahm er Haltung an und salutierte, baute »Männchen«, wie das im Landserjargon hieß: »Schütze von Weizsäcker wie befohlen zur Stelle!«

»Rühren«, sagte Bothmer, wurde plötzlich väterlich. »Der Kommandeur wünscht, daß Sie sofort Heimaturlaub bekommen. Es soll nicht noch ein zweiter Weizsäcker fallen.« Im Gesicht des Schützen spiegelten sich Erstaunen und Verlegenheit. »Ich kann doch jetzt meine Kameraden nicht im Stich lassen!«

Nun schaltete sich Verpflegungsoffizier Jannsen ein: »Sie müssen als Soldat lernen, daß Gehorsam die erste Pflicht ist.« Der junge Weizsäcker schluckte. Die Offiziere redeten eine Weile auf ihn ein, bis er ein Einsehen hatte. Es wurde jedoch nur ein kurzer Heimaturlaub. Bald stellte man fest, daß er nicht der einzige noch verbliebene Sohn des prominenten Staatssekretärs im Auswärtigen Amt war, sondern daß es noch einen älteren Bruder, Carl Friedrich, gab.

Im Hause Weizsäcker herrschte ob des gefallenen Bruders tiefe Trauer. Der Staatssekretär und seine Frau waren so geschockt, daß sie auf eine Todesanzeige verzichteten. Ihnen fehlten die Worte, ihr Empfinden auszudrücken. Zwei Wochen später trafen die sterblichen Überreste auf der Solitude bei Stuttgart ein. Dort wurde Freiherr Heinrich von Weizsäcker, der nur etwas mehr als 22 Jahre hatte leben dürfen, beerdigt – unter dem Holzkreuz, das seine Kameraden vom Bataillon auf sein Grab in Polen gesetzt hatten.

Nach dem Tod des zweitältesten Sohnes fiel es dem Vater immer schwerer, dem NS-Regime zu dienen. Am Morgen des Kriegsausbruches, als 1,5 Millionen deutsche Soldaten zum Angriff auf Polen antraten, hatte er in der Morgenbesprechung des Auswärtigen Amtes lediglich festgestellt: »Meine Herren, die Entscheidung ist gefallen. Sehe jeder, daß er dem Vaterland so dient, wie er es vor seinem Gewissen für richtig hält.« Sprach's und verließ den Konferenzraum. Seine Bemühungen, Hitler davon abzuhalten, einen Krieg vom Zaun zu brechen, waren kläglich gescheitert. Der »Führer« hatte den ersten Kriegsabend im Kreise weniger Vertrauter im Musiksalon der Reichskanzlei verbracht, triumphierend die eingehenden Siegesnachrichten von der Front verlesend. In Frankreich war zwar am Vorabend die Mobilmachung befohlen worden, so daß mindestens 80 französische Divisionen zwischen der Nordsee und der Schweiz aufmarschieren könnten. Deutschland hatte im Westen nur elf aktive Divisionen stehen. Es würden noch Wochen verstreichen, bis weitere 35 Divisionen mobilisiert wären. Noch hatte Paris Deutschland nicht den Krieg erklärt. Dennoch, die deutsche Bevölkerung war beunruhigt. In Freiburg, der grenznahen Stadt im Breisgau, kursierte bereits das Gerücht, die Franzosen überschritten den Rhein. Hitler dagegen ließ sich nicht beunruhigen. Doch er täuschte sich.

Zwei Tage später, am 3. September, um vier Uhr früh, erhielt der britische Botschafter in Berlin, Sir Neville Henderson, vom Foreign Office in London Anweisung, für neun Uhr um eine Audienz beim deutschen Außenminister zu bitten; er möge ein Ultimatum überreichen: Wenn bis elf Uhr – also in nur zwei Stunden – keine rechtsverbindliche Erklärung über den Rückzug der deutschen Truppen aus Polen abgegeben würde, könne die Reichsregierung den Kriegszustand zwischen Deutschland und England als gegeben ansehen. Es war ein Sonntag, und das Auswärtige Amt in der Wilhelmstraße war wie im tiefsten Frieden kaum besetzt! Der britische Botschafter mußte erst einige deutsche Diplomaten aus ihrem Beamtenschlaf wecken, bis er schließlich erfuhr, Hitlers Chefdolmetscher Paul Schmidt sei ermächtigt, das Ultimatum entgegenzunehmen.

Frankreich zog gleich, wenn auch mit Verzögerung. Es weigerte sich, durch seinen Botschafter, Robert Coulondre, ein Ultimatum zur selben Zeit zu überreichen, legte auch Wert auf die Feststellung, daß die von ihm gestellte Frist erst um 17.00 Uhr ablaufe. In der Note wurde das Wort »Krieg« vermieden. Zwischen Paris und London gab es große Differenzen bezüglich der gegenüber dem machtbesessenen Hitler einzuschlagenden Politik. Die Briten hatten es nach dem Bruch des Münchner Abkommens satt, sich weiter an der Nase herumführen zu lassen. Der französische Außenminister Bonnet dagegen vertrat die Ansicht, Frankreich wolle nicht seine »Frauen und Kinder für Polen schlachten lassen«.

Das englische Ultimatum war vom Chefdolmetscher sofort zum »Führer« gebracht worden. Hitler saß in seinem riesigen Arbeitsraum hinter einem pompösen Schreibtisch. Außenminister von Ribbentrop verharrte am Fenster. Der Dolmetscher übersetzte langsam das Ultimatum. Hitler war wie vom Schlag getroffen. Es dauerte eine Weile, dann wandte er sich mit dem wütendem Ausdruck eines Getäuschten an seinen Außenminister: »Was nun?«

»Ich nehme an, daß die Franzosen uns in der nächsten Stunde ein gleichlautendes Ultimatum überreichen werden«, entgegnete Ribbentrop.

Der Dolmetscher Schmidt tat, was in solchen Momenten, da Hitler jeden Augenblick einen Wutanfall bekommen konnte, am besten geraten war: Er verließ schleunigst den Raum. Im Vorzimmer hatten sich Adjutanten und hohe Parteifunktionäre eingefunden. Von Schmidt erfuhren sie den Inhalt des englischen Ultimatums. Tiefes Schweigen, plötzlich die Stimme Görings: »Wenn wir diesen Krieg verlieren, dann möge uns der Himmel gnädig sein!«

»God bless you«, schrieb der britische Botschafter an Staatssekretär von Weizsäcker, bevor er Berlin verließ. Sein französischer Kollege verabschiedete sich mit langem Händedruck. Tief sahen sich die Herren in die Augen. Monsieur Coulondre schien in diesem Moment zu verstehen, was die Augen Weizsäckers ausdrückten: Das habe ich nicht gewollt!

8 Mitten im Vormarsch: Hitler besucht das I. R. 9

Das Infanterie-Regiment 9 war weiter auf dem Vormarsch. Es kam zunächst zu keinen weiteren Gefechten. Am fünften Tag des Polen-Feldzugs herrschte plötzlich Aufregung. Irgend etwas bahnte sich an. Das Regiment befand sich gerade in Marschkolonne auf der Straße von Tuchel nach Schwetz. Auf einmal der Befehl: »Das Ganze haaalt!« Die Offiziere wurden zum Kommandeur gerufen. Oberst von Gilsa eröffnete ihnen, das Regiment habe Aufstellung mit Front zur Straßenseite zu nehmen, denn kein Geringerer als der »Führer« und Oberster Befehlshaber der Wehrmacht, Adolf Hitler, wolle dem Regiment einen Besuch abstatten. Erstaunte Gesichter bei den Offizieren, noch größere Verwunderung bei den Mannschaften.

Die Bataillone nahmen wie befohlen am Straßenrand Aufstellung. Staub wurde von den Uniformen geklopft, mit Blättern wurden die Stiefel geputzt. Die Offiziere und Unteroffiziere kontrollierten bei den Mannschaften den Sitz der Uniformen, überprüften die Waffen. Es dauerte noch eine Weile, da näherte sich die Kolonne des »Führers« in rasender Fahrt, überholte einen Posten des Regiments, bremste vor dem Stab. Hitler entstieg einem dreiachsigen Mercedes. Er erschien in feldgrauer Uniform ohne Rangabzeichen, den Hoheitsadler mit den gespreizten Flügeln und dem kleinen Hakenkreuz trug er nicht wie die Wehrmachtsangehörigen auf der Uniformjacke in Höhe der rechten Brust, sondern wie die Soldaten der Waffen-SS auf dem linken Oberarm. Seinen schmucklosen Waffenrock zierten lediglich das Goldene Parteiabzeichen und seine Auszeichnungen aus dem Ersten Weltkrieg: Eisernes Kreuz I. Klasse, Verwundetenabzeichen in Schwarz. Hitler schaute ernst drein. »Hatten Sie Verluste?« fragte er Gilsa.

»Jawohl, mein Führer.« Der Kommandeur nannte die Zahlen. Das Gespräch war kurz, der »Führer« bestieg nach wenigen Minuten seinen Dreiachser, und die Kolonne raste wieder davon, das I. R. 9 in Staub einhüllend. Enttäuschung auf den Gesichtern der Soldaten.

Das Regiment marschierte weiter, längs der Weichsel nach Norden, irgendwo einen Übergang suchend. Der Fluß lag einige Kilometer querab. Zu sehen waren nur seine Nebenarme. Die Straßen waren wie in den letzten Tagen immer staubig, der Durst groß. Man marschierte schweigend. 80 Kilometer waren in 48 Stunden zurückzulegen. An einem Dorfeingang, die 3. Kompanie, I. Bataillon, rückte hier vor, fielen plötzlich Schüsse! Die Soldaten sprangen hinter Gartenzäune und Bäume, suchten in Hauseingängen Deckung. Der Feuerüberfall war nur kurz, dann breitete sich wieder Ruhe im Dorf aus. Vorsichtig tasteten sich Bussche und seine Soldaten weiter in den Ort hinein, von Haus zu Haus, sichernd, springend, aber es blieb ruhig. In diesem Moment vernahmen sie von rückwärts Motorradlärm. Eine Feldgendarmerie-Einheit, nicht zum I.R. 9 gehörend, kam herangebraust. Ein Leutnant in einem Beiwagen-Krad stoppte bei Bussche. Auf seiner Brust funkelte das halbmondförmige Blechschild mit der Aufschrift »Feldgendarmerie«. Fast entschuldigend rief er: »Wir müssen hier aufräumen!«

»Dann schreiten Sie mal zur Tat.«

Es dauerte etwa zehn Minuten, dann kehrte der Leutnant der Feldgendarmerie mit etwa 30 jungen Männern zurück. Seine Soldaten trieben sie hinter den Friedhof des Ortes, dann fielen Gewehrschüsse – 40, 50. Der Leutnant und seine Feldgendarmen kamen wieder, taten, als sei nichts geschehen. Bussche überkam eine dumpfe Ahnung, daß hier Dinge passierten, die nicht rechtens waren: »Was haben Sie denn da gemacht?«

»Ich habe die Hälfte dieser jungen Leute erschießen lassen, weil das Polen sind. Die haben auf deutsche Soldaten geschossen.«

»Woher wissen Sie, daß es Polen waren?«

Der Gendarmerie-Leutnant wurde für Sekunden verlegen. »Hm, ich hab' sie antreten lassen und gefragt: ›Wer ist katholisch, wer ist evangelisch?‹ Da sind die Katholiken rechts rausgetreten. Das waren für mich natürlich die Polen. Und die habe ich dann totschießen lassen. 15 Leute. Die anderen waren Volksdeutsche.« Sprach's und hob den Arm, um seinen Leuten auf den Krädern mit laufenden Motoren das Zeichen zur Abfahrt zu geben. Dann brauste die Kolonne davon.

Bussche glaubte, sich verhört zu haben. Der erschießt Menschen, von denen er annimmt, sie seien Polen, weil sie katholisch sind? Jähe Wut stieg in ihm auf. Er winkte den Soldaten Alfred Giesen heran: »Gehen Sie zum Bataillon und melden Sie: Hier war ein Verrückter am

Werk. Der hat 15 Leute erschossen, weil die gesagt hätten, sie wären Katholiken. Er behauptet, damit wären sie Polen für ihn. Wir müssen weiter. Wenn Sie zurück sind, melden Sie mir, was Sie beim Bataillon erfahren haben.« Während sich die Kompanie sammelte und wieder formationsmäßig in Marsch setzte, gelang es Bussche nicht, sich von dem Vorfall gedanklich zu lösen. Verdammt noch mal, hatte er nicht geglaubt, in diesem Regiment gut aufgehoben zu sein, nicht behelligt zu werden von den Pressionen und Untaten der Nazis? Und nun war er jählings Zeuge eines scheußlichen Verbrechens, ja durch sein Untätigsein eigentlich mitschuldig geworden! Er klammerte sich schließlich an die Hoffnung, dies könnte der Übergriff eines einzelnen, zu schneidigen Gendarmerie-Leutnants gewesen sein, der ohne Weisung, aus purer Überheblichkeit gehandelt habe, der wie im Gefecht einfach auf alles schießen ließ, was sich bewegte. Mit jedem Kilometer, den Bussche an diesem Tag marschierend hinter sich brachte, verschwand das schreckliche Erlebnis mehr und mehr aus seinem Gedächtnis. Seine Gefühle konzentrierten sich zunehmend auf das Nächstliegende: auf die Blasen an seinen Füßen, die das Weitermarschieren zur Qual machten.

Als sich das Regiment nach einer weiteren Nacht im Quartier am anderen Tag in Marsch setzte, führte der Weg, nicht mehr als eine festgefahrene Sandpiste, durch Waldgebiet. Die Ortschaft Swiekatowo, links des Weges, tauchte auf. Das II. Bataillon bekam Befehl, das Dorf nach polnischen Soldaten zu durchsuchen. Oberjäger Becker marschierte vorn in der 5. Kompanie. Die schweren Maschinengewehre und Granatwerfer waren auf den von Pferden gezogenen Gefechtswagen zurückgeblieben. Am Dorfeingang begrüßten Frauen die Soldaten. Becker fühlte sich geehrt: »Mensch, großer Bahnhof für uns!« Ihre bunten Kopftücher wirkten wie Tupfer in der Spätsommerlandschaft. Die Frauen verteilten Äpfel und Pflaumen. Dankend und auch froh für diese Abwechslung griffen die Soldaten zu, während sie weiter in den Ort marschierten. Plötzlich, in Höhe der Kirche, Schüsse aus allen Ecken, vor allem aus dem Gotteshaus! Für Sekunden Chaos, die Schreie der Getroffenen mischten sich mit dem bellenden Knall der Schüsse. Neben Becker sackte ein Soldat tödlich getroffen zusammen, die Augen seltsam verdrehend, während das Gewehr seinen Händen entglitt. Die nicht getroffenen Soldaten suchten hastig hinter Gartenzäunen, Bäumen und in Hauseingängen Deckung. Von vorn erscholl ein Kommando: »1. Zug, die Häuser auf der linken Seite durchsuchen, 2. Zug die auf der rechten!«

Die Gewehre in Hüfthöhe im Anschlag, die Nerven bis zum äußersten angespannt, durchkämmten die Soldaten die Häuser, traten verriegelte Türen ein, holten alle Männer im wehrfähigen Alter, die durchweg Zivilkleidung trugen, auf die Straße. Merkwürdigerweise verlief alles ruhig. Doch plötzlich wieder Schüsse!

»Wer schießt da?« schrie der Hauptfeldwebel der Kompanie.

»Der Sadetzki!«

Sadetzki, Sudetendeutscher, in der tschechischen Armee gedient, war nach einer Umschulung zum I.R. 9 eingezogen worden. Ohne Erklärung hatte er einige Männer, die er in den Häusern antraf, erschossen. Der Spieß war außer sich, rannte in das Haus, wo Sadetzki gerade wütete, und schrie: »Jetzt hörste auf!« Er packte den Mann am Kragen und stieß ihn zurück auf die Straße. In diesem Moment trat aus der Kirche ein Pfarrer, auf der Brust das Kreuz, in der Hand ein Gewehr! Er kam nicht weit, Schüsse fielen, getroffen brach er zusammen. Unter der Soutane glänzten polnische Offiziersstiefel. In Minuten hatte sich der Krieg einmal mehr von seiner schmutzigen Seite gezeigt. Aber in diesem Fall hielt sich das Unrechtsbewußtsein der Soldaten in Grenzen, da sie in einen Hinterhalt gelockt worden waren.

Am 8. September 1939 setzte das I.R. 9 in Höhe von Mewe über die Weichsel und hatte damit innerhalb von nur acht Tagen kämpfend und marschierend den polnischen Korridor durchquert. Nun standen die Soldaten wieder auf deutschem Boden, in Ostpreußen. Nach dem Übergang schied die 23. Infanterie-Division mit ihrem I.R. 9 aus dem XIX. Armeekorps des Panzer-Generals Guderian aus. In einem Tagesbefehl würdigte er die Leistungen der Soldaten: ». . . der mit ungeheurem Schwung ausgeführte Durchbruch der 3. Panzer-Division durch die Brahe-Stellung, der schneidige Angriff der 2., 20. und 23. Division, die rastlose Verfolgung und völlige Einkreisung des Gegners trugen ihre Frucht. Ich gedenke derer, die für unser Deutschland ihr Blut vergossen, in Ehrfurcht. Den siegreichen Divisionen, die zu führen ich die Ehre hatte, sage ich meinen von Herzen kommenden Dank. Meine besten Wünsche begleiten sie auf ihren ferneren Wegen. Vorwärts zu neuen Taten!

Für Deutschland und unseren Führer Adolf Hitler!«

Die Polen kämpften zwar noch, doch die Niederlage war unausweichlich. Die polnische Regierung, das militärische Oberkommando und das Diplomatische Korps hatten Warschau fluchtartig verlassen.

Die Deutschen drohten vom Süden her mit der 14. Armee unter Generaloberst List die Hauptstadt einzukreisen. Mit den großen Erfolgen der Wehrmacht hatte niemand gerechnet, nicht einmal in Berlin. Im Westen hatten am 7. September Aufklärungsgruppen der 3., 4. und 5. französischen Armee die deutsche Grenze westlich der Vogesen, gegenüber von Saarlouis, Saarbrücken und Zweibrücken, überschritten. Die Offensive war als Entlastung Polens gedacht, kam jedoch viel zu spät. Selbst der den Nationalsozialisten gegenüber kritisch, ja ablehnend eingestellte Staatssekretär im Auswärtigen Amt, Ernst von Weizsäcker, fand: »Man muß den Hut abnehmen vor dieser deutschen Armee.« Allerdings wurden ihm auch schon die ersten Nachrichten von Greueltaten zugetragen, die im deutschen Namen in Polen erfolgt waren. Sie bedrückten ihn zutiefst.

Die 23. Infanterie-Division mit dem I.R. 9 unterstand jetzt der Heeresgruppe Nord unter Befehl von Generaloberst Fedor von Bock. Per Bahn ging es zunächst quer durch Ostpreußen bis in Höhe von Lyck, dann wurde ausgeladen und wieder marschiert. Mit ungläubigem Erstaunen registrierten die Soldaten nach dem Anblick der Gehöfte in Ostpreußen die Elendshütten in den polnischen Dörfern. Für das Regiment lautete das Marschziel Bialystok, rund 175 Kilometer nordöstlich von Warschau. Die Stimmung war unterschiedlich. Mit Verärgerung stellte der Verpflegungsoffizier, Leutnant Jannsen, fest, daß viele Einheiten des Regiments, teils sogar mit Einwilligung der Kompanieführer, ihre schweren Oldenburger in leichte polnische Pferde umgetauscht hatten, um schneller voranzukommen. Aber der Tag würde kommen, das wußte Jannsen, da sich diese Pferde als zu schwach erwiesen.

Der Gefreite Becker wiederum hatte Anlaß zur Freude: Wegen besonderer Tapferkeit beim Übergang über den Narew war er zum Oberjäger (Unteroffizier) befördert worden. Am Morgen des 15. September hatte die Truppe an diesem 435 Kilometer langen, in einem breiten sumpfigen Tal in Ost-West-Richtung fließenden Fluß gestanden. Im Ersten Weltkrieg bildete er eine entscheidende russische Verteidigungslinie. Über das Wasser spannte sich eine Brücke, aber auf der gegenüberliegenden Seite schossen die Polen aus einem Bunker. Der erste Gedanke, Teile des I. Bataillons mit Schlauchbooten überzusetzen, wurde fallengelassen. Statt dessen erhielt die 5. Kompanie des II. Bataillons Befehl, die Brücke im Sturm zu überqueren. Der Gefreite Becker gehörte zu den ersten, die in einem Moment, da aus dem Bunker nicht geschossen wurde, geduckt, mit schußbereiter Waffe über die Brücke stürmten. Zu ihrer Überraschung erhielten sie von der gegnerischen Seite kein Feuer. Als sich Beckers Gruppe von rückwärts dem Bunker näherte, fand sich die Erklärung: Die Polen hatten die Stellung geräumt und aus unerklärlichen Gründen die Brücke nicht gesprengt.

Die ersten Eisernen Kreuze II. Klasse wurden verteilt. Aber jeder wußte, den entscheidenden Anteil am deutschen Erfolg hatte Hermann Görings Luftwaffe mit ihren 1538 einsatzbereiten Flugzeugen, darunter die zur wirksamen Unterstützung bei Erdkämpfen eingesetzten Jagdflugzeuge vom Typ Me 109 und die Sturzkampfflugzeuge vom Typ JU 87. Die mit heulenden Motoren steil vom Himmel herabstoßenden »Stukas« wirkten kolossal demoralisierend auf den Gegner. Die polnische Luftflotte dagegen zählte nur rund 745 einsatzbereite Maschinen, von denen die Hälfte veraltet war.

Am 17. September, einem Sonntag, erreichte das I.R. 9, nunmehr ohne nennenswerten Widerstand, Bialystok, wo es teils in einer weißrussischen Siedlung außerhalb der Stadt, teils im Südteil der Stadt in Kasernen untergebracht wurde. Der polnische Widerstand war zusammengebrochen.

Die Soldaten bekamen einen halben Tag Urlaub, und für diejenigen, welche die örtlichen Bordelle aufzusuchen wünschten – sie waren mit roten Laternen gekennzeichnet –, wurden »Sanierungsstationen« eingerichtet. Leutnant von dem Bussche nutzte die freie Zeit, um das noch intakte Ghetto und seinen Markt zu besichtigen, auf dem – für ihn ein völlig neues Erlebnis – wie in einem orientalischen Basar um den Preis gefeilscht werden konnte. Aber die deutschen Soldaten waren vergattert worden, mit Juden keine Geschäfte zu tätigen, das sei »ihrer unwürdig«.

Am gleichen Tag, da das I.R. 9 Bialystok besetzte, ließ der sowjetische Außenminister die deutsche Regierung wissen, man höre nichts mehr von einer polnischen Regierung, folglich bestehe die Polnische Republik nicht weiter, die Sowjetunion werde daher die ihr durch den Nichtangriffspakt mit dem Deutschen Reich als Interessensphäre zugestandenen Gebiete besetzen. Dazu gehörte auch Bialystok.

Vom Armeeoberkommando erhielt das I.R. 9 Texte mit einer vorgefaßten Begrüßungsformel für das Zusammentreffen mit den Sowjets: »Das Deutsche Heer begrüßt die sowjetrussischen Truppen. Als Soldaten haben wir den Wunsch, mit den Soldaten der Sowjetunion in ein gutes soldatisches Verhältnis zu treten. Der russische Soldat hat bei uns stets in hoher Achtung gestanden. Das soll auch für die Zukunft gelten.« Die erste Berührung verlief jedoch nicht im Geist der neuen Waffenbrüderschaft. Noch während des Vorrückens auf Bialystok erschien über der Marschkolonne ein sowjetisches Flugzeug und warf Bomben ab. Wie sich hinterher herausstellte, war eine mit dem Regiment marschierende Einheit des Reichsarbeitsdienstes vom Piloten wegen der braunen Uniformen irrtümlich für polnisches Militär gehalten worden.

Der Aufenthalt in Bialystok währte nur wenige Stunden. Noch am Abend des Einmarschtages kam ein Befehl des Chefs des Generalstabes, General Halder, die 23. Division mit ihrem Infanterie-Regiment 9 aus der Heeresgruppe Nord abzuziehen und am nächsten Morgen den Rückmarsch nach Ostpreußen antreten zu lassen. Wieder wälzte sich das Regiment in einer riesigen Staubwolke durch die polnische Landschaft, durch ärmliche Dörfer mit schmutzigen Häusern. Die Truppe war nun seit Kriegsausbruch schon über 450 Kilometer marschiert! Bei Gehlenburg wurde die deutsch-polnische Grenze überquert. Als die Soldaten – vorneweg der Kompanieführer, Oberleutnant von Batocki – in den Ort einmarschierten, standen am Wegesrand Frauen mit weißen Schürzen und boten den durchgeschwitzten Landsern Schokolade und Bier an. Der frischgebackene Oberjäger Becker traute seinen Augen nicht. »Ach du lieber Himmel, das kann doch nicht wahr sein.« Der erste Gutshof, den die Kompanie als Quartier beziehen sollte, hatte keinen gepflasterten Hof, der Boden war vom Regen aufgeweicht. Oberleutnant von Batocki blickte sich einmal kurz um, befahl: »Kompanie stillgestanden! Im Gleichschritt marsch!« und ließ seine Soldaten wieder ausrücken. Nach den Strapazen der vergangenen Wochen wollte er für seine Männer ein einigermaßen ordentliches Quartier. Schließlich rückte die Kompanie in Stradaunen ein und bezog auf dem dortigen Gut Quartier; die Mannschaftsdienstgrade bekamen den Heuboden zugewiesen. Inzwischen war der 20. September. Kurz danach wurde das Regiment auf dem nächsten Bahnhof in Eisenbahnwaggons mit Richtung Königsberg verladen und von dort per Schiff über die Ostsee nach Stettin verlegt. Als die braungebrannten Soldaten im Stettiner Hafen das Fallreep hinunterstiegen, erlebten sie wieder einen herzlichen Empfang durch die Bevölkerung.

Nun war der Polen-Feldzug für das Regiment endgültig beendet.

Die Verluste hatten sich in Grenzen gehalten. Zwei Soldaten waren desertiert, nachdem sie zuvor eine polnische Kirche geplündert hatten. Später waren sie in Hamburg gestellt und der Division zurücküberführt worden. Sie kamen vor ein Kriegsgericht und wurden zum Tode durch Erschießen vor angetretenem Bataillon verurteilt. Regimentskommandeur von Gilsa ließ ihnen die Achselklappen runterreißen, dann wurden sie erschossen. Irgendwelches Unrechtsbewußtsein unter den angetretenen Soldaten kam nicht auf. Der Kommandeur des II. Bataillons, Hans Freiherr von Bibra, ließ unter seinen Männern eine Umfrage machen. Das Ergebnis: In den vier Kompanien herrschte volle Übereinstimmung, das sei ein gerechtes Urteil gewesen. Der Geist der damaligen Zeit.

Insgesamt hatte die deutsche Wehrmacht 14 000 Gefallene zu beklagen. Am 27. September läuteten in Warschau die Glocken zum Zeichen der Übergabe. Westliche Generalstäbler hatten den polnischen Widerstand auf ein Jahr veranschlagt. Tatsächlich war Polen in drei Wochen überrannt worden. 694 000 polnische Gefangene fielen in deutsche Hand, über 217 000 zogen in russische Gefangenschaft. Nicht wenige Offiziere des I.R. 9 hatte der schnelle Sieg begeistert oder sogar berauscht. Wie sie fühlten auch Offiziere anderer Wehrmachtsteile. So auch ein Rittmeister Claus Schenk Graf von Stauffenberg, Ordonnanzoffizier in der 1. Leichten Division, der nach dem Polen-Feldzug Verwandten einen begeisterten Vortrag über seine Kriegserlebnisse hielt. Von Ablehnung gegenüber dem nationalsozialistischen Regime noch keine Spur.

Zwei Offiziere des I.R. 9 waren beim Abzug aus Bialystok auf Befehl zurückgeblieben: der Verpflegungsoffizier, Leutnant Jannsen, und der Ordonnanzoffizier Constantin Freiherr von Quadt. Sie sollten den einrückenden Truppen der Roten Armee die Stadt übergeben. Zunächst tat sich nichts. Es wurde Nacht, und immer noch war kein Russe zu sehen. Endlich – es war gegen drei Uhr – erschienen vier sowjetische Offiziere in schlampigen Uniformen, aber mit etlichen Flaschen Wodka, um die Übergabe zu vollziehen. Sie brachten Papiere in deutscher und russischer Sprache mit, die mit den Dokumenten ausgetauscht wurden, die Jannsen und Quadt dabeihatten. Die Russen sprachen kein Deutsch und die beiden deutschen Offiziere kein Russisch. Noch in der Nacht brachen Jannsen und Quadt mit Fahrer und Auto auf, um zum Regiment aufzuschließen. Als sie sich beim Regimentsstab zurückmeldeten, gab der Kommandeur ihnen einen neuen Befehl: »Fahren Sie voraus nach Stettin und machen Sie dort in der Nähe für uns Quartier.«

Jannsen und Quadt fanden Geeignetes im Kreis Randow auf dem Gut des deutsch-nationalen Politikers Hans Schlange-Schöningen, der von 1931 bis 1932 der Christlich-Nationalen Landvolk- und Bauernpartei angehört und keinen Hehl aus seiner Abneigung gegenüber dem Nationalsozialismus gemacht hatte. Während sie vor dem angenehme Wärme ausstrahlenden Kaminfeuer seines großen Salons saßen, warnte Schlange-Schöningen die Offiziere: »Bilden Sie sich auf diesen billigen Sieg über das kleine Polen nicht zuviel ein. Sie werden bald mit Frankreich und England zu tun bekommen. Das ist so sicher wie das Amen in der Kirche. Dann dauert es vielleicht noch zwei Jahre, und die Amerikaner werden dazustoßen. In dem demokratischen Amerika ist es nicht so leicht, einen Krieg zu eröffnen, wie bei uns hier. Der Roosevelt wird dafür Zeit brauchen. Aber die Stunde kommt bestimmt. Und dann gnade Gott Deutschland!«

Betroffen schauten sich Jannsen und Quadt an. Eine derart düstere Zukunft nach diesem glorreichen Sieg im Blitztempo? Das wollte ihnen nicht in den Kopf.

9 Verlegung an den Westwall: Richard von Weizsäcker wird Gefreiter

Das Rattern des Militärzuges, das monotone Geräusch der Räder auf den Schienen – tack-tack, tack-tack, tack-tack – wirkte einschläfernd. Das I.R. 9 hatte einen neuen Marschbefehl erhalten. Fortan sollte es zu der im Westen aufmarschierenden Heeresgruppe B des Generaloberstsen von Bock gehören. Von Stettin ging es per Bahn über Berlin nach Mainz. Dort wurde es ausgeladen und mußte im anstrengenden Fußmarsch über das Nordpfälzer Bergland das Städtchen St. Wendel im Saarland erreichen. Am 7. Oktober 1939 marschierte es weiter, diesmal nach Norden über den Hunsrück in Richtung Mosel, nahm im Raum Bernkastel-Wittlich Quartier. Wieder hieß es: »Ein Lied! Ein Tiroler . . .!« schallte es zurück, »zwo, drei . . .!« Die Kolonne begann, erst müde, unwillig, dann immer lauter: »Ein Tiroler wollte jagen einen Gamsbock, Gamsbock, silbergrau. Holariaho, holariaho, holaria-riaho . . .« Beim Eintreffen im Quartier wurden die Soldaten mit einem außergewöhnlichen Befehl auf den bevorstehenden Frankreich-Feldzug psychologisch vorbereitet: »Plünderung im freigemachten Gebiet wird mit Todesstrafe (Zivilpersonen durch Erhängen) bedacht.«

Das Regiment hatte jedoch zunächst einen im Moment viel gefährlicheren Gegner als den »Franzmann«: den Wein. Schon in St. Wendel wurden die ersten Weinproben veranstaltet. Beim Quartiermachen in Birkenfeld hatte man längst Geschmack gefunden. Sämtliche Gastwirtschaften des Ortes wurden im Nu besetzt. Innerhalb kürzester Zeit war die 5. Kompanie, zu der Oberjäger Becker gehörte, blau. Am nächsten Tag beim Weitermarsch bekam Kompaniechef von Batocki seine Helden beim Raus- und Antreten nicht gleich zusammen. Er schimpfte wie ein Pferdeknecht: »Ihr faulen Saufköppe! Los raustreten, marsch, marsch! Ich werd' euch Hammelbeine machen!«

Am Abend erreichte die Einheit Bernkastel. Den Rausch hatte man sich abmarschiert. Vor dem »Weggetreten!« war plötzlich aus dem Radio eines Gefechtswagens die Stimme eines Nachrichtensprechers zu hören. Hitler hatte zuvor in einer Reichtstagsrede am 6. Oktober den Westmächten eine Friedenskonferenz vorgeschlagen, »weil ich selbstverständlich auch meinem Volk dieses Leid ersparen will. Sollte aber die Auffassung der Herren Churchill* [und anderer europäischer Politiker] und ihres Anhangs erfolgreich bleiben, dann wird eben diese Erklärung meine letzte gewesen sein. Wir werden dann kämpfen!« Die Soldaten hatten untereinander diskutiert, ob die Westmächte einlenken würden, ob der »große« Krieg vielleicht doch noch verhindert werden könnte. Nun krächzte die Stimme des Nachrichtensprechers: »Die Regierungen in London und Paris haben das großzügige Angebot des Führers zurückgewiesen.« Oberjäger Becker, sein Gesicht war vom anstrengenden Marsch gerötet und verschwitzt, drehte sich zu einem Kameraden: »Menschenskinder, jetzt müssen wir tatsächlich gegen die Franzosen losmarschieren. Du lieber Gott!« Seine Bemerkung hatte etwas Verzweifeltes.

Anderntags begann es in Strömen zu regnen. Der Regen weichte den Boden völlig auf. Die Nässe dämpfte den Kampfeswillen auf beiden Seiten. Auf der französischen fragte man sich eh, ob dieser Krieg nicht bloß ein schlechter Scherz sei. Man nannte ihn den »drôle de guerre« (den Sitzkrieg). Nach dem Sieg der Wehrmacht in Polen hatten die Franzosen schleunigst die von ihnen in Deutschland besetzten Randgebiete geräumt; sogar freiwillig die südlich von Saarbrücken gelegene Landzunge von Forbach, wo ihre besten Steinkohlenbergwerke lagen. Ihre Armee zog sich hinter die Maginot-Linie zurück. Der strategische Nachteil: 21 Divisionen hockten von Basel bis Montmédy bei Sedan unter der Erde und waren dadurch unbeweglich. Der französische Generalstab hielt die Bunkerkette für uneinnehmbar, hatte keine Lehren aus dem Polen-Feldzug gezogen, wo ganz eindeutig Sturzbomber mit solchen Befestigungsanlagen fertig wurden. Ein französischer Korpskommandeur, der bei einem Besuch des Herzogs von Windsor an der Maginot-Linie Zweifel an diesem Verteidigungsgürtel äußerte, wurde vom französischen Oberbefehlshaber Gamelin wegen dieser Kritik telefonisch seines Postens enthoben. Die Deutschen hatten bisher an die 3000 Gefangene, die Franzosen nur Hunderte gemacht. Die gesamte französische Bevölkerung längs der Grenze war evakuiert worden –

* Sir Winston Churchill, britischer Staatsmann, 1940–1945 Premierminister, Führer der konservativen Partei

sogar Straßburg, das zu einer Geisterstadt wurde. Aber auf der französischen Seite herrschte Ruhe an der Front. Man glaubte, bald demobilisiert zu werden. Die Stabsquartiere machten sich gegenseitig die Meisterköche berühmter Pariser Luxusrestaurants streitig, ließen im Dienstwagen Forellen aus den Vogesen, Steinbutt aus Boulogne-sur-Mer bei Calais herbeischaffen.

Ganz anders die Situation auf der deutschen Seite. Dort bereitete man sich minuziös auf den Angriff vor. Der geheime Divisionsbefehl Ia Nr. 11/39, bereits am 29. September 1939 an das Regiment ergangen, regelte bis in kleinste Einzelheiten den Einsatz und das Verhalten der Truppe in der Aufmarschstellung: Truppenführung, Ausbildung, Verteidigung des Vorfeldes, Artillerie-Einsatz, Bekämpfung eventueller feindlicher Fallschirmtruppen, Nachrichtenübermittlung, Stoßtruppunternehmen, Fliegerabwehr, Lage der Gefechtsstände, Kampfwagenabwehr, Einsatz leichter und schwerer Maschinengewehre, Bekämpfung von feindlichen Fesselballons, Munitionsverbrauch, Ausbau der Stellungen, Minenfelder, Versorgung ...

Das I.R. 9 lag inzwischen vor der luxemburgischen Grenze, westlich von Arzfeld, am Ostufer der Our in Stellung. Ein harter Winter kündigte sich sehr zum Nachteil der deutschen Soldaten an. Die Kompanien waren vorwiegend in naßkalten Bunkern untergebracht, die man tagsüber nicht verlassen sollte, um dem Feind keinen Aufschluß über Truppenbewegungen zu geben. Jeden Morgen mußte das von der Decke herabgetropfte Wasser vor die Türen geschüttet werden. Zusätzlich zu dieser Widrigkeit wurden die Soldaten hart rangenommen. Täglich fand Ausbildungsdienst statt, um keinen Gammelbetrieb aufkommen zu lassen. Dies geschah auf direkten Befehl »Knochen-Karls«, des Divisionskommandeurs, Generalleutnant Walter Graf von Brockdorff-Ahlefeldt. Er war selbst aus dem Infanterie-Regiment 9 hervorgegangen, dort zunächst Kommandeur des I. Bataillons, später Regimentskommandeur gewesen. Für seine Verdienste im Polen-Feldzug war er mit der Spange zum Eisernen Kreuz II. Klasse dekoriert worden.*

»Knochen-Karl« wurde gefürchtet, aber gleichermaßen wegen zweier Geschichten verehrt: Als in der Nacht vom 9. zum 10. November 1938 SA- und SS-Horden Synagogen in ganz Deutschland anzündeten – so

* Die silberne Querspange mit der Jahreszahl 1939 wurde an jene Soldaten verliehen, die das E.K. bereits im Ersten Weltkrieg erhalten hatten.

auch in Berlin –, hatte Brockdorff, nicht wissend, daß hinter dieser Aktion Hitler, Himmler und Goebbels standen, den kommandierenden General des für Berlin zuständigen III. Armee-Korps, Erwin von Witzleben, angerufen: Er könne das I.R. 9 mit leichtem Gepäck und Schußwaffen zur Wiederherstellung der Ordnung mit der S-Bahn von Potsdam nach Berlin-Mitte bringen. Er bäte um Einsatzbefehl. Der blieb indes aus. Erst am nächsten Morgen wurde Brockdorff klar, warum der Befehl nicht ergangen war. Sein Kommentar: »Alleine kann ich Berlin nicht erobern.«

Die zweite Geschichte: Vor Ausbruch des Krieges fand ein Übungsschießen mit der 3,7 cm Panzerabwehrkanone statt. Verschossen wurden Übungsgranaten, die aus gepreßten Sägespänen bestanden. »Knochen-Karl« stand anfangs 10 Meter hinter einer Kanone, als plötzlich eine Richtungsänderung um 180 Grad befohlen wurde, und gleich darauf das Kommando »Feuer!« kam. Der Kanonier – Befehl ist Befehl – zog ab, und die Granate traf Graf Brockdorff an der Hand, die er in Brusthöhe hinter die Knopfleiste des Mantels geschoben hatte. Allgemeines Entsetzen, »Knochen-Karl« wurde ins Standortlazarett gebracht und ihm wurde der Zeigefinger der rechten Hand amputiert. Am nächsten Morgen gab er Befehl: »Ich will den Mann sehen, der mir den Finger abgeschossen hat!« Der Kanonier wurde herbeizitiert, trat, wie es die Dienstvorschrift vorschrieb, mit Stahlhelm und feldmarschmäßig umgeschnallt an das Bett seines hohen Vorgesetzten. »Kanonier [es folgte der Name] wie befohlen zur Stelle.«

»Sie haben meinen Finger abgeschossen?«

»Jawoll, Herr General.« Der Soldat machte sich auf eine Arreststrafe gefaßt. Statt dessen . . ., er glaubte nicht richtig zu hören.

»Sie haben völlig korrekt gehandelt. Regen Sie sich mal nicht auf. Sie handelten auf Befehl. Hier sind 5,– Mark, nun jehen Sie mal einen heben. Weggetreten.« Der Soldat, zunächst völlig verdattert, machte schließlich eine Ehrenbezeugung, Kehrtwendung, verließ schleunigst das Zimmer. Innerhalb einer Stunde war die Geschichte im Regiment rund.

Nun, im Winterhalbjahr 1939/40, während »Knochen-Karl« weiterhin die Division und Oberst von Gilsa das I.R. 9 führten, hatte es im Regiment andere Personalveränderungen gegeben. Verpflegungsoffizier Hermann Jannsen war – nach Baudissin, Saldern, Bothmer – zum neuen Regimentsadjutanten ernannt worden. Oberst Gilsa war eines Tages überraschend bei Jannsen, der sich für ein paar Tage zum Kurzurlaub in Berlin aufhielt, aufgetaucht. »Ich möchte Sie zu meinem Adjutanten machen. Ich kann mit Bothmer einfach nicht. Außerdem muß er erst einmal lernen, eine Kompanie zu führen. Sie können das ja ein Jahr lang auf Probe machen und sich danach entscheiden, ob Sie gehen oder bleiben wollen.« Jannsen entschied sich nach längerer Diskussion für die angebotene Dienststellung. Das I. und III. Bataillon behielten ihre Kommandeure aus dem Polen-Einsatz, Eulenburg und Saldern, das II. wurde fortan von Hauptmann Hans Freiherr von Bibra geführt.

Bibra war wie Jannsen Reserveoffizier, von Beruf Wirtschaftsfachmann, hatte bereits im Ersten Weltkrieg bei den Garde-Jägern als Leutnant gedient. Für die Männer des II. Bataillons war er eine Vaterfigur, zumal er jetzt oft mit ihnen in den feuchtkalten Bunkern vor der luxemburgischen Grenze hockte und sie vorwarnte: »Dieser Krieg gegen Frankreich wird ganz anders als der von 1914 bis 1918.« Trotzdem kam in der Truppe für den bevorstehenden Einsatz eine gewisse Begeisterung auf. Die Stimmung wurde nur vorübergehend getrübt, als es bei einer Übung einen Verwundeten gab. Der Leutnant von dem Bussche und sein Zug hatten mit Artillerie-Unterstützung, bei der mit scharfer Munition geschossen wurde, einen Bunker auf einem Hügel zu erstürmen. Die Artillerie sollte ihr Feuer in bestimmten Abständen Stück für Stück weiter nach vorne verlegen, und für Bussche und seine Leute bestand die Aufgabe darin, diesen Artillerie-Einschlägen im Abstand von 150 Metern zu folgen. Leichter gesagt als getan: Die Entfernung zu den Einschlägen war schwer abzuschätzen. Waren es weniger als 150 Meter oder gar mehr? Bei zu großem Abstand wäre ein Tadel des Divisionskommandeurs fällig, der die Übung mit dem Fernglas beobachtete. Als der Leutnant während des Beschusses mit seinem Zug gerade wieder einmal in Richtung Bunker geduckt vorwärtshastete, orgelte eine Granate heran und detonierte gefährlich nah vor ihm und seinen Männern. Ein Soldat schrie: »Herr Leutnant! Herr Leutnant! Mich hat's erwischt.« Sanitäter stürmten herbei, der Verwundete wurde abtransportiert, die Übung abgebrochen.

Ein Bericht über den Hergang wurde angefertigt und ein Strafverfahren gegen Bussche wegen Verletzung der Aufsichtspflicht eingeleitet. Aber bereits in der Vorverhandlung kam es zum Freispruch. Begründung: Der Leutnant hätte seinen Soldaten nicht mehr zugemutet als sich selbst. Im Moment des Granateinschlags befand er sich sogar vor seinen Soldaten.

Es war nicht die einzige Aktion, mit der Bussche bei seinem Bataillonskommandeur unliebsam auffiel. Da war noch die Geschichte mit dem »Unteroffiziersvergnügen«. Bussche hatte die Kompanie-Unteroffiziere in das Wirtshaus des Dorfes eingeladen, um die durch den harten Dienst in der kargen Eifellandschaft gedrückte Stimmung etwas anzuheben. Der Abend artete jedoch in ein lärmendes Besäufnis aus - mit Bussche als Anstifter. »Mal herhören!« hatte er, einer plötzlichen Eingebung folgend, gerufen. Sofort verstummte das Schreien und Lachen an den Biertischen. »Wir gehen jetzt auf den Schießstand und machen ein Pariser-Schießen.« Riesengejohle, die etwa 20 Unteroffiziere sprangen auf, Stühle kippten, alles griff zu Koppel und Mütze und eilte dem Ausgang entgegen. Vorneweg, mit vom Alkohol erhitztem Gesicht, Bussche. Der abgeschlossene Schießstand des örtlichen Schützenvereins war schnell aufgebrochen, Präservative gab es genügend, weil jeder Soldat beim Verlassen seines Quartiers vier Dinge bei sich führen mußte: Erkennungsmarke, Soldbuch, Gummischutz gegen Geschlechtskrankheiten und Waffe. Die Unteroffiziere füllten die Pariser mit Wasser und hingen sie in 25 Metern Entfernung auf, wobei sie unter jedem etwas links eine Kerze entzündeten, so daß die aufsteigende Wärme die hängenden Gummiballons leicht zum Schwanken brachte.

»Herr Leutnant, Sie haben den ersten Schuß!« Bussche ergriff seine Pistole, eine 7,65-mm-Mauser, lud durch, entsicherte. Er hob langsam die Hand, streckte den Arm aus, kniff das linke Auge zu und visierte das schwankende Ziel über Kimme und Korn an, zog den Abzugshahn vorschriftsmäßig langsam bis zum Druckpunkt, um schließlich durchzuziehen. Es gab einen ohrenbetäubenden Knall. Der Schuß und das Zerplatzen des Präservativs hörten sich wie eine einzige gewaltige Detonation an. Riesenbeifall, Zuprosten, »Wer ist der nächste?« Dann schossen sie einer nach dem anderen, fast jedesmal ein Volltreffer, begleitet von einem ungewöhnlich lauten Knall. Inzwischen war das ganze Dorf aufgewacht, bei der Truppe wurde Alarm gegeben, jenseits der Mosel, auf luxemburgischem Gebiet, schreckte der Feind auf! Begann der seit langem erwartete Angriff der Deutschen?

Am nächsten Morgen wurde Bussche zur »Eule«, seinem Bataillonskommandeur, befohlen. Jonas Graf zu Eulenburg mit seinem wuchtigen kahlen Schädel saß hinter einem Schreibtisch, er blickte nicht einmal auf, als Bussche Meldung erstattete: »Leutnant Bussche meldet sich, wie befohlen, zur Stelle.«

»Waren Sie an dem Lärm letzte Nacht beteiligt?«

»Jawohl, Herr Graf.«

»Was haben Sie gemacht?«

»Herr Graf, die Truppe muß auch nachts schießen können. Wir haben geübt.«

Der Kommandeur hob den Blick vom Schreibtisch und musterte den zwanzigjährigen Leutnant mit durchbohrendem Blick. »Was haben Sie gemacht?«

»Wir haben ein Nachtschießen veranstaltet.«

»Wieso? Und vor allem: Wo?«

Die Peinlichkeit näherte sich unaufhaltsam dem Höhepunkt. »Auf dem Schießstand.«

»Auf was haben Sie geschossen?«

»Herr Graf, auf Gummi.«

»Auf Gummi? Bussche, jetzt bitte etwas deutlicher!«

Weiteres Herumreden war aussichtslos. »Auf mit Wasser gefüllte Präservative, Herr Graf.«

Das strenge Gesicht der »Eule« erstarrte. Nicht einmal ein Zucken der Augenlider war zu bemerken. Dem Leutnant wurde ungemütlich warm. Doch plötzlich ging ein verschmitztes Lächeln über das Gesicht der »Eule«, das von prustendem Lachen abgelöst wurde. »Mensch, Bussche, machen Sie so einen Quatsch bitte nicht noch einmal. Sie können gehen.« Es geschah selten, daß der Kommandeur lachte oder andere es in seiner Gegenwart riskierten, und schon gar nicht über ihn. Das geschah lediglich ein einziges Mal, wie sich Bussche erinnerte. Nach einer Offiziersbesprechung im Quartier des Kommandeurs in Daubelshausen war man vor das Haus getreten. Die Sonne schien zum erstenmal nach dem strengen Winter, spendete wohlige Wärme. Just in diesem Moment lief in etwa 50 Meter Entfernung der Putzer des Leutnants Bussche über die Straße. Er war mit einem Drillichanzug bekleidet und trug ein Kochgeschirr in der Hand. Er hieß Ignaz Janocha, war Pole, in die Wehrmacht eingezogen und im übrigen der gerissenste Muschkote im ganzen Bataillon, aber immer mit einem engelhaften Lächeln. Plötzlich entdeckte ihn die »Eule«, brüllte über die ganze Entfernung vor allen Offizieren: »Wo wollen Sie denn hin?«

Ignaz Janocha machte Front zum Kommandeur und brüllte zurück: »Essen holen, Herr Graf!«

»In diesem schmutzigen Drillich?«

»Nein, Herr Graf, im Kochgeschirr.«

Die Offiziere brachen in schallendes Gelächter aus. Eulenburg kam nicht umhin mitzulachen.

Die Offiziere des Regiments waren angewiesen, unter der Mannschaft keine Lethargie aufkommen zu lassen. Die Nächte wurden immer wieder mit Alarmübungen unterbrochen. Bussche scheuchte seinen Zug Steilhänge rauf und runter, manchmal bis zu zwanzigmal. Die Soldaten waren wütend auf ihren Leutnant, hielten ihn für einen verrückten Schleifer. Als ihm dies zu Ohren kam, ließ er sie antreten. »Mal herhören, Männer. Irgendwann wird dieser Krieg im Westen ja losgehen. Und dann müßt ihr, wenn es knallt, in der Lage sein, auch in völliger Erschöpfung noch vernünftig zu reagieren, das heißt, volle Deckung zu nehmen und nicht zu sagen, ›ist mir alles Wurscht‹. Immer daran denken: Erschöpfung ist im Gefecht der Normalzustand. Darum üben wir das. Nasse Beene und Läuse habt ihr dann sowieso.« Obwohl erst 20, hatte Bussche keine Probleme, sich durchzusetzen. Allein schon mit seiner hünenhaften Gestalt flößte er Respekt ein. Einige Unteroffiziere waren mit ihm 1937 als Rekruten eingetreten. Von daher duzte man sich, auch seitdem Bussche Leutnantslitzen trug. Der einzige Unterschied: Seine Kameraden waren die ganze Zeit beim Regiment geblieben, er war vorübergehend auf die Kriegsschule abkommandiert gewesen. Hinzu kam, daß der im Regiment gepflegte Berliner Jargon Unterschiede verwischte. Wenn der Leutnant einem allzu eifrigen Unteroffizier in die Parade fuhr, klang das so: »Nun hör' doch mal uff!« Und der antwortete: »Ja, Axel, ick hör' uff.« Diese Vertraulichkeiten unterblieben allerdings in Gegenwart des Bataillonskommandeurs. Das Regiment bestand vorwiegend aus Berlinern und Brandenburgern, ein Kontingent Rheinländer brachte etwas Karnevalsstimmung in die Einheit.

Trotz dieses kameradschaftlichen Umgangs herrschte in der Wehrmacht strenge Disziplin, Offiziere und Unteroffiziersdienstgrade nicht ausgenommen. Typisch eine Geschichte, die im I.R. 9 die Runde machte. Im benachbarten Infanterie-Regiment 94 gab es den Offiziersanwärter-Feldwebel Hermann Ulrichs. Der war mit Wirkung vom 1. Februar 1940 zum Leutnant befördert worden, konnte aber weder ein braunes Offizierskoppel noch eine Offiziersmütze, noch Leutnantsschulterstücke auftreiben. Am Beförderungstag borgte er sich noch Offiziersinsignien von einem Kameraden, der sie aber am Nachmittag zurückhaben wollte. Also mußte er sich diese Gegenstände schnellstens beschaffen. Ulrichs bekam vom Bataillon Bezugsscheine, die man damals schon im ersten Kriegsjahr benötigte, und einen Eisenbahnfahrschein zweiter Klasse, um nach Köln zu einem Militäreffektengeschäft zu fahren. Unterwegs stiegen zwei Panzeroffiziere zu, beäugten argwöhnisch ihr nicht vorschriftsmäßig drapiertes Gegenüber, das weder eine Pistole trug noch sonst nach einem »richtigen« Offizier aussah. Schließlich sagte einer der Panzeroffiziere: »Darf ich mal Ihre Berechtigung zum Benutzen der zweiten Wagenklasse sehen?« Ulrichs präsentierte seinen Wehrmachtsfahrschein, der Panzeroffizier zeigte das Papier seinem Kameraden. »Scheint zu stimmen.« Er gab den Schein zurück. »Stehen Sie sich mit dem Kompanieschreiber besonders gut?« schob er spöttisch nach.

In Köln angekommen, steuerte der frischbeförderte Leutnant schnurstracks auf ein Militäreffektengeschäft zu und kleidete sich ein: Reitstiefel, Reithose, Feldbluse, Krätzchen (Feldmütze), Koppelzeug, Pistolentasche. Zum Schluß fragte er den Geschäftsinhaber: »Sagen Sie mal, wo ist hier ein Waffengeschäft?«

»Schräg gegenüber, nur etwa 70 Meter entfernt. Da kriegen Sie eine Pistole.«

Ulrichs wechselte über die Straße, hatte noch 20 Meter bis zum Waffengeschäft zurückzulegen, da kam ihm eine Heeresstreife, ein Oberfeldwebel und zwei Mannschaftsdienstgrade, entgegen. Sie trugen auf der Uniform metallene Ringkragen, die Insignien der Feldjäger (Militärpolizei), weswegen sie im Landserjargon »Kettenhunde« genannt wurden. Der Oberfeldwebel vertrat Ulrichs den Weg. »Herr Leutnant, halten Sie mal an. Darf ich Soldbuch und Urlaubsschein sehen?« Kritisch musterte er die Papiere, gab sie zurück, sagte ungerührt: »Herr Leutnant, ich muß Sie trotzdem melden.«

»Melden? Wieso denn?«

»Sie haben zwar eine Pistolentasche, aber keine Pistole.«

»Ich bin gerade bei der Einkleidung. Ich will ja dort hinten in das Waffengeschäft, um mir eine Pistole zu kaufen.«

»Das interessiert mich nicht«, sagte der Oberfeldwebel mit bewußt strenger Miene, machte sich Notizen, salutierte und ließ den verdutzten Ulrichs stehen. Als er am späten Nachmittag wieder beim Regiment eintraf, lag bereits eine Meldung gegen ihn vor. Ulrichs mußte sich beim Regimentskommandeur melden, wo er einen Anpfiff kassierte: »Ein Offizier geht niemals ohne Waffe.«

Richard von Weizsäcker war nach 15 Monaten zum Gefreiten befördert worden. Zunächst fungierte er einige Wochen als Melder beim Regimentsstab, wurde dann aber wieder seiner alten Einheit, der 4. schweren MG-Kompanie, zugeteilt. Um ein Haar wäre er zu einem anderen Regiment versetzt worden, weil das I.R. 9 im Juli 1940 zur Vermehrung des Heeres die Stammannschaft für ein neu aufzustellendes Regiment abgeben mußte. Hierfür wurden das gesamte III. Bataillon sowie die 4. Kompanie des I. Bataillons ausgegliedert. Mit einer Ausnahme: Der Gefreite Richard von Weizsäcker durfte beim I.R. 9 bleiben. Statt sich zu freuen, fand er es deprimierend, daß ihn seine alten Kameraden verließen. Als man dann aber im I.R. 9 die 4. Kompanie mit Neuzugängen auffüllte, wurde er Gewehrführer an einem schweren Maschinengewehr. Ihm unterstanden fünf Mann: Der Schütze 1, der das Maschinengewehr trug und bediente, Schütze 2, dem es oblag, die schwere Lafette zu tragen, sowie die Schützen 3, 4 und 5, die Munitionskästen schleppen mußten. Der Gefreite Weizsäcker bekam ein Fernglas, und es war seine Aufgabe, im Einsatz das Feuer des schweren MG zu lenken. In dieser Funktion verblieb er aber nur einige Monate, denn inzwischen hatte man höheren Orts beschlossen, den Abiturienten auf einen Reserveoffiziersanwärter-Lehrgang zu schicken, zu dem er im April in die Mark Brandenburg abkommandiert wurde.

Mit einer zackigen Ehrenbezeugung meldete er sich bei seinem Kompaniechef, Ekkehard Baron von Ardenne, ab. Wiewohl dieser allzeit ein sehr strenger Vorgesetzter war, hatte er dem jungen Weizsäcker imponiert, unter anderem auch, weil Ardenne mit seinem gefallenen Bruder Heinrich befreundet war. Was Weizsäcker in diesem Moment nicht ahnte: Ardenne hatte nur noch drei Wochen zu leben.

10 Der »Führer« schmiedet Angriffspläne: die Rolle des I.R.9

Bei seinem letzten Urlaub hatte der Gefreite von Weizsäcker in seinem Elternhaus eine bedrückende Atmosphäre vorgefunden. Der Vater schien seine Bemühungen aufgegeben zu haben, mit Hilfe seiner Verbindungen als Staatssekretär des Auswärtigen Amtes heimlich einen Waffenstillstand zwischen den Alliierten und Deutschland zustande zu bringen. Sein Einfluß im Ministerium war zusehends geschwunden. Außenminister von Ribbentrop und dessen unmittelbaren Zuarbeiter hielten den Staatssekretär für politisch unzuverlässig, waren der Ansicht, er vertrete die Ziele des Nationalsozialismus nicht energisch genug. Hitler ließ Pläne zum Angriff auf Dänemark und Norwegen sowie Frankreich, Luxemburg, Belgien und Holland ausarbeiten. Das Auswärtige Amt sollte ihm die politische Rechtfertigung zu Papier bringen, aber der Staatssekretär wurde von den Vorbereitungen ausgeschaltet.

Kurz vor Jahreswechsel hatte ihn der ehemalige deutsche Botschafter in Rom, Ulrich von Hassell, inzwischen von den Nationalsozialisten in den Wartestand versetzt, besucht und in seinem Tagebuch nach einem gemeinsamen Spaziergang durch den Berliner Tiergarten notiert: »Er war mir als körperlich ganz erledigt geschildert worden, was ich übertrieben fand. Stimmung allerdings ganz down, er gibt die Generale [was deren Widerstandspläne gegen Hitler angeht] auf und hofft nur noch auf den Regen [der die Umsetzung der Angriffspläne Hitlers verzögern könnte]. Jetzt gibt es sechs Staatssekretäre im Auswärtigen Amt! Ein neuer Unterstaatssekretär kam hinzu. Seine Ernennung hat man Weizsäcker einfach notifiziert. Was der Mann treibt, weiß Weizsäcker nicht.«

Etwa drei Monate später, als am 9. April 1940 morgens deutsche Truppen die Grenze in Nordschleswig überschritten und trotz wiederholter Friedensbeteuerungen Dänemark fast kampflos besetzten, war Vater Weizsäcker über die Ausweitung des Krieges so deprimiert, daß er sich krank meldete.

Die zum gleichen Zeitpunkt erfolgte Landung in Norwegen lief nicht so glatt ab. Norwegen leistete Widerstand. Im Oslo-Fjord wurde der deutsche Kreuzer *Blücher* von der norwegischen Küstenartillerie versenkt; vor Kristiansand und Bergen wurden die leichten Kreuzer *Karlsruhe* und *Königsberg* auf den Grund geschickt. Vor Narvik sanken die Zerstörer *Wilhelm Heidkamp* und *Anton Schmidt*. Aber auch die Royal Navy der Engländer, die vergebens versucht hatte, die Seeblockade nach Nordosten auszuweiten und der deutschen Invasion zuvorzukommen, erlitt in den ersten Seegefechten schwere Verluste. Die Zerstörer *Glowworm, Hardy, Hunter* und *Gurkha* wurden versenkt. Trotz dieser Opfer konnten sie nicht verhindern, daß der für die Deutschen strategisch wichtige Erzhafen Narvik von einem Gebirgsjäger-Regiment unter Befehl General Dietls im Handstreich genommen wurde. Vom Süden her kämpften sich andere deutsche Einheiten nach Mittelnorwegen durch.

In den Stellungen des I.R. 9 am Westwall, dem deutschen Befestigungsgürtel von Aachen bis zur Schweizer Grenze, wurde die Entwicklung mit Spannung, aber auch mit Stolz verfolgt. Der im Polen-Feldzug entstandene Mythos von der unbesiegbaren deutschen Wehrmacht festigte sich.

Hitler persönlich hatte die Operation schon seit der Vorbereitung geleitet. Eine Woche vor dem Überfall versammelte er in der Berliner Reichskanzlei alle verantwortlichen Stäbe. Karten für die Invasion Dänemarks und Norwegens waren aufgehängt, vor denen sich Offiziere mit Hinweis auf ihr Operationsgebiet aufstellten. Der »Führer« schritt die Reihe ab, fragte nach Aufgaben und wie sich die Herren die Durchführung vorstellten. Acht Stunden ging er mit ihnen die Pläne durch, korrigierte hier und da, unterbrach die Besprechung nur, um belegte Brötchen bringen zu lassen. Schließlich setzte er den 9. April als Datum für die Landung fest.

Wann aber würden die Deutschen im Westen zuschlagen? Bei den Soldaten des Infanterie-Regiments 9 machte sich Ungeduld breit. »Hoffentlich geht es endlich bei uns los, damit die sinnlose Schleiferei beim Übungsdienst aufhört.« Ihr Wunsch sollte schneller in Erfüllung gehen, als sie ahnten.

Am 27. April 1940 befahl Hitler dem Oberkommando der Wehrmacht und dem Generalstab des Heeres, sich darauf vorzubereiten, daß der seit längerem geplante Angriff auf Frankreich, Luxemburg, Belgien und Holland, der »Fall Gelb«, zwischen dem 1. und 7. Mai stattfinden müßte. Eine gewaltige Angriffsarmee mit drei Heeresgruppen, jede bis zu 45 Divisionen stark, stand Gewehr bei Fuß. Das I.R. 9, im Verband der 23. Infanterie-Division, gehörte nun zur Heeresgruppe A unter Generaloberst Gerd von Rundstedt. Diese Truppen mußten die Hauptoffensive bestreiten, waren die Speerspitze des Angriffs. Sie sollten so schnell wie möglich Luxemburg und Südbelgien durchstoßen, den Maas-Übergang zwischen Dinant und Sedan erzwingen und nach Frankreich in Richtung Somme-Mündung an der Kanalküste vordringen, um die französischen Befestigungen vom Rücken des Gegners her aufzurollen. Die im Polen-Feldzug mit großem Erfolg angewandte Taktik, in mehreren Wellen - mit einer raschen Truppe voraus, gefolgt von langsameren Verbänden - anzugreifen, sollte auch im Westen praktiziert werden. Das I.R. 9 war bei den »schnellen«.

Als der Tag »A« (Angriff) näher kam, wurde Hitler zunehmend nervöser. Die Wetterbedingungen waren schlecht, als hätte sich der geheime Wunsch des AA-Staatssekretärs Ernst von Weizsäcker, Dauerregen könnte den Überfall verschieben und ein Einlenken des »Führers« in letzter Minute ermöglichen, erfüllt. Die Auslösung des »Fall Gelb« wurde vom 3. Mai auf den 8. Mai verschoben. Als am Abend des 7. Mai der Oberbefehlshaber des Heeres, Generaloberst Walther von Brauchitsch, nach Empfang der letzten Wettermeldungen seinen »Führer« erneut um Aufschub bat - auf den 10. Mai -, willigte Hitler nur widerstrebend ein: »Gegen mein Gefühl . . ., aber keinen Tag länger.«

Am 9. Mai, um 16.48 Uhr, verließ der Sonderzug des »Führers« Berlin, fuhr die ganze Nacht gen Westen, traf vor Morgengrauen in Euskirchen, 28 Kilometer westlich von Bonn, ein. Draußen war es noch dunkel, feucht und kalt. Hitler begab sich zu mehreren Felsenbunkern bei Münstereifel, einem der vier Befehlsstände des »Obersten Kriegsherrn«, wie er sich nannte. Als er und 14 Offiziere des Oberkommandos der Wehrmacht die im Wald verstreuten Bunker erreichten, brach gerade die Sonne durch den Morgennebel. Kurz zuvor hatte der Angriff gegen Frankreich, Luxemburg, Holland und Belgien begonnen. Das Infanterie-Regiment 9 stand vor seiner zweiten großen Bewährungsprobe.

11 Der Frankreich-Feldzug: mit Hurra und klopfendem Herzen

Der 10. Mai 1940 war ein strahlend schöner Sonnentag – mit einer Einschränkung: Über Holland und Belgien regnete es deutsche Fallschirmjäger und Stuka-Bomben. Der Angriff auf die westlichen Nachbarländer begann um 5.35 Uhr. Für das Infanterie-Regiment 9 fing der West-Feldzug ganz harmlos an. Es überquerte die Our, die Grenze zwischen Deutschland und Luxemburg, bei Übereisenbach und Gemünd ohne Gegenwehr. Der Kommdandeur, Oberst von und zu Gilsa, fuhr in einem offenen Kübelwagen vom Typ Horch mit Sechs-Gang-Getriebe über den Fluß. Er steuerte den Wagen selbst. Auf dem Beifahrersitz sein Regimentsadjutant, seit November 1939, Hermann Jannsen, auf dem Rücksitz der Fahrer. Sie folgten den deutschen Panzerspitzen, die bereits nach Luxemburg eingedrungen waren. Ein einsamer Gendarm versuchte sie darauf aufmerksam zu machen, daß sie eine Grenzverletzung begingen. Er wurde kurzerhand festgenommen. Während der Kübelwagen des Kommandeurs in Richtung südliches Belgien fuhr, bemerkte Gilsa mit einer Mischung von Siegerlaune und Witz: »Jannsen, meine Kriegspläne sind, das Dorf Cognac zu erobern und im Schloß Doorn die Ehrenwache für seine Majestät zu stellen.«* Jannsen lachte. Was ihn amüsierte, war die Kombination der Wünsche. Dann schnitt ihm der Oberst mit der nächsten Bemerkung das Lachen ab. »Mein ganzes Bestreben geht dahin, von meinen braven Männern so viele wie nur möglich gesund wieder nach Hause zu bringen.« Gleiches wünschten sich auch die Kommandeure der Infanterie-Regimenter 67 und 68 sowie des Artillerie-Regiments 23, die zusammen mit Pionieren, Aufklärungsabteilung und Nachschubeinheiten die 23. Infanterie-Division bildeten.

* Nach dem verlorenen Ersten Weltkrieg und der Revolution in Deutschland ging der letzte deutsche Kaiser, Wilhelm II., in den holländischen Ort Doorn, Provinz Utrecht, ins Exil.

Einer der Männer, denen die Fürsorge der Vorgesetzten galt, war der Schuhmachersohn und Schütze Walter Henze aus Braunschweig. Er war im vaterländischen Geist erzogen worden. Als Hitler 1933 an die Macht kam, fielen sich seine Eltern weinend um den Hals. Sie erhofften sich von dem neuen Hausherrn in der Berliner Reichskanzlei nur Gutes. Das Heer von fünf Millionen Arbeitslosen hatte sich auch schlecht auf das Schuhmachergeschäft des Vaters ausgewirkt. SA-Männer in ihren braunen Uniformen mit Schulterriemen, Koppel und Hakenkreuz-Armbinde kamen, ihre Schuhe reparieren zu lassen. Aber sie konnten nicht bezahlen, weil sie arbeitslos waren. Das Kontobuch mit den unbeglichenen Reparaturen hatte viele Seiten. Die gesamte Verwandtschaft war Mitglied der Nationalsozialistischen Deutschen Arbeiter-Partei (NSDAP). Und Walter Henze gründete zusammen mit seinem zwei Jahre älteren Bruder 1930 als Neunjähriger im Keller einer Gastwirtschaft hinter der Technischen Hochschule in Braunschweig die Hitler-Jugend. Er erhielt die Mitgliedsnummer 7447 und durfte das HJ-Abzeichen in Gold tragen, weil er noch vor der Machtübernahme Hitlers am 30. Januar 1933 der Jugendbewegung beigetreten war. Der kleine Walter dachte sich nichts Böses, war für die Sache der Hitler-Jugend begeistert und verteilte in seiner Freizeit Propagandazettel - bis Andersgesinnte ihn in einer Kommunistengegend erwischten, ihn verprügelten und ihm so in den Bauch traten, daß er mit Darmquetschungen und späteren Bauchhöhlenvereiterungen über ein Jahr im Krankenhaus in der Celler Straße lag. Glück im Unglück: Der Chefarzt Schnurrebein war SA-Mann. Er sorgte persönlich dafür, daß der Knirps aus der Hitler-Jugend schließlich wieder gesund wurde.

1936 merkte Vater Henze, daß die braunen Machthaber nichts für den kleinen Mann taten. Er spürte es daran, daß die alten Kämpfer aus der NSDAP, die inzwischen ihre Schulden bei ihm bezahlt hatten, keine Anstellung bekamen, wohl aber jene, die vor 1933 gegen Hitler waren. Enttäuscht trat der Schuhmacher aus der Partei aus. Sein Sohn, inzwischen zwölf, tat es ihm gleich. Er knallte trotzig seinem HJ-Stammführer Kreikenbohm das goldene Ehrenabzeichen auf den Schreibtisch. »Ich trete aus!«

»Also paß auf, Henze«, sagte der Stammführer, »du kannst mir das Ding auf den Tisch legen, aber austreten kannst du nicht. Du bist ab sofort Ehrenmitglied. Kannst machen, was du willst.«

»Na gut. Hier liegt es. Mach damit, was du willst. Ich betrachte mich als ausgetreten. Tschüß.«

Die politische Enttäuschung hinderte den Junior nicht, sich 1939 nach Ausbruch des Krieges aus nationaler Begeisterung und jugendlichem Tatendrang freiwillig zur Wehrmacht zu melden. Der Senior wurde »gezogen«, mußte aber nicht in den »Scheißkrieg«, sondern durfte bei seinen Leisten bleiben und in der Fallschirmjäger-Kaserne Braunschweig-Rautheim Militärstiefel flicken. Am 20. Februar 1940 wurde Walter Henze zu einer berittenen Nachschubeinheit des I.R. 67 nach Hannover einberufen und nach dreimonatiger Grundausbildung mit seiner Einheit nach Lascheid in der Eifel verlegt, wo bereits die drei Regimenter der 23. Division, darunter das I.R. 9, in Bereitschaft lagen. Die Gefechtsstärke der Division im Mai 1940: 18 469 Mann und 5053 Pferde. Feuerstärke: 555 Maschinengewehre, 123 Maschinenpistolen, 84 leichte, 54 schwere Granatwerfer, 75 3,7-cm-Panzerabwehrkanonen, 36 leichte und 12 schwere Feldhaubitzen plus zwölf 2-cm-Fla-Kanonen.

In der Nacht zum 10. Mai gab es plötzlich Alarm. Henze und seine Kameraden hielten die Ruhestörung wieder für eine Übung. Keiner ahnte, daß in diesem Moment der Frankreich-Feldzug begann. Einige der Kameraden hatten sogar Urlaub. Als sie sich aber in Richtung Westen in Marsch setzten, begriffen sie, was die Stunde geschlagen hatte. Die Straßen nach Luxemburg waren wie schon im Polen-Feldzug heillos verstopft. Bespannte Fahrzeuge mußten bei Nacht und ohne Wegweiser Feldwege benutzen. Es gab Staus, es wurde gebrüllt und mit der Pistole herumgefuchtelt, aber schließlich die Glanzleistung vollbracht, rechtzeitig im Anschluß an die vorrückenden Infanterie-Regimenter die belgische Grenze zu überqueren. Fünf Kilometer dahinter gab es den ersten Feindkontakt: Belgische Soldaten eröffneten aus einer Entfernung von zirka 800 Metern das Feuer. Nachdem die Fahrer abgesessen und in Schützenkette ausgeschwärmt waren, um auf die Sperre vorzugehen, ergriffen die Belgier die Flucht. Zu eigenen Verlusten kam es nicht. Die Nachschubeinheit setzte sich wieder in Bewegung, auf schmalen Straßen durch den südlichsten Zipfel Belgiens, vorbei an Bouillon zur französischen Grenze. Plötzlich wieder Beschuß aus einem Dorf. Mit »Hurra« und klopfendem Herzen stürmte Walter Henze mit seinen Kameraden vorwärts. Aber auch hier hatten die belgischen Soldaten nur aus der Ferne das Feuer eröffnet und sich rechtzeitig zurückgezogen. Als die Deutschen die Häuser durchkämmten, fanden sie gedeckte Tische vor, auf denen die Kartoffeln noch dampften. Die Zivilbevölkerung war in die benachbarten Wälder geflüchtet. Der deutsche Angriff kam so überraschend, daß sie keine Zeit fanden, wenigstens das Nötigste mit auf die Flucht zu nehmen. Wieder hatte Henzes Einheit Glück. Es gab keine eigenen Verluste.

Hinter der französischen Grenze, die besser befestigt war als die deutsche, sah der junge Henze mit seinen 19 Jahren die ersten toten Soldaten - Deutsche und Franzosen. Hier einer, die Hände in den Boden gekrallt, als könne er sich an dieser Welt festhalten. Dort einer mit blutverschmiertem Gesicht, die Augen vor Entsetzen weit aufgerissen. Ein dritter auf der Seite liegend, mit angezogenen Beinen und geschlossenen Augen, als schliefe er. Die französischen Soldaten trugen an den Kragenecken eine goldene 67. Welch ein Zufall, durchzuckte es Henze. Das französische Regiment 67 hatte gegen das deutsche Infanterie-Regiment 67 gekämpft!

Es war inzwischen Nachmittag. Auf einer saftiggrünen Wiese mit vereinzelten Bäumen machte die Nachschubeinheit halt. Die Pferde wurden versorgt, an Bäumen festgebunden, und die heißhungrigen Soldaten warteten auf das erste Mittagessen. Es war während des Vormarsches auf der hinter ihrer Kolonne daherzuckelnden Feldküche vorbereitet worden. Die rollende Küche, gezogen von zwei Pferden, kam in Sicht. Hinten auf einem Rost stand der Koch und rührte die Erbsensuppe um. Dann bog das Gespann von der Straße auf die Wiese ein. Henze würde, was jetzt folgte, nie vergessen: Just in dem Moment, da die »Gulaschkanone« die ersten Gräser überfuhr, gab es eine ohrenbetäubende Detonation! Erbsensuppe und Koch wirbelten durch die Luft - letzterer mit wie bei einer Puppe merkwürdig verrenkten, schlakkernden Armen und Beinen; die Erbsensuppe spritzte in alle Himmelsrichtungen. Als sich der beißende Qualm der Explosion verzog, wurde der Blick frei auf ein völlig zerstörtes Gefährt. Nur die Pferde hatten ohne Schaden überlebt, denn die Feldküche hatte den Splittersegen abgehalten. Irgendwo lag der Koch. Tot. Wie in Zeitlupe begriffen die Soldaten, die panikartig volle Deckung genommen hatten, was geschehen war: Die Gulaschkanone war auf eine Mine gefahren. Nun hatte auch Henzes Einheit ihren ersten Toten. Der Krieg, dieses bis zu dieser Minute abstrakte, manchen zur Glorifizierung verführende Geschehen, hatte sie auf einmal hautnah erreicht. Sie empfanden den Krieg auf einen Schlag gar nicht mehr als etwas Rühmliches, Männliches, gar feierliches Unternehmen, sondern als ungerecht, schmutzig und heimtückisch.

Der Koch war älter als sie, um die 40. Er hätte bei Kriegsanbruch entlassen werden können, aber er wollte lieber bei seiner Einheit bleiben. So begruben sie ihn an Ort und Stelle, setzten auf das Grab ein Holzkreuz und seinen Stahlhelm. Der Divisions-Pfarrer hielt eine Grabrede, sie schossen einen Ehrensalut.

Henze durchstreifte nach diesem Erlebnis ruhelos die Gegend, stieß in einem Wirrwarr von französischen Schützengräben mit toten Soldaten auf einen großen Bunker, an dessen Eingang ein Franzose lehnte, das Gewehr noch im Anschlag. Aber er war tot. Henze bekam eine Gänsehaut. Der Tote mußte schon einige Stunden so gestanden haben. Nachdem Henze den makabren Anblick halbwegs verdaut hatte, überwog seine Neugier: Was war in dem Bunker? Um in das Innere zu gelangen, mußte er den Toten vorsichtig beiseite schieben. Er zögerte, überwand sich schließlich. Die Todesstarre des fremden Körpers ekelte ihn. Im Bunker erkannte er, daß eine Granate genau im Eingang eingeschlagen war. Rechts und links im Inneren – seine Augen mußten sich erst an das Dämmerlicht gewöhnen – waren einst Betten aus Holz übereinandergestellt gewesen. In den Trümmern lagen oder hingen tote Franzosen, gräßlich verstümmelt, mit zerfetzten Leibern, fehlenden Gliedmaßen. Auf dem Boden große getrocknete, dunkle Blutlachen. Henze war abermals geschockt. So hatte er sich den Krieg, als er sich in jugendlichem Idealismus freiwillig zum Wehrdienst meldete, nicht vorgestellt. Überhastet verließ er den Bunker, stieß am Ausgang mit dem stehenden Leichnam zusammen, erschrak, fing an zu laufen. Nur fort, weg von diesem Ort nie für möglich gehaltener Grausamkeit.

Als Henze zu seiner Einheit zurückgefunden hatte, begann er sich zu wundern, warum es nicht weiterging. Was er nicht wußte: Die voranrückenden Infanterie-Regimenter 9 und 67 waren an der Maas auf erbitterten Widerstand gestoßen.

12 Über Maas und Aisne: Merde, die Deutschen kommen!

An der Front beim I.R. 9, vor allem in der 1. Kompanie, herrschte dicke Luft. Man war in fünf Tagen durch das südliche Belgien, kämpfend durch die Grenzbefestigungen im Raum von Bastogne, St. Hubert und Libramont bis vor Charleville an der Maas gelangt. Die Marschstrecke war teilweise unter schwersten Strapazen zurückgelegt worden. Es war heiß, bei Wiltz mußten die Gefechtswagen von Hand über den Berg gezogen werden, weil die leichten polnischen Pferde es allein nicht schafften.

Spätestens am zweiten Tag stellte sich heraus, wie mühsam das Vorankommen mit »freigemachtem Gerät« war. Das war beschwerlich – vor allem für diejenigen, welche die über 30 Kilogramm schweren Granatwerferplatten schleppen mußten. Aber am schlechtesten waren die Munitionsträger für die Maschinengewehre dran. Die viel zu kleinen Bügel der blechernen Munitionskästen schnitten schmerzhaft in die Handflächen ein.

Leutnant von dem Bussche bildete mit seinem Zug die Regimentsspitze. Ihm war befohlen worden, mindestens viereinhalb, besser fünf Kilometer pro Stunde voranzukommen. Sehr bald stellte er fest, daß dies mit freigemachtem Gerät nicht zu schaffen war. Im nächstbesten Dorf beschlagnahmte er deshalb mehrere Kinderwagen mit kleinen Rädern und tiefem Bauch. In diese ließ er unter dem Gelächter seiner Soldaten Maschinengewehre, Munitionskästen und Granatwerferrohre und -platten verfrachten. Welch grotesker Anblick! Das ging allerdings nur so lange gut, bis Regimentskommandeur von Gilsa im Kübelwagen von hinten aufschloß. Er stoppte. »Bussche, das geht nicht. Wir können nicht mit der Spitze der deutschen Armee, bunte Kinderwagen schiebend, hier einmarschieren.« Zu den Soldaten gewandt: »Das müßt ihr doch einsehen.«

»Jawohl, Herr Oberst.«

»Dann lassen Sie mal diese Wägelchen abstellen.«

»Kinderwagen stehen lassen«, befahl Bussche mit monotoner Stimme seinen Soldaten, während der Kübelwagen mit dem Regimentskommandeur in einer Staubwolke verschwand. Der Leutnant betete, daß der Oberst nicht zurückkommen würde, denn im nächsten Dorf requirierte er wieder Kinderwagen.

Er bekam auch Ärger mit seinem direkten Vorgesetzten, dem Reservehauptmann Felix Hannig. Bussche trug furchtbar teure, privat angefertigte Reitstiefel, die jedoch den Nachteil hatten, daß sie scheuerten und ihrem Träger große Blasen verursachten. In einer Villa im Feindesland hatte er ein paar bequeme Jagdstiefel gefunden und diese gegen seine Reitstiefel ausgetauscht. Als Hannig das sah, fauchte er den jungen Leutnant an: »Wenn Sie so doof sind und in den Krieg mit teuren Reitstiefeln ziehen, dann sollen Sie ruhig mit Ihren Blutblasen weitermarschieren. Hier wird nicht geplündert! Bringen Sie sofort die gestohlenen Stiefel zurück!«

Trotz dieses Zusammenstoßes saßen die Herren am Abend zusammen und tranken französischen Rotwein. Am Schluß des Umtrunkes hatte Hannig befohlen: »Bussche, bevor wir morgen die Bunker auf der anderen Seite angreifen - um 7.30 Uhr wird unsere Artillerie vorbereitendes Feuer eröffnen -, arbeiten Sie sich mit ein paar Freiwilligen vor und schauen sich die Bunker mal aus der Nähe an. Ich glaube, die sind nicht mehr besetzt.«

»Zu Befehl, Herr Hauptmann!«

Bussche war nicht wohl bei der Sache, aber Befehl ist Befehl. Unter den sechs Freiwilligen, die sich gemeldet hatten, war der Gefreite Krähahn, Revierförster aus Pommern, und überdies Scharfschütze. Ein Mann, auf den Verlaß war. Als es anderntags zu dämmern begann, kletterten der Leutnant und seine sechs Soldaten aus der deutschen Stellung und stiegen vorsichtig, aber aufrecht den Hang hoch zu dem gegenüberliegenden französischen Bunker. Bussches Herz schlug höher, die Nerven waren bis zum äußersten gespannt. Jedoch, kein Schuß fiel. Es schien, als ob Hauptmann Hannig recht gehabt hätte. Die sieben erreichten eine vor dem Bunker aus Stacheldrahtrollen bestehende Sperre. Bussche befahl: »Krähahn, hier müssen wir durch. Schneiden Sie das mal auf.« Und zu den anderen fünf Soldaten gewandt: »Hinlegen!« Krähahn arbeitete mit einer Drahtschere, was trotzdem nicht ganz einfach war, denn der durchschnittene Stacheldraht kringelte sich sofort wieder zusammen. Immer noch blieb es ruhig. Nur das Zwitschern der

Vögel und ferner Geschützdonner waren zu vernehmen. Schließlich hatte Krähahn das Hindernis mehrfach durchschnitten. Der Schweiß rann ihm unter dem hinteren Stahlhelmrand über den Nacken unter die Kragenbinde. Er und sein Leutnant stiegen mit staksigen, vorsichtigen Schritten durch das Drahthindernis und dann weiter hoch, näherten sich leicht gebückt, mit entsicherten Waffen, dem Bunker. Sie standen nur noch wenige Meter vor dem dunklen Loch der Schießscharte. In diesem Moment begann es wie verrückt aus dem Bunker zu schießen. Maschinenwaffen bellten, Handgranaten flogen über die Köpfe von Bussche und Krähahn, dorthin, wo die zurückgebliebenen Soldaten lagen. Bussche dachte: Zurück durch den Draht, das schaffen wir nicht. Er schrie zu dem etwas hinter ihm liegenden Krähahn: »Los, Handgranaten schmeißen und dann Sprung auf, marsch, marsch!« Krähahn nickte. Während er hastig eine Stielhandgranate aus seinem Koppel fingerte und den Zünder riß, richtete sich Bussche auf, um die Handgranate gegen die Schießscharte des Bunkers zu schleudern. Im selben Moment verspürte er einen Schlag gegen die Wurfhand. Die bereits entsicherte Handgranate fiel auf die Erde. Er konnte sie noch blitzschnell wegwischen, sich zur Seite rollen, dann erfolgte die Detonation! Bussche spürte eine Hitzewelle, aber überraschenderweise keinen Schmerz. Mensch, Axel, da hast du noch einmal Schwein gehabt, dachte er, griff zur Pistole und sprang auf in Richtung Bunker. Krähahn tat es ihm nach, rannte um den Betonklotz, stieß mit dem Fuß die rückwärtige Tür auf, darauf gefaßt, mit einem Kugelhagel empfangen zu werden.

Nichts dergleichen! Vor ihnen standen grinsend zwei vietnamesische Kolonialsoldaten, lächelten wie beflissene Kellner im »Hôtel de Paris«, statt weißer Servietten über einem Unterarm ihre Waffen gen Boden gerichtet. Die vier Männer atmeten schwer, beäugten sich neugierig, unschlüssig. Sekunden zuvor noch ganz darauf konzentriert, sich gegenseitig umzubringen, war plötzlich der Faden gerissen. Nunmehr verspürte Bussche brennende Schmerzen in der rechten Hand, hob sie, um nach der Ursache zu forschen – und erschrak: Die Hand war über und über mit Blut besudelt, von der Pistole, die sie umklammerte, rann es den Lauf entlang und tropfte auf den dreckigen Boden vor dem Bunkereingang. Dort, wo sein Daumen sein mußte, ragte ein rosiger Fleischstumpf aus der Hand. Bussche dachte: Komisch, nicht nur daß mir ein Teil meines rechten Daumens fehlt, mein linker Arm funktioniert auch nicht mehr, hängt so merkwürdig runter. »Krähahn, ich glaube, es reicht mir«, sagte er in einem Ton, als habe er nur ein längeres Tennismatch hinter sich und nicht eine doppelte Verwundung erlitten, »ich nehme diese beiden mit und gehe zum Verbandsplatz.«

Während er den Hang hinunterstolperte, die beiden Vietnamesen drückten beflissen die Stacheldrahtrollen auseinander, wurde er gewahr, wie links und rechts das I. Bataillon anzugreifen begann. Lange vor der vereinbarten Angriffszeit! Seine Kameraden hielt nichts mehr zurück. Sie hatten mit Spannung sein bravouröses Vorgehen beobachtet, hatten den Gefechtslärm vernommen und sahen nun, wie der Offizier mit blutender Hand, aber mit zwei Gefangenen zurückkam. Dieses Bild versetzte sie in einen Angriffsrausch.

Das I.R. 9 erreichte noch am selben Tag die Maas. Am Abend vorher hatte Bussche mit Hauptmann Hannig beim Rotwein besprochen, welchen Funkspruch man beim Erreichen der Maas an den Regimentsstab durchgeben sollte, und vorgeschlagen: »Funken wir doch einfach ›Ziegenbock mit vorderem Teil Möse erreicht‹.« »Ziegenbock« war der Deckname der 1. Kompanie, und die Maas, auf französisch La Meuse, ausgesprochen Mös. Auf dem Weg zum Verbandsplatz überlegte Bussche: Ob die Kameraden sich wohl trauten, diesen Funkspruch abzusetzen? Die vorrückenden Soldaten, die dem blutenden Offizier begegneten, seine Gedanken natürlich nicht errieten, deuteten sein Lachen wahrscheinlich als Schockwirkung.

Auf dem Verbandsplatz zeigte er dem Stabsarzt seinen Restdaumen. Der nahm die zerschossene Hand vorsichtig hoch: »Also, mein lieber Freund, so wie ich das einschätze, ist der Daumen im Grundgelenk kaputt. Den werden Sie jetzt los. Sonst noch was?«

»Herr Doktor Meier, irgend etwas stimmt mit meinem linken Arm nicht. Er funktioniert nicht mehr. Der hängt so komisch runter. Vielleicht ist er verdreht oder verstaucht.«

»Na, dann machen Sie sich mal frei.« Bussche hatte Schwierigkeiten, seine Uniformjacke auszuziehen, aber mit Hilfe zweier Sanitäter schaffte er es schließlich. Das nächste, was ihm auffiel, waren die vor Erstaunen aufgerissenen Augen des Stabsarztes. »Was haben wir denn hier? Das ist ja irre! Ein Schußloch links über Ihrem Herzen! Drehen Sie sich mal um!« Bussche tat wie geheißen.

Der Arzt: »Tja, tja, das ist sehr merkwürdig. Auf dieser Seite ist kein Ausschuß. Drehen Sie sich noch einmal um.« Arzt und Patient standen sich wieder von Angesicht zu Angesicht gegenüber. Der Medizinmann ließ sich von den Sanitätern Uniformjacke und das Fernglas geben, das Bussche beim Angriff umgehängt getragen hatte. Der Arzt nahm das Glas vorsichtig in die Hand, betrachtete es sorgfältig und sagte unvermittelt: »Da haben Sie aber Schwein gehabt!« Er hielt Bussche sein demoliertes Fernglas vor die Nase. »Das Geschoß traf erst Ihr Glas, wurde dadurch leicht abgelenkt und drang danach in den Körper ein. Wäre es direkt eingeschlagen, hätte es genau Ihr Herz getroffen! Die Kugel muß noch in Ihrem Körper stecken, und zwar verdammt nahe am Herzen. So etwas können wir hier nicht herausoperieren. Das muß in der Heimat geschehen.«

»Das heißt, ich kann nicht zurück zu meinem Haufen?«

»So ist es, Herr Kamerad. Aber keine Sorge. Während Sie sich mit einem Karbolmäuschen verlustieren, gewinnen wir den Krieg auch ohne Sie.«

Nachdem sie ihm den Restdaumen amputiert hatten, wurde er ins Heimatlazarett nach Neuwied verlegt. Beim Röntgen stellte man fest, daß die Kugel unterhalb einer Rippe mit einem sieben Zentimeter tiefen Schußkanal vor dem Herzbeutel saß. Auch in Neuwied trauten sich die Ärzte an eine derart komplizierte Operation nicht heran und verlegten den Patienten nach Berlin, wo er schließlich von der Kugel in seinem Körper befreit wurde.

Seine Kameraden standen längst tief in Frankreich. Als die Bunkerbrückenköpfe vor Charleville überrannt waren und die Maas überschritten werden sollte, überlegte man, den Fluß mit Floßsäcken beziehungsweise ausgehebelten Scheunentoren zu überqueren. Im Frontabschnitt des III. Bataillons wurde jedoch die intakte Straßenbrücke von Montcy entdeckt. Der Regimentskommandeur persönlich führte einen Stoßtrupp an, der die Brücke im Handstreich nahm, wofür Gilsa später mit dem Ritterkreuz dekoriert wurde. Auf der anderen Seite angekommen, arbeitete sich das I.R. 9 an den Stadtrand von Mézières vor.

Das Schwesterregiment, das I.R. 67, hatte über eine andere Maas-Brücke in einem Überraschungscoup gleichfalls den Fluß überquert. Diesmal war es ein Unteroffizier, der sich an die Spitze des Stoßtrupps gesetzt hatte, der Gruppenführer Walter Kalkhoff, der dafür als erster Unteroffizier des Heeres ebenfalls mit dem Ritterkreuz ausgezeichnet wurde. Damit hatte die 23. Infanterie-Division an der Spitze der deutschen Angriffskräfte den Übergang über die Maas erzwungen. Nicht nur das: Die Division hatte auch am Morgen des 16. Mai den Durchbruch durch die Maginot-Linie geschafft.

In Paris herrschte größte Nervosität. Am Vormittag war eine Botschaft des französischen Oberkommandierenden Generals, Gamelin, eingegangen, in der er sich außerstande erklärte, ab Mitternacht die Sicherheit von Paris zu garantieren. Verzweifelt versuchte der General, seine Soldaten mit der Losung »Sieg oder Tod!« zum letzten Widerstand zu motivieren. Der Regierung genügte das nicht. Sie veranlaßte ein Revirement. Gamelin wurde am 18. Mai durch den dreiundsiebzigjährigen General Louis Maxime Weygand ersetzt. Neuer Verteidigungsminister wurde der vierundachtzigjährige Marschall Philippe Pétain.

Dennoch, auf der französischen Seite an der Maas-Front breitete sich Panik aus. Artilleristen verließen ihre Stellungen, Gefechtsstände wurden vorzeitig geräumt, Regimenter, die keinen einzigen Schuß abgefeuert hatten, ergriffen die Flucht. Und mit den Soldaten floh die Zivilbevölkerung. Wieder waren die Straßen heillos verstopft. Pferdewagen, hoch bepackt, Autos, mit Matratzen beladen, vollgestopfte Kinderwagen und dazwischen noch Vieh, das die Bauern aus ihren Ställen getrieben hatten, ergossen sich als lebender Strom Richtung Süden. Der Ruf »Die Deutschen kommen!« vergrößerte die Panik.

Eine völlig andere Atmosphäre herrschte dagegen in den zurückliegenden französischen Stäben. Der für diesen Frontabschnitt zuständige Befehlshaber der 2. französischen Armee, General Charles Huntziger, nahm wie gewohnt Punkt 19.00 Uhr sein von weiß behandschuhten Ordonnanzen serviertes Souper ein. Welch ein Unterschied zum Führungsstil deutscher Generale. Sowohl Heinz Guderian als auch der Kommandeur der benachbarten 7. Panzer-Division, Erwin Rommel, befanden sich mitten unter ihren Soldaten an der Front. Sogar der Oberbefehlshaber der zuständigen Heeresgruppe A, Generaloberst von Rundstedt, unternahm Stippvisiten in die vorderste Linie und wunderte sich über den Schlachtenlärm. »Ist das hier immer so?«

Die französische Führung hatte geglaubt, man könne Frankreich wie im Ersten Weltkrieg verteidigen: sich notfalls ins Hinterland zurückziehen, um sich neu zu sammeln und erneut anzugreifen. Dabei hatte man völlig übersehen, daß die alten Raumbegriffe durch die Motorisierung, vor allem durch den Einsatz von Panzern geschrumpft waren. Vorübergehende Rückzüge waren nur möglich, wenn man über die Weiten

Rußlands verfügte. Im Frankreich des Jahres 1940 hätte man entweder die Stellungen um jeden Preis halten oder aber versuchen müssen, mit einer großangelegten Gegenoffensive nach Deutschland einzudringen. Vergebens hatte der ehemalige französische Militärattaché in Warschau, General Musse, seinen Kameraden, den Kommandeur der 55. französischen Infanterie-Division, Brigadegeneral Henri Jean Lafontaine, gewarnt: »Die Maas ist für die deutsche Armee kein Hindernis. Sie wird sie ebenso ohne Schwierigkeiten überschreiten wie den Bug und die Weichsel.« Das gleiche hatte er General Huntziger gesagt. Der jedoch hatte nur mit den Schultern gezuckt. »Polen ist Polen! Hier sind wir in Frankreich!«

Weil sich die Franzosen so grundsätzlich täuschten, konnte Hitler in einem Blitzkrieg von nur sechs Tagen jenen Erfolg an der Maas einheimsen, der Kaiser Wilhelm II. im Ersten Weltkrieg trotz tausendfach vergossenen Blutes vier Jahre lang versagt geblieben war.

Nach Überquerung der Maas erhielt das I.R. 9 Befehl, nicht mehr die sich in Richtung Dünkirchen am Ärmelkanal absetzenden feindlichen Verbände zu verfolgen, sondern nach Süden abzudrehen, um im Zuge der Operation »Sichelschnitt« von der rückwärtigen Front die französischen Verbände an der Maginot-Linie aufzurollen. Dazu mußten der Fluß Aisne und der Aisne-Kanal überschritten werden.

Infanterie-Regiment 9 lag vor der Aisne in Stellung. Es wurde Nacht. Hauptmann von Ardenne, Chef der 4. Kompanie, entschloß sich, das Gelände vor seiner Stellung allein zu erkunden. Leise, um vom Gegner nicht gehört zu werden, tastete er sich durch Gestrüpp ins Niemandsland. Die lauernde Gefahr schärfte seine Sinne. In Gedanken spielte er den Angriff durch, wußte bald, wie er seine Männer einsetzen müßte. Als er, soweit es die Dunkelheit zuließ, genug gesehen hatte, machte er kehrt.

Der Wachposten vor der Stellung der 4. Kompanie lauschte angestrengt in die Nacht: Hatte da nicht etwas verdächtig geknackt? Er brachte seine Waffe in Anschlag, stierte angestrengt voraus in die Finsternis. Da kam doch jemand auf ihn zu! Das war keine Täuschung. »Halt! Parole!« Verdammt noch mal, keine Antwort, statt dessen kam die Gestalt immer näher. Der Anführer eines französischen Stoßtrupps? Der Posten zog durch, der Schuß peitschte mit einem häßlichen Knall durch die Nacht. Der Schatten voraus fiel zu Boden. Der Posten rührte sich nicht vom Fleck. Hatte der Gegner nur so getan, als ob er getroffen wäre? Lauerte er nur darauf, selbst zu einem günstigen Schuß zu kommen?

Endlich tauchten die Kameraden auf, durch den Knall alarmiert. »Was ist los?«

»Der Franzmann greift an! Ich hab' einen abgeknallt!«

»Wo?«

»Da vorn, etwa 15 Meter.«

Geduckt schlichen sie gemeinsam vor, um sich Gewißheit zu verschaffen. Dann standen sie vor der am Boden liegenden Gestalt und erstarrten: Da lag ein deutscher Offizier. Und als sei das noch nicht des Schrecklichen genug, erkannten sie in dem Toten ihren Kompaniechef Ardenne. »Ich hab' gerufen ›Halt! Parole!‹«, verteidigte sich der völlig verstörte Posten. Sie trugen ihren Vorgesetzten zurück und machten Meldung. Es dauerte Tage, bis sich die Kompanie von dem Schock erholt hatte. Einer schrieb Ardennes Mutter einen rührenden Brief: »Ihr Sohn Ekkehard ist gefallen. Uns, der Kompanie, wird er unersetzlich sein. Er sagte mir einmal, daß die Liebe Gottes wie seine Wege unendlich seien, daß dem Menschen sein Schicksal zugemessen sei und es uns nicht zukomme, daran zu rühren ... Gnädige Frau, auch wir dürfen nicht hadern, er hätte es nicht anders gewollt. Er war mir ein Vorbild, wie allen in der Kompanie.« – »Gefallen für Führer, Volk und Vaterland« würde es in der offiziellen Benachrichtigung für die Angehörigen lauten.

Am 9. Juni trat das Regiment zum Angriff über die Aisne und den Aisne-Kanal an; so auch die Nachbarregimenter. Auf der gegnerischen Seite im Raum von Asfeld-la-Ville hatten sich die 2. und 10. französische Division eingegraben. Der schöne beginnende Frühsommertag bildete eine absurde Kulisse zu dem einsetzenden Massensterben. Anfangs lag noch morgendlicher Nebel über der Landschaft. Irgendwo hatte ein Hund gebellt. Um 5.15 Uhr zerriß schlagartig einsetzendes deutsches Artilleriefeuer die ländliche Idylle, das Zeichen für die Infanterie anzugreifen. Das Angriffsziel lautete, den Fluß sowie den dahinterliegenden Kanal zu überwinden, die anschließenden Höhen zu besetzen und einen Brückenkopf für die nachsetzenden Panzer Guderians zu bilden. Das Gelände war schwierig: Baumgruppen, Sträucher, hohes Gras erschwerten die Sicht und damit das Erkennen der französischen Stellungen. An der Spitze der 5. Kompanie stürmte Oberleutnant Batocki, etwa auf gleicher Höhe der Führer des 2. Zuges, Leutnant Hans-Jürgen Graf von Schlieffen, sowie die Gruppenführer Oberjäger Becker und Richter.

Inzwischen war auch die französische Artillerie aufgewacht. Ihre Granaten jaulten heran, schlugen krachend ein, ließen den Boden erzittern. Dazwischen das Rattern der Maschinenwaffen. Kugeln pfiffen durch die Gegend, klatschten ins Gestrüpp. Becker und seine Kameraden warfen sich zu Boden und begannen, sich mit dem Feldspaten in den feuchten Boden einzugraben. Sie mochten etwa zehn Minuten in Deckung gelegen haben, als Kompanieführer Batocki schrie: »Vorwärts, Soldaten!« Die Soldaten gehorchten, aber sie kamen nicht weit. Auf einmal hüllte sie dichter Nebel ein. Der Vordermann war kaum noch zu sehen, phasenweise nur am Klappern der Ausrüstung auszumachen. Das Gelände, vorher überwiegend hohes Gras, bestand nun aus vielen Büschen, hinter denen französische Soldaten gut versteckt auf die Deutschen schossen. Diese erwiderten das Feuer, konnte den Widerstand schließlich brechen. Die Franzosen, soweit sie nicht gefallen waren, zogen sich zurück. Dafür hatten sich die Deutschen total verfranzt. Batocki fing wieder an zu schreien: »Wo sind wir? Verdammt noch mal, Becker, wo sind wir?«

»Keine Ahnung!« schrie Becker zurück. Erneut fielen Schüsse. Nun rächte es sich, daß man vergessen hatte, der Kompanie vor dem Angriff die genaue Marschzahl für den Kompaß mitzugeben. Becker und seine Männer ballerten einfach in die Richtung, in der sie den Gegner vermuteten. Im nächsten Moment wurden sie von mehreren Seiten heftig beschossen. Zwei von Beckers Männern fielen, der MG-Schütze und zwei weitere Soldaten wurden verwundet. Oberleutnant Batocki wurde von einem schweren Granateinschlag tödlich getroffen. Leutnant von Schlieffen wurde von einer MG-Garbe aus 20 Meter Entfernung erwischt. Und all dies geschah im schemenhaften Nebel, wo Schatten mit Gestalten leicht verwechselt wurden, Freund vom Feind kaum mehr zu unterscheiden war. Becker und seine Leute wußten: Hier müssen wir um jeden Preis raus, am besten nach vorne. »Mir nach«, rief Becker. Aus der Hüfte schießend, kämpften sich er und seine Soldaten voran. Plötzlich erblickten sie Licht, Wasser, das sich spiegelte: der Fluß! Als sie sich an das Ufer vorgearbeitet hatten, trafen sie auf deutsche Pioniere mit Sturmbooten. Die Aisne war an dieser Stelle etwa 30 bis 40 Meter breit. Die Pioniere setzten die Infanteristen über.

Auf der anderen Seite suchten Becker und seine Leute die Kanalbrücke. Als sie diese erreichten, wurde erneut heftig auf sie geschossen. Über die Brücke war kein Kommen. Die Soldaten versuchten daraufhin, den Kanal an anderer Stelle zu überqueren, tasteten sich durch den Nebel den Damm entlang. Im nächsten Moment schlug ihnen MG-Feuer entgegen. Die Männer spritzten auseinander und warfen sich zu Boden. Das feindliche MG ratterte endlos. Ein Schütze aus der Gruppe Becker faßte sich ein Herz, richtete sich kurz auf und warf eine Handgranate im hohen Bogen in Richtung des feindlichen Mündungsfeuers. Becker dachte noch: Wie auf dem Übungsgelände in Potsdam. Dann zog er den Kopf ein, hörte die ohrenbetäubende Detonation. Volltreffer! Erdklumpen und Steinchen klatschten auf seinen Stahlhelm. Das feindliche MG-Feuer stoppte. Sekunden voller Spannung. Würde es gleich wieder losballern? Langsam tasteten sich die Deutschen weiter vor, aus dem MG-Nest kein Mucks. Doch dann, als sie sich weiter vortasteten, blieben sie wie versteinert stehen. Ihnen entgegen kamen in Dreierformation wie auf dem Kasernenhof deutsche Soldaten anmarschiert. »Wo kommen die denn her?« rief Becker. Dann erkannte er die Gesichter. Das I. Bataillon! Vorweg die »Eule«! Becker ging auf einen Feldwebel zu: »Hier Rest der 5. Kompanie. Wir sind durch den Nebel vollkommen verstreut. Kann ich bei Ihnen mitmachen?«

»Komm, kannst gleich mit übersetzen.«

Sie erreichten eine Uferböschung, wo sie wieder von Pionieren erwartet wurden. Der Feldwebel wies Becker und seiner restlichen Gruppe ein Boot an. Während das Sturmboot mit aufkreischendem Außenbordmotor durch das Kanalwasser pflügte, drinnen die Männer geduckt, draußen die MG-Garben der Franzosen kleine tanzende Fontänen auf der Oberfläche auslösend, erkannte Becker vor sich im Boot Hauptmann Felix Hannig. Das vertraute Gesicht flößte ihm Ruhe ein. Ein strenger Mann, der aber weiß, was er tut. Mit einem Ruck stieß das Sturmboot auf der anderen Kanalseite an. Die Männer sprangen aus dem Boot, kletterten einen Hang hoch. Vor ihnen war bereits der 1. Zug der 5. Kompanie unter Leutnant Friedrich-Karl Klausing übergesetzt und hatte im schneidigen Einsatz, wofür Klausing später das Eiserne Kreuz I. Klasse erhielt, den linken Teil der lang ausgestreckten Höhe besetzt.

Hannig befahl Becker mit einer Selbstverständlichkeit, als gehöre dieser schon immer zu seiner Einheit: »Sie gehen mit Ihren Leuten dort drüben nach rechts und beziehen Stellung!« Kaum erreichte Becker den zugewiesenen Platz, setzte ein Gegenangriff der Franzosen ein. Die deutschen Soldaten wehrten sich verbissen. Stinkender Pulverqualm waberte über dem Boden. Hier und da wieder die Schreie der Verwundeten. Der Kampf dauerte etwa bis 15.00 Uhr. Dann zogen sich die Franzosen so überraschend, wie sie angegriffen hatten, zurück.

Hauptmann Hannig gab wieder Befehle aus: »Wir bilden hier einen Brückenkopf und warten ab!« Langsam schwärmten sie fächerförmig aus, ohne dieses Mal auf Widerstand zu stoßen, und vergrößerten so das gewonnene Terrain, damit Guderians Panzer am nächsten Tag übersetzen könnten.

Inzwischen hatten weitere Soldaten der 5. Kompanie übergesetzt, so daß die Deutschen zahlenmäßig nicht mehr so unterlegen waren. Sie gruben sich ein und bereiteten sich auf die Nacht vor. Weiter vorne lag ein Getreidefeld, unmittelbar vor ihnen eine Wiese mit hohem Gras, das sie in einer Feuerpause etwas niedergetreten hatten, um besseres Schußfeld zu bekommen. Becker schaute auf seine Uhr. Sie stand auf kurz vor 21.00 Uhr. Da passierte es. Der Fahnenträger des II. Bataillons, Oberfeldwebel Schmidt, ein 1,96 Meter großer Hüne, am Ärmel glänzte das Fahnenträger-Abzeichen, richtete sich auf und setzte ein Fernglas an, um zu sehen, ob Franzosen im gegenüberliegenden Getreidefeld auszumachen wären. Im nächsten Moment peitschte ein Schuß über die Wiese. Schmidt ließ das Fernglas fallen, griff sich wie in Zeitlupe an den Hals und schlug der Länge nach hin. Der Schuß und der Anblick des wie vom Blitz gefällten Kameraden lähmten die übrigen zunächst. Nach qualvollen Sekunden robbten zwei Soldaten zu Schmidt hinüber. Sie konnten nur noch seinen Tod feststellen.

Die Nacht blieb, bis auf einige Schußwechsel, relativ ruhig. Am nächsten Morgen tauchte bei den Resten der 5. Kompanie Leutnant Schubert auf, ein Mann mit einem Kindergesicht, der etwas zu Überheblichkeit neigte. Daß die 5. Kompanie, die er jetzt für die gefallenen Offiziere Batocki und Schlieffen übernehmen sollte, mit dem Übersetzen über die Aisne und den Aisne-Kanal eine heldenhafte Leistung vollbracht hatte, schien ihn nicht sonderlich zu beeindrucken. »Nun tut mal nicht so, als hättet ihr da Großartiges vollbracht. Es werden von euch noch ganz andere Leistungen erwartet.«

»Wichtigtuer«, zischte Becker zu seinem Nebenmann. »Der kann uns mal«, kam es zurück.

Die Franzosen hatten in der Nacht den Rückzug angetreten. Das gab den Deutschen Gelegenheit, ihre Gefallenen zusammenzutragen und zu beerdigen. Dabei wußten sie, daß die mit Holzkreuzen geschmückten

Gräber nur von vorübergehender Dauer waren. Später würde eine Spezialeinheit kommen, die Toten wieder ausgraben und zu einer Sammelstelle bringen. Die Reaktionen der Überlebenden auf den Tod der Kameraden waren unterschiedlich. Denjenigen, mit denen sie schon den Polen-Feldzug mitgemacht hatten, trauerten sie nach. Die Neuzugänge dagegen schienen sie nicht zu vermissen. Die waren für sie eh Milchbärte, Anfänger ohne jegliche Fronterfahrung gewesen, auf die sie so lange herabzublicken pflegten, bis sie nach einer gemeinsamen Schlacht in die Männergemeinschaft der »Frontschweine« aufrücken durften. Dazu war es nun nicht mehr gekommen. Am meisten machte sie der Tod ihres Kompaniechefs Batocki und des Leutnants Graf von Schlieffen betroffen. Bei diesen beiden Vorgesetzten hatten sie eine gewisse Geborgenheit verspürt, die fürs Überleben so wichtig war und die ihnen jetzt fehlte. Zu dem neuen Offizier, Leutnant Schubert, hatten sie kein Vertrauen.

Die 6. Kompanie des II. Bataillons hatte beim Übersetzen ähnlich schwere Verluste gehabt. Mitten im größten Brassel lag der Oberjäger Ernst Brandes in Deckung und dachte an die Warnungen seines Vaters, der als Schütze im Ersten Weltkrieg vor Verdun gekämpft hatte und schwer verwundet in französische Gefangenschaft geraten war. »Kommt ihr erst mal nach Frankreich!«

Zunächst war ja der Angriff auf die Aisne nahezu kasernenhofmäßig verlaufen. Während ein MG Feuerschutz gab, sprangen die anderen auf und stürmten 20, 30 Meter vor, warfen sich hin, dann gaben sie Feuerschutz für das nachzuziehende MG. Auch das Übersetzen in Schlauchbooten über den Fluß klappte fast lehrbuchmäßig. Die französischen Stellungen am anderen Ufer waren vorher ausgekundschaftet worden. Mit Feuerstößen aus den eigenen schweren Maschinengewehren wurden die Franzosen »runtergehalten«, während die Boote über das Wasser flitzten. Aber dann, als das Gefecht schon gewonnen schien, setzte mit fürchterlichem Krach Artilleriebeschuß ein. Granaten der französischen Festungsartillerie von Reims, Kaliber 15 Zentimeter, schlugen ein, die Erde bebte, Angst breitete sich bei den deutschen Soldaten aus.

Der Gefechtsstand des Infanterie-Regiments 9 lag auf einer Anhöhe vor der Aisne. Als die Bataillone im Morgennebel zum Angriff antraten, erschienen auf der gegenüberliegenden Seite des Kanals plötzlich mehrere französische Panzer, drehten ihre Rohre um 90 Grad und eröffneten das Feuer auf den Regimentsgefechtsstand. Regimentsadjutant Jannsen gab daraufhin zwei 8,8-cm-Flugabwehr-Geschützen den Befehl, die Panzer unter direkten Beschuß zu nehmen. Die Reaktion war durchschlagend. Mehrere französische Panzer gerieten in Brand, die übrigen drehten ab. Abschußknall und Detonation der Treffer waren auf diese kurze Entfernung fast zeitgleich zu hören und so laut, daß die Offiziere auf dem Regimentsgefechtsstand zunächst wie taub waren. Das heißt, Oberleutnant Jannsen blieb tatsächlich auf einem Ohr taub, weil ein Trommelfell geplatzt war. Damit noch nicht genug: Gleichzeitig traf ihn ein verirrter Granatsplitter. Ein silbernes Zündholzetui, das er in Friedenszeiten bei einem Juwelier auf dem Berliner Kurfürstendamm erstanden hatte, schützte ihn vor einer ernsthaften Verwundung.

Die Verluste des Nachbarregiments, der 67er, aus Berlin-Spandau, waren schwerer. Wo sie übersetzen mußten, türmten sich am anderen Aisne-Ufer zehn Meter hohe, mit Bäumen bepflanzte Kreidefelsen auf. Aus den Baumkronen schossen, schwer auszumachen, Scharfschützen eines französischen Kolonialregiments. Einzelne Kompanien, die mit 120 Mann zum Angriff angetreten waren, erreichten das andere Ufer teilweise nur mit 25 Soldaten, konnten sich zudem auf der französischen Seite nicht länger halten und mußten wieder auf die deutsche Seite zurückschwimmen. Dann waren es im Durchschnitt nur noch zehn, die sich gerettet hatten. Erst als Vierlings-Flak und Pak die gegenüberliegenden Baumkronen beschossen und die Scharfschützen von den Bäumen geholt hatten, konnten neue Kompanien, diesmal mit mehr Erfolg, übergesetzt werden.

Der Kriegsfreiwillige Walter Henze von der 6. Nachschubabteilung hatte nach wie vor Glück. Er mußte zwar mit seinen Kameraden aus rückwärtigen Depots laufend Artilleriemunition zu den Geschützstellungen der Division fahren, geriet jedoch dabei niemals unter Beschuß, weil die Munitionstransporte im Schutze der Dunkelheit erfolgten. Nach getaner Arbeit konnten die Pferde ausgespannt, getränkt und gefüttert und das Quartier auf einem Gutshof bezogen werden, wo Henze und seine Kameraden in einer Scheune übernachteten. Trotz des grollenden Geschützdonners von der nahen Front verfielen sie jedesmal in tiefen Schlaf.

Henze war ein schwarzweißer Mischlingshund zugelaufen, der als Maskottchen mitgeführt wurde. Gleich in der ersten Nacht an der Aisne fing der Hund plötzlich zu knurren und zu bellen an. Henze sprang auf, er ahnte, daß sich draußen irgend etwas Außergewöhnliches abspielen mußte. Als er vorsichtig das Scheunentor aufschob, erblickte er im Gutshof etwa 20 bewaffnete französische Soldaten. Mit Henze waren etwa fünf Kameraden wach geworden, die ebenfalls durch den Türspalt lugten. Einer von ihnen schrie: »Halt! Stehen bleiben! Waffen wegwerfen!« Merkwürdigerweise reagierten die Franzosen sofort auf dieses deutsche Kommando, hoben die Hände hoch und blieben stehen.

Unter den Deutschen war ein Elsässer, der sie auf französisch ansprach: »Que voulez-vous? - Was wollt ihr?«

»Que la guerre cesse! - Daß der Krieg aufhört!«

Der Elsässer übersetzte. Erleichtert traten die Deutschen auf den Hof hinaus. Zigaretten wurden ausgetauscht, Essen für die Franzosen, die bereitwillig ihre Waffen abgelegt hatten, herbeigeschafft. Dann jedoch wurden die Gefangengenommenen noch in der Nacht zum Regimentsstab transportiert. Henze und seine Kameraden erhielten eine Belobigung.

Die Kapitulation der französischen Soldaten war symptomatisch für die Stimmung auf französischer Seite. Die Moral war schwer angeschlagen. Die französische 5. motorisierte Infanterie-Division bestieg ihre Fahrzeuge und setzte sich ab. Die 1. Panzer-Division blieb infolge Spritmangels liegen und wurde aufgerieben. Die 61. Infanterie-Division löste sich auf, die 4. nordafrikanische Infanterie-Division brach vor Ermüdung zusammen.

13 Frankreich kapituliert: nach dem Sieg an die schweizerische Grenze

Die Panzer Guderians überrollten die zurückflutenden französischen Truppen. Sie hielten sich nicht lange damit auf, Gefangene unter Bewachung zurückzubringen, sondern gaben lediglich Befehl, die Waffen zu stapeln. Anschließend zermalmten die Panzer die abgegebenen Waffen, und die Gefangenen erhielten die Anweisung, ohne deutsche Bewachung das nächste Sammellager aufzusuchen, was sie prompt taten. Der Durchbruch der deutschen Wehrmacht war unwiderruflich, der Weg nach Paris offen. Zu den wenigen noch intakten französischen Verbänden zählte die 4. Panzer-Division, kommandiert von einem Oberst namens Charles de Gaulle. Er war wütend über das leichte Spiel, das die Deutschen hatten. Er schwor sich, den Kampf fortzusetzen, bis der Feind besiegt und die Schande Frankreichs getilgt sei. Er führte seine Division in einen Gegenangriff, drang bis nach Montcornet, 30 Kilometer hinter den deutschen Linien, vor. Dort zerstörte er feindliches Kriegsgerät und kehrte dann mit 120 deutschen Gefangenen zurück. Er wiederholte diese Gegenstöße mehrmals, aber sie waren letztlich viel zu schwach, um den Vormarsch der deutschen Panzer ernstlich aufzuhalten. Doch de Gaulles Eingreifen bewies, daß französische Aktionen durchaus erfolgversprechend hätten sein können. Nur auf breiter Front blieben sie aus. Der neue französische Oberbefehlshaber, Armeegeneral Maxime Weygand, ein ehemaliger Husarenoberst aus dem Ersten Weltkrieg, hatte noch kurz vor Ausbruch des Zweiten Weltkrieges erklärt, Frankreich bräuchte keine Panzerwaffe, seine Armee sei auch so gut ausgerüstet. Als er am 20. Mai das Oberkommando übernahm, hatte die Wehrmacht bereits die Kanalküste erreicht und 45 alliierte Divisionen in Flandern eingeschlossen. Hitlers oberster Berater in strategischen und operativen Fragen, General Alfred Jodl, notierte in seinem Tagebuch: »Der Führer ist ganz außer sich vor Freude.« Die Schmach des Versailler Friedensvertrages nach dem Ersten Weltkrieg schien getilgt.

Der weitere Vormarsch des I.R. 9 führte über die Schlachtfelder des

Ersten Weltkrieges in der Champagne. Es bestand Kämpfe um den Rhein-Marne-Kanal und die Marne selbst. Den schicksalsträchtigen Fluß überquerte es bei St. Dizier. Es erkämpfte das Plateau von Langres und nahm im Verband des III. Armeekorps die Verfolgung des Gegners in Richtung Côte d'Or, Dijon auf. Nur noch hier und da kam es zu Gefechten. Die Straßen waren abermals von zurückflutenden Flüchtlingsströmen und den vorstoßenden Panzerverbänden Guderians heillos verstopft. Die Zivilbevölkerung hatte ihre Habe auf Handkarren und Kinderwagen gestapelt. Ihrer feindseligen Haltung gegenüber den deutschen Eindringlingen gab sie klar Ausdruck, weigerte sich vielfach, den vorrückenden Kampfverbänden Platz zu machen, beschimpfte die Deutschen: »Boches!« Wo das I.R. 9 in Quartier ging, verhielten sich die Bewohner reserviert.

Am 19. Juni wurde das nördliche Dijon erreicht. Das II. Bataillon blieb in der Stadt, um Gefangene zu bewachen, für die ein ganzer Stadtteil freigemacht worden war. Die von der geflüchteten Bevölkerung verlassenen Wohnungen wurden mit Gefangenen gefüllt.

Das übrige Regiment setzte seine Gewaltmärsche Richtung Süden bei glühender Hitze fort. Es wurden pro Tag bis zu 50 Kilometer zurückgelegt. Ziel des Regiments war Le Creusot, zwischen Dijon und Lyon gelegen, das wegen seiner zahlreichen Rüstungsfabriken als eine der Waffenschmieden Frankreichs galt.

Inzwischen war Paris bereits gefallen. Ministerpräsident Reynaud und die französische Regierung hatten sich am 10. Juni nach Tours an der Loire im Herzen Frankreichs abgesetzt. Schloß Cangé war nun Sitz des Präsidenten. Der französische Oberbefehlshaber Weygand plädierte für einen Waffenstillstand. Auf ein derartiges, in ihren Augen defätistisches Angebot waren die geschockten Regierungsmitglieder nicht vorbereitet. Sie glaubten immer noch, die Schlacht um Frankreich sei in vollem Gange, die deutschen Panzer ohne Benzin und die Chancen stünden fifty-fifty. Mehrere Minister waren gegen einen Waffenstillstand. Nur Marschall Pétain, der Kriegspremier, sprach sich für Waffenruhe aus. Dennoch kam es zu keiner Entscheidung.

Dabei war die französische Regierung nicht mehr im geringsten Herr der Lage. Hitler hatte bereits aus einem Museum jenen Eisenbahn-Salonwagen herausholen und im Wald von Compiègne genau an jenem Platz aufstellen lassen, wo am 11. November 1918 Kaiser-Deutschland kapitulieren mußte. Ein Denkmal mit der Aufschrift »Hier wurde der

Hochmut des deutschen Kaiserreiches gebrochen ...« ließ er abreißen. Am 21. Juni 1940 traf eine französische Waffenstillstandskommission in Compiègne ein. Sie wurde in den Eisenbahnwaggon geführt, wo Hitler sich auf den Platz setzte, auf dem 1918 der französische Marschall Foch gesessen hatte. Generaloberst Wilhelm Keitel verlas die deutschen Kapitulationsbedingungen. Der französische Unterhändler, General Huntziger, hatte von seiner Regierung den Auftrag, wenigstens zu versuchen, Paris von einer deutschen Besetzung freizuhalten. Aber die Deutschen ließen sich auf keine Diskussion ein, machten der französischen Delegation klar, sie hätte nur die Wahl, zu unterzeichnen oder die Verhandlungen abzubrechen. Die Franzosen erbaten sich Bedenkzeit, um mit ihrer inzwischen weiter nach Bordeaux geflüchteten Regierung telefonisch Kontakt aufzunehmen. Das wurde ihnen gestattet.

Die Kapitulationsbedingungen waren von äußerster Härte. Drei Fünftel Frankreichs sollte besetzt, die französischen Gefangenen nicht entlassen werden. Die Höhe der Besatzungskosten würden die Deutschen erst später festlegen. Dennoch entschloß sich die französische Regierung, den Waffenstillstand zu schließen. Am 22. Juni 1940, um 18.30 Uhr, wurde er unterzeichnet. Aber noch schwiegen die Waffen nicht, denn die Franzosen machten das Inkrafttreten des Waffenstillstandes davon abhängig, daß ein gleiches Abkommen mit dem nachträglich in den Krieg eingetretenen Italien abgeschlossen werde. Die Italiener hatten am 10. Juni den Franzosen den Krieg erklärt und waren am 21. Juni nach Frankreich einmarschiert, jedoch über die grenznahe Stadt Menton nicht hinausgekommen. Das heißt, sie hatten nicht einmal das von Mussolini erstrebte Ziel einer Besetzung Nizzas erreicht. Nachdem sie nach einer eiligst für den 18. Juni einberufenen Konferenz in München zwischen dem »Duce« und Hitler keine weiteren Landgewinne von den Deutschen zugesprochen bekamen, geschweige denn die Auslieferung der französischen Flotte, unterzeichneten auch sie eine Waffenstillstandsübereinkunft. Am 25. Juni, um 1.35 Uhr, wurde das Feuer an allen Fronten eingestellt. Nur der nach Großbritannien geflüchtete General de Gaulle erkannte den Waffenstillstand nicht an: »Dieser Krieg ist durch die Schlacht um Frankreich nicht entschieden. Dieser Krieg ist ein Weltkrieg!«

Am frühen Morgen der Feuereinstellung machte Hitler eine unangemeldete Rundfahrt durch das schlafende Paris. Er ließ sich den Eiffelturm, die Oper und den Invalidendom zeigen. Er besichtigte das Grab

Napoleons und ordnete an, daß dessen Sohn, der in Wien beigesetzte Herzog von Reichstadt, in den Invalidendom überführt wurde.

Die Demarkationslinie verlief südlich von Le Creusot, wo das I.R. 9 lag. Seine Marschleistung, seitdem es am 10. Mai die deutsch-luxemburgische Grenze an der Our überschritten hatte, betrug etwa 890 Kilometer! Seine Verluste und die der 23. Infanterie-Division betrugen zusammen 169 Gefallene und 766 Verwundete. Die meisten Ausfälle hatte es beim Übergang über die Aisne gegeben.

Der Leutnant Hans Fritzsche von der 9. Kompanie des I.R. 9, der am Tag der Mobilmachung zusammen mit anderen Offizieren als Kader für das neu aufzustellende I.R. 178 sein Stammregiment hatte verlassen müssen, lag mit seiner neuen Einheit im Moment des Waffenstillstands in Void, westlich von Nancy. Bis zuletzt war in dem Dorf heftig gekämpft worden, als plötzlich die Nachricht vom Waffenstillstand eintraf. Wie dies aber den eigenen Soldaten und dem Gegner mitteilen? Fritzsche wußte, daß unter den französischen Gefangenen ein Trompeter war. Den ließ er herbeischaffen und befahl ihm – er summte die Melodie vor –, die deutschen Signale »Halt« und »Sammeln« zu blasen. Der Franzose stieß ins Horn, und siehe da, die Schießerei hörte auf, wiewohl keiner der französischen Soldaten die Signale kannte. Aber eine Trompetenmelodie mitten im Gefecht – das konnte nur etwas Besonderes bedeuten. Dann rief der Leutnant, so laut er konnte: »Feuer einstellen! Waffenstillstand ab sofort!« Im Nu verbreitete sich die Nachricht. Die deutschen Soldaten kamen aus der Deckung, Fritzsche ließ sie mitten auf der Hauptstraße des Ortes antreten. »Stillgestanden! Das Gewehr über! Rechts um! Abteilung marsch!« Nach zehn Schritten befahl er »Ein Lied!«, stimmte selbst an, und sofort fielen die Soldaten ein: »O Deutschland hoch in Ehren, du heiliges Land der Treu ...« Die Schlacht war zu Ende, der Frankreich-Feldzug gewonnen.

Vor dem Schloß von Le Creusot trat das I.R. 9 zum Dankgottesdienst an. Der Divisions-Pfarrer stellte die Predigt unter das Motto »Vom Sieg zum Segen«. Er redete Offizieren und Mannschaften eindringlich ins Gewissen, nach diesem überwältigenden Sieg über Frankreich wachsam und nüchtern zu bleiben. Für das Regiment begann nun Etappendienst. Noch während der Kämpfe hatte es einen neuen Divisionskommandeur bekommen. »Knochen-Karl«, Graf von Brockdorff-Ahlefeldt, war befördert worden und hatte die Führung eines Korps übernommen. Er wurde ersetzt durch Generalmajor Heinz Hellmich, zum großen Leidwesen der meisten Offiziere des I.R. 9 ein Mann mit nationalsozialistischer Einstellung.

Für Regimentsadjutant Jannsen gab es in der Folge eine Menge Verwaltungsdienst. Er wurde fast jede Nacht geweckt, mal weil zwei Soldaten französische Frauen schlecht behandelt hatten und daraufhin eingesperrt werden mußten, ein anderes Mal, weil ein französischer Rittmeister gefangengenommen worden war, der verbotenerweise nachts über die Demarkationslinie gewechselt hatte. Als er am nächsten Morgen seinem Kommandeur die Vorkommnisse der Nacht meldete, sagte Gilsa: »Ach, lassen Sie mal, wir können das nachher beim Frühstück weiter besprechen.«

Der Frühstückstisch war im Garten der Unterkunft gedeckt. Angesagt war auch noch ein zum Stab abkommandierter deutscher Offizier, der bekannte Turnierreiter Hasse. Nachdem die Herren gefrühstückt hatten, sagte Gilsa: »Nun lassen Sie uns doch mal den französischen Offizier anschauen, der sich über die Demarkationslinie schleichen wollte!« Er gab einer Ordonnanz Order, den Franzosen vorzuführen. Als sich wenige Minuten später der französische Rittmeister, begleitet von zwei deutschen Soldaten, dem Tisch näherte, sprang Hasse auf, stürzte auf ihn zu, und beide umarmten sich. Dann erklärte er Gilsa die ungewöhnliche Reaktion. »Wir kennen uns von der französischen Kavallerieschule in Saumur.« Der Franzose wurde gebeten, am Frühstückstisch Platz zu nehmen. Statt eines Verhörs folgte ein Plauderstündchen, doch Reiterfreundschaft hin, gemeinsame Vergangenheit her, schließlich kam man nicht umhin, den französischen Rittmeister in ein Gefangenenlager zu transportieren.

Ein weiteres Mal wurde Jannsen nachts geweckt: »Da ist ein Trupp von SS-Leuten, die Sie sprechen wollen.« Jannsen zog sich an und traf in der Halle vier SS-Angehörige. Der Dienstälteste: »Herr Oberleutnant, wir sind geschickt worden, um Sie mit einem Plan vertraut zu machen, der freilich noch geheim ist.«

Jannsen spitzte die Ohren. »Es soll nämlich geprüft werden, ob hier in der Gegend von Burgund Südtiroler Bauern angesiedelt werden können, die in Südtirol für die Heimkehr zum Reich votiert und seitdem Schwierigkeiten mit den Italienern haben.« Jannsen dachte zunächst, er höre nicht recht oder jemand leiste sich einen Jux. Aber er bat die Herren in sein Arbeitszimmer und ließ sich Einzelheiten erzählen. Die SS-Leute breiteten diverse Pläne auf dem Tisch aus und entwickelten zwei Stunden lang das Vorhaben, das in Berlin ausgeheckt worden war. Sie wollten Jannsens Meinung hören. Gegen fünf Uhr entließ er sie mit dem Ausdruck des Bedauerns: »Tut mir leid, aber davon verstehe ich nichts und kann Ihnen auch nicht helfen.«

Auf dem Dienstplan stand wie in Friedenszeiten Exerzieren. Das Tragen von Schals wurde wieder verboten. Während des Vormarsches war es erlaubt gewesen, sich aus den leerstehenden Häusern der französischen Bevölkerung Unterwäsche, Strümpfe und Schals zu besorgen. Alles andere galt jedoch bei Todesstrafe als Plündern. Der Schütze Walter Henze von der Nachschubeinheit des Nachbarregiments 67 hatte voller Stolz einen roten Schal getragen, der ihn beim Durchmarsch durch die Champagne einigermaßen davor bewahrte, daß der Kreidestaub unter die verschwitzte Halsbinde geriet. Dort, wo er dennoch auf den mit Schweiß bedeckten Körper drang, hatte der Staub ein unangenehmes Brennen ausgelöst. Zum Teil hatten sich er und seine Kameraden zum Schutz vor dem weißen Staub Tücher vor den Mund gebunden. Wenn sie abends ins Quartier eingerückt waren, sahen sie aus, als seien sie in Mehlsäcke gefallen.

Nun, da das Regiment zur Sicherung der Demarkationslinie eingesetzt wurde und ein festes Quartier hatte, gab es auch wieder warmes Essen. Die am ersten Kriegstag in die Luft geflogene Gulaschkanone von Henzes Einheit war zwar ersetzt worden, aber beim Tempo des Vormarsches nicht nachgekommen. Die Soldaten hatten zwar unterwegs Schinken, Würstchen, Paté, Hühner und Eier beschlagnahmt – was bei den französischen Bauern oft böses Blut auslöste –, aber sie waren wenigstens auf diese Weise satt geworden.

Eines Tages beobachtete Henze von einer Wiese aus, auf der er und seine Kameraden marschieren und »Griffe kloppen« mußten (Exerzieren mit dem Gewehr), am Rande einen sich auf einen Stock stützenden älteren Mann, der ihnen interessiert zuschaute. Während einer Pause ging er auf den Mann zu: »Bonjour, Monsieur.«

»Sprechen Sie ruhig deutsch mit mir.«

»Sie können deutsch? Woher?«

»Ich war im Ersten Weltkrieg in deutscher Gefangenschaft.«

Henze verspürte eine Verlegenheit. Dann zeigte der Alte auf die

Wiese, wo Henze und seine Einheit noch wenige Minuten zuvor gedrillt worden waren. »Das ist das Geheimnis eures Erfolges!«

Das »Griffekloppen« beherrschten in der Einheit am besten die drei »H's«: die Schützen Haberland, Henze und Herbert. Der Spieß (Hauptfeldwebel) machte sich gelegentlich einen Jux, indem er kommandierte: »Henze, Herbert, Haberland! Das Gewehr über! Achtung, präsentiert das Gewehr!« Und dann zu den übrigen Soldaten gewandt: »Habt ihr das gesehen? Genauso machen wir das jetzt alle zusammen!« Und weil die drei »H's« das Exerzieren mit dem Karabiner 98 k so gut beherrschten, bekamen sie des öfteren dienstfrei. Sie gingen dann in den nächsten Ort und ließen sich erst einmal beim Friseur rasieren. Allerdings nicht ganz ohne Angst. Henze sagte regelmäßig zu den beiden anderen: »Paßt genau auf, was der mit seinem Messer macht!« In der Nähe des Friseursalons gab es ein Lokal mit netten Mädchen. Da aßen und tranken sie, bis sie nachts wieder zurück in ihr Quartier marschieren mußten.

Die Aversion der französischen Bevölkerung hatte sich gelegt. Die Résistance gab es noch nicht. Dennoch war es den deutschen Soldaten untersagt, ohne Waffe in den Ort zu gehen. Außerdem durften sie sich nie alleine unter die französische Bevölkerung begeben, aus Sicherheitsgründen nur zu dritt. Die drei »H's« durchstreiften in ihrer freien Zeit die schönen Weindörfer Burgunds. Die französischen Weinbauern waren freundlich und ließen sie gratis Wein verkosten. Ja, sie schienen ihren Spaß daran zu haben, die drei Deutschen betrunken zu machen. Die Wirkung des Alkohols trat meistens erst richtig ein, wenn sie aus der Tiefe der Weinkeller an die frische Luft kamen. Wo sie nicht freigehalten wurden, zahlten sie mit französischen Francs, die ihnen als Teil des Wehrsolds ausgezahlt wurden.

Anfang Juli wurden das Infanterie-Regiment 9 zusammen mit den 67ern und den 68ern zur Sicherung der französisch-schweizerischen Grenze über Beaune und Besançon nach Montbéliard in Marsch gesetzt. Henze und seine beiden Kameraden wurden in St. Maurice-sur-Moselle in Privatquartieren untergebracht, die Pferde in Scheunen untergestellt. Mitten im Dorf errichtete man eine Baracke mit Küche und Speiseraum. Es war gleichzeitig der Raum für fröhliche Kompanieabende. Kompaniechef Rittmeister Brenstedt und Kompanieoffizier Oberleutnant Frömming waren keine Kinder von Traurigkeit. Alle zwei, drei Tage wurden Kompanieabende mit viel Speis und Trank gefeiert. Rotweinfässer standen auf Böcken mitten im Raum und wurden gezapft, die

Gläser mit schwerem Rotwein randvoll gefüllt. Dann wurde geprostet: »Auf den Sieg!« Das zweite Glas »Auf die toten Kameraden«; das dritte »Auf den Führer!« Und dann dachte man sich immer neue Gelegenheiten aus, auf die getrunken werden konnte. Manchmal krochen sie auf allen vieren aus dem Raum. Das Besondere an dieser Einheit war, daß Offiziere, Unteroffiziere und Mannschaftsdienstgrade die Kompanieabende zusammen feierten.

Die 5. Kompanie im Infanterie-Regiment 9 mit dem Oberjäger Gottfried Becker lag unmittelbar an der französisch-schweizerischen Grenze, und zwar dort, wo der Fluß Doubs die Grenze markiert. Der Dienst war angenehm, man war ebenfalls privat einquartiert. Eines Tages, während des Wachdienstes am Grenzübergang, schlenderte Becker mit vier Kameraden über eine Brücke zum Schweizer Posten und zeigte auf ein im Hintergrund liegendes Gebäude: »Was ist das bei euch da für ein nettes Hotel?«

»Gönnt doch einfach ämal de härä, wänn ihr wänd. Ihr chönd döt ichaufe. Händ ihr gäld debi?«

Die fünf Deutschen schauten sich ratlos an. Einer sagte, was sie alle dachten: »Ich versteh' immer nur Bahnhof.«

Becker: »Mensch, der sagt, wir sollen ruhig rübergehen, und wenn wir Geld haben, dort etwas einkaufen!«

Der Schweizer nickte, machte eine einladende Handbewegung. »Auf geht's, Jungs!« rief Becker, »einmal im Leben in der Schweiz gewesen. Mir nach!«

Der Schweizer ermunterte Beckers noch immer zögernde Kameraden: »Ja, dänn gönd übere. Das isch scho guet, s'isch in Ornig.«

So betraten völlig unbekümmert fünf deutsche Soldaten in voller Montur und bewaffnet den Boden der auf strikte Neutralität bedachten Schweiz, kehrten in besagtem Hotel ein und kauften sich Tobler-Schokolade. Auf dem Rückweg bedankten sie sich bei dem Posten, ein saloppes »Gruetzi« war die Antwort.

Schon am Abend traf bei der Kompanie vom Regimentsstab eine Meldung ein. Wer sich da erdreistet hätte, die Schweizer Neutralität zu verletzen? Nicht nur das, hier läge auch ein klarer Fall von unerlaubter Entfernung von der Truppe vor! Becker und seine vier Kameraden mußten zum Kompaniechef. Der nahm die Sache nicht ganz so tragisch. Dennoch: »Was wäre denn gewesen, wenn die euch interniert hätten? Wie könnt ihr so etwas nur machen?«

Betretenes Schweigen.

»Bitte unterlaßt das in Zukunft.« Weil der Bataillonskommandeur, Freiherr von Bibra, einen Bruder an der Deutschen Gesandtschaft in Bern hatte, wurde der Fall der »Grenzverletzung durch deutsche Truppen« gütlich beigelegt.

14 I.R. 9 zurück in Polen: Weizsäcker wird Feldwebel

Seit Ausbruch des Krieges vor etwa einem Jahr hatte sich im »Reich« manches verändert. Der Sieg über Frankreich wurde überschwenglich gefeiert. Am 6. Juli 1940 kehte Hitler nach Berlin zurück. Unter den Linden am Pariser Platz vor dem Brandenburger Tor waren Ehrenformationen der Wehrmacht angetreten, um den heimkehrenden Feldherrn und seine Generale gebührend zu begrüßen. Auf den Bürgersteigen standen die Berliner zu Tausenden, als Hitler in seinem offenen Mercedes das Festspalier abfuhr. Eine Sondersitzung des Reichstages fand am 19. Juli in der Kroll-Oper statt. Der Saal war in feierlichem Rot ausgelegt. Hinter der Redner- und Präsidiumstribüne sah man in überdimensionaler Form den bronzenen Hoheitsadler, rechts und links die Wände drapiert mit dem schwarzen Hakenkreuz auf rot-weißem Grund. Der »Führer« verteilte Siegesprämien, ernannte Hermann Göring zum Reichsmarschall und zwölf Generale zu Generalfeldmarschällen.

In einer Rede machte er Großbritannien ein Friedensangebot: »In dieser Stunde fühle ich mich verpflichtet, vor meinen Gewissen noch einmal einen Appell an die Vernunft auch in England zu richten. Ich glaube dies tun zu können, weil ich ja nicht als Besiegter um etwas bitte, sondern als Sieger nur für die Vernunft spreche. Ich sehe keinen Grund, der zur Fortsetzung dieses Kampfes zwingen könnte. Ich bedauere die Opfer, die er fordern wird. Auch meinem eigenen Volk möchte ich sie ersparen.«

Bezeichnend für die Stimmung in der deutschen Bevölkerung: Die überwiegende Mehrheit war der Ansicht, das Friedensangebot sei »fast zu großzügig und großmütig«. Aber auch der Schatten des Krieges breitete sich mehr und mehr aus. Ab Mitte Mai 1940 flogen die Engländer Nachtangriffe auf deutsche Städte. Hatte die deutsche Luftwaffe bislang eher kleinere Angriffe lanciert, so begann am 10. Juli die Vorbereitung der geplanten Invasion auf der britischen Insel – die Luftschlacht um England.

Leutnant Axel von dem Bussche hatte in einem Berliner Lazarett seine Verwundung auskuriert. Zufällig lag er neben seinem Bataillonskommandeur, Graf Eulenburg, der sich im Frankreich-Feldzug eine Granatsplitterverletzung am Kopf zugezogen hatte. Während seines Lazarettaufenthaltes war Bussche Gast im Elternhaus seines Regimentskameraden von Weizsäcker gewesen. Die Stimmung des Hausherrn war zwiespältig. Ernst von Weizsäcker, der noch im Ersten Weltkrieg als Marineoffizier die Schmach der Niederlage erfahren hatte, war nicht frei von Genugtuung angesichts des Sieges über den »Erbfeind Frankreich«, wie es damals hieß. Als Staatssekretär im Auswärtigen Amt war er an der Formulierung der Waffenstillstandsbedingungen für die Verhandlungen im Wald von Compiègne beteiligt gewesen. So empfahl er die Internierung aller in Frankreich ansässigen Exilregierungen und trat für eine strikte Kontrolle von Presse und Rundfunk ein. Den Tag der Kapitulation beging er »mit vollem Herzen«.

Andererseits wurde er Zeuge, wie sein Ministerium von den Nationalsozialisten weltanschaulich immer stärker gleichgeschaltet wurde. In den Augen der Nazis politisch unzuverlässige Mitarbeiter wurden entfernt. Eine Entlassungsliste mit 160 Namen, die er billigen sollte, löste seinen Widerstand aus. Er war nicht bereit, diese Aktion mitzutragen, »dann fehlt auf dieser Liste mein eigener Name«. Das Revirement wurde zurückgestellt. Was ihn außerdem beunruhigte, waren gewisse Anzeichen, daß »noch mit Rußland abgerechnet werden« müsse. Sehr bald sollte sich herausstellen, daß Hitlers Kriegsabsichten tatsächlich in Richtung Sowjetunion zielten, in der Hoffnung, damit Großbritannien zu einem Einlenken zu zwingen und russische Gebiete und Rohstoffe für das Deutsche Reich zu gewinnen.

Der Oberbefehlshaber des Heeres, Generalfeldmarschall von Brauchitsch, kehrte im Juli von einem Vortrag bei Hitler mit dessen Anweisung zurück: »Im Osten ist die Verstärkung unserer Kraft notwendig. Es sollen zehn Divisionen nach Osten geführt werden, um unsere Kräfte im Generalgouvernement [gemeint Polen] und in Ostpreußen zu verstärken.« Das Infanterie-Regiment 9 mit der 23. Infanterie-Division gehörte zu den aus Frankreich nach dem Osten zu verlegenden Truppen.

Wieder wurde ein großer Teil der Strecke marschierend zurückgelegt – über Montbéliard, Belfort, Mülhausen bis in den Raum südlich von Freiburg. Dort wurde das Regiment verladen und per Bahn nach Kruschwitz bei Hohensalza gebracht. Den Rest des Weges mußte die

Truppe einmal mehr zu Fuß bewältigen. Die 10. Kompanie bekam einen neuen Zugführer, den Leutnant Fritz-Dietlof Graf von der Schulenburg, 1937 stellvertretender Polizeipräsident von Berlin, bei Kriegsausbruch stellvertretender Oberpräsident von Ober- und Niederschlesien. Die 10. wurde in Leslau, etwa 160 Kilometer nordwestlich von Warschau, an der Weichsel stationiert, wo sie auch den bevorstehenden Winter mit Ausbildung verbrachten.

Ein weiterer Neuzugang, der kein Unbekannter war: der ehemalige Gefreite Richard von Weizsäcker, der es inzwischen zum Feldwebel gebracht hatte und von seinem Reserveoffiziers-Lehrgang zurückkehrte. Anders als aktive Offiziersbewerber hatte er nicht zur Kriegsschule gemußt, sondern die ganz normale Beförderungstour durchlaufen: Gefreiter, Unteroffizier, Feldwebel. Er wurde zu seiner alten Einheit, der 4. Kompanie des I.R. 9, zurückversetzt, die in Alexandrowo nahe Thorn lag, und als Führer des 3. Zuges eingeteilt. Kompaniechef war Oberleutnant Dieter Kaempfe, Führer des Nachbarzuges war Leutnant Hans-Lothar von Salmuth.

Einer machte die Verlegung gen Osten nicht mehr mit: Regimentsadjutant Hermann Jannsen. Noch während er in Frankreich im Quartier lag, ging beim Regimentsstab eine Aufforderung der Geheimen Staatspolizei ein, der Oberleutnant Hermann Jannsen habe sich sofort in Berlin zu melden. Er sei ein »Judenknecht, nicht würdig die Uniform der Wehrmacht des Dritten Reiches zu tragen«. Die Aufforderung löste im Regiment erhebliche Unruhe aus. War die Gestapo überhaupt berechtigt, einen Offizier der Wehrmacht vorzuladen? Was steckte dahinter? Bestand für Jannsen Lebensgefahr? Und wenn das Regiment sich weigerte, dieser Anweisung nachzukommen, welche Risiken ging es damit ein? Regimentskommandeur von Gilsa entschied mutig: »Jannsen, solange Sie bei der Truppe sind, kann Ihnen seitens der Gestapo nichts passieren. Aber wenn Sie meinen, Sie sollten nach Berlin fahren, um die Sache aufzuklären, beurlauben wir Sie bis auf weiteres. Wenn Sie alles geklärt haben, kommen Sie wieder.« Keine leichte Entscheidung für Jannsen. Er trug das Problem 14 Tage mit sich herum, dann war er bereit, nach Berlin zu reisen, auch aus Neugier, was wohl hinter der Vorladung steckte.

Mit einem flauen Gefühl betrat er die Gestapo-Zentrale im Reichssicherheitshauptamt in der Berliner Prinz-Albrecht-Straße 8. Bewußt trug er seine Wehrmachtsuniform mit Auszeichnungen, in der Hoffnung, dies würde ihm einen gewissen Schutz gewähren. Auf die Gestapo-Beamten machte das indes wenig Eindruck. Er mußte seine Pistole abgeben und wurde zunächst für zwei Tage und zwei Nächte in einem Keller zusammen mit etwa 30 anderen Inhaftierten eingesperrt. Nach dem zweiten Tag schloß ein Wärter das Verließ auf: »Hermann Jannsen, vortreten!«

Jannsen bahnte sich einen Weg durch die Mithäftlinge und wurde in ein Zimmer im Erdgeschoß geführt, wo zwei SS-Offiziere ihm eine Anklageschrift unter die Nase hielten. Jannsen wurde vorgeworfen, vor seiner Zeit als Mitglied der Reichs-Kredit-Gesellschaft AG sich bei der Liquidierung des jüdischen Bankhauses Goldschmidt-Rothschild & Co. bereichert zu haben. Als Unterlagen für diese Behauptung legten die Vernehmer Kopien eines umfangreichen Briefwechsels vor, den Jannsen mit dem früheren Chef des Bankhauses Goldschmidt-Rothschild, wo Jannsen vorher beschäftigt gewesen war, in Fragen der Liquidation geführt hatte. In dem Moment wurde Jannsen klar, daß hinter dieser Anzeige ein alter Parteigenosse und Mitarbeiter der Reichs-Kredit-Gesellschaft stand, den er kurz vor Kriegsbeginn hatte fristlos entlassen müssen und der jetzt aus Rachsucht Jannsen bei der Gestapo anschwärzte. Das Verhör endete glimpflicher als erwartet. Der Wortführer der Vernehmer raffte schließlich die auf einem Tisch ausgebreiteten Unterlagen zusammen, legte sie säuberlich auf Kante und eröffnete Jannsen: »Wir lassen Sie jetzt zwar laufen, aber Sie werden mit Stadtarrest belegt und müssen sich jeden Freitag bei dem für Ihren Wohnsitz zuständigen Polizeirevier melden. Sie werden sich vor Gericht verantworten müssen. Ich warne Sie, versuchen Sie nicht zu türmen! Wir kriegen Sie überall!« Jannsens Illusion, man könne in die Wehrmacht emigrieren, war gestorben.

Das I.R. 9 stand inzwischen in Polen, oder wie es jetzt hieß, im »Deutschen Generalgouvernement Polen«. Dort meldete sich der zu Beginn des Frankreich-Feldzuges verwundete Leutnant Axel Freiherr von dem Bussche zurück. Weil er noch schonungsbedürftig war, wurde er dem Regimentsstab als zweiter Ordonnanzoffizier zugeteilt. Regimentsadjutant war Constantin (»Conny«) von Quadt. Der Regimentsstab lag in Wlozlawek (deutsche Ortsbezeichnung Leslau).

Hier hatte Bussche am 9. November 1940 ein Erlebnis, das ihn zutiefst schockierte. Er wurde Zeuge, wie Juden, alte und junge, gebrechliche und Frauen, die ihre wenige Habe in Tuchbündeln oder Koffern schleppten, unter dem Gejohle einer aufgebrachten Menge, teilweise mit Peitschenhieben, in ein abgesperrtes Stadtviertel getrieben wurden. Dort hatte man einige Häuserblocks für sie geräumt und das Viertel fortan zum Ghetto erklärt, dessen Betreten nur mit schriftlicher Genehmigung erlaubt war. Zurück beim Regimentsstab berichtete er bleich vor Wut seinem Kommandeur mit aufgeregter Stimme, was er erlebt hatte.

Oberst Gilsa schaute ihn eine Weile sehr ernst an. Dann sagte er: »So geht das nicht. Das ist wahrscheinlich wieder eine eigenmächtige Ausschreitung irgendeines Kreis- oder Gauleiters. Ich fahre morgen zum Generalgouverneur Dr. Frank nach Krakau.« Er zögerte einen Moment, als ob er sich seines Vorhabens doch nicht sicher sei. Dann fügte er hinzu: »Den habe ich doch 1936 in meiner Eigenschaft als Kommandant des olympischen Dorfes kennengelernt. Und wie ich mich erinnere, war das ein ordentlicher Mann, zudem noch Jurist. Der weiß sicher nicht, was hier vor sich geht.« Daß derselbe Hans Frank als Reserveoffizier sogar dem I.R. 9 angehörte, schien er im Moment total vergessen zu haben.

Als am nächsten Morgen das Auto zur Fahrt nach Krakau vorfuhr und der Adjutant dies meldete, war wieder das Zögern in Gilsas Gesicht zu bemerken. Das Zaudern entging dem Adjutanten natürlich nicht. Darum gab er zu bedenken: »Und wenn das jetzt doch nicht die Tat eines einzelnen Idioten war? Wenn das deutsche Besatzungspolitik ist?«

Gilsa verharrte einen Moment, machte alsdann eine Kehrtwendung und gab den Befehl: »Stellen Sie den Wagen wieder weg.« Intuitiv hatte er wahrscheinlich richtig gehandelt, denn die »Germanisierung« des Generalgouvernements war längst beschlossene Sache und von Hitler bereits im November 1939 entwickelt worden. Zu dieser Politik gehörte es, die Juden Polens in Ghettos zusammenzutreiben und ihnen Lebensmittel nur dann zu gewähren, »wenn sie dafür Waren herausgeben«. Infolge der willkürlichen Grenzziehung zwischen der Sowjetunion und dem nunmehr deutschen Generalgouvernement in Polen waren Zigtausende von Juden aus dem russisch besetzten Teil in die deutsche Besatzungszone hinübergewechselt, in dem fatalen Glauben, hier sicherer zu sein. Selbst nach der Einrichtung der Ghettos hingen sie diesem Irrglauben an, nicht zuletzt, weil ihnen die Selbstverwaltung oblag. Ein Obmann wurde ernannt, dem ein Büro und ein mit Reitpeitschen ausgerüsteter Ordnungsdienst zur Verfügung standen sowie anfangs in einzelnen Fällen auch eine jüdische Sanitätskommission und ein jüdisches Krankenhaus.

Die Quartiere des I.R. 9 waren zum Teil primitiv, nichtsdestotrotz wurde emsig Ausbildung betrieben. Die drei Regimenter der Division hatten von ihren Stammeinheiten Ersatz erhalten, der vom Divisionsstab nicht gerade sehr vorteilhaft beurteilt wurde: »Ersatz körperlich zum Teil klein und schwächlich, aber geistig auf der Höhe, willig und diensteifrig.« Der zweite Kriegswinter ging ins Land, zu Weihnachten und Neujahr gab es vereinzelt Urlaub. Am 11. März 1941 wurde das Regiment nach Dobrin verlegt. Was die Soldaten damals nicht wußten: Der Aufmarsch für den Überfall auf die Sowjetunion begann. Aber das waren noch nicht die endgültigen Bereitstellungsräume.

Ende Mai, Anfang Juni 1941 wurde das I.R. 9 weiter Richtung Osten in die Nähe der Demarkationslinie vorgezogen. Marschziel war jetzt Ostrow-Maz. Das Regiment hatte einen neuen Kommandeur bekommen, Oberst Adolf Raegener, zuvor Kommandeur des I. Bataillons im Schwesterregiment I.R. 67. Oberst Freiherr von und zu Gilsa rückte auf, vertrat zunächst den im Urlaub befindlichen Divisionskommandeur. In die Bereitschaftsstellung um Ostrow durfte nur nachts marschiert werden. Der Gegner, wie überhaupt das Ausland, sollte keine Hinweise auf Hitlers Kriegspläne bekommen. Den Soldaten wurde weisgemacht, es handele sich um eine vorbeugende Grenzsicherung: »Anwesenheit stärkerer russischer Verbände im Grenzgebiet sowie Vorhandensein wichtiger (eigener) Armeelager um Ostrow schaffen die Möglichkeit eines überfallartigen russischen Angriffs.« Eine merkwürdige Argumentation, wenn man bedenkt, daß noch nicht einmal zwei Jahre zuvor die deutsch-russische Waffenbrüderschaft hervorgekehrt wurde. Doch auf der weltpolitischen Bühne hatte sich seitdem viel verändert.

Im Laufe des Sommers 1940 begann sich für Hitler abzuzeichnen, daß Großbritannien nicht so einfach zu bezwingen sein würde. Für Hitler noch schlimmer: Er fürchtete ein aktives Eingreifen der USA auf seiten Englands. Da kam ihm der Expansionsdrang Japans im ostasiatischen Raum zupaß, der den Interessen der USA zuwiderlief und diese somit von Mitteleuropa ablenken konnte. So schloß Hitler mit Italien und Japan am 27. September den »Dreimächtepakt«. Japan anerkannte die führende Rolle des Deutschen Reiches und Italiens in Europa, während

Japan von Deutschland und Italien die gleiche Rolle in Ostasien zugestanden wurde. Das Vertragswerk wurde am 27. September 1940 in feierlicher Form im Beisein Hitlers von den Außenministern Italiens, Ciano, Deutschlands, von Ribbentrop, und dem japanischen Gesandten, Kurusu, in Berlin unterzeichnet.

Hinter dem Stuhl Hitlers stand in schwarzer Diplomatenuniform mit großer Ordensspange AA-Staatssekretär Ernst von Weizsäcker. Er hatte inzwischen sein heimliches Ziel, eine Aussöhnung mit England, endgültig aufgegeben. Nunmehr richteten sich seine Anstrengungen darauf, einen Krieg Hitlers gegen die Sowjetunion zu unterbinden. Ende 1940 erfuhr er, daß der »Führer« am 18. Dezember die Weisung 21 (Fall »Barbarossa«) unterzeichnet hatte: »Die deutsche Wehrmacht muß darauf vorbereitet sein, auch vor Beendigung des Krieges gegen England Sowjetrußland in einem schnellen Feldzug niederzuwerfen.«

Doch von einer Beendigung des Krieges gegen Großbritannien konnte überhaupt nicht die Rede sein. Im Gegenteil, der Luftkrieg verschärfte sich. 65 Tage und Nächte dauerte die »Battle of Britain«, die Abwehrschlacht gegen die Bombenangriffe der Luftwaffe auf England. Und die Engländer wiederum griffen konzentriert und verstärkt deutsche Städte an, vor allem Hamburg, Mannheim und Berlin. Die Luftwaffe verlor bis Ende August 467 Jäger und Bomber, die Royal Air Force 359 Jagdflugzeuge.

Noch beschränkte sich der Beistand der Amerikaner für die Briten auf die Lieferung militärischer Hilfsgüter – zum Beispiel 50 gebrauchter Zerstörer für die Royal Navy. Und noch wollte die amerikanische Regierung nicht die von Hitler erklärte Blockadezone vor der Küste Großbritanniens verletzen. Der US-Botschafter in London, Joseph Kennedy – der Vater des späteren Präsidenten John. F. Kennedy –, riet Washington sogar, mit Hitler-Deutschland einen Vertrag zu schließen, statt sich auf die Seite der Engländer zu schlagen.

Der Krieg dehnte sich auf Nordafrika aus. Am 22. Januar 1941 drangen britische und französische Truppen von Ägypten aus in die italienische Kolonie Libyen ein und eroberten die Küstenstadt Tobruk. Sehr bald wurde den Italienern klar, daß sie ihre Kolonie allein nicht verteidigen könnten. Der »Duce« bat Hitler bei einem Treffen am 19./20. Januar um militärische Unterstützung. Dieser verfügte daraufhin die Bildung eines deutschen Expeditionskorps, des »Afrikakorps«.

Am 11. Februar 1941 landeten deutsche Truppen in Libyen, einen Tag später übernahm General Erwin Rommel das Oberkommando. Als einen seiner Generalstabsoffiziere hatte er sich den ehemaligen I.R.-9-Regimentsadjutanten Graf Baudissin ausgesucht. Dieser übernahm die Funktion des Ic, des für die Feindaufklärung zuständigen Generalstabsoffiziers. Sein Einsatz währte nicht lange.

Eines Tages wurde er mit einem Flugzeug vom Typ Fieseler-Storch losgeschickt, um eine verlorengegangene italienische Abteilung zu suchen, zu der keine Verbindung mehr bestand. Irgendwo in der Wüste meinte der Pilot, diese Abteilung gefunden zu haben. Er flog eine niedrige Schleife über dem Verband und erkannte eindeutig italienische Fahrzeuge. Als jedoch der Fieseler-Storch neben der Einheit auf dem Wüstensand landete, stellte sich heraus, daß dies Australier waren, die auf erbeuteten italienischen Fahrzeugen fuhren. Da ein Unglück selten allein kommt und ein Reifen des Flugzeuges platzte, konnte der Pilot nicht wieder abheben, obwohl der neben ihm sitzende Baudissin dem Piloten auf den Schenkel klopfte und brüllte: »Durchstarten!«

Kampflos wurden sie von den Australiern gefangengenommen. Die erste Nacht war nicht ganz ungefährlich. Da das Ganze sich in der Nähe von Tobruk abspielte, wo auch eine polnische Einheit gegen die Deutschen eingesetzt war, tauchte plötzlich ein polnischer Hauptmann auf und verlangte von den Australiern die Auslieferung der beiden deutschen Gefangenen. Er wollte sie erschießen. Als man ihn mit Baudissin und dem Piloten zusammenbrachte, gab es eine hitzige Diskussion. Der Pole wollte Baudissin für den Überfall seines Landes durch Hitler verantwortlich machen. Baudissin: »Sie können mich ja gern erschießen, wenn es Ihnen großen Spaß macht. Aber meinen Piloten zu erschießen, das hielte ich für ungerecht und falsch.« Am Ende der Nacht gab der Pole sein Vorhaben auf. Man schied voneinander mit militärischem Gruß, dann wurden die beiden Deutschen in ein Gefangenenlager in Kairo gebracht, verhört, anschließend in ein größeres Lager nach Palästina verlegt. Schließlich wieder an den ägyptischen Kanal dirigiert, wo sie mit anderen deutschen Kriegsgefangenen an Bord des Luxusliners *Queen Mary* gebracht und nach Australien transportiert wurden. Dort erlebte Baudissin das Kriegsende.

Auch in Europa weitete sich der Krieg aus. Am 6. April 1941 begann ohne Kriegserklärung mit einem schweren Luftangriff auf Belgrad der Krieg gegen Jugoslawien. Gleichzeitig drangen deutsche Truppen in Griechenland ein. Hitlers vorrangiges Ziel war es, die Engländer an der

Eröffnung einer zweiten Front in Südosteuropa zu hindern. Nach wenigen Wochen kapitulierten beide Staaten. Am 23. April war der Krieg auf dem gesamten Balkan-Festland zu Ende. Nur in Jugoslawien erkannte der Kommunistenführer Tito die Kapitulation nicht an und kämpfte fortan mit Partisaneneinheiten gegen die deutschen Besetzer. Am 20. Mai sprangen deutsche Fallschirmjäger über Kreta ab und eroberten die von Briten und Griechen gehaltenen Stellungen, allerdings unter hohen Verlusten.

Aber letztlich war der Balkan nur ein Nebenkriegsschauplatz, gegen Hitlers Absicht vom italienischen Diktator Mussolini willkürlich mit dem Einmarsch italienischer Truppen in Griechenland am 28. Oktober 1940 eröffnet. Spätere Bitten Mussolinis um Verstärkung, weil die Italiener von den Griechen zurückgeschlagen wurden, wies er ab. Bei einem Gespräch, das auf dem Berghof des »Führers« bei Berchtesgaden stattfand, war auch der italienische General Guzzoni anwesend – ein Mann von kleinem Wuchs, der Perücke und Korsett trug. Keitel und andere deutsche Offiziere fühlten sich nun erst recht erhaben über die »Spaghetti-Fresser«.

Hitlers eigentliches Augenmerk galt der Sowjetunion. Der Sieg über Rußland sollte das bedeutendste Ereignis in der Geschichte werden. »Ich werde aus den eroberten Gebieten ein Paradies machen.« Die Vorbereitungen für den Überfall hatten auf Weisung Hitlers bereits im Sommer 1940 begonnen. Mehrere Pläne des Generalstabs – der eine sah die Hauptstoßrichtung durch die Ukraine mit einer großen Umfassungsbewegung Richtung Moskau vor, der andere mit einem Hauptstoß gegen Moskau – wurden von Hitler verworfen. In der »Führer«-Anweisung Nr. 21 für das Unternehmen »Barbarossa« vom 18. Dezember 1940 wurden die Hauptpunkte des geplanten Angriffskrieges gegen Rußland festgelegt: Es sollte ein kurzer Krieg werden mit Einkreisung möglichst großer Truppenkontingente des Gegners. Drei Heeresgruppen würden diese Aufgabe bewältigen. 25 deutsche Divisionen standen bereits in Polen und in Rumänien, darunter das Infanterie-Regiment 9. 101 weitere Divisionen sollten bis zum Juni herangeführt werden, darunter viele bisher auf dem Balkan eingesetzte. Da nicht genügend Transportmittel zur Verfügung standen, bedeutete dies für die Soldaten wieder einmal Gewaltmärsche, zum Teil über eine Distanz von 800 Kilometern!

In Berlin warnt der Staatssekretär im Auswärtigen Amt, Ernst von Weizsäcker, in einem Memorandum vom 28. April 1941 vor einem Krieg gegen die Sowjetunion: »Ich kann meine Auffassung über einen deutsch-russischen Konflikt in einem Satz zusammenfassen: Wäre jede niedergebrannte russische Stadt für uns ebensoviel wert wie ein versenktes englisches Kriegsschiff, dann würde ich den deutsch-russischen Krieg in diesem Sommer befürworten; ich glaube aber, daß wir gegen Rußland nur militärisch gewinnen, dagegen wirtschaftlich verlieren würden. [...] Daß wir militärisch bis Moskau und darüber hinaus siegreich vordringen, halte ich für selbstverständlich. Ich bezweifle aber durchaus, daß wir das Gewonnene gegen die bekannte passive Resistenz der Slawen ausnutzen könnten. Ich sehe im Russischen Reich keine tragfähige Opposition, welche das kommunistische System ablösen und sich uns anschließen sowie sich uns dienstbar machen könnte. Wir hätten also wahrscheinlich mit dem Fortbestand des Stalin-Systems in Ostrußland und in Sibirien und mit dem Wiederaufleben von Feindseligkeiten im Frühjahr 1942 zu rechnen. [...]

Ein deutscher Angriff auf Rußland würde den Engländern neuen moralischen Auftrieb geben. Er würde dort bewertet als deutscher Zweifel am Erfolg unseres Kampfes gegen England. Wir würden damit nicht nur zugeben, daß der Krieg noch lange dauern würde, sondern könnten ihn auf diesem Wege geradezu verlängern, statt ihn abzukürzen.«

Weizsäckers Rat war längst nicht mehr gefragt. Statt dessen wurde an der Umsetzung der Weisung Nr. 21 des »Führers« gearbeitet. In dieser »Geheimen Kommandosache« hieß es:

»[...] Die deutsche Wehrmacht muß darauf vorbereitet sein, auch vor Beendigung des Krieges gegen England *Sowjetrußland in einem schnellen Feldzug niederzuwerfen* (Fall Barbarossa).

[...] Den *Aufmarsch* gegen Sowjetrußland werde ich gegebenenfalls acht Wochen vor dem beabsichtigten Operationsbeginn befehlen.

Vorbereitungen, die eine längere Anlaufzeit benötigen, sind - soweit noch nicht geschehen - schon jetzt in Angriff zu nehmen und bis zum 15.5.41 abzuschließen. [...]

Die im westlichen Rußland stehende Masse des russischen Heeres soll in kühnen Operationen unter weitem Vortreiben von Panzerkeilen vernichtet, der Abzug kampffähiger Teile in die Weite des russischen Raumes verhindert werden.

In rascher Verfolgung ist dann eine Linie zu erreichen, aus der die russische Luftwaffe reichsdeutsches Gebiet nicht mehr angreifen kann.

Das Endziel der Operation ist die Abschirmung gegen das asiatische Rußland aus der allgemeinen Linie Wolga-Archangelsk. [...]«

Dem Heer wurden folgende Operationen zugedacht:

»In dem durch die Pripjet-Sümpfe in eine südliche und eine nördliche Hälfte getrennten Operationsraum ist der Schwerpunkt nördlich dieses Gebietes zu bilden. Hier sind zwei Heeresgruppen vorzusehen. Der südlichen dieser beiden Heeresgruppen - Mitte der Gesamtfront - fällt die Aufgabe zu, mit besonders starken Panzer- und mot. Verbänden aus dem Raum um und nördlich Warschau vorbrechend die feindlichen Kräfte in Weißrußland zu zersprengen. [...]

Sind die Schlachten südlich bzw. nördlich der Pripjet-Sümpfe geschlagen, ist im Rahmen der Verfolgung anzustreben: Im Süden die frühzeitige Besitznahme des wehrwirtschaftlich wichtigen Donez-Bekkens, im Norden das schnelle Erreichen von Moskau. [...]

Vorträgen der Herren Oberbefehlshaber über ihre weiteren Absichten aufgrund dieser Weisung sehe ich entgegen. Die beabsichtigten Vorbereitungen aller Wehrmachtteile sind mir, auch in ihrem zeitlichen Ablauf, über das Oberkommando der Wehrmacht zu melden.

(gez. Adolf Hitler)«

15 Der Russland-Feldzug: Angriff um 3.15 Uhr

Beim Infanterie-Regiment 9 kursierten die wildesten Gerüchte. Eines lautete: »Der Iwan hat uns den Durchmarsch gestattet, damit wir über den Kaukasus, die Türkei und Palästina Rommel zu Hilfe kommen.« Andere Schlaumeier wollten wissen: »Quatsch! Es geht über die Landbrücke Rußland, Kaukasus, Türkei und Persien gegen die Tommies in Indien.«

Tatsache war, daß Hitler bis Mitte Juni 1941 eine gigantische Streitmacht im Osten in Stellung gebracht hatte: über 152 deutsche Divisionen mit 3,05 Millionen Soldaten; dazu 600 000 Fahrzeuge, 3580 Panzerkampfwagen, 7154 Geschütze, 2000 Flugzeuge. Hinzu kamen Divisionen aus Rumänien, Ungarn, der Slowakei, Italien und Finnland, die ebenfalls gewillt waren, auf deutscher Seite gegen Rußland zu kämpfen. Auf sowjetischer Seite standen 138 Divisionen und 40 Brigaden mit insgesamt 4,7 Millionen Soldaten bereit. Sie wurden unterstützt von 6000 Flugzeugen, wovon allerdings ein großer Teil veraltet war. Zwei waffenstarrende Mächte lagen sich gegenüber.

Zur Heeresgruppe Mitte unter Generalfeldmarschall Fedor von Bock, einem Mann mit schmalem Gesicht, glattgekämmtem Haar und zwei senkrechten Denkerfalten über der Nasenwurzel, gehörte das I.R. 9. Dieser Heeresgruppe fiel die Hauptrolle des Angriffs zu. Hitler hatte seine Weisung Nr. 21 insofern geändert, als die Heeresgruppe Mitte nicht mehr so schnell wie möglich Moskau erreichen sollte. »Nur versteinerte Gehirne mit fossilen Auffassungen können sich von einer feindlichen Hauptstadt hypnotisieren lassen. Moskau ist nichts als ein Name. Die Zitadellen des Bolschewismus sind Leningrad und Stalingrad. Wenn diese genommen sind, dann bricht der Bolschewismus zusammen.« Die Bemerkung von den »versteinerten Gehirnen« war eine Anspielung auf den Oberbefehlshaber des Heeres von Brauchitsch, den Hitler für dumm hielt. Dessen Generalstabschef, Generaloberst Halder, mochte er ebensowenig ausstehen, weil der ihm zu katholisch war.

Die Heeresgruppe Mitte erhielt Befehl, so schnell wie möglich die Gegend von Smolensk kämpfend zu erreichen und dort auf neue Befehle zu warten. Auf dem Regimentsgefechtsstand des I.R. 9 lagen mehrere verschlossene Briefe, die nur auf einen besonderen Befehl des Divisionsstabes hin geöffnet werden durften. Am 21. Juni 1941, es war ein Sonnabend, traf dieser Befehl ein. Einer der geöffneten Briefe enthielt den Tagesbefehl des Kommandierenden Generals des VII. Armeekorps, zu dem das I.R. 9 gehörte. In 14 knappen Zeilen wurde mitgeteilt, daß der Krieg gegen Rußland beginne. Es war eine bemerkenswerte Mischung von kritiklosem Gehorsam und übernommener nationalsozialistischer Gesinnung:

»Soldaten des VII. Armeekorps!

Der Führer hat befohlen.

Wir treten an.

Von Sieg zu Sieg kämpfen wir seit August 1939 für die Freiheit und Sicherheit des großdeutschen Lebensraumes. Jede der bis ins letzte durchdachten Planungen unseres Führers haben wir mit unwiderstehlicher Wucht durchgeführt.

Grenzenlos ist unser unerschütterliches Vertrauen zum Führer.

Gewachsen ist in den bisher bestandenen Kämpfen unser Kraftbewußtsein und die Gewißheit, daß die deutsche Wehrmacht jede ihr gestellte Aufgabe lösen wird.

Siegessicher stürmen wir.

Heil dem Führer!

Euer Kommandierender General
Fahrmbacher
General der Artillerie«

Der zweite Brief hatte nur drei Zeilen. Er kam vom Chef des Stabes des VII. Armeekorps:

»B.-Tag ist der 22.6.1941.
Y-Zeit ist 03^{15} Uhr (Radio-Zeit).
Kein Schuß darf vorher fallen!«

Für das Generalkommando
Der Chef des Generalstabes:
Krebs«

Der dritte zu öffnende Brief stammte vom Divisionsstab, enthielt den »Befehl für den Angriff am B.-Tage«, war neun Seiten lang und trug die Unterschrift des Divisionskommandeurs, Generalmajor Heinz Hellmich. Minuziös waren die Kampfaufträge der einzelnen Truppenverbände aufgezählt:

»I.R. 9 (ohne III./I.R. 9) stößt tief gegliedert mit dem vordersten Bataillon auf die Höhe 119 südwestlich Smolechy durch und hält sie. Von dieser Höhe muß das Regiment starke Feindangriffe aus nördlicher und nordostwärtiger Richtung in Verbindung mit I.R. 68 abwehren können. Ein Vorstoß von Teilkräften in den Waldvorsprung nordwestlich Smolechy zur Erhöhung der Verteidigungskraft und Ausschaltung von feindlichen Kampfanlagen in diesem kann auf Befehl der Division erforderlich werden. Das Regiment hat den Waldrand südlich (Pienki) und die Höhe 138 mit I. Bataillon zu besetzen und zu halten und dadurch die Nordflanke der Angriffstruppe gegen jeden Feindangriff aus dem Waldgelände um 136 und aus Gegend nördlich Ugniewo zu sichern. III/ I.R. 9 verbleibt zur Führung der Division in Gegend Südteil Biel. [...]

Aufklärung: I.R. 9 stellt fest, (a) befinden sich nordostwärts Smolechy besetzte Befestigungen? (b) Stellen sich im Waldgebiet westlich Smolechy oder um Kalinowo Feindkräfte bereit?

Hauptverbandsplatz: Westteil Biel. Feldlazarett im Waldlager westlich Kuskowszna. Pferdesammelplatz an Straße Malkinia-Ostrow (bei 120). Divisionsgefechtsstand am Waldrand Zachy Pawly (südlich Zahl 128).«

Der ehemalige Oberjäger Gottfried Becker lag mit seiner Kompanie Mitte Juni auf einem Gutshof nur zwei Kilometer von der polnisch-russischen Demarkationslinie entfernt im Quartier. Er war mit Wirkung zum 1. Januar vorzeitig zum Feldwebel befördert worden und nunmehr Führer des 3. Zuges in der 10. Kompanie. Zugführer des 2. Zuges war Leutnant Ladner, Kompaniechef Karl von Mandelsloh. Mitten in der Woche wurde die Kompanie plötzlich nächtens in ein Waldstück dicht an der Grenze vorverlegt. Becker fühlte sich in seiner Meinung bestärkt, daß es zum Krieg gegen Rußland käme.

»Seht ihr nicht klar, was hier passiert?« hatte er schon Wochen vorher seine Kameraden gefragt. Die aber glaubten immer noch an die Mär vom Durchmarsch über den Kaukasus, um entweder in Indien oder in Nordafrika gegen die Engländer zu kämpfen. Jetzt im tiefen Wald, in finsterer Nacht, bekam er von Kameraden zu hören: »Du, Gottfried, jetzt glauben wir das auch, was du immer prophezeit hast.« Becker nahm den Meinungsumschwung mit einem gewissen Stolz zur Kenntnis. »Wird höchste Zeit, daß ihr begreift. Lange Leitung, nicht wahr?«

Der 21. Juni war ein Sonnabend. Ein warmer, schöner Sommertag. Am Abend kam plötzlich der Befehl: »Alle Zug- und Gruppenführer sofort zum Kompaniechef.« Die Gerufenen standen alsbald im Halbkreis um ihren Chef von Mandelsloh. Es war bereits dunkel im Wald, man hörte hier und da das Knacken von Ästen. Der Kompaniechef schaute mit ernster Miene die versammelte Runde an. »Meine Herren, ich gebe hiermit bekannt: Ab 3.15 Uhr gehen wir zum Angriff gegen Rußland über.« Betretenes Schweigen. »Um 2.15 Uhr schieben wir uns aus unserer Stellung heraus – es dürfen keine Geräusche gemacht werden – bis in die Gärten hinter dem Wald. Die Züge werden auseinandergezogen. Falls die russische Artillerie Gegenfeuer schießt, wird eingegraben. Informieren Sie die Mannschaften. Das wär's. Ich danke Ihnen.«

Becker unterrichtete die auf dem Erdboden lagernden Soldaten seines Zuges: »Mal herhören. Punkt 3.15 Uhr treten wir gegen den Iwan an. Eine Stunde vorher . . .« Auf die Mitteilung vom bevorstehenden Krieg mit Rußland bekam er wieder zu hören:

»Mensch, Gottfried, da hast du also wirklich recht gehabt?«

»Ja, glaubt ihr denn, wir liegen hier zum Brötchenbacken?« Becker wiederholte, was er vom Kompaniechef aufgetragen bekommen hatte: »Also noch einmal: Wir ziehen noch in dieser Nacht aus der Bereitstellung vor, aber ich verbitte mir jedes Geräusch. Paßt auf, daß eure Spaten nicht gegen den Gasmaskenbehälter schlagen. Und wenn der Angriff beginnt, achtet nur auf mich, macht alles nach. Verstanden?« Die Männer nickten, einer sagte in die Dunkelheit: »Da haben wir nun den Dreck.«

Nur Rudi Brühl, gelernter Forstmann wie Becker, verbreitete vorsichtigen Optimismus: »Na ja, Gottfried, wir Waldläufer werden diese Kilometer auch noch runterrennen.«

Der Gefreite und Maschinengewehrschütze Joachim Kredel im I.R. 67 war mit seinen Kameraden schon drei Wochen vorher aus dem Waldlager, das aus etwa 100 Meter langen doppelstöckigen Gerüsten mit einem einfachen Holzdach bestand, herausgezogen worden. Sie lagen nun in unmittelbarer Sichtweite der Grenze, beäugten interessiert den nach wie vor funktionierenden Grenzverkehr, sahen die Wachtürme auf der gegenüberliegenden russischen Seite.

Kredel, ein gebürtiger Magdeburger, der in Dessau, Nürnberg, Salzwedel und Berlin aufwuchs, weil sein Vater aktiver Offizier war und häufig versetzt wurde. Auf dem Friedrich-Werdischen Gymnasium in Berlin hatte er 1940 sein Abitur gebaut und sich anschließend freiwillig zur Wehrmacht gemeldet. Sein Vater hätte es gern gesehen, wenn er zu den Gebirgsjägern gegangen wäre. Er hatte auch schon für seinen Filius die Verbindung zu einem Kommandeur in Graz hergestellt und war darum entsetzt, daß der Sohn andere Pläne hatte, nämlich sich zur Infanterie nach Spandau, zu den 67ern, meldete. Als Offiziersbewerber wurde er der 14. Kompanie, einer Panzerjägereinheit, zugeteilt.

In der Nacht vor dem Angriff las der Kompaniechef einen Befehl des »Führers« vor: »Soldaten der Ostfront ...« Hatte der Kompaniechef tatsächlich »Ostfront« gesagt? durchfuhr es Kredel. Das hieß doch bisher in allen offiziellen Verlautbarungen nur »Demarkationslinie«! Die nächsten Sätze des Kompaniechefs machten Kredel klar, daß sich seine Ahnung bestätigte: »Von schwerer Sorge bedrückt, zu monatelangem Schweigen verurteilt«, zitierte der Offizier weiter den »Führer«-Befehl, »ist nun die Stunde gekommen, in der ich zu euch, meine Soldaten, sprechen kann. Es stehen rund 160 russische Divisionen an unserer Grenze. Seit Wochen finden dauernde Verletzungen dieser Grenze statt, nicht nur bei uns, sondern ebenso im hohen Norden wie in Rumänien. [...] Wenn diese größte Front der Weltgeschichte nunmehr antritt, dann geschieht es nicht nur, um die im Augenblick betroffenen Länder zu schützen, sondern um die ganze europäische Zivilisation und Kultur zu retten. Deutsche Soldaten! Damit tretet ihr in einen harten verantwortungsschweren Kampf ein. Denn: Das Schicksal Europas, die Zukunft des Deutschen Reiches, das Dasein unseres Volkes liegen nunmehr allein in eurer Hand. [...] Möge uns allen in diesem schweren Kampf der Herrgott helfen.«

Dann gab der Kompaniechef auch Anweisung, wie die letzten Stunden der Nacht zu verbringen seien: »Angriff [...] auf 3.15 Uhr festgelegt, [...] eine Stunde vorher [...] an die Grenze heran ...« Kredels Kompanie sollte innerhalb des III. Bataillons die Spitze übernehmen, innerhalb der Kompanie war sein Zug der erste. Ihm war mulmig zumute. Von irgendwoher hörte er eine Wassermühle rauschen. Drahtscheren wurden bereitgelegt, um die Stacheldrahtverhaue auf der russischen Seite durchzuschneiden. Die Nerven waren aufs äußerste gespannt.

Beim inzwischen zum Gefreiten beförderten Soldaten Walter Henze von der Nachschubeinheit der 67er löste die Ankündigung keine Angst aus. Er mochte die »Bolschewiken« nicht. Bei seinen älteren Kameraden machte sich jedoch Unruhe breit. »Wenn das mal gut geht.« Die Angst rührte auch daher, daß man den Soldaten bisher nicht klaren Wein eingeschenkt, im Gegenteil, sie mit dem Hinweis zu beruhigen versucht hatte: »Die Russen haben mit uns ja einen Pakt.« Henze überprüfte die Ausrüstung. Sein Gewehr war gereinigt, das Reinigungszeug für die Waffe sowie Waschzeug und Rasierapparat im Brotbeutel verstaut. Er war kampfbereit.

Als Leutnant von dem Bussche, inzwischen Zugführer in der 5. Kompanie des I.R. 9, den Führerbefehl verlesen bekam, dachte er: Komisch, vor fast genau 129 Jahren begann Kaiser Napoleon, unterstützt von dem preußischen Korps unter General Ludwig Yorck, den großen russischen Feldzug. Wie es dem erging, wissen wir ja. Ob wir besser davonkommen? Obwohl er nicht gerade begeistert war über den jetzt beginnenden Ostkrieg – ihm und seinen Offizierskameraden hatte man in den vergangenen Wochen Geschichten von Exzessen der stalinistischen Regierung berichtet, so daß er und seinesgleichen schließlich fanden, »mit den Russen – soweit sie Stalinisten sind – geht es eben nicht«.

Feldwebel von Weizsäcker von der 4. Kompanie dagegen traf der Einsatzbefehl innerlich völlig unvorbereitet. Er hatte sich bis zuletzt geweigert zu glauben, daß Hitler tatsächlich einen Krieg gegen die Sowjetunion vom Zaun brechen würde.

Die Zeiger auf den Wehrmachtsuhren der Vorgesetzten rückten unaufhaltsam vor. Feldwebel Becker und sein Zug hatten den schützenden Wald verlassen, waren in ein schlafendes polnisches Dorf, noch auf deutscher Seite, infiltriert und hatten sich am Dorfausgang in Schrebergärten eingenistet. Vor ihnen lag ein freies Feld, dahinter ein Bahndamm. Es begann zu dämmern. Büchsenlicht, dachte der gelernte Forstmann Becker. Von den Russen war nichts zu sehen. Sie schienen zu schlafen, obwohl jetzt – es war zehn Minuten vor Angriffszeit – im Norden entfernter Geschützdonner zu vernehmen war. Was Becker nicht wußte: Wegen des unterschiedlichen Sonnenaufgangs waren die Angriffszeiten gestaffelt: Heeresgruppe Nord 3.05 Uhr, Heeresgruppe Mitte 3.15 Uhr, Heeresgruppe Süd 3.25 Uhr. Wie vor jedem Gefecht spürten die meisten Soldaten eine innere Unruhe. Mit selbstverordneten Kontrollen, bereits mehrmals in dieser Nacht vorgenommen, versuchten sie, die aufkommende Angst zu bezwingen: Gewehr durchgeladen und gesichert? Taschen an der Uniform zugeknöpft? Stahlhelm-Kinnriemen nicht zu fest, nicht zu locker? Handgranaten-Schraubverschluß leicht abdrehbar? Blickkontakt zum Nachbarn gewährleistet?

Dann zählte Feldwebel Becker mit Blick auf seine Armbanduhr die letzten Sekunden: »Sechsundfünfzig, siebenundfünfzig, achtundfünfzig, neunundfünfzig – 3.15!« Als sauste irgendwo ein unsichtbarer Taktstock nieder, eröffnete die rückwärtige Artillerie aus Hunderten von Rohren das Feuer! Das Inferno der Schlacht setzte ein! Granaten orgelten heran, schlugen am Bahndamm mit riesigen Rauch- und Erdfontainen krachend ein. Das Echo der Einschläge mischte sich mit dem schrillen Pfeifen neuer Salven. Becker hatte sich erhoben, rannte im Laufschritt auf das vor ihm liegende Feld in Richtung Bahndamm. Er lief geduckt, in der rechten Faust die Wehrmachtspistole Walther P 38, Kaliber 9 Millimeter, mit dem linken Arm seinen Männern Zeichen gebend, ihm zu folgen. Sie erreichten zu ihrer eigenen Überraschung den Bahndamm ohne Gegenwehr, kletterten geschwind noch tiefer geduckt über die Gleise, drüben wieder hinunter und drangen weiter vorwärts. Aus dem Augenwinkel registrierte Becker rechts auf einer Straße das Vorpreschen einer motorisierten deutschen Kolonne. Vereinzelt fielen jetzt Schüsse. Soweit Becker links und rechts schauen konnte, gingen weit auseinandergezogen deutsche Soldaten, an ihrer feldgrauen Uniform erkennbar, zügig vor. Die Angst verflüchtigte sich. Der Angriffsbeginn war glatter verlaufen als gedacht. Nicht einen einzigen Mann hatte Becker verloren.

Für den Gefreiten Kredel von der 67er war es die Feuertaufe. Er sprang auf, als der Angriff auf breiter Front Schlag 3.15 Uhr begann, riß sein MG hoch und stürmte, so schnell er konnte, nach vorn. »Die erste Welle kommt meistens ungeschoren durch, weil der Gegner überrascht wird. Dafür kriegen die Nachrückenden vollen Zunder«, hatte ihm ein Kamerad mit Fronterfahrung eingeschärft. Die ersten russischen Kugeln pfiffen um seinen Stahlhelm. Komisch, wie das klingt, dachte Kredel im Laufen. Im nächsten Moment sah er, wie ein hölzerner Beobachtungsturm des Feindes von einem Pak-Volltreffer erwischt wurde. Holz und Russen wirbelten durch die Luft, fielen wie Spielzeug zu Boden. Deutsche Panzerjäger in offenen Kübelwagen sausten an ihm vorbei. Sie hatten kleine Kanonen vom Kaliber 3,7 Zentimeter im Schlepp, spöttisch »Heeresanklopfgerät« genannt, weil sie gegen die starke Armierung sowjetischer Panzer wenig ausrichten konnten. Die Einschläge der deutschen Artillerie waren plötzlich viel zu kurz, schlugen in die eigenen Reihen ein! Verwundete schrien, Flüche – »Idioten, aufhören!« – mischten sich in das Krachen der Granaten. Als hätten die Artilleristen ihren Fehler bemerkt, verlegten sie im nächsten Moment ihr Feuer weiter voraus.

Während sich Sanitäter um die ersten Ausfälle kümmerten, verlangsamte sich der Laufschritt der stürmenden Infanterie. Im selben Verhältnis, wie der Atem schneller ging, ließen die Kräfte nach. »Haalt! In Schützenreihe folgen!« rief der Kompaniechef nach einiger Zeit. Dankbar gehorchten die Soldaten dem Befehl, rückten die nächsten Kilometer im Schrittempo vor, bis sie ein Kornfeld erreichten. Wieder fielen Schüsse, Kugeln klatschten gegen die Halme, wurden von ihrer Geschoßbahn abgelenkt, entwickelten sich zu gefährlichen, größere Wunden schlagenden Querschlägern.

Vor Kredel arbeiteten sich sein Zugführer, Leutnant Maurer (jüngster Bruder des Bataillonsadjutanten, Oberleutnant Ekkehard Maurer), und der Zugtruppführer, ein Unteroffizier, vor. Als sie das Kornfeld passiert hatten, erkannten sie voraus einen feindlichen Bunker. Sie hatten ihn sofort ausgemacht, weil das Laub an den zur Tarnung aufgestellten Baumstämmen längst vertrocknet war. Aus dem Bunker schoß es wie wild.

Die Deutschen warfen sich zu Boden. Kredel brachte sein MG 34 in Stellung, klappte die Vorderstütze runter, visierte die Bunkerschießscharte an und gab mehrere kurze Feuerstöße ab. Für Sekunden blieb es bei den Russen still. Leutnant Maurer sprang auf, schrie: »Los, außen rum!« Die anderen rafften sich ebenfalls hoch, folgten dem Anführer, rannten um ihr Leben, während nun wieder vereinzelte Schüsse aus dem Bunker fielen. Sie warfen sich hin, robbten vorwärts, sprangen erneut auf, rannten einige Meter – bis sie tatsächlich den Bunker passiert hatten, ohne daß einer von ihnen getroffen wurde.

Als sie den Bunker hinter sich gelassen hatten, wähnten sie sich in Sicherheit, richteten sich auf und stürmten weiter vorwärts. Im selben Moment erwischte sie eine MG-Garbe. Die Sowjets hatten das Manöver durchschaut und schossen rückwärts aus dem Bunker. Maurer, der Unteroffizier und zwei weitere Soldaten wurden wie mit der Sense niedergemäht, waren auf der Stelle tot. Die Kameraden, die das mitbekamen, waren geschockt. Unteroffizier Voss aus Calförde bei Magdeburg überwand als erster die Blockade im Gehirn und übernahm das Kommando über den führerlosen Zug. Während die deutsche Pak auf die Scharten des Bunkers schoß und so die Sowjets beschäftigt hielt, ging Voss mit seiner Gruppe zum Angriff über, erreichte den Bunker und kletterte mit seinen Soldaten auf die Befestigung. Damit waren sie erst einmal aus dem Schußfeld der Russen und konnten diese einigermaßen in Schach halten. Die Kompanie zog nach, stürmte am Bunker vorbei, aus dem nur ab und zu noch ein Pistolenschuß fiel. Aber so strategisch günstig die Position der Gruppe Voss war, sie konnte von der Decke des Bunkers die Besatzung nicht ausschalten. Eine Nacht lang warteten sie vergeblich darauf, daß die Sowjets herauskommen würden. Am nächsten Morgen bekamen sie Befehl, ihre ungewöhnliche Stellung zu verlassen und sich der längst weit voraus befindlichen Kompanie anzuschließen. Inzwischen waren Pioniere herbeibeordert worden mit dem Auftrag, die Besatzung des Bunkers mit Sprengladungen zur Aufgabe zu zwingen.

Die Gruppe Voss mit dem Maschinengewehrschützen Kredel erreichte eine russische Kate, in der sie sich – völlig übermüdet von der schlaflosen Nacht auf der Bunkerdecke – sofort hinhaute und in einen tiefen Schlaf fiel, wie ihn nur Soldaten schlafen können. Aber nach einer Stunde wurden sie von ihrem Unteroffizier geweckt und zur Eile angetrieben. Ausgeschwärmt hasteten sie weiter voraus, von allen Seiten erklang Schlachtenlärm, auch auf sie wurde gelegentlich geschossen. Kredel erwiderte mit seinem Maschinengewehr – eine Trommel mit 50 Schuß Munition war aufgesetzt – im Laufen das Feuer. Schließlich erreichten sie eine Flußbrücke. Eine Einheit des Infanterie-Regiments 68 hatte sie bereits unter ziemlichen Verlusten genommen. Rings um die Brückenköpfe lagen gefallene deutsche Soldaten. Es war eine stark beschädigte Holzbrücke, die stellenweise Feuer gefangen hatte. Beißender Qualm drang in die Augen. Die Gefahr, von den Brückenresten begraben zu werden, war groß. Dahinter wurde das Gelände sehr sumpfig. Tausende von Mücken stachen auf die völlig verschwitzten Soldaten ein. Ringsum sah man es brennen. Die Kompanien und Bataillone an der Spitze wurden wie bei einem Stafettenlauf ausgewechselt.

Inzwischen war es Mittag, die Sonne stand fast senkrecht, verbreitete glühende Hitze. Das Wasser aus den Feldflaschen war verbraucht. Irgend jemand gab plötzlich das Kommando »Gas! Gasmasken auf!«

Auch das noch! Sie schwitzten unter den Masken auf Deubel komm raus. Nur Kredel nicht, denn der hatte Magenbeschwerden, und Magenkranke schwitzen nicht. Während sie mit aufgesetzten Gasmasken weiter vorwärtsstürmten, sahen sie, wie von hinten der Bataillonskommandeur mit seinem Adjutanten angeritten kam. Beide trugen keine Gasmasken! Einige Soldaten setzten daraufhin die Masken wieder ab. Jetzt stellte sich heraus, daß alles nur ein Irrtum war. Irgend jemand hatte Chlor gerochen und das für Gas gehalten.

Inzwischen war ihnen auch die Taktik des Gegners klar geworden: Die Sowjets zogen sich zurück, ließen jedoch kleine Trupps in Stärke von etwa fünf Mann vorne. Diese kletterten auf Bäume und schossen aus den Baumkronen auf die vorwärtsstürmenden Deutschen, die zunächst nicht wußten, woher die Schüsse kamen. Außerdem hatte der Gegner auf dem Gelände verstreut Ein-Mann-Erdlöcher gegraben - im Gegensatz zu den Deutschen, die in der Ausbildung gelernt hatten, sich jeweils zu zweit in einem Deckungsloch zu verschanzen. Die Ein-Mann-Löcher der Russen hatten den Vorteil, daß sie weniger leicht zusammenbrachen, wenn sie von Panzern überrollt wurden. Dennoch war die Stimmung der vorwärtsdrängenden deutschen Soldaten gut. Sie spürten ihre Überlegenheit. Der Kompanieführer feuerte Kredel an: »Mensch, sehen Sie bloß zu, daß Sie noch eine Trophäe kriegen. Der Krieg ist hier bald zu Ende!«

Das vorgelegte Tempo war enorm. Innerhalb von 24 Stunden wurden bis zu 55 Kilometer marschierend zurückgelegt, und das auf breiter Front. Die deutsche Wehrmacht schien unaufhaltbar zu sein.

Divisionskommandeur Generalmajor Hellmich hatte kurz nach Angriffsbeginn einen sowjetischen Beobachtungsturm erklommen, der nicht zusammengeschossen worden war. Aus etwa 30 Meter Höhe beobachtete er zusammen mit seinem 1b-Offizier das Gefecht. Am Fuß des Turmes hockten zwei weitere Offiziere seines Generalstabes; einer war ein fließend russisch sprechender Balte, der die ersten Gefangenen der Roten Armee verhörte. Aus den Vernehmungen ging hervor, daß die sowjetischen Einheiten im Schlaf überrascht worden waren. Ein Melder überbrachte vom Divisionsgefechtsstand eine Nachricht. Man hatte unverschlüsselte Funksprüche der Sowjets aufgefangen. »Wir werden beschossen, was sollen wir tun? [...] Ein ganzer Armeestab ist durch Volltreffer fast vollständig vernichtet. Wir brauchen Flugunterstützung.« Die Funksprüche waren direkt an Moskau adressiert. Von dort kam die Antwort: »Sie scheinen nicht vernichtet, sondern wahnsinnig geworden zu sein, so etwas im Klartext zu funken.« Hellmich grinste.

Flüchtende russische Soldaten hatten sich Zivilkleider besorgt. Wurden sie gestellt, warfen sie ihre Waffen weg und beteuerten, Zivilisten zu sein. Ihre Täuschungsversuche waren rührend naiv. Schon von weitem waren sie an ihren kahlgeschorenen Köpfen zu erkennen. Nur Offizieren und Kommissaren war das Tragen von langen Haaren erlaubt. Auch an ihrer gestempelten Militärunterwäsche wurden sie als Soldaten entlarvt.

Das I.R. 9 hatte die Nordflanke der beiden vorwärtsstürmenden Schwesterregimenter zu decken. Feldwebel von Weizsäcker und sein Zug hatten so gut wie keine Feindberührung. Für ihn und seine Leute bestanden die ersten Tage vornehmlich aus Gewaltmärschen. Zähne zusammenbeißen, nicht schlappmachen! Leutnant Bussche und die 5. Kompanie dagegen erlitten die ersten Ausfälle.

Am Abend des zweiten Tages stand das Regiment an der Ortschaft Wlosty-Olszanka, und in der folgenden Nacht stieß es zum Narew-Fluß vor. Eine schicksalhafte Verteidigungslinie des Ersten Weltkrieges war erreicht.

16 Die Kriegserklärung wird nachgereicht

Am Sonntag des Überfalls auf Rußland, dem 22. Juni 1941, wurden die Deutschen in der Heimat mit einem Signal aus dem Rundfunk geweckt, das sie künftig vor jeder größeren militärischen Nachricht zu hören bekommen sollten: Mit den Triumph verkündenden Fanfarenstößen aus Franz Liszts *Les préludes*. Als nächstes hörten sie die Stimme des Reichspropagandaministers Joseph Goebbels, der eine Erklärung Hitlers verlas: »Ich habe mich heute entschlossen, das Schicksal des Deutschen Reiches und unseres Volkes wieder in die Hände unserer Soldaten zu legen.« Dann erfuhren die »Volksgenossen«, daß sie sich ab 3.15 Uhr mit der mächtigen Sowjetunion, bis dahin ihr Verbündeter, im Krieg befanden.

Sie waren genauso überrascht wie der Rest der Welt. Der deutsche Botschafter in Moskau, Friedrich Werner von der Schulenburg, hatte erst eine Stunde nach Beginn der Feindseligkeiten die Kriegserklärung dem sowjetischen Außenminister Molotow überreicht. Der war völlig verblüfft. Das offizielle Moskau brauchte acht Stunden, um schließlich den Völkern der Sowjetunion über Rundfunk mitzuteilen, was passiert war. Inzwischen waren längst die Städte Schitomir, Kaunas, Kiew und Sewastopol von Hermann Görings todbringenden Geschwadern bombardiert worden, und es dauerte zwölf geschlagene Tage, bis das russische Volk von seinem Führer Stalin etwas hörte. Es hatte bereits Gerüchte gegeben, er sei erschossen worden beziehungsweise ins Ausland geflüchtet. Am 3. Juli, um 6.30 Uhr, hörten die Russen, so sie ein Radio besaßen, plötzlich die tiefe Stimme des ersten Mannes der Sowjetunion:

»Kein einziger Waggon, keine einzige Lokomotive, kein Kilo Getreide und kein Liter Brennstoff dürfen in die Hand des Feindes fallen. In den besetzten Gebieten müssen sich die Partisanengruppen zu Fuß und zu Pferd organisieren, um einen Zermürbungskrieg zu führen, Brücken und Straßen zu sprengen, Lager, Häuser und Wälder in Brand zu setzen. Der Feind muß gehetzt werden bis zu seiner Vernichtung.«

Italien, das wenige Stunden nach dem Einmarsch der Wehrmacht in Rußland sich an die Seite Deutschlands stellte, hatte Mühe, seine Kriegserklärung loszuwerden. Der italienische Außenminister Ciano suchte mehrere Stunden vergebens den sowjetischen Gesandten in Rom. Es war, wie gesagt, Sonntag. Der Russe wurde schließlich am Badestrand ausfindig gemacht und ins römische Außenministerium einbestellt, wo er ungerührt die Kriegserklärung entgegennahm, als hätte man ihm zwei Karten für die Mailänder Scala überlassen.

In London war Premierminister Winston Churchill um vier Uhr nachts geweckt worden, hatte verärgert reagiert: »Ich habe doch ausdrücklich gesagt, daß man mich nicht wecken soll, außer im Falle einer Invasion Englands!« Dafür hielt er am folgenden Abend eine der besten Reden seines Lebens, in der er versprach, daß die Engländer die Sowjets gegen die »brutalen Massen dieser hunnischen Soldateska« Hitlers mit allen Kräften unterstützen würden.

Die Gedanken des Staatssekretärs im Auswärtigen Amt, Ernst von Weizsäcker, kreisten um seinen an der Ostfront kämpfenden jüngsten Sohn Richard. Im März hatte er ihn voll düsterer Ahnung in Polen besucht. Vergebens hatte er bereits Ende April Hitler in einem Memorandum vor einem Rußland-Feldzug gewarnt, weil ein zusätzlicher militärischer Schauplatz den Krieg verlängern und neues Blutvergießen bedeuten würde. Doch wie schon in der Vergangenheit war der Staatssekretär hin- und hergerissen. Einerseits empfand er totale Niedergeschlagenheit, andererseits doch nationalen Stolz über die ersten großen militärischen Siege im Osten. Im übrigen setzte er seine Gewohnheit fort, morgens im Berliner Tiergarten spazierenzugehen.

Im Tagebuch des Chefs des Generalstabes des Heeres, Generaloberst Halder, fand der erste Tag des Rußland-Feldzuges folgenden Niederschlag: »[...] Das Gesamtbild des ersten Angriffstages ist folgendes: Der Feind war von dem deutschen Angriff überrascht. Er war taktisch nicht zur Abwehr gegliedert. Seine Truppen in der Grenzzone waren in weiten Unterkünften verteilt. Die Bewachung der Grenze war im allgemeinen schwach. Die taktische Überraschung hatte zur Folge, daß der feindliche Widerstand unmittelbar an der Grenze schwach und ungeordnet war, und daß es gelang, überall die Brücken über die Grenzflüsse in die Hand zu nehmen und die in Grenznähe befindlichen Grenzschutzstellungen (Feldbefestigungen) zu durchstoßen. Nach der ersten Schreckwirkung hat der Feind sich zum Kampf gestellt.«

17 Etappen des Sieges: Narew – Bialystok – Minsk – Beresina

Quer zur Stoßrichtung des Infanterie-Regiments 9 lag wieder der Fluß Narew – Hauptverteidigungslinie bereits im Ersten Weltkrieg und im Polen-Feldzug 1939. Um 13.00 Uhr des dritten Tages eröffnete die eigene Artillerie das Feuer auf die sowjetischen Stellungen beiderseits des Flusses. Der Angriff konzentrierte sich zunächst auf eine kleine Ortschaft namens Suraz, die eine gewisse strategische Bedeutung hat, weil hier eine Brücke über den Fluß führte. Sie im Handstreich zu nehmen mißlang. Die Sowjets belegten ihrerseits das Vorfeld der Brücke mit heftigem Artilleriebeschuß.

Der neue Kommandeur des I.R. 9, Oberst Adolf Raegener, hatte eine Landkarte vor sich ausgebreitet. Wie seine Offiziere trug er in diesem Moment keinen Stahlhelm, sondern die reguläre Schirmmütze, die er rechts und links des Hoheitsadlers leicht geknifft hatte. Der Zeigefinger seiner rechten Hand wies auf eine Ortschaft am westlichen Ufer des Narew. »Hier in Lapy werden wir versuchen, einen Brückenkopf zu bilden. Das III. Bataillon übernimmt diese Aufgabe.« Der zuständige Bataillonskommandeur, Major von Haeften, legte kurz die Hand zum Gruß an sein Käppi – er trug als einziger weder Stahlhelm noch Schirmmütze. »Verstanden, Herr Oberst. Wird sofort ausgeführt.«

Beim Bataillon eingetroffen, überlegte er kurz, wie er diesen Auftrag im einzelnen durchführen sollte, ließ dann einen seiner besten Zugführer, den Feldwebel Gottfried Becker, kommen. »Becker, Sie nehmen sich Ihre Leute und dringen nach Lapy vor. Das sind etwa 30 Kilometer. Sie bekommen noch einen Panzerjägerzug mit. Bei Lapy gibt es eine Eisenbahnbrücke über den Narew. Durch Luftaufnahmen wissen wir, daß der Russe sich über die Brücke zurückziehen will. Ihr Auftrag ist es, erstens die Russen daran zu hindern, den Rückzug fortzusetzen, zweitens sie nicht mehr durch den Ort zu lassen und drittens die Brücke für uns zu sichern. Das Bataillon bleibt zurück. Sobald Sie Ihren Auftrag erfüllt haben, schicken Sie einen Melder.«

»Jawohl, Herr Major.« Becker wiederholte den Befehl, wie es Vorschrift beim Militär war. Dann sammelte er seine Leute und machte sich auf den Weg nach Lapy, einen Ort, von dem er noch nie gehört hatte. Unterwegs wurde seine Truppe immer wieder beschossen, aber Becker war durch den Polen-Feldzug und den Einsatz in Frankreich fronterfahren. Das Gelände bot für den Verteidiger große Vorteile – Getreidefelder, Buschwerk –, überall lauerte der Gegner. Geschickt wies er seine Leute an, ließ feindliche Stellungen in Zangenbewegung angreifen und ausschalten. Die Panzerjäger, von denen sich Becker Unterstützung erhofft hatte, blieben jedesmal zurück, wenn es gefährlich wurde. Beim Vorrücken besaßen sie allerdings einen gewissen Vorteil: Von ihren Zugfahrzeugen aus, hochbeinigen Kübelwagen, hatte man eine gute Übersicht. Nach etwa fünf Stunden erreichten Becker und die beiden Kompanie-Züge die Ortschaft. Zu ihrer großen Überraschung wurden sie von den Einwohnern freundlich begrüßt, bekamen sogar Lebensmittel zugesteckt.

Becker und seine Leute drangen weiter zur Eisenbahnbrücke vor. Was sie befürchtet hatten, war eingetreten: Die Russen hatten sie gesprengt. »Das darf doch nicht wahr sein. Verdammter Mist!« fluchte Becker. Er wischte sich den Schweiß von der Stirn. Was nun? Da deutete einer seiner Soldaten auf die Reste der Brücke, die etwa 20 Meter hoch den Narew überspannt hatte. »Herr Feldwebel, gucken Sie doch mal genau hin. Die Sprengung ist nicht sauber. Da gibt es noch jede Menge T-Träger, über die hinweg wir auf das andere Ufer kommen!« Der Mann hatte recht. In der Ferne sahen sie russische Marschkolonnen. Aber die stellten keine Gefahr für sie dar. Becker rief zwei Soldaten herbei: »Sie begeben sich so schnell wie möglich zurück zum Bataillon und melden dem Kommandeur, daß wir unsere Sicherungslinie wie befohlen erreicht haben. Brücke von den Russen gesprengt, aber trotzdem noch für Infanterie passierbar! Wir sperren derweil das Dorf und die Brückenzufahrt!« Der ältere der Melder wiederholte den Befehl, dann salutierten sie und machten sich auf den Weg. 30 Kilometer in brütender Hitze lagen vor ihnen. Die Nacht brach herein. Aus der Ferne war ständig Gefechtslärm zu hören und das Aufblitzen von Artilleriegeschossen zu sehen. Dort, wo Dörfer in Brand geraten waren, rötete sich der Nachthimmel.

Erst am Nachmittag des nächsten Tages traf das Bataillon ein. Die Gesichter der Soldaten waren vom Staub gezeichnet. Einzelne hatten sich Taschentücher vor den Mund gebunden. Die letzten Einheiten des Bataillons waren am übelsten dran. Sie mußten den Staub schlucken, den ihre vorausmarschierenden Kameraden aufwirbelten. Inzwischen war es der Division gelungen, auch bei Suraz gegen den Widerstand von mehr als 100 Panzern einen Brückenkopf zu bilden. Der 1. Generalstabsoffizier der Division, Major Alexis Freiherr von Roenne, wurde verwundet. Erst im Laufe des Abends gelang es, Verstärkung in den Brückenkopf zu schleusen. Viele russische Panzer waren von ihren Besatzungen aufgegeben worden. Die Deutschen nahmen sie in Besitz und richteten die Geschütze nach Osten oder bauten bei beschädigten Panzern die Motoren für ihre Lastkraftwagen aus. Inzwischen wurde die Munition knapp. Die Nachschubkompanie lag weit zurück, war in der Nacht sogar von versprengten Russen angegriffen worden.

Vom VII. Armeekorps kam ein Funkspruch: »Ausspreche Anerkennung. Sie haben als erste Division des Korps den Narew erreicht und überschritten.« Nunmehr hieß das Angriffsziel wie schon fast zwei Jahre zuvor Bialystok. Feldwebel Becker wurde wieder zu seinem Bataillonskommandeur gerufen. »Becker, gratuliere! Sie haben Ihre Sache gut gemacht. Und weil Sie gerade so schön im Schwung sind, dringen Sie mit Ihren Leuten weiter vor. Und zwar bis zu diesem Mühlenberg hier.« Major von Haeften zeigte auf einen Punkt der Landkarte. »Das ist vielleicht sieben, acht Kilometer von hier entfernt.«

Becker wiederholte: » ... sieben bis acht Kilometer.« Er ging zu seinem Zug zurück. »Leute, wir haben wieder einmal die Ehre, die Spitze der großdeutschen Wehrmacht zu bilden.« Ein Gefreiter maulte: »Warum immer wir?« Becker: »Halt die Klappe. Tu wie befohlen.« Als sie über die Brücke gen Osten kletterten, gerieten sie unter Infanterie-Beschuß. Aber die Schüsse waren ungenau, so daß Becker und seine Leute ohne Ausfälle das andere Ufer erreichten. Dann gingen sie zum Gegenangriff über, schalteten MG-Nester aus und bildeten einen Brükkenkopf auf einen etwa 200 Meter großen Halbkreis. Dies genügte, um mit eigenem Feuerschutz den Rest der Kompanie und andere Einheiten des III. Bataillons über die Brücke kraxeln zu lassen.

Auf dem Ostufer des Flusses lag das Dorf Uhowo, das sie passieren mußten, um zum Mühlenberg zu gelangen. Im Ort hatten sich sowjetische Soldaten verschanzt. Haus für Haus wurde gestürmt, schließlich stellten die Russen das Feuer ein. Die Soldaten zeigten eine weiße Flagge als Zeichen der Kapitulation. Als Angehörige der 3. Kompanie auf sie zugingen, um sie gefangenzunehmen, eröffneten die Sowjets das Feuer. Die Deutschen warfen sich zu Boden. Erst überkam sie Entsetzen - zwei Unteroffiziere und vier Mannschaftsdienstgrade lagen tödlich getroffen am Boden -, dann machten sie in grenzenloser Wut die Sowjets nieder. Der Vorfall sollte Konsequenzen haben. General Fahrmbacher, Kommandeur des VII. Armeekorps, dem der Mißbrauch des Kapitulationszeichens gemeldet wurde, befahl, in Zukunft die weiße Flagge beim Gegner nicht mehr zu respektieren. Trotz dieser leidvollen Erfahrung konnten sich aber die meisten Einheitenführer nicht entschließen, den Befehl zu befolgen.

Das galt übrigens auch für die Nichtbefolgung des sogenannten »Kommissarbefehls«. In diesem vom Oberkommando der Wehrmacht herausgegebenen Befehl mit Datum vom 6. Juni 1941 hatte es unter Berufung auf den Erlaß vom 13. Mai über die Ausübung der Kriegsgerichtsbarkeit »im Fall Barbarossa« unter anderem geheißen:

»Politische Kommissare [. . .] sind aus den Kriegsgefangenen sofort, d.h. noch auf dem Gefechtsfelde, abzusondern. Dies ist notwendig, um ihnen jede Einflußmöglichkeit auf die gefangenen Soldaten zu nehmen. Diese Kommissare werden nicht als Soldaten anerkannt; der für Kriegsgefangene völkerrechtlich geltende Schutz findet auf sie keine Anwendung. Sie sind nach durchgeführter Absonderung zu erledigen.« Zu »erledigen« hieß, sie zu erschießen.

Wer den Befehl nicht befolgte, befand sich in guter Gesellschaft. In der benachbarten Heeresgruppe Nord hatte der Kommandeur der 8. Oberschlesischen Infanterie-Division, Generalmajor Gustav Höhne, am Tag vor dem Angriff auf Rußland seinen Offizieren nach Verlesung der »Richtlinien für die Behandlung politischer Kommissare« kurz und bündig erklärt: »Ich habe Ihnen pflichtgemäß davon Kenntnis gegeben, aber befehle Ihnen, alle Kriegsgefangenen nach dem geltenden Grundsatz der Haager Landkriegsordnung zu behandeln. Unsere 8. Oberschlesische Infanterie-Division ist eine Truppe von Soldaten, nicht von Marodeuren und Mördern. Ich werde jeden vor ein Kriegsgericht stellen, der sich gegenüber Kriegsgefangenen Übergriffe zuschulden kommen läßt. Ich hoffe, meine Herren, Sie haben mich verstanden!«

Feldwebel Becker und seine Soldaten erreichten nach etwa einer Stunde den Mühlenberg, nahmen ihn im Sturm, gruben sich ein und warteten auf weitere Befehle. Fast mehr als das Feuer der Sowjets plagte sie die brütende Hitze. Während sie in Deckung lagen, kam Kompaniechef, Leutnant von Mandelsloh, in geduckter Haltung herübergerannt und warf sich neben Becker zu Boden. »Mensch, ich schwitze wie ein Bär. Hab' einen Saudurst. Habt ihr was zu trinken?«

»Wir haben was Besseres da!« Becker reichte ihm eine Kanne mit dicker Milch. »Mensch, wo habt ihr denn diese Kostbarkeit her?« Ein Melder hatte sie irgendwo organisiert. Mandelsloh nahm ein paar gierige Schlucke, wischte sich mit dem Ärmel Reste vom Mund, klopfte Becker auf die Schulter, »Danke!«, sprang hoch und rannte 40 Meter zurück zu seinem Deckungsloch.

Die Kampfhandlungen schienen beendet zu sein. Kein Schuß fiel mehr. Mit dem Leutnant in der Deckung lagen der Zugführer, Feldwebel Hempel, Oberjäger Pietrowski und ein MG-Schütze. Becker war bereits wieder mit sich und der Hitze beschäftigt. Plötzlich riß ihn eine ohrenbetäubende Detonation aus seinen Gedanken. Eine Erdfontaine stieg dort auf, wo das Deckungsloch mit dem Leutnant und seinen drei Soldaten war. Ausrüstungsteile, Dreckklumpen und Gras wirbelten durch die Luft, lähmende Stille folgte auf den Artillerie-Einschlag. Nachdem sich der Staub gelegt hatte, kein Laut von drüben kam, nicht einmal ein Hilfeschrei, geschweige denn, daß sich einer der Männer aufgerichtet und ein Signal gegeben hätte, daß alles in Ordnung sei, war den anderen klar: Ein Volltreffer hatte das Leben der vier ausgelöscht. Entsetzen erfaßte Becker. Wenn es einen Gott gab, warum ließ er solch sinnlose Brutalität zu? Eben noch das dankbare Schulterklopfen des Leutnants für ein paar Schluck Dickmilch, im nächsten Moment der plötzliche Tod! Wäre Mandelsloh doch nur ein, zwei Minuten länger bei mir geblieben! Warum hielt ich ihn nicht mit einem Gespräch zurück? Aber Becker konnte sich solche Grübeleien nicht länger erlauben. Bei ihm meldete sich der Überlebensinstinkt. Blitzschnell verließ er sein Deckungsloch und fand an anderer Stelle Schutz, ehe die russische Artillerie einen zweiten Schuß abgeben würde. Es blieb jedoch merkwürdigerweise bei diesem einzigen Schuß, als hätten die Sowjets lediglich das Rohr freischießen wollen, bevor sie ein Geschütz aufgaben. Als es längere Zeit still blieb, erhoben sich Becker und einige Männer und gingen zu der Einschlagstelle mit den vier Getöteten. Sie bargen die Kameraden, begruben sie in einem nahegelegenen Wäldchen, häufelten die klumpige, steinige Erde über den Gräbern auf, steckten in drei der kleinen Hügel Blumensträuße und legten auf das vierte einen Stahlhelm. Notdürftig zimmerten sie aus Birkenstämmen mit einem Querbrett Kreuze, in die sie Namen, Dienstgrad, Geburtstag und Todestag des Gefallenen einbrannten. Der Tod, der hier so unmittelbar zugeschlagen hatte, legte sich vor allem auf das Gemüt der jungen Soldaten, für die der Rußland-Feldzug das erste Kriegserlebnis war.

Bevor es dunkel wurde, gruben sie sich zum Übernachten in einem Getreidefeld ein. Becker wußte hinterher nicht, wie lange er bereits geschlafen hatte – plötzlich fuhr er hoch. »Hilfe, Hilfe, die Russen kommen! Die Russen kommen!« schrie jemand in der Dunkelheit. Becker griff zu Pistole und Handgranate, versuchte angestrengt in der Finsternis auszumachen, wer da Alarm geschlagen hatte. Jemand rief: »Der Krüger war das!« Krüger war einfacher Schütze und erst seit einem halben Jahr beim Regiment. Er hatte keinerlei Fronterfahrung. Becker schlich zu ihm hin und zischte ihn an: »Krüger, was ist denn los? Wo sind Russen?« Krüger, der noch auf dem Boden lag, wurde verlegen. »Ach, Herr Feldwebel, ich habe das bloß geträumt.«

In den nächsten Tagen hieß es marschieren, marschieren und nochmals marschieren! Die Hitze wurde immer unerträglicher. Nur die Nächte verschafften gelinde Abkühlung; kaum daß die Sonne aufgegangen war, begann sie zu stechen. Die Soldaten kamen auf diesen Gewaltmärschen durch Dörfer, die von den deutschen Panzern oder von den Sowjets in Brand geschossen worden waren. Nur aus Holz bestehend und mit Stroh gedeckt, brannten die Häuser wie Zunder. Nichts außer einem steinernen Kamin oder Herd blieb übrig. Von Ferne erinnerten die verkohlten Überreste an Friedhöfe. Hier und da erblickte man in schwelenden Trümmern alte Männer, Frauen und Kinder, die in den Ascheresten nach irgendwelchen Habseligkeiten herumstocherten. In einem Dorf stand eine alte Frau – sie trug das von allen Frauen im Osten bevorzugte Kopftuch –, kochte inmitten der Trümmer ihres Hauses Kindern eine Mahlzeit.

Die russischen Landkarten waren eng bedruckt und unübersichtlich, die Gefahr, die falsche Marschrichtung einzuschlagen, somit ständig gegeben. Das I.R. 9 übernahm jetzt die Sicherung der Westflanke der Division. Das Regiment sollte spätestens am 28. Juni den Südost-Ausgang von Bialystok erreichen. Die Orte auf dem Vormarsch trugen Namen wie Dojlidy, Zwierzyniec und Lasmaj. Die Sowjets wichen nur langsam und unter heftigem Widerstand zurück. An den Wegesrändern standen immer häufiger wegen Treibstoffmangels liegengebliebene sowjetische Panzer, darunter überschwere vom Typ »Klim-Woroschilow«.

Sie besaßen vorn und hinten ein Geschütz, in der Mitte den Turm des Kommandanten, der von weitem schon durch eine ringsum verlaufende Reling zu erkennen war. Neugierig beäugten die deutschen Landser diese Kolosse. Vergleichsweise vorsintflutlich wirkte dagegen die deutsche Artillerie mit ihren Geschützen, die von bis zu sechs Pferden gezogen wurden.

Eine Vorausabteilung meldete, daß Bialystok vom Gegner geräumt sei. Gegen Abend erreichten weitere deutsche Einheiten die Stadt, die man erst knapp zwei Jahre zuvor das erste Mal genommen hatte. Die zurückgebliebenen Polen hatten in den Dörfern, durch die das I.R. 9 marschierte, die Soldaten mit Blumen als Befreier vom sowjetischen Regime empfangen. In Bialystok wurde sogar ein Dankgottesdienst abgehalten. Tausende von Einwohnern strömten zu den Kirchen. Sie standen bis weit auf die Straße, weil die Gotteshäuser überfüllt waren, auch die Weiße Kirche, das Wahrzeichen der Stadt. Die Bevölkerung grub die wenigen Kostbarkeiten, die sie aus Furcht vor den sowjetischen Okkupanten vergraben hatte, aus.

Das I.R. 9 blieb nicht in Bialystok. Im Verband der Division durchkämmte es auf breiter Front ein riesiges Waldgebiet nordostwärts der Stadt, den Bialystoker Forst. Durch diesen Wald führte eine breite Straße nach Krynki, dem nächsten Ort. Das III. Bataillon unter Major Werner von Haeften bekam Befehl, in den Wald einzudringen und ihn beiderseits der Straße von versprengten sowjetischen Streitkräften zu säubern. Es war ein herrlicher Sommertag. Die Kompanien waren einige 100 Meter vor dem Waldrand in Bereitstellung gegangen und erwarteten das Angriffssignal. Just in diesem Moment näherten sich von hinten drei Mannschaftswagen der Panzerjäger des Regiments mit einem jungen Leutnant als Führer. Major Haeften, der an der Straße stand, stoppte mit einer kurzen Handbewegung die Kolonne. »Leutnant, was führt Sie in mein Revier?«

»Herr Major, ich habe Befehl, mit meinen Männern nach Krynki vorzurücken.«

»Warum warten Sie nicht, bis wir die Straße freigekämpft und den Wald rechts und links gesäubert haben? Das spart Ihnen eine Menge Ärger.«

Der junge Leutnant kam sich sehr bedeutend vor. »Mit den paar Iwans, die vielleicht dort noch drin sind, werden wir schon allein fertig.«

Major Haeften schüttelte den Kopf. Warum die jungen Spunde

immer meinten, alles besser zu wissen. Feldwebel Becker beobachtete aus der Nähe den Wortwechsel. Er war gespannt, wie die Sache ausgehen würde. Für seinen Kommandeur wäre es ein leichtes, aufgrund seines höheren Dienstgrades dem Leutnant die Weiterfahrt einfach zu verbieten, zumal dieser in einen unmittelbar bevorstehenden Angriff platzte. Zu Beckers Überraschung trat Haeften zwei Schritte zurück und gab mit einer kurzen, allerdings widerwilligen Daumenbewegung in Richtung Wald die Fahrbahn frei. Der Leutnant grüßte, sein jugendliches Gesicht konnte den Triumph, sich gegenüber einem Ranghöheren durchgesetzt zu haben, nicht verbergen. Dann setzten sich auf sein Kommando die drei Mannschaftswagen in Bewegung, wirbelten Staub auf und verschwanden kurz danach im Wald.

Becker hatte der Kolonne mit einer Mischung aus Neugier und Schadenfreude nachgeschaut. Wenn diese Schlaumeier sich unbedingt eine blutige Nase holen wollten - bitte schön. Dann jedoch wurde er stutzig. Das Geräusch der Mannschaftswagen, das noch nach draußen hallte, als sie hinter den ersten Bäumen verschwanden, war abrupt verstummt. Zu früh, wie ihm seine Erfahrung sagte. Es hätte noch länger zu hören sein müssen. Die Kolonne hatte offenbar angehalten. Dann - er hatte schon aufgegeben, darüber weiter zu grübeln - drangen plötzlich furchtbare Schreie aus dem Wald! Schreie, wie sie Menschen nur bei größtem Schmerz ausstoßen, Schreie, die nicht enden wollten, in die sich gebrüllte russische Wortfetzen mischten. Becker erstarrte! Etwas ganz Schlimmes mußte dort hinten vor sich gehen. Er schaute fragend die nächststehenden Kameraden an. Auch sie hatten natürlich die Schreie aus dem Wald mitbekommen. Ihre Gesichter verrieten Betroffenheit. Alle blickten jetzt auf den Bataillonskommandeur. Major Haeften überlegte nicht lange. Mit entschlossener Miene gab er das Zeichen zum Angriff. Rechts und links erhoben sich Infanteristen von vier Kompanien, gingen geduckt, weit ausgeschwärmt auf den Waldrand zu.

Feldwebel Becker drang an der Spitze seines Zuges über die Landstraße als erster in den Wald ein. Bis dahin war kein Schuß gefallen, die furchterregenden Schreie waren verstummt. In etwa 80 Metern Entfernung sah er einige Rotarmisten tiefer in den Wald verschwinden. Er ließ seine Männer eine Sicherheitskette bilden, das heißt, nach links und rechts ausschwärmen. So tasteten sie sich vorsichtig, ihre Waffen im Anschlag, vor. Dann sahen sie die Mannschaftswagen der Panzerjäger und in der nächsten Sekunde ein Bild, das sie nur langsam, ganz langsam begriffen. Ihr Verstand weigerte sich zunächst, die ganze Schrecklichkeit des Wahrgenommenen als Realität zu akzeptieren: Ringsherum auf der Straße oder an den Böschungen lagen die Besatzungen der Wagen, hier und da ein Körper noch zuckend oder sich im Blut wälzend. Wie in Trance stolperte Becker nach vorn. Je näher er der gespenstischen Szene kam, desto mehr realisierte sein Verstand das Grauen, das sich hier in Minuten abgespielt haben mußte. Einem großen Teil der deutschen Soldaten waren die Augen ausgestochen, anderen die Kehle durchgeschnitten worden. Wiederum anderen steckte das Seitengewehr in der Brust. Bei zwei Soldaten waren Uniformjacken wie Unterhemden auseinandergerissen und die nackten Bäuche aufgeschlitzt; dampfende Gedärme hingen aus der blutigen Masse. Zwei anderen waren die Geschlechtsteile abgeschnitten und auf die Brust gelegt ...

Während Becker und sein Melder noch wie gelähmt dastanden, waren andere Soldaten des Zuges aus dem Wald auf die Landstraße getreten und gleichfalls bei diesem grauenvollen Anblick wie angewurzelt stehengeblieben. Einer fluchte: »Diese Schweine!«, ein anderer erbrach sich, ein dritter schüttelte sich im Weinkrampf.

Sie wußten hinterher nicht mehr, wie lange sie am Ort des Grauens verweilt hatten. Einsetzender Gefechtslärm aus der Tiefe des Waldes holte sie in die Gegenwart zurück, erinnerte sie an ihren Auftrag, den Wald vom Feind zu säubern und weiter gen Osten vorzudringen. Feldwebel Becker gab das Zeichen zum Aufbruch, dann zogen sie weiter und machten am Abend auf dem Bataillonsgefechtsstand Meldung. Die von den Sowjets begangene Greueltat sprach sich wie ein Lauffeuer in der ganzen Division herum. Der nächste gefangengenommene politische Kommissar wurde ohne Skrupel den Feldjägern übergeben und erschossen. Krieg schürt Rachegelüste.

Das Infanterie-Regiment 9 kämpfte sich bis zu einem neuen, quer zur Angriffsrichtung verlaufenden Fluß vor, dem Suprasl. Der Vormarsch erfolgte so schnell, daß die Verbindung auf dem linken Flügel zur 87. Infanterie-Division unter Generalleutnant von Studnitz abriß. In den tiefen Waldungen verbargen sich nach wie vor starke sowjetische Kräfte. Die Vorausabteilung stand wieder unter Befehl des Majors Günther Graf von Hoffmannsegg. Er führte bereits die Vorausabteilung am Narew. Hoffmannsegg verfügte über Panzerjäger, 10,5-cm-Geschütze, einen Zug 2-cm-Flak, eine Pionierkompanie, eine schwere Reiterschwadron und einen Sanitätszug. Sein Auftrag: noch erhaltene Brücken sofort zu besetzen. Am nächsten Tag, um 5.10 Uhr, gelang es der Vorausabteilung tatsächlich, einen Brückenkopf auf dem Ostufer des Flusses zu bilden. Noch immer bestand zur linken Nachbardivision keine Verbindung. Die Männer wurden in heftige Kämpfe verwickelt. Die Russen verteidigten jeden Kilometer mit äußerster Zähigkeit, ihre Kräfte drohten denen der Deutschen überlegen zu sein. Stellenweise gelangen ihnen Einbrüche in den Brückenkopf. Verwundete Soldaten der Vorausabteilung wurden wie schon zuvor die Panzerjäger bestialisch verstümmelt. Das I.R. 9 griff schließlich erneut an und konnte die Russen aus den eingebrochenen Abschnitten wieder hinauswerfen.

Am 25. Juni ging beim Regimentsgefechtsstand ein Befehl der Division ein:

»Dem

Inf.-Rgt. 9.

1. Feind hat am Nachmittag des 25.6. vor der gesamten Front der Division und durch örtliche Infanterie-Angriffe unter Einsatz von Panzern im Abschnitt von I.R. 68 versucht, die gebildeten Brückenköpfe einzudrücken.
2. I.R. 9, I.R. 68 und I./A.R. 23 haben in vorbildlicher Einsatzbereitschaft die Angriffe des Gegners abgeschlagen.
3. Die Division gewinnt am 26.6. den Turosniank-Abschnitt-Juchnowiec-Turosn Koscielna-Ogrodniczki.
4. Dazu greift I.R. 9 mit starkem rechtem Flügel und unter Sicherung gegen die Waldstücke ostwärts und südostwärts Kowale sowie ostwärts Gziki von Zakic über Nordrand Skorki auf Kol. Gsiki an.
5. Divisionsgefechtsstand zunächst Nordostausgang Danielowo (Funkverbindung halten).

Hellmich.«

Was die Soldaten des I.R. 9 zu diesem Zeitpunkt nicht erfuhren: Sie waren Teil einer Klammer eines riesigen Kessels, in dem Hunderttausende sowjetischer Soldaten eingeschlossen waren. Der Oberbefehlshaber der Heeresgruppe Mitte, Generalfeldmarschall von Bock, hatte die ihm zur Verfügung stehenden Panzertruppen als zwei parallel operierende Stoßkeile ohne Rücksicht auf die Sicherung ihrer Flanken 300 Kilometer tief in den russischen Raum eindringen und sie östlich Minsk wie eine Klammer schließen lassen. Vier sowjetische Armeen saßen im Kessel gefangen. Die Kämpfe dauerten wenige Tage, dann war die

Kesselschlacht von Bialystok und Minsk gewonnen. 324 000 Gefangene wurden gemacht sowie 1809 Geschütze und 3332 Panzer – soviel besaß nicht einmal das ganze deutsche Ostheer – erbeutet.

Im Regiment wurden die ersten im Rußland-Feldzug erworbenen Eisernen Kreuze verteilt. Am 30. Juni wurden mit dem Eisernen Kreuz I. Klasse der Chef der 11. Kompanie, Franz Klaukien, Leutnant Georg Grubitz, Führer der Radfahr-Kompanie, und Leutnant Hans Albrecht Bronsart von Schellendorff ausgezeichnet. Die Radfahr-Kompanie hatte beim Narew-Übergang hohe Verluste erlitten: 9 Gefallene, 15 Verwundete. Aber dieser Blutzoll war vorübergehend vergessen, als sich die drei nach der Ordensverleihung für ein Gruppenfoto zusammenstellten, strahlend, Klaukien und Grubitz auf den kleineren Bronsart von Schellendorff lächelnd herabblickend. Der silberne Rand der nagelneuen Auszeichnungen glitzerte auf der linken Brusttasche. Ihre Schirmmützen waren fesch geknifft, nur Grubitz trug Käppi. Am 20. Juli erhielt Feldwebel Richard von Weizsäcker das Eiserne Kreuz II. Klasse für besondere Tapferkeit beim Übergang über den Narew.

Das Regiment erhielt ein neues Marschziel: Den nächsten Fluß, die Beresina, zu überqueren, um möglichst schnell den Dnjepr zu erreichen. Das bedeutete neue Gewaltmärsche. Um der größten Hitze zu entgehen, wurde vorwiegend nachts marschiert. Die Pferde waren noch erschöpfter als die Soldaten, die ehemaligen belgischen Pferde längst ausgetauscht, wieder gegen kleinere, aber zähe polnische. Marschiert wurde in Dreierreihen. Die Kompaniechefs trieben zur Eile an. »Los, Männer, jetzt aber einen Zahn zugelegt! Der Abstand zur nächsten Kompanie ist viel zu groß!« Anfängliche Gespräche starben ab, wurden ersetzt durch das monotone Klappern von Gasmaskentrommeln, Feldspaten, Seitengewehren und Munitionsgurten. Die Blicke der Marschierenden war gesenkt, hefteten sich an die Hacken des Vordermannes.

Die Erregung, in einem fremden Land zu sein, war längst abgeklungen. Nur zerschossenes, verbranntes Kriegsgerät, das der Feind zurückgelassen hatte, riß die Soldaten aus ihren dösigen Gedanken zurück in die Wirklichkeit. Wer genauer hinguckte, wunderte sich über die gute Ausrüstung der Roten Armee. Da lagen am Wegesrand automatische Gewehre für Scharfschützen, aus denen zehn Schuß hintereinander abgegeben werden konnten. Viele waren noch mit einem Zielfernrohr bestückt. Die Standardwaffe des deutschen Soldaten war dagegen immer noch der im Jahre 1935 eingeführte Karabiner 98 k, der nach jedem

Schuß aus einem Ladestreifen mit nur fünf Patronen nachgeladen werden mußte.

Das Infanterie-Regiment 9 zog südlich an Minsk, der Hauptstadt Weißrußlands, vorbei. Die Stadt war nach der Kapitulation der Roten Armee wieder von einigermaßen normalem Leben erfüllt, die Eisenbahn bereits auf deutsche Spurweite umgestellt. Über den Schienenweg wurde die erneut vorausgeeilte Panzerarmee Guderians versorgt. Die Nachschubeinheiten, vor allem die mit Pferdewagen, leisteten Gewaltiges, zum Teil mit Soldaten, die bereits den Ersten Weltkrieg mitgemacht hatten. Nicht selten saßen sie 16 bis 18 Stunden auf dem Bock ihrer schwerbeladenen Fahrzeuge.

An einem Morgen fuhr an ihnen langsam, im Kübelwagen stehend, der Divisionskommandeur vorbei. »Heil, Jungens von der 1. Kompanie!« rief er den müde dahinmarschierenden Soldaten zu. Einen Ruf aus der Kolonne »Was will der denn hier?« überhörte er jovial. Statt dessen: »Und morgen ist Ruhetag!« Er erntete ein vielfaches »Hallo« und »Bravo«.

18 Siegeszug: wie einst Napoleon über die Beresina

Es war 18.00 Uhr, als das Regiment mit der Überquerung der Beresina begann. Auf 613 Kilometer schlängelt sich der »Birkenfluß«, so der deutsche Name, durch Weißrußland, um südlich von Zlobin in den Dnjepr, nach der Wolga der größte Strom Osteuropas, zu fließen, der wiederum nach rund 2000 Kilometern ins Schwarze Meer mündet. Wieder hatten die Russen die Brücken intakt gelassen. »Mensch!« entfuhr es Leutnant von dem Bussche, »hier ist doch Napoleon über die Beresina gegangen!«

»Ja, aber auf dem Rückzug, unter schweren Kämpfen und Verlusten!« rief ein junger Offiziersanwärter, offensichtlich in Geschichte gut beschlagen, zurück. In der Tat hatte Napoleon I. auf seinem Rückzug von Moskau zwischen dem 26. und 28. November 1812 hier den Übergang gewagt. »Wir werden das Ding diesmal schon schaukeln«, rief ein dritter. Mehrere Soldaten lachten, wiewohl ihnen die Anstrengungen des Marsches, wieder an einem Tag mit größter Hitze, anzusehen waren. Aber wahrscheinlich hatte der kecke Zwischenrufer gar nicht so unrecht, denn anders als der Franzosenkaiser, der den Übergang eben nur unter schwersten Kämpfen schaffte, zog ihr Regiment geradezu friedensmäßig über den Fluß - voran ein Musikkorps mit klingendem Spiel, an dessen Spitze noch Divisionskommandeur Hellmich. Auf dem Ostufer scherte der »Alte« rechts aus und ließ die Truppe an sich vorbeiziehen, gelegentlich zum Gruß die Hand an seine Schirmmütze legend, im Gesicht ein Lächeln, das Stolz und joviale Siegerlaune ausdrückte. Die Soldaten hatten auf Kommando »Augen rechts« ihm ihre verschwitzten braunen Gesichter zugewandt, ebenso in Siegesstimmung wie ihr Kommandeur.

Auch andere Regimenter setzten an jenem 15. Juli 1941 über den schicksalsträchtigen Fluß. Die 67er passierten den Fluß über eine Hilfsbrücke, an deren Ufer zur Erinnerung an die Schlacht mit Napoleon eine Steinpyramide errichtet worden war. Der Gefreite Walter Henze, inzwischen von der Nachschubeinheit zur 10. Kompanie versetzt, klärte seine Mitmarschierer auf: »Hier hat der Franzmann vom Iwan eins auf die Nuß gekriegt!« Er erntete das erhoffte Gelächter. Die Kompanie ging am Ostufer abends ins Biwak. Zelte wurden errichtet, Lagerfeuer angezündet. Der eine oder andere Soldat schlenderte zum Fluß, um die strapazierten Füße im Wasser zu kühlen.

Henze erblickte auf einer Bergkuppe ein erstaunlich großes Holzhaus. Neugierig ging er dorthin. Als er es fast erreicht hatte, trat ein Mädchen heraus. Es mochte Anfang 20 sein; sie war schön, und was noch überraschender war, sie sprach deutsch: »Was willst du hier? Was wollt ihr überhaupt hier in unserem Land? Ihr seid Feinde, ihr habt Rußland angegriffen!« Sie sagte es mit Verachtung in der Stimme.

Henze war verdattert, stotterte: »Sie . . ., ich meine . . ., Sie sprechen ja deutsch!«

»Ich spreche es, aber trotzdem verachte ich euch, für das, was ihr getan habt!«

Henzes Neugier wuchs, während sie ihn leidenschaftlich weiter beschimpfte: »Ihr seid Barbaren, ihr habt keine Kultur!«

Das ging Henze zu weit. In diesem gottverlassenen Land voller staubiger Sandstraßen und Schlammlöcher mußte ihm jemand vorhalten, sein Vaterland habe keine Kultur. »Ausgerechnet du redest von Kultur, wo ihr nicht einmal vernünftige Straßen habt! In Deutschland, da haben wir von Dorf zu Dorf gepflasterte Straßen!«

»In Moskau haben wir auch gepflasterte Straßen. Asphaltstraßen sogar. Aber daß eure Straßen von Dorf zu Dorf gepflastert sind, das glaube ich dir nicht.« Sie gab sich als überzeugte Bolschewikin zu erkennen. Ihr Vater wäre der örtliche Vertreter der Partei und vor den Deutschen geflohen. Ihre Mutter war mit dem Vater gegangen, darum war das Mädchen allein. So plötzlich, wie sie sich gezeigt hatte, so plötzlich kehrte sie ins Haus zurück.

Henze trollte sich zurück zum Biwak. Er überlegte, wie wohl ihr Vater und ihre Mutter aussahen. Daß sowjetische Offiziere selbst im Kriegseinsatz von ihren Frauen begleitet wurden, hatte er schon unterwegs beobachtet. Inmitten einer von deutschen Stukas zerbombten Kolonne von Militärfahrzeugen hatte er neugierig in das Innere eines nicht ausgebrannten Wagens gelugt und einen toten Offizier mit seiner ebenfalls umgekommenen Frau entdeckt. Diese Szene wiederholte sich.

Geruch von gebratenem Hühnerfleisch lenkte seine Sinne in die

Gegenwart. Die Kameraden rösteten über den Lagerfeuern geschlachtete Hühner. »Komm, alter Casanova, mit den Frauen hier ist ja doch nichts anzufangen. Iß lieber ordentlich«, luden sie ihn ein. Wortlos knabberte Henze an einer Keule. »Habt ihr schon gehört?« fragte ein dritter. »Den Schröder schicken sie nach Haus.«

»Welchen Schröder?«

»Na, Schreibstuben-Schröder.«

Henze suchte mit den Augen den genannten Schröder. Er sah ihn an einem Nachbarfeuer sitzen, den Kopf auf die Knie gestützt, schluchzend. »Wieso heult der denn?«

»Er will heiraten, und bei der Beschaffung der Heiratspapiere haben sie herausbekommen, daß seine Großmutter jüdischer Abstammung ist. Darum.« Betretenes Schweigen breitete sich aus. Daß es Arbeitslager, genannt KZ, gab, davon hatte der Gefreite Henze gehört. Er wußte auch, daß dort Sozialdemokraten, Kommunisten und »Arbeitsscheue«, wie man ihm erklärt hatte, interniert waren. Aber daß sich der Schröder nun von seinen Kameraden trennen sollte, weil er eine jüdische Großmutter hatte, fand er ungerecht. Gerhard Schröder war mit ihnen schon in der Eifel gewesen, hielt den Bleistift lieber als ein Gewehr in der Hand. Er hatte für seine Kameraden stets ein offenes Ohr, legte für den einen oder anderen ein gutes Wort beim Spieß oder beim Chef ein. Er schob auch schon mal einen Tagesurlaubsschein für einen Kameraden dem Abteilungskommandeur zur Unterschrift vor, obwohl der Betreffende gerade etwas ausgefressen hatte und keinen Urlaub verdiente. Auch die Urlaubsscheine für Heimaturlaub handhabte er großzügig. Normalerweise kamen zuerst die Verheirateten mit Kindern dran. Henze war weder verheiratet, noch hatte er Kinder. Dennoch schaffte er es mit Schröders Hilfe, sowohl aus Frankreich als auch aus Polen auf Heimaturlaub zu gehen. Am nächsten Morgen sagte ihm Schröder auf Wiedersehen. Seine Augen waren vom vielen Weinen gerötet.

»Mach's gut«, sagte Henze.

»Du auch.«

Dann verschwand er, auf dem Rücksitz eines Krads sitzend, in einer Staubfahne.

Normalerweise wurden auf den Schreibstuben auch die Scheine zum Requirieren von Lebensmitteln bei der Bevölkerung ausgestellt, aber in Henzes Einheit war die Versorgung, zumindest in Frankreich, ohne Bescheinigung geschehen. Henze hatte eine gewisse Fähigkeit beim, wie es im Landserdeutsch hieß, Organisieren entwickelt. Daraufhin hatte Rittmeister Broistett, der Kommandeur der 6. Nachschubeinheit, ihn und Oberleutnant Frömming stets mit einem Kradfahrer vorausgeschickt, um Quartier zu machen. Mit Kreidezeichen hatte Henze in den ausgesuchten Dörfern die Häuser und Stallungen markiert, wo die einzelnen Gruppen einquartiert und die Pferde gefüttert werden konnten. Henze wußte auch: Beim Pastor hängt der schönste Schinken, oben im Kirchturm. Wenn die Einheit im Ort eintraf, hatte er alles zum Essen fertig. Nur der Spieß lohnte es ihm nicht, hatte ihn auf dem Kieker. Henze besaß ein Dauerabonnement für Kartoffelschälen. Und weil der Hauptfeldwebel ihn ständig drangsalierte, bat Henze um Versetzung zur Waffen-SS – wie er meinte die einzige Chance, zu einer anderen Einheit zu kommen. Daraufhin wurde er eines Tages zu Rittmeister Broistett befohlen. »Henze, zur SS kommst du mir nicht!« hatte der ihn angeknurrt. »Wenn, dann nur zu unserer Infanterie!«

»Jawohl, Herr Rittmeister, dann eben zur Infanterie. Aber ich will hier weg.«

Seitdem hatte er von seinem Versetzungsgesuch nichts mehr gehört.

Eines Tages hieß es: »Henze, sofort beim Alten melden!« Henze trabte an, ging zum Abteilungsgefechtsstand. Rittmeister Broistett machte es kurz: »Henze, Ihr Versetzungsantrag ist genehmigt. Sie kommen zur 10. Kompanie der 67er. Holen Sie sich beim Spieß die Marschpapiere ab. Alles Gute!« Der Rittmeister streckte ihm seine Hand entgegen. Eine ungewohnte Geste. Immerhin war Henze nur Gefreiter. Er konnte sich nicht erinnern, daß sein Kommandeur ihm schon einmal zuvor die Hand gereicht hätte. Henze ergriff die dargebotene Rechte, knallte die Hacken zusammen, legte eine ebenso zackige Ehrenbezeugung hin, machte kehrt und verließ den Raum. Am Nachmittag meldete er sich auf dem Gefechtsstand seiner neuen Kompanie. Er hatte sich damit vom »Nachschubhengst« zum »Stoppelhopser« gewandelt. Was er in diesem Moment nicht ahnte: In wenigen Tagen würde er in vorderster Linie eines der schwersten Gefechte in der Geschichte der drei Regimenter durchzustehen haben.

19 Die Schlacht von Mogilew: Weizsäcker wird verwundet

»Mogilew, Mogilew«, murmelte Feldwebel Becker, »nie gehört.«

»Was sagste, Gottfried?«

»Haste nich gehört? Der Offizier, der eben vorbeifuhr, sagte, die Division dreht ab nach Südosten auf Mogilew!«

Ursprünglich sollte das I.R. 9 über Orsa Richtung Smolensk marschieren. Dann aber kam am 16. Juli ein Befehl an die Division, mit ihren drei Regimentern Mogilew anzugreifen. Leutnant von dem Bussche wußte immerhin: »Da war das Hauptquartier des Zaren im Ersten Weltkrieg. Eine herrliche alte Stadt. Hauptsächlich am Nordwest-Ufer des Dnjepr gelegen, wobei komischerweise die russischen Flüsse alle ein höheres Ostufer als Westufer haben. Das ist so eine geologische Bildung.«

Die Angaben, die der deutsche Generalstab des Heeres besorgt hatte, lauteten: »Mogilew, eine Stadt von 99440 Einwohnern (1939). Wichtiger Bahn- und Straßenknoten. Mehrere alte Kirchen, Kathedralen, Museen und Theater, Militärflughafen, Verschiebebahnhof, Artilleriekaserne, Munitionsdepot, Post- und Telegrafenamt, Hotels, eine über 200 Meter lange Straßen- und Eisenbahnbrücke über den Dnjepr.«

Rechts und links des Weges bot sich den Soldaten des I.R. 9 der gleiche Anblick wie schon beim Vormarsch auf Bialystok: Spuren heftigster Kämpfe, Leichen, ausgebombte Fahrzeuge, verlassene Panzer. Vor ihnen hatte sich das 24. Panzer-Korps durchgeschossen, bestehend aus der SS-Division »Reich«, der 3. Panzer-Division und der 1. Kavallerie-Division. Das Panzer-Korps war aber an Mogilew vorbeigestürmt, weil hartnäckiger Widerstand es unnötig aufgehalten hätte.

So war es Aufgabe der »Potsdamer« und der beiden Schwesterregimenter, die Stadt zu erobern. Der Gegner hatte sich in einem Halbkreis von zirka acht Kilometern Durchmesser östlich vor dem Stadtrand verschanzt. Für eine Aufklärung reichte die Zeit nicht mehr. Auf sowjetischer Seite standen drei Divisionen der 13. Armee unter Generalleutnant Gerassimenko bereit. Der Angriffsbefehl war auf den 20. Juli, 14.00 Uhr, festgelegt worden. Das I.R. 9 hatte den Kampfauftrag, südlich der Stadt bei der Ortschaft Buinitschi den Dnjepr zu überqueren und die Stadt von Südosten anzugreifen. Das I.R. 67 sollte längs des Flusses auf dem Westufer in die Stadt eindringen und die Eisenbahn- und Straßenbrücke erobern. Das I.R. 68 wurde in Reserve gehalten.

»Heller Wahnsinn, bei Tageslicht über den Dnjepr zu stürmen und Mogilew im Handstreich zu nehmen«, kommentierte Leutnant Bussche den Angriffsauftrag. Während das I.R. 9 seinen Bereitstellungsraum bezog, schoß die gegnerische Artillerie Sperrfeuer. Eine Granate näherte sich mit durchdringendem Geheul der Stellung, wo Bussche lag, schlug mit einem krachenden Aufschlag ein, wirbelte Erdklumpen aus einer weißen Wolke hoch, brach Äste und ließ das Echo durch den Wald wabern. Bussche hatte sein Gesicht tief gegen den Boden gepreßt, die Sinne nur auf einen Gedanken konzentriert: Lieber Gott, laß es noch einmal gut sein. Als er Sekunden später unverletzt seinen Kopf hob, kam der Düsseldorfer Kohlenhändlersohn Giesen, inzwischen zum Obergefreiten befördert, herangestürzt und warf sich neben ihm auf den Boden. Er wollte das neueste Gerücht loswerden: »Die versuchen jetzt Raketen!«

»Wer sind die? Und was sind Raketen?«

»Was das ist, weiß ich auch nicht, aber eine Geheimwaffe mit ganz schrecklicher Wirkung. Und die wollen unsere Leute jetzt abschießen und ausprobieren. Dufte, nicht wahr?« Giesen, vom Rennen außer Puste, kniepte mit dem linken Auge. Das war sein Düsseldorfer Humor.

Das I.R. 9 befand sich später kämpfend im Vormarsch, als mit einem ganz neuen, ohrenbetäubenden Geräusch irgend etwas über ihre Köpfe zog und in Mogilew einschlug. Bussche hatte den Vorfall längst vergessen, stand mit seiner Kompanie in Sichtweite einer westlich des Flusses verlaufenden Straße, als Giesen noch einmal herangesprungen kam. An seinen leuchtenden Augen unter dem Stahlhelm erkannte Bussche, daß der Düsseldorfer wieder eine Neuigkeit loswerden wollte. »Herr Leutnant, Herr Leutnant! Ich hab's von unserer Feldtelefonvermittlung . . .« Er holte Luft.

Bussche: »Was mitbekommen, zum Donnerwetter?!«

»Da ist ein offener Funkspruch vom Stadtkommandanten aus Mogilew angekommen. Auf deutsch sogar. Der hat gefunkt: ›Wenn ihr den Beschuß mit dieser Waffe nicht sofort einstellt, schießen wir mit Gas!‹«

Weiß der Teufel, was Giesen da aufgeschnappt hatte. Aber der Obergefreite glaubte fest an die deutsche Wunderwaffe und der Leutnant auch.

Giesen war wie eine Klette. Anscheinend hatte er an Bussche einen Narren gefressen. Das nächste Mal war es ein Friedhof, den er ausgemacht hatte. »Sehr hübsch, mit zaristischen Kreuzen und davor rote Steine und Hölzer, alle mit einem Bild des jeweils begrabenen Soldaten. So ganz auf Bolschewiki.«

Giesen machte eine Pause. Dann: »Herr Leutnant, wer ist denn weiter? Wir oder die?«

»Weiter mit was?«

»Na mit der Weltanschauung.«

»Frag mich was Leichteres, Giesen.«

Dazu kam Giesen nicht mehr. Eine halbe Stunde später war er gefallen – »für Führer, Volk und Vaterland«. Und selbst wenn er nicht den vermeintlichen Heldentod gestorben wäre, hätte er den Leutnant auf dem Schlachtfeld nicht mehr angetroffen.

Just als Bussche wieder einmal aufsprang, um mit seinem Zug trotz feindlicher Artillerie weiter Gelände zu gewinnen, orgelte mit donnerndem Geräusch eine feindliche Granate heran. Seitlich vor ihm schoß ein Kugelblitz aus der Erde, und im selben Moment verspürte er einen heftigen Schlag gegen sein rechtes Bein, einen so heftigen Schlag, daß er zu Boden geschleudert wurde. Zunächst glaubte er noch, er sei von einem Stein getroffen worden, bis er merkte, wie es um dieses Bein herum warm wurde. Ein Blick, und ihm war klar, daß ihn ein scharfer Granatsplitter erwischt hatte. Er konnte noch selbst zurückkriechen, später sich aufrichten und hinter die Frontlinie humpeln.

Auf dem Hauptverbandsplatz sagte ein Stabsarzt mit unüberhörbarer Ironie: »Nicht einmal ein Heimatschuß ist das. In ein paar Tagen schicken wir Sie wieder zu Ihrer Truppe.« Während er auf seinen Abtransport wartete, merkte er an der zunehmenden Geschäftigkeit auf dem Hauptverbandsplatz, daß der Angriff an Heftigkeit zugenommen haben mußte. Immer häufiger wurden Verwundete eingeliefert.

Auch Feldwebel Richard von Weizsäcker hatte es erwischt. Mit seinem schweren MG-Zug war er der 1. Kompanie und deren Kompaniechef Oberleutnant Kaumanns zugeteilt worden. Weizsäcker hatte noch mit Hilfe von Schlauchbooten den Übergang über den Dnjepr mitgemacht, war dann aber auf dem anderen Ufer in ein relativ offenes Gelände geraten, das unter starkem Beschuß lag. Da passierte es, daß er wie Bussche im Gefecht plötzlich einen heftigen Schlag verspürte. Allerdings gegen seinen linken Arm. Ihm war sofort klar, daß er verwundet worden war. Er dachte in diesem Moment nur, komisch, daß es gar nicht so stark schmerzt. Was er nicht wußte, weil es ja auch seine erste Verwundung war: Die durch den Kampfeinsatz ausgelöste innere Erregung blockierte den von den peripheren Teilen des Körpers kommenden Schmerz, der sich erst viele Stunden später, meist in der ersten Nacht nach der Verwundung, einstellte.

Weizsäcker hatte in der Nähe des Ellenbogens einen glatten Armdurchschuß erlitten. Die Wunde wurde gereinigt, vernäht und mit einem dicken Verband bedeckt. Zufällig traf er auf dem Hauptverbandsplatz den zweitjüngsten Bruder des ehemaligen Fähnrichsvaters in Potsdam, Phillip von Bismarck. Günther Bismarck, der Jüngere, und Weizsäcker, der Jüngere, taten sich zusammen, als sie in einen Lazarettzug zum Rücktransport in die Heimat verladen wurden. Weizsäcker: »Also wenn schon Lazarett, dann nicht in Buxtehude landen, sondern lieber in Berlin.« Bismarck grinste. »Genau!« Mit einer kleinen Mogelei schafften sie es, in das Hindenburg-Lazarett in Berlin-Zehlendorf (heute Behring-Krankenhaus) verlegt zu werden, wo sie wie Helden empfangen wurden. Denn sie gehörten zu den ersten in diesem Lazarett eintreffenden Verwundeten aus dem Rußland-Feldzug.

Als Bussche, Weizsäcker und Bismarck, bedingt durch ihre Verwundungen, das Gefechtsfeld verlassen hatten, nahmen die Kämpfe an Heftigkeit zu. Um 20.16 Uhr gelang es Einheiten des I.R. 9 mit weiteren Kräften, südlich von Mogilew bei Buinitschi in Schlauchbooten über den Dnjepr zu setzen und einen kleinen Brückenkopf zu bilden. Später arbeiteten sich die Soldaten auf der anderen Seite des Flusses nach Norden in Richtung Lupolowo, die auf dem Ostufer gelegene Vorstadt von Mogilew, vor. Im Gefechtsbericht des Regiments an die Division hieß es: »Das an vorderster Stelle vorgehende II. Bataillon traf immer wieder auf feindlichen Widerstand, der in den meisten Fällen rasch gebrochen werden konnte. Trotzdem traten durch den immer wieder auftauchenden feindlichen Widerstand – besonders Maschinengewehre – so große Verzögerungen ein, daß das II./9. sich erst gegen 2.15 Uhr am 22. Juli dem Nordteil Lupolowos näherte ...«

Bataillonsmeldeführer, Feldwebel Brandes, hatte während des Gefechts ein Gerücht aufgeschnappt: »Da ist eine Schokoladenfabrik, die wir erobern sollen!« Das zog. Trotz heftigen Gegenfeuers sprang die

6. Kompanie kasernenhofmäßig in Gruppen immer wieder vor, bis sie in das Fabrikgelände eindrang und feststellte, daß dort nicht Schokolade, sondern Dosenmilch hergestellt wurde. Brandes: »So 'n Schiet.«

Auf dem Westufer, wo das Schwesterregiment I.R. 68 längs des Flusses vom Südwesten her in die Stadt Mogilew eindringen sollte, kam es zu schwersten Kämpfen. Erst als das III. Bataillon des Infanterie-Regiments 67 zu Hilfe eilte, wurde der vorgelagerte Verteidigungsring der Sowjets durchbrochen, wiewohl ein zur Entlastung geplanter Stuka-Angriff ausfiel. Aber dann gelang Leutnant Brandt, Führer der 10. Kompanie des I.R. 67, das schier Unmögliche: Zwischen der etwa 60 Meter hohen Uferböschung und dem Fluß hatte er sich mit dem 1. Zug seiner Kompanie bis zur Hauptbrücke nach Mogilew unbemerkt vorgearbeitet. Mit dabei der erst kurz zuvor zu dieser Einheit versetzte Gefreite Walter Henze. Nun saß er mit klopfendem Herzen und Schweiß auf der Stirn in der dicksten Tinte, denn plötzlich setzte aus an der Brücke gelegenen Häusern heftiges gegnerisches Feuer ein. Brandt und seine Männer mußten in volle Deckung gehen. Ein weiteres Vorankommen, gar die Steinbrücke im Handstreich zu nehmen, war in diesem Moment unmöglich. Die ersten Getroffenen sackten zusammen. Verbandspäckchen wurden mit zittrigen Fingern aufgerissen.

Leutnant Brandt blickte hilfesuchend flußabwärts. »Mensch, was ist denn das da? Da ist ja noch eine Brücke!« In der Tat, etwa 500 Meter stromabwärts war eine Holzbrücke zu sehen. Brandt: »2. und 3. Zug bleiben hier zur Sicherung. Der 1. Zug mir folgen!«

Durch dichtes Gebüsch hasteten die Männer die 500 Meter stromabwärts. Ihr Pulsschlag ging auf 180. An der Brücke angekommen blieben sie, während ringsherum der Schlachtenlärm tobte, einige Minuten im schützenden Gebüsch. Auf russischer Seite der Brücke war alles still. Keine Häuser, nur in der Nähe ein Fabrikgelände. Auch dort rührte sich nichts.

»Los, mir nach!« schrie Leutnant Brandt, brach aus dem Gebüsch und stürmte auf die Brücke zu. Etwa 30 Soldaten hasteten ihm mit großem Lärm und wüstem Getrampel nach. Jetzt müßten doch die ersten Schüsse fallen, dachte der Gefreite Henze. Nichts geschah. Nur das durch die benagelten Soldatenstiefel auf der Holzbrücke ausgelöste Trommeln mischte sich mit dem Gefechtslärm von stromaufwärts. Atemlos erreichten die Männer das andere Ufer, ohne daß ein Schuß fiel. Rund eine halbe Minute warteten sie kniend oder hockend auf der

Ostuferseite, dann gab Brandt ein Zeichen: »Mir weiter nach!« Jetzt rannte der Trupp zurück in Richtung Steinbrücke. Als sie in Sichtweite der an der Brücke gelegenen Häusern waren, gerieten sie unter Beschuß. Es waren dieselben Verteidiger, die sie schon auf dem Westufer zum Rückzug gezwungen hatten.

Gefreiter Henze zeigte auf einen Wall, der parallel zum Fluß verlief: »Herr Leutnant, wenn wir da ganz eng langkriechen, sind wir im toten Winkel und können bis zur Brücke vorstoßen!« Brandt überlegte nicht lange, stürmte geduckt am Wall entlang in Richtung Brücke. Die Männer folgten ihm. Um die Brücke zu stürmen, mußten sie eine Wiese überqueren. Sie kamen zwar auf das Gelände, aber nicht weit. Heftiges Granatwerferfeuer zwang sie, in Deckung zu gehen. Schießend sprangen die Sowjets aus den Häusern, um den deutschen Trupp niederzumachen.

Da bewährte sich eine Waffe, welche erst kurz vorher zur Probe im I.R. 9 eingeführt worden war: das Maschinengewehr 42, sehr bald unter den Landsern wegen seiner starken Feuerkraft von 1200 bis 1300 Schuß pro Minute auch die »Hitler-Säge« genannt. Dank dieser Waffe wurde der Angriff abgeschlagen. Die über die Wiese verstreuten russischen Toten waren ein makabrer Beweis für die Effizienz des neuen Maschinengewehrs (ein Waffenmeister des Regiments wurde später ins Führerhauptquartier beordert, um die Wirkung des MG 42 zu beschreiben). Gefreiter Henze hatte, noch bevor es in die Schlacht um Mogilew ging, geschwärmt: »Mit dem Ding aus der Hüfte zu schießen ist eine Lebensversicherung. Wenn ich das MG habe, fühle ich mich stark.«

Er und seine Kameraden arbeiteten sich schließlich bis zur Brückenauffahrt vor. Der Angriff der Russen war um den Preis hoher eigener Verluste abgeschlagen. Von ursprünglich 30 Soldaten waren noch zehn übriggeblieben, davon fünf leicht verwundet. Die anderen lagen, wie die gefallenen Sowjets, tot auf der Wiese.

Es wurde Nacht, eine bange Nacht. Zehn deutsche Soldaten mußten nun die Brücke nach beiden Seiten blockieren. Einmal die Zufahrt von der Stadt Mogilew auf dem Westufer, zum anderen vom Ostufer. Gefechtslärm und Feuerschein lagen über der Stadt. Die Gesichter der Deutschen waren bleich, verdreckt, vom Kampf gezeichnet. Einer trug einen blutigen Kopfverband, ein anderer hatte eine verbundene Hand. Hin und wieder prasselte Gewehrfeuer auf sie nieder, die zehn hatten sich längst eingegraben. Übermüdet starrten sie die ganze Nacht nach allen Seiten in die Finsternis, hier und da einen Schatten vermutend, auf den sie schossen. Aber meistens war es nur eine Selbsttäuschung. Verirrte Kugeln pfiffen immer wieder durch die Dunkelheit, keiner durfte einschlafen, das hätte den Tod bedeuten können.

Dann brach der Morgen an, die Sonne erreichte zögernd die Flußniederung, in der es feucht und klamm war. Auf sowjetischer Seite lebte der Gefechtslärm auf. Plötzlich erkannten Leutnant Brandt und sein verwegenes Häufchen zwischen den Häusern an seinem Ufer deutsche Uniformen und Stahlhelme. »Menschenskinder, das sind ja unsere! Feuer einstellen!«

Das I. Bataillon des I.R. 9 mit seinem Kommandeur, Major Felix Hannig, hatte sich zu ihnen durchgekämpft. Es war am Abend zuvor in die Vorstadt Lupolowo eingedrungen und hatte im heftigen Nachtkampf Straßenzug für Straßenzug bis zur Auffahrt der Brücke freigekämpft. Nun, mit dieser Verstärkung hielten die Deutschen den ganzen Tag über und die folgende Nacht ihre Stellung an der Brücke, trotz sowjetischer Panzerabwehrkanonen, Granatwerfer, Scharfschützen und Maschinengewehrnester, die geschickt auf dem überhöhten Ufer eingebaut waren und auf alles feuerten, was sich auf der Wiese an der Brückenauffahrt bewegte.

Henze war am Ende seiner Kräfte, begann zu zweifeln, wie lange die Stellung noch zu halten wäre: »Wenn das hier nicht bald aufhört, sind wir verloren.« Die Offiziere in den ausgehobenen Deckungslöchern berieten, was zu machen sei. Schließlich ging vom Gefechtsstand des I.R. 9 der Befehl ein, die Brücke zu stürmen und in den Südteil von Mogilew einzudringen.

Der Chef der 1. Kompanie, Oberleutnant Eduard Kaumanns, wurde dazu bestimmt, mit einem Zug den Anfang zu machen. Der Befehl an die Soldaten war schnell durch Zuruf von Mann zu Mann weitergegeben. Der 1. Zug hielt sich in Deckung bereit, die Brücke am hellichten Tag zu erobern. Kaumanns Wehrmachtsuhr zeigte 16.15 Uhr, als er sich und seinen Männern das Kommando gab: »Vorwärts!« In riesigen Sätzen erreichte er den Zugang zur Brücke, als von allen Seiten wildes MG-Feuer einsetzte. Der Offizier und seine Männer rannten um ihr Leben, rannten wie im Rausch, hörten nicht das Bellen der Maschinengewehre, nicht das Klatschen der Einschläge. Die ersten Getroffenen brachen schreiend zusammen. Aber jene, die es nicht erwischte, stürmten weiter. Die 200 Meter lange Brücke – mein Gott, das schienen

5000 Meter zu sein. Und wieder geschah Unglaubliches: Kaumanns und zwölf Soldaten erreichten tatsächlich das andere Ende der Brücke. Aber sie konnten sich dort nicht lange halten und flohen unter die Brücke. Sie waren in Mogilew!

Als Bataillonskommandeur Hannig erkannt hatte, daß Kaumanns die Überquerung der Brücke geschafft hatte, erhob er sich und drehte sich kurz zu den Männern des 2. und 3. Zuges der 1. Kompanie um: »Mir nach!« Auf den ersten Blick traute man Hannig soviel Schneid gar nicht zu – Reserveoffizier, Brillenträger, als Teilnehmer des Ersten Weltkrieges immerhin ein »älterer Herr«. Der zweite Versuch, über die Brücke zu kommen, wurde von den Sowjets wieder mit wütendem Dauerfeuer beantwortet. An den Böschungen des Flusses wurden plötzlich Schützenlöcher erkennbar, deren Deckel herunterklappten und aus denen die Sowjets wie wild auf die Brücke schossen. Ein zweites Mal wollten sie die Blamage einer Überquerung unter ihren Augen nicht erleben. Hannig kam nicht weit, ihn traf ein Schuß ins Bein. Für Sekunden blieb er erschrocken stehen, als hätte er fest geglaubt, unverwundbar zu sein. Dann, wie von unsichtbarer Hand ferngesteuert, humpelte er langsamen Schrittes aufrecht weiter vorwärts. Der Kugelhagel steigerte sich. Bald traf Hannig eine zweite Kugel, streckte ihn wie von einem Faustschlag getroffen zu Boden. Keuchend lag er mit dem Gesicht auf den Steinen der Brücke. Er gab nicht auf, schrie seine Männer anfeuernd an: »Vorwärts! ... Ran an den Feind!« Weil er in dem Gefechtslärm kaum zu verstehen war, gab er mit vorwärtsrudernden Armbewegungen zum Ausdruck, was er meinte. Zwei weitere Schüsse trafen ihn in den Kopf. Sein Körper zuckte, helles Blut quoll aus den Schußwunden. Sekunden später wich das Leben aus dem geschundenen Körper.

Die Soldaten, die den Tod ihres Kommandeurs im Vorwärtsstürmen wahrnahmen, gerieten in Panik. Wer noch nicht selbst getroffen war, suchte plötzlich sein Heil in der Flucht. Vor oder zurück bedeutete glatten Selbstmord. Da sprang der erste mit Ausrüstung und Waffen über die Brüstung in den Dnjepr. Im Nu machten es andere nach, sie purzelten mehr von der Brücke, als daß sie sprangen, klatschten bäuchlings oder rücklings in den Fluß. Nun peitschten die Schüsse der Sowjets auf das Wasser, ließen kleine Fontänen aufspritzen, denen die todbringende Botschaft nicht anzusehen war. Hier und dort färbte sich das Wasser blutrot, versanken Soldaten mit gurgelndem Hilfeschrei in den Fluten.

Einige erreichten das rettende Ufer, indes nicht das von den Deutschen gehaltene. Instinktiv waren sie auf die Mogilew-Seite geschwommen, wo sie im toten Winkel der sowjetischen Verteidiger lagen. Nun saßen sie allerdings in der Falle. Jeder Versuch, sich herauszuwagen, wurde mit heftigem Feuer beantwortet. So warteten sie die Nacht ab, zähneklappernd mit fahlen Gesichtern in klitschnassen Uniformen. Als es dunkel war, zogen sie sich aus, legten ihre Waffen ab, glitten klammheimlich ins Wasser und ließen sich flußabwärts treiben, wo sie die deutschen Stellungen vermuteten. »Hier muß es sein! ... Nein, hier noch nicht! ... Doch hier ... Los, laß uns ans Ufer schwimmen.« Wortfetzen verloren sich in dunkler Nacht.

Als sie sich schließlich irgendwo triefend am Ufer hochhangelten, überkam sie erneut die Panik. Hoffentlich würden sie nicht von den eigenen Leuten erschossen werden! »Hier Deutsche, hier Deutsche! Nicht schießen!« riefen sie. Gott sei Dank, die Soldaten des II. Bataillons hatten von dem chaotischen Rückzug auf der Brücke erfahren und waren vorgewarnt. Sie senkten die Waffen, als sie die schemenhaften Gestalten die Uferböschung hochtaumeln sahen. Richtig, es waren ihre Kameraden. Die frierenden Gestalten griffen nach vorsorglich bereitgehaltenen Decken und ließen sich in eine nahegelegene Schule begleiten. Am nächsten Morgen wurden sie eingekleidet und erhielten neue Waffen.

Trotz des Fiaskos auf der Brücke von Mogilew wurde der Übergang von der Vorstadtseite, wo immer noch Teile des I. Bataillons eingegraben lagen, für die Sowjets, die versuchten, aus Mogilew zu fliehen, blockiert. Nur langsam ermattete die russische Abwehr. Die 15. Infanterie-Division, als Verstärkung eingesetzt, griff Mogilew vom Nordwesten an. Zwei weitere Tage wurde erbittert gekämpft. Der Divisionsschreiber trug in das Kriegstagebuch ein:

»Am Morgen des 25.7. liegt undurchdringlicher Nebel im Dnjepr-Tal. Die Sichtweite beträgt nur wenige Meter. Dies ermöglicht dem Gegner ein vom I.R. 9 unbemerktes Herankommen an den Nordteil der Brücke. Das Regiment kann den Feind nicht hindern, die Brücke durch vor den Kämpfen gelegte, nicht aufgefundene Sprengladungen doch noch zu sprengen. Der Feind schnitt sich hier selbst die letzte Verbindung ab, da er sie infolge des Ausbleibens des erhofften Entsatzes nicht mehr brauchte. In Richtung Sseles geführte verzweifelte Durchbruchversuche des Feindes gegen die Sicherungen der 23. Division können das Schicksal des eingeschlossenen Gegners nicht mehr abwenden. Der dort angreifende Feind wird vernichtet oder gefangengenommen. [. . .]

Ein in der Nacht mit Floßsäcken ausgeführter Versuch, die Kriegsbrücke südlich Buinitschi zu zerstören, wird im Feuer des Brückenschutzes (Pioniere 23 und Pioniere 221) verhindert.

Erst am 26.7., 11.15 Uhr vormittags, ist die Stadt fest in der Hand der 15. Division, welche um diese Zeit am Nordufer des Dnjepr mit dem I.R. 9 der 23. Division die Verbindung aufnehmen kann.

Aus dem Stadtinneren werden 9000 Gefangene eingebracht. Die 23. Division hat durch den heldenmütigen Einsatz der ihr angehörenden und unterstellten Einheiten und den Angriffsgeist seiner tapferen Soldaten in viertägigem fortwährendem Angriff unter schwersten Bedingungen hervorragenden Anteil an dem Fall der befestigten Stadt Mogilew. Die Stadt wurde verteidigt durch einen zähen, sehr starken, verschlagenen und hinterhältig kämpfenden und zu keiner Übergabe bereiten Gegner.

Aus den Gefangenenaussagen ergab sich, daß die Besatzung des Brückenkopfes Mogilew aus der 110. und der 172. Schützen-Division mit zahlreicher leichter und schwerer Artillerie sowie mehreren aus Resten zerschlagener Einheiten neu zusammengestellter Bataillone bestand. Die Gesamtstärke des Gegners betrug demnach annähernd drei Divisionen.

Die Anzahl der von der 23. Division eingebrachten Gefangenen *vor* endgültiger Eroberung der Stadt betrug zehn Offiziere und 3043 Mann, zahlreiches Kriegsgerät, viele Geschütze und mehrere teils unzerstörte Flugzeuge wurden erbeutet. [. . .]

Unterschrift: Hellmich«

Die Verluste des Infanterie-Regiments 9 seit Beginn des Rußland-Feldzuges betrugen 88 Gefallene, darunter fünf Offiziere; 309 Verwundete, darunter zehn Offiziere; und 31 Vermißte. Nach dem Fall Mogilews erhielt das Regiment Befehl, die Verfolgung des geschlagenen Gegners in Richtung Osten fortzusetzen.

20 Über die Desna: plötzliche Verbrüderung mit 300 Russen

Vieles in diesem Land war fremd. Die von der Sonne gegerbten slawischen Gesichter mit den ausgeprägten Backenknochen, die schier endlose Weite des dünn besiedelten Landes, die Hitze, der Staub, die Kopftücher, die die Frauen hier trugen.

Auch Frauen in Militäruniform gab es: Hatte man den deutschen Soldaten nicht beigebracht, Frauen mit Waffen in der Hand seien »Flintenweiber«? Nur, die Frauen, denen sie im Kampf gegenüberstanden, kämpften mit erstaunlichem Mut und unerwarteter Zähigkeit! Überhaupt, diese sowjetischen Frauen waren irgendwie anders. Bei den Gefangenen lag ein sowjetischer Soldat mit Bauchschuß. Man sah, es ging mit ihm zu Ende, ein Fall, wo auch der Arzt nicht mehr helfen konnte. Da traf ein neuer Gefangenentrupp mit einer russischen Frau in Zivil ein. Sie sah den sterbenden Landsmann, kniete nieder, küßte den ihr völlig unbekannten Soldaten, küßte dessen bleiche Lippen, streichelte ihn, sprach ihm für die deutschen Bewacher nicht verständliche Worte des Trostes zu. Woher mochte diese Frau gekommen sein? Warum tat sie das?

Das I.R. 9 marschierte durch dunkle Wälder und zum Teil von ihren Bewohnern verlassene Dörfer. Armselige Anwesen ohne elektrisches Licht, Wasser nur aus Brunnen. Zwischen den Dörfern endlose Kornfelder, die nur durch den Himmel begrenzt zu sein schienen. Knöcheltiefer Sand, Schlaglöcher, Wolken von Staub - ausgelöst von einem grauen Heereswurm, der sich gen Osten schlängelte. Das Regiment marschierte jetzt weit auseinandergezogen, einzelne Kompanien nach rechts oder links ausscherend, um abseitig liegende Dörfer nach sowjetischen Soldaten zu durchkämmen.

Axel von dem Bussche, inzwischen zum Oberleutnant befördert, war, wie vom Stabsarzt auf dem Hauptverbandsplatz vorausgesagt, wieder bei der kämpfenden Truppe und mit nur 22 Jahren zum Führer der 11. Kompanie avanciert. Die Beinwunde schmerzte nach längerem Marsch noch ein wenig, aber es war auszuhalten. Bussche spielte in

Gedanken die Verwundung noch einmal durch, fragte sich, ob sie zu vermeiden gewesen wäre. Da rief einer der hinter ihm marschierenden Soldaten: »Herr Oberleutnant, vorsichtig! Da sind Russen!« Bussche blieb auf der Stelle stehen, so auch seine Männer. In etwa 200 Meter Entfernung traten aus einem Gehölz drei, vier Soldaten, die Hände zum Zeichen des Sich-Ergebens erhoben, aber ihre Gewehre wie einen Querbalken hochhaltend. Während er noch überlegte, was diese Geste wohl zu bedeuten hätte, und versuchte, die Gefahr abzuschätzen, wurde die Lage Sekunde für Sekunde brenzliger: Hinter den Bäumen traten immer mehr Sowjets hervor. Erst 20, 30, 40, schließlich waren es an die 300 Mann. Nun legten sie ihre Gewehre sorgfältig neben sich an den Wegesrand, grinsten zu den Deutschen rüber und ließen sich nieder. Eine Falle? Oder wollten sie sich ergeben?

Bussches Leute schauten ihren Vorgesetzten erwartungsvoll an. Er mußte eine Entscheidung treffen. »Ganz ruhig, Leute. Die schauen wir uns mal etwas näher an. Aber aufgepaßt!« Er ging langsamen Schrittes zu den Russen. Möglichst gleichgültig tun, alter Junge, beruhigte er sich selbst. Als er vor den sowjetischen Soldaten stand, redete ein baumlanger Kerl, ein Offizier, auf ihn ein. Bussche verstand kein Wort. Bis der Mann auf einen Butterberg deutete, den sie in einem Korb mitschleppten. Er machte die Bewegung des Essens, aber gleichzeitig eine Gebärde des »Wir können nicht«, indem er die geöffneten Handflächen vorzeigte und die Schultern anhob. Plötzlich rief ein deutscher Gefreiter: »Herr Oberleutnant, die haben kein Brot, und wir haben davon jede Menge. Da können wir doch ein Tauschgeschäft machen!«

Genau das war es. Bussche lachte, nickte dem Russen zu, und vom rückwärtigen Ende der deutschen Kolonne wurden mehrere Laiber Brot nach vorne gereicht. Gierig griffen die Russen in der vordersten Reihe nach dem Brot, rissen es auseinander und verteilten es. »Los, Leute, jetzt seid ihr dran, bedient euch!« Bussche deutete auf den Butterberg. Die Landser hackten sich größere Klumpen heraus und teilten sie wiederum unter sich auf, setzten sich nun zu den Sowjets, die Gewehre aber griff- und schußbereit. Zufriedenes Schmatzen und gemurmelte Gespräche gaben die Geräuschkulisse für die ungewöhnlichste Situation ab, die Bussche in seinem bisherigen Leben widerfahren war. Das glaubt uns keiner, wenn wir es erzählen, dachte er sich. Statt uns gegenseitig abzuschlachten, hocken wir hier inmitten des Krieges und fressen miteinander. Mann-o-Mann!

Über der Szene der Verbrüderung lag dennoch eine latente Spannung. Der lange Russe radebrechte mit vollem Mund: »Stalin nix gut.«

»Ja, Junge, wem erzählst du das?«

Bussche empfand die Lage zwar als furchtbar komisch - seine Männer schauten immer wieder fragend zu ihm herüber -, aber er wußte selbst nicht, wie diese zufällige Begegnung ausgehen würde. Er überspielte die Situation mit Humor: »So etwas nennt man Liebe auf den ersten Blick.« Sie lachten, und die Russen lachten auch, obwohl sie nicht verstanden, warum hier gelacht wurde.

Es begann zu dämmern. Bussche zischte zu einem neben ihm sitzenden Feldwebel: »Langsam werden die begreifen, daß wir nur 30 sind und sie 300. Und dann machen sie mit uns kurzen Prozeß.«

Der Feldwebel flüsterte zurück: »Sollen wir auf Ihren Befehl plötzlich schießen?«

»Quatsch.« Bussche dachte angestrengt über die heikle Situation nach. Die Russen hatten nicht deutlich zu erkennen gegeben, sich zu ergeben. Gut, sie wollten weg von Stalin, aber sie waren keine Überläufer, sondern nur eine durch das Kriegsgebiet anscheinend ziellos vagabundierende Einheit.

»Herr Oberleutnant, ein deutscher Panzer!« Bussche blickte nach vorn und erkannte einen deutschen Panzer, dessen Kanonenrohr nicht in Fahrtrichtung, sondern nach rechts zeigte. Offensichtlich hatte er einen Treffer abbekommen. Der Panzer stoppte einen Augenblick, als seine Besatzung die sowjetischen und deutschen Soldaten am Wegesrand hocken sah. Bussche erhob sich, gab mit der Hand ein Zeichen, das bedeutete: Alles in Ordnung, und ging betont langsam zum Panzerkommandanten hinüber. Nur nicht die Russen jetzt unnötig reizen. Der Kommandant hatte die Luke geöffnet und schaute ganz verdutzt zu dem vor ihm stehenden Infanterie-Oberleutnant hinab. »Was ist denn hier los?«

»Also, ich hab' hier an die 300 Russen, die sind uns aber wohlgesonnen.«

»Ja und?«

»Ich nehme an, die wären bereit überzulaufen. Sicher bin ich allerdings nicht. Sie können ja vorneweg fahren, und wenn die guten Willens sind, folgen sie Ihnen. Und wenn nicht, na gut, dann schlägt sich der Iwan eben in die Büsche. Für Sie kein Risiko.«

»Die sind doch bewaffnet?«

»Ja, schon. Aber Sie sehen ja, die haben die Waffen abgelegt, und vielleicht nehmen sie sie gar nicht mit.«

»Vielleicht, vielleicht. Sie haben vielleicht einen Humor«, entgegnete der Panzerkommandant.

»Na und? Wollen Sie diesen Krieg ohne Humor bestehen?«

»Da haben Sie auch wieder recht. Also, auf geht's. Ich fahre jetzt langsam an, und Sie bedeuten den Russen, daß sie mir folgen sollen.«

Bussche drehte sich zu den Russen und rief, seine wenigen Russischkenntnisse nutzend: »Dawai, Dawai – Beeilung, Beeilung«, und deutete auf den langsam anfahrenden Panzer. Merkwürdigerweise verstanden die Russen sofort, sprangen auf, lachten, redeten durcheinander und folgten dem davonrumpelnden Ungetüm aus Stahl, brav ihre Waffen zurücklassend. »Mensch«, sagte Bussche mehr zu sich selbst, »dieses Bild werde ich nicht vergessen. Ein müder Panzer mit kaputter Kanone und 300 russische Figuren, die ihm ohne Waffen freiwillig folgen.« Er drehte sich zu seinen Leuten um, die alle grinsten. »Soldaten! Mir nach.« Dann machte er kehrt und stapfte seinerseits davon – in die andere Richtung. Zur Front.

Es mußte jetzt zusätzlich in die Nacht hinein marschiert werden. Einzige Marscherleichterung: Seit dem 4. Juli durfte der oberste Knopf der Feldbluse geöffnet werden. Die deutschen Panzer rollten, wie gehabt, ohne Rücksicht auf die nachrückende Infanterie stürmisch voraus, so daß die »Fußlatscher« oft den Anschluß verloren. Nur vorübergehender Treibstoffmangel konnte das Tempo der Panzer Guderians verlangsamen. Die Nachschublinie betrug bisweilen 250 bis 300 Kilometer. Die Truppe hatte seit dem Grenzübertritt am 22. Juni 1941 rund 1000 Kilometer zurückgelegt! Zum Abladen der Munition standen vielleicht drei Stunden zur Verfügung, dann mußte die Nachschubkolonne denselben Weg, den sie gekommen war, zurück. Diesmal aber gegen den Strom der vorrückenden Soldatenmassen, Panzer, Geschütze, Lafetten, Lastwagen, bespannten Fahrzeuge. Endlose Wartezeiten an Engpässen wie Schluchten oder teilweise zerstörten Brücken mußten in Kauf genommen werden. Kostbare Zeit, die bei der Versorgung der Fronteinheiten verlorenging. Dabei mußte die Regel beachtet werden: Vormarsch hat Vorfahrt! Da half oft nur ein Trick: Die Kolonnenführer der Nachschubeinheiten hatten sich Verkehrskellen besorgt. Sie sprangen ab, taten so, als wenn sie den Vormarschverkehr regelten, um ihn dann plötzlich zu stoppen und ihre Einheiten im Gegenstrom durchzuwinken.

Auch andere Nachschubschwierigkeiten machten sich bemerkbar: Es gab kein Obst und kein Gemüse. Hinzu kam, daß bisweilen die eigene wie die Feindlage völlig unklar waren. Ganze Divisionen gingen in diesem Vorwärtsmarathon vorübergehend »verloren«.

Worum kreisten die Gedanken beim stundenlangen Vormarsch, wenn nicht gerade ein Dorf gesäubert werden mußte und es zum Schußwechsel kam? Der MG-Schütze Kredel aus der 6. Kompanie des I.R. 67 sehnte sich nach einem Bett, und sei es nur ein mit Strohsack gefülltes, statt einer Matratze. Aber es galt strikte Order, wegen Läusegefahr nicht in russischen Häusern zu übernachten. Kredel fing sich trotzdem seine erste Laus ein. »Weiß der Teufel, wie.« Er setzte sie auf einen Kochgeschirrdeckel, übergoß sie mit einem Tropfen heißen Wachses, steckte das Ganze in seine Streichholzschachtel und schickte es als Souvenir nach Hause. »Damit sie mal eine Laus sehen.« Er und seine Kameraden sollten noch mehr Läuse bekommen, als ihnen lieb war. Einem blinden russischen Bauern hatte er bereits abgeguckt, wie man sie knackt. Der hatte vor seiner Hütte gesessen und einen Pelzmantel mit den Daumennägeln die Nähte entlang nach den Tierchen abgesucht. Sobald er eine Laus unter dem Nagel hatte, drückte er mit der anderen Hand diesen Nagel kräftig auf den Daumen, bis das Blut der vollgesogenen Laus spritzte.

Die sowjetischen Gefangenen wurden inzwischen wegen ihrer großen Zahl für die Division zum Problem. Täglich ergaben sich 3000 bis 5000. Ein Kamerad Kredels erhielt eines Tages den Befehl, vier Gefangene zu einem rückwärtigen Sammelpunkt zu bringen. Als er dort nach einer Stunde anlangte, waren aus den vier Männern etwa 100 geworden. Sie hatten sich, rechts und links aus den Büschen kommend, diesem »Gefangenentransport« einfach angeschlossen. Manche der sich ergebenden sowjetischen Soldaten sahen durch Entbehrungen, Kämpfe und Flucht wie Landstreicher aus.

Irgendwo auf dem Weg zwischen Mogilew und Roslawl stießen der Divisionsdolmetscher und ein Leutnant auf so einen Soldaten. Er hielt den beiden grinsend ein auf deutsch beschriebenes Dokument entgegen, das ihm eine vorausgeeilte Wehrmachteinheit ausgestellt hatte.

Der Leutnant gab dem Dolmetscher den Zettel. Der Dolmetscher erstickte fast vor Lachen, las dann laut vor:

»Der Russe Wladimir hat sich heute befehlsgemäß hier gemeldet. Ihm ist aufgegeben worden, drei Tage lang *Üb' immer Treu und Redlichkeit* zu singen.

Karl der Große«

Scherz und Grausamkeit liegen im Krieg dicht beieinander. So erhielt Generalmajor Hellmich die Nachricht, daß auch sein zweiter und letzter Sohn bei den Kämpfen um Leningrad gefallen war.

Die nächste Stadt, die zu nehmen war, hieß Roslawl, ein wichtiger Straßen- und Eisenbahnknotenpunkt. Das I.R. 9 wurde zunächst in Reserve gehalten, mußte dann aber doch mit seinem III. Bataillon zur Unterstützung bedrängter Einheiten einer Nachbardivision eingesetzt werden. 48 Stukas hatten sich in vier großen Einsätzen zu Beginn des Sturms auf die eingeschlossene Stadt und einen abgestellten sowjetischen Panzerzug gestürzt. Mit Gänsehaut beobachteten die Infanteristen dieses vielfachen Tod bringende, sich mit ohrenbetäubendem Lärm auf das Angriffsziel stürzende Waffensystem.

Am Mittag des 3. August 1941 marschierte das I.R. 9 durch die eroberte Stadt. Das neue Marschziel lautete Erreichen und Überqueren der Desna. Bis zu diesem wieder in Nord-Süd-Richtung verlaufenden, 1190 Kilometer langen Fluß, der oberhalb Kiews in den Dnjepr mündet, waren es nur knapp 40, durch hügeliges Gelände führende Kilometer. Aber Divisionsnachschubführer Gercke maulte nichtsdestotrotz: »Es gibt zwei Arten von Landkarten der Sowjetunion: Eine ist grundsätzlich falsch. Orte, die man sucht, fehlen darauf; Wege, die man fahren will, sind nicht vorhanden oder falsch eingezeichnet. Die Ortsnamen sind russisch geschrieben und so breit gedruckt, daß man nie weiß, zu welchem Ort der Name gehört. Die anderen Landkarten sind sehr sorgfältig aufgenommen und sehr genau, fast wie eine deutsche Generalstabskarte, und stimmen trotzdem nicht.«

In der Nacht zum 18. August erreichte das Regiment die westlichen Uferhöhen der Desna und besetzte sie. Hier und da gab es sowjetische Brückenköpfe. Am 25. August stieß ein Spähtrupp auf das Ostufer vor und glaubte festzustellen, daß die feindlichen Kräfte den Deutschen unterlegen wären. Bei einem entschlossenen Angriff würden nur wenige Einheiten stärkeren Widerstand leisten, das Gros der Truppe würde sich entweder ergeben oder die Flucht ergreifen. Man fühlte sich überlegen und darum sicher. Die Überraschung folgte auf dem Fuß.

Am 30. August starteten die Sowjets überraschend einen Großangriff. Zur Vorbereitung hatte die Rote Armee bereits in der Nacht zuvor Trommelfeuer geschossen. Die Hauptlast der Abwehr mußte das Schwesterregiment 68, verstärkt durch Einheiten des I.R. 9, tragen. Der sowjetische Angriff wurde so heftig vorangetrieben, daß sich erstmals seit Beginn des Zweiten Weltkrieges das Infanterie-Regiment 9 in einer ungewohnten Lage sah: Auf Befehl der Division mußte es den Rückzug antreten. Es bekam allerdings die Anweisung, trotz des allgemein befohlenen Rückzuges um jeden Preis die Höhe 226,7 nördlich Usochi zu besetzen und zu halten. Auch am nächsten Tag mußte sich das Regiment schwerer Angriffe des Gegners erwehren. Aber es konnte sich behaupten.

Die Sowjets führten viele Panzer vom Typ T 52 mit – wahre Ungeheuer, klobig, aber stark gepanzert. Ein deutscher Unteroffizier zeigte, wie diese Ungetüme dennoch zu »knacken« waren. Er nahm vor einem heranrollenden T 52 hinter einem Haus Deckung, umrannte das Haus, als der Panzer auf der anderen Seite passierte, sprang von hinten auf das Fahrzeug, öffnete mit seinem Feldspaten den Deckel des Turms und zwängte eine Handgranate rein, die im Innenraum des Panzers detonierte. Als sich der Deckel daraufhin ganz öffnete, warf er zwei weitere Handgranaten in das Innere. Ruckartig blieb der Panzer stehen.

Am nächsten Tag griff das I.R. 9 zusammen mit den Nachbarregimentern den eingebrochenen Gegner an, und es gelang, ihn bis zur Desna zurückzuwerfen. Am 2. September eroberte das I.R. 9 die alte Hauptkampflinie. In den nächsten vier Wochen lernten die Soldaten wiederum eine völlig neue Variante der kriegerischen Auseinandersetzung kennen: den Stellungskrieg.

Für Divisionskommandeur Generalmajor Hellmich war das Erreichen der alten Stellung mit einer freudigen Überraschung verbunden. Ungern auf sein tägliches Frühstücksei verzichtend, hatte er sich zu Beginn des Rußland-Feldzuges eine Hühnerschar mit einem Hahn zugelegt. Auf dem Führerhaus eines LKW war ein Verschlag montiert worden. Sobald das Fahrzeug einen Parkplatz fand, wurde eine Hühnerleiter an die »Stalltür« gesetzt und der Hahn mit seinen Hennen herausgelassen.

Beim plötzlichen Angriff der Russen und der notwendigen Rückverlegung des Gefechtsstandes war die Zeit zu kurz, um die Hühner einzufangen. Nun, da der Divisionsstab sein altes Quartier bezog, fand man die Hühner schön aufgereiht auf einem Tisch sitzend vor.

Auch die sowjetischen Marschälle und Generale hatten Allüren. Die sowjetischen Truppen, die dem I.R. 9 gegenüberlagen, wurden von Marschall Semjon Konstantinowitsch Timoschenko kommandiert, einem Mann, der auch im Einsatz stets Reitstiefel und eine schneeweiße Offiziersjacke trug. Dabei lebten er und seine Generale gefährlicher als die deutschen. Die Gefahr drohte nicht von der Wehrmacht, sondern vom sowjetischen Diktator Stalin. Wer Niederlagen erlitt, wurde sofort abgelöst, in nicht wenigen Fällen verhaftet und erschossen.

Abends hörte man im I.R. 9 den Soldatensender Belgrad. Ein neuer Schlager kam in Mode - Lale Andersens *Lili Marlen*. Die Landser droschen Skat und kommentierten das Lied: »Hier gibt es keine Laternen. Und wenn schon ... Hier könnte man stundenlang unter der Laterne stehen, und es würde doch nichts passieren.«

Gefährliche Langeweile machte sich breit, es wurde überdies herbstlich. Am 18. September wurde vom VII. Armeekorps gemeldet, daß man am Vortag Major Hannig, weiland Kommandeur des I. Bataillons, für seinen heldenhaften Einsatz auf der Brücke von Mogilew postum das Ritterkreuz bei gleichzeitiger Beförderung zum Oberstleutnant verliehen hatte.

Der Stellungskrieg hatte merkwürdige Formen. Da gab es einerseits nachmittags Filmvorführungen im Freien. Oberleutnant Bussche sah sich mit seinen Soldaten den Willy-Birgel-Film *... reitet für Deutschland* an. Dann wiederum wurde die Filmvorführung plötzlich unterbrochen und der Befehl ausgegeben, sich sofort für ein Spähtruppunternehmen bereitzuhalten, um auf dem gegnerischen, östlichen Ufer die sowjetischen Stellungen zu erkunden. Maulte Bussche, als er am 27. September einen derartigen Einsatzbefehl erhielt: »Die sind ja vollkommen meschugge! Um fünf Uhr nachmittags bei hellichtem Tage über den Fluß setzen und auf ein bewaldetes Ufergelände losgehen. Das ist doch glatter Selbstmord!«

Doch Bussche gehörte nicht umsonst einem ruhmreichen Traditionsregiment an, zu dessen preußischen Tugenden der Gehorsam zählte. Nach einer halben Stunde meldete sich die Kompanie fertig zum Spähtruppunternehmen - verstärkt durch Einheiten des II. Bataillons, darunter Feldwebel Gottfried Becker.

Nachdem die Soldaten ihre Stellungen verlassen hatten, erreichten sie zirka 300 Meter vor dem Fluß eine Wiese. Bussche winkte mit beiden Armen zum Ausschwärmen. Als er sah, daß die Männer ihre Position eingenommen hatten, gab er das Zeichen zum Angriff, indem er die rechte Faust mit der Pistole mehrmals gen Himmel stieß. Dann rannte er geduckt los. Die Soldaten folgten ihm. Am Ostufer setzte sofort Gewehrfeuer ein. Bussches anfängliche Erregung war im nächsten Moment verschwunden. Er war klar bei Gedanken, sein Körper arbeitete wie eine Maschine. Der Spähtrupp näherte sich bis auf 50 Meter dem Fluß, wo die Sowjets einen Holzsteg über das Wasser gebaut hatten, den sie aus unerklärlichen Gründen wieder einmal nicht rechtzeitig zerstörten. Der erste, den eine feindliche Kugel traf, war Leutnant Hendrik von Bothmer, ein zwei Meter langer Kerl mit breitem Gesicht und dunklen Haaren, stets fröhlich aufgelegt. Ein sowjetischer Scharfschütze tötete ihn auf der Stelle mit einem Kopfschuß. Im Vorwärtsstürmen registrierte Bussche den auf dem Rücken mit einer Zigarre im Mund liegenden Kameraden. Sieht aus wie ein Starkasten, durchfuhr es ihn, ohne daß er sich gegen diesen pietätlosen Gedanken zu wehren vermochte. Es war überhaupt erstaunlich und schwer erklärbar, wie die Gedanken mitten im Gefecht abschweiften, völlig unkontrollierbare Wege gingen, statt sich voll auf die todbringende Gegenwart zu konzentrieren. Im Weiterstürmen dachte er an ein Offiziersessen, das sie vier Tage vor dem Ausbruch des Rußland-Feldzuges in Ostrow-Mazowiecki, in Polen, abgehalten hatten. In einem gemütlichen Raum mit einer Petroleumdeckenlampe mit Fransenschirm. Viel Bier und Schnaps war geflossen, und Bothmer hatte genüßlich seine Zigarren geraucht.

Während Bussche dieses Bild durch den Kopf schoß, spürte er im nächsten Moment oberhalb des Schlüsselbeins einen heftigen Schlag! Er taumelte, konnte sich einige Schritte noch aufrecht halten, brach dann aber zusammen. Scheiße, dachte er, nun hat es mich wieder erwischt. Etwas Warmes, Breiiges floß ihm aus dem Mund. Er wischte sich mit dem linken Handrücken – in der rechten hielt er immer noch die schußbereite Pistole – über den Mund und sah blutigen Schaum. Gott sei Dank, nur ein Lungenschuß, beruhigte er sich. Das hatten sie gelernt: wenn hellrotes Blut aus dem Mund drang, war es ein Lungenschuß. Bussche überlegte, was er tun sollte. Er blinzelte nach rechts und links und sah, daß der Angriff ins Stocken geraten war. Ohne ihn sprang keiner mehr weiter.

Da huschte etwas heran, warf sich neben ihn ins tiefe Gras. Es war Hundertmark. Hundertmark, sein »Putzer«, früher »Bursche« genannt, ein Mannschaftsdienstgrad zur persönlichen Bedienung eines Offiziers. Hundertmark war Sohn eines Oberkellners auf Rügen, hatte neun jüngere Geschwister. »Herr Oberleutnant, Sie sind verletzt. Ich muß Sie verbinden«, rief er durch den Gefechtslärm, denn es wurde immer noch heftig geschossen. Er nestelte ein Verbandspäckchen aus der linken Brusttasche.

»Hau ab, Hundertmark! Die schießen auf uns, besonders auf uns beide. Hau ab!«

Die Worte hatte Bussche trotz seiner Verwundung als Befehl gebellt. Hundertmark erschrak, ließ das Verbandspäckchen liegen, sprang auf, machte zwei Sätze und brach mitten im nächsten Schritt zusammen, mit seltsam verdrehten Augen. »Diese verdammten Scharfschützen!« schrie Bussche, obwohl ihm niemand zuhörte. »Warum haben wir so etwas nicht?« Einem inneren Befehl gehorchend, raffte er sich auf, schaute sich nach seinen Soldaten um, gab erneut das Zeichen zum Angriff und taumelte vorwärts. Feldwebel Becker folgte ihm unmittelbar, dachte: Donnerwetter, der Mann hat Schneid! Becker sah, wie sich auf Bussches Rücken ein dunkelroter Blutfleck ausbreitete. Glatter Durchschuß. Am Steg angelangt, schrie Bussche mit blutverschmiertem Mund: »Los, los, rüber Jungs!«

Als der letzte Mann keuchend über den Steg hetzte, ließ er einen Pfosten, an den er sich bis dahin geklammert hatte, los und rannte geduckt zurück über die Wiese. Wenigstens hatte er seinen Spähtrupp über die Desna gekriegt. Nun mußten sie sehen, wie sie zurechtkamen.

Das Gros kehrte nach Anbruch der Dunkelheit zurück, einige Gefechtsposten ließen sie auf dem östlichen Ufer zurück. Sie hatten lediglich festgestellt, daß die östliche Uferseite noch besetzt war, wenn auch nicht mehr mit starken Kräften.

Bussche hatte auf dem Hauptverbandsplatz eine erste ärztliche Versorgung erhalten. Trotz brennender Schmerzen lachte er. Dem Leben zurückgegeben, fühlte sich der Mensch übermütig.

»Gott vergelt's«, bedankte er sich mit einer lässigen Ehrenbezeugung bei dem jungen Stabsarzt, der ihn behandelte.

»Wo wollen Sie hin, Herr Oberleutnant?«

»Zurück zu meinem Haufen.«

»In Ihrem Zustand? Kommt überhaupt nicht in Frage!«

Ehe der Stabsarzt ihn zurückhalten konnte, verließ Bussche das Sanitätszelt und ging, noch etwas groggy, in jene Richtung, wo er sein Bataillon vermutete. Der Stabsarzt gab Order, sofort den Gefechtsstand des III. Bataillons anzurufen und mitzuteilen, daß der Oberleutnant von dem Bussche in ein Heimatlazarett zu verlegen sei, auf keinen Fall mit einem Lungenschuß weiter im Einsatz bleiben könne. Ein Lungendurchschuß sei kein Schnupfen.

Sie transportierten Bussche mit einem Sanitätskraftwagen ins Feldlazarett nach Roslawl. Unter ihm in dem mit vier Pritschen ausgestatteten Sanka lag ein Oberleutnant mit Bauchschuß. Sie hatten vergessen, ihm die Pistole abzunehmen. Mit der fuchtelte er nun in der Luft herum und drohte, den Fahrer nach jedem Schlagloch, das dem Bauchverletzten ungeheure Schmerzen verursachte, zu erschießen. Bussche über ihm schwitzte Blut und Wasser. »Mensch, hoffentlich trifft der Kerl nicht mich.«

Das Lazarett in Roslawl war ein altmodischer, noch aus der Zarenzeit stammender Bau. Sechs Lungenschüsse lagen auf einem Zimmer, jeder auf dem Rücken punktiert und mit einem eingeführten Gummischlauch versehen, durch den die Sekrete abliefen. Neben Bussche lag ein Aufklärungsflieger der Luftwaffe. Der Pilot erzählte. »Ich habe auf einem meiner wahnsinnigen Langstreckenflüge über Rußland etwas gesehen, was es eigentlich gar nicht geben könnte, nämlich eine ununterbrochene Reihe von Güterzügen, die vom Ural Richtung Mittelrußland rollten. Ich hatte natürlich Aufnahmen gemacht. Diese Güterzüge fuhren quasi auf Sichtabstand, das heißt, allenfalls in einem Abstand von 400 Meter. Nach der Rückkehr zu meinem Heimatflughafen habe ich zu den Aufnahmen einen Bericht geschrieben, daß hier meiner Ansicht nach Truppen aus Sibirien nach Europa verlegt werden. Die Unterlagen wanderten zum Generalstab im Oberkommando der Wehrmacht und wurden dort der Heereseisenbahnabteilung zur Stellungnahme übergeben.«

Bussche: »Ja und?«

»Von dort kam der Bescheid, so etwas gäbe es gar nicht wegen der Signale. Mindestabstand im Eisenbahnverkehr seien 30 Minuten. Mit anderen Worten: Die meinten, der deutsche Lokführer ist tüchtiger als der russische. Wenn wir einen Mindestabstand von 30 Minuten einhalten müssen, dann können die Russen es nicht mit kürzerem Abstand machen.«

Die Stellungen des I.R. 9, die Bussche nach seiner Verwundung verlassen hatte, lagen am vorderen Abhang der westlichen Uferböschung. Auf dem gegenüberliegenden Ufer der Desna sahen sie die russischen Dörfer, aber nicht den Gegner. Der war gut getarnt. Des öfteren schossen die Sowjets mit ihrer Artillerie auf die deutschen Stellungen. In der Kompanie des Gefreiten Kredel waren sie auf einen Trick verfallen. Wenn die Einschläge der sowjetischen Granaten zu nahe an ihren Schützengräben lagen, warfen sie auf Kommando die Bretterabdeckungen hoch in die Luft, um einen Treffer vorzutäuschen. Dann ließ sie die gegnerische Artillerie tatsächlich in Ruhe.

Die Soldaten des I.R. 9 hatten strikten Befehl, tagsüber ihre Stellungen nicht zu verlassen. Statt dessen war Waffenreinigung, Putz- und Flickstunde verordnet. Nachts kamen die Verpflegungstrupps, brachten Essen und Post. Es war das, was man eine »ruhige« Stellung nannte.

Vielleicht gerade deshalb drehte regelmäßig einer durch. Ein junger Soldat, der nach dreimonatiger Grundausbildung an die Front abkommandiert worden war, war so ein Fall. Er schoß sich in die Hand, um abgelöst zu werden. Das wurde er auch, allerdings nach einem Kriegsgerichtsverfahren wegen Selbstverstümmelung. Er kam in ein Strafbataillon.

Jeweils ein Zug der Kompanien lag weiter hinten in Reserve. In Bauernhäusern. Da brutzelten die Landser den ganzen Tag Kartoffeln. Kommentar einer Bäuerin: »Deutscher Soldat, immer fressen. Ganze Tag.«

Vor den Grabenstellungen lagen Vorposten, eingegraben in Zwei-Mann-Löchern. Auch sie mußten nachts verpflegt werden. Für die Essensholer ein gefährliches Unternehmen, denn es ging quasi durch Niemandsland. Nachts waren ständig sowjetische Soldaten unterwegs, liefen Spähtrupp, stießen auf Vorposten oder deutsche Melder. Immer wieder störten Feuersalven die Nachtruhe. Nachts hörte man von jenseits des Flusses Motorengeräusche, tagsüber sah man Fahrzeugverkehr.

Es gab Tage, in denen im Regimentstagebuch lediglich der Vermerk stand »Keine besonderen Vorkommnisse«. Es gab andere – und sie häuften sich –, da die Sowjets mit Tieffliegern angriffen. Sie warfen Brandbomben, um die erntereifen Felder anzuzünden, getreu der Devise Stalins, dem Feind nur »verbrannte Erde zu hinterlassen«. Am neunten Sonntag seit Beginn des Rußland-Feldzuges griffen sie mit Bordkanonen ein Birkenwäldchen an, in dem der Divisionsstab Quartier gemacht hatte. Dann kamen sie regelmäßig wieder. Einmal waren es drei Maschinen, die über die Gipfel der Birken donnerten. Eine wurde 200 Meter entfernt abgeschossen, etwas weiter ereilte es die zweite, und - so das Gerücht - auch die dritte soll es beim Abflug erwischt haben. Russische Gefangene, die beim Stab Hilfsdienste leisteten, freuten sich mit den Deutschen über jeden Abschuß. »Ruski kaputt!«

Die Bevölkerung war nach dem Einzug der Deutschen in die Dörfer zurückgekehrt. Es waren Frauen, Kinder und alte Leute. Tagsüber versuchten die Frauen, die Ernte einzubringen. Nach getaner Arbeit ritten sie auf kleinen ungesattelten Pferden von der Gemeinschaftsarbeit auf dem Felde zurück.

Am 29. September traf überraschend der Oberbefehlshaber der Heeresgruppe Mitte, Generalfeldmarschall von Bock, auf dem Divisionsgefechtsstand ein. Das Regiment erfuhr bei dieser Gelegenheit Angriffstag und Uhrzeit für »Taifun«, das Codewort für den Angriff über die Desna: 2. Oktober 1941, 5.30 Uhr.

Die Nacht vor dem Angriff war ruhig, erstaunlich ruhig. Hatte der Feind Lunte gerochen und sich abgesetzt? Um 5.20 Uhr bezogen die letzten Kampfeinheiten ihre Bereitstellung. Schweigend waren sie in Position getrottet, gelegentlich dem Vordermann in die Hacken tretend. Flüche folgten, »Du Arsch, paß doch auf!«, die zischende Stimme des Unteroffiziers: »Ruhe! Zum Donnerwetter!« beendete die Ankeifereien. Nun hockten die Soldaten auf dem Boden, starrten, in banger Hoffnung, daß es sie diesmal nicht erwischen möge.

Schlag 5.30 Uhr wurden sie aus ihren Gedanken gerissen. Mit ohrenbetäubendem Lärm eröffnete die eigene Artillerie das Feuer. Granaten zogen im Halbbogen ihre Bahn, schlugen krachend auf der Feindseite ein. Der Kampf um den Desna-Übergang begann. Während ringsum das Inferno des Krieges tobte, brach ein herrlicher Spätherbst-Tag an - leichter Frost, wolkenloser blauer Himmel. Die erste Angriffslinie wurde von Hauptmann Fritz Berkholz geführt. Ihr gelang sofort auf dem Laufsteg der Übergang. Der Feind schien überrascht und durch den schweren Artilleriebeschuß verschreckt. Becker schaffte mit der zweiten Welle den Übergang. Es folgte das III. Bataillon. Nach dem Anfangserfolg verlangsamte sich das weitere Vordringen in dem ansteigenden Gelände. Plötzlich wehrten sich die Sowjets heftig.

Am Abend erreichten Becker und seine Kameraden das Angriffsziel – eine Höhe. Keuchend und schwitzend gruben sie sich ein. Kaum waren sie damit beschäftigt, kam der Befehl vom Kompaniegefechtsstand: »Ein Stoßtrupp säubert den gegenüberliegenden Waldrand vom Feind.« Fluchend stiegen die Soldaten aus ihren Schützenmulden, tasteten sich vor, stießen auf einen 1,5 Meter tiefen Wassergraben, den sie, die Waffen hochhaltend, durchwateten, stürmten in den Wald, lieferten sich ein Gefecht mit zurückgehenden gegnerischen Einheiten. Trotz triefender Sachen und der minus zwei Grad blieben sie auf dem Erdboden liegen und sicherten das gewonnene Terrain. Irgend jemand verstand es, ein paar Decken heranzuschaffen, in die sie sich schlotternd einwickelten.

Rechts vom I.R. 9 gelang ebenso zügig den 67ern der Übergang über die Desna. Der Maschinengewehrschütze Kredel hatte Glück: Sein Bataillon gehörte diesmal zur letzten Welle. Er und seine Kameraden begegneten bereits den ersten deutschen Verwundeten, die über die Desna zurück ins Feldlazarett geschafft wurden.

Die erste Nacht auf gegnerischem Ufer verlief ruhig. Am nächsten Morgen ging der Vormarsch nur noch mühsam voran. Feuchtes, zum Teil versumpftes Waldgelände, mußte durchgekämmt und befahrbar gemacht werden. Das heißt, für die nachfolgenden Fahrzeuge mußten Knüppeldämme gelegt werden. Die 67er hatten ebenfalls Wegeschwierigkeiten. Erst in der Nacht auf den 4. Oktober konnten Gefechtsfahrzeuge und Trosse langsam nachgeführt werden. Aber auch die Fronteinheiten des I.R. 9 kamen nicht weiter und blieben für den Rest des Tages liegen.

Am 6. Oktober wurde ein stärkerer sowjetischer Gegenangriff spürbar. Große eigene Verluste waren die Folge. In den Wäldern hielten sich noch immer beträchtliche gegnerische Kräfte auf. Stukas wurden zu ihrer Vernichtung eingesetzt. Pioniere bauten nachts Brücken über kleinere Flüsse wie die Ugra. Diese Behelfsbrücken bestanden aus einfachen Rundstämmen, die, miteinander vertäut, bis zum anderen Ufer über das Wasser gelegt wurden. Darauf wiederum eine Schicht von Brettern. Das Ganze etwa acht Meter breit. Die vorrückende Infanterie mußte in Reihe am rechten Rand der Notbrücke marschieren und links für Panzer und andere Fahrzeuge Platz machen. Auch hier gab es immer wieder das Problem mit dem zurückflutenden Verkehr: Nachschubeinheiten, Verwundetentransporte, Gefangenenkolonnen. Die Wälder waren tief und fast undurchdringlich. Guderians Panzer eilten immer noch der Truppe weit voraus. Zwischen ihnen und dem nachrückenden I.R. 9 lagen kilometerlange Strecken, auf denen kein einziger deutscher Soldat zu sehen war. Dort, wo sich die Fahrzeugkolonnen steile Böschungen hochmühen mußten, ging das nur mit Hilfe von Zugmaschinen.

Am 7. Oktober kam der Befehl des VII. Armeekorps: Sofort nach Norden abdrehen, in Richtung auf Wjasma vorrücken, wo seit den frühen Morgenstunden drei bis vier sowjetische Armeen eingeschlossen wurden. Eile war geboten, um Hoepners Panzer-Gruppe 4 bei Wjasma abzulösen. Doch in der Nacht setzte Dauerregen ein, der den Vormarsch des Regiments durch versumpfte und morastige Wälder fast unmöglich machte. Dennoch erreichte das I.R. 9 gegen Abend bei Trischino das vorgegebene Marschziel. Insgesamt wurden allein an diesem Tag von der Division rund 7000 Gefangene gemacht. Indes, auch die Verluste im Divisionsverband waren seit Beginn der Desna-Überquerung am 2. Oktober nicht gering. Gefallen: 22 Offiziere sowie 281 Unteroffiziere und Mannschaften; verwundet: 29 Offiziere, 813 Unteroffiziere und Mannschaften; vermißt: 123 Soldaten.

Die Heeresführung wollte die im Raum Wjasma-Brjansk eingeschlossenen sowjetischen Streitkräfte in zwei Kessel spalten. Das I.R. 9, die 67er und die 68er bildeten die Spitze des Keils. Der Gefreite Kredel, inzwischen bei der 7. Kompanie des I.R. 67, hockte auf einem Sturmgeschütz, das der Kompanie als Spitzengruppe zur Verstärkung beigegeben worden war. Man drang, wo es nicht so morastig war, einfach in die Wälder ein und ließ die Sowjets links und rechts zurück. Gelegentlich mischte sich in das satte Brummen der Sturmgeschützmotoren ein »Tuck-Tuck-Tuck« voraus im Wald. Sofort wurde gestoppt und angestrengt gelauscht. Das waren, wie man wußte, sowjetische Raupenschlepper, riesige Ungetüme, die Geschütze zogen. Beim Herannahen der Deutschen versuchten die Fahrer zu fliehen, sprangen von den Fahrzeugen und verschwanden im Wald. Dann allerdings mußten die deutschen Sturmgeschütze erst einmal die Raupenschlepper von der Straße schieben, um weiterzukommen. Das Schönste, fand Kredel, war, daß man nicht marschieren mußte.

In der Nacht zum 10. Oktober trafen die Männer der 7. Kompanie des I.R. 67 im tiefsten Wald auf ein entlegenes Dorf, wo die Einwohner vom Verkauf von Bienenhonig und Holz lebten. Truppen der Roten Armee waren noch am Dorfende, als Kredel und seine Kameraden auf

Schützenpanzerwagen aufgesessen ins Dorf eindrangen. Just in diesem Moment fiel der erste Schnee. Richtig fester Schnee. Schnee, den sie noch monatelang in Massen, wie sie ihn in Deutschland nie erlebt hatten, kennenlernen würden, der fortan ihr zweiter Gegner werden sollte.

Besonders nachts waren die Kompanien, teilweise kilometerweit auseinandergerissen, auf sich allein gestellt und mußten sich jedesmal vorsichtshalber einigeln. Maschinengewehre wurden in den verschiedenen Himmelsrichtungen in Stellung gebracht und, so vorhanden, durch eine Panzerabwehrkanone verstärkt. Die übrigen Soldaten durften in Häusern unterkriechen. Längst war die Order aufgehoben, wegen Verlausungsgefahr nur in Zelten zu kampieren. Dazu war es viel zu kalt geworden.

Kredel mit seinem Maschinengewehr war zur ersten Wache am Nordrand des Dorfes eingeteilt. Neben ihm ein alter Kumpel von der 14. Kompanie mit einer 3,7-cm-Panzerabwehrkanone und zwei Munitionsschützen. Es war kalt, ungemütlich kalt. Er hatte Befehl bekommen, bei einem etwaigen Herannahen des Gegners sofort das Feuer zu eröffnen. Von Norden her, wo der Kessel von Wjasma lag, waren Ausbruchsversuche gemeldet worden. Kredel kämpfte gegen die Müdigkeit. Plötzlich hörte er voraus Fahrgeräusche. Verdammt noch mal, der Iwan kommt, schoß es ihm durch den Kopf. Zu den Pak-Schützen flüsterte er: »Schießt erst mal noch nicht. Ich gebe zuerst einen kurzen Feuerstoß.« Ein Fahrzeug näherte sich schemenhaft im Schnee. Kredel zog kurz durch. Das Maschinengewehr bellte durch die Winterlandschaft, das Echo der Schüsse kam vielfach zurück. Das Fahrzeug voraus blieb abrupt stehen. Kredel lauschte in den verklingenden Schußlärm und hörte plötzlich deutsche Laute. »Nicht schießen! Nicht schießen! Hier sind Deutsche!«

»Um Gottes willen! Jetzt haben wir auf unsere Leute geballert. Warum fahren diese Idioten hier aber auch in der Nacht spazieren?« Kredel und sein Kumpel sprangen auf, rannten nach vorne. Ein deutscher Ordonanzoffizier einer fremden Einheit kam ihm schimpfend entgegen: »Seit ihr von allen guten Geistern verlassen? Wie könnt ihr auf uns schießen! Ihr habt meinen Fahrer auf dem Gewissen!« An dem Offizier vorbei sah Kredel im Licht des Schnees die zerschossene Windschutzscheibe und eine über dem Lenkrad zusammengebrochene Gestalt. Er war unfähig, dem fremden Offizier eine Rechtfertigung für sein Verhalten zu geben. Da näherte sich vom Dorf, aufgeschreckt durch die MG-Garbe, Kredels Bataillonskommandeur. »Was ist hier passiert?«

»Einer Ihrer Männer hat meinen Fahrer erschossen!« fauchte der fremde Offizier. Der Kommandeur fixierte Kredel mit scharfem Blick.

»Wie konnte das geschehen?«

»Das Fahrzeug kam aus der Richtung, in der wir die Russen vermuteten. Es kam, ohne ein Zeichen zu geben, einfach auf unsere Stellung zu. Da wollte ich zur Warnung einen Feuerstoß abgeben ...«

»Zur Warnung!« höhnte der andere Offizier. »Zur Warnung erschießt er meinen Fahrer!«

Kredels Kommandeur schien die Bemerkung zu überhören und bat den Offizierskameraden ins Dorf; im Weggehen wies er Kredel noch an: »Das nächste Mal zielen Sie mit Ihren Warnschüssen etwas höher, bitte!«

»Jawohl, Herr Hauptmann.« Nach einer Stunde kam die Ablösung.

Weil die Nächte nun kälter waren, wurde nicht mehr in zweistündigem Turnus, sondern in kürzeren Etappen Wache geschoben. Außerdem waren die eigenen Ausfälle nicht gering – sowohl durch Feindeinwirkung als auch durch Krankheit. Und die Kompanien waren nur etwa zur Hälfte mit neuem Ersatz aufgefüllt worden. Es war ein merkwürdiger Krieg, streckenweise überhaupt keine Feindberührung, dann wieder Kämpfe von Bunker zu Bunker. Genauer gesagt waren es welche, die die Russen wie Heustadel errichtet hatten. Darunter hatten sie sich tief in die Erde gegraben, regelrechte Stollen errichtet. Diese komischen Bunker erweckten zunächst den Anschein, als seien sie verlassen. Sicherheitshalber warfen die deutschen Soldaten erst einmal eine Handgranate in jeden Schacht. Prompt kamen die Sowjets aus den meisten mit erhobenen Händen herausgeklettert, voller Angst, erschossen zu werden.

Am 12. Oktober ging auf dem Regimentsgefechtsstand des I.R. 9 der Befehl ein, Spähtrupps über den wenige Kilometer vor Wjasma sich entlangziehenden gleichnamigen Fluß zu schicken, um die Stärke des Feindes auf dem anderen Ufer zu erkunden. Becker gehörte zu diesem Spähtrupp. Zunächst mußte ein tiefes Waldgebiet durchquert werden. Mittendrin plötzlich ein Dorf. Es war von etwa 40 Russen besetzt, die sich aber sofort ergaben. Während noch überlegt wurde, was man nun mit den Gefangenen tun solle, plötzlich Infanterie-Feuer von allen Seiten. »Volle Deckung!« rief Kompaniechef Dannenberg. Bald stellte sich heraus, daß man eingeschlossen war. »Wir müssen hier mit Gewalt ausbrechen«, rief der Oberleutnant, »mit den Gefangenen können wir uns jetzt nicht lange aufhalten. Becker, die mußt du sofort erschießen! Sofort!«

Becker wurde aschfahl. »Herr Oberleutnant, das kann ich nicht, das kann ich bestimmt nicht machen«, stotterte er.

»Du alte Pflaume.«

Becker war mulmig zumute. Die Befehlsverweigerung hätte ihn vielleicht die »Rübe« gekostet. Wieder heftig einsetzendes Infanterie-Feuer des Gegners lenkte den Oberleutnant von den Gefangenen ab. Sie wurden schließlich ihrem Schicksal überlassen. Der Spähtrupp schaffte den Ausbruch.

Der Krieg begann an den Nerven der Soldaten zu zehren. Viele waren längst zu erschöpft, um beim Heranrauschen feindlicher Granaten Deckung zu nehmen oder sich wenigstens zu Boden zu werfen. Der Schlaf in den Schützenlöchern blieb oberflächlich, die Sinne stets auf der Lauer, es könnte irgend etwas Gefährliches geschehen. In der folgenden Nacht war Becker in ein fast mannstiefes Panzerdeckungsloch abgestiegen, hatte über das Loch eine riesige Grasplatte gelegt und war eingedöst. Plötzlich schrak er hoch. Jemand hob die Grasdecke ab, Erde rieselte wie Schnee in sein Genick. Er griff zur Waffe. Im nächsten Moment wurde er gewahr, daß es ein Pferd war, das ihn in seiner nächtlichen Ruhe gestört hatte.

Der im Kessel von Wjasma eingeschlossene Gegner verteidigte sich zäh. Der Befehlshaber der 19. sowjetischen Armee, Generalleutnant Lutkin, geriet verwundet in deutsche Gefangenschaft. Das I.R. 9 wies mehrfach mit voller Wucht geführte Ausbruchsversuche des Feindes, die von Kommissaren und höheren sowjetischen Offizieren geleitet wurden, ab.

Am 15. Oktober meldete sich wieder der Winter mit einem Kälteeinbruch und Schneesturm. Gefreiter Kredel dachte sich in seiner jugendlichen Naivität: Jetzt ist der Krieg zu Ende. Bei Schnee kann man ja nicht mehr kämpfen, sich nicht einmal eingraben. Er irrte gründlich. Es wurde einfach weitergekämpft, selbst dann, wenn es schier unmöglich zu sein schien, gegen die Kräfte der Natur anzukommen. Die mit Pferden bespannten Fahrzeuge blieben zwar stecken, wurden jedoch mit den Zwölf-Tonnen-Zugmaschinen der Pioniere aus Schlamm und Schnee immer wieder herausgezogen.

Man suchte nächtens den Schutz der mit Stroh gedeckten Holzhäuser russischer Dörfer. Es bestand strikte Order, das Beheizen dieser feuergefährlichen Unterkünfte den Einheimischen zu überlassen. Dort, wo das nicht beachtet wurde, geriet sehr schnell durch Überhitzung des Ofens das Haus in Brand. Und wenn draußen ein starker Sturm blies, brannte im Nu das halbe Dorf.

Am 18. Oktober kapitulierten die sowjetischen Streitkräfte im Doppelkessel von Wjasma und Brjansk. 673 000 Gefangene wurden gemacht, 5412 Geschütze und 1242 Panzer erbeutet oder zerstört. Der Jubel überdeckte die Tatsache, daß die deutsche Wehrmacht während der ersten beiden Kriegsjahre den Verlust von 418 805 Mann, darunter 90 491 Tote und 29 687 Vermißte, zu beklagen hatte. Dennoch: Es wurde weiterkämpft, das Regiment trat den Weitermarsch gen Osten an.

Nach Moskau.

21 Vor Moskau: Weizsäcker meldet sich als Leutnant zurück

Als Feldwebel Richard von Weizsäcker im Berliner Hindenburg-Lazarett zur Ausheilung seines Armschusses gelegen und versucht hatte, mit seinen Eltern Verbindung aufzunehmen, machten diese gerade an der Nordküste der dänischen Insel Seeland nach drei Jahren den ersten Urlaub. Als er seinen Vater wenig später im elterlichen Haus wiedersah, registrierte er bei ihm eine Art politischer Lähmung.

Dennoch, manchmal traf sich der Staatssekretär von Weizsäcker zu außenpolitischen Gesprächen mit einem jungen Ordonnanzoffizier aus dem Stab der Heeresgruppe Mitte, dem Leutnant der Reserve Fabian von Schlabrendorff. Dieser und sein unmittelbarer Vorgesetzter, der 1. Generalstabsoffizier, Oberstleutnant Henning von Tresckow, trugen sich mit dem Gedanken, Hitler zu beseitigen. Durch Weizsäcker erfuhren die beiden Offiziere, daß Hitler trotz der Siegesmeldungen, die nun schon zwei Jahre anhielten, nicht in guter Verfassung war. Er schien gesundheitlich unter dem Bunkerleben im Hauptquartier zu leiden. Er konzentrierte sich ganz auf das Militärische, hatte für innenpolitische Aspekte immer weniger Zeit. Und je schlechter die Verfassung des »Führers« wurde, desto mehr veränderte sich das Verhalten der Mitarbeiter. Diese wetteiferten miteinander, ihm nur noch »gute« Nachrichten zu überbringen. Dadurch entstand beim »Führer« mehr und mehr eine Lagebeurteilung, die sich von den tatsächlichen Gegebenheiten immer weiter entfernte.

Hatte Ernst von Weizsäcker bis zu Beginn des Krieges mit der Sowjetunion noch versucht, eine Ausbreitung der bewaffneten Auseinandersetzung in Europa zu verhindern, so lenkte er sich jetzt mit dem täglichen Geschäft im Auswärtigen Amt ab, kümmerte sich um Fragen wie den Austausch des deutschen Botschafters in der Türkei.

Gegen seine Gewohnheit hielt er in geschlossenen Zirkeln politische Vorträge, darunter auch im Potsdamer Offizierkasino des Infanterie-Regiments 9. Seine Vorträge standen unter dem Motto »Die Kriegsziele unserer Gegner«. Sein Fazit: »Der Gegner will mit Hitler keinen Frieden machen. Über Frieden verhandeln kann nur, wer militärisch unerschüttert dasteht, ein geschlagenes Deutschland wäre ein Raub der Wölfe. Da würde es dann nicht mehr heißen: Vernichtung von Hitler-Deutschland, sondern von Deutschland überhaupt ...« Vater Weizsäcker glaubte, daß diese verschlüsselte Botschaft, Hitler müsse beseitigt werden, und zwar sobald wie möglich, ehe Deutschland militärisch geschlagen sei, von seinen Zuhörern verstanden würde. Aber kam diese Botschaft wirklich über?

Unter den Offizieren im Potsdamer Kasino saß auch der seinen Lungenschuß in Berlin auskurierende Oberleutnant von dem Bussche. Er hatte im übrigen Glück: Als seine Verwundung ausgeheilt war, wurde er für nicht »wintertauglich« erklärt und mußte nicht zurück zu seiner Truppe an die Ostfront. Statt dessen wurde er zu einer Einheit ins französische Reims abkommandiert, was ihm einen gelegentlichen Abstecher nach Paris ermöglichte.

An der Ostfront wechselten Regen- und Schneeperioden einander ab und verwandelten das Land in eine einzige Schlammlandschaft. Guderians Panzer kamen nun nicht mehr schneller voran als die Infanterie. Pferdegespanne blieben erschöpft stecken. Die Uniformen waren verdreckt, durchnäßt, verklebt, die Männer zum Teil ausgehungert. Es gab Einheiten, die zehn Tage lang kein Brot mehr bekommen hatten. Die Verluste waren inzwischen so hoch, daß einzelne Kompanien nur noch die ungefähre Mannschaftsstärke eines halben Zuges hatten – 30 Soldaten.

Weil Adolf Hitler sich weigerte zu glauben, der Krieg könnte in den Winter hinein dauern, hatte er es abgelehnt, Winteruniformen an seine Soldaten verteilen zu lassen. Und um eine Zurücknahme unhaltbarer Stellungen zu verhindern, verbot er, rückwärtige Stellungen anzulegen. Weder er noch ein Repräsentant der Wehrmachtführungsspitze war auch nur ein einziges Mal an die Front gefahren, sonst hätten sie erkannt, unter welch unmöglichen Umständen die Soldaten kämpfen und gen Osten vordringen mußten.

Hitler hatte sich zwar inzwischen von seinen Generalen überzeugen lassen, daß Moskau um jeden Preis zu erobern sei – nicht nur wegen des symbolischen Werts eines solchen Sieges, sondern auch weil die Hauptstadt der entscheidende Verkehrsknotenpunkt des riesigen Landes war.

Aber er war andererseits nicht von seiner fixen Idee abgerückt, gleichzeitig im Norden und im Süden tief in das sowjetische Imperium vorzustoßen. Leningrad wie Stalingrad sollten genommen werden. Er gab Befehl, daß die Wehrmacht erst bei Erreichen der Linie Onegasee-Rybinsk-Tambow-Don-Rostow stehen bleiben dürfe. 200, an manchen Frontabschnitten bis 600 Kilometer, waren daher noch zu Fuß zurückzulegen.

Dabei gaben sich Hitler und die Wehrmachtführung einem fatalen Irrtum hin: Sie glaubten, daß der Feind im Osten schon geschlagen sei und nur noch hinhaltenden Widerstand leiste. Das Gegenteil war der Fall. Stalin persönlich bereitete die Verteidigung Moskaus vor. Seine Minister, das diplomatische Korps und den einbalsamierten Leichnam Lenins schickte er in die Provinz. Über 100 000 Einwohner der Millionenstadt wurden in Milizdivisionen eingeteilt und zur Verteidigung der Stadt vorbereitet. Eine halbe Million Moskauer wurde zum Errichten von Straßensperren kriegsdienstverpflichtet. Andererseits: Jeden, der nicht benötigt wurde, verschickte man nach Osten. Die Zeit und die zunehmende Kälte arbeiteten gegen die Deutschen: Den Panzern froren die Motoren ein, in den Maschinengewehren und Maschinenpistolen klemmten die Schlösser, und die Soldaten froren bitterlich in ihren nicht für den Winter geeigneten Uniformen. In diesen Schlamassel wurde Weizsäcker junior nach Ausheilung seiner Schußverletzung zurückversetzt. Am 22. November 1941 stand sein Regiment bei Solnecnogorsk an der Überlandstraße zwischen Leningrad und Moskau, nur noch etwa 50 Kilometer von der sowjetischen Hauptstadt entfernt. Weizsäcker wurde als Ordonnanzoffizier dem Regimentsstab zugeteilt.

22 Geheimmission: Oberleutnant Jannsen viermal in Zürich

Oberleutnant Hermann Jannsen, beurlaubter Regimentsadjutant im I.R. 9, hatte Mühe, sich in seiner neuen Situation zurechtzufinden. Einerseits war er froh, daß die Gestapo ihn nach zwei Tagen hatte laufen lassen. Die ersten Monate meldete er sich, wie ihm aufgetragen worden war, jeden Freitagvormittag bei seinem örtlichen Polizeirevier. (Er durfte Berlin auf ausdrücklichen Befehl der Gestapo nicht verlassen.) Nach einem halben Jahr sagte der etwas ältliche Polizeibeamte: »Ach Doktor, Sie brauchen gar nicht wiederzukommen. Sie laufen uns ja nicht weg.«

Er hatte sich bei seinem alten Arbeitgeber, dem Aufsichtsratsvorsitzenden der Reichs-Kredit-Gesellschaft, Staatssekretär a.D. Trendelenburg, zurückgemeldet. Dieser hatte ihn freundlich begrüßt, wollte aber in Jannsens Probleme mit der Gestapo nicht verwickelt werden. »Jannsen, Sie können hier Ihr Büro benutzen, aber halten Sie sich bitte zurück, bis Ihr Verfahren geklärt ist.« Jannsen übernahm die Leitung der Kreditabteilung, war damit gut beschäftigt, aber nicht unbedingt völlig ausgelastet.

Als er sicher war, daß ihm die Gestapo nicht auf Schritt und Tritt folgte, besuchte er alte Bekannte, von denen er wußte, daß sie nichts mit den Nazis am Hut hatten. So kannte er zum Beispiel Oberst Hans Oster, der in der Spionageabwehr-Abteilung des Oberkommandos der Wehrmacht saß. Er sagte eines Tages: »Wenn Sie mal verreisen wollen, dann kriegen Sie was von uns.« Oster, 55, hatte vor 1933 zusammen mit jungen Offizieren, darunter Graf Stauffenberg, Hauptmann von Tresckow und Oberleutnant Stieff, Positives an der »Nationalen Bewegung« Hitlers entdeckt, aber nach der »Machtübernahme« am 30. Januar 1933 zunehmend die Nazis durchschaut. Fortan waren sie oppositionell eingestellt. Auch Osters Vorgesetzter, der Leiter der Auslandsspionage, Admiral Wilhelm Canaris, war »anti« eingestellt. Hinter dem Rücken Hitlers versuchten sie, Kontakt mit dem Westen aufzunehmen, um Friedensmöglichkeiten zu sondieren. Jannsen war ihnen als vertrauensvoller

Kurier gerade recht gekommen, und dieser wiederum war an Auslandsreisen interessiert, um emigrierten Juden Nachrichten über die Behandlung ihrer in Berlin zurückgelassenen Vermögen zu übermitteln. Das Spionageamt im Oberkommando der Wehrmacht stellte ihm einen Brief aus, in dem bestätigt wurde, daß der inzwischen zum Hauptmann der Reserve beförderte Hermann Jannsen im Auftrag des OKW reise, um für die Kriegführung wichtige Informationen zu beschaffen.

Insgesamt reiste Jannsen auf diese Weise viermal innerhalb eines Jahres mit der Eisenbahn nach Zürich. Unterwegs setzte er in Badenweiler seine Frau am Römerbad ab. Er führte einen normalen Reisepaß mit sich. Die Schweizer machten eh kaum Schwierigkeiten, die deutschen Kontrolleure dagegen große. Aber wenn Jannsen sein vom OKW ausgestelltes Amtsschreiben vorzeigte, standen sie salutierend stramm. Bei sich führte er Briefe von in Berlin zurückgebliebenen jüdischen Bekannten, wie etwa von Rechtsanwalt Heinz Pinner. In Zürich postierte er die Briefe. In anderen Fällen traf er sich mit emigrierten Juden, die von ihm Auskunft über ihre Restvermögen in Deutschland erhielten. Im Oktober 1941 lebten in Deutschland noch 163 696 Juden. Aber schon am 16. des Monats begannen die Massendeportationen in Konzentrationslager. Gleichzeitig wurde am 23. Oktober ein Auswanderungsverbot für deutsche Juden erlassen.

So ganz wohl war ihm allerdings bei diesen Exkursionen nicht, aber die Gestapo kam ihm nicht auf die Schliche. Das gegen ihn angestrengte Verfahren wurde nach eineinhalb Jahren eingestellt. Den entsprechenden Bescheid des Amtsgerichts Berlin-Charlottenburg quittierte er an seiner Wohnungstür. Einzige Auflage: Er wurde angehalten, über dieses Verfahren mit niemandem zu sprechen. Zwei alte Parteigenossen der NSDAP aus seinem Freundeskreis hatten sich für ihn eingesetzt: Kurt Lange, Vizepräsident der Reichsbank und Crew-Kamerad Hermann Görings im Ersten Weltkrieg, sowie Rechtsanwalt Eschstruth, der ein Regimentskamerad des älteren Bruders von Jannsen war. Auch Lange und Eschstruth waren im idealistischen Überschwang vor 1933 der Hitler-Partei beigetreten, standen ihr aber inzwischen kritisch gegenüber.

Nach der Einstellung des Verfahrens erhielt Jannsen zu seiner Überraschung einen Einberufungsbefehl des Wehrbezirkskommandos, wonach er sich bei einem neu aufzustellenden Regiment als Chef der 14. Kompanie zu melden hätte. Vorher mußte er allerdings noch einmal von einem Truppenarzt untersucht werden. Der sagte nach der Untersuchung: »Sie sind gar nicht kv.« Das heißt, der Arzt betrachtete ihn wegen eines Bauchdeckenbruchs als nicht kriegsverwendungsfähig. Dabei handelte es sich um die Spätfolge seiner Verwundung im Ersten Weltkrieg, wo Dick- und Dünndarm verletzt und mit Katzendarm zusammengenäht worden waren. Jannsen wurde »gvh« - garnisondienstverwendungsfähig heimat - geschrieben und als Verbindungsoffizier der Rüstungsinspektion III in Berlin zum Rüstungskommando Frankfurt/Oder in Marsch gesetzt. Die Rüstungsinspektion war zuständig für das III. Armeekorps. Sollte er sich der Illusion hingegeben haben, noch einmal irgendwann zu seinem I.R. 9 zurückversetzt zu werden, so war dies ein Trugschluß.

In der Rüstungsinspektion III in Berlin bekam Jannsen erstmals Einblick in die deutschen Nachschubschwierigkeiten. Allein die Versorgung des deutschen Afrika-Korps wurde von Tag zu Tag problematischer. Bei der Überfahrt betrugen die Ausfälle im August 1941 nur 12,5 Prozent, stiegen im November aber bereits auf 63 Prozent! Die Royal Navy beherrschte das Mittelmeer auf breiter Front. Von den ihm im November zugesagten 60000 Tonnen Nachschub erhielt der Oberbefehlshaber des Afrika-Korps, General Rommel, nur 8093 Tonnen. Auch Nachschubverzögerungen für die Heeresgruppe Mitte im Osten, darunter das Infanterie-Regiment 9, hatten ihre Gründe. Das Heranführen von Munition und Proviant über weite Strecken verschlammter oder mit beginnendem Winter verschneiter Straßen wurde mehr und mehr zum Problem. Hinzu kam, daß die Rüstungsproduktion in der Heimat mit den zunehmenden Verlusten an der Front nicht Schritt halten konnte. Für die endlos lange Front von der Ostsee bis zum Schwarzen Meer hatte die deutsche Wehrmacht nur noch weniger als 1900 Panzer und 1000 Flugzeuge zur Verfügung. An Verstärkung und Ersatz waren seit Beginn des Rußland-Feldzuges nur zwei Panzer-Divisionen sowie italienische Einheiten, die spanische Blaue Division und holländische, wallonische, dänische, norwegische, französische, flämische und kroatische Freiwilligen-Einheiten eingetroffen.

Im Westen bauten sich langsam gewaltige Streitkräfte gegen Deutschland auf. Die Briten hatten sich zur stärksten Luftstreitmacht auf dem europäischen und afrikanischen Kriegsschauplatz gemausert. Amerika wurde zwangsläufig immer mehr in die Nähe des Kriegseintritts getrieben, vor allem nachdem deutsche U-Boote in der Sperrzone vor der

atlantischen Westküste amerikanische Kriegsschiffe versenkt hatten. Damit sich ähnliche Zwischenfälle nicht wiederholten, gab der amerikanische Präsident Roosevelt am 11. September für künftige Zusammenstöße mit deutschen Marine-Einheiten den Befehl: »Shoot on sight!«

Die Moral der deutschen Soldaten an der Ostfront stieg, als über Nacht das Thermometer auf minus 15 Grad fiel und damit der Boden für Fahrzeuge wieder haltbar wurde. Eine strahlende Sonne ließ die Kälte am Tage leichter ertragen. Und dann war da noch die magische Anziehungskraft, die der Name Moskau auf die Soldaten ausübte. Dieses Ziel wollten sie um jeden Preis noch erreichen, denn dann, so glaubten sie, wäre der Krieg vorbei. Spätestens zu Ostern wollten sie wieder zu Hause sein.

23 Wintereinbruch: ohne Winterausrüstung bei minus 50 Grad

Dem bisherigen Oberjäger Brandes, inzwischen zum Feldwebel befördert, vom II. Bataillon im I.R. 9 unterstanden als Bataillonsmeldeführer sämtliche Melder, Funker und Telefonisten des Bataillonsstabes. Er verdankte diesen Posten dem Bataillonsadjutanten Oberleutnant Friedrich-Karl Klausing, der bei ihm einmal in Potsdam Rekrut war, während Brandes als Älterer den Posten des Rekruten-Gefreiten bekleidete. Und weil er ihn damals anständig behandelte, hatte Klausing später, als er längst zum Offizier befördert worden war, immer kleine Vergünstigungen für Brandes parat. So auch jetzt vor Beginn der Offensive auf Moskau.

»Du kannst nach Hause fahren«, sagte Klausing zu dem verdutzten Brandes, »was sagst du dazu?«

»Willst du mich verarschen?«

»Nein, mir ist es ernst. Nimm dir zwei Unteroffiziere und zwei Mannschaftsdienstgrade mit und besorge Geschenke für Weihnachten. Wir müssen hier unbedingt etwas für die Moral der Truppe tun. Und zwar Geschenke für das ganze Bataillon.« Brandes schmunzelte: »Wird gemacht! Wann können wir abhauen?«

»Sobald die Marschpapiere fertig sind.«

Am 18. November brachen Brandes und seine vier Helfer auf, marschierten zunächst nach Wolokolamsk, wurden von dort per LKW nach Gshatsk gefahren und kriegten von dort ein Flugzeug nach Warschau. Sie besaßen Marschbefehle und Urlaubsscheine für eventuelle Kontrollen und sollten bis zum 10., spätestens 12. Dezember wieder zurück sein. Von Warschau aus schlugen sich die fünf per Anhalter beziehungsweise mit der Bahn nach Leslau an der Weichsel durch, wo sie früher einmal im Quartier gelegen hatten. Dort meldeten sie sich beim Bürgermeister und bei den Menschen, wo sie einquartiert waren, und sammelten Geschenke ein. Die Leslauer spendeten bereitwilligst für die Weihnachtsfeier an der Front: Korkenzieher, Feuerzeuge, Taschenmesser,

Schokolade, Bonbons ... Weil das noch nicht für ein ganzes Bataillon mit 600 Mann reichte, zog Feldwebel Brandes bis nach Potsdam und Brandenburg, wo er viele Leute kannte und gleich säckeweise Geschenke auftrieb, darunter auch ein paar Decken. Die anderen sammelten in ihren Heimatorten.

Später trafen sie sich wieder in Leslau. Bis der Letzte eingetroffen war, hatten die übrigen im Wartesaal des Hauptbahnhofs kampiert, wo ein ewiges Kommen und Gehen herrschte: Verwundete mit Erfrierungen, die auf den Rücktransport warteten, und Soldaten, die die Lücken an der Front auffüllen sollten. Brandes und seine Männer bestiegen einen Militärzug nach Warschau-Wjasma. Jeder trug zwei, einer sogar drei Säcke mit Geschenken. Aber sie kamen gar nicht mehr bis Wjasma. Auf einem Vorortbahnhof mußten alle aussteigen und per LKW zu ihren Truppenteilen weiterfahren.

Mittlerweile hatte sich nämlich die Lage an der Front grundlegend verändert. Die deutsche Wehrmacht war zum erstenmal auf breiter Front auf dem Rückzug. Und das bei schneidender Kälte und tiefstem russischem Winter. Inmitten des Gewühls, das gelegentlich chaotische Züge annahm, traf Brandes Verwundete vom I.R. 9. Da war vor allem der Pahlke aus Berlin, den er sehr gut kannte und der jetzt schwer verwundet vor ihm auf einer Tragbahre lag. Ihm war ein Bein amputiert worden. Als er Brandes erblickte, rief er: »Mensch, da ist vielleicht vorne was los! Sieh dich bloß vor!«

Die russischen Dörfer, in denen das Regiment im November 1941 einquartiert gewesen war, hießen Merklowo, Rameschki, Kossilowa, Krutaja, Nowossjolki, Nikolskoje, Dunilowa ... Feldwebel Gottfried Becker saß über einen linierten Bogen gebeugt und schrieb mit Bleistift und nicht leicht leserlicher Schrift: »Ausrüstungsmeldung. Stiefel nicht mehr in Ordnung, halten nicht mehr lange aus, keine Winterbekleidung, Pullover aus schlechtem Material, Leibwäsche nur in unzureichender Stückzahl vorhanden ...« In diesem Moment betrat Kompaniechef Dannenberg den niedrigen Raum des russischen Gehöfts. »Becker, was machen Sie da?«

»Ich schreibe die von Ihnen verlangte Ausrüstungsmeldung.«

»Lassen Sie mal sehen.« Der Kompaniechef begann zu lesen, hielt inne, blickte Becker mit dienstlicher Miene an. »Mensch, du bist wohl verrückt! Das kannst du doch so nicht abgeben. Das geht einfach nicht. Du mußt das anders schreiben.«

»Ja, wie denn?«

»Du kannst doch denen nicht um die Ohren hauen, daß sie bei der Ausrüstung der deutschen Wehrmacht völlig versagt haben! Also laß uns hinschreiben, daß wir mit dem, was wir haben, auskommen und an Verbesserungsvorschlägen dies oder jenes hätten.« Becker machte ein verächtliches Gesicht.

Dennoch formulierten sie gemeinsam eine »frisierte« Meldung, wohl wissend, daß es überall am Nötigsten fehlte. Die Hosen waren kaputt und geflickt, die Pullover hatten Löcher, und pro Mann gab es nur noch ein Hemd, das nicht gewaschen werden konnte, weil man während des Trockenvorganges nichts anzuziehen gehabt hätte. Nichtsdestotrotz schrieben Dannenberg und Becker am Ende der Meldung: »Zustand zufriedenstellend.«

Bei der Wehrmachtswäsche gab es nur lange Unterhosen, die sommers wie winters getragen wurden. In der Hitze des Sommerkrieges hatten die meisten Soldaten die Beine ihrer langen Unterhosen abgeschnitten. Nun, beim Einsetzen des russischen Winters, froren sie erbärmlich in ihren kurzen Unterhosen, zumal sie weder Mäntel noch Zeltbahnen hatten, die sie als Ponchos hätten benutzen können. Waren bisher Frostperioden immer wieder von Tauwetter abgelöst worden, so hielt jetzt das kalte Wetter an.

Ende November lag der Schnee mehr als kniehoch, die Kälte war klirrend und Moskau nur noch 35 Kilometer entfernt. Das Nest, in dem sich Teile des I.R. 9 verschanzt hatten, hieß Staroje. Ringsum tiefer Wald. Die 1. Kompanie war in dem etwa fünf Kilometer weiter östlich gelegenen Dorf Choroschilowo in schwere Kämpfe mit sibirischen Einheiten verwickelt. »Feldwebel Becker zum Alten!« erscholl es plötzlich. Becker meldete sich bei seinem Bataillonskommandeur, Major Werner von Haeften. Der »Alte« hatte seinen Gefechtsstand in einem der wenigen primitiven Bauernhäuser eingerichtet. Wenigstens hier drin ist es warm, dachte der Feldwebel. Draußen lag die Temperatur bei minus 30 Grad.

»Becker, nehmen Sie sich Ihren Zug und dringen Sie nach Choroschilowo vor und hauen Sie unsere Leute raus.«

»Jawohl, Herr Major, verstanden.« Er hatte es sich abgewöhnt, solche kurzen Befehle zu wiederholen, wie es eigentlich die Vorschrift war. Wer dachte in diesem anormalen Zustand, wo man es kaum länger als eine Stunde im Freien aushielt, noch an Vorschriften? Becker hatte schnell seinen Zug abmarschbereit. Dann stampften die Soldaten bei

General der Infanterie Werner Freiherr von und zu Gilsa,
I.R. 9-Kommandeur bei Kriegsausbruch,
Hitler-Gegner. Erschoß sich nach der Kapitulation.
(Foto: Hermann Jannsen)

Potsdam im Dezember 1936, Jägerkaserne:
Fähnrichsvater Kaempfe meldet mit gezogenem Degen I.R. 9-Kommandeur von Gilsa zur Vereidigung angetretene Offiziersanwärter, genannt Fahnenjunker.
(Foto: Max von Arnim)

Die Regiments-Fahnenjunker vor der Vereidigung:
ernste Gesichter unter wuchtigen Stahlhelmen. An Krieg dachte noch keiner.
(Foto: Max von Arnim)

Mit Degen und langem Mantel: Leutnant Heinrich von Weizsäcker (links), 1. Kompanie, älterer Bruder von Richard von Weizsäcker. Heinrich von Weizsäcker fiel am zweiten Tag des Polen-Feldzuges. Rechts Bataillonsadjutant und Fähnrichsvater (1939) Philipp von Bismarck.
(Foto: Philipp von Bismarck)

Der »Alte« kommt: Generalmajor Heinz Hellmich (Mitte), Kommandeur der 23. Infanterie-Division 1940-1942, auf Inspektion.
Er, Nationalsozialist, ist eingerahmt von den Hitler-Gegnern Oberst von Gilsa (rechts) und Major Kurt von Plettenberg.
Beide erschossen sich 1945. Hellmich fiel 1944 in der Normandie.
(Foto: Helmut von Gottberg)

Mit Pelzmütze, Schnee-Tarnanzug und Fernglas: Bataillonskommandeur (II./9) Max von Arnim am »Pfingstberg« im Quellgebiet des Welikaja-Flusses, März 1944. Vier Monate später wurde er schwer verwundet – an Unterkiefer, Hand und Rücken.
(Foto: Max von Arnim)

Mit 20 Jahren Offizier: Richard von Weizsäcker als frischgebackener Leutnant 1941 auf Heimaturlaub.
(Foto: Marianne von Weizsäcker)

Widerständler und Ritterkreuzträger
Major Axel Freiherr von dem Bussche-Streithorst, 25, Kommandeur
I. Bataillon, sechsmal verwundet, beinamputiert, war bereit,
sich mit Hitler in die Luft zu sprengen.
Er wurde Richard von Weizsäckers engster Freund.
(Foto: Biblio Verlag, Osnabrück)

Frankreich-Feldzug: Mai 1940. Pioniere setzen bei Charleville mit Schlauchbooten Einheiten des Infanterie-Regiments 9 über die Maas. (Foto: Gottfried Becker)

Der überraschte Gegner:
Französische Soldaten marschieren auf einer Behelfsbrücke über die Aisne in deutsche Gefangenschaft.
(Foto: Gottfried Becker)

Kampfpause: Regiments-Gefechtsstand auf einem fanzösischem Bauernhof, im Mai 1940. Kommandeur von Gilsa (Mitte) mit dem Regimentsadjutant Jannsen. (Foto: Hermann Jannsen)

Am Steuer der Kommandeur:
Oberst von Gilsa chauffiert am 10. Mai 1940 einen offenen Horch
mit Sechs-Gang-Getriebe nach Luxemburg.
Neben ihm Adjutant Jannsen, dahinter der Fahrer.
(Foto: Hermann Jannsen)

Widerstand 1: Ritterkreuzträger Leutnant Ernst Brandes, 6. Kompanie, widerstand im Januar 1945 in Ostpreußen einer vielfachen sowjetischen Übermacht. (Foto: Ernst Brandes)

Widerstand 2: Leutnant Helmut von Gottberg, Adjutant des Erstatzbataillons, besorgte die Zünder für ein Attentat auf Hitler. Beide vereint die Regimentsnummer 9 auf den Schulterstücken. (Foto: Helmut von Gottberg)

beginnender Dämmerung in Richtung Wald. Anhand festgetretener Spuren im Schnee und der Baumschneise konnten sie den Weg mehr oder weniger erraten. Der Atem der sich vorarbeitenden Soldaten löste in dem strengen Frost kleine Rauchfahnen aus. Nur mühsam kamen sie voran. Im Norden hörten sie dumpfen Geschützdonner, dort mußte eine Schlacht im Gange sein. Voraus in Richtung ihres Marschzieles hörten sie vereinzelt das häßliche Bellen automatischer Waffen, ab und zu das Krachen einer Handgranate. Auf einmal vernahm Feldwebel Becker Stimmen. Er gab ein Zeichen zum Stehenbleiben. Angestrengt stierte er in die grau-weiße Landschaft. Sekunden später tauchten vor ihm schemenhaft Gestalten auf. Gleichzeitig vernahm er deutsche Laute. Sich umdrehend, rief er seinen Leuten zu: »Die sind von uns. Nicht schießen!« Inzwischen waren auch er und seine Männer von den Entgegenkommenden bemerkt worden. Die beiden Gruppen riefen sich die vereinbarten Erkennungsparolen zu.

»Was wollt ihr denn, um Gottes willen?« fragte der Trupp der Entgegenkommenden, verschwitzt, die Uniformen über und über mit Schnee bedeckt, Verzweiflung in den Gesichtern.

»Wir sollen euch und vor allem Verwundete rausholen«, erwiderte Becker.

»Unmöglich. Geht mit uns zurück, da kommt ihr nicht rein. Ihr könnt nichts mehr machen.« Dann erzählten sie, wie sie sich dem Ort genähert hatten, nicht wissend, daß sich sibirische Soldaten unter den wenigen Häusern des Ortes eingegraben hatten und, gut getarnt, auf die Deutschen lauerten. Sie hatten so lange gewartet, bis sich die Männer des I.R. 9 auf 15 Meter genähert hatten, dann warfen die Sowjets die Tarnschilder von ihren Schnee- und Erdlöchern ab und eröffneten das Feuer. Die Wirkung war verheerend, überall sackten deutsche Soldaten getroffen zusammen. Die wenigen Überlebenden hatten daraufhin ihr Heil in der Flucht gesucht und standen nun vor ihm. »Becker, Sie kommen da mit Ihren Leuten an die Verwundeten nicht ran! Es hat wirklich keinen Zweck. Kommen Sie mit uns zurück.«

Becker schwankte zwischen Befehlsgehorsam und Einsicht in offenbare Tatsachen. Irgendwie, sagte er sich, wenn er nun mit den Resten der Vorauskompanie zurückginge, wäre zumindestens sein Auftrag zum Teil erfüllt. »Geht in Ordnung, wir gehen mit euch zurück.« Er gab seinen Männern Zeichen, umzudrehen und ihm zu folgen. Er meinte auf ihren Gesichtern Zeichen der Erleichterung erkannt zu haben. Der

Bataillonskommandeur nahm seinen Bericht kommentarlos zur Kenntnis und wies Becker an, seine alte Stellung im Dorf zu beziehen.

So lagen sie in Staroje, verloren in der bitteren Kälte und trostlosen Schneelandschaft ohne jedes Zeitgefühl. Waren es zwei, drei oder mehr Tage und Nächte, die sie dort aushielten? Jede zweite Stunde schickten sie einen Spähtrupp hinaus an den etwa einen Kilometer entfernt gelegenen Waldrand, um herauszufinden, was sich dort tat. Sie fühlten es, ja sie rochen es fast, daß ein russischer Angriff bevorstand. Das war Fronterfahrung, die sie den jungen Dachsen vom Ersatz voraushatten. »Sei hellhörig, wenn du in den Wald kommst. Und sei vorsichtig auf dem freien Feld bis dorthin«, warnte Becker einen seiner Unterführer, den Oberjäger Brühl.

Brühl kam eines Abends zurück, klopfte sich dicke Schneepolster von der Uniform. »Du, Gottlieb, ich glaube, jetzt geht's los. Da sind sehr starke Geräusche zu hören.« Die Kameraden nannten ihn Gottlieb, obwohl er Gottfried hieß. Becker beschloß, die Nacht aufzubleiben. Sicher war sicher. Dann setzte wieder starker Schneefall ein, die Sicht reichte vielleicht noch 200 bis 300 Meter weit.

Am nächsten Morgen – Becker war in den letzten Nachtstunden doch erschöpft eingeschlafen – kamen sie. Der dichte Schneefall hatte nicht aufgehört. »Alarm!« schrie jemand. Alles griff zu den Waffen, stürzte aus den Bauernkaten heraus, ging Richtung Nordosten in Stellung. Angestrengt spähten die deutschen Soldaten in das grau-weiße Voraus. Plötzlich schob sich ihnen auf 200 Meter Entfernung eine dunkle Wand entgegen. Was im Himmel war das? Angst vor etwas Unberechenbarem ließ ihre Herzen schneller schlagen. Dann, das ungewisse Etwas hatte sich bis auf 100 Meter genähert, sahen sie, was ihnen da auf voller Breite entgegenkam: eine Wand von Menschen, von sowjetischen Soldaten, die, einander eingehakt, auf die deutsche Stellung zustapften. Sie näherten sich wie ein Eisblock. Hinter der ersten eingehakten Reihe taumelte eine zweite, dritte, vierte, der Herrgott mochte wissen, wie viele Reihen. Sie kamen schweigend, keuchend, ohne einen Schuß abzugeben. Es waren Hunderte, vielleicht Tausende.

»Feuer frei!« schrie Becker, es klang wie ein Urschrei. Die Deutschen schossen, befreiten sich von ihrer Angst. Die Schüsse klangen nicht so grell wie sonst, weil der tiefe Schnee den Knall schluckte. Die russische Menschenwand stoppte nicht. Zwar lichtete sich die vorderste Reihe hier und dort, aber sofort drängten von hinten weitere Soldaten nach.

Die unheimliche Mauer war jetzt schon auf etwa 40 Meter herangekommen, immer noch schweigend, ohne das Feuer zu erwidern. Becker schrie nach rechts und links: »Kinders, los! Jetzt müssen wir weg! Wir sind sonst tot!« Als hätten sie auf das erlösende Kommando ihres Feldwebels nur gewartet, rafften sich seine Soldaten auf und ergriffen die Flucht in den Ort hinein. Der tiefe Schnee hinderte sie am schnellen Fortkommen. Einzelne stürzten, standen auf, taumelten weiter. Ein Löffel in einem Kochgeschirr klapperte, wie eine Konservendose an einem Katzenschwanz. Nun schossen auch die Sowjets. Becker und seine Leute erreichten die Dorfmitte und stellten fest, daß der Ort von ihren Kameraden bereits geräumt war. »Was nun, Gottlieb?« fragte ein Langer mit gehetztem Blick, schwer keuchend.

»Ab bis zum nächsten Dorf!«

Sie eilten Becker nach, versuchten, im tiefen Schnee die Verbindungsstraße zum nächsten Dorf, Gulnewo, zu finden. Um sich nicht in dem dichten Schneefall aus den Augen zu verlieren, hielten sie einander an den Händen fest. Völlig erschöpft erreichten sie den nächsten Ort, der nur aus wenigen Häusern bestand. Er war leer, vom eigenen Bataillon keine Spur. Statt sich weiter zurückzuziehen, versuchten sie, so gut es ging, eine neue Verteidigungslinie aufzubauen.

Es dauerte nicht lange, da tauchten wieder die ersten Russen auf. Becker und seine Männer eröffneten nunmehr aus etwas größerer Entfernung das Feuer und zwangen den Gegner in Deckung. Dann mußten sie auch dieses Dorf räumen und wieder durch tiefen Schnee zurückhasten, eine neue Verteidigungsmöglichkeit suchen. Einer der Männer schrie plötzlich: »Feldwebel, dort drüben links!« Er zeigte mit ausgestrecktem Arm über die weiße Schneefläche. In etwa 200 Metern Entfernung sah Becker, wie eine Gruppe von Soldaten sich fast parallel ebenfalls zurückzog. Durch das Fernglas erkannte er deutsche Stahlhelme. »Das sind welche von uns.« Die anderen hatten sie inzwischen auch gesehen und winkten. Beide Gruppen arbeiteten sich daraufhin im spitzen Winkel aufeinander zu. Als sie aufeinandertrafen – schwitzend, nach Atem ringend –, rief Becker: »Wo kommt ihr denn her?«

»Wir sind von der 35. Infanterie-Division. Spähtrupp. Wir waren bis in den ersten Vorort von Moskau, haben sogar eine Straßenbahn fahren gesehen! Jetzt aber haben wir uns verfranst. Wer seid ihr? Und wo sind wir?«

»Wir sind von der 23. Division! I.R. 9! Wir sind auf dem Rückzug.

Besser, ihr türmt auch, denn der Iwan ist uns ganz dicht auf den Fersen. Er kommt in Massen. Wie eine einzige Menschenwand. So etwas habt ihr noch nie gesehen! Los, kommt mit!« Die beiden Gruppen vereinigten sich und stolperten weiter zurück. Feldwebel Becker konnte sich eines Gedankens nicht erwehren: Jetzt geht die stolze, angeblich unbesiegbare deutsche Wehrmacht stiften. Im nächsten Ort konnten sie endlich wieder zu ihrer Einheit, dem II. Bataillon, aufschließen. »Wo wart ihr denn? Wir haben bis zuletzt auf euch gewartet!«

»Von wegen gewartet! Ihr seid abgehauen, ohne uns zu benachrichtigen«, antwortete Becker wütend, aber letztlich froh, endlich wieder bei seinem alten Haufen zu sein.

Was sie nicht wußten: Divisionskommandeur Hellmich hatte Tage zuvor das XXXXI. Armeekorps, dem er zur Verstärkung unterstellt worden war, gebeten, seine Division zurücknehmen zu dürfen, da sie »bei dieser Witterung nicht mehr kämpfen kann«. General Model, Kommandeur des XXXXI. AK, wollte sich erst vor Ort einen eigenen Eindruck verschaffen. Am 6. Dezember 1941, um 12.30 Uhr, traf er auf dem Gefechtsstand der 23. Infanterie-Division ein. Nach Gesprächen mit mehreren Offizieren und Studium der Landkarten teilte er Generalmajor Hellmich mit, daß die Hauptkampflinie auf den Sestra-Abschnitt zurückgenommen werden dürfe – und zwar am nächsten Tag. Dafür erhielten allerdings die Truppen Befehl, sämtliche Ortschaften, die sie räumten, niederzubrennen, um den nachfolgenden sowjetischen Einheiten jede Unterkunftsmöglichkeit zu nehmen. Waffen und Ausrüstungen, die nicht mehr rechtzeitig zurückgebracht werden könnten, seien zu vernichten. Die Nachschubeinheiten müßten als erste zurückverlegt werden.

Die Verluste der Division seit Beginn des Rußland-Feldzuges – und damit auch die des Infanterie-Regiments 9 – hatten sich inzwischen auf 4956 Mann erhöht, davon waren 1415 gefallen, 3377 verwundet und 164 Soldaten vermißt. Eine historische Wende vollzog sich. Nach nur sechs Monaten siegreichem, anscheinend unaufhaltsamem Eroberungsvormarsches begann der Rückzug der Wehrmacht. Nach Napoleons Retraite der zweite in der Geschichte Rußlands.

24 Hitler und seine Generale: Gehorsam bis zur Selbstverleugnung

Väterchen Frost war zum Verbündeten der Sowjets geworden. Über ganz Zentral-Rußland herrschte vorzeitige Kälte, begleitet von heftigem Schneefall. Automatisch war die Versorgung an Lebensmitteln und Treibstoff unterbrochen. Die Motoren sprangen nicht mehr an, zum Teil platzten sie aufgrund unzureichender Frostschutzmittel. Panzer konnten erst gestartet werden, wenn man unter ihnen große Holzfeuer angezündet hatte. Die Rückführung der Verwundeten war fast unmöglich. Schon erste Hilfe erwies sich oft als unmöglich, weil die Verbandspäckchen hart wie Stein gefroren waren und die Soldaten sich sofort Erfrierungen an den Fingern zuzogen, wenn sie den verwundeten Kameraden Verbände anlegen wollten.

General Guderian flog in das Hauptquartier des Oberbefehlshabers der Heeresgruppe Mitte, Bock, um ihm einen persönlichen Bericht über die unhaltbaren Zustände an der Front zu geben, mit der Bitte, den Angriff auf Moskau abzubrechen und die Einnahme auf das Frühjahr zu verlegen. Bock rief beim Oberkommando des Heeres (OKH) in Angerburg an, gab Wort für Wort wieder, was Guderian geschildert hatte.

In Angerburg, einer Kreisstadt im ostpreußischen Regierungsbezirk Gumbinnen, etwa 100 Kilometer südöstlich von Königsberg, saß unweit des Maurersees das OKH. Es war seit Ausbruch des Rußland-Feldzuges von Berlin dorthin verlegt worden und diente nun den Spitzen des Heeres, Generalfeldmarschall von Brauchitsch und Generaloberst Halder, als Befehlszentrale.

Nur etwa 40 Kilometer entfernt, nahe dem Städtchen Rastenburg, lag in einem tiefen Wald, abgesperrt durch Minen und Stacheldrahtverhaue, die »Wolfsschanze«, das »Führerhauptquartier«, wo sich Hitler seit Beginn des Rußland-Feldzuges aufhielt. Brauchitsch und Halder begaben sich nur dann dorthin, wenn sie gerufen wurden. Ihr Verhältnis zu Hitler war nach wie vor nicht das beste. Er mischte sich zwar nicht mehr in die Einzelheiten kleinerer Operationen ein, aber seine intuitiven

Befehle waren voller Überraschungen. Er lebte völlig isoliert, Truppen-, gar Frontbesuche hatte er eingestellt. Die Schlachten, in denen er Tausende von Soldaten opferte, waren für ihn völlig abstrakte Spiele am Kartentisch. Der Tagesablauf in der Wolfsschanze war immer der gleiche: acht Uhr wecken, frühstücken im Bett, Studium aller eingegangenen Meldungen und Zeitungen. Da er keine Fremdsprachen beherrschte, mußten Artikel aus ausländischen Zeitungen übersetzt und wegen seiner Kurzsichtigkeit auf Schreibmaschinen mit übergroßen Typen, genannt »Führertype«, geschrieben werden. 11.30 Uhr erste Lagebesprechung, um 18.00 Uhr die zweite, um 24.00 Uhr die »Nachtlage«. Zwischendurch nahm Hitler seine vegetarischen Mahlzeiten ein, empfing Besuche, las, ging spazieren. Ihm war Büroarbeit zuwider.

Als Generalfeldmarschall von Bock im OKH anrief und fast wortwörtlich die Hiobsbotschaft Guderians über die Zustände an der Ostfront wiederholte, bekam er von Generaloberst Halder zu hören, es hätte gar keinen Zweck, dem »Führer« dies vorzuschlagen. Hitler weigere sich, in das Klagelied seiner Generale einzustimmen. Im Gegenteil, wann immer Generale behaupteten, ein vorgegebenes Ziel nicht erreichen zu können, sei dies für ihn ein Grund mehr, erst recht auf der Durchführung des Befehls zu bestehen.

Guderian flog unverrichteterdinge zu seinen Truppen zurück. Die Kämpfe an der Ostfront wurden immer härter und die Leiden der deutschen Soldaten noch unermeßlicher. Stalin hatte 34 neue Divisionen an die Front geworfen, darunter 20, die zur Verteidigung Moskaus eingesetzt wurden, sibirische Truppen, die mit den Unwirtlichkeiten des Winters bestens fertig wurden und gut gegen die Kälte gerüstet waren. Am 6. Dezember, einem Sonntag, sank das Thermometer auf minus 50 Grad!

Guderians Bereitschaft zum Gehorsam war erschöpft. Er bat seinen Heeresgruppenführer nicht mehr um Rückzugserlaubnis, sondern ordnete ihn kurzerhand an und meldete dies Generalfeldmarschall von Bock telefonisch. Dieser, hin- und hergerissen zwischen der verlorenen Schlacht um Moskau und einem zu Wutausbrüchen neigenden »Führer«, versuchte Zeit zu gewinnen: Ob Guderian sich nicht noch einmal durch persönlichen Einblick vor Ort Gewißheit verschaffen wolle, daß die Front tatsächlich zurückgenommen werden müßte.

Guderian: »Was glauben Sie, wo ich bin? Ich bin in Jasnaja Poljana, und neben meinem Gefechtsstand wird gekämpft!«

Bock trug anderntags in sein Tagebuch ein: »Schwerer Tag. Der rechte Flügel der Panzer-Gruppe 3 hatte in der Nacht begonnen, sich abzusetzen. Die Einbrüche am Nordflügel der Panzer-Gruppe sind unangenehm. Auch auf dem rechten Flügel der 9. Armee hat der Feind seinen Einbruch wesentlich erweitert. [. . .] Der Russe hat es verstanden, unsere Transportschwierigkeiten durch Zerstörung nahezu aller Kunstbauten an den Hauptbahnen und Straßen so zu steigern, daß es der Front am Allernötigsten zum Leben und Kämpfen fehlt. Munition, Betriebsstoff, Verpflegung und Winterbekleidung kommen nicht heran. Die Leistung der infolge Versagens der Bahnen und nach 1500 Kilometer langem Vormarsch überbeanspruchten Kraftfahrgeräte sinkt zusehends ab. So kommt es, daß wir heute jeder Möglichkeit zu nennenswerten Truppenverschiebungen beraubt sind und mit versagendem Nachschub einem Feind gegenüberstehen, der unter rücksichtslosem Einsatz seiner unerschöpflichen Menschenmassen zum Gegenangriff antritt. In überraschend kurzer Zeit hat der Russe zerschlagene Divisionen wieder auf die Beine gestellt, neue aus Sibirien, aus Iran und dem Kaukasus an die bedrohte Front geworfen und seine verlorene Artillerie durch zahlreiche Raketengeschütze zu ersetzen gesucht. Heute stehen 24 – größtenteils aufgefüllte – Divisionen mehr vor der Heeresgruppenfront als am 15. November. Demgegenüber ist die Kraft der deutschen Divisionen durch die ununterbrochenen Kämpfe und durch den mit großer Gewalt hereinbrechenden Winter auf weniger als die Hälfte herabgesetzt; der Kampfwert der Panzer-Gruppen ist weit geringer. Die Verluste an Führern und Unterführern sind erschreckend hoch und können zur Zeit noch weniger wie die Mannschaftsverluste ausgeglichen werden.

Die Befehle zu rücksichtslosem Nachdrängen waren gerechtfertigt, solange die oberste Führung Anhaltspunkte dafür zu haben glaubte, daß der Feind nur noch mit allerletzter Kraft um sein Leben rang; das Streben, ihn dann in einem kurzen Anlauf endgültig niederzuwerfen, war ›des höchsten Einsatzes wert‹ – wie das Oberkommando des Heeres forderte. Das aber war ein Irrtum, und die Heeresgruppe ist nun gezwungen, unter schwierigsten Verhältnissen zur Abwehr überzugehen.«

In welch abstruser Scheinwelt Hitler lebte, war auch daran zu erkennen, daß er Sorge hatte, sein Verbündeter Japan könnte den Krieg gegen die Sowjetunion eröffnen. Statt sich wegen der damit verbundenen Entlastung an der Ostfront zu freuen, meinte er: »Wenn Rußland nun zusammenbricht und England mit uns Frieden machen will, könnte

Japan uns nur hinderlich sein.« Als die Japaner am 7. Dezember 1941 den amerikanischen Stützpunkt im Pazifik, Pearl Harbor, angriffen, fünf Schlachtschiffe und 188 amerikanische Flugzeuge vernichteten, drei weitere Schlachtschiffe und Kreuzer sowie vier Zerstörer beschädigten, war Hitler völlig überrascht.

Am 11. Dezember 1941 unterbrach Hitler seinen Aufenthalt in der Wolfsschanze, um im Berliner Reichstag eine Rede zu halten und den Vereinigten Staaten von Amerika seinerseits offiziell den Krieg zu erklären. Ziemlich zu Beginn seiner Ausführungen operierte er mit zwei handfesten Lügen: »Ich habe keinen Krieg gesucht, sondern habe im Gegenteil alles getan, um ihn zu vermeiden. [...] Weil ich Sowjet-Rußland für die tödlichste Gefahr nicht nur des Deutschen Reiches, sondern für ganz Europa hielt, habe ich mich entschlossen, wenn möglich noch wenige Tage vor Ausbruch dieser Auseinandersetzung selbst das Signal zum Angriff zu geben.«

Der Atheist Hitler hatte keine Hemmungen, sich auf Gott zu berufen. »Angesichts der uns vielleicht im ganzen Umfang aber wirklich erst heute bewußt gewordenen Größe der Gefahr kann ich dem Herrgott nur danken, daß er mich zur richtigen Stunde erleuchtet hat und mir die Kraft schenkte, das zu tun, was getan werden mußte.«

Der »Führer« erging sich dann in einer Aufzählung bisheriger Erfolge: »Am 1. Dezember betrug die Gesamtzahl der gefangenen Sowjetrussen 3806865, die Zahl der vernichteten oder erbeuteten Panzer betrug 21391, die der Geschütze 32541 und die der Flugzeuge 17322. Im gleichen Zeitraum wurden 2191 britische Flugzeuge abgeschossen, durch die Kriegsmarine 4170611 Bruttoregistertonnen, durch die Luftwaffe 2346180 Bruttoregistertonnen versenkt. [...] Der Einbruch des Winters allein wird dieser Bewegung nunmehr eine Hemmung auferlegen. Der Einbruch des Sommers wird die Bewegung wieder nicht mehr verhindern können.«

Dann wandte er sich den Vereinigten Staaten zu: »Und nun lassen Sie mich demgegenüber zu jener anderen Welt Stellung nehmen, die ihren Repräsentanten in dem Mann hat, der, während die Völker und ihre Soldaten in Schnee und Eis kämpfen, in taktvoller Weise vom Kaminfeuer aus zu plaudern pflegt, und damit also vor allem von jenem Manne, der der Hauptschuldige an diesem Krieg ist.« Dann nennt er den Namen des amerikanischen Präsidenten Roosevelt. Dieser habe vor dem Hintergrund riesiger Arbeitslosigkeit in den Staaten nur den einzigen Wunsch, »daß irgendwo in der Welt ein Streit ausbricht, am besten in Europa, der ihm die Möglichkeit gibt, durch Verpflichtung der amerikanischen Wirtschaft an einen der beiden Streitenden eine politische Interessenverflechtung herzustellen, die geeignet sein könnte, Amerika einem solchen Konflikt langsam näherzubringen und damit die Aufmerksamkeit von seiner zerfahrenen Wirtschaftspolitik im Inneren nach außen abzulenken«.

Nachdem Hitler dann eine Reihe angeblich provokatorischer Handlungen des amerikanischen Präsidenten aufgezählt hat – Abtretung von 50 amerikanischen Zerstörern an die englische Flotte, Sperrung der deutschen Guthaben in den Vereinigten Staaten, Schießbefehl gegen die Achsenkriegsschiffe* –, begrüßt er, daß Japan kurz zuvor mit seinem Angriff auf Pearl Harbor Amerika den Krieg erklärte.

»Ich habe daher dem amerikanischen Geschäftsträger die Pässe zustellen und ihm folgendes eröffnen lassen:

Im Verfolg der immer weiteren Ausdehnung einer auf unbegrenzte Weltherrschaftsdiktatur gerichteten Politik des Präsidenten Roosevelt sind die Vereinigten Staaten von Amerika im Verein mit England vor keinem Mittel zurückgewichen, um dem deutschen, dem italienischen und auch dem japanischen Volk die Voraussetzungen ihrer natürlichen Lebenshaltung zu bestreiten. [...] Seit Kriegsbeginn hat sich der amerikanische Präsident Roosevelt in steigendem Maße eine Reihe schwerster völkerrechtswidriger Verbrechen zuschulden kommen lassen. [...] Dadurch ist das aufrichtige und von beispielloser Langmut zeugende Bestreben Deutschlands und Italiens, trotz der seit Jahren erfolgten unerträglichen Provokationen durch den Präsidenten Roosevelt eine Erweiterung des Krieges zu verhüten und die Beziehungen zu den Vereinigten Staaten aufrechtzuerhalten, zum Scheitern gebracht worden. Deutschland und Italien haben sich demgegenüber nunmehr endgültig gezwungen gesehen, getreu der Bestimmungen des Drei-Mächte-Pakts vom 27. September 1940 Seite an Seite mit Japan den Kampf zur Verteidigung und damit zur Erhaltung der Freiheit und Unabhängigkeit ihrer Völker und Reiche gegen die Vereinigten Staaten von Amerika und England gemeinsam zu führen.«

* Gemeint sind die Kriegsschiffe Deutschlands und Italiens.

25 Historische Wende: die Wehrmacht auf dem Rückzug

Der Kommandeur des I. Bataillons, Hauptmann Graf von Bothmer, war gefallen, der Kommandeur des II. Bataillons, Major Schmidt, tot, Regimentskommandeur, Oberst Raegener, schwer verwundet, mehrere Offiziere seines Stabes auch. Weder dem Regiment noch der Division und schon gar nicht dem Armeekorps standen Reserven zur Verfügung. Am 6. Dezember waren die Sowjets zum Gegenangriff angetreten. Die einzig realistische Auffanglinie für die gesamte Heeresgruppe Mitte bildeten die Flüsse Desna und Dnjepr. Das hieß, die Truppen mußten bis zu 300 Kilometer zurückgenommen werden – bei klirrendem Frost und tiefem Schnee.

Die aus Sibirien rekrutierten sowjetischen Truppen trugen nicht nur Uniformen aus dickem Tuch, Pelzkappen, Fell- oder Filzstiefel, fast knöchellange Wollmäntel und darüber weiße Schneehemden, sondern sie besaßen überdies Kettenfahrzeuge, die mit Motoröl für tiefste Temperaturen geschmiert waren. Sie setzten Pferde ein, wo die deutschen Kradmelder mit ihren Motorrädern steckenblieben. Drei Armeen des russischen Marschalls Schukow konzentrierten ihre Angriffe auf den Frontabschnitt, an dem auch das Infanterie-Regiment 9 kämpfte. Sie durchstießen die deutsche Linie, Moskau war längst gerettet. Die Temperaturen fielen bis auf minus 40 Grad. Das Tageslicht währte nur sechs Stunden, 18 Stunden herrschte Dunkelheit, drückte zusätzlich auf das Gemüt der deutschen Soldaten. Was die sich zurückziehenden Deutschen überhaupt noch auf den Beinen hielt, war die Angst, in sowjetische Gefangenschaft zu geraten. Nicht wenige erschossen sich in ihrer Verzweiflung.

Zu Hause in Deutschland hatte Hitler das Oberkommando des Heeres übernommen, nachdem der bisherige Befehlshaber von Brauchitsch am 5. Dezember sein Abschiedsgesuch eingereicht hatte. Auch der Befehlshaber der Heeresgruppe Mitte, Fedor von Bock, wurde abgelöst und durch Generalfeldmarschall von Kluge ersetzt. Sogar General Guderian war bei Hitler in Ungnade gefallen, weil er es gewagt hatte, in einer persönlichen Audienz um die Rücknahme der Front zu bitten. Vergeblich hatte er dem »Führer« die Leiden der Soldaten in dieser furchtbaren Winterschlacht zu schildern versucht. Aber Hitler war unnachgiebig geblieben. Am 17. Dezember ging bei der Heeresgruppe Mitte ein Fernschreiben aus Angerburg ein:

»Der Führer hat befohlen:

Größere Ausweichbewegungen können nicht durchgeführt werden. Sie führen zum völligen Verlust von schweren Waffen und Gerät. Unter persönlichem Einsatz der Befehlshaber, Kommandeure und Offiziere ist die Truppe zum fanatischen Widerstand in ihren Stellungen zu zwingen, ohne Rücksicht auf durchgebrochenen Feind in Flanken und im Rücken. Nur durch eine derartige Kampfführung ist der Zeitgewinn zu erzielen, der notwendig ist, um die Verstärkungen aus der Heimat und dem Westen heranzuführen, die ich befohlen habe.«

Zwei Tage später ging auf dem Regimentsgefechtsstand ein Tagesbefehl der Division ein:

»Die Gesamtkriegführung verlangt gebieterisch, daß die augenblickliche Rückwärtsbewegung an der Lama zum Halten kommt und die Division dort, beiderseits angelehnt, endgültig stehenbleibt. *Die Lama-Stellung muß bis zum letzten Mann verteidigt werden!!*

Ich mache die Kommandeure persönlich dafür verantwortlich, daß dieser Befehl unseres Führers und obersten Befehlshabers mit eiserner Tatkraft und rücksichtslos durchgreifender Härte ausgeführt wird. [. . .]«

Vorangegangen war ein noch schärfer abgefaßter Durchhaltebefehl des kommandierenden Generals des V. Armeekorps, der sich wiederum auf einen Befehl Hitlers berief: »Jetzt sind wir in einer Stellung angelangt, die gut ist und auch mit schwachen Kräften verteidigt werden kann. *Diese Stellung ist zu halten!* Dazu ist sofortiger weiterer Ausbau des Zwischengeländes mit heizbaren Unterständen für Feldwachen, vor allem aber die Einrichtung aller Dörfer bis acht Kilometer Tiefe zur Rundumverteidigung *in* den Häusern, und Bau von Unterständen in jedem Haus gegen schweren Beschuß erforderlich. Stößt dann der Russe bei Nacht oder Nebel zwischen den Dörfern durch, dann muß er bei jedem Dorf auf diese stets gefechtsbereite Igelabwehr stoßen und dann soll er im freien Gelände erfrieren. *Ich verbiete* hiermit *jedes Aufgeben* einer Stellung oder eines Dorfes. Ich werde jeden Führer, der ein Dorf ohne meine persönliche Genehmigung aufgibt, vor ein Kriegsgericht stellen.

Dies ist allen Offizieren und Unteroffizieren innerhalb von 48 Stunden nach Eingang dieses Befehls zu eröffnen.

Und noch eines, meine Herren Kommandeure, es gehen teilweise, und zwar meist bei den Kolonnen, würdelose und völlig unberechtigte Latrinengerüchte über große Verluste und Übermacht des Russen, der in Wahrheit fast kein Geschütz mehr und nur noch wenige Panzer vor uns gezeigt hat, um. Ich bitte dringend, diesen Gerüchten in jedem einzelnen Fall so nachzugehen, daß diese Miesmacher belangt werden können. Wer diese Verfolgung unterläßt, den werde ich selbst vors Kriegsgericht bringen.

Wir sind stolze, selbstbewußte deutsche Soldaten und sehen mit Verachtung auf die Bolschewiken. Die jetzige körperliche Erschlaffung werden wir in einigen Tagen überwinden. Wir wissen, was wir Führer und Volk schuldig sind, und wollen danach handeln!«

»So, so, die Stellung halten«, sagte Feldwebel Gottfried Becker. »Welche Stellung denn, bitte schön?« Sie waren auf dem Rückzug in Richtung Wolokolamsk. Das Kaff, das sie im tiefen Schnee erreicht hatten, schien überhaupt keinen Namen zu haben. Alles verschwand in einem diffusen, milchigen Weiß. Sein Vorgesetzter war mittlerweile Leutnant Bremse. Der sagte: »Hier sind doch Stellungen, zwar noch nicht ganz fertiggebaut, aber das können wir jetzt machen.« Becker und seine Männer schauten sich an. Ihre Gesichter drückten ein und denselben Gedanken aus: Der spinnt doch! Nach einem strapaziösen Marsch durch Schnee und Eis, ohne Schlaf, dafür mit Kämpfen, sollten sie sich nun in den steinhart gefrorenen Boden weiter eingraben? Der Leutnant insistierte: »Kinder, guckt euch um, hier sind die ausgebauten Stellungen.« Was sie sahen, waren kahle Höhlen, zum Teil von Schneewehen bedeckt, gefrorener Boden. Aber dann dachten sie an die Sowjets, die ihnen auf den Fersen waren und sie bald eingeholt haben würden. Da konnte es lebensrettend sein, wenn man eine schützende Stellung hatte. Becker schnallte als erstes seinen Feldspaten ab und fing an, ein bereits halbwegs zur Hälfte vom Schnee zugewehtes Loch freizuschaufeln. Mürrisch und schimpfend (»Die da oben sind total plemplem!«) folgte sein Zug dem Beispiel. Leutnant Bremse schaltete sich noch einmal ein: »Jetzt haltet die Schnauze. Los, ran! Einbuddeln!«

Sie schafften schließlich das schier Unmögliche. Mit ihren zur Spitzhacke abgekippten Spaten und einem einzigen Beil für alle rissen sie den Boden auf. Wo sie nicht mehr weiterkamen, sprengten sie mit Handgranaten die einen Meter tief gefrorene Erde. Mit Müh und Not, nach einer Nacht der Plackerei, schafften sie es bis zum Morgen, hatten sich aus den Bauernkaten Öfen besorgt und Gott weiß woher Holz. So konnten sie jetzt sogar ihre Erdbunker beheizen. Auf das Bunkerbauen verstanden sie sich mittlerweile. Da waren sie Experten, da machte ihnen keiner etwas vor. In eine Seitenwand des Erdbunkers trieben sie ein im Durchmesser etwa 20 Zentimeter großes Loch, tief genug, um es dann nach etwa einem halben Meter zur Decke zu durchstoßen, so daß das Ganze die Funktion eines rechtwinkligen Heizrohrs mit sehr viel Zugluft bekam.

Der Angriff der Sowjets begann mit Artilleriefeuer. Die Einschläge rückten immer näher, es kam zu den ersten Ausfällen, wieder gingen einem die jähen Entsetzens- und Schmerzensschreie der Getroffenen durch Mark und Bein. Am zweiten Weihnachtsfeiertag konnten sie ihre Bunkerstellung vor dem Ort nicht mehr halten, mußten sich, einander Feuerschutz gebend, zu den wenigen Häusern des Dorfes zurückziehen. Obwohl überall gefallene feindliche Soldaten lagen, gab der Gegner nicht nach. Die Sowjets hatten sich jetzt so nah herangekämpft, daß ihre Gesichter zu erkennen waren.

Feldwebel Becker hatte die Übersicht verloren, wußte nicht mehr, welche Häuser vom Gegner schon im Nahkampf genommen worden waren, welche noch von seinen Kameraden gehalten wurden. Er stand an einer Hauswand – da passierte es. Er wollte schießen, aber sein Gewehr fiel ihm aus der Hand! Er bückte sich, um es schnell aufzuheben, da stand ein Russe vor ihm. Keine vier Meter trennten sie. Aus! durchfuhr es Becker. Jetzt bist du erledigt. Der Russe zielte kurz auf ihn, dann fiel ein Schuß. Becker zuckte instinktiv zusammen, spürte aber keinen Schmerz. Im nächsten Moment sah er den Russen zusammenbrechen. Becker fuhr herum. Hinter ihm stand Seppl Kuhnert. »Mensch, Seppl, Seppl, du hast mir das Leben gerettet.«

»Warum läßt du auch die Knarre fallen?«

Ja, warum hab' ich mein Gewehr fallen lassen, dachte sich Becker. Er bückte sich erneut, um das mit Schnee bedeckte Gewehr aufzuheben. Aber er konnte es nicht packen. Plötzlich merkte er, daß er kein Gefühl mehr in den Händen hatte. Ihm wurde vor Schreck glühend heiß. Jetzt haste dir die Hände erfroren! Das Gewehr, das er unbeholfen aus dem Schnee klaubte, rutschte ihm von neuem aus den Händen. Inzwischen merkte auch Kuhnert, was mit seinem Feldwebel passiert war. »Deine

Flossen sind erfroren, nicht wahr?« Becker nickte stumm, in seinem Blick lag Panik. »Scheiße, warum muß ausgerechnet mir das passieren?«

Kuhnert sagte nur: »Los, laß uns abhauen.« Geduckt hasteten sie zurück zu den rückwärts liegenden Häusern. Irgendwo in einem Haus am Dorfende lag der Bataillonsgefechtsstand, und dort war auch der Sanitäter. Als sie inmitten des Gefechtslärms die Strecke dorthin geschafft hatten, guckte der »Sani« nur mit gelangweilter Miene auf Beckers Pranken. Teilweise waren sie schon schwarz verfärbt. Der Sanitäter rieb sie mit Ichthyol-Salbe ein. »Verbandszeug haben wir nicht mehr. Aber hier sind ein paar Hemden«, sagte er und riß eines in lange Fetzen. Als er mit dem Verbinden fertig war, meinte er: »Wir haben hier zwar eine Revierstube, aber da kannst du nicht bleiben. Die ist voll mit Verwundeten. Und wann die abgeholt werden, weiß ich nicht. Ich weiß auch nicht, ob wir überhaupt dieses Kaff noch lange verteidigen können. Wenn du laufen kannst, gebe ich dir einen Oberjäger mit, der hat eine Schulterverwundung. Dann kämpft ihr euch durch bis zum Regimentsverbandsplatz.«

Becker überlegte, aber man ließ ihm keine Zeit. »Nun aber raus!« schimpfte der Sani. Der mit der Schulterverletzung hatte sich bereits zu Becker gesellt. Sie stießen die Tür auf, traten ins Freie und hätten am liebsten auf der Stelle wieder kehrtgemacht. Draußen war es inzwischen dunkel, es schneite unaufhörlich. Becker sagte zu dem Oberjäger: »Am besten gehst du voran und tastest dich an den von den Fernmeldern am Boden verlegten Telefonleitungen zurück. Ich folge dir einfach.« Der andere nickte. Hinter dem Haus fanden sie die Leitungen schnell. Der Oberjäger hatte dicke Handschuhe an, er nahm die Leitung auf und ließ sie, während er vorwärtsging, durch die behandschuhte Linke gleiten. Becker stapfte hinter ihm durch den Schnee. Aus der Ferne war Geschützlärm zu hören, im Ort fielen vereinzelt Schüsse. Irgendwo bellte ein Maschinengewehr.

Die beiden taumelten mehr, als daß sie gingen, immer an der Telefonleitung entlang. Wege waren bei dieser Witterung nicht mehr zu erkennen. Die Wolkendecke verhinderte, daß sie sich an den Sternen orientieren konnten. Was, dachte Becker mit Schrecken, wenn sie abgerissen ist und wir das andere Ende nicht finden? Er spürte zunehmende Schmerzen in den Händen. Er vergrub die Hände in den Taschen seines zerschlissenen Wehrmachtsmantels, was das Vorwärtsstapfen schwierig machte. Mehrmals verlor er das Gleichgewicht, stürzte keuchend zu

Boden. Nur mit Hilfe des anderen kam er wieder auf die wackligen Beine. Beim Verlassen der Lazarettstube hatte er noch einmal auf seine Uhr geschaut; sie zeigte kurz vor 21.00 Uhr. Inzwischen riß die Wolkendecke ein wenig auf, Mondlicht fiel auf die weite Schneefläche, Milliarden von Schneekristallen glitzerten. Er dachte an Weihnachten und an Zuhause.

Nachdem sie gut zwei Stunden gelaufen waren, tauchten schemenhaft ein paar in der Landschaft geduckt stehende Häuser auf. Im ersten endete das Telefonkabel. Sie traten ein, wohliger Mief schlug ihnen entgegen. Sie registrierten die Geschäftigkeit eines Stabes. Ihnen wurde bedeutet, sich in ein anderes Haus zu begeben, dort sei der Verbandsplatz. Als sie sich dem Haus näherten, drehte sich der Oberjäger um: »Junge, Junge, was für eine elende Holzbude.« Durch ein vereistes Fenster sahen sie einen Soldaten, hinter ihm einige Gestalten. Sie stießen die Tür auf, wieder prallte ihnen dumpfer Mief entgegen. Durch ihre mit Schnee und Eis verkrusteten Wimpern erkannten sie schließlich im Funzellicht überall liegende, sitzende, stehende Soldaten mit Verbänden, die lethargisch vor sich hin stierten. »Raus!« schrie einer. »Was wollt ihr hier?« schrie ein zweiter. »Raus, wir können euch nicht gebrauchen!«

Becker blaffte zurück: »Halt die Fresse. Ich hab' schwere Erfrierungen, und mein Kumpel ist verwundet!«

»Trotzdem können wir euch hier nicht brauchen. Seht ihr nicht, daß die Bude rammelvoll ist? Sucht euch ein anderes Haus.« Brutal wurden sie rausgedrückt. Einer rief ihnen noch nach: »Zu fressen gibt's hier auch nichts, gar nichts. Ihr braucht euch gar keine Hoffnungen zu machen.«

Im nächsten Haus gewährte man ihnen Einlaß, aber im ersten Moment waren sie drauf und dran kehrtzumachen. Nur die draußen herrschende Kälte hielt sie davon ab. Das Haus, genauer gesagt die Hütte, bestand aus einem einzigen Raum, der von einer Wachskerze erleuchtet wurde. Ringsum lagen oder saßen mit dem Rücken gegen die Wand gelehnt Verwundete. Einzelne brüllten ihren Schmerz heraus. Ein Arzt versuchte hier und da, die Schmerzen zu lindern, gab dem einen eine Spritze, erneuerte bei dem anderen den Notverband. Mehr konnte er in dieser trostlosen Situation offenbar nicht machen. In einer Ecke sah Becker einen jungen Verwundeten, dem nicht mehr zu helfen war. Sein Gesicht war eingefallen und aschfahl. Er atmete schwer, sein Verband über dem Leib war dunkelrot gefärbt. Wer weiß, welch bravouröse Tat er vollbracht haben mochte, als er getroffen wurde. Nun war nichts Heldenhaftes mehr an ihm. Kein Pfarrer war zugegen, der ihn an die Pforte der Ewigkeit hätte begleiten können. Ein anderer Verwundeter schrie ohne Unterlaß: »Ich will operiert werden! Ich will operiert werden!« Der Arzt kniete bei ihm nieder, versuchte, ihn zu trösten: »Sobald wir dich hier rausgebracht haben, wirst du operiert. Ich kann es hier nicht machen.« Es war, als redete er mit einem unvernünftigen Kind. Der Verwundete stammelte weiter: »Aber operiert mich doch! Bitte, bitte, operiert mich!«

Der Schock der Verwundung steckte noch in den meisten, bewirkte eine Störung von Muskulatur, Kreislauf und Herzschlag. Wenn diese Verletzten nicht mit ärztlicher Hilfe aus diesem Schockzustand zurückgeholt werden würden, konnte der Tod eintreten. Die Nacht schien endlos. An Schlafen war bei den Schmerzensschreien nicht zu denken.

Irgendwann brach draußen Dämmerlicht an. Der Arzt, sein Gesicht war von tiefen Augenrändern gezeichnet, das Haar hing ihm klebrig in die Stirn, trat auf Becker zu: »Sie und der Oberjäger müssen jetzt weiter bis zum Divisionsverbandsplatz. Ich gebe Ihnen noch einen Verwundeten mit, den Sie auf einem Schlitten ziehen können. Bevor Sie losziehen, kriegen Sie einen Schluck Kaffee und einen Kanten Brot. Mehr haben wir nicht.« Entschuldigend zuckte er mit den Achseln. Es schien, als sei ihm alles egal, als hätte er sich bereits auf den Weltuntergang eingestellt.

Den Verwundeten etwa 20 Kilometer durch den tiefen Schnee zu ziehen war eine Tortur, die nur noch von dem Kohldampf übertroffen wurde, den die drei Männer hatten. Ein ums andere Mal kippte der Schlitten um. Dem Dritten waren beide Knie zerschossen worden, nunmehr geschwollen, so groß wie zwei Kinderköpfe. Die Schmerzen mußten teuflisch sein. Aber der Mann hatte eine Riesengeduld, klagte nicht ein einziges Mal, wenn er vom Schlitten in den tiefen Schnee fiel.

Völlig erschöpft trafen sie im nächsten Dorf ein, wo sie den Divisionsverbandsplatz vermuteten. Einige Häuser waren von Dienststellen belegt, von denen man nicht den Eindruck hatte, daß sie eine Aufgabe hatten. Auf der einzigen breiten Straße, die durch den Ort führte, loderten riesige Holzhaufen. Um sie herum, in einem offenen Viereck, hatte man Stroh aufgeschüttet. »Was ist denn hier los?« fragten sie einen Soldaten, der am Wegesrand stand und gleichgültig an einem Stück Brot kaute.

»Auf die Strohhaufen kommen die Verwundeten, denn in den Häusern gibt es keinen Platz mehr. Alles voll.«

»Wo ist denn die Meldestelle?«

»Dahinten.« Der Soldat wies mit dem Kopf auf ein weiter rückwärts liegendes Holzhaus. Becker und der Oberjäger zogen ihren Schlitten mit dem Verwundeten die letzten Meter. »Bleib du mal bei dem Kumpel, ich klär' die Lage«, sagte Becker und betrat das Haus.

»Raus!« schrie wieder jemand aus dem Dunkel des Raumes. »Wenn du was zu essen brauchst, gegenüber in dem Schuppen kriegst du eine Stulle und einen Topf Kaffee. Mehr ist nicht da.«

»Ich habe draußen auf einem Schlitten noch einen Verwundeten. Was soll mit dem geschehen?«

Es entstand eine Pause. Becker verfluchte seine Erfrierungen. Sonst hätte er denen, die da ihren Arsch im Warmen hatten, seine Pistole unter die Nase gehalten. Betont gnädig sagte jemand: »Bring ihn rein und leg ihn hier auf die Bank. Wir kümmern uns um ihn.« Becker und der Oberjäger taten wie geheißen, dann stapften sie durch den festgefahrenen Schnee zu dem anderen Haus und bekamen, wie versprochen, Kaffee und trockenes Brot. »Mich hält hier nichts«, sagte Becker kauend. Der Oberjäger mußte ihm für jeden Bissen das Brot zum Munde führen.

»Wo willste denn hin?«

»Irgendwohin, wo ich anständig versorgt werde.«

»Na dann viel Glück. Ich bleibe hier.« Becker kaute stumm weiter, überdachte seinen Entschluß. Als er sein Brot verdrückt und den Kaffee ebenfalls mit Hilfe des anderen ausgetrunken hatte, beharrte er: »Ich zieh Leine, tschüß.«

»Mach's gut«, rief er Becker hinterher. Der stapfte weiter, verschwand hinter dem Ortsausgang. Die Straße, das heißt, was man unter der festgefahrenen Schneedecke als Straße vermuten konnte, war rechts und links durch Stöcke mit Strohbüscheln gekennzeichnet. Es herrschte etwas Verkehr. Versorgungsfahrzeuge pendelten hin und her. Geschütze wurden an die Front gebracht. Nach dem ersten Kilometer bereute es Becker, sich auf den Weg gemacht zu haben. Aber umkehren mochte er nun auch nicht. Das verbat ihm sein Stolz.

Nach einer Weile verspürte er ein menschliches Bedürfnis. Er mußte urinieren. Aber wie? Mit seinen verbundenen Händen konnte er sich nicht einmal den Hosenschlitz aufknöpfen. Einfach in die Hose machen? Er wußte, bei diesen Temperaturen wäre die Hose bald hart gefroren. In dem Moment näherte sich von vorne ein Fahrzeug. Er winkte mit einer seiner verbundenen Hände. Das Fahrzeug bremste, stellte sich rutschend leicht quer. Ein Oberleutnant saß am Lenkrad. »Kannst du mir helfen? Mir mal die Hose aufmachen?« Becker hielt ihm entschuldigend seine verbundenen Hände entgegen.

»Was hast du denn gemacht?«

»Erfroren.«

»Armer Hund.« Der Oberleutnant kraxelte aus dem Fahrzeug, trat mit ihm an den Wegesrand, öffnete ihm den Hosenschlitz und fingerte das Glied heraus. Becker war erleichtert, bedankte sich, als die Prozedur beendet war. Der Oberleutnant tat, als hätte er gerade das Selbstverständlichste der Welt gemacht. »Ist schon gut«, wehrte er ab. »Leider kann ich dich nicht zurückbringen. Ich habe einen wichtigen Auftrag an der Front zu erledigen. Alles Gute.«

»Danke noch mal!« rief Becker dem Fahrzeug nach, dessen Hinterräder beim Anfahren leicht durchdrehten. Gott sei Dank waren seine Füße nicht erfroren. Er trug Fußlappen und Lederstiefel. Und im übrigen hatte er eine dicke Hornhaut. Da der Schnee trocken war, blieben auch Stiefel und Füße trocken. Aber Handschuhe hatte er nicht besessen, sondern sich mit ein paar alten auseinandergeschnittenen Strümpfen beholfen. Die hatte er über die Unterarme gezogen und sie, wenn er im Freien war, als Ersatzhandschuhe über die Hände gezogen. Aber als das mit der Erfrierung passierte, hatte er seine Ersatzhandschuhe vor Aufregung entweder im Erdbunker oder in einem der Häuser vergessen und war mit bloßen Händen, das schnell erkaltende Gewehr im Griff, ins Freie gestürmt. Innerhalb weniger Minuten mußten ihm die Hände erfroren sein.

Es begann zu dunkeln, als er ein Dorf erreichte, in dem eine Artillerie-Einheit lag. Hier bekam er die erste heiße Suppe seit Tagen. Sie fuhren ihn auch in einen größeren Ort, wo es einen Hauptverbandsplatz gab.

Dort war eine Verwundetensammelstelle, die Eisenbahntransporte organisierte. Sie setzten Becker auf einen Zug nach Wjasma. Es war ein Zug, der nur aus Güterwagen bestand. Drinnen hatten sie Stroh ausgestreut und einen Ofen aufgestellt, allerdings viel zu wenig Holz bereitgehalten. Ihre Notdurft mußten sie meistens während der Fahrt in einer Ecke des Waggons verrichten. Einen Eimer gab es nicht. Es stank bestialisch. So fuhren sie zwei Tage, vielleicht waren es auch drei, auf einspurigen Strecken, bis sie am Silvesterabend in Wjasma eintrafen. In einer Ecke lag ein Leutnant aus Baden-Baden, der brüllte immerfort: »Erschießt mich doch, erschießt mich doch!« Er hatte einen Bauchschuß. Wann immer der Zug stehenblieb, sprangen zwei, drei Mann hinaus, um in der Nähe ein bißchen Holz zusammenzuklauben. An einem Haltepunkt erhielten sie zu ihrer großen Überraschung sogar etwas Verpflegung: Brot, ein bißchen Butter und eine Flasche Wein. Ein wenig Schnaps gab es auch, aber den mochte keiner. Nun wurde es ihnen wenigstens warm, warm von innen.

Becker spürte ein leichtes Kribbeln auf seinen Händen unter dem Verband. Zunächst war es eher ein wohliges Gefühl, aber schon am zweiten Tag war es ein unmenschlicher, nicht auszuhaltender Juckreiz. Schließlich begann es ihn am ganzen Körper zu jucken. Ein Gefreiter, mit dem er sich angefreundet hatte, zog ihm den Pulli aus. Da sah er die Bescherung: Laus an Laus hing auf der Innenseite des Pullovers. Nun wußte er auch, welche Bewandtnis es mit dem Juckreiz unter den Verbänden hatte. Der Gedanke, daß die eiternden Wunden mit Läusen übersät waren, löste in ihm Ekel aus. »Was machen wir mit deinem Pulli?« fragte der Gefreite.

»Häng ihn draußen an die Güterwagentür.«

Der Zug stand gerade wieder in irgendeinem gottverlassenen Kaff. Der Gefreite tat wie geheißen und zog anschließend die Waggontür zu. Nach einer Weile hörte Becker ein Geräusch an der Tür. Er dachte sofort an seinen Pullover. »Schieb mal auf!« rief er dem Gefreiten zu, »ich glaube, da klaut einer meinen Pulli.« Die Tür wurde leicht aufgeschoben, da sahen sie einen Russen mit dem Pullover stiftengehen. Becker rief ihm nach: »Kannst ihn ruhig behalten, er wird dir keine Freude machen.«

Im nächsten Ort stand auf einem Nachbargleis ein Güterzug mit gefangenen Sowjets. Bei einem Waggon war die Seitentür geöffnet. »Da, guck mal, was machen die denn da drüben?« rief aufgeregt einer aus Beckers Waggon. »Ja, Mensch, guck doch mal hin! Die fressen sich ja selber auf!«

»Was machen die?«

»Ja, schau mal da hin, die wühlen doch in einem Kerl rum und stecken sich das in den Mund!«

Becker und die anderen schauten hinüber, sahen blutverschmierte Hände und kauende Münder. Ihr Hunger mußte so unbändig gewesen sein, daß sie einen gestorbenen Kameraden verzehrten. Entsetzen breitete sich im Waggon mit den deutschen Verwundeten aus. Keiner sagte ein Wort. Sie hatten die Sowjets nicht gemocht. Es war eine von der NS-Propaganda anerzogene Antipathie. Sie hatten auch nicht ihre vom Feind verstümmelten, in Gefangenschaft geratenen Kameraden vergessen. Aber das hier, das löste bei ihnen keine Haßgefühle aus, es machte sie zutiefst erschrocken. Daß Krieg so furchtbar sein konnte, hatten sie sich nicht vorgestellt.

In Wjasma wurden sie das erste Mal ordentlich verpflegt, aber ihre Verbände konnte man nicht erneuern. Die Waggons mit den Verwundeten wurden zu einem erneuten Transport, diesmal nach Smolensk, zusammengestellt. Wieder waren sie Tage unterwegs, standen länger, als sie fuhren. In Smolensk angekommen, waren ihre Glieder von der Kälte und der langen Fahrt steif. Manche ließen sich aus den Waggons fallen. Die Schwerverletzten wurden auf Tragen herabgelassen. Das Lazarett lag auf einer Anhöhe. Wer laufen konnte, mußte die Strecke zu Fuß zurücklegen. Laufen? Sie torkelten den Weg zur Anhöhe, ein Bild des Jammers. Zum Teil trugen sie sowjetische Uniformmäntel und Mützen. Viele hatten statt Schuhen nur Lappen an den Füßen. Sie unterschieden sich äußerlich kaum von sowjetischen Gefangenen.

Becker mußte an seine Schulzeit denken, an ein Bild, das in der Quarta im Klassenzimmer hing. Darunter stand geschrieben: »Mit Mann und Roß und Wagen hat sie der Herr geschlagen.« Es zeigte Napoleons Armee auf dem Rückzug. Genauso zerlumpt und geschlagen sahen sie jetzt aus. Es war zudem Nacht und unheimlich kalt.

Vor dem Lazarett angekommen, sah er das gleiche Bild wie zuvor in einem der russischen Dörfer, die er auf seinem Rückmarsch von der Front durchquert hatte: Auf der Straße brannten große Holzfeuer, um die im Halbkreis Stroh geschüttet war. Auf diesem Stroh lagen bereits Verwundete. Das Lazarett war total überfüllt. Auch Becker und die Neuankömmlinge mußten die Winternacht im Freien verbringen. Nur auf der dem Feuer zugewandten Seite wurden sie leicht gewärmt. Am Rücken froren sie die ganze Nacht erbärmlich.

Am nächsten Tag mußten sie zur Untersuchung. Anstehen in Sechserreihen. Es ging ruck, zuck. Vor Becker wartete ein verwundeter Obergefreiter. Der mußte für den Arzt sein Hemd hochheben. Becker fragte sich, was glänzt denn bei dem da hinten so? Dann traf ihn die Erkenntnis wie ein Blitzschlag: Es war die Niere. Ein Geschoß hatte

Haut und Muskeln darüber weggeschossen, wie bei einem aufgebrochenen Reh. Den Obergefreiten schafften sie gleich weg. Dann kam Becker an die Reihe.

»Was haben wir denn hier?« fragte der Arzt jovial.

»Erfrierungen an beiden Händen.«

»Wann war das?«

»Vor etwa zehn Tagen.«

Der Arzt drehte sich zu zwei Sanitätern um, die hinter ihm standen. »Verbände abnehmen!«

Sie führten Becker beiseite, schnitten ihm die Verbände auf und rissen sie runter - mit Haut und Fingernägeln! Dann gaben sie ihm einen Schnaps, damit er die Schmerzen aushielt, und schoben ihn zurück in die Schlange vor dem Arzt. Der betrachtete sich die Hände. Die rechte war tiefschwarz.

»Tja, tja, die müssen wir wohl abnehmen.« Becker erschrak. Sein Vater fiel ihm ein, der hatte immer gesagt: »Eine Erfrierung muß man ganz ausheilen lassen. Das ändert sich manchmal überraschend zum Guten.«

»Nein, Herr Stabsarzt, das mache ich nicht mit. Das heilt irgendwann.«

Die Miene des Arztes wurde mürrisch. Er war beleidigt. Hier erdreistete sich ein simpler Feldwebel zu einer Diagnose. »Verbinden«, raunzte er die Sanitäter an, und dann zu Becker: »Machen Sie, was Sie wollen.«

Sie verbanden ihn, aber sie vergaßen, ihn zu entlausen. Vielleicht hatte sich der Arzt das als besondere Rache ausgedacht.

Nach zwei Tagen wurde ein neuer Verwundetentransport aus Güterwagen zusammengestellt. Es ging gen Westen. Die Fahrt schien endlos zu dauern. Becker hatte in den Händen überhaupt kein Gefühl mehr, geschweige denn, daß er die Finger unter dem Verband bewegen konnte. Nach zehn Tagen rollte der Zug in Warschau ein. Becker war am Ende seiner Kräfte. Unter den Verbänden krabbelten die Läuse hundertfach. Er war dem Wahnsinn nahe. Wieder wurde er einem Arzt vorgeführt.

Becker stammelte: »Herr Stabsarzt, ich kann nicht mehr, bitte, bitte, nehmen Sie bloß diese Verbände runter.«

Der Arzt wies mit einer Kopfbewegung eine Schwester an, dies zu tun. Den ekelerregenden Anblick, nachdem die Schwester die Verbände aufgeschnitten hatte, sollte er sein ganzes Leben lang nicht vergessen. Auf der fleischig-eitrigen Haut krabbelten Läuse in bis zu drei Schichten. Die Schwester fing an zu heulen. »Sie Armer. Wie haben Sie das nur ausgehalten? Daß Sie überhaupt noch leben!« Becker, sein Gesicht von den malträtierten Händen krampfhaft abgewendet, kämpfte mit den Tränen. Die Hände wurden desinfiziert, er selbst geduscht und dann erneut verbunden.

Der nächste Verwundetentransport ging endlich nach Deutschland, nach Greifswald in Vorpommern, unweit der Ostseeküste. Dort lag er vier Monate lang in der Universitätsklinik. Die Hälfte der Zeit konnte er seine Hände nicht gebrauchen. Eine Schwester wurde eigens mit seiner Betreuung beauftragt. Sie fütterte ihn und begleitete ihn zur Toilette. Anderes war nicht möglich. Nach etwa neun Wochen konnte Becker den Löffel wieder halten, den ihm die Schwester zwischen die Finger schob. Langsam ging es aufwärts. Im Mai 1942 wurde er entlassen und bekam sechs Wochen Genesungsurlaub. Sein erster Urlaub nach zwei Jahren.

26 Stille Nacht, heilige Nacht: Weihnachten in Russland

In der Weihnachtszeit war die 23. Infanterie-Division bereits derart aufgerieben, daß ihre drei Regimenter nur noch Kampfgruppen bildeten. Einer dieser Kampfgruppen gehörte Walter Henze an. Als Gefreiter führte er bereits eine Gruppe von 15 Soldaten. Ausgerechnet am 24. Dezember erhielten ein Feldwebel und er Auftrag, ein als Ersatz per Funkspruch angekündigtes Marschbataillon im nächstgelegenen Ort mit Eisenbahnanschluß in Empfang zu nehmen. Der Ort hieß Schachowskaja. Da der Militärzug erst am späten Nachmittag eintraf, ordnete der Begleitoffizier den Verbleib der Soldaten in den Waggons für die kommende Nacht an.

Unter den Neuankömmlingen entdeckte Henze ehemalige Kameraden, die bei Mogilew oder an der Desna verwundet worden waren. »Walter, erzähl mal, was an der Front los ist!« baten sie.

»Beschissen, ehrlich gesagt. Der Iwan treibt uns vor sich her.«

»Spinnst du? Davon ist in den Wehrmachtsberichten in der Heimat nichts zu hören!«

»Pah! Wehrmachtsbericht . . .«, er schnitt eine Verachtung ausdrükkende Grimasse. »Die gaukeln euch doch was vor. Ihr werdet früh genug die Wahrheit erfahren.« Dann wechselten sie das Thema und ergötzten sich an der reichlichen Verpflegung, die der Transportoffizier ihnen beschert hatte. Die Waggons wurden mit Kanonenöfen beheizt. Es kam Stimmung auf, es wurde getrunken. Erst gegen Mitternacht ebbte die Unterhaltung ab, die Soldaten machten es sich auf dem Stroh bequem und fielen alsbald in tiefen Schlaf.

Nur Henze war noch nicht müde, sondern von den Erzählungen zu sehr aufgewühlt. So entschloß er sich trotz der vorgerückten Stunde, den Ort, der unerklärlicherweise nicht zerstört war, näher in Augenschein zu nehmen. Schachowskaja bestand nur aus etwa 70 typisch russischen Häusern. Er schlenderte durch die einzige Straße des Ortes, spürte die Kälte im Gesicht. Rechts und links lag meterhoher Schnee.

Es war ruhig, helles Mondlicht erleuchtete die schneebedeckten Bauten.

Wie er so herumging und überlegte, wie wohl zu Hause die Weihnachtsbescherung ausfallen würde, sah er aus einem der Häuser Licht schimmern. Neugierig näherte er sich dem Haus, in der Annahme, daß dort vielleicht deutsche Soldaten Weihnachten feierten. Er klopfte an die Haustür. Es dauerte eine Weile, bis er das Geräusch eines zurückgezogenen Riegels hörte. Die Tür ging auf, und zu seiner Verwunderung stand vor ihm ein russischer Zivilist. Henze versuchte eine Entschuldigung auf russisch: »Iswinite ...« Da sagte der Mann: »Sie können deutsch sprechen. Ich verstehe Sie.« Henze erzählte ihm von seiner Vermutung, hier vielleicht Kameraden bei der Weihnachtsfeier anzutreffen. Der Russe öffnete die Tür ein Stück weiter. »Kommen Sie ruhig herein.«

Henze zögerte, dann überwogen Neugier und die angenehme Wärme, die ihm entgegenströmte, lockte. Er trat ein, registrierte einen sehr großen Raum, in der Ecke einen wunderschön geschmückten Tannenbaum, so, wie er es von zu Hause kannte. Wachskerzen brannten. Es fiel ihm schwer, sich von dem anheimelnden Anblick zu trennen, doch dann wandte er sich wieder seinem russischen Gastgeber zu, sah, daß der Mann mager war, sehr kränklich aussah. Sein Blick glitt in eine andere Ecke des Raumes. Er entdeckte auf einem Sofa unter mehreren Decken eine Frau.

»Das ist meine Frau. Sie ist sehr krank«, sagte der Mann. Seine Stimme war heiser. Soweit Henze den Frauenkörper durch die Decken erahnen konnte, war er sehr abgemagert, die Wangen eingefallen, der Blick kam aus fiebrigen Augen. Der Russe erklärte seine Situation: »Weil ich krank bin, mußte ich nicht zum Militär. Darüber waren meine Frau und ich sehr froh, bis sie krank wurde. Sie braucht dringend einen Arzt, aber so etwas gibt es hier nicht, und wenn, könnten wir ihn nicht bezahlen.«

»Haben Sie denn wenigstens etwas zu essen?«

Der andere schüttelte müde den Kopf. »Meine Frau hat schon seit Tagen nichts gegessen, darum ist sie zu schwach, um aufzustehen.«

In Henze stieg Empörung hoch. Er realisierte in diesem Moment nicht, daß letztlich die Deutschen mit ihrem Überfall auf dieses Land zum Leid dieses Ehepaares beigetragen hatten. Ein starker Drang zu helfen überkam ihn. »Ich werde für Sie etwas zu essen holen. Ich muß nur zurück zum Bahnhof, zu meinen Kameraden. Ich komme bestimmt wieder.«

»Bitte, sparen Sie sich die Mühe«, sagte der Russe in einem rührenden Anfall von altmodischer Höflichkeit. Aber der Gefreite Henze ließ sich nicht von seinem Vorhaben abbringen. Während er im Laufschritt die leere Straße zum Bahnhof zurücklief, hätte er gerne gewußt, was dieser Mann von Beruf war, warum er so gut Deutsch sprach. Er fand schnell den Waggon, wo er mit den Kameraden getrunken und gefeiert hatte. Er weckte sie: »Mal herhören! Ich war da gerade im Ort und habe ein altes russisches Ehepaar in einem Zimmer mit einem wunderschönen brennenden Weihnachtsbaum angetroffen. Die Frau ist sehr krank, seit Tagen haben die Leute nichts zu essen. Könnt ihr mir nicht etwas von euren Schätzen abgeben?«

Die Soldaten wurden hellwach. »Wie weit ist denn das von hier? Kann man mitkommen? Was brauchst du denn?«

»Alles! Na klar, wer will, kann mitkommen.«

Zwei meldeten sich. »Wir gehen mit!« Dann breiteten sie zwei Zeltplanen aus, und jeder warf darauf, was er bereit war zu teilen: Brot, Fleischkonserven, Wurst, Schokolade, Kuchen, ja sogar Wein und Tabakwaren wurden dazugelegt. Die vollen Zeltplanen geschultert, marschierten sie in den Ort. Henze erkannte schon von weitem das Haus, durch dessen Fensterritzen die Christbaumkerzen schimmerten.

Der Russe mußte auf ihn gewartet haben, denn als sie an der Haustür ankamen, öffnete sie sich wie von unsichtbarer Hand. Wie artige Kinder klopften sich die Soldaten den Schnee von den Schuhen. Schüchtern nahmen sie ihre Uniformmützen vom Kopf. Dann legten sie die gefüllten Zeltplanen unter den Weihnachtsbaum und klappten mit einer etwas feierlich-linkischen Geste die Enden zurück. Nun, fanden sie, sah es wie eine richtige deutsche Bescherung aus. Die kranke Frau auf dem Sofa hatte sich aufgerichtet, dem Russen traten Tränen in die Augen. »Und all das ist für meine Frau und mich?«

Sie nickten, waren selbst von ihrer guten Tat ein wenig überwältigt. Sie blieben eine Weile, dann verabschiedeten sie sich. Sie wußten ja nicht, ob der Zug tatsächlich über Nacht auf dem Bahnhof bleiben würde. Unterwegs fragte einer Henze: »Dürfen die Russen überhaupt einen Weihnachtsbaum haben?«

»Nein. Wenn sie erwischt werden, können sie nach Sibirien verbannt werden.«

»Hast du ihnen erzählt, daß in wenigen Tagen wahrscheinlich die Russen diesen Ort zurückerobern werden?«

»Nein, diesen Schreck wollte ich den Leutchen am Weihnachtsabend ersparen.«

Am Bahnhof angekommen, stellten sie fest, daß bereits Alarm gegeben worden war. Kurz nachdem sie ihren Waggon bestiegen hatten, setzte sich der Zug in Bewegung. Er kam jedoch nicht weit: Nach einigen Kilometern in Richtung Osten wurde auf freier Strecke angehalten, ausgeladen und die restliche Strecke marschierend zurückgelegt.

Als sie die Division erreichten, wurden sie sofort auf die Kampfgruppen verteilt. Dabei gerieten sie mitten in einen Angriff, der aber noch einmal abgewehrt wurde. Henze bekam Befehl, mit zehn Soldaten die Besatzung eines etwa 500 Meter von der Hauptkampflinie entfernten Bunkers abzulösen. In der Nähe schlängelte sich in Nord-Süd-Richtung der Lama-Fluß, der laut Divisionsbefehl als Auffangstellung »bis zum letzten Mann« verteidigt werden sollte. Henze und seine Männer erreichten den Bunker ohne Zwischenfälle und schickten den abgelösten Trupp zurück ins nächste Dorf, wo die Kompanie lag. Sie selbst machten es sich im Inneren gemütlich, sorgten dafür, daß die offene Feuerstelle nicht ausging. Ein Mann mußte draußen in Deckung Wache schieben.

In der Nacht fing es heftig an zu schneien. Es hörte gar nicht mehr auf. Henze rüttelte seine Leute wach: »Los, raus! Wir schneien hier ein. Wir müssen den Graben vor dem Bunkereingang freischaufeln.« Sie hatten dafür nichts anderes als ihre Feldspaten mit dem viel zu kleinen Blatt. Sie schippten, was ihre Kräfte hergaben. Doch die Schneedecke wurde stetig höher. »Walter, und wenn wir uns hier totschippen, das schaffen wir nie. Was machen wir bloß?« fragte einer der Männer.

Henze verschnaufte einen Moment, wischte sich Schweiß und Schneeflocken aus dem vor Anstrengung geröteten Gesicht. »Soll es doch schneien, mir egal! Los, wir gehen alle in den Bunker rein, auch der Wachposten.« Wortlos krochen sie einer nach dem anderen zurück durch den schmalen Eingang, nicht ohne vorher Mäntel und Stiefel vom Schnee gesäubert zu haben. Mehr noch als zuvor genossen sie die Wärme des Feuers. Zwei hockten vor dem Ofen, hielten ihre kalten Hände gespreizt gegen den Wärmespender. Es war immer noch Nacht, und draußen wollte es nicht aufhören zu schneien. »Und wenn der Iwan angreift?« fragte einer der Jüngeren. Henze kehrte das erfahrene Frontschwein hervor. »Bei diesem Mistwetter bleiben auch die überzeugtesten Kommunisten im Bau.«

Fast alle fielen in Schlaf, nur ein, zwei blieben wach. Plötzlich bekamen sie Atemnot. Gleichzeitig ging das Feuer wie von Gespensterhand gelöscht aus. Irgend etwas stimmte nicht. Sie rüttelten die anderen wach und spürten, wie ihnen der Schweiß auf der Stirn stand. Sie fingen an, nach Luft zu ringen. Einer schrie: »Raus, sonst ersticken wir!« Sie drängten zum Ausgang, Gewehre fielen um, Flüche erschollen – »Paß doch auf, du Idiot!« Aber sie kamen nicht ins Freie. Der Bunkereingang war nicht nur völlig zugeschneit, sondern durch die Hitze im Raum hatte sich am Aus- und Eingang eine dicke Eiswand gebildet. Verzweifelt versuchten sie mit Feldspaten, ein Luftloch durch das Eis zu schlagen. Zunehmend ließen ihre Kräfte nach. Fast zwei Stunden mußten sie, einander ablösend, in das Eis schlagen, bis sie endlich ein Loch durchstoßen hatten. Gierig saugten sie die hereinströmende frische Schneeluft ein. Dann schlugen sie das Loch größer und konnten endlich über den Rest der Eiswand ins Freie klettern. Die nächste Tücke: Draußen ertranken sie fast im Schnee. Die Schneehöhe betrug an die zwei Meter!

Am nächsten Abend sollten sie abgelöst werden. Den ganzen Tag über schneite es weiter. Doch die Ablösung, die ihnen auch Essen bringen sollte, kam nicht. »Die haben sich bestimmt verfranst«, gab einer zu bedenken. »Wie sollen die uns in dieser Schneewüste auch finden?« Henze spürte, irgend etwas stimmte nicht. Sorgsam versuchte er, seine Unruhe nicht auf die ihm anvertrauten Soldaten zu übertragen. »Wenn sie auch in der Nacht nicht kommen, schauen wir morgen im Dorf nach dem Rechten«, sagte er mit betont ruhiger Stimme.

Am nächsten Morgen arbeitete er sich mit zwei Soldaten durch den mannshohen Schnee zurück ins Dorf – es war leer! Was er nicht wußte: Trotz des Schneetreibens hatten die Sowjets angegriffen und die Deutschen aus dem Dorf geworfen. Und dann waren sie dem Gegner nachgerückt. Insofern gab es in dem Dorf auch keine feindlichen Soldaten. Die Zivilbevölkerung war sowieso längst evakuiert worden. Merkwürdigerweise wurde Henze nicht mulmig. Solange er seine Waffen hatte, fühlte er sich stark. Ähnlich ging es seinen Männern. »Was nun, Herr Gefreiter?« fragte einer der beiden, die ihn begleitet hatten. Die Erwähnung des Dienstgrades hatte einen spöttischen Beigeschmack.

»Wir gehen jetzt zurück zum Bunker, holen die anderen und schlagen uns zu den deutschen Linien durch.« Der Schnee war naß, die

Feuchtigkeit drang bald durch ihre Uniformen und vor allem in ihre Stiefel. Trotzdem schafften sie die 500 Meter bis zum Bunker. Die Mitteilung, daß sie von den Sowjets überrollt worden und nun in tiefer Winterlandschaft auf sich allein gestellt waren, fanden die anderen nicht komisch, aber wiederum auch nicht hoffnungslos. Gefährliche Situationen erlebten sie am laufenden Band.

Henze befahl: »Wir arbeiten uns jetzt zurück, durch das Dorf, immer Richtung Westen, bis wir auf unsere Leute stoßen. Allen Ballast, Zeltplanen und so weiter, lassen wir hier, aber daß mir keiner Waffen oder Munition aus Faulheit abstellt. Wir können sie noch dringend brauchen, um uns unserer Haut zu erwehren.« Die Männer nickten stumm, sortierten aus, was sie zurücklassen könnten. Nur einer schimpfte leise: »Warum habe ich mich nur von der Reichsregierung hierher verschicken lassen.«

Sie warteten die hereinbrechende Nacht ab. Dann stapfte Henze aus dem Bunker, schlug die Richtung zum Dorf ein, die anderen folgten ihm. Sie durchquerten das Dorf und arbeiteten sich durch den auch dort brusthohen Schnee Richtung Westen weiter. Sie atmeten schwer, schneuzten sich, wischten sich den Rotz mit dem Ärmel von den geröteten Nasen. Sie orientierten sich an im Westen aufsteigenden Leuchtkugeln – den untrüglichen Zeichen für die Front.

Nachdem sie sich so etwa zwei Stunden vorangemüht hatten, näherten sie sich dem nächsten Dorf, dessen Hütten kaum noch aus den Schneemassen herausragten. Nur einige Häuser waren klar zu erkennen. Henze und sein Trupp bewegten sich leise voran. Das Eßbesteck hatten sie vorsorglich aus dem Kochgeschirr genommen, und den Spaten, der normalerweise beim Tragen über dem Gesäß gegen die Gasmaskentrommel schlug, hatten sie sich vorne ins Koppel gesteckt. Dies hatte noch den Vorteil, daß das Spatenblatt einen sicheren Schutz gegen eventuelle Bauchschüsse bot. Statt der Stahlhelme trugen sie Skimützen.

Als sie bis auf rund 100 Meter an den Ort herangekommen waren, sahen sie Soldaten vor den brennenden Häusern herumlaufen. Aber sie konnten nicht erkennen, ob es deutsche oder sowjetische waren. Erst als sie selbst in den Lichtschein des ersten brennenden Hauses gerieten, sahen sie, daß sie es mit Sowjets zu tun hatten. Diese hatten Henze und seine Männer im selben Augenblick entdeckt und eröffneten sofort das Feuer. Die Deutschen warfen sich zu Boden, schossen zurück. »Ist jemand getroffen?« rief Henze, erhielt jedoch keine Antwort. »Also alles in Ordnung?« fragte er. Erst jetzt bekam er von hier und da eine Bestätigung. »Los, wir robben uns langsam zurück«, befahl er, machte selbst auf dem Bauch eine Kehrtwendung und arbeitete sich so durch den tiefen Schnee aus dem Lichtschein hinaus. Zehn Männer taten es ihm nach. Schließlich erhoben sie sich vorsichtig und stapften im großen Bogen um das von den Sowjets besetzte Dorf. Zielrichtung nach wie vor: die vereinzelt im Westen aufsteigenden Leuchtkugeln. Es war immer noch Nacht. Plötzlich wurden sie von vorn angerufen: »Halt! Wer da?«

»Gefreiter Henze und zehn Mann von der 23. Division!« Eine deutsche Einheit mit Panzerabwehrkanonen sicherte eine Straße. Henze und seinen Leuten fiel ein Stein vom Herzen. Endlich hatten sie die deutschen Linien erreicht. Die Spannung nach zwei Tagen auf verlorenem Posten löste sich. Zigaretten wurden angezündet, Witze machten die Runde. Im Laufe des Tages erreichten sie schließlich ihre alte Kampfgruppe.

Am 11. Januar 1942 erwischte es Henze dann doch, und zwar gleich zweimal. Seine Einheit hatte sich in einem gottverlassenen Nest einquartiert. Man lag mit bis zu 50 Mann in einem Raum, während einige Kameraden als Posten draußen blieben. Sie waren ausgehungert und müde. Henze hatte seine Stiefel ausgezogen und sie auf dem großen Ofen zum Trocknen abgestellt. Plötzlich nahm der Gefechtslärm zu. Geduckt hörten sie die ersten krachenden Salven von Panzerkanonen. Die in dem engen Raum zusammengepferchten Männer griffen zu ihren Waffen und Mänteln, um aus dem Haus zu stürzen. In der nächsten Sekunde schlug eine Granate im Haus ein. Die Druckwelle warf Henze zu Boden. Seine Stiefel auf dem Ofen wurden zerfetzt. Nachdem sich Staub und Pulverdampf gelegt hatten, registrierte er die verheerende Wirkung des Volltreffers: überall Blut und schreiende Kameraden. Er selbst war getroffen, merkte das aber in diesem Moment des Chaos überhaupt nicht. Was er allerdings vermißte, waren seine Stiefel. Nun stand er bei 50 Grad minus Außentemperatur nur mit Socken an den Füßen da. Draußen lagen tote Sowjets. Auf Strümpfen rannte er ins Freie und zog dem erstbesten die Filzstiefel aus. Sie waren feucht, was ihm eine Warnung hätte sein sollen. Aber in der Hast vergaß er jede Vorsicht, schlüpfte mit seinen nassen Socken in die feuchten Stiefel. Dann griff er nach Waffe und Mantel und sprang geduckt in einen Schneegraben, um auf anstürmende sowjetische Soldaten zu feuern.

Als der Angriff nach Stunden abgeschlagen war, hatte Henze erfrorene Füße, Strümpfe und Füße waren am inneren Filz der Stiefel angefroren. Im Lazarett auf dem Hauptverbandsplatz stellten sie an den Zehen Erfrierungen dritten Grades fest. Er war reif fürs Lazarett.

Beim Maschinengewehrschützen Joachim Kredel und seinen Kameraden hatte sich die Hurra-Stimmung gleichfalls längst verflüchtigt. Tag und Nacht im Schnee zurückzustapfen, hatte die Männer abgestumpft. Auch hier gab es weder Ohrenschützer noch Handschuhe. Kredel hatte sich ein Handtuch um den Kopf und irgend etwas um den Hals gewickelt. Sie sahen aus wie eine Araber-Truppe. Er mußte höllisch aufpassen, daß er für sein Maschinengewehr genügend Munition hatte. Wiewohl er das alte Modell 34 mit weniger Schüssen pro Minute hatte, war mangels ausreichenden Nachschubs die vorhandene Munition doch schnell verschossen.

Auch der Nachschub an Verpflegung ließ zu wünschen übrig. Zweimal wurden Säcke mit Kommißbrot aus der Luft abgeworfen. Das Brot war steinhart gefroren und normalerweise nicht zu genießen. Aber der Hunger war größer. Mit dem Seitengewehr brachen sie sich kleine Stücke aus dem Brotlaib und lutschten sie. Sowjetische Flieger waren häufiger am Himmel als deutsche, und erstmals setzte der Gegner Raketen ein – die Stalinorgeln.

Hinzu kam für die deutschen Soldaten die bittere Erkenntnis, nicht mehr unbesiegbar zu sein. Als der Befehl eintraf, sich abzusetzen, waren Kredel und seine Kameraden schockiert: Bisher waren sie nur gewohnt, vorwärts zu stürmen. Eine Stellung aufzugeben widerstrebte ihnen. Angst war auch dabei, die Absetzbewegung zu verpassen, gar verwundet zu werden, ohne daß man geborgen und mit zurückgenommen wurde.

Als sie sich zurückzogen, geordnet, aber hastig, sahen sie plötzlich am Ortsende von Belyj Rast ihren Regimentskommandeur, Major Heinemann, mit der Pistole herumfuchteln. »Bis hierher und nicht weiter! Los, nehmt gefälligst Deckung und verteidigt euch gegen die Russen.« Heinemann hatte ganz offensichtlich die Sorge, seine Leute könnten stiftengehen.

Anfangs zeigten sich die Soldaten der Roten Armee waffenmäßig unterlegen. Sie griffen in mehreren Wellen an, jedoch nur die erste besaß Gewehre. Fielen diese Soldaten, griff sich die zweite Welle die Gewehre der Gefallenen. So kamen sie unter ungeheuren Menschenverlusten bis an die deutschen Stellungen. Das änderte sich mit dem Einsatz der sibirischen Divisionen. Die waren gut ausgerüstet. Vor Moskau wurde die 23. Infanterie-Division vorübergehend abgeschnitten, weil die Sowjets nördlich von Moskau bei der 2. Panzer-Division durchgebrochen waren. Die Deutschen kämpften sich aber durch die russische Linie in Richtung Klin vor, die nächstgrößere Stadt auf dem Weg nach Leningrad.

Da lag Kredel auf der Dorfstraße eines Ortes namens Lupanowo hinter seinem Maschinengewehr bei minus 40 Grad. Aus einem Haus hatte er sich eine Matratze organisiert und sich daraufgelegt. Aus einer Molkerei hatten sie sich Butterstückchen besorgt, ebenfalls hart wie Stein, aber man konnte sie lutschen. Hauptsache, man hatte überhaupt etwas im Magen.

So lag Kredel auf der Matratze und schoß die Straße entlang, um die anstürmenden Sowjets auf Abstand zu halten. Was ihm im Eifer des Gefechtes nicht gleich auffiel: Auch ihm erfroren die Füße. Als er es merkte – viel zu spät –, überließ er sein Maschinengewehr einem Kameraden und humpelte auf völlig gefühllosen Füßen zum Bataillonsarzt. Da standen schon andere Schlange. Sie zogen ihm die Schuhe aus. Seine Füße waren bereits so dick, daß er nach der notdürftigen Behandlung die Stiefel nicht mehr anziehen konnte. Beiderseits hatte er Erfrierungen dritten Grades.

Kredel besorgte sich eine Decke, zerschnitt sie und schlang sich die Fetzen um die Strümpfe. So marschierte er durch den Schnee. Gott sei Dank war der Schnee auf der Straße nach Klin durch zahlreiche Fahrzeuge, vor allem Raupenschlepper der Pioniere, festgefahren. 50 Kilometer marschierte er so.

Die Stadt Klin erreichten Kredel und seine Kameraden in der Nacht. Sie war teilweise noch von den Sowjets besetzt, die auf jeden deutschen Soldaten schossen. Der Bataillonsarzt hatte ihm einen Verwundetenzettel ausgestellt, zusammen mit einem Begleitschein, daß der Gefreite Joachim Kredel sich ordnungsgemäß von der Truppe abgemeldet habe. Zu seinen Erfrierungen hatte ihn auch noch ein kleiner Granatsplitter in der Kniekehle erwischt. Soldaten einer Zugmaschine für ein 8,8-cm-Flugabwehrgeschütz erbarmten sich seiner, ließen ihn aufsitzen und fuhren durch das umkämpfte Klin.

Am Ortsausgang war das Gebiet wieder fest in deutscher Hand. Sie erreichten eine Arbeitersiedlung, in der ein Hauptverbandsplatz mit

Lazarett eingerichtet war. Die Verwundeten wurden auf die noch von der Bevölkerung belegten Wohnungen aufgeteilt. Kredel und einige andere Verwundete saßen in einer Wohnung im vierten Stock. Feindseligkeit der Wohnungsbesitzer schlug ihnen entgegen. Die Bewohner wußten, die Deutschen würden bald die Siedlung vor den heranstürmenden Truppen der Roten Armee räumen müssen.

Später hieß es, alle Leichtverwundeten und Soldaten mit Erfrierungen raustreten zwecks Verladung auf LKWs. Mit diesen Fahrzeugen ging es nach Mozajsk, einem größeren Ort mit Bahnverbindung. Ein Lazarettzug stand bereit. Als sie nach der Ankunft von den offenen LKWs krabbelten, blieben acht Soldaten auf der Plattform liegen: Sie waren während der Fahrt erfroren. Auf dem Bahnsteig sah Kredel eine abgestellte Trage. Sie war von Schnee zugeweht. Darunter ein Major – erfroren.

Der Zug war rappelvoll, viele konnten nicht essen, weil ihre Hände erfroren waren, mußten mit dem wenigen Vorhandenen von den Kameraden gefüttert werden. Dennoch, die Stimmung war nicht schlecht, man war froh, den ganzen Schlamassel hinter sich zu haben. Sie waren zwölf Tage unterwegs, über Smolensk. Schließlich hielt der Zug südlich von Warschau. Sie wurden in ein Lazarett eingewiesen und erhielten zum erstenmal seit langer Zeit weißbezogene Betten.

Die erfrorenen Füße des Gefreiten Kredel häuteten sich, es stank fürchterlich. Als er wieder einigermaßen gehen konnte, verlegten sie ihn nach Alzey, südlich von Mainz. Dort hatte man die Irrenanstalt zum Lazarett umfunktioniert, und Kredel lag mit 20 Kameraden in einem Saal. Am ersten Morgen kam eine Mainzer Schwester herein und sagte: »Morsche«, und keiner wußte, daß dies »Guten Morgen« bedeutete. Dann bekam jeder drei abgezählte Kartoffeln. Mehr gab es nicht; man war auf so viele Neuzugänge nicht eingerichtet. Mangels Vitamin-C-Zufuhr litten sie alle an Skorbut. Sie konnten nur noch vorsichtig harte Nahrung zu sich nehmen, weil die Zähne bereits wackelten.

Sobald Kredel in der Lage war, sich Schuhe anzuziehen, wurde er zur Genesungskompanie nach Berlin-Spandau verlegt, zum Unteroffizier befördert und zum 10. Offizierskurs auf die Kriegsschule Potsdam abkommandiert. Dort war er von Sommer bis November 1942. Dann erhielt er Marschpapiere nach Aarhus in Dänemark zum Infanterie-Regiment 9, das dort neu aufgestellt wurde.

27 Total erschöpft: Rückzug über 200 Kilometer

Feldwebel Brandes und seine vier Soldaten, die man zum Geschenkeschnorren in die Heimat geschickt hatte, waren Weihnachten noch nicht bei ihrer Einheit. Sie verbrachten Heiligabend in einer tristen Sammelunterkunft für Wehrmachtsangehörige in Gshatsk. Am nächsten Tag, als etwa 600 Soldaten beisammen waren, wurden sie im Konvoi zum Sammelpunkt der Division gefahren. Ihre Weihnachtsgeschenke, die vielen Säcke mit den gespendeten Überraschungen, waren ihnen inzwischen gestohlen worden! Unterwegs wurden sie immer wieder in heftige Kämpfe verwickelt. Als sie die Division erreichten, waren von ursprünglich 600 Soldaten noch etwa 160 übriggeblieben. Die anderen waren gefallen, verwundet oder versprengt. Als Brandes und seine vier Soldaten schließlich das I.R. 9 im Raum von Sacharino fanden, lag es unter schwerem Beschuß. Die Funkstelle war bereits zerstört und eine Verbindung zur Division nicht mehr möglich. In das Kriegstagebuch der 23. Division trug der Schreiber unter dem Datum des 28. Dezember 1941 ein: »I.R. 9 hat in Wladischino weiterhin schwere Kämpfe mit russischen Panzern und Infanterie. Der bei der Division am Vormittag eingetroffene Ersatz (160 Köpfe) wird sofort zum I.R. 9 nach Sacharino und Sidelnizy in Marsch gesetzt und dort zur Flankensicherung eingesetzt, da dem Korps und der Division keine sonstigen Reserven mehr zur Verfügung stehen.«

Brandes fand eine völlig veränderte Lage vor. Sein Chef, Oberleutnant Klausing, war verwundet und abtransportiert worden. Auf dem Regimentsgefechtsstand war unter den wenigen vertrauten Gesichtern das des Ordonnanzoffiziers Richard von Weizsäcker, der unter der Kälte fürchterlich litt. Er würde in seinem späteren Leben Verwundungen und Schmerz vergessen, aber nicht diese unerbittliche Kälte, die alles Denken auf das pure Überleben in dieser eisigen Natur reduzierte. Die Temperaturen lagen inzwischen bei minus 40 Grad. In den Erdlöchern, die zum Teil noch von den Russen stammten, oder in selbst ausgehobenen Schneelöchern konnte man es höchstens eine Stunde aushalten, dann mußte man in die russischen Bauernkaten fliehen und sich aufwärmen – sich und die Waffen. Nach wie vor besaßen die Deutschen keine Winterausrüstung. Der eine oder andere zog sich von einem gefallenen Kameraden dessen Mantel zusätzlich an. Besser waren jene dran, die russischen Gefallenen eine Pelzjacke, eine Hose oder die Filzstiefel abgenommen hatten. Wie aber konnte es zu diesem totalen Chaos kommen?

Mit Empörung hörten die Soldaten im Radio eine Rede des Reichspressechefs Otto Dietrich, die dieser mit den Worten einleitete: »Als uns im Dezember in Rußland der Winter überraschte ...« Ein ungeheures Gejohle setzte ohne Rücksicht auf Dienstgrade ein, denn jeder der Offiziere und Soldaten wußte, daß die Führung des Deutschen Reiches angenommen hatte, im Dezember sei der Krieg zu Ende, die Russen am Boden. Diese Fehleinschätzung kleidete die offizielle Propaganda nun in die Form, daß die deutsche Wehrmacht im Dezember (!) der Winter überraschte. Die Überraschung bestand darin, daß es keine entsprechende Winterausrüstung gab und man inzwischen mehr Ausfälle durch Erfrierungen als durch Feindeinwirkung zählte.

Die Sowjets unterstützten ihre Infanterie mit Panzern. Das I.R. 9 bekam längst keine Panzerunterstützung mehr. Die meisten Fahrzeuge hatte man vor Moskau stehenlassen müssen, weil sie bei der extremen Kälte nicht mehr ansprangen oder weil der Nachschub an Treibstoff ausgeblieben war. Das Unangenehmste an den feindlichen Panzern war, daß sie die wenigen Häuser, die Schutz vor Kälte boten, zusammenschossen. Das heißt, sobald Panzeralarm gegeben wurde, flüchtete man sich in die Keller, so welche vorhanden waren. Wenn die Deutschen Zeit hatten, ihre Gefallenen zu beerdigen, ging das nur, indem die Soldaten mit ein paar Handgranaten ein Loch in den tiefgefrorenen Boden sprengten.

Am 19. Januar 1942 – bei 40 Grad Kälte –, 20 Kilometer östlich von Gshatsk, übernahm Oberst Dewitz das Kommando über das Regiment. Dewitz hatte früher einmal selbst in der 6. Kompanie gedient und ab 1939 als Major an der Kriegsschule Potsdam unterrichtet. Er übernahm das Kommando in einem Moment, da die Sowjets so hart vorwärtsdrängten, daß sogar der Regimentsstab aktiv in die Abwehrkämpfe eingreifen mußte. Darunter auch der Ordonnanzoffizier Richard von Weizsäcker.

Als Brandes zu seinem alten Haufen stieß, gab es vielleicht im ganzen Bataillon noch zehn Gesichter, die er von früher kannte. Nun rächte sich der Kräfteverschleiß, bedingt durch den Vormarsch zunächst in Schlamm und später in Eis und Schnee, ohne Winterausrüstung. Der einzige Lichtblick in dieser erbarmungslosen Winterschlacht: Die Gewehre, die Karabiner 98 k, vereisten nicht – im Gegensatz zu den Maschinengewehren, die jedesmal vor dem Einsatz auf einer Herdplatte aufgewärmt werden mußten. Die jeweiligen Absetzbewegungen kamen über Funk oder Melder, die sich durch den tiefen Schnee zum Bataillon quälten. »Heute Absetzbewegung ab soundsoviel Uhr nach ...« Normal lief nichts mehr. Bis zu 50 Mann versuchten sich in einem einzigen Raum einer Bauernhütte aufzuwärmen. Wenn die zurückgelassenen Posten anfingen zu schießen, stürzte alles raus, bezog Stellung in Schneelöchern und feuerte auf die Angreifer. War die Angriffswelle abgeschlagen, rannte alles wieder in die miefige Stube.

Nachts wurde zurückmarschiert. Die Männer schauten sich gegenseitig immer wieder an, um zu kontrollieren, ob dem anderen nicht die Nase erfror. 15, 20 Kilometer pro Nacht ging es zurück. Die Sowjets folgten nur langsam und vorsichtig. Dann das Spiel von vorne: tagsüber verteidigen, nachts Absetzbewegung. Ein Zug wurde stets dazu bestimmt, die Nachhut zu bilden. Der mußte so lange schießen, bis sich das Bataillon etwa zehn Kilometer weit abgesetzt hatte. Dann zog sich auch die Nachhut vorsichtig zurück. Bisweilen bildete auch ein ganzes Bataillon die Nachhut. Befehl von oben: Alle aufgegebenen Orte sind niederzubrennen!

»Hast du schon gehört, die Armee Blaskowitz soll uns raushauen!« sagte ein Unteroffizier zu Feldwebel Ernst Brandes.

»Blaskowitz, Blaskowitz, wer ist denn das, noch nie gehört.«

»Ein Generaloberst, unter dessen Kommando in Frankreich eine neue Armee aufgestellt wird.«

Brandes dachte, das wäre zu schön, um wahr zu sein. Obwohl sein Verstand ihm sagte, dies sei sicherlich nur eine Latrinenparole, knüpfte er an diese Geisterarmee Hoffnungen. Ähnlich ging es seinen Soldaten. Die Armee Blaskowitz holt uns raus! Dieses vage Versprechen hielt sie in den nächsten Wochen aufrecht.

Ablösung war dringend geboten. Nach den hohen Verlusten konnte das Bataillon kaum noch ernsthaften Widerstand leisten. Die Soldaten hatten sich zum Abtransport ihrer Verwundeten Schlitten organisiert.

Die zogen sie auf dem Rückzug durch den tiefen Schnee. Zwei Sanitäter waren Gott sei Dank immer dabei. Es bestand allerdings die Gefahr, daß sich die Verwundeten auf den Schlitten sehr schnell Erfrierungen, vor allen Dingen an den Füßen, zuzogen, wenn sie nicht dick eingemummelt waren. Es war unglaublich, was den Männern zugemutet wurde und was sie an Strapazen aushielten.

Wenigstens der Verpflegungsnachschub klappte einigermaßen, und wenn er für ein oder zwei Tage ausfiel, gab es immer noch die eisernen Rationen oder einen Kanten Brot. Dennoch: 10, 15 Pfund Gewichtsverlust waren nichts Außergewöhnliches.

Dreimal war Brandes der Nachhut zugeteilt worden, mußte die Stellung halten, bis sich das Bataillon weit genug abgesetzt hatte. Bammel hatte er vor den sowjetischen Panzern. Allein schon das herannahende Motorengeräusch, das Rasseln der Ketten löste mulmige Gefühle bei ihm aus. Im Direktschuß versuchten die Panzer, die deutschen Soldaten in den Häusern auszuräuchern. Das Bersten der Einschläge war für die im Keller hockenden Deutschen eine enorme psychische Belastung. Nur in der Nacht hatten sie vor den Panzern einigermaßen Ruhe, denn dann rückten die Sowjets nur sehr vorsichtig nach.

Als das Bataillon schließlich bei Wjasma die neue Auffangstellung erreichte – nach einem Rückzug von etwa 200 Kilometern unter undenkbaren Strapazen –, trafen tatsächlich die ersten Vorhuten der Armee Blaskowitz aus Frankreich ein. Endlich wurden die Sowjets durch die frischen Kräfte gestoppt, und das I.R. 9 konnte abgelöst werden. Die Soldaten erhielten jetzt vernünftige Winterkleidung, vor allem Wattejacken und Filzstiefel. Dann brachte man ihnen auch noch in einem Schnellkurs das Skilaufen bei. Die Ruhepause währte aber nur fünf Tage.

Inzwischen waren die gegnerischen Truppen südlich von Wolokolamsk und südlich von Gshatsk in Höhe der Rollbahn nach Moskau durchgebrochen und saßen mit mindestens vier bis fünf Divisionen in den Wäldern zwischen Wjasma und Smolensk. Das I.R. 9 erhielt den Auftrag, die Wälder nach diesen sowjetischen Einheiten zu durchkämmen. Der Gegner, unterstützt durch die Zivilbevölkerung und teilweise mit Fallschirmen aus der Luft versorgt, wehrte sich heftigst. Mit LKWs wurden die Einheiten des I.R. 9 in ihre Bereitstellungsräume südlich von Wjasma gefahren.

Das II. Bataillon hatte einen neuen Bataillonskommandeur, Fritz

Berkholz, bekommen. Einen besonders schneidigen Offizier, der dem I.R. 9 schon zu Friedenszeiten angehört hatte. Er hatte den Auftrag, mit seiner Einheit das Dorf Koschelowo freizukämpfen, weil von dort aus immer wieder die Rollbahn Wjasma-Blochino, auf der deutsche Nachschubtransporte und Verwundetenrückführungen durchgeführt werden mußten, angegriffen wurde.

Kurz vor Angriffsbeginn war Brandes auf Skiern noch einmal zum Bataillonsgefechtsstand gelaufen, um zu melden, daß es auf der rechten Seite des Bataillonsabschnittes nicht richtig vorangehe; offensichtlich wegen zu starker feindlicher Gegenwehr. Als er zu seiner Einheit über die weiße schneebedeckte Landschaft zurücklief und dabei den stetig stärker werdenden Gefechtslärm registrierte, spürte er plötzlich einen heftigen Schlag unterhalb der Kniescheibe. Er fiel zu Boden, empfand einen heftigen Schmerz und sah, wie sich das Blut auf der Uniformhose mehr und mehr ausbreitete und mit dem Weiß des Schnees vermengte. Ein vorbeikommender Soldat entdeckte Brandes und alarmierte Sanitäter, die ihn mit einem Schlitten zum rückwärtigen Verbandsplatz transportierten. Vorher, als sie ihn notdürftig verbanden, hatten sie ihm Hoffnung gemacht: »Mensch, du hast einen prima Heimatschuß. Wahrscheinlich keine Knochenverletzung, nur eine Fleischwunde durch einen Streifschuß.«

»Gott sei Dank, ich hab' sowieso die Schnauze voll!« hatte er gemurmelt. Aber das Knie tat weh und schwoll an. Dann brachten sie ihn im nächsten Dorf zu einer Verwundetensammelstelle. Der Ort hieß Losmino. Die Verwundeten wurden auf mehrere Häuser verteilt, deren Räume beheizt waren. Der Abtransport verzögerte sich jedoch, weil die Rollbahn von den Sowjets gesperrt war. Täglich wurde der Verband an Brandes' Bein erneuert. Jedesmal sagte der Sani: »Menschenskind, das ist schon bald alles in Ordnung.« Brandes war das gar nicht recht. Er wollte nach Hause.

Am sechsten Tag wagten sie den Abtransport der Verwundeten, stellten einen Konvoi zusammen. Vorne ein Panzer, dann zehn LKW, in der Mitte ein Panzerspähwagen, wieder zehn LKW und zum Schluß noch einmal ein Panzer. Sie schafften den Durchbruch und kamen schließlich nach Wjasma. Im Lazarett wurden die Verwundeten einem Arzt vorgeführt. Der betrachtete sich Brandes' Wunde nur kurz: »Da haben Sie aber Schwein gehabt. Das ist nicht schlimm. Ein paar Tage hier liegen, dann können Sie zu Ihrer Truppe zurück.«

Brandes schlief vor lauter Verzweiflung fast die ganze Nacht nicht. Wie schön wäre jetzt ein Heimaturlaub gewesen. Als hätte Gott seinen heimlichen Wunsch erhört, trat in seinem Zustand eine Wende ein. Als Brandes – er war gegen Morgen schließlich doch noch eingeschlafen – aufwachte, fragte der neben ihm liegende Verwundete: »Wie siehst du denn aus?«

»Wie soll ich denn aussehen?«

»Mensch, du bist quittengelb im Gesicht. Du hast bestimmt Gelbsucht!«

Die Diagnose des Soldaten stimmte. Sie isolierten Brandes sofort und transportieren ihn mit dem nächsten Lazarettzug bis dicht vor Warschau in ein Speziallazarett für Gelbsuchtkranke. Dort bekam er tagelang nichts zu essen, damit die Gelbsucht schneller zurückging. Nach vier Wochen war er so weit genesen, daß sie ihn zum Ersatzbataillon nach Potsdam zurückschickten.

28 I.R. 9 wird Grenadier-Regiment 9: Verlegung nach Belgien, dann nach Dänemark

1942 begann der Verlauf der Geschichte zu kippen – nach der Flut setzte nun die Ebbe ein. Die britischen und amerikanischen Luftangriffe auf deutsche Städte wurden immer heftiger. Bei den Bombardements von Köln und Bremen Ende Mai wurden erstmals je 1000 alliierte Bomber eingesetzt. Bei einem Angriff am 28. März auf Lübeck wurden 1425 Wohnhäuser zerstört. Bei einem einzigen Luftangriff auf Hamburg wurden 175 000 Brandbomben abgeworfen. In Berlin wurde der Veit-Harlan-Film *Der große König* über Friedrich den Großen uraufgeführt. Tendenz: Ein einsamer Monarch gewinnt trotz zahlreicher militärischer Fehlschläge und gegen den Rat seiner Generale schließlich doch den Krieg. Entscheidende Aussage und Anspielung auf die Gegenwartssituation: »Am Genie des Führers zu zweifeln ist Hochverrat!«

Noch waren die Deutschen an anderen Frontabschnitten im Vormarsch. In einer Sommeroffensive drangen sie im Juli Richtung Kaukasus vor. Die Truppen von General Paulus erreichten Stalingrad. In Nordafrika eroberten im Juni deutsche Truppen unter General Rommel Tobruk und warfen die 8. britische Armee über die ägyptische Grenze zurück. Bis nach Kairo waren es für die Deutschen nur noch 100 Kilometer.

Andererseits verstärkte sich der Widerstand gegen die Deutschen in den eroberten Gebieten. Partisanentätigkeit vor allem in Jugoslawien und in der Sowjetunion. In Prag wurde der »Reichsprotektor«, SS-Obergruppenführer und General der Polizei, Reinhard Heydrich, von Widerstandskämpfern getötet. Die Rache der deutschen Besatzer war fürchterlich. Das tschechische Dorf Lidice, wo einer der Attentäter eine Nacht verbrachte, wurde dem Erdboden gleichgemacht, alle männlichen Einwohner über 15 Jahre wurden auf der Stelle erschossen, die Frauen in das Konzentrationslager Ravensbrück beziehungsweise in das Frauengefängnis von Theresienstadt verschleppt.

Um den Mangel an Arbeitskräften in Deutschland zu beheben, wurden 625 000 Arbeiter aus den besetzten Ostgebieten nach Deutschland geschafft, wo sie in bewachten Lagern leben mußten. Adolf Hitler, der schon das Oberkommando des Heeres wahrnahm, ließ sich am 26. April vom Reichstag zum »Obersten Gerichtsherrn« ernennen – mit völliger juristischer Entscheidungsfreiheit.

Zu Beginn des Jahres 1942 waren es 26 Länder, die sich unter der Bezeichnung »Vereinte Nationen« gegen das kriegführende Deutschland zusammengeschlossen hatten. Hinzu kam, daß vor allem mittel- und südamerikanische Staaten ihre diplomatischen Beziehungen zum Deutschen Reich abbrachen. Obwohl militärisch ziemlich belanglos, kränkten solche Schritte das Großmachtgehabe der NS-Führung. Außenminister von Ribbentrop ordnete an, daß Kriegserklärungen kleinerer Staaten ab sofort nicht mehr angenommen werden durften. Auf den Hinweis, daß die Vertreter dieser Staaten dann beim Pförtner des Auswärtigen Amtes die Kriegserklärungsnote hinterlegen würden, verbot er den Pförtnern die Entgegennahme. Er ging sogar so weit, die Entfernung des Briefkastens am Eingang des Auswärtigen Amtes, Wilhelmstraße 76, zu veranlassen.

Im Jahr davor hatte Hitler eine Konferenz der Außenminister aller von Deutschland besetzten beziehungsweise verbündeten Nationen in Berlin anberaumen lassen, um hiermit Eindruck auf die Weltöffentlichkeit zu machen. Herzlich wenige trafen ein, nämlich die Minister von Bardossy (Ungarn), Antonescu (Rumänien), Tuka (Slowakei), Lorkowitsch (Kroatien), Popoff (Bulgarien), Witting (Finnland), Ciano (Italien), Serrano Suner (Spanien). Den dänischen Außenminister Scavenius, der Einwände gegen dieses Treffen hatte, sich schließlich aber doch auf den Weg machte, wollte der deutsche Außenminister von Ribbentrop bei der Ankunft auf dem Stettiner Bahnhof in Berlin verhaften lassen. Die Verhaftung blieb dann aus, weil Staatssekretär von Weizsäcker den Dänen abholte und mit ihm die Differenzen klärte.

Unabhängig von solchen außenpolitischen Kinkerlitzchen war der wirtschaftliche wie militärische Kräfteschwund Deutschlands spürbar und für sorgfältige Beobachter anhand der Plakate, die von der NS-Propaganda herausgegeben wurden, ersichtlich. Anschläge mit Durchhalteparolen wurden angebracht, die einen Arbeiter in einer Reihe mit deutschen Soldaten und einem »Blitzmädchen« zeigten: »Front und Heimat, die Garanten des Sieges«. Ein anderes Plakat forderte zur »Entschrottungsaktion der Betriebe« auf: »Schrott wird neues Eisen, darum her damit«.

Schließlich wurde Hitler seinen obersten militärischen Planer, den Chef des Generalstabs des Heeres, Generaloberst Franz Halder, los. Dieser trat am 29. April zurück. Eine der letzten Amtshandlungen Halders war die Auflösung der alten 23. Infanterie-Division und die Neuverwendung ihrer Regimenter I.R. 9, I.R. 67 und I.R. 68. Obwohl sich die Durchführung dieses Befehls um einige Monate verzögerte, kommentierte Hitlers Wehrmachtsadjutant, der inzwischen zum Generalmajor beförderte Rudolf Schmundt, in den zwanziger Jahren Offizier im Infanterie-Regiment 9, diesen Auflösungsbescheid mit der Bemerkung, der »Geist von Zossen« werde nun endgültig ausgerottet, das deutsche Heer könne jetzt mit dem »wahren Geist des Nationalsozialismus« erfüllt werden.

Im Februar 1942 hatte das I.R. 9 einige Ruhetage hinter der Front erhalten. Es war durch den schweren Winterfeldzug so dezimiert, daß ihm 27 Offiziere, 210 Unteroffiziere und 1516 Mannschaften fehlten. Ersatz kam nur schleppend heran. Das Regiment wurde am 26. Februar zurück nach Wjasma verlegt und vorübergehend der 5. Panzer-Division unterstellt. Die häufige Zuordnung zu neuen Verbänden war charakteristisch für die nächsten Monate und trug nicht gerade zur Stabilisierung der Truppe bei. Im März erlebte das I.R. 9 die schlimmsten Schneefälle des gesamten Rußland-Feldzuges. Stellenweise lag er drei Meter hoch. Fahrzeuge schneiten bis über das Dach ein, Pferde mußten erschossen werden. Die 33. sowjetische Armee war bis auf Wjasma vorgestoßen, dort aber von deutschen Verbänden eingekesselt worden. Das »Noch«-I.R. 9 mit der »Noch«-23.-Infanterie-Division bildeten einen Teil des Einschließungsringes. Es wurde nicht nur versucht, den Ring zu halten, sondern auch durch weiteres Eindringen die Sowjets zu dezimieren. Dies war aber insbesondere wegen der Schneemassen mit schweren eigenen Verlusten verbunden.

In einem Sonderbefehl der Division vom 24. März wurde der Einsatz bei der Erstürmung des Ortes Ljadnoje gelobt: »In hartem Kampf, oft Mann gegen Mann, sind große Opfer von Offizieren, Unteroffizieren und Mannschaften gebracht worden, sie zu würdigen und zu ehren ist unsere Pflicht. Ich spreche dem Inf.Rgt. 9 für seine Leistung und seinen Erfolg unumschränkte Anerkennung aus. Besonders möchte ich hervorheben den schneidigen Angriff des II. Bataillons, bei dem Btls.-Kdr., Hauptmann Berkholz, selbst verwundet wurde, sein Stellvertreter, Hauptmann Koeppen, fiel und dann der nunmehr noch vorhandene einzige Offizier, Ltd. d. Res. Merks, das Bataillon aus eigener Initiative zum letzten Sturmlauf am 22. März abends gegen einen sich bis zum Letzten erbittert wehrenden Feind führte und ihn bezwang.«

Das I.R. 9 kämpfte anschließend im Rahmen der Operation »Hannover« zur Zerschlagung sowjetischer Luftlandetruppen und Partisanen westlich der Ugra, eines Flusses, der sich in Südwest-Nordost-Richtung südlich von Wjasma entlangschlängelt. Die umkämpften Orte lagen südlich der Rollbahn Smolensk-Wjasma-Moskau und trugen Namen wie Dorogobusch, Wygor, Balakirewo. Am 21. Juni war das Unternehmen »Hannover« erfolgreich beendet. Die Rollbahn war wieder sicher, das Gebiet südlich davon und östlich des Dnjepr von sowjetischen Truppen befreit.

Die Winterschlachten hatten auch an den Kräften der Sowjets gezehrt. Anfang April lief sich im Abschnitt der Heeresgruppe Mitte die russische Gegenoffensive fest. Die 33. sowjetische Armee wurde südlich von Wjasma eingeschlossen und aufgerieben. Aber auch die Verluste der deutschen Wehrmacht im Osten waren gravierend. Sie betrugen seit Beginn des Rußland-Feldzuges bis Ende Februar 100 5636 Ausfälle, mithin 31 Prozent des Personalbestandes, darunter 210 572 Gefallene. Die Verluste des I.R. 9 waren ebenfalls beträchtlich. Am 15. Mai fehlten 48 Offiziere, 355 Unteroffiziere und 1972 Mannschaften. Der Ordenssegen für den einjährigen Einsatz im Osten war nur ein schwacher Trost: 501 Eiserne Kreuze I. Klasse und 5214 Eiserne Kreuze II. Klasse. Das ausgeblutete Regiment mußte zur Auffrischung aus der Ostfront herausgenommen und in den Westen verlegt werden. Am 27. Juni wurde es vom russischen Dorogobusch aus in einer fünftägigen Bahnreise nach Belgien verbracht. Sein neuer Standort wurde Flandern im Südwestzipfel Belgiens.

Als Heerespfarrer Johannes Doehring vom I.R. 9 wegen anderweitiger Verwendung Abschied nahm, beschrieb er die zurückliegenden Monate: »Mit dem Ende des Winters wechseln in hektischer Folge die Unterstellungen unserer Restgruppen unter verschiedene Korps und Armeen. Eine stetige Führung der Division ist sehr erschwert. Hinzu kommt ein plötzliches Tauwetter, das die eisigen Schneestürme ablöst, Felder und Wege in einem einzigen Meer aus Schlamm ertränkt. Truppenbesuche werden fast unmöglich. Gelingt es doch einmal, zu einer Truppe sich durchzuschlagen, begegnen uns überall fragende Gesichter. Was nun? Wir wissen sowenig wie die Fragenden. Eine tiefe, tapfere

Beharrlichkeit und die Bereitschaft, durchzuhalten aus Treue zu den Kameraden, ist durchweg lebendig. Darüber hinaus ist kaum noch Kraft zum Denken vorhanden. Man lebt in den Tag hinein, körperlich wie geistig, von der Hand in den Mund. Die Verpflegung spielt sich schnell wieder ein. Die Achtung vor dem russischen Gegner ist bei den Männern enorm gewachsen. Sein bis zur Sturheit beharrlicher Einsatz verfehlt seinen Eindruck nicht: Sie werfen sich reihenweise, sinnlos in unsere Maschinengewehrgarben. Ein Grab des Gedenkens findet sich nirgends. Auf dem Abschied 1942 lastete die bange Frage: ›Quo vadis Germania?‹ Diese Frage ging mit uns aus dem Osten an die Front im Westen, hinter deren niedergeworfenen europìschen Gegnern nun auch die Vereinigten Staaten von Amerika auftauchen.«

Die Männer des I.R. 9 durften zunächst einmal drei Wochen Heimaturlaub nehmen.

Die bereits vom Generalstabschef des Heeres, Halder, angekündigte Auflösung der 23. Infanterie-Division infolge der Umgliederung zur 26. Panzer-Division erfolgte schließlich am 16. September 1942. Das I.R. 9 und sein Schwesterregiment I.R. 67 bildeten den Kern der neu aufzustellenden Panzer-Division, nannten sich fortan Panzergrenadier-Regimenter. Das bisherige I.R. 68 sowie dazugehörige Artillerie- und Nachschubeinheiten wurden für die Schaffung einer neuen 23. Infanterie-Division ausgegliedert. Um diese zweite 23. Infanterie-Division zu komplettieren, wurde ein neues I.R. 9 aufgestellt, das aber als Grenadier-Regiment firmierte. Es gab fortan ein Panzergrenadier- und ein Grenadier-Regiment 9 (das gleiche für 67).

Sofort entbrannte ein Streit darüber, wer künftig die preußische Garde-Tradition fortführen dürfe. Kein geringerer als Hitler wurde als Schlichter bemüht. So hieß es in einer Stellungnahme des Oberbefehlshabers der 15. Armee, zu der das alte I.R. 9 im Verband der neuen 26. Panzer-Division gehörte: »In der Division ist eine gewisse Niedergeschlagenheit zu erkennen, da das Gerücht läuft, die Division müsse ihre bisherige Tradition abgeben, die von einer neu aufzustellenden Division übernommen werden soll. Zunächst ist noch nichts befohlen. Wir haben das unbedingte Vertrauen zum Führer, daß er nichts Zweckloses befiehlt. Wenn er also befiehlt, die Tradition abzugeben, so wird ohne jedes Besinnen gehorcht.«

Der endgültige Entscheid aus dem OKH ließ zunächst auf sich warten. Aber am 12. Oktober ordnete der neue Chef des Heeresgeneralstabes, Generaloberst Kurt Zeitzler, ein Mann, der selbst früher im I.R. 9 Potsdam gedient hatte, an, die neue 23. Infanterie-Division werde »an die alten Kraftquellen der ehemaligen 23. Division angeschlossen werden, das heißt an die Tradition der preußischen Garde-Regimenter ...« Das Traditionsbewußtsein in der neuen Infanterie-Division sollte überdies dadurch gefördert werden, daß möglichst viele Angehörige des alten I.R. 9 zur neuen Einheit abkommandiert werden würden. Und um das zu verdeutlichen, wurde zum Kommandeur des neuen I.R. 9 – jetzt Grenadier-Regiment 9 – der letzte Kommandeur des alten I.R. 9, Oberst Dewitz, ernannt. Er bezog Anfang Dezember seinen »Gefechtsstand« in der Guldberg-Kaserne von Aarhus in Dänemark. Zunächst stellvertretender, später Regimentsadjutant wurde Oberleutnant der Reserve Richard Freiherr von Weizsäcker. Eine große Verantwortung für einen erst Zweiundzwanzigjährigen, der fortan unter seinem Chef für das reibungslose Funktionieren eines Verbandes mit rund 2000 Soldaten, deren Waffen und Ausrüstung verantwortlich war.

29 Im Oberkommando des Heeres: Weizsäcker trifft Stauffenberg

Richard von Weizsäcker hatte bisher Glück gehabt. Er war nur leicht verwundet worden und im Frühjahr 1942 von der Front abkommandiert und mit gleichzeitiger Beförderung zum Oberleutnant ins Oberkommando des Heeres nach Angerburg, Ostpreußen, versetzt worden. Dort wurde er als Ordonnanzoffizier beim Oberquartiermeister IV eingesetzt. Sein unmittelbarer Vorgesetzter war Generalmajor Gerhard Matzky. Hitler, den er bisher nur aus größerer Entfernung bei zwei Paraden in Berlin erlebt hatte, sah er nun bei einem Besuch der nahegelegenen »Wolfsschanze« aus der Nähe, ohne daß dieser auf ihn einen sonderlichen Eindruck gemacht hätte.

Weizsäcker kam in seiner neuen Funktion mit vielen interessanten Leuten zusammen, darunter der Verbindungsoffizier des Auswärtigen Amtes, Major der Reserve Hasso von Etzdorf, der ehemalige deutsche Militärattaché in Moskau und jetzige »Beauftragte General für Kaukasus-Fragen«, General Ernst August Köstring, dessen Adjutant, Rittmeister Hans Heinrich Herwarth von Bittenfeld, und ein gewisser Klaus Ritter, der in einer Nachbarbaracke in der Abteilung »Fremde Heere Ost«, der Nachrichtenauswertung für die Beurteilung der Feindlage beim Generalstab des Heeres, saß.

Die wichtigste Bekanntschaft war die mit dem Major im Generalstab Claus Schenk Graf von Stauffenberg, der in der Organisationsabteilung beim Oberquartiermeister I im OKH tätig war. Zu Weizsäckers Aufgaben gehörte es, gelegentlich geheime Schriftstücke, die nur durch einen Offizier befördert werden durften, von Generalmajor Matzky zu Stauffenberg zu bringen. Stauffenberg machte auf den jüngeren Weizsäcker einen starken Eindruck. Einerseits durch seine starke Persönlichkeit, aber auch durch den tiefen Ernst, den dieser Offizier ausstrahlte. Stauffenberg führte Weizsäcker gelegentlich an die großen Operationskarten, auf denen die für den Sommer geplanten Großangriffe eingezeichnet waren, zum Beispiel Zangenbewegungen, mit denen die deutschen

Truppen in Südrußland und jene in Nordafrika vereint werden sollten. Was vor Ausbruch des Rußland-Feldzuges beim einfachen Soldaten als Gerücht kursierte, schien hier tatsächlich eine strategische Überlegung zu sein. Stauffenberg: »Dieser Plan könnte gelingen.«

Während Stauffenberg von den Siegesmöglichkeiten beeindruckt war, blieb Weizsäcker überraschenderweise skeptisch. Er hielt solche Überlegungen für eine »phantastische Überschätzung der deutschen Kräfte«. Ja, er glaubte nicht einmal, daß der Krieg zu gewinnen sei! Vielleicht lag das daran, daß er im Gegensatz zu Stauffenberg über Fronterfahrung im Rußland-Feldzug verfügte. Mag sein, daß auch die im Urlaub geführten Gespräche mit seinem Vater eine Rolle spielten.

Stauffenbergs Begeisterung war insofern auch schwer verständlich, als er und andere Offiziere im OKH bereits über einen möglichen Umsturz sprachen. Allerdings glaubte er im Frühjahr 1942 noch, wie er in einem Gespräch Major Herwarth mitteilte, allein ein Auswechseln der schlechten Ratgeber Hitlers würde der unheilvollen Entwicklung Einhalt gebieten. Herwarth dagegen war der Meinung, Hitler sei die »Inkarnation des Teufels« und müsse deshalb zwar nicht getötet, aber doch verhaftet werden. Ein Verwandter Stauffenbergs, der von einem anderen Widerstandskreis um den Kriegsverwaltungsrat Helmuth James Graf von Moltke zu Claus Stauffenberg geschickt wurde, um auszuforschen, ob dieser zur Mitarbeit nach dem Sturz der Nationalsozialisten bereit sei, kam mit dem Bescheid wieder: »Ich habe mit Claus gesprochen. Er sagt, zuerst müssen wir den Krieg gewinnen. Während des Krieges darf man so was nicht machen, vor allem nicht während eines Krieges gegen die Bolschewisten. Aber dann, wenn wir nach Hause kommen, werden wir mit der braunen Pest aufräumen.«

Der Kopf der »braunen Pest«, Hitler, verlegte im Juli 1942 sein Hauptquartier von Ostpreußen in einen Wald im ukrainischen Winniza, eine Gebietshauptstadt am Bug, etwa 200 Kilometer südwestlich von Kiew gelegen. Da er gleichzeitig auch den Oberbefehl über das Heer ausübte, wurde das OKH mit Oberleutnant von Weizsäcker ebenfalls von Angerburg nach Winniza verlegt. Mit Datum vom 23. Juli 1942 erteilte Hitler, der ehemalige Gefreite aus dem Ersten Weltkrieg, ganz in der Manier eines Generalstäblers operative Anweisungen für die Fortführung des Krieges im Osten:

»Ziel der weiteren Operationen:

A. Heer:

Die nächste Aufgabe der Heeresgruppe A ist es, nunmehr die über den Don entkommenen feindlichen Kräfte im Raum südlich und südostwärts Rostow einzuschließen und zu vernichten. [...]

4. Der Heeresgruppe B fällt – wie befohlen – die Aufgabe zu, neben dem Aufbau der Don-Verteidigung im Vorstoß gegen Stalingrad die dort im Aufbau befindliche feindliche Kräftegruppe zu zerschlagen, die Stadt selbst zu besetzen und die Landbrücke zwischen Don und Wolga selbst zu sperren. [...]

B. Luftwaffe:

Aufgabe der Luftwaffe ist es, zunächst mit starken Teilen den Übergang des Heeres über den Don, anschließend das Vorgehen der ostwärtigen Schwerpunktgruppe entlang der Bahn nach Tichorezk zu unterstützen und die Masse der Kräfte zur Vernichtung der Heeresgruppe Timoschenko zusammenzufassen. [...]

C. Kriegsmarine:

Der Kriegsmarine fällt die Aufgabe zu, neben der unmittelbaren Unterstützung des Heeres beim Übergang über die Straße von Kertsch mit den im Schwarzen Meer verfügbaren Seestreitkräften feindliche Einwirkung von See her gegen die Operationen an der Schwarzmeerküste zu stören. [...]

IV. Für die Bearbeitung und Weitergabe dieser Weisung und der mit ihr zusammenhängenden Befehle und Anordnungen weise ich auf meinen am 12.7. gegebenen Befehl über *Geheimhaltung* besonders hin.

gez. Adolf Hitler.«

Hitler fühlte sich in Winniza jedoch nicht wohl. Es herrschte eine schwer erträgliche Hitze, und der Nadelwald, in dem sein Hauptquartier untergebracht war, spendete wenig Schatten. Der »Führer« wechselte deshalb wiederholt in sein altes Hauptquartier bei Rastenburg.

Nach einem halben Jahr mußte Oberleutnant von Weizsäcker seinen Kulissenplatz auf der Bühne der Weltgeschichte aufgeben: Er wurde zu seinem Regiment zurückversetzt, das heißt zunächst nach Döberitz bei Berlin, dann mit einem Eisenbahntransport zu der neuen in Dänemark in Aufstellung befindlichen 23. Infanterie-Division. Während der Reise versuchte er, seinen Offizierkameraden das Bridge-Spielen beizubringen. Was sollte man auch sonst auf einer langen Fahrt machen? Gleich ihm hatten mehrere seiner Regimentskameraden vom alten I.R. 9 Marschbefehle für Dänemark erhalten.

Kredel hatte sich Anfang Oktober 1942, nach einem Offizierslehrgang zum Leutnant befördert, in Spandau zurückgemeldet und erfahren, daß er nicht bei seiner alten Einheit, den 67ern, bleiben würde, sondern zum neuen Gren.Rgt. 9 nach Aarhus versetzt worden war. Was er nicht wußte: Sein Inspektionschef auf der Kriegsschule war als Bataillonskommandeur im Grenadier-Regiment 9 vorgesehen. Er hatte sich daraufhin den sympathischen Leutnant Kredel für seine Einheit reserviert. Kredel und ein Offizierskamerad erhielten Militärfahrscheine und reisten per Eisenbahn nach Aarhus. Eine Stadt sowohl mit Industrie als auch mit Universität, Höherer Handelsschule, Musikkonservatorium und Staatsbibliothek. Als Bischofssitz wurde Aarhus erstmals 948 genannt. Im Süden liegt an der Küste Schloß Marselisborg.

In Kredels Marschpapieren stand, daß er sich in der Loesegard-Schule zu melden habe. Er fragte nach der Ankunft den erstbesten Passanten: »Guten Tag, können Sie mir bitte sagen, wo die Loesegard-Schule ist?« Der Angesprochene wendete sich wortlos ab. Kredel und sein mitgereister Kamerad waren verdutzt. Vielleicht versteht der kein Deutsch, dachten sie, und versuchten es beim nächsten: »Verzeihung, wir suchen die Loesegard-Schule. Können Sie uns bitte sagen . . .?« Diesmal hatten sie eine Frau angesprochen. Sie durchbohrte die deutschen Offiziere mit schönen blauen Augen, trat einen Schritt zur Seite und ging an ihnen vorbei. Kredel schaltete. Offensichtlich gab es hier keine sprachlichen, sondern politische Verständigungsschwierigkeiten. Er hatte vergessen, daß er in einem von Deutschland überfallenen und besetzten Land war. Also kehrt marsch und Erkundigungen auf der Bahnhofskommandantur einholen. »Nehmen Sie die Straßenbahn vor dem Bahnhof, die fährt direkt vor die Tür der Loesegard-Schule.«

In der Loesegard-Schule hieß es, der für sie zuständige Offizier sei gerade außer Haus. Aber die Herren könnten im Offiziersheim ihr Essen einnehmen. Dort bestellten sie Gulasch. Eine Serviererin brachte zwei große Schüsseln voller Gulasch und stellte sie den Offizieren vor die Nase. Kredel und der andere guckten sich an: »Nun brauchen wir eigentlich nur noch Teller, Fräulein, und eine Schüssel Gulasch reicht! Die andere können Sie ruhig wieder wegnehmen.«

»Verzeihung, meine Herren, das sind Ihre Teller. Ich habe mir erlaubt, Ihnen schon aufzutun.« Kredel und sein Kamerad schauten sich erstaunt an. Bis einer sich an die Stirn tippte. »Mensch, wir sind doch in Dänemark. Hier gibt's noch genügend zu essen.« So schlugen sie sich ganz ungeniert erst einmal den Bauch voll.

Es war Oktober 1942 und noch immer sehr schön warm. Als Vorauskommando hatten sie keinen geregelten Dienst. Und was besonders angenehm war: Sie durften in Privatquartieren wohnen.

Nach und nach trudelten auch die anderen ein. Bei den Mannschaften handelte es sich vornehmlich um den Jahrgang 1924. Die Unteroffiziere waren in der Regel zwei Jahre älter und hatten schon Fronteinsatz hinter sich. Unter den Soldaten waren jetzt nicht nur Brandenburger, sondern auch »Pomeranzen« und Saarländer. Es wurde mit der regulären Ausbildung begonnen, denn die neue 23. Infanterie-Division sollte an der Ostfront eine sogenannte Angriffsdivision bilden. Einerseits war der Dienst hart – es fanden Tag und Nacht Gefechtsübungen im Kompanierahmen statt –, andererseits war das Leben in Dänemark schön. Es gab reichlich Lebensmittel, vor allem Kuchen und Schlagsahne. Die Geschäfte standen auch den deutschen Soldaten offen. Vom Regimentsstab wurden Genehmigungsmarken verteilt, die berechtigten, monatlich ein Lebensmittelpaket nach Hause zu schicken. In noch größerer Menge als Lebensmittel gab es Alkohol, und es wurde schwer gezecht. So feierte eines Abends Kompaniechef Hauptmann Harnoth, der wegen einer Verwundung an der linken Hand stets einen Lederhandschuh trug und ein richtiger »Saufkopp« war, mit Kredel und einem weiteren Kompanieoffizier namens Benecke die Geburt seines Sohnes. Am nächsten Morgen war Harnoth so verkatert, daß Kredel die Kompanie allein zum Übungsplatz ausrücken lassen mußte. Den Leutnant Benecke fand eine Marinestreife in der Gosse. Er bekam Hausarrest und wurde anschließend strafversetzt.

Feldwebel Becker hatte den Genesungsurlaub nach der Ausheilung seiner erfrorenen Hände im schlesischen Sagan bei seiner Mutter verbracht und war anschließend zum Ersatzbataillon nach Potsdam in die Priesterstraße versetzt worden, wo er zunächst – selbst noch Fahnenjunker – mit seiner Fronterfahrung Ausbilder für andere Fahnenjunker wurde. Von Mai bis Oktober hatten sie ihn auf die Kriegsschule in Wiener Neustadt geschickt, von wo er, zum Leutnant befördert, zurückkehrte, um dann zur Neuaufstellung nach Dänemark in Marsch gesetzt zu werden. Das Heerespersonalamt hatte ihn für die Planstelle eines Bataillonsadjutanten im II. Bataillon vorgesehen. In Aarhus eingetroffen, meldete er sich beim Regimentsadjutanten von Weizsäcker. Der war kein Freund unnötiger Worte, war höflich, wurde aber gegenüber Becker nicht persönlich. So wie Weizsäcker selbst stets korrekt gekleidet auftrat, legte er auch viel Wert auf das Äußere der Offiziere, mit denen er zu tun hatte. Nur wenn es besonders heiß war, gewährte er großzügig Erleichterung: »Sie können den Kragen öffnen, meine Herren.«

Fast alle der alten Hasen, die zum Regiment in Aarhus stießen, kamen aus Lazaretten. Feldwebel Brandes hatte seine Gelbsucht auskuriert. Auch er landete zunächst beim Ersatzbataillon in Potsdam, wo er seinen alten Kompaniechef wiedertraf. »Brandes, machen Sie sich mal ruhig darauf gefaßt, daß der Krieg noch länger dauert.« Sie versetzten ihn zur Kriegsschule nach Dresden, machten ihn nach einem halben Jahr zum Leutnant und drückten ihm den Marschbefehl nach Aarhus in die Hand, wo er zum erstenmal seinem Regimentskameraden Richard von Weizsäcker begegnete. Doch bei den gelegentlichen Gesprächen an Kasinoabenden gab es keine näheren und schon gar keine persönlichen Berührungspunkte. Als Oberleutnant und Regimentsadjutant war Weizsäcker für die jungen Leutnants schon ein »alter gedienter Mann«. Brandes hatte gebeten, wieder in der 6. Kompanie Dienst machen zu dürfen. Die Bitte wurde gewährt. Er übernahm den 1. Zug, und solange sein neuer Kompaniechef, Oberleutnant Behrends, auf Urlaub war, durfte er sogar die Kompanie führen.

Zu den Neuzugängen an »Alten« gehörte auch Walter Henze, der Gefreite vom I.R. 67, den sie beim Winterrückzug in vorgeschobener Stellung vergessen hatten, der sich aber dann mit seinen Mannen tapfer zurück zum Bataillon durchgeschlagen hatte. Er war im Frühsommer auf die Unteroffiziersschule in Wandern-Zielenzig bei Frankfurt/Oder geschickt, nach Abschluß des Lehrganges zum Unteroffizier befördert und ebenfalls zum neuen Grenadier-Regiment 9 über Döberitz nach Aarhus in Marsch gesetzt worden.

Bevor er abreiste, wurde er zum Kommandeur des Ersatzbataillons 67 in der Spandauer Schmidt-Knobelsdorff-Kaserne, einem Hauptmann, gerufen. Henze trat ein, machte eine Ehrenbezeugung: »Unteroffizier Henze, wie befohlen zur Stelle.« Der Hauptmann stand hinter seinem Schreibtisch und hielt einen Brief in der Hand, den er noch einmal zu überfliegen schien. Henze erkannte auf dem Kopf des Briefbogens das Rautenabzeichen der Hitler-Jugend. Im nächsten Moment wurde Henze ein goldenes HJ-Abzeichen gewahr, das auf dem Schreibtisch lag. Der Hauptmann deutete darauf: »Wollen Sie das wiederhaben?«

»Nein, Herr Hauptmann, ich will es nicht.«

»Ich habe hier ein Schreiben der Reichsjugendführung mit dem Auftrag, es Ihnen zurückzugeben. Denn Sie sind doch Träger des goldenden HJ-Abzeichens?«

»Ich war es einmal. Ich habe es 1936 zurückgegeben, weil ich nichts mehr mit dem Haufen zu tun haben will.«

Der Hauptmann überlegte, ob er auf diese politisch abwertende Bemerkung eines Untergebenen eingehen sollte. »Ja«, sagte er schließlich, »hauen Sie mal ab. Marschbefehl Döberitz. Ich werde das Abzeichen mit dem Vermerk zurückschicken, Sie seien versetzt worden. Danke, das war's. Alles Gute für die Zukunft.«

»Vielen Dank, Herr Hauptmann. Melde mich gehorsamst ab.« Dann war Henze entlassen. Von Döberitz wurde er mit einem Sammeltransport nach Aarhus geschickt.

Nach langer Odyssee kehrte auch Leutnant Max von Arnim zurück. Er und sein ganzer Leutnantsjahrgang waren bei Ausbruch des Krieges vom I.R. 9 als Kader für das neu aufzustellende Infanterie-Regiment 178 abkommandiert worden. Die Aufstellung dieses Regiments hatte sich so lange verzögert, daß sie im Polen-Feldzug nicht mehr zum Einsatz kamen. Dann ging es in den Westerwald zur Bereitstellung für den Angriff auf Frankreich. Aber auch da hatte Arnim die ersten Kriegstage verpaßt, weil er auf Urlaub war. Er frühstückte gerade auf dem elterlichen Waldgut in Burow, im nördlichsten Zipfel der Mark Brandenburg, als er aus dem Radio die Stimme des Reichspropagandaministers, Joseph Goebbels, vernahm, der den Einmarsch in Frankreich verkündete. Im selben Moment betrat seine Mutter mit dem Frühstückstablett das Zimmer. Er zu ihr: »Du, heute morgen sind wir in Frankreich einmarschiert.« Vor Schreck ließ sie fast das Tablett fallen. Arnim rannte zum örtlichen Kaufmann, denn zu Hause besaßen sie kein Telefon. Er rief den diensthabenden Offizier seines Truppenteils an:

»Sagen Sie mal, was ist jetzt los? Ist für uns auch Mobilmachung?«

»Nein.«

»Sind denn die anderen Herren, die sich wie ich im Urlaub befinden, noch nicht zurück?«

»Nein.«

»Wer ist denn überhaupt zurückgerufen worden?«

»Niemand.«

»Bedeutet das jetzt, daß wir noch gar nicht aus dem Urlaub zurückkommen müssen?«

»Ja, das bedeutet es.«

»Wie Sie meinen. Dann komme ich planmäßig zurück.« Er hängte ein, war tief enttäuscht und fühlte sich in seiner Ansicht bestätigt, daß mit jeder Neuaufstellung eines Regiments das Niveau des Offizierkorps sinke.

In Frankreich kam das Regiment fast zu spät zum Einsatz. Er sah noch die riesigen Friedhöfe mit den Gefallenen des Ersten Weltkrieges an der Aisne, Kreuz an Kreuz bis zum Horizont, aber Gefechtsberührung hatten er und seine Einheit nur zwischen dem 9. und 12. Juni. Da sein erster Kompaniechef, Hauptmann der Reserve Oskar von Klitzing, schon im November des vorangegangenen Jahres vorübergehend aus der Wehrmacht ausgeschieden war, um als Forstmann 30000 Hektar Wald in Polen zur Verwaltung zu übernehmen, wurde Arnim als Kompanieführer eingesetzt. Sein Regimentskommandeur war Oberstleutnant Arndt, ein aus dem Mannschaftsstand hervorgegangener, hervorragender Offizier.

Als an der Aisne die Bereitstellung bezogen wurde, bekam Oberstleutnant Arndt als jüngster Regimentskommandeur nicht den Befehl, mit seinem Regiment den Angriff über den Fluß zu eröffnen. Dafür waren die Kommandeure der beiden anderen, zur 293. Infanterie-Division gehörenden Regimenter vorgesehen. Diese Regimenter blieben aber trotz hoher Verluste mit ihrem Angriff stecken. Daraufhin erhielt Arnims in Reserve gehaltenes Regiment den Angriffsbefehl. Sein Kommandeur erwies sich als Praktiker: »Ich werde den Teufel tun und dort versuchen rüberzugehen, wo die anderen steckengeblieben sind.« Er hatte erfahren, daß eine Nachbardivision sicher über eine Brücke auf das französische Ufer gelangt war. Prompt führte er sein Regiment ohne Verluste über dieselbe Brücke. Danach beschränkten sich – nach der Gefechtsberührung – die Aktivitäten darauf, den flüchtenden Franzosen hinterherzulaufen. Arnim nahm mit seiner Kompanie noch ein Dorf ein, wobei es Gott sei Dank nur Leichtverwundete gab. Allerdings, hätte um ein Haar die eigene Divisions-Artillerie das bereits eroberte Dorf noch unter Beschuß genommen, was im letzten Moment verhindert werden konnte.

Damit war der Krieg in Frankreich für Max von Arnim praktisch beendet. Das Regiment wurde nach dem Waffenstillstand zum Küstenschutz nach St. Brieuc verlegt, einem Ort im Golfe de St. Malo, südlich der englischen Kanalinseln Guernsey und Jersey. Der Dienst war nicht anstrengend, Arnim genoß das Leben und besuchte wiederholt seinen im Jagdgeschwader Richthofen als Pilot an der Kanalküste eingesetzten Bruder.

Dann mußte er noch einmal für eine Neuaufstellung die Einheit wechseln, diesmal war es ein Regiment in der 333. Division, kommandiert von einem ehemaligen Polizeioffizier. Er fand, dies sei ein »schrecklicher Verein«, und tröstete sich damit, daß er in die Gegend von Bordeaux kam, und zwar zur Bewachung der Demarkationslinie zwischen dem von den Deutschen besetzten Teil und dem »freien« Frankreich. Arnim unternahm viele Ausflüge und bewunderte die großen Kieferwälder, die noch auf Befehl Napoleons angepflanzt worden waren.

Schließlich wurde seine Einheit zur Bewachung der deutschen U-Boot-Bunker in St. Nazaire an der Loire-Mündung eingesetzt. Er freundete sich mit Offizieren der Kriegsmarine an.

»Möchten Sie einmal die Rückkehr eines unserer U-Boote von langer Feindfahrt erleben?« wurde er gefragt.

»Unbedingt! Das würde mich riesig interessieren.«

Daraufhin wurde er eines Tages um vier Uhr morgens zu den Kais mit den zum Schutz vor Luftangriffen gebauten U-Boot-Bunkern bestellt, wo ein U-Boot pünktlich zur avisierten Zeit einlief. Die Besatzung war feierlich an Deck angetreten, vorn die seemännische Mannschaft, hinten die technische. In der Mitte vor dem Turm der Kommandant mit weißer Offiziersmütze, in der Hand ein Sprachrohr. Am Kai stand das Empfangskomitee: der Flottillenchef, weitere Marineoffiziere, Marinehelferinnen mit Blumen im Arm und ein paar »Goldfasane«, Funktionäre der NSDAP in braunen Uniformen.

Das Boot hatte sich auf etwa 20 Meter der Pier genähert, da rief der Kommandant durch seine Flüstertüte: »Sind die Nazis noch an der Regierung?« Arnim traute seinen Ohren nicht. Normalerweise mußte jeder nach einer solchen Bemerkung mit einem Kriegsgerichtsverfahren wegen Wehrkraftzersetzung und mit Degradierung rechnen. Grinsend rief der Flottillenchef zurück: »Ja!«

»Na dann wieder auslaufen!« scholl es zurück.

Alles lachte, sogar die kleinen Parteibonzen. Dann machte das U-Boot fest. Es wurde »Seite« gepfiffen, der Flottillenchef ging an Bord, der Kommandant meldete die Rückkehr und die Tonnagezahl der versenkten Schiffe. In der Messe an Land war ein großer U-förmiger Tisch aufgestellt, mit Namensschildern für jedes Besatzungsmitglied.

Vor jedem Schild eine Flasche Becks-Bier und die gestapelte Heimatpost. Die eine Hälfte der Besatzung durfte sofort in Urlaub fahren, die andere mußte die Rückkehr der Kameraden abwarten. Die zum Bleiben Verdonnerten spielten zunächst einmal verrückt. Die ersten 24 Stunden behielten sie ihre dreckigen »Lederpäckchen« an, rasierten sich nicht, hatten die Taschen voller Geld und ließen die Sau raus. Da wurde drei Tage und Nächte gefeiert.

Die respektlose Bemerkung des U-Boot-Kommandanten beschäftigte Arnim noch eine Weile. Als er selbst 1936 als Fahnenjunker in das Infanterie-Regiment 9 eintrat, wurde zunächst so gut wie nie über Aspekte des Dritten Reiches gesprochen. Die Ausbildungsoffiziere sahen ihre Aufgabe darin, den anvertrauten Soldaten militärisches Vorbild zu sein und sie nach bestem Wissen und Gewissen zu erziehen. Mag auch sein, daß man den jungen Leutnants mit weltanschaulichen Problemen keine Schwierigkeiten bereiten wollte. Später, als Oberfähnrich und schließlich junger Leutnant, bekam er bei den Gesprächen im Offizierkasino mit, daß man zwar an den Nationalsozialisten kaum ein gutes Haar ließ, Goebbels und Göring nicht ernst nahm und mit der Brutalität Himmlers und Heydrichs nicht einverstanden war, schon gar nicht mit dem Antisemitismus der Nazis. Dennoch waren die Offiziere der Ansicht, ihre Pflicht gegenüber dem Staat und auch gegenüber Hitler, dem ersten Mann in diesem Staat, erfüllen zu müssen. Dieser unbedingte Gehorsam war auch traditionsbedingt. Früher war es der Kaiser, heute der »Führer«, dem man gehorchte.

Im Spätsommer 1942 wurde Leutnant von Arnim von seiner in Frankreich stationierten 333. Division versetzt, um sich auf dem Truppenübungsplatz in Döberitz für die Aufstellung des neuen Grenadier-Regiments 9 bereitzuhalten. In Döberitz begegnete er zum erstenmal dem Oberleutnant Richard von Weizsäcker. In Aarhus kamen sie im Laufe der Monate regelmäßig im Grand-Hotel, wo der Regimentsstab einquartiert war, zu Bridge-Stunden zusammen. Was Arnim auffiel, war, daß Weizsäcker noch nach dem Spiel die Zusammensetzung jedes Stiches sagen konnte. Weizsäcker bewies Organisationstalent, und sein Auftreten war bescheiden. Geduldig hörte er sich die Wünsche der Einheitenführer – zum Beispiel hinsichtlich noch fehlender Ausrüstungen – an. Wenn Regimentskommandeur Oberst Dewitz eine Offiziersbesprechung abhielt, saß Weizsäcker als sein Adjutant neben ihm.

30 Schlüsselerlebnis: Juden-Erschiessungen in der Ukraine

Wer in diesem Kreise ehemaliger I.R. 9er fehlte, war der Leutnant Axel von dem Bussche, der nach seinem Lungenschuß zum Ausheilen in Frankreich bei Reims im Stab einer Infanterie-Division Dienst tat. Im Frühjahr 1942 war er als Adjutant des Reserve-Infanterie-Regimentes 23 nach Potsdam zurückversetzt worden. Die Kaserne lag am Bornstedter Feld und beherbergte ein I., II. und III. Bataillon. Die Versetzung war von seinem Regimentskameraden Fritz-Dietlof Graf von der Schulenburg »gefingert« worden. Schulenburg hatte in der Zwischenzeit Zugang zu einem Kreis um Graf Stauffenberg, der sich mit dem Gedanken trug, die Hitler-Regierung zu stürzen. Dazu bedurfte es jedoch einiger militärischer Einheiten, vor allem im Raum von Berlin, die in der Stunde X bereit waren, mit Waffengewalt die Verschwörung zu unterstützen. Das in Potsdam stationierte Reserveregiment 23 war wegen seiner Nähe zur Hauptstadt besonders geeignet.

Bussche, dessen ablehnende Haltung gegenüber den Nationalsozialisten außer Zweifel stand, bekam von den Verschwörern den Auftrag, das Regiment möglichst frei von Offizieren mit nationalsozialistischer Gesinnung zu halten. Nur: Wie findet man heraus, ob einer Nazi ist oder nicht, oder gar geheimer Widerständler? Dieses Unterfangen war um so schwieriger, als ein Reserveregiment eine ständige Fluktuation von Offizieren hat, die entweder für eine kurze Durchgangszeit nach ihrer Genesung aus dem Lazarett oder von irgendwelchen Lehrgängen, wie z. B. einem Gas-Lehrgang, kamen.

Bussche hatte das von Schulenburg an ihn gestellte Ansinnen zunächst mit der Gegenfrage beantwortet: »Ich kann doch nicht jeden fragen, sind Sie Nazi?«

Schulenburg: »Dir wird schon was einfallen.«

Nachdem Bussche seinen Dienst angetreten hatte, ließ er den Regimentsschreiber kommen, einen Gefreiten aus Berlin, im Zivilberuf kaufmännischer Angestellter.

»Sagen Sie mal: Wenn hier ein Offizier vier Wochen durchläuft, muß er doch eine Beurteilung kriegen?«

»Jawohl, Herr Oberleutnant.«

»Da gibt es doch auf dem Formblatt unter anderem die zu beantwortende Frage nach der nationalsozialistischen Einstellung! Wie machen Sie denn das?«

»Herr Oberleutnant, da schreiben wir immer dieselbe Formel rein: ›Steht fest auf dem Boden der nationalsozialistischen Weltanschauung.‹«

»Woher wissen Sie denn das?«

»Na, das glauben wir so. Irgendwas müssen wir ja reinschreiben. Das haben wir jetzt schon ein paar hundertmal so gemacht. Das kann ja keiner nachprüfen.«

Bussche wollte sichergehen, ließ den Feldwebel vom Regimentsstab kommen und fragte diesen: »Wer hat denn das erfunden?« Der Mann grinste. Er wußte natürlich genau, was hier gespielt wurde: »Das war schon immer so, das stand schon immer drin.« Und dann wiederholte er den Standardsatz: »Steht fest auf dem Boden der nationalsozialistischen Weltanschauung.«

Bussche wußte immer noch nicht, woran er war. »Es muß doch eine andere Möglichkeit geben, die wahre Gesinnung herauszufinden.«

»Herr Oberleutnant, wie wollen Sie das denn machen? Wollen Sie die im Kasino fragen, ob sie Nazis sind? Das steht doch inzwischen Hunderte von Malen in diesen Fragebögen«, und er wiederholte ein drittes Mal diesen grotesken Satz, »steht fest auf dem Boden der nationalsozialistischen Weltanschauung«.

Bussche erkannte, daß die Fragebögen für seine Aufgabe, Nazis aus dem Reserveregiment herauszufiltern, keinen Anhaltspunkt boten. Manchmal konnte man jedoch sehr schnell erkennen, welch Geistes Kind der andere war. Bussche mußte zum Beispiel jeden Feldwebel oder Unteroffizier, der zur Beförderung zum Reserveoffizier geeignet schien, fragen, ob er einverstanden sei. Wenn der Betreffende mit der Unterschrift zögerte, wußte man, daß er mit neunundneunzigprozentiger Sicherheit dem Regime entweder kritisch gegenüberstand oder aber nicht, wie von den Nazis gefordert, zweifelsfrei arischer Abstammung war.

So erlebte er es mit einem Kameraden, mit dem er schon zusammen Rekrut gewesen war. Dieser kam aus Nord-Schleswig, war ein sogenannter »Volksdäne«, ein blaublütiger Bauernsohn, der es inzwischen zum Unteroffizier gebracht hatte. Bussche hielt ihn für qualifiziert, stellte die Papiere aus und ließ ihn kommen. Als der Unteroffizier eintrat und sie sich freundlich begrüßt und kurz über vergangene Zeiten geplaudert hatten, deutete Bussche auf den Antrag. »Unterschreib das mal, dann schicken wir dich auf den Offizierslehrgang.«

»Das will ich aber gar nicht.«

»Nun hör mal zu, warum denn nicht?«

»Ich bin Erbe eines Hofes in Nord-Schleswig. Meine ganze Verwandtschaft wohnt auf der dänischen Seite. Wenn ich jetzt Reserveoffizier werde, dann werden die hinterher, wenn der Krieg verloren ist, sagen, ich sei Nutznießer dieses Regimes gewesen, und dann bin ich meinen Hof los.«

Bussche, der dank seiner dänischen Mutter fließend dänisch sprach, wechselte ins Dänische über, weil das Gespräch politisch heiß zu werden drohte und er nicht wollte, daß Unberufene zuhören konnten. »Mein lieber Freund, das wird aber sehr schwierig hier. Bist du so sicher über den verlorenen Krieg? Du meinst wirklich, du hättest gar nichts zu gewinnen?«

Der andere ließ sich nicht von seiner Einschätzung abbringen: »Das wird nichts.« Er sprach langsam, jedes Wort betonend. »Das wird nichts, das verspreche ich dir.«

Bussche schlug einen versöhnlichen Ton an: »Was soll ich denn da reinschreiben?«

Der »Volksdäne« hatte sich die Angelegenheit offensichtlich schon längst überlegt. Nun sagte er auf deutsch: »Schreib doch rein: Fühlt sich der Aufgabe nicht gewachsen.«

Bussche mußte lachen. »Du glaubst, das funktioniert?«

»Versuch's doch.«

Bald hatte sich Bussche mit der Aufgabe angefreundet, im Offizierkorps die Spreu vom Weizen zu trennen. In Berlin schienen sich die Umsturzpläne zu konkretisieren. Man wollte Hitler zwar nicht ermorden, ihn und seine Regierung aber ablösen, da man seine Kriegsziele für wahnsinnig und für das deutsche Volk schädlich hielt. Zu den Umstürzlern in der Wehrmacht gehörte General Friedrich Olbricht, Chef des Allgemeinen Heeresamtes und damit stellvertretender Oberbefehlshaber des Ersatzheeres, aber es waren auch jüngere Offiziere wie Oberleutnant »Fritzi« Schulenburg, Oberst Hans Oster und Oberst Henning von

Tresckow beteiligt, der in Friedenszeiten elf Jahre lang im I.R. 9 gedient hatte. Umsturzpläne, die bereits 1938 nach den Judenpogromen erstellt worden waren, wurden von Oster überarbeitet. Auf das Stichwort »Walküre« hin – ursprünglich als Code für den Einsatz des in der Heimat stehenden Ersatzheeres zur Bekämpfung eines inneren Notstandes (zum Beispiel bei Aufstand von Zwangsarbeitern) gedacht – sollten alle Wehrkreiskommandos staatliche Funktionen übernehmen, gleichzeitig die Waffen-SS sowie die zivilen Instanzen der NSDAP entwaffnet und ihre Führer verhaftet werden. Eine heikle und nicht einfache Aufgabe, für die man an der Spitze zuverlässige Offiziere benötigte.

Eines Tages kündigte Schulenburg ihm an, daß General Olbricht ihn, Bussche, zu sprechen wünsche. »Er will sich mit dir über ›Walküre‹ unterhalten und kommt eigens nach Potsdam in die Kaserne.« Bussche war erschrocken. »Fritzi, das ist doch fürchterlich, wenn jetzt der stellvertretende Oberbefehlshaber des Ersatzheeres, General Olbricht, kommt und mich hier besucht. Der steht doch rangmäßig neben dem lieben Gott. Ich meine, das ist unheimlich!«

»Keine Sorge, der macht das ganz taktvoll.«

Am Morgen des Tages, an dem ihm der Besuch Olbrichts avisiert worden war, ließ er an der Wache Bescheid geben, er erwarte den Besuch eines Generals. Dem möge man bitte ausrichten, daß der Oberleutnant von dem Bussche ihn in seinem Büro erwarte. Olbricht kam mit Dienstwagen und Chauffeur, wurde in das Büro des Regimentsadjutanten geleitet. Bussche salutierte und Olbricht entgegnete: »Schon gut, mein lieber Bussche, ich würde bei diesem schönen Frühsommerwetter gerne ein bißchen frische Luft schnappen. Lassen Sie uns mal auf dem Bornstedter Feld spazierengehen.« Das Beherrschende im Gesicht des Generals war ein energisches Kinn, dessen bestimmender Ausdruck durch die Brille und die hohen Geheimratsecken gemildert wurde.

Sie gingen über die Straße, denn dort begann bereits der Exerzier- und Übungsplatz. Ohne Umschweife kam Olbricht auf sein Anliegen: »Sie müssen im Rahmen des Möglichen dieses Regiment mit solchen Offizieren besetzen, die nicht lange Erklärungen brauchen, wenn der Fall ›Walküre‹ ausgelöst wird.« Sie gingen über eine große Wiese mit lichtem Baumbestand. Olbricht fuhr fort: »Offiziell wird es heißen, daß Fremdarbeiter und Kriegsgefangene revoltieren und darum die Armee die vollziehende Gewalt übernimmt. Tatsächlich geht es uns darum, den Übergang der vollziehenden Gewalt vom Nationalsozialismus an die Wehrmacht zu bewerkstelligen.« Davon, Hitler umzubringen, war nicht die Rede. Der General blieb stehen und schaute Bussche in die Augen:

»Glauben Sie, daß man dieses Reserveregiment beim Stichwort ›Walküre‹ zum Einsatz bringen kann, ohne daß es Ärger gibt?«

»Herr General, das ist nicht ganz einfach, denn in die Beurteilungen schreiben wir automatisch rein: ›Steht auf dem Boden der nationalsozialistischen Weltanschauung.‹ Das besagt natürlich gar nichts. Aber ich kann als Adjutant nicht Gesinnungsschnüffelei betreiben, nur weil das die Beurteilung verlangt. Ich kann nicht einmal reinschreiben: ›Hat eine gefühlsmäßige Ablehnung gegen den Obersten Befehlshaber.‹ Das geht einfach nicht.«

Irgendwann beendeten sie den Spaziergang, kamen zurück zur Straße. Der Dienstwagen des Generals war ihnen entgegengefahren. »Ich glaube, Sie haben mich verstanden«, sagte Olbricht nur, grüßte kurz und fuhr zurück nach Berlin. Er schien immerhin das Gefühl mitzunehmen, daß auf den jungen Oberleutnant Verlaß sein würde, sollte die Stunde X schlagen.

Bussche ging zurück in sein Büro, legte Dienstmütze und Koppel ab, setzte sich hinter seinen Schreibtisch und dachte nach. Er versuchte zeitlich festzumachen, wann seine Vorbehalte gegenüber den Nazis im Vergleich zu den imponierenden, nicht zu leugnenden militärischen Leistungen überhandgenommen hatten. Es war 1941 auf dem Vormarsch in Rußland. Wann immer sie haltmachten und Quartier bezogen, saßen Graf Schulenburg und er zusammen. »Fritzi« war bereits 40, er gerade 22. Meistens waren noch andere Offiziere dabei, so der Hauptmann Friedrich-Karl Klausing, Chef der 9. Kompanie. »Na, mit wem reden wir heute abend?« hatte Schulenburg jedesmal provozierend gefragt. Dann suchten sie sich in der russischen Bevölkerung ein paar Gesprächspartner, von denen sie mit Hilfe eines Dolmetschers Näheres über die wahre Situation unter dem sowjetischen Regime erfahren konnten – vielleicht noch einen ehemaligen Großbauern aus der zaristischen Zeit, von den Kommunisten als ausbeuterische »Kulaken« beschimpft; einen Priester oder – in einem Fall – zwei vor Hunger herumstreunende Mönche in einem verlassenen Kloster. Wer eine weiße Weste hatte, war beim Abzug der Roten Armee zurückgeblieben.

Schulenburg war an der philosophischen Deutung der beiden Regime interessiert. Er vertrat die Auffassung, daß der Bolschewismus stalinistischer Art auf einer höheren Philosophie beruhe – nämlich Marxismus, Leninismus – als die im Nationalsozialismus entfesselten »nationaldeutschen Träume«. Wenn Schulenburg so diskutierte, wurde offensichtlich, daß er nicht nur Reserveoffizier, sondern ehemaliger stellvertretender Polizeipräsident von Berlin, ein höherer Beamter mit erweitertem politischem Horizont war. Dabei gehörte er in der Gründungszeit des Nationalsozialismus zu den begeisterten Befürwortern dieser Bewegung. Diese Begeisterung hatte sich erst gelegt unter den Eindrücken, die er in seiner Funktion als Polizeipräsident bekam. Auch in seiner Zeit als Landrat in Fischhausen, am südlichsten Punkt des ostpreußischen Samlandes, geriet er schnell mit dem Gauleiter von Ostpreußen, Erich Koch, später Reichskommissar in der Ukraine, aneinander.

Was jetzt er, Bussche, und die anderen Offiziere in den Gesprächen mit Einheimischen an Grausamkeiten, angeordnet durch die deutsche Besatzungspolitik und ausgeführt von Sondereinheiten, erfuhren, öffnete ihnen die Augen und ließ sie erstmals an der Rechtmäßigkeit dieses Krieges zweifeln. Die Jungen unter ihnen taten sich besonders schwer. Sie versuchten, sich dem Gewissenskonflikt zu entziehen, indem sie sich auf die Formel zurückzogen: »Wir verstehen davon nicht viel, alles können wir natürlich nicht billigen. Vielleicht haben die Älteren recht.« Wenn man zu zweit war und der andere den »richtigen Stallgeruch« hatte, gestand man sich schon ein: »Dieser Krieg geht schief.«

Bei seinem Versuch, zurückzuverfolgen, wann er begonnen hatte, die Nazis zu verachten, fielen Axel Bussche auch die Vortragsabende im Potsdamer Kasino mit Rednern aus Berlin ein, die auf Grund ihrer hohen Position tieferen Einblick in die politischen Vorgänge besaßen. Fast um die gleiche Zeit, da General Olbricht ihn in den Verschwörungsplan »Walküre« einweihte, war der Vater seines Regimentskameraden von Weizsäcker zu einem solchen Vortrag erschienen. Bussche war wegen seiner persönlichen Beziehungen zur Familie Weizsäcker beauftragt worden, sich um den Gast zu kümmern, das heißt, ihn abzuholen und vorab zum Tee einzuladen. Bussche, der um die reservierte Haltung des Staatssekretärs gegenüber dem NS-Regime wußte, dachte noch: Mensch, wie macht der das jetzt, der kennt doch diese ganzen Figuren nicht, und einer von den etwa 80 Zuhörern wird darüber garantiert hinterher berichten. Er muß doch vorsichtig reden! Aber sei es, daß die Zeit nicht mehr reichte, sei es, daß er es für unbotmäßig hielt, dem wesentlich Älteren einen Ratschlag zu geben, die Warnung unterblieb. Und dann war etwas geschehen, das Bussche nicht vergessen hatte. Dreimal sagte der Staatssekretär mit etwas starrem Blick in die Zuhörerschaft: »Meine Herren, wir müssen uns darüber im klaren sein, mit Adolf Hitler machen die Alliierten nicht Frieden.« Da sprach einer, der auf Grund seiner Kenntnisse zutiefst davon überzeugt war, daß Deutschland nach der hitlerschen Kriegserklärung an die Vereinigten Staaten über kurz oder lang dem Ende entgegenging.

Bussche hatte sich hinterher gewundert, daß darüber im Offizierkorps keine Diskussion einsetzte. Vielleicht war die Botschaft des Staatssekretärs überhaupt nicht verstanden worden? Sie, die Offiziere, hätten sich zusammenschließen und fordern müssen: Dieser Krieg geht verloren, wir müssen jetzt was ändern. Oder sogar: Diese Schweinerei muß gewaltsam beendet werden! Aber genau das taten sie nicht. Vielleicht dachten sie auch seit dem Röhm-Putsch im Juni 1934: Wo gehobelt wird, da fallen Späne. Und daß die Ermordung führender SA-Leute damals kein Übergriff örtlicher Instanzen war, sondern von der obersten Führung angeordnet und verantwortet worden war, darauf wären sie sowieso nie gekommen. Und war da nicht noch der Richard-Wagner-Spruch: »Deutsch sein heißt, eine Sache um ihrer selbst willen tun«?

Oberleutnant Bussche hatte den Besuch des Generals aus Berlin schon verdrängt, als eines Sommertages sein Kamerad »Fritzi« Schulenburg aufgeregt zu ihm kam: »Du, ich habe gerade aus dem Führerhauptquartier gehört, Adolf hat mit seinem sechsten Sinn für Gefahr das Ersatzheer gespalten und will einen Teil in die Ukraine verlegen, wahrscheinlich euer Regiment! Dadurch wird die ganze ›Walküre‹-Operation für Monate, wenn nicht für länger, unmöglich!« Schulenburgs Gesicht drückte Verzweiflung aus.

Innerhalb einer Woche wurde das Reserveregiment 23 verladen und in Güterwagen, ohne Feldküchen, nach Dubno in der Ukraine in eine ehemals zaristische Kavalleriekaserne verlegt. Das Regiment war nicht gerade eine Truppe, auf die man besonders stolz sein konnte. Die Mannschaftsdienstgrade waren frisch gezogene, noch nicht fertig ausgebildete Jahrgänge, das Offizierkorps bestand weitgehend aus verwundeten, noch nicht wieder voll kriegsverwendungsfähig geschriebenen Offizieren.

Dabei hätte Bussche eigentlich die Verlegung in die Ukraine nicht mitmachen müssen, denn er stand unter »Denkmalschutz«. Darunter verstand man eine Verfügung, wonach der letzte lebende Sohn einer Familie mit bereits gefallenen Söhnen nicht mehr an die Front mußte. Bussches älterer Bruder Kuno war im Herbst 1941 an der Küste des Asowschen Meeres, nordöstlich der Krim, gefallen. Daraufhin hatte der Vater über eine persönliche Verbindung zu Graf Lynar, Personalchef des III. Armeekorps in Berlin, für seinen Sohn Axel die Befreiung vom Fronteinsatz beantragt. Als das Ersatzregiment den Marschbefehl für die Verlegung erhielt, stand Bussche nicht auf der Versetzungsliste. Er ließ sich den Feldwebel vom Regimentsstab kommen: »Ich bin hier plötzlich unter ›Denkmalschutz‹ gestellt. Haben Sie denn die entsprechende Heeresdienstvorschrift?«

»Hier, Herr Oberleutnant, da können Sie es selbst nachlesen.«

Bussche las aufmerksam den Text. Plötzlich hellte sich seine Miene auf. »Hier steht, daß der Betreffende sein Einverständnis geben muß. Das habe ich nie getan. Ich bin nicht einmal gefragt worden.«

Er gab dem verdutzten Feldwebel die Dienstvorschrift zurück und verließ eiligst den Raum. Bussche wußte, was er zu tun hatte. Er fuhr zum stellvertretenden Generalkommando 3 nach Berlin. Dort meldete sich Bussche bei Graf Lynar: »Ich bin hier unter ›Denkmalschutz‹ gestellt worden und weiß, da gibt es eine Verfügung, daß man dazu sein Einverständnis geben muß. Ich bin nicht bereit, das zu tun, und möchte daher mit meinem Regiment in die Ukraine verlegt werden.«

Der Graf war ein zartes Männlein, konnte aber saugrob werden. Er schmiß Bussche kurzerhand raus. Der ließ sich aber nicht entmutigen, ging zum Oberkommando des Heeres in die Personalabteilung und meldete sich bei einem Oberst. Dieser hörte sich kurz die Geschichte an und wurde zynisch: »Ach so ist das, Sie wollen nur an die Ostfront, um vorpatentiert zu werden!? Ein halbes Jahr Frontdienst und Sie werden schneller befördert.«

»Herr Oberst, das habe ich gar nicht gewußt. Mir ist es nur unbehaglich, hier zurückzubleiben.«

Bussche wollte gar nicht den Helden hervorkehren, sondern seiner ganzen Erziehung nach gehörte ein Soldat in dieser schweren Zeit an die Front. Der Oberst pflegte seinen Zynismus weiter und spielte auf die weitverbreitete Ordenssucht an: »Und Halsschmerzen haben Sie wahrscheinlich auch noch?« Dennoch mußte er schließlich die Verfügung, wonach Bussche in Potsdam bleiben sollte, aufheben.

1942 ließ sich das Leben in Dubno in der alten zaristischen Kavalleriekaserne aushalten. Der Dienstbetrieb hatte sich schnell eingespielt. Bussche hatte ein Pferd und konnte täglich ausreiten. Er tat dies auf einem nahegelegenen Flugplatz, der stillgelegt worden war. Da entdeckte er eines Tages tiefe Gräben, etwa acht Meter lang und drei Meter breit, aber ungewöhnlich tief ausgehoben. Die Gräben waren über den ganzen Flugplatz verstreut. Vom Ausritt zurückgekehrt, machte er seinem Regimentskommandeur, dem Oberstleutnant Utsch, Meldung: »Irgendein verrückter Zivilist hat hier Panzergräben oder was immer für tiefe Gräben ausheben lassen, damit hier keine Flugzeuge landen können. Vollkommen wahnsinnig.«

»Das geht uns nichts an. Wir sind hier nur zum Ausbilden.«

Ein paar Wochen später, es war inzwischen Oktober 1942, meldete sich der deutsche Gebietskommissar – ein »fröhliches Beefsteak à la Nationalsozialistische Ordensschule«, wie Bussche den Mann taxierte. Der bewohnte in Dubno ein schönes Gebäude. Mit Freundin. Der Gebietskommissar, in Deutschland mit einem Landrat zu vergleichen, herrschte über ein Gebiet, das dreimal so groß war wie ein deutscher Landkreis. Nun hatte sich das »Beefsteak« eines Tages für neun Uhr morgens angesagt, kam pünktlich, rauschte schnurstracks ins Dienstzimmer des Kommandeurs und war nach einer halben Stunde wieder draußen. Bussche, von Neugier getrieben, ging zu Oberstleutnant Utsch. »Herr Oberstleutnant, was wollte der denn?«

»Der hat immer nur gefaselt, morgen finge hier eine Aktion an. Man brächte irgendwelche Menschen, und zu diesem Zweck müßte der Flugplatz abgesperrt werden. Er wollte, daß wir 100 Soldaten um den Flugplatz mit durchgeladenen Gewehren aufbauen.«

Bussche verstand so wenig wie sein Kommandeur. Der fuhr fort: »Ich habe ihm gesagt, ich hätte nur den Auftrag, mit meinem Regiment bei Partisanenunruhen einzugreifen. Ich könnte mir unter seiner Aktion nichts vorstellen. In diesem Fall sei Amtshilfe nicht gegeben.« Er machte eine Pause, schaute Bussche an: »Vergessen wir das. Wahrscheinlich irgendein Routinequatsch.«

Am nächsten Morgen kam der Schreibstuben-Feldwebel ins Büro hereingestürmt, ganz außer Atem: »Herr Oberleutnant, Herr Oberleutnant! Sie müssen sofort runterkommen, da hinten durch das Wäldchen gehen und auf den Flugplatz gucken. Was da vor sich geht, ist unbeschreiblich!«

Bussche dachte noch, wenn ein Feldwebel auf einen Oberleutnant so eindringlich einredet und in diesem Ton, dann muß das seinen Grund haben. Er setzte sich seine Dienstmütze auf, schnallte Koppel und Pistole um, ging raus und eilte durch den Wald. An dessen Ende sah er in etwa 1000 bis 1500 Meter Entfernung lauter nackte Menschen stehen – Frauen, Kinder, alte Männer, junge Männer, Frauen mit Babys auf dem Arm. An den Gräben, die ihm schon vor Wochen aufgefallen waren, schoß es ohne Unterlaß. Von hinten fuhren Lastwagen aus der Stadt heran, die Menschen transportierten. Diese mußten absteigen, sich entkleiden und an das Ende einer Schlange bereits Wartender anstellen. Von Zeit zu Zeit rückte die Schlange in Richtung Gräben vor. Dort saßen auf dem Rand eines jeden Grabens SS-Leute mit Totenköpfen auf den Kragenspiegeln und griffbereiten Maschinenpistolen im Schoß. Und wann immer zwölf von diesen nackten Menschen in die Grube stiegen, schoß es zwölfmal. Und dann noch einmal und vielleicht ein drittes Mal.

Es dauerte einige Zeit, bis Bussche begriff, daß hier Massen wehrloser Menschen ermordet wurden. Was heißt Mord? Daß hier Menschen, Juden, ausgerottet wurden. Sein Herz hämmerte, sein Unterkiefer zitterte. Entsetzt eilte er zurück in die Kaserne, stürmte, jeweils zwei Stufen auf einmal nehmend, die Treppe hoch, stieß ohne anzuklopfen die Tür zum Kommandeurszimmer auf, grüßte nicht, schrie einfach los, wobei sich seine Stimme zu überschlagen drohte: »Herr Oberstleutnant, Sie müssen unbedingt rauskommen. Dort draußen werden nackte Menschen wahllos erschossen!« Der Kommandeur sah ihn erschrocken an, brauchte aber nur den Bruchteil einer Sekunde, um Mütze und Koppel mit Pistole zu ergreifen.

Im Laufschritt hasteten sie zurück zum Wäldchen, liefen bis zum rückwärtigen Rand und blieben wie angewurzelt stehen, sahen das Unbegreifliche. Wieder wurden nackte Menschen in die Gräben getrieben, wieder krachten die Salven. Und dann wiederholte sich das satanische Procedere. Da war wieder das Herzklopfen, diesmal stieg es bis zum Hals. Ein Unbehagen überkam sie, weil sie den Zwang spürten, etwas zu tun, um dieses Verbrechen zu stoppen, und es dennoch tatenlos geschehen ließen. Irgendwann, Bussche wußte nicht mehr, wie lange sie dort wie gelähmt gestanden hatten, wandten sich ab, gingen sie mit gesenkten Köpfen zurück.

»Wir müssen irgend etwas tun, um diesen Wahnsinn zu stoppen«, drang Bussche auf seinen Kommandeur ein.

»Nee, da können wir gar nichts machen«, sagte der Kommandeur. Seine Stimme klang belegt. »Wir können das drei bis vier Stunden aufhalten, dann kommen sie aus Winniza, vom Führerhauptquartier, mit Panzern vom Führerbegleit-Bataillon und schießen uns zusammen, mit der Rechtfertigung, wir würden meutern. Das hat überhaupt keinen Zweck.«

Bussche war zutiefst deprimiert, er spürte ein pelziges Gefühl der Trockenheit am Gaumen. Die schrecklichen Bilder der Massenexekution gingen ihm wie ein Endlosfilm durch den Kopf. Was sollte er machen? Mit 22 Jahren war er überfordert, in dieser abnormen Situation aus eigenem Antrieb blitzschnell und richtig zu handeln. Zutiefst aufgewühlt verbrachte er eine schlaflose Nacht.

Am nächsten Tag fuhren er und Utsch nach Rowno ins Hauptquartier des L. Armeekorps, in der naiven Annahme, daß man dort von der Erschießungsaktion nichts wüßte. Der kommandierende General, ein Mittvierziger mit Ritterkreuz, empfing sie in einer Wohnung, die von den Bolschewiken für ihre höheren Funktionäre gebaut worden war. Sie war nicht als Büro, sondern als Wohnung eingerichtet, mit kostbaren antiken Möbeln und klassischen Gemälden; bei jedem stand wie in einem Museum auf dem unteren Rahmenrand ein kleines Messingschild mit dem Namen des Künstlers. Der General entschuldigte sich: »Was Sie hier sehen, gehört nicht mir, habe ich auch nicht ausgesucht. Der Gauleiter hat nämlich einen Zug voll Möbel für seine höheren Beamten von seinem Kollegen Seyss-Inquart, dem Reichskommissar in Holland, bekommen. Das sind alles Schloß- und Museumsmöbel.«

Dann fuhr er ziemlich übergangslos fort: »Wissen Sie, wir haben ja hier dieses Problem mit den Partisanen, und ich muß für ein paar 100 Kilometer dafür sorgen, daß die Eisenbahnzüge nach der Ost-Ukraine, ans Schwarze Meer und in den Kaukasus durchkommen. Dafür habe ich gar nicht genug Soldaten, auch wenn Ihre Truppe fertig ausgebildet wäre. Daher habe ich vorgeschlagen, links und rechts dieser Eisenbahnlinie in 200 bis 300 Meter Tiefe alle Wald- und Buschbestände abzuhakken und jeden Tag oder jeden zweiten Tag einen Flieger entlang der Eisenbahnlinie fliegen zu lassen, der Gelbkreuzgas verspritzt. Dann können die Partisanen nicht zum Sprengen an die Bahnlinie ran.«

Utsch behielt die ganze Zeit über den General fest im Auge, in der Hoffnung, ihn fragen zu können, welche Bewandtnis es mit der Erschießungsaktion hätte. Aber dieser ließ ihn nicht zu Wort kommen. Irgendwann sagte er abrupt: »Meine Herren, ich danke Ihnen für Ihren Besuch. Kommen Sie gut nach Hause. Bis zum nächsten Mal.«

Deprimiert verließen die beiden Offiziere das Hauptquartier. Wie hatten sie es nur geschehen lassen können, den General nicht zu unterbrechen und das Unrecht herauszuschreien, dessen Zeugen sie geworden waren? War es Feigheit? Genährt von dem Gefühl, daß diese Erschießungen nicht der Übergriff eines örtlichen Kommandos gewesen, sondern nur eine von höchster Stelle befohlene Aktion sein konnten?

Wenig später kam Bussches Regimentsschreiber zu Ohren, daß der deutsche Gebietskommissar im Deutschen Haus in Dubno zum Abschluß der Exekutionen dem Erschießungskommando ein Essen geben wolle. Das Deutsche Haus war eine Art Vereinsrestaurant für die Zivilverwaltung, normalerweise für Soldaten gesperrt, aber das Regiment hatte vier Ausweise bekommen, die zum Eintritt ermächtigten.

Bussche ließ den Regimentsschreiber, einen blonden Mann seines Alters, zu sich kommen. »Hören Sie mal, hier ist ein Ausweis für das ›Deutsche Haus‹. Da soll ja heute dieses Abendessen stattfinden, von dem Sie mir erzählt haben. Gehen Sie mal hin. Ich möchte wissen, was da los ist.«

»Wird gemacht, Herr Oberleutnant«, beeilte sich der Gefreite zu sagen. Bussche ging an diesem Abend in seinem Zimmer im dritten Stock der Kaserne früh zu Bett. Aber er konnte wieder nicht einschlafen. Ständig hatte er die weißen Leiber der nackten Menschen vor Augen, die zu ihrer eigenen Hinrichtung in die Gräben steigen mußten. Gegen Mitternacht hörte er Schritte auf der Treppe, jemand klopfte an die Tür. Bussche wußte, das konnte nur der Regimentsschreiber sein. »Herein!« Tatsächlich trat der Gefreite ein.

»Na, wie war's?«

»Unglaublich, Herr Oberleutnant. Der Gebietskommissar war ganz teilnahmsvoll über die verdammte Pflicht und Schuldigkeit, die das Erschießungskommando getan hätte.« Der Gefreite stockte.

»Ja, und weiter?«

»Mir gegenüber saß der Oberscharführer, der das Kommando unter sich hatte, mit seiner ukrainischen Freundin. Ich bekam mit, wie ihn der Gebietskommissar fragte: ›Wie kommen Sie denn zu diesem verantwortungsvollen Posten?‹ Da hat der geantwortet: ›Ich habe selber schon 30000 erschossen, da haben sie mich befördert.‹«

Der Gefreite wartete auf eine Reaktion seines Oberleutnants. Sei es, daß Bussche die Horrorzahl erst verdauen mußte, sei es, daß es ihm unangenehm war, sich mit einem Untergebenen über diese schauerliche Erkenntnis zu unterhalten – er entließ den Mann mit einem »Danke, das reicht. Gute Nacht«. Er hörte sich entfernende Schritte, die plötzlich stockten. Und dann hörte er nach ein paar Sekunden zurückkommende Schritte, und es klopfte erneut an der Tür.

»Herein!«

Die Tür ging auf. »Herr Oberleutnant, ich habe mir das ausgerechnet. Wenn jeder von dem Erschießungskommando – wenn es nun neun oder zehn sind – 30000 erschießt, und selbst wenn das mehrere Erschießungskommandos sind, mehr als eine Million kriegen sie ja nicht hin.«

Die Horrorzahl ließ Bussche erschaudern. »Lassen Sie uns wirklich morgen darüber wieder reden.« Der Gefreite verstand und verließ das Zimmer des Offiziers.

Die Schritte entfernten sich, diesmal endgültig. Natürlich kam es am nächsten Tag nicht zu dem Gespräch. Bussche war dazu auch nicht bereit. Denn wenn er diese furchtbaren Eindrücke addierte und zu Ende dachte, dann war er aufgefordert, dagegen etwas zu tun. Hatte er aber nicht als junger Rekrut feierlich einen Eid geschworen, sich jederzeit mit Leib und Leben nicht nur für Reich und Volk, sondern auch für den »Führer« einzusetzen? Konnte man diesen Eid brechen, und sei es, um einer Tyrannei ein Ende zu bereiten? Es war ihm klar, daß er sich da noch mit gleichgesinnten Kameraden seines Jahrgangs aussprechen mußte. Der Gefreite war hierfür nicht der richtige Gesprächspartner.

Wenig später lud der Gebietskommissar zum Erntedankfest ein. In großen Zelten mit geschmückten Tafeln und Musik waren die Mitglieder der deutschen Zivilverwaltung und die Regimentsspitze eingeladen. Utsch sagte wie üblich: »Bussche, Sie vertreten das Regiment, Sie machen das viel besser.«

Bussche bekam einen Platz neben der Gattin des Landwirtschaftsbeauftragten, eines mittleren deutschen Beamten. Seine Frau war, wie Bussche fand, »von zuviel Alkoholgenuß ein bißchen verfettet«, eine biedere Person, aber eine »Nazisse«, wie übertriebene Anhängerinnen des nationalsozialistischen Regimes spöttisch genannt wurden. Nach dem zweiten Schnaps wandte sich Bussche ihr zu. Eigentlich war er drauf und dran, seine Empörung über die zuvor mitbekommene Massenexekution der Juden herauszuschreien. Aber als Soldat neigte er zur

Zurücknahme seiner Gefühle. Außerdem mußte er vorsichtig sein, um nicht verpfiffen zu werden. So sagte er nur: »Gnädige Frau, Sie haben ja sicherlich auch von dieser Erschießungsaktion gehört. Ich finde, das geht so nicht.«

Seine Tischnachbarin schüttelte den Kopf. »Sie müssen aber auch bedenken, mein Mann muß hier die Ernährung sicherstellen, und es geht einfach nicht an, daß wir diese drei oder fünf Millionen Menschen miternähren.« Bussche war sprachlos. Wie konnte man eine Ausrottungspolitik so kaltschnäuzig begründen? Die dickliche Beamtengattin fuhr fort: »Ist Ihnen eigentlich auch bekannt, daß das für die Nerven der SS-Schützen zuviel ist? Und daß man jetzt ein humaneres Mittel gefunden hat? Nämlich mit Lastwagenabgasen?« Sie genehmigte sich einen weiteren Wodka. »Man packt die Menschen rein ins Auto, und dann werden die Abgase in den Lastwagen geblasen, und nach 50 Minuten sind sie tot und werden ausgeräumt.« Sie machte eine Pause, erwartete eine positive Reaktion Bussches. Als die ausblieb, setzte sie nach: »Aber das ist eben auch nicht so ganz befriedigend. In der Nähe fangen sie jetzt mit einer Großanlage an. Aber Genaues weiß ich auch nicht.« Und als müsse sie die hanebüchene Begründung für den tausendfachen Mord noch einmal betonen, wiederholte sie für sich: »Wir können sie nicht alle ernähren, und wenn es eben zu viele sind, muß das Vaterland entsprechend Sorge tragen.«

In den nächsten Wochen mehrten sich Vorfälle, die – aneinandergereiht – erkennen ließen, daß hier eine neue Besatzungspolitik angeordnet worden war, deren Tragweite, geschweige denn alle Einzelheiten Bussche und Utsch bis zum Zusammenbruch des Dritten Reiches nie erfahren würden.

Bereits bei der Planung des Überfalls auf die Sowjetunion hatte Hitler dem Chef des Wehrmachtsführungsstabes im Oberkommando der Wehrmacht (OKW), Generaloberst Alfred Jodl, diktiert: »Die jüdisch-bolschewistische Intelligenz als bisheriger Unterdrücker des Volkes muß beseitigt werden.« Zwecks Durchführung werde der Reichsführer-SS, Heinrich Himmler, wie schon im Polen-Feldzug Einsatzgruppen der Sicherheitspolizei und des Sicherheitsdienstes (SD) einsetzen.

Am 4. April 1941 entwarf der Generalquartiermeister im Generalstab des Heeres, General Eduard Wagner, ein Schema für die Zusammenarbeit zwischen den Sondereinheiten und der Wehrmacht. Das Heer erklärte sich prinzipiell einverstanden. »Hinsichtlich Marsch, Versorgung und Unterbringung« seien Himmlers Einsatzgruppen den Wehrmachts-Armeen unterstellt, disziplinarisch jedoch dem Reichssicherheitshauptamt unter SS-Obergruppenführer (General) Reinhard Heydrich. Der Oberbefehlshaber einer Armee könne die Aktivitäten der Einsatzgruppen unterbinden, wo sie die militärischen Operationen störten. Der für Himmler entscheidende Satz im Entwurf des Wehrmachtsgenerals lautete: »Die Sonderkommandos [gemeint: Einsatzgruppen] sind berechtigt, im Rahmen ihres Auftrages in eigener Verantwortung gegenüber der Zivilbevölkerung Exekutivmaßnahmen zu treffen.« Da nach Beginn des Rußland-Feldzuges die Einsatzgruppen auch für die Partisanenbekämpfung zuständig waren – eine Aufgabe, die ihnen die kommandierenden Generale nur zu gerne überließen –, verdrängten letztere den Gedanken, daß Himmlers Spezialkommandos auch »politische Sonderaufgaben« hatten.

Beim Einmarsch in die Sowjetunion gab es vier Einsatzgruppen, die jeweils Bataillonsstärke besaßen und zusammen rund 3000 Mann zählten, die fünf Millionen Juden jagten. Im Bereich der Heeresgruppe Süd, die zwischen Bessarabien und der Krim operierte und zu der auch das Ersatzregiment 23 mit Oberstleutnant Utsch und Oberleutnant von dem Bussche gehörte, war die Einsatzgruppe D, von Juni 1941 bis Juni 1942 unter Befehl des ehemaligen SD-Inlandchefs Otto Ohlendorf, tätig. Bis zum Winter 1941/42 hatte sie bereits 92000 Juden liquidiert.

Das Vorgehen war immer das gleiche: Die Einsatzgruppen folgten dicht aufgeschlossen den kämpfenden Wehrmachtsverbänden. War ein Ort oder ein Landstrich erobert, wurden alle Juden durch Aufruf aufgefordert, sich zwecks zahlenmäßiger Erfassung beziehungsweise Umsiedlung zu melden. Die Ostjuden, die unter Stalin von allen Auslandsnachrichten abgeschnitten waren und daher keinen Schimmer von der Ausrottungspolitik des NS-Regimes hatten, dagegen schwer unter dem Bolschewismus litten, sahen in den Deutschen zunächst ihre Befreier. Sie meldeten sich in großen Scharen und – wurden erschossen, Männer wie Frauen, Kinder und Greise.

Damit noch nicht genug: Der ersten Todeswelle folgte eine zweite. Die letztendliche Liquidierung besorgten Polizeieinheiten, die zu der von den deutschen Besetzern eingerichteten Zivilverwaltung mit den Reichskommissariaten »Ostland« und »Ukraine« gehörten. Sie unterstanden ebenfalls Himmler und wurden von »Höheren SS- und Polizeiführern« (HSSPF) geleitet. Sie wurden durch baltische und ukrainische

Hilfswillige (Hiwis) verstärkt und waren darauf erpicht, die mobilen Einsatzgruppen in der Tötung von Juden, kommunistischen Funktionären und Partisanen zu übertreffen. Bis zum Jahreswechsel 1941/42 hatten beide Organisationen etwa 500 000 Juden umgebracht.

Eines Morgens stürzte in die Schreibstube des Ersatzregiments 23 der örtliche deutsche Polizeichef herein, ein drittklassiger Polizist aus irgendeiner deutschen Kreisstadt, wo er es allenfalls zum Polizeimeister gebracht hatte. Ein aufgeregter Pinsel, ein Nazi. »Herr Oberstleutnant, in einem der nächsten Dörfer sind Partisanen am Werk, darunter der berühmte Partisanenführer ...« Er nannte einen Namen, mit dem Utsch und Bussche nichts anzufangen wußten. Der Polizeichef fuhr fort: »Ich bitte um Truppenschutz. Ich gehe selber mit. Der Partisanenführer muß unbedingt festgenommen werden.«

Bussche wußte, was jetzt kommen würde. Der Kommandeur schaute ihn an: »Das machen Sie mal, Bussche. Eins zu neun. Karten sind da. Gehen Sie also gleich mit dem Herrn mit.« Eins zu neun bedeutete: ein Offizier und neun Soldaten. Mit den Karten waren Landkarten gemeint. Utsch rief Bussche hinterher: »Und seien Sie mit unseren unausgebildeten Soldaten noch vor Dämmerung zurück! Verstanden?«

»Jawohl, Herr Oberstleutnant.«

Bussche, seine Soldaten und der Polizeichef erreichten ziemlich schnell die ersten beiden Dörfer. Es ereignete sich jedoch nichts, kein Schuß fiel, auch keine verdächtigen Gestalten waren auszumachen. Selbst als sie sich dem dritten Dorf näherten, rührte sich nichts. Partisanen hätten garantiert das Feuer eröffnet. Fehlalarm? Der wildgewordene Polizeichef tat sich wichtig. »Ich gehe jetzt da selber mal rein.« Am liebsten hätte Bussche ihm geantwortet: Und hoffentlich werden Sie umgelegt. Statt dessen versuchte er, den Polizisten zu warnen: »Das Dorf könnte ja gut verteidigt sein. Aber bitte schön, wenn Sie wollen ...« Der Polizeichef verschwand hinter den Häusern. Nach wenigen Minuten knallte ein Schuß. Bussche war gespannt, seine Soldaten hatten sich vorsichtshalber hingekniet, ihre Karabiner entsichert. Da tauchte der Polizeichef wieder auf, kam zu Bussche und sagte stolz: »Ich habe ihn erschossen.«

»Wen erschossen?«

»Na, den Partisanenführer.«

»Woher wußten Sie denn, wie der aussieht?«

»Ich sah da einen rumlaufen, ich wußte genau, das ist er.« Gemeinsam betraten sie nun mit den Soldaten den Ort. Auf der Straße lag ein toter Bauer, sicherlich irgendeiner, der mit seinem Leben dafür bezahlen mußte, daß ein wildgewordener Nazi eine Erfolgsmeldung machen wollte. Er schien nun richtig in Fahrt gekommen zu sein. »Ich weiß, im übernächsten Dorf sind noch zwei Kerle, die wir auch finden müssen.« Bussche: »Ohne uns. Ich muß, wie Sie gehört haben, bei Dämmerung mit diesen unausgebildeten Soldaten wieder in Dubno sein. Außerdem ist vollkommen ungewiß, ob wir überhaupt etwas finden. Ich marschiere jetzt zurück.« Der Polizeichef schimpfte ihm hinterher, konnte ihn aber nicht zurückhalten.

Bussche und sein Kommandeur (»Jetzt hat uns Hitler auch noch unsere Ehre genommen!«) konnten ihre negativen Erlebnisse nicht für sich behalten. Vielleicht wurden sie von jemandem verpetzt, jedenfalls wurden sie mit nur 24 Stunden Vorwarnung kurz vor Weihnachten 1942 versetzt. Mit zwei Kompanien, eine mit Sturmgeschütz ausgerüstet, die andere mit Panzerabwehrkanonen, sollten sie zu einer auf der Krim eingesetzten rumänischen Gebirgs-Division stoßen. Oberbefehlshaber der auf der Krim eingesetzten Streitkräfte war General der Infanterie Franz Mattenklott. Mit ihren beiden Kompanien wurden sie auf dem östlichsten Zipfel der Krim, der Halbinsel Kertsch, eingewiesen. Dort gab es Höhlen, in denen sich viele Partisanen versteckt hielten, derer man bisher nicht hatte habhaft werden können. Eines Tages erhielten Utsch und Bussche die Anfrage, ob man nicht diese Höhlen mit Giftgas ausräuchern könne. Die beiden hatten sich betroffen angeschaut und fast gleichzeitig gesagt: »Vollkommen sinnlos! Die Partisanen kriegen sowieso keine Verpflegung und sind in sechs Wochen ausgehungert.« Davon abgesehen: Sie hielten es grundsätzlich für unvertretbar, mit Giftgas zu operieren. Bislang hatte kein Staat in diesem Krieg zu dieser verheerenden Waffe gegriffen. Und ausgerechnet sie, ein Oberstleutnant und ein Oberleutnant, sollten jetzt einen Giftgaskrieg vom Zaun brechen? Sie setzten eine schriftliche Stellungnahme auf, in der sie die Sinnlosigkeit dieser Überlegung darlegten, und unterzeichneten beide.

31 Wieder an der Ostfront: I.R.-9-Offiziere schiessen auf Hitler-Bild

Februar 1943: Am zweiten des Monats kapitulierten im Kessel von Stalingrad die letzten deutschen Truppen der 6. Armee. Von den 284 000 eingeschlossenen deutschen Soldaten konnten noch 34 000 ausgeflogen werden. 146 000 Soldaten fielen auf dem Schlachtfeld, 14 000 blieben verschollen, 90 000 gerieten in sowjetische Gefangenschaft; die meisten starben an Hunger und Kälte, nur 6000 Stalingrad-Kämpfer sollten nach der Kapitulation heimkehren.

Hitler hatte dem deutschen Oberbefehlshaber (OB), dem zuletzt noch zum Feldmarschall beförderten Friedrich Paulus, am 22. November 1942 und auch im Dezember mehrfach den rechtzeitigen Ausbruch aus dem Kessel mit einem Funkspruch untersagt: »Der O.B. begibt sich mit seinem Stab nach Stalingrad. Die 6. Armee igelt sich ein und wartet weitere Befehle ab.« Der *Völkische Beobachter*, die täglich mit einer Auflage von 1,7 Millionen Exemplaren erscheinende Tageszeitung der NSDAP, heroisierte die Niederlage mit der Schlagzeile: »Sie starben, damit Deutschland lebt!«

Infolge der Eroberung Stalingrads durch die Rote Armee wurde die Lage auf der südwestlich gelegenen Krim vom strategischen Gesichtspunkt aus kritisch. Die rumänische Gebirgsjäger-Division bekam Befehl, sich nach Westen abzusetzen. Utsch und Bussche, die mit zwei Kompanien dabei waren, erhielten vom deutschen Oberbefehlshaber Mattenklott die Anfrage, wie schnell dieser Rückzug – es war tiefer Winter mit Schnee und Eis – vonstatten gehen könne? Sie wußten, daß der rumänische Divisionskommandeur über eine Herde von 200 bis 400 Schweinen verfügte, die er von einem Trupp Reiter bewachen ließ, die ständig der Division folgte und die mit zurückgeführt werden sollte.

Nur, wozu braucht ein General eine Schweineherde? Er pflegte jeden Sonntag das gesamte Offizierskorps zum Schlachtfest einzuladen! Bussche und Utsch hatten wiederholt teilgenommen. Es begann pünktlich um 13.00 Uhr und währte bis etwa gegen 16.00 Uhr. Dann wurden

»Damen« zur Verfügung gestellt, die mit LKWs aus Simferopol herangekarrt worden waren. Am nächsten Morgen wurden sie wieder zurückgeschickt, dann jedoch mit Pferd und Wagen, weil Benzin knapp geworden war. Bussche erhielt vom rumänischen Divisionsstab die Mitteilung, man habe keine Erfahrung, wie schnell Schweine auf Glatteis marschieren könnten. Sie dürften auch nicht voraus- oder hinterhergeschickt werden, sondern müßten innerhalb des Divisionsverbandes geschützt bleiben. Daraufhin schätzte Bussche die mögliche Geschwindigkeit und meldete dem Oberbefehlshaber, General Mattenklott, nach Simferopol: »Die rumänische Gebirgs-Division kann sich bestenfalls mit zweieinhalb Kilometer pro Stunde absetzen.«

Zwei Tage später klingelte das Telefon. »Hier Mattenklott!«

»Oberleutnant von dem Bussche. Herr General, ich kann Sie gut verstehen.«

»Wie kommt ihr dazu zu behaupten, daß die rumänische Gebirgs-Division nur zwei bis zweieinhalb Kilometer marschieren kann?«

»Herr General, das sind die Schweine!«

Mattenklott brüllte ins Telefon: »Bitte vergessen Sie nicht, daß das unsere Verbündeten sind! Über die kann man nicht als Schweine reden!«

»Ich bitte um Entschuldigung, aber Herr General mißverstehen mich. Ich meine nicht die Soldaten, sondern eine Schweineherde, die dem rumänischen Kommandeur gehört und die er nicht zurücklassen will.«

»Wiederholen Sie bitte ganz langsam.« Bussche tat wie geheißen.

»Danke, das reicht«, sagte der General. »Ende.«

Im Frühjahr sagte Oberstleutnant Utsch: »Bussche, hauen Sie ab, ich will mit Ihnen keinen weiteren Ärger kriegen.« Bussche ließ sich Marschpapiere zu seiner alten Einheit geben, zum inzwischen umbenannten Grenadier-Regiment 9. Nach einer Irrfahrt fand er sein Regiment etwa 100 Kilometer von Leningrad entfernt am Wolchow.

Der Wolchow ist ein 224 Kilometer langer, schiffbarer Fluß, der seinen Ursprung im südlich von Leningrad gelegenen Ilmen-See hat und in Süd-Nord-Richtung zum Ladoga-See fließt, der wiederum unmittelbar östlich von Leningrad beginnt. Das Gebiet zu beiden Ufern ist sumpfig. Die Stellungen, die das Grenadier-Regiment 9 an diesem Frontabschnitt vorfand, waren nicht in die Erde gebaut, sondern auf Sumpf gesetzt. Am Tag der Ankunft, dem 4. Februar, herrschten strenger Frost und Schneetreiben. Die Truppen der Roten Armee hatten sich längs des Flusses festgesetzt und an einer Stelle einen größeren Brückenkopf auf dem Westufer gebildet.

Die Verlegung des Gren.Rgt. 9 aus Dänemark war in mehrtägigem Eisenbahntransport erfolgt. Beim Ausladen in Nowgorod, einer Stadt am nördlichsten Zipfel des Ilmen-Sees, wurden die Deutschen von sowjetischen Fliegern entdeckt und angegriffen. Zu Fuß ging es weiter Richtung Norden bis nach Spasskaja Polist, zum Teil hinter zur Tarnung errichteten Blenden.

Leutnant Kredel, Zugführer in der 5. Kompanie unter Oberleutnant Harnoth, traf mit einem Nach-Troß ein, der aus Pferden, Geräten und den Bewachungsmannschaften bestand. Der Vorteil war, daß er und seine Soldaten noch vier Wochen länger in Dänemark bleiben konnten. Zu seinem Troß gehörten zwei gerade vom Kriegsschullehrgang zum Gren.Rgt. 9 versetzte junge Leutnants, die voller Tatendrang waren. Während der Zugreise gingen sie auf den Güterwagen spazieren, mit dem Erfolg, daß einer vom Dach stürzte und schwer verletzt wurde. Der erste Ausfall, nicht durch Feindeinwirkung, sondern eigene Dummheit.

Die Fliegerangriffe erfolgten auch nachts. Auf dem Weg zur Front übernachteten Kredel und sein Nach-Troß in noch nicht zerschossenen Bauernhäusern. Der Leutnant hatte seine Stiefel auf einer Fensterbank abgestellt und sich auf dem mit Stroh aufgeschütteten Fußboden zum Schlafen gelegt. Da griff der »Eiserne Gustav«, wie die sowjetischen Flieger von den deutschen Soldaten genannt wurden, weil sie vorwiegend kleine Bömbchen aus den Maschinen schaufelten, an. Eine dieser Bomben schlug mit großem Getöse unmittelbar vor dem Bauernhaus ein, Scheiben zerbarsten und Kredels am Fenster abgestellte Stiefel wurden zerfetzt. Fürs nächste war Kredel damit beschäftigt, sich neue Stiefel zu organisieren.

Als sie schließlich in Spasskaja Polist eintrafen, glaubte Kredel nicht richtig zu hören. Von der sowjetischen Frontseite, die nur wenige 100 Meter entfernt war, wurden sie per Lautsprecher in deutscher Sprache angesprochen: »Wir begrüßen die Soldaten der Schlagsahne-Division« – eine Anspielung auf die gerade zurückliegende Zeit in Dänemark, wo es Kuchen mit Schlagsahne in Hülle und Fülle gegeben hatte. Nachts warfen die Sowjets Flugblätter mit Texten ab wie: »Wir wünschen dem deutschen Volk den Sieg über den Schlächter Hitler.«

»Habt ihr das gelesen? Die haben wohl den Arsch offen«, kommentierte ein Gefreiter die sowjetische Propaganda. Die anderen lachten. Sie waren alle jung und frischer Ersatz aus der Heimat. Ihre Mentalität war überwiegend von jener Durchhaltestimmung geprägt, die sich wenige Tage nach ihrer Ankunft im Berliner Sportpalast während einer Rede des Reichspropagandaministers Joseph Goebbels entlud.

Dieser hatte seiner Zuhörerschaft, die angeblich einen repräsentativen Querschnitt durch die Bevölkerung darstellte, zehn Fragen gestellt, die die Anwesenden jedesmal mit einem tosenden, fanatisch gebrüllten »Ja« beantworteten:

»Erstens: [. . .] Ich frage euch: Glaubt ihr mit dem Führer und mit uns an den endgültigen totalen Sieg des deutschen Volkes? Ich frage euch: Seid ihr entschlossen, den Führer in der Erkämpfung des Sieges durch dick und dünn und unter Aufnahme auch der schwersten persönlichen Belastung zu folgen?«

»Jaaa!«

»Zweitens: [. . .] Ich frage euch: Seid ihr bereit, dem Führer, als Phalanx der Heimat hinter der kämpfenden Wehrmacht stehend, diesen Kampf mit wilder Entschlossenheit und unbeirrt durch alle Schicksalsfügungen fortzusetzen, bis der Sieg in unseren Händen ist?«

»Jaaa!«

»Drittens: [. . .] Ich frage euch: Seid ihr und ist das deutsche Volk entschlossen, wenn der Führer es befiehlt, zehn, zwölf und wenn nötig vierzehn [und sechzehn] Stunden täglich zu arbeiten und das Letzte herzugeben für den Sieg?«

»Jaaa!«

»Viertens: [. . .] Ich frage euch: Wollt ihr den totalen Krieg? Wollt ihr ihn, wenn nötig, totaler und radikaler, als wir ihn uns heute überhaupt noch vorstellen können?«

»Jaaa!«

Die alten Frontsoldaten registrierten spöttisch den Idealismus des jungen Ersatzes.

An der Front stellte sich heraus, daß das Regiment auch die Stellungen einer herausgelösten Luftwaffen-Felddivision übernehmen mußte. Deren Graben- und Bunkersystem war in einem überraschend schlechten Zustand. Hinzu kam, daß Schneewälle bis zu vier Metern Höhe das Grabensystem völlig unübersichtlich machten.

Gleich am ersten Tag kam ein Unteroffizier aufgeregt zu Kredel. »Herr Leutnant, kommen Sie bitte mal mit und schauen Sie, was wir gefunden haben!« Kredel stapfte mit dem Unteroffizier durch einen

Graben, bis sie an einer Ausbuchtung ankamen. Um diese Ausbuchtung herum standen einige seiner Männer, die dieses Stück des Verteidigungssystems ausgeschaufelt hatten, bis sie plötzlich eine von den Vorgängern zurückgelassene 2-cm-Flugabwehrkanone fanden. »Das haben die Luftwaffen-Heinis hier einfach liegengelassen. Wie finden Sie das, Herr Leutnant?« Kredel wollte die ohnehin schon bestehenden Rivalitäten zwischen Heer und Luftwaffe nicht durch eine bissige Bemerkung, die eigentlich fällig war, weiter belasten. Statt dessen sagte er: »Wir können das Ding gut gebrauchen.«

»Noch etwas, Herr Leutnant«, der Unteroffizier ließ nicht locker, »wie ich erfuhr, hatten die von der Luftwaffe auch ein stillschweigendes Übereinkommen mit dem Iwan getroffen, daß man sich nicht mehr beschießt.«

»Bei uns wird das anders werden.«

Nun verstand Kredel auch den schlechten Zustand der Gräben. Es hatte nicht mehr der Bedarf bestanden, sich perfekt zu schützen. Das änderte sich jedoch bald. Dort, wo Kredel mit seinen Männern lag, mündete eine, direkt von Osten kommende, durch das Sumpfgebiet führende Straße. Wenn die Sowjets mit Panzern angreifen sollten, würden sie es auf dieser Straße versuchen. Kredel ließ das Vorfeld verminen, was aber nur geschehen konnte, wenn seine Leute den Pionieren bei der Arbeit Feuerschutz gaben. Das wiederum löste Aktivitäten bei den Sowjets aus, so daß in regelmäßigen Abständen kleine Scharmützel stattfanden. Einmal gelang den Sowjets ein Einbruch in den Schützengraben bei der Nachbarkompanie, wo sie einen deutschen Posten gefangennahmen.

Es war mithin kein geruhsamer Stellungskrieg, irgend etwas passierte ständig. Bevor das Regiment an der Front abgelöst wurde, hatte der neue Divisionskommandeur, Generalmajor von Schellwitz, befohlen: »Alle Einheiten sind vor der Ablösung einzeln über das Verhalten auf Posten und als Streifen zu belehren. Insbesondere muß unter allen Umständen vermieden werden, daß durch Gefangennahme einzelner Posten die Ablösung bekannt wird. Posten, Streifen und Spähtrupps sind Soldbücher und alle sonstigen Sachen, die auf Zugehörigkeit zum Truppenteil schließen lassen, vor Dienstantritt abzunehmen. In jedem Fall einer Gefangennahme ist der Division zu melden, daß Belehrungen und Abnahme aller Truppenkennzeichen durchgeführt waren.«

Leutnant Brandes, der vorübergehend die 6. Kompanie führte, bekam die plötzlich immer wieder aufflackernde Gefechtstätigkeit am eigenen Leib zu spüren. Die Kompanie mußte einen Frontabschnitt von mehreren Kilometern verteidigen. Die auf dem Sumpf stehenden Bunker waren durch Laufgräben miteinander verbunden, die allerdings wegen des Grundwassers nicht sehr tief sein konnten. Mit großen Blenden und aufgeschichteten Kiefern auf dem Grabenrand versuchte man diesen Nachteil auszugleichen. Es gab dennoch Abschnitte, wo man den Graben nur auf allen vieren kriechend passieren konnte, weil sowjetische Scharfschützen darauf lauerten, ihre Gegner einzeln abzuschießen.

»Was die können, können wir schon lange«, sagte Brandes eines Tages zu seinen Leuten. »Wir haben doch auch Gewehre mit Zielfernrohr und außerdem ein paar gute Schützen. Zahlen wir es dem Gegner mal heim.« Mit zwei Soldaten legte er sich auf die Lauer, beobachtete gut getarnt und mit Zielfernrohr ausgerüstet die gegnerische Stellung, die an dieser Stelle nur etwa 250 Meter entfernt lag – eine Entfernung, die für ein Zielfernrohr mit sechsfacher Vergrößerung kein Problem war. Als sich auf der gegnerischen Seite etwas bewegte, drückte Brandes ab. Offensichtlich hatte er getroffen, denn sein Schuß wurde nicht durch Einzelfeuer erwidert. Statt dessen eröffneten die Sowjets nach einer Viertelstunde schweres Granatwerferfeuer. Aber die Granaten konnten ihm und seinen beiden Mitschützen nichts anhaben, weil sie rechtzeitig in den Bunker gesprungen waren und dort das Ende des Granatwerferüberfalls abwarteten. Er glaubte, seinen Soldaten damit gezeigt zu haben, wie man mit derselben Taktik, nämlich mit Scharfschützen dem Gegner Ausfälle beizubringen, operieren konnte. »Schafft hier im Laufe der Nacht auf den Grabenrand noch etwas Grün zur Tarnung.« Mit diesen Worten verabschiedete er sich, um zurück zu seinem Gefechtsstand zu gehen. Einen Melder nahm er mit.

Es war erst der vierte Tag seines Frontaufenthaltes und gegen elf Uhr vormittags. Der Schnee lag noch sehr hoch. Er und der Melder arbeiteten sich durch den Verbindungsgraben. Er wähnte sich schon in Sicherheit, als ungefähr zwei Meter vom Böschungsrand eine Granatwerfer-Granate einschlug. Das Teuflische an dieser Waffe war, daß man die Granate im Anflug nicht hören, ergo nicht rechtzeitig in Deckung gehen konnte. Splitter der explodierenden Granate erwischten ihn von hinten an Schulter, Arm und Kopf sowie den ihm folgenden Melder von vorn. Brandes war sofort bewußtlos. Die Bedienungsmannschaft einer Panzerabwehrkanone hatte von ihrem Bunker aus den Zwischenfall beobachtet, die beiden Verwundeten sofort geborgen und zum Verbandsplatz gebracht. Dem Melder war nicht mehr zu helfen. Er starb zwei Tage später. Brandes luden sie nach der ersten Wundversorgung auf einen Schlitten - darüber verlor er wieder das Bewußtsein - und brachten ihn zum Hauptverbandsplatz. Von dort aus wurde er mit dem erstbesten Verwundetentransport nach Pleskau, kurz vor der Grenze nach Estland, verlegt.

Die Kopfverletzung bestand aus einem Splitter, der ins Gehirn eingedrungen war. Keine lebensgefährliche Verletzung. Dennoch trauten die Ärzte sich nicht, ihn operativ zu entfernen. Die Schulterverwundung verursachte größere Komplikationen. Da Brandes im Moment der Verwundung eine wattierte Jacke trug, waren Teile der Wattierung mit dem Splitter in die Schulter gedrungen. Sie entzündeten sich, und es dauerte Wochen, bis sie herausgeeitert waren.

Mitte März verlegten sie Brandes ins schlesische Glogau. Er mußte am Arm operiert werden. Indes, auch hier hüteten sich die Ärzte, ihm den Splitter aus dem Kopf zu operieren. Ihre Diagnose: Der Splitter würde sich einkapseln, ihm aber - was er noch nicht wußte - jahrelang heftige Kopfschmerzen bereiten. Seine letzte Lazarettstation war schließlich Breslau.

Nach neun Monaten entließ man ihn als genesen. Als er sich beim Ersatzbataillon in Potsdam zurückmeldete, bot er - völlig abgemagert - ein Bild des Erbarmens. Der Kommandeur, Major Meyer, sagte: »Menschenskind, wie sehen Sie denn aus!« Und weil gerade eine Einheit zusammengestellt wurde, die zur weiteren Ausbildung nach Dänemark verlegt werden sollte, ehe man sie dann wieder an die Ostfront schicken konnte, sagte er zu dem Einheitsführer Klaasen: »Menschenskind, das ist doch ein Mann für Sie. Der muß sich in Kopenhagen erst noch einmal aufpäppeln. Also nehmen Sie ihn mit.« Es verging fast ein ganzes Jahr, bis Brandes im Januar 1944 wieder zum Gren.Rgt. 9 stieß.

Zurück zur Wolchow-Front im Februar-März 1943. Die Lage war widersprüchlich. Obwohl es zu keinen großen Kampfhandlungen kam, hatte die 23. Infanterie-Division mit dem Gren.Rgt. 9 allein im Februar nahezu 300 Gefallene und Verwundete. Das war teils auf Sorglosigkeit, teils auf mangelnde Ausbildung, aber auch auf den Einsatz von Scharfschützen auf sowjetischer Seite und schließlich auf eine rege Späh- und Stoßtrupptätigkeit zurückzuführen.

Das Regiment hatte einen Frontabschnitt von 13 Kilometern Breite zu verteidigen; bei einer Gefechtsstärke von 1843 Mann waren das etwa sieben Meter pro Soldat. Bereits Mitte Februar setzte Tauwetter ein. Die Folge: In den Gräben stand das Wasser hoch. Es fehlte an Wasserpumpen und Gummistiefeln. Am 9. März brachte ein Stoßtrupp des II. Bataillons nach schwerem Kampf und Ausschaltung einer siebenköpfigen sowjetischen Bunkerbesatzung einen Gefangenen ein. Bezahlt wurde dieser Vorstoß mit einem Gefallenen und sechs Verwundeten auf der eigenen Seite. Dann setzte wieder heftiges Schneetreiben ein. In der Dunkelheit auf Posten zu stehen war besonders unangenehm, weil der Schnee alle Geräusche schluckte. Um die Monatswende Februar/März klingelte bei Leutnant Becker, damals Bataillonsadjutant, auf dem Gefechtsstand das Feldtelefon. Am anderen Ende Oberleutnant Behrends, Chef der 6. Kompanie. »Becker, einer meiner Leute hat seinen Grabenposten verlassen und scheint, nach den nicht ganz verwehten Spuren im Schnee zu urteilen, zum Iwan übergelaufen zu sein ...«

»Das darf doch nicht wahr sein!«

»Wem sagen Sie das! Der Mann stammt aus Elsaß-Lothringen, aber wir hätten ihm das nie zugetraut.«

»Ich werde es dem Kommandeur und dem Regimentsstab melden.«

Am nächsten Tag kreiste über der Stellung der 6. Kompanie ein sowjetisches Flugzeug und warf Flugblätter mit folgendem Text ab:

»Herrn Oberleutnant Behrends, 6. Kompanie, II. Bataillon, Gren.Rgt. 9: Ich habe Sie verlassen, weil es mir bei Ihnen nicht mehr gefällt. Ich brauche keine Verpflegung mehr zu holen, keine Wache zu schieben und keinen Schnee zu schippen ...

Grüßen Sie bitte meine Kameraden, es geht mir gut.«

Das Flugblatt trug die Unterschrift des desertierten Grabenpostens.

Etwa drei Wochen nach diesem Vorfall klingelte gegen 22.00 Uhr bei Becker abermals das Telefon. Am Apparat wieder Behrends von der Sechsten, diesmal sehr erregt: »Becker, meine Postholer sind noch nicht zurück. Sie haben um 18.00 Uhr die Stellung verlassen, brauchen für den Weg hin und zurück höchstens eine Stunde. Alle sofort eingeleiteten Nachforschungen haben nichts erbracht.« Becker dachte: Wieder zwei stiftengegangen. Wenn das der Kommandeur erfährt, geht er an die Decke. Als hätte Behrends diesen Gedanken erraten, beeilte er sich zu versichern: »Übergelaufen sind die bestimmt nicht, das sind sehr zuverlässige Männer. Da wir seit Stunden Schneesturm haben, sind keine Spuren von einem eventuellen russischen Stoßtrupp zu erkennen.«

»Lassen Sie die Suche fortsetzen, ich gebe die Meldung weiter. Ende.«

»Ende.«

Am nächsten Vormittag tauchte über der Stellung der 6. Kompanie wieder ein sowjetisches Flugzeug auf. Behrends durchzuckte es: Wenn das auch Flugblätter von den verdammten Postholern abwirft, bin ich geliefert. Er hatte diese für ihn blamable Vorstellung noch nicht zu Ende gedacht, da rieselten - zunächst wie kleine Papierschnitzel, dann immer größer werdend - auch schon Flugblätter vom grauen Winterhimmel. Als er eines in die Hände bekam, tanzten die Buchstaben vor seinen Augen.

»Herrn Oberleutnant Behrends, 6. Kompanie, II. Bataillon, Gren.Rgt. 9:

Sehr geehrter Herr Oberleutnant!

Wie Sie bereits festgestellt haben, sind wir mit der Post nicht mehr zum Kompaniegefechtsstand zurückgekehrt. Wir sind abgeholt worden und befinden uns wohlbehalten Ihnen gegenüber. Briefe beziehungsweise Päckchen aus der Heimat haben erhalten . . .« Dann folgte eine Liste der Namen.

»Verdammte Scheiße«, fluchte Behrends, griff zum Telefon. »Becker, halten Sie sich fest. Die beiden Postholer sind auch beim Iwan. Haben Grüße per Luftpost geschickt.«

Becker verschlug es zunächst die Sprache. Dann, nach einer kurzen Pause: »Na, das gibt Zoff. Ich möchte nicht in Ihrer Haut stecken.«

Später Trost für den Chef der 6. Kompanie: Am 17. März verzeichnete auch die 4. Kompanie einen Vermißten, wahrscheinlich ein Überläufer. Es war der einundzwanzigjährige Grenadier Heinrich Wagener aus Luxemburg.

Am 23. März griff der Gegner zwischen 23.00 und 24.00 Uhr mit etwa drei Kompanien im Abschnitt der 6. Kompanie an. Der Angriff konnte schließlich abgewehrt werden. In den Drahtverhauen vor der eigenen Stellung hingen ungefähr 30 sowjetische Tote - mit steifgefrorenen, verrenkten Gliedern, offenen Mündern, die Körper schneebedeckt, wie mit Zucker überpudert. Fünf Gefangene wurden gemacht, die eigenen Verluste waren diesmal gering: fünf Leichtverwundete.

Einen wesentlichen Anteil an diesem Erfolg hatte der ebenfalls erst seit einigen Wochen im Einsatz befindliche frischgebackene neunzehnjährige Leutnant Peter Kraske. Er erhielt dafür vom Divisionskommandeur persönlich das Eiserne Kreuz II. Klasse überreicht. Sein Vater, ein dem NS-Regime kritisch gegenüberstehender Berliner Unternehmer, gratulierte dennoch per Feldpostbrief überschwenglich: »Gerade wenn man von der Problematik der militärischen Auszeichnungen aus eigener Kenntnis, wenn auch ohne jede Vergrämtheit, überzeugt ist, freut es einen besonders, wenn eine Auszeichnung wirklich verdient ist und aus besonderem Anlaß verliehen wird. Du wirst Dich Dein ganzes Leben lang mit Freude und Stolz an das nächtliche Gefecht und den Besuch des Divisionskommandeurs erinnern können. Und Du kannst Dir kaum vorstellen, was das für uns zu Hause für eine Freude bedeutet. Nun trage das rote Bändchen in Deiner weiteren Laufbahn mit Glück und Gesundheit!«

Am 6. April gelang es – wieder in der Nacht – einem feindlichen Stoßtrupp mit 15 Mann, zunächst unbemerkt, dann nach heftigem Feuergefecht, in die deutsche Stellung einzudringen, mit einer geballten Handgranatenladung eine Sprengung vorzunehmen und ein MG 42 zu erbeuten. Am nächsten Tag war ein deutsches Stoßtruppunternehmen erfolgreich. Soldaten der 5. Kompanie schalteten einen feindlichen Bunker aus, machten zwei Gefangene und erbeuteten ihrerseits ein Maschinengewehr.

Einer, der es nächtens im geräuschlosen Gefangennehmen zu wahrer Meisterschaft brachte, war der Leutnant Kraske.

Die deutsche Wehrmacht setzte nun verstärkt Propaganda-Kompanien ein. Diese warfen über den sowjetischen Stellungen Flugblätter ab.

»An die Soldaten der Wolchow-Front!

Man hat Euch vorgeredet, die Rote Armee würde jetzt die Deutschen aus Rußland vertreiben. Auch in diesem Winter seid Ihr mit falschen Prophezeiungen betrogen worden. Der Winter ist vorbei, und unerschütterlich steht die deutsche Front, aber Hunderttausende Eurer Kameraden liegen auf den Schlachtfeldern von Charkow, Orel, Staraja Russa, Nowgorod und Leningrad. Denkt an Eure Kameraden vom S.R. 261 der 2. S.D., die ohne genügende Unterstützung durch Artillerie und Panzer zu einem Angriff auf die starken deutschen Stellungen vorgetrieben wurden und zu Hunderten von den deutschen MG vernichtet wurden, ohne den geringsten Erfolg zu erzielen. Wo sind die Massen von Panzern und Artillerie, mit denen Stalin die deutsche Armee zerschmettern will? Wo ist die zweite Front Europa? Engländer und Amerikaner wollen nur Geld an den Russen verdienen, indem Sie Euch schlechtes Schuhwerk und minderwertige Munition liefern. Unzählige Eurer Kameraden aus den Regimentern 1251, 13, 200, 261 und den MG-Bataillonen 47 und 208 haben dies eingesehen und sind zu den Deutschen übergelaufen. Die deutschen Soldaten haben ihnen den Weg durch die Minenfelder gezeigt, sie arbeiten heute friedlich hinter der deutschen Front bei guter Verpflegung und in trockenen und warmen Unterkünften. Warum wollt Ihr länger im Schlamm liegen? Rettet Euer Leben und kommt herüber. Dieser Zettel gilt als Passierschein.«

In den deutschen Stäben hatte man nicht vergessen, daß die neue 23. Infanterie-Division nicht fertig ausgebildet war, vor allem noch nicht genug im Kompanie- und Bataillonsverband geübt hatte. Um dies nachzuholen, wurde das Gren.Rgt. 9 am 4. und 5. Mai aus der Front abgezogen und durch Einheiten eines lettischen SS-Regiments abgelöst. Ausländer in der Uniform der Waffen-SS waren nichts Ungewöhnliches. Bis zu 200 000 Freiwillige aus europäischen Ländern dienten in der Waffen-SS. Zum Beispiel wurden bosnische SS-Soldaten zur Partisanenbekämpfung in Jugoslawien, ukrainische SS-Soldaten in Rußland eingesetzt. Letztere zeichneten sich durch besondere Brutalität im Kampf aus.

Das Gren.Rgt. 9 wurde zur weiteren Ausbildung in den Raum südlich von Leningrad verlegt, jedoch hinter die Kampflinie. Immerhin: Durch ein Scherenfernrohr war die Silhouette der Stadt zu erkennen. Das Regiment wurde in Orten mit Namen wie Wysozkoje, Telisi und Tscheremykino untergebracht. Kasernenhofbetrieb kam auf, abends fand Truppenbetreuung durch Kabaretts aus der Heimat statt, sonntags war dienstfrei. Das winterliche Tauwetter wich frühsommerlich schönen Tagen. Die Etappen-Idylle wurde nur durch die Ankündigung des Armeeoberkommandos 16 getrübt, daß die Division bis zum 20. Juni voll angriffsfähig ausgebildet sein müßte.

Geübt wurde an alten sowjetischen Befestigungsanlagen, die 1941 bei der Abwehr des ersten deutschen Angriffes auf Leningrad angelegt worden waren. In der Freizeit besuchte man den in der Nähe gelegenen historischen Ort Ropscha, wo der russische Zar Peter III. von seiner

Frau, Katharina der Großen, gestürzt und mit ihrem Wissen ermordet wurde.

Die Offiziere nutzten ihre im Troß mitgeführten Pferde zum Ausreiten. So auch der Kommandeur des II. Bataillons, Major Fritz Berkholz, und sein Adjutant, Leutnant Gottlieb Becker. Berkholz litt an einer schweren Kriegsverletzung; ihm war das rechte Schulterblatt herausgeschossen worden, wodurch der Arm steif blieb. Normalerweise wäre er nicht mehr kriegsverwendungsfähig gewesen, aber er, Berufsoffizier, der schon Mitte der dreißiger Jahre im I.R. 9 als junger Leutnant gedient hatte, wollte unbedingt wieder an die Front. Er sagte eines Tages zu Leutnant Becker: »Kommen Sie, wir reiten mal los und schauen uns den Bereitstellungsraum an, in den wir demnächst umziehen sollen.« Die Herren kamen nicht weit. Beckers Pferd scheute und stürzte samt Reiter in einen Granattrichter. Mit Schädelbruch und aus Nase sowie Ohren blutend, blieb Becker bewußtlos am Boden des Trichters liegen. Sein Kommandeur, durch den steifen Arm gehandikapt, mußte Hilfe herbeiholen, um den Verunglückten zu bergen. Becker wurde in das nächstliegende Lazarett transportiert, wo er acht Tage bewußtlos lag. Als er wieder zu sich kam, verlegten sie ihn per Lazarettzug nach Görlitz. Bis er zur Truppe zurückkehrte, wurde es Januar 1944.

Inzwischen war Oberleutnant Axel Freiherr von dem Bussche von der Krim über das Ersatzbataillon in Potsdam bei seiner alten Truppe vor Leningrad eingetroffen. Wie üblich wurde er mit großem Hallo begrüßt, traf er doch auf viele bekannte Gesichter. Er wurde Chef der 7. Kompanie im II. Bataillon. Die Einheiten lagen nicht weit auseinander. Es herrschte immer noch wunderschönes Wetter.

Es wurde unter den alten I.R.-9-Offizieren viel diskutiert. Jeder hatte inzwischen erkannt, welche Bewandtnis es tatsächlich mit dem Regime hatte, dem sie dienten. Die sogenannte heile Welt, in der sie sich vor der nationalsozialistischen Ideologie sicher geglaubt hatten, begann zu zerbröckeln. Persönliche Erlebnisse kamen hinzu, die sich tief einprägten.

Da war zum Beispiel die Geschichte mit Arnims Bruder Oskar. Der war vor dem Krieg Abteilungsleiter beim Berliner Rundfunk gewesen und hatte über seine Frau Hedi engen Kontakt zu den Brüdern Gregor und Otto Strasser gehabt. Diese waren in den zwanziger Jahren aktive Nationalsozialisten gewesen, Gregor hatte sogar als Organisationsleiter die NSDAP in Norddeutschland aufgebaut. Später überwarfen sich die

Brüder mit Hitler und legten ihre NS-Funktionen nieder. Im Zusammenhang mit dem Röhm-Putsch wurde Gregor 1934 ermordet, sein jüngerer Bruder Otto war rechtzeitig 1933 über Wien, Prag nach Kanada emigriert. Diese Bekanntschaft wurde Oskar von Arnim und seiner Frau 1938 zum Verhängnis, weil man bei einer Durchsuchung eine von ihr an Otto Strasser gerichtete, aber noch nicht abgeschickte Postkarte fand. Sie wurden wegen Hochverrats verhaftet und abgeurteilt: Hedi von Arnim zu sechs Jahren Zuchthaus, Oskar zu vier Jahren.

Bevor Leutnant Max von Arnim in den Krieg gegen die Sowjetunion zog, besuchte er zusammen mit dem sechsundsiebzigjährigen Vater den in Gollnow bei Stettin im Zuchthaus einsitzenden Bruder. Die beklemmende Situation, als sich die Brüder gegenübersaßen, hatte er nicht vergessen: er als dekorierter Frontoffizier, sein Bruder in gestreifter Sträflingskleidung. Überraschenderweise war der Bruder von einer Fröhlichkeit, die Max zunächst nicht begriff. Sie unterhielten sich, als wäre nichts geschehen. Zum Schluß sagte Oskar: »Irgendwann sehen wir uns doch noch einmal wieder, und es kommt zum schlechten oder zum guten Ende, wie man es nehmen will. Davon bin ich fest überzeugt.«

Im Oktober 1942 wurde der Bruder tatsächlich aus dem Zuchthaus entlassen, obwohl politische Gefangene damals nicht freigelassen, sondern nach Verbüßung ihrer Strafe zur »Umerziehung auf ein normales Leben« in ein Konzentrationslager überstellt wurden. Daß das bei Oskar von Arnim nicht geschah, verdankte er seinem ehemaligen Schulfreund von Massow, der, inzwischen in hoher juristischer Position, über solche Entlassungsfälle zu entscheiden und nicht vergessen hatte, daß Oskar ihm mit einem Trick zur Reifeprüfung verholfen hatte.

Max war übrigens nicht das einzige Familienmitglied an der Front. Noch drei weitere Brüder standen im Einsatz. Zu diesem persönlichen Familiendrama kam die Erinnerung an das einlaufende U-Boot, dessen Kommandant vor dem Anlegen über Megaphon gerufen hatte: »Sind die Nazis noch an der Regierung?«

Axel von dem Bussche wiederum hatte seine bedrückenden Erinnerungen an die Juden-Erschießungen in der Ukraine, deren unfreiwilliger Zeuge er geworden war. In der Folge hatte er immer wieder Gespräche mit Kameraden geführt, gequält von dem Gefühl, in einen Massenwahn verstrickt zu sein, aus dem man sich befreien müßte. Aber wie? War ein Mord an dem Tyrannen nicht längst überfällig? Ein älterer Regimentskamerad, Kurt Freiherr von Plettenberg, hatte, von ähnlichen Gewissensbissen geplagt, im Frühjahr 1943 am Sterbebett des ehemaligen Chefs der Heeresleitung Kurt Freiherr von Hammerstein-Equord, der 1934 als Gegner der Nationalsozialisten zurückgetreten war, aber 1939 eine Armeegruppe erhalten hatte, die Warnung empfangen: »Kurdel«, so lautete Plettenbergs Spitzname, »tut es nicht zu früh, das Volk muß mitgehen.«

Es war gar nicht zu übersehen, daß Hitler eine große Anziehungskraft auf viele Mitmenschen ausübte. Außerdem war er in die Rolle des Märtyrers geschlüpft, des leidenden Kämpfers für sein Volk, dem weltweit Unrecht geschah. Wie Prometheus, der das zum Untergang bestimmte Menschengeschlecht rettete, indem er ihm – so die griechische Mythologie – Feuer und Kultur auf die Erde brachte; den daraufhin Zeus an einen Felsen schmieden ließ und dem ein Adler täglich ein Stück Leber abfraß, das nachts nachwuchs, bis Herakles Prometheus befreite. Und ähnlich wie Stalin verstärkte Hitler seine Macht im Volk noch dadurch, daß er ihm fast untragbare Lasten aufbürdete. Der »Führer« versprach »Kampf, Gefahr und Tod«, und das Resultat war, daß fast eine ganze Nation sich ihm zu Füßen warf.

Bussche hatte Plettenberg zwischen zwei Frontaufenthalten in Berlin besucht, ihm über das System der Ausrottung von Minderheiten in der Ukraine berichtet und gesagt, nach seiner Schätzung könnte es sich um eine Million Menschen handeln. Plettenberg hatte prophezeit: »Bei Kriegsende werden wohl im Schutze der deutschen Waffen ebenso viele wehrlos Ermordete zu beklagen sein wie Gefallene der deutschen Streitkräfte an allen Fronten.«

Plettenberg, damals nicht mehr beim Militär, hatte sein Büro als Präsident der hohenzollernschen Verwaltung gegenüber der Gedenkstätte des Unbekannten Soldaten, der Neuen Wache Unter den Linden in Berlin. Ganz ruhig hatte er gesagt: »Bei der jährlichen Kranzniederlegung könnte ich Hitler erschießen.« Das Staatsoberhaupt umzubringen war aber für ihn ein Tabu. Ein Tabu, das durch Abstammung, Erziehung und persönliche Erlebnisse entstanden war. Als Verwalter hohenzollernschen Vermögens diente er den Nachkommen des letzten deutschen Kaisers! Aber einem Mann wie Plettenberg, der mit Bussche über diesen bedrückenden Konflikt zwischen Gehorsam und Gewissen sprach, war ebenso klar: »Wie können wir jemals wieder über uns selbst bestimmen, wenn wir uns nicht selbst, von innen heraus, von dieser

Geißel befreit haben – ohne Rücksicht auf politische oder strategische Opportunität? Ist ein Alleingang, wenn technisch möglich – und ganz abgesehen von der Reife der öffentlichen Meinung –, vertretbar? Ist ein Alleingang, mit welchen Folgen auch immer, notwendig?«

Die Massenausrottung von Menschen zu beenden war die wichtigste Priorität, die Zusammenstellung einer lebensfähigen Regierung die zweite – auch wenn diese Regierung von den Siegern zunächst einmal beiseite gefegt werden würde. Plettenberg wußte, daß, wie er mit dem dritten amerikanischen Präsidenten Thomas Jefferson (1801–1809) zu sagen pflegte, »der Baum der Freiheit von Zeit zu Zeit mit ein wenig Blut begossen werden muß«.

Bussches erster Regimentskommandeur, Oberst Freiherr von und zu Gilsa, hatte, nachdem während des Polen-Feldzuges durch Himmlers Einsatzgruppen »richtige Schweinereien« passiert waren, protestiert: »Sagen Sie unserem Führer, daß seine Auffassung von Ethik nicht meiner entspricht.« Er wurde daraufhin versetzt.

In Erinnerung waren Bussche auch zwei Besuche seines ehemaligen Regimentskameraden Victor von Schweinitz, der bei Kriegsausbruch Oberleutnant und Chef der 3. Kompanie im I.R. 9 war, dann aber, wie Max von Arnim, als Kader des neu aufzustellenden 178. Infanterie-Regiments abkommandiert wurde. Schweinitz, genannt »Eisenstange«, war während des Rußland-Feldzuges mit seinem Regiment an der Südfront eingesetzt, hatte zunächst am Don gekämpft und war schließlich in den Kessel von Stalingrad geraten. Sie hatten sich bei seinen Besuchen nächtelang die Köpfe heiß geredet, wie lange man sich reinen Gewissens noch an den einst geschworenen Fahneneid gebunden fühlen müsse. Bussche würde die Streitgespräche mit Schweinitz allein deshalb schon nicht vergessen, weil diesem gestandenen Mann jedesmal Tränen in den Augen standen, im Gegensatz zu Bussche, dem solche Sentimentalitäten abgingen. Das Tragische: Schweinitz war sich vollkommen bewußt, daß dieser Krieg »schiefgehen« würde. Aber egal, was geschehe, ein Soldat habe seinem obersten Kriegsherrn zu gehorchen. »Wir dürfen nicht Gewalt anwenden. Wegen einer vorübergehenden Phänomenologie von solchen Typen wie Adolf Hitler kann man so etwas nicht zerstören.«

Bussche hatte ihm ebenso leidenschaftlich entgegengeschleudert: »Wir sind nicht frei von unserem Eid, wir sind sogar verpflichtet, um der Soldaten willen etwas zu unternehmen. Glaubst du denn, weil der oberste Kriegsherr eines preußischen Grenadiers angeblich nicht kriminell sein kann, darf nicht sein, was ist? Für die Situation, daß er doch kriminell ist, hat man leider nicht vorausgedacht. Da der oberste Kriegsherr für die Massenmorde verantwortlich ist, ist es nicht nur angebracht, sondern meine Pflicht, ihn umzulegen.«

Bei diesen Gesprächen war auch Bussches ehemaliger Fähnrichsvater, Philipp von Bismarck, zugegen, also jener Offizier, den er in Potsdam beim Üben mit scharfer Handgranate durch Fahrlässigkeit verletzt hatte und der bei Kriegsausbruch als Kader zum neuen Infanterie-Regiment 178 abkommandiert worden war. Auch der Divisionspfarrer, Johannes Doehring, Kirchenrat, Protestant, hatte zumindest eines dieser Gespräche miterlebt, jedoch nichts gesagt. Schweinitz hatte einen Ausspruch getan, den sie alle fortan übernahmen. Einmal weil er sie ungeheuer stolz machte, zum anderen weil er ihnen ein gewisses Alibi war, den Widerstand gegen Hitler nicht bis zur letzten Konsequenz des Tyrannenmordes zu treiben. Schweinitz hatte gesagt: »Wir, das Infanterie-Regiment 9, sind die Republik der autonomen Grenadiere!« Später hatten sie den Ausspruch umgewandelt in » . . . der freien Grenadiere!« So oder so, nach eigenen Gesetzen lebende Soldaten.

Das Für und Wider um den Fahneneid wurde in den folgenden Monaten des Jahres 1943 zum Dauerthema. Bussche ereiferte sich: »Hört mal, Adolf hat das doch kaputtgemacht, indem er dem öffentlichen Dienst mit all der bürokratischen Akribie, zu der wir hier fähig sind, zu dieser und jener Tat angestiftet und sie befohlen hat. Diese Soldatentreue, dieses treue Verhältnis zwischen ihm und uns, hat er einseitig gebrochen!« Ein anderer ergänzte: »Axel hat völlig recht. Wer sich nach alldem, was geschehen ist, gegen Hitler erhebt, kann sich auf die Notwehrformel berufen.« Wiederum ein anderer gab zu bedenken: »Aber ist das nicht Notwehr-Exzeß?« Bussche funkte dazwischen: »Adolf muß umgebracht werden, um den Zustand der Altfreiheit wiederherzustellen! Damit dieser Bann gebrochen wird!« – »Aber wir müssen doch hier die Front halten, solange es geht. Vielleicht ist der Iwan dann bereit zu reden. Vielleicht macht er die Entdeckung, mit den Deutschen und den Polen muß man sich arrangieren. Aber so lange muß man leider die Ostfront halten.« Letzteres war die vorherrschende Meinung.

Wenn der Dienst am Tag beendet war, suchte man Abwechslung. Eines Tages kam Bussche zu Fuß zu seinem Regimentskameraden Max von Arnim.

»Habt ihr noch was zu trinken?«

»Nein.«

»Na, dann komm mal mit, wir gehen zum Stab, die haben immer was.«

Beim Regimentsstab trafen sie den Adjutanten, Oberleutnant Richard von Weizsäcker. Der Stab lag in einer Datscha, mit Geschäfts- und Schlafzimmer für den Regimentsführer, seinen Adjutanten und den Ordonnanzoffizier. Kommandeur war vorübergehend ein ehemaliger Polizeimajor namens Bones. Er stand nicht besonders hoch im Ansehen seiner Offiziere, was unter anderem damit zusammenhing, daß er merkantile Züge hatte. Er ließ sich von seiner Frau Mini-Regenschirme, sogenannte Knirpse, schicken, um sie bei der Nachbareinheit, der spanischen Blauen Division, gegen Kaffee einzutauschen. Kurs: ein Knirps für zwei Kilo Kaffee.

An diesem Abend, als Bussche und Arnim bei Weizsäcker auftauchten, war Bones wieder in Tauschgeschäften unterwegs. Zu der diskutier- und trinkfreudigen Runde im Regimentsgeschäftszimmer gesellten sich andere Kompaniechefs: Hans Albrecht Bronsart von Schellendorff, den sie der Einfachheit halber »Pummel« nannten; sein Urgroßvater hatte es einst zum preußischen Feldmarschall gebracht. Dann war da noch der Chef der 9. Kompanie, Oberleutnant Friedrich-Karl Klausing, Spitzname »Amazone«, weil ihm der rechte Brustmuskel kaputtgeschossen worden war und er, so deformiert, nach der despektierlichen Meinung seiner Kameraden einer Amazone ähnelte. Die Amazonen, in der griechischen Mythologie als besonders kriegerisches Frauenvolk bekannt, brannten Mädchen, die sie in ihre Gemeinschaft aufnahmen und zum Kriegsdienst erzogen, die rechte Brust aus, damit sie ihnen beim Spannen des Bogens nicht hinderlich war.

Ferner waren an diesem Abend beim Umtrunk im Regimentsgeschäftszimmer der inzwischen zum Hauptmann beförderte Kommandeur des III. Bataillons, Constantin Freiherr von Quadt, und der Leutnant Kleist anwesend. Je mehr die Zeit fortschritt, desto hitziger wurde diskutiert und politisiert. Sie konnten nachher nicht mehr rekonstruieren, wie lange sie diskutiert hatten – mit erhitzten Gesichtern, aufgeknöpften Uniformjacken, die Wodkagläser immer wieder nachfüllend, in von Tabakdunst geschwängerter Luft.

Plötzlich zog »Pummel« Bronsart seine Pistole, zielte auf ein Hitler-Bild, das auf allerhöchsten Befehl in allen Stäben hängen mußte, in diesem Fall an der Holzwand zwischen zwei Fenstern – und drückte ab. Die Detonation des Schusses in dem engen Zimmer war schmerzhaft. Danach breitete sich lähmende Stille aus. Pulvergestank drang in ihre Nasen. Der erste, der begriff, was da passiert war, schien Richard von Weizsäcker zu sein. »Bevor wir jetzt verabreden, was wir machen, muß jeder von uns auf das Bild schießen.« Sprach's, zog seine Waffe und drückte ab. Der zweite, im Ohr schmerzende Schuß peitschte durch den Raum. Als nächster schoß Max von Arnim, schließlich hatten sie alle auf das Hitler-Bild gefeuert. Danach waren ihre Ohren so abgestumpft, daß sie fürs nächste kaum einander verstanden. Dann stand Weizsäcker auf und riß das Bild mit den Einschüssen von der Wand und warf es ins Feuer. Was blieb, waren die unübersehbaren Einschüsse in der Holzwand.

»Na, Richard«, sagte Bussche, »das ist ganz einfach. Du hängst einfach einen neuen Adolf hin.«

»Es gibt nur einen Führer«, sagte Richard. Die anderen verstanden die Doppeldeutigkeit des Satzes und lachten. Weizsäcker wurde sachlich: »Führerbilder wurden nur bis zu den Regimentsstäben verteilt, also nicht bis zum Bataillon. Wir können nur fragen, ob sie bei einem der Nachbarregimenter oder bei der Division eins übrig haben. Aber das geht heute abend nicht mehr. Was nun?«

Einer warf ein: »Irgendwas muß uns einfallen, denn bald kommt Bones in seine Schlafstube zurück, sieht die sieben Löcher und daß der ›Führer‹ weg ist. Und das bei einem Mann, der von der Polizei kommt. Das wird entsetzlich.« Sie hielten Kriegsrat ab. Das Erstaunliche: Keiner hackte auf dem dicken »Pummel« herum. Keiner beschimpfte ihn, weil er sie in diese vertrackte Situation gebracht hatte. Einer kam auf eine Idee: »Paßt mal auf. In der Reichswehr gab es eine Verfügung von Generaloberst Kurt von Hammerstein . . .«

»Ja und?«

»Nun laß mich doch mal ausreden! Danach wird ein Vorgesetzter, der von seinen Untergebenen verhauen wird, sofort versetzt. Da wird nicht nach einem Grund gefragt. Wenn zum Beispiel ein Leutnant von Unteroffizieren verhauen wird, fliegt er raus.«

»Und was soll das bedeuten?«

»Ist doch klar! Wir müssen Bones versohlen, wenn er zurückkommt. Denn wenn er das Bild sieht oder auch nur die Löcher, muß er es melden.«

Sie kamen nicht mehr dazu, das Für und Wider dieses verwegenen Ablenkungsmanövers zu diskutieren. Draußen vor der Tür hörten sie sich nähernde Schritte, die zu Bones gehören mußten. Da stürzten sie sich Hals über Kopf hinaus und inszenierten eine Prügelei, schlugen wie zufällig auch auf ihren Regimentskommandeur ein. Das währte einige Minuten, schließlich zogen sie, scheinbar einander wüst beschimpfend, davon. Die folgenden zwei Tage mieden sie die Nähe des Herrn Bones und seines Regimentsadjutanten von Weizsäcker. Im stillen hofften sie aber, daß ihr als Verhandlungsgenie bekannter Kamerad Weizsäcker die Wogen glätten würde. Am nächsten Tag hing »Adolf« jedenfalls wieder in der Regimentsstube. Bones aber blieb ihnen noch eine Weile erhalten.

32 Vor Leningrad: 1438 Eiserne Kreuze und eine Ferntrauung

Leningrad zählte zu Beginn des Rußland-Feldzuges etwa drei Millionen Einwohner. Teile der Heeresgruppe Nord sollten schon 1941 die Stadt einnehmen. Die finnischen Streitkräfte, die an der Seite der deutschen Wehrmacht in der Sowjetunion kämpften, waren wegen der kürzeren Distanz rascher vorangekommen, als es Hitler lieb war. Denn der »Führer« wollte nicht ihnen den Ruhm der Einnahme dieser wichtigen Stadt überlassen. So erhielten die deutschen Streitkräfte Befehl, sich schneller durchzukämpfen, was nicht einfach war, da im Süden der Stadt riesige Sumpfflächen lagen, eingebettet in eine für Panzer schwierig zu passierende hügelige Moränenlandschaft. Dennoch konnte die Luga, der letzte bedeutende Fluß vor Leningrad, am 14. Juli passiert werden, wiewohl den Deutschen das Kadettenkorps von Leningrad und Volksbrigaden entgegengeworfen worden waren.

Die Generalität betrachtete allerdings die Einnahme von Moskau als militärisch und politisch wichtiger. Hitler war verunsichert. Am 4. August berief er die Armeeoberbefehlshaber der Heeresgruppe Mitte ins Hauptquartier des Generalfeldmarschalls von Bock nach Nowy Borissow. Die Generale, darunter Guderian, waren überrascht, dort auf Hitler zu stoßen. Sie hatten ihren »Führer« seit Beginn des Rußland-Feldzuges nicht mehr gesehen. Hitler gab zu verstehen, daß er ihre Meinung über die nächsten Operationsziele gerne gehört hätte, und zwar einzeln. Um jedmögliche gegenseitige Beeinflussung auszuschließen, wurden die Herren gebeten, sich in mehrere Büros zurückzuziehen und abzuwarten, bis man sie rufen würde. Am Ende dieser merkwürdigen Befragungsaktion stand fest: Die Militärs wollten als nächstes ausschließlich Moskau erobern. Sie konnten ihren obersten Feldherren jedoch nicht von seiner vorgefaßten Meinung abbringen: Leningrad müsse zuerst genommen werden; unter anderem, weil er von der fixen Idee beherrscht war, die Sowjets könnten die Front gegenüber den Finnen durchbrechen und die strategisch wichtigen Erzlieferungen der Schweden an die deutschen

Rüstungsbetriebe unterbrechen. Nur 19 Tage später hatte Hitler seine Meinung geändert: weder Leningrad noch Moskau seien im Moment das Angriffsziel Nummer eins, sondern die Ukraine und das Industriegebiet im Donez-Becken. Der Chef des Oberkommandos der Wehrmacht, Generalfeldmarschall Wilhelm Keitel, gab die Losung aus: »Der Führer hat immer recht.« Und das war nicht als Scherz gemeint.

Die Heeresgruppe Nord hatte sich ungeachtet dessen Leningrad bereits so weit von Süden her genähert, daß die Stadt – im Norden standen die finnischen Truppen – Anfang August fast eingeschlossen war. Nur noch eine schmale Landverbindung zwischen der Stadt und dem östlich gelegenen Rußland war übriggeblieben.

Der Oberbefehlshaber der deutschen Belagerer, Generalfeldmarschall Leeb, erhielt jedoch von Hitler den Auftrag, lediglich den Kessel um Leningrad enger zu schließen. Er bekam ausdrücklich nicht den Befehl, die Stadt zu erobern. Der »Führer« ging in seiner Anordnung sogar so weit, daß »eine Kapitulation von Leningrad . . . nicht anzunehmen ist«. Flüchtlinge aus Leningrad wären »mit Feuer zurückzuweisen«. Er wollte die Drei-Millionen-Stadt nicht ernähren müssen, sie lieber aushungern und dem Erdboden gleichmachen.

Anfang September 1941 hatte die Luftwaffe an verschiedenen Tagen und jeweils in mehreren Wellen die Stadt bombardiert, wobei vornehmlich die Lebensmittellager zerstört wurden. Die Stadt wurde von den Sowjets heldenmütig verteidigt, in ihrem erweiterten Umkreis befanden sich 30 Divisionen der Roten Armee. Sie standen unter dem Oberbefehl von General Georgij Schukow, dem späteren Marschall der Sowjetunion.

Trotz des andauernden Beschusses und der Bombardierung ging das Leben in der Stadt weiter. Am 9. November 1941 spielte das Sinfonieorchester unter Elias Berg Beethovens *Neunte Sinfonie*. Das Konzert wurde nach London übertragen. Beim dritten Satz heulten Luftschutzsirenen auf, das Fallen von Bomben und das Bellen der Flak waren zu hören. Das Gebäude, in dem das Konzert stattfand, bebte. Nichtsdestotrotz spielten die russischen Musiker die Sinfonie zu Ende. Zum Schluß wünschte der Ansager den Hörern in England »eine gute Nacht«.

Im ersten Belagerungswinter starben pro Tag durchschnittlich 2000 Menschen – vor Hunger oder Kälte, manchmal auch an beidem. Einziger Lichtblick: Während des Winters konnte die Stadt über den zugefrorenen Ladoga-See von Rußland versorgt werden. Verteidiger und Bevölkerung kapitulierten selbst dann nicht, als die Deutschen später Riesengeschütze in Stellung brachten, mit denen sie schon die Festungen auf der Krim »geknackt« hatten.

Im Juli 1942 war den Deutschen an der Wolchow-Front, also südöstlich von Leningrad, ein »dicker Fisch« ins Netz gegangen. Ein Bauer hatte ihnen den Tip gegeben, daß sich in seiner Scheune ein sowjetischer Offizier versteckt hielte. Das traf sich mit dem Auftrag eines deutschen Stoßtrupps, der Befehl hatte, den ehemaligen Verteidiger von Kiew, einen der Sieger von Moskau und zuletzt Befehlshaber der 2. sowjetischen Stoßarmee am Wolchow, die jedoch unter deutschen Angriffen zusammengebrochen war, aufzuspüren. Ein Hauptmann von Schwerdtner, Stabsoffizier der 48. Infanterie-Division, ließ die Scheune umstellen. Auf seine Aufforderung, sich zu ergeben, trat ein Offizier von hohem Wuchs und hagerer Gestalt ins Freie mit den Worten: »Nicht schießen, ich bin General Wlassow.« Das war genau der gesuchte Mann.

In bestimmten deutschen Offizierskreisen, darunter auch um Graf Stauffenberg, bestand seit einigen Monaten der Plan, aus dem Millionenheer der gefangenen Sowjets eine gegen die Sowjets kämpfende Befreiungsarmee zu rekrutieren. Was ihnen fehlte, war eine geeignete Führungspersönlichkeit. Die schienen sie jetzt in der Gestalt des General Wlassow gefunden zu haben. Dieser erklärte sich zur Mitarbeit bereit, machte jedoch zur Bedingung, daß eine von den Deutschen befreite Sowjetunion nicht als Besiegter behandelt werden dürfte. Für Hitler und seinen Hofstaat war dies eine unmögliche Forderung. Sie wollten einen »Hiwi« (Hilfsfreiwilligen), aber keinen Alliierten. Der Reichsführer-SS Himmler legte in einem Memorandum noch einmal ausdrücklich fest, Wlassow sei ein Untermensch, zu dem man auf keinen Fall politisch-partnerschaftliche Beziehungen herstellen könne. Stauffenberg und seinen Kameraden gelang es zwar, Wlassow bis ins Führerhauptquartier nach Winniza zu schleusen, es kam jedoch zu keinem Treffen mit Hitler. Das wußten die Jasager um ihn zu verhindern. Alle in diesem Zusammenhang erstellten Memoranden leitete OKW-Chef Keitel gar nicht erst an Hitler weiter, sondern versah sie mit Kommentaren wie: »Kommt nicht in Frage! . . . Nutzlos, dem Führer damit zu kommen; ich weiß, was er darüber denkt . . .« Wlassow führte lediglich mit Offizieren ohne Einfluß nichtssagende Gespräche.

Am 27. Dezember 1942 wurde zwar in Smolensk ein Komitee zur

Befreiung Rußlands gegründet, es geriet jedoch bald in Vergessenheit. Erst Anfang 1945 konnten zwei Divisionen der »Russischen Befreiungsarmee« aufgestellt werden. Im Mai 1945 kamen Wlassow und seine Soldaten in amerikanische Kriegsgefangenschaft und wurden an die Sowjets ausgeliefert, die den General am 1. August 1946 in Moskau hinrichteten.

Zwei Jahre lang war der Frontverlauf um das eingeschlossene Leningrad nahezu unverändert geblieben. Dies war die Situation, als am 21. Juni 1943 das Grenadier-Regiment 9 Befehl erhielt, seine Ruhequartiere zu verlassen, um ab dem 27. Juni unter dem Befehl des XXVI. Armeekorps die 28. Jäger-Division südlich des Ladoga-Sees abzulösen. Zwischen der Front und dem See lag ein etwa acht Kilometer breiter Landstreifen, den die Sowjets freigekämpft hatten, so daß Leningrad nicht total eingekesselt war. Die Front verlief jetzt östlich der Newa bis Gontaja Lipk und von dort weiter nach Süden bis zum Wolchow. Die Frontabschnitte im Bereich des Gren.Rgt. 9 hatten von den deutschen Soldaten merkwürdige Namen erhalten: »Flaschenhals«, »Gleisdreieck«, »Burmastraße«. Die Stärken der drei Bataillone waren unterschiedlich: Das I. Bataillon verfügte über zehn Offiziere und 446 Mann, beim II. Bataillon betrug das Verhältnis elf zu 341, beim III. Bataillon neun zu 357.

Die Stellungen, die man von der Jäger-Division übernommen hatte, waren gut ausgebaut. Es war ein Geflecht von Gräben, Stollen und zum Teil holzverschalten Bunkern. Geschlafen wurde auf Strohsäcken auf einer entsprechenden Holzunterlage. Einige Bunker hatten sogar nach rückwärts Fenster, die man in nahegelegenen Dörfern aus leerstehenden Bauernhäusern herausgebrochen hatte. Davor aufgeschüttete Erdwälle schützten vor Splittern.

Der Bunker des Regimentskommandeurs lag an der Moika, einem kleinen Flüßchen. Er bestand aus rohen, in die Erde gerammten Holzstämmen, die miteinander verbunden waren und durch eine dicke Sanddecke gegen Artilleriebeschuß einigermaßen schützten, vorausgesetzt, es kam nicht zu einem Volltreffer. Teilweise waren die Wände mit Brettern verkleidet, was dem Ganzen eine etwas wohnlichere Atmosphäre gab. In zwei abgeteilten Räumen standen Feldbetten.

An diesem Tag strahlte der Bunker trotz seiner urigen Bescheidenheit einen Anflug von Feierlichkeit aus. Der hohe Holztisch, auf dem sonst Kartenmaterial ausgebreitet lag, war mit Laub und zwei Kerzen dekoriert. Vor dem Tisch waren nebeneinander zwei Stühle aufgebaut. Auf einem saß Hauptmann Max von Arnim. Der zweite Stuhl blieb leer. Zur Seite des Tisches standen die Oberleutnante von Weizsäcker, von Witzendorff und Bronsart von Schellendorf. Sie standen aufrecht und blickten feierlich, denn sie waren aufgeboten, um die Ferntrauung ihres Kameraden Max von Arnim mit Fräulein Viktoria von Fuchs zu bezeugen. Die Braut hatte bei der Eheschließung ihrer Schwester erlebt, wie knapp die Zeit während eines Heiratsurlaubes wurde, die notwendigen Papiere rechtzeitig beisammen zu haben – Eheunbedenklichkeitsbescheinigung, Ehetauglichkeitsbescheinigung, »Arier«-Nachweis, Geburtsurkunden und so weiter. Da schrieb sie eines Tages ihrem Max nach Rußland: »Laß uns doch eine Ferntrauung machen. Wenn Du zurückkommst, heiraten wir kirchlich, und dann haben wir unseren Urlaub vor uns.«

So geschah, was damals üblich war. Mit Hilfe des Regiments waren die Papiere zusammengetragen worden und lagen nun auf dem Tisch im Kommandeursbunker. Es war der 21. Juli 1943, als die Hochzeitsgesellschaft ohne Braut, für die symbolisch der leere Stuhl neben dem Bräutigam plaziert war, sich eingefunden hatte. Dann betrat der Kommandeur den Raum. Er hielt eine kurze Ansprache, die Max von Arnim als sehr einfühlsam empfand. Vielleicht waren es auch nur die ungewöhnlichen Umstände, welche die kleine Zeremonie für die Offiziere zu einem unvergeßlichen Erlebnis werden ließen. Dann bat der Kommandeur: »Oberleutnant Max von Arnim, würden Sie bitte zum Zeichen Ihrer Eheschließung diese Urkunde unterschreiben.« Max von Arnim unterschrieb mit all seinen Vornamen – Achim Freimund Maximilian Horst. Weizsäcker und Witzendorff unterzeichneten als Trauzeugen. Der Regimentskommandeur setzte auf die Urkunde noch den Stempel des Regiments »Grenadier-Regiment 9«. Danach gratulierten alle: »Herzlichen Glückwunsch Max! Alles Gute alter Junge, halt die Ohren steif...« Eine Ordonnanz brachte ein Tablett mit Sektgläsern. Sie blieben noch eine Weile beisammen und waren richtig vergnügt.

Als die Dunkelheit hereinbrach, war es für den Bräutigam an der Zeit, auf seinen Kompaniegefechtsstand zurückzukehren. Ein Beiwagen-Krad fuhr vor, noch mal ein »Alles Gute«, das in dieser Kriegssituation mehr als eine gedankenlos dahergeplapperte Floskel war, sondern vielmehr bedeutete: »Sieh zu, daß du am Leben bleibst und nach Hause kommst.« Der Kradfahrer entschwand mit dem Bräutigam im Beiwagen und »Pummel« Bronsart, der im selben Bunker hauste, in die Dunkelheit.

Arnims Soldaten hatten ihm als Geschenk aus 2-cm-Flakpatronenhülsen kleine Schnapsbecher gebastelt und auf dem Tisch im Bunker aufgereiht. »Ach Gott«, sagte Arnim gerührt, »das kann ich jetzt gar nicht alles so richtig würdigen. Nehmt es mir nicht übel, das guck' ich mir morgen früh in Ruhe an.« Er haute sich ziemlich bald auf sein Lager, hatte jedoch Mühe einzuschlafen. In Gedanken war er bei seiner Braut, die er zärtlich »Torry« nannte. Dann fiel er in tiefen Schlaf.

Den ersten Artillerie-Einschlag kriegte er gar nicht richtig mit. Beim zweiten war er hellwach, bei den folgenden sprang er blitzschnell in seine Uniform. Aus der Art der Einschläge und der Häufigkeit wußte er, daß dies nicht nur ein paar vereinzelte Abschüsse waren, mit denen die Sowjets die Deutschen ärgern wollten. Sein ganzer Bunker wankte. Ihm war klar: Hier brach der seit langem erwartete Großangriff der Sowjets los. Er schaute auf seine Uhr: Es war 3.00 Uhr nachts, der 22. Juli 1943. Auf das Grenadier-Regiment 9 und das Schwesterregiment 67 schossen die Sowjets aus etwa 400 Geschützen Trommelfeuer. Die Artillerie wurde aus mehreren Flugzeugen geleitet. Die herannahenden Granaten, die Einschläge, die Holzbalken zersplitterten, Erdmassen hochwirbelten und Pulvernebel verbreiteten, kamen in solchen Massen, daß sie ein einziges orkanartiges Getöse verursachten, in dem einzelne Geschosse nicht mehr wahrzunehmen waren.

Um 5.45 Uhr begann der Angriff der sowjetischen Infanterie mit rund 12 000 Mann, unterstützt von etwa 50 Panzern vom Typ T 34, denen die etwa 3500 Soldaten der beiden deutschen Regimenter mit nur elf Tiger-Panzern und vier Sturmgeschützen gegenüberstanden. Am Nachmittag waren sieben »Tiger« und zwei Sturmgeschütze vernichtet worden. Die eigenen Verluste waren schon am Vormittag hoch. Beim I. Bataillon des Grenadier-Regiments 9 fielen die meisten Kompaniechefs aus. Im Divisionsabschnitt gelangen dem Gegner mehrere Einbrüche in die Kampflinie, die später wie ein Dammbruch abgeriegelt werden konnten, so daß die nachfolgenden Panzer der Sowjets nicht weiter vordringen konnten. Auch die eigene Divisions-Artillerie schoß aus allen Rohren und fügte dem Gegner blutige Verluste bei.

Gegen 13.00 Uhr griffen die Sowjets mit neuen Kräften an und erzielten weitere größere Einbrüche. Wieder wurden den Deutschen erhebliche Verluste zugefügt. Als der Tag sich dem Ende neigte, lag hinter den deutschen Verteidigern ein selten schwerer Kampf, aber dem Gegner gelang es an der Front der Division trotz seiner Angriffe, die dreimal, an einzelnen Punkten bis zu fünfmal erfolgten, nicht, die deutsche Hauptkampflinie auf voller Breite zu erobern.

Die Nacht über konnte das Gren.Rgt. 9 seine Stellung halten. Am Vormittag des nächsten Tages setzte von neuem starkes Feuer ein. Dort, wo dem Gegner erneut Einbrüche gelangen, wurde er nach kurzer Zeit wieder hinausgeworfen. Die sowjetischen Verluste am Frontabschnitt der 23. Infanterie-Division an diesen beiden Tagen wurden auf 4000 Tote geschätzt. Die eigenen Verluste waren nur um ein weniges geringer: 58 Offiziere sowie 2688 Unteroffiziere und Mannschaften waren gefallen, verwundet oder vermißt.

Auch im Grabenabschnitt der 4. Kompanie – ihr Chef war Hauptmann von Arnim – schafften die Sowjets mit »Hurrää!« den Einbruch. Handgranaten wirbelten durch die Luft, verbreiteten bei der Detonation grelle Blitze und milchweißen Pulverqualm. Angst- und Schmerzensschreie mischten sich mit Flüchen bei Ladehemmungen, Stahlhelme und andere Ausrüstungsteile flogen durcheinander. Kameraden, die einem eben noch eine Warnung zugerufen hatten, verstummten plötzlich, lehnten tot an der Grabenwand. Arnim konnte die Stellung nur noch in Rundum-Verteidigung halten.

Oberleutnant Bronsart von Schellendorff stand wenige Meter neben Arnim, als ihm ein Querschläger den Leib aufriß und er zusammenbrach. Ein Arzt war in diesem Tohuwabohu so schnell nicht heranzuholen. Nach einer halben Stunde war Bronsart verblutet.

Arnims Bunker bekam einen schweren Treffer. Sand und Dreck flogen ihm um die Ohren, sein Hochzeitsgeschenk, die säuberlich aufgereihten Schnapsbecher aus Patronenhülsen, wurde verschüttet. Gleich beim ersten Angriff der Sowjets, inmitten des Gefechtslärmes heranheulender Granaten und bellender Maschinenwaffen, hatte er, während er gerade über den Grabenrand lugte, einen heftigen Schlag gegen seinen Stahlhelm gespürt, so heftig, daß sein Kopf zurückgerissen wurde. Nach einer bangen Sekunde begriff er, daß er noch am Leben war. Er duckte sich, nahm seinen Stahlhelm ab und sah die Bescherung: Ein MPi-Geschoß war mit voller Wucht an der Stirnseite des Stahlhelms abgeprallt. Mit dem Finger fuhr Arnim über die Delle. Noch mal verdammt Schwein gehabt, dachte er, stülpte sich den Helm wieder auf und stürzte sich in das Inferno.

Nach kurzer Zeit waren alle Telefonverbindungen zusammengebrochen. Über Funk durchzukommen war schwierig. Arnim mußte aber wissen, wie es um die Stellungen der Nachbarkompanien stand und vor allen Dingen auch, ob beim Bataillon oder Regiment eine neue Befehlslage entstanden war. Melder, die er losjagte, mußten aushelfen, soweit sie durchkamen. Sein ganzes Denken – das Herzklopfen während der ersten Angriffsminuten war einer schwer zu erklärenden Leichtigkeit gewichen – konzentrierte sich darauf, wie kann ich die Stellung halten.

Die Sowjets griffen auch mit Leningrader Arbeiterbrigaden an, Männern, die sie aus Betrieben herausgeholt, in Uniformen gesteckt hatten und nach viel zu kurzer Ausbildung gegen die deutschen Stellungen anrennen ließen. Zu Tausenden blieben sie auf dem Schlachtfeld liegen.

Der Munitionsverbrauch auf deutscher Seite ließ die Heftigkeit der sowjetischen Angriffe erkennen. An dringend benötigtem Nachschub wurden für die Division herangeführt: 546500 Schuß Infanterie-Munition, 5 Tonnen Handgranaten, 15 Tonnen Granatwerfer-Munition und 50 Tonnen Artilleriegranaten verschiedensten Kalibers! Im Kriegstagebuch der Divisions-Quartiermeisterstaffel hieß es unter dem 23. Juli 1943: »Bestand an Infanterie-Munition nicht ausreichend. Artillerie-Regiment 23 fordert 20000 Schuß (500 Tonnen) leichte Feldhaubitzen-Munition (lFH)*, 5000 Schuß (300 Tonnen) schwere Feldhaubitzen-Munition (sFH)**. Diese Menge kann jedoch nicht herangeschafft werden.« Zwei Tage später: »Noch immer mangelt es an lFH-Munition, nun auch an sFH-Munition. Die Zerschlagung weiterer russischer Angriffe erscheint gefährdet. Eigene Gegenangriffe können nicht wirkungsvoll unterstützt werden. Abends trifft endlich neue Munition ein. 22.30 Uhr: Bei Grenadier-Regiment 9 zunächst keine Munition mehr erforderlich.«

Wo dem Gegner der Einbruch gelang, waren es allerdings nicht die Arbeitermilizen, sondern zum Teil Garde-Schützen mit Maschinenpistolen und schweren Waffen. Die Sowjets setzten sogar mehrmals Schlachtfliegerverbände ein, die im Tiefflug die deutschen Stellungen angriffen. Den MG-Schützen Baradoy vom Grenadier-Regiment 9 fanden sie später – tot, ringsum umgeben von Bergen leerer Patronenhülsen. Seine Kameraden waren ebenfalls gefallen oder hatten sich zurück-

* lFH = leichte Feldhaubitzen-Munition
** sFH = schwere Feldhaubitzen-Munition

ziehen müssen. Vom 2. Zug der 5. Kompanie blieben zunächst nur Zugführer Leutnant Rachvoll sowie die Oberjäger Jung und Walter Henze übrig. Die anderen 40 Soldaten waren gefallen oder verwundet abtransportiert worden. Drei Tage lag der Zug unter schwerstem Trommelfeuer. Wenn nicht gerade die sowjetische Infanterie angriff, suchte man im Bunker Schutz vor den krachenden, die Erde aufpflügenden Artilleriegranaten.

Henze erwischte es gleich am ersten Tag. Während seine Kameraden im Bunker Zuflucht fanden, hockte er an der Bunkertür, mit der Maschinenpistole im Anschlag, den Stichgraben, der zum Bunkereingang führte, sichernd. Plötzlich spürte er einen Schlag gegen den rechten Fuß, meinte jedoch, es sei ein Erdbrocken, der ihm nach einer Detonation gegen den Fuß geschleudert worden war. In der Erregung des Kampfes konzentrierte er seine Sinne völlig auf den Stichgraben, durch den der »Iwan« eindringen könnte. Seine Aufmerksamkeit wurde nicht einmal durch vereinzelte Bäume, an denen große Flammen knatternd emporkrochen, abgelenkt. Bis einer schrie: »Mensch, Walter, aus deinem Schuh läuft ja Blut!« Er blickte an sich hinunter, ungläubig, sah plötzlich das Blut in den Boden sickern. Da zog er sich in das Innere des Bunkers zurück, übertrug einem anderen die Wache – »Paß du mal auf!« – und zog sich den Schuh aus. Nun sah er die Bescherung. Ein Granatsplitter hatte ihm den Schuh und die rechte Ferse aufgeschlitzt. Merkwürdigerweise schmerzte die Wunde nicht. Mit Hilfe eines Kameraden legte er einen Verband an, der sich jedoch sehr bald dunkelrot färbte. Er zog sich Gummistiefel an. Eigentlich hätte Henze sofort zum rückwärtig liegenden Hauptverbandsplatz gemußt. Nur war sein Zug mittlerweile von sowjetischer Infanterie eingeschlossen, so daß an ein Verlassen der Stellung nicht zu denken war. Man konnte sich nur auf das Überleben konzentrieren. Am nächsten Tag kämpfte er humpelnd oder sitzend. Endlich, nach zwei Tagen, hatte man den Gegner aus den eigenen Linien wieder hinausgeworfen. Inzwischen hatte es allerdings auch den Oberjäger Jung schwer erwischt: Im Gesicht, an Nase und Kiefer, war er von einem Splitter getroffen worden. Da faßten sich Henze und Jung unter den Arm, krochen aus dem Bunker und gingen geduckt durch den Stichgraben, bis sie freies Feld erreichten und etwas aufrechter nach hinten stolperten. Vereinzelt pfiffen ihnen noch Kugeln um die Köpfe, aber sie waren längst zu erschöpft, um Deckung zu nehmen.

Wie Henze hinterher erfuhr, hatte der Hauptangriff der Sowjets ausgerechnet den nebeneinanderliegenden 1., 2. und 4. Kompanien gegolten. Unterwegs trafen sie den verwundeten Oberleutnant Kielmann. Nach einer ersten Behandlung wurden sie nach Riga und von dort mit einem Schiff nach Danzig und dann mit einem Lazarettzug nach Grimma bei Leipzig verlegt. Sie waren der Hölle wieder einmal für ein paar Monate entronnen.

Zugegeben, es war schizophren, daß inmitten einer grausamen Schlacht, wo Tausende starben, ein Mensch ganz gewöhnlich krank werden konnte, wiewohl Krankheit in einem derartigen Inferno auch ein Geschenk Gottes bedeutete. Leutnant Kredel, zunächst Zugführer in der 5. Kompanie, zuletzt Ordonnanzoffizier beim Bataillonsstab, hatte schon seit Tagen Kopf-, Rücken- und besonders Schien- und Wadenbeinschmerzen, die mit Schwindelgefühlen einhergingen. Just an dem Tag, als die dritte Ladoga-See-Schlacht begann, bekam er wolynisches Fieber, eine typische Schützengrabenkrankheit, die durch Kleider und Läuse übertragen wird. Kredel sah zum Erbarmen aus. Sein Kommandeur sagte im aufkommenden Gefechtslärm: »Kredel, es hat keinen Zweck, daß Sie hierbleiben. Packen Sie Ihre Sachen und melden Sie sich beim Regimentskommandeur ab ins Lazarett!« Und als er merkte, daß der junge Leutnant widersprechen wollte, weil er sich seiner Erkrankung, die als Drückebergerei gedeutet werden konnte, schämte, fügte er an – jetzt schon lauter, wobei man nicht wußte, ob es Ärger oder nur der Versuch war, den Gefechtslärm zu übertönen: »Das ist ein Befehl!«

Nachdem Kredel, immer wieder vor den heranrauschenden schweren Brocken sowjetischer Schiffsgeschütze Deckung suchend, die Stellung verlassen hatte und obwohl ihm unterwegs nach vorne verlegte deutsche »Tiger«-Panzer entgegenrasselten, erreichte er dennoch wohlbehalten den Regimentsgefechtsstand. Dieser lag in einer Schlucht und war in die rückwärtige Seite eines Hanges ins Erdreich getrieben, also nach mehreren Seiten gut geschützt. Dort traf er Oberst Dewitz und Richard von Weizsäcker. Fasziniert schaute er auf den Oberst, der Stahlhelm und im Koppel zwei Stielhandgranaten trug. In diesem martialischen Aufzug hatte er seinen Vorgesetzten noch nie erlebt. Irgendwie sah der Oberst ungewohnt aus. Weizsäcker trug weder das eine noch das andere, hatte aber Stahlhelm und Maschinenpistole griffbereit auf einem Tisch liegen. Kredel salutierte: »Leutnant Kredel meldet sich wegen wolynischen Fiebers ins Lazarett ab.« Er merkte, wie ihm vor

Verlegenheit die Röte ins Gesicht schoß. Wer ihm übel wollte, konnte dies als Flucht aus der Gefahr auslegen. Krank sein, wenn der letzte Mann gebraucht wurde, war anrüchig. Der Oberst ließ nicht erkennen, ob er solche Gedanken hegte. Er nickte nur. »Was sein muß, muß sein, Kredel.«

Was Weizsäcker dachte, war nicht auszumachen. Dann war Kredel entlassen. Er grüßte, um eine korrekte Ehrenbezeugung bemüht, und verließ den Raum. Die Straßen hinter der Front waren total verstopft. Nachschub und Ersatzeinheiten wurden hastig an die Front geworfen. Von allen Seiten erklang Gefechtslärm. Die Sowjets waren hier und da offensichtlich durchgebrochen. Die Schlacht arbeitete sich wie eine riesige Feuerzange heran. Im nächsten Ort gab es einen Verbandsplatz. Kredel wurde kurz einem Arzt vorgestellt und bekam einen Krankenzettel sowie den Befehl, am örtlichen Bahnhof einen einfachen Güterzug mit offenen Wagen – auf dem letzten war zur Fliegerabwehr eine 2-cm-Flak aufgestellt – zu besteigen. Sie brachten ihn nach Pleskau, wo auch der vom Pferd gefallene Leutnant Becker gelegen hatte, und schickten ihn erst nach der Ausheilung im September zurück zu seiner Truppe.

Am 26. Juli, am vierten Tag nach Beginn der sowjetischen Großoffensive, mußte die 23. Infanterie-Division abgelöst werden, weil sie ausgeblutet war. Das II. und III. Bataillon des Grenadier-Regiments 9 – obwohl ebenso stark dezimiert – mußten dagegen weiter an der Front bleiben und wurden der 28. Jäger-Division unterstellt. Eine Maßnahme, die sich nicht lange durchhalten ließ. Am nächsten Tag meldete Oberst Hetzel, der Ia der Division, »daß Gren.Rgt. 9 mit seinen eingesetzten beiden Bataillonen physisch am Ende ist, daß man Troßleute heranziehen mußte, die lediglich die Aufgabe haben, die eingesetzten fechtenden Teile zu wecken«. Man müsse den total erschöpften Soldaten einen Ablösetermin nennen.

Statt des erhofften Ablösungsbefehls traf zunächst ein »Durchhalte-Telegramm« des kommandierenden Generals des XXVI. Armeekorps, General der Infanterie Wöhler, ein: »In stolzer Trauer gedenken wir der Tapferen, die Leben oder Gesundheit geopfert haben. Ihr Vermächtnis fordert, die gelockerten Reihen zu schließen und weiterhin kampfbereit zu sein. Ich weiß, daß die tapfere 23. Infanterie-Division diese Forderung schnell mit dem ihr eigenen Schwung erfüllen wird. Ich wünsche ihr Soldatenglück.«

Am 28. Juli hatten die beiden in der Kampflinie verbliebenen Bataillone des Gren.Rgt. 9 nur noch einen Bruchteil ihrer Gefechtsstärke. II. Bataillon: 129 Soldaten statt 352 vor der Schlacht, beim III. Bataillon 146 Soldaten statt 366. Fünf Tage später fiel auch der Kommandeur des III. Bataillons, Hauptmann Jordan.

Endlich! In der Nacht vom 3. zum 4. August wurden die vom Grenadier-Regiment 9 übriggebliebenen Soldaten – 225 Mann – aus der Hauptkampflinie abgezogen und in der nächstgelegenen Ortschaft auf LKWs verladen, um per Bahn in ihre alte Reservestellung bei Krasnoje Selo, südlich von Leningrad, transportiert zu werden. Unter den Überlebenden Oberleutnant von Weizsäcker und sein Kamerad Axel von dem Bussche. Orden wurden als Anerkennung für den heldenmütigen Einsatz verteilt. Manche Auszeichnung erfolgte postum – so das vom »Führer« verliehene Ritterkreuz an Hauptmann Jordan. Ein zweites Ritterkreuz ging an einen Überlebenden: an Hauptmann Henle, der einen Teil des III. Bataillons führte. Der Chef der 9. Kompanie, Oberleutnant Klausing, und Feldwebel Junge vom I. Bataillon erhielten das Deutsche Kreuz in Gold. Es gab 181 Eiserne Kreuze I. Klasse und 1257 Eiserne Kreuze II. Klasse. Die meisten Auszeichnungen mußten den Empfängern ins Lazarett nachgeschickt werden.

Die Reste der 4. Kompanie spöttelten in Anspielung auf die Ferntrauung ihres Chefs: »Das war keine Flitter-, sondern eine Splitterwoche.«

33 Nahkampf am Wolchow: töten wie im Rausch

Ganze zwölf Tage ließ man die Reste des Grendier-Regiments 9 zur Auffrischung bei Krasnoje Selo. Neue Mannschaften trafen zur Auffüllung ein. Dennoch reichte der Ersatz an jungen Soldaten nicht, so daß das III. Bataillon aufgelöst werden mußte, um die beiden anderen Bataillone überhaupt auf Gefechtsstärke zu bringen. Das I. Bataillon führte nun Hauptmann Harnoth, das II. der zum Hauptmann beförderte Axel Freiherr von dem Bussche. Über diese Ernennung freute sich Bussche mehr als über jeden Orden. Er war damit zwar zunächst nur Bataillons*führer* und nach militärischem Reglement noch nicht Bataillons*kommandeur*. Aber es lag im Ermessen des Divisionskommandeurs, einen Hauptmann zum Kommandeur eines Bataillons zu ernennen, vorausgesetzt, der Betreffende hatte ein Bataillon schon einmal drei Monate lang mit einer Mindeststärke von 150 bis 200 Mann geführt.

Regimentsadjutant von Weizsäcker durfte Heimaturlaub nehmen. Er fuhr quer durch Europa nach Rom, wohin sein Vater im Frühjahr als deutscher Botschafter beim Vatikan versetzt worden war. Weizsäcker senior hatte sich zuvor von Hitler verabschiedet und ihn dazu überreden können, daß die Arbeit in Rom auf der Basis erfolgen müßte: »Gegenseitige Nichteinmischung, keine grundsätzlichen Diskussionen, keine Händel.« Damit war der »Führer« einverstanden. Hitler hielt einen langen Monolog. Nach dem gewonnenen Krieg wolle er die Kirche als Werkzeug des Staates fortbestehen lassen, anders aber nicht. Seinem künftigen Botschafter gab er noch die Lageeinschätzung mit, in Rom gäbe es drei Männer, die das Sagen hätten – den König, den Duce und den Papst. Der stärkste sei letzterer.

Die Kriegslage schilderte der »Führer« Weizsäcker so rosig, daß er selbst wohl kaum daran glauben konnte. Den Alliierten war am 10. Juli die Landung auf Sizilien geglückt. Es war eine amerikanisch-englische Invasion. Die 7. US-Panzer-Armee ging unter Führung des später zur Legende gewordenen Generals George Patton an Land, die 8. britische

Armee unter Generalfeldmarschall Bernard Montgomery, dem Mann, der das deutsche Afrika-Korps unter Generalfeldmarschall Rommel besiegt hatte. Außerdem war Mussolini von seinem Volk gestürzt und das Ende des Faschismus in Italien über den römischen Rundfunk am 28. Juli verkündet worden. Der offizielle Waffenstillstand zwischen Italien und den Alliierten wurde allerdings erst am 8. September geschlossen.

Im Osten wendete sich das Kriegsglück immer mehr von den Deutschen ab. Josef Stalin hatte sich am 7. März zum Marschall der Sowjetunion ernennen lassen. Der Generalstab stand ihm nur noch beratend zur Seite. Er selbst leitete die großen Sommer- und Herbstoffensiven bei Orel, Belgorod, Kursk, Charkow und Smolensk. Die Frontlänge vom Norden bis zum Süden betrug 2100 Kilometer, die mit den deutschen Kräften nicht zusammenhängend verteidigt werden konnte. 177 deutschen Divisionen standen 860 sowjetische gegenüber! 2,5 Millionen deutsche Soldaten kämpften gegen 5,5 Millionen Rotarmisten. Die Wehrmacht hatte 2300 Panzer zur Verfügung, davon war aber nur ein Drittel einsatzbereit; auf sowjetischer Seite standen 8400 Panzer. Die Rote Armee verfügte über 20 000 Geschütze, die Wehrmacht lediglich über 8000. Am 22. August mußten die Deutschen Charkow und das Industriegebiet im Donez-Becken aufgeben.

An der Heimatfront mußte »der Riemen enger geschnallt« werden. Nahrungsmittel und Textilien waren rationiert, weitere Autos und Motorräder wurden für die Wehrmacht beschlagnahmt. In den Restaurants konnte man nur – zusätzlich zur Bezahlung – gegen Abgabe von »Nährmittelabschnitten« der »Lebensmittelkarten« speisen, vorwiegend Hülsengerichte, Nudeln, Gries und Graupen. Pro Kopf der Bevölkerung wurden im März zweimal 125 Gramm Süßwaren auf Lebensmittelkarte verteilt, sogenannte »Fondants« aus undefinierbarem süßlichem Stoff. Echte Schokolade gab es nur noch auf dem Schwarzmarkt und als Sonderration für Soldaten. Auf Vorbestellung gegen »Eintragung der Nährmittelkarten bei dem für den Wohnsitz zuständigen Einzelhändler« (öffentliche Bekanntmachung) konnte man ferner 100 Gramm Trockengemüse bekommen. Aber Hitler glaubte immer noch an den »Endsieg«.

Die Stimmung in der Heimat drückte ein neuerlicher Brief des Vaters von Leutnant Peter Kraske im II. Bataillon des Grenadier-Regiments 9 aus: »Als ich vor dem Essen das Radio andrehte, kam ich gerade zurecht: ›Es spricht der Führer.‹ Es war ja sehr kurz, ohne politische oder militärische Aufschlüsse. Die hatte ich auch nicht erwartet. Ruhmredigkeit war Gott sei Dank auch nicht dabei. Auf dem Punkt bin ich allmählich nervös. Meiner Erinnerung nach hat er von ›unverdientem Mißgeschick‹ geredet, das uns dieser Winter gebracht habe. Ich weiß nicht recht, was er damit gemeint hat. Ich glaube, ein Mensch an seiner Stelle muß noch mehr als jeder andere darüber nachdenken, wie weit er selbst die Verantwortung und die Schuld an einem ›Mißgeschick‹ hat. Denn schließlich ist der eigene Anteil ja fast der einzige, den man bessern kann, damit sich das Mißgeschick nicht wiederholt. Er sprach sehr ernst, las ab und sprach ohne jeden oratorischen Glanz. Vielleicht Anzeichen dafür, daß er die Verantwortung für den eigenen Anteil trotz des Wortes vom ›unverdienten Mißgeschick‹ ebenso ansieht wie ich.«

Leutnant Kredel hatte sein wolynisches Fieber mittlerweile auskuriert und war zunächst zur »Führerreserve Nord« in ein kleines estnisches Dorf mit dem Namen Petseri abkommandiert worden, wo er wiederum die Marschpapiere für die Fahrt zu seiner an der Front liegenden 23. Infanterie-Division erhielt. Sie sollte bei Newel, zwischen Minsk und Leningrad, liegen, hatte man ihm gesagt.

Als der Transportzug mit ihm und vielen Mannschafts- und Unteroffiziers-Dienstgraden sowie einigen Offizieren am 10. Oktober in Newel eintraf, brachen gerade die Sowjets an der nahegelegenen Front durch. Ohne Verzögerung wurde ausgeladen, und Kredel erhielt den Befehl: »Sie übernehmen eine Einheit Soldaten und beziehen Stellung.« Die Ortskommandantur ließ Kredel nicht zu seiner Division weiterreisen. Statt dessen wurde er der 122. Infanterie-Division unter Generalleutnant Schill zugeteilt, an einer ausgesprochen »windigen« Frontecke – gefährlich, weil die Stellung fast von allen Seiten her angreifbar war. Kredel bekam die 1. Kompanie, ein weiterer Neuzugang, ein Nachrichten-Oberleutnant, die 2. Kompanie.

Der Regimentsadjutant wollte Kredel und den Nachrichtenoffizier in ihre Stellungen einweisen und fuhr sie per Fahrer an die Front. Nach einiger Zeit stießen sie plötzlich auf eine Nebelwand, die so dicht war, daß sie nicht weiterfahren konnten. Die vier stiegen aus und tasteten sich langsam nach vorne. Plötzlich ein klapperndes Geräusch. Sekunden später stand neben ihnen ein sowjetischer Unterleutnant in voller Montur mit Stahlhelm, Kartenbrett und Pistole am Koppel und einer umgehängten Kalaschnikow! Kredel erschrak genauso wie der Russe. Gott sei Dank machte dieser keine Anstalten zu schießen. Die vier Deutschen, ohnehin in der Überzahl, überwanden ihre Schrecksekunde schneller und nahmen ihm höflich, aber bestimmt die Waffe ab. Kredel hatte während des Lazarettaufenthaltes etwas Russisch gelernt. »Wo wollen Sie hin?«

Der andere, ein drahtiger Bursche, lächelte. Erstaunlicherweise sprach er ein bißchen Deutsch. Er sei Pak-Zugführer und habe seine Soldaten in die neue Front einweisen wollen. Er hatte sich ebenso verlaufen wie die vier Deutschen. Daß diese nur mit Pistolen bewaffnet waren, er jedoch mit einer Maschinenpistole, war ihm gar nicht aufgefallen. »Was machen wir jetzt mit ihm?« fragte der Regimentsadjutant. Jemand schlug vor: »Am besten, wir bringen ihn mit dem Wagen zum Regimentsgefechtsstand.« Der Fahrer und der Nachrichtenoffizier fuhren mit dem Gefangenen zurück, während Kredel und der Regimentsadjutant sich weiter suchend durch das Gelände tasteten. »Da haben wir noch mal Schwein gehabt«, sagte der Adjutant. Kredel nickte.

Sie drangen nun wesentlich vorsichtiger vor. Dann stießen sie auf eine deutsche Pak-Stellung, die verlassen lag, ohne irgendwelchen Infanterie-Schutz. Die Soldaten waren nach dem Durchbruch der Sowjets zurückgeblieben, von den eigenen Leuten vergessen worden. Schließlich wurden die Stellungen ausfindig gemacht, in die Kredel mit seiner Kompanie und der Nachrichtenleutnant mit der anderen Kompanie einrücken sollten. Es war ein verworrener Frontabschnitt. Was Kredel aber am meisten störte: Er war immer noch nicht beim Gren.Rgt. 9.

Das Regiment war am 16. August wieder dem XXXVIII. Armeekorps unter General Herzog unterstellt, in Gatschina verladen und zurück an die Wolchow-Front gebracht worden. Nach der Ankunft in Gorenka mußte der Rest des Weges nach Ossija zu Fuß zurückgelegt werden. Hier war der alte und der neue Gefechtsstand der 23. Infanterie-Division. Man befand sich etwa 200 Kilometer südostwärts von Leningrad. Die Front verlief auf dem Westufer des Wolchow. Im Süden hatten die Sowjets allerdings auf dem Westufer einen Brückenkopf gebildet.

Zunächst blieb es an der Front ruhig. Dann aber griff am 2. September eine lettische SS-Freiwilligen-Brigade die sowjetischen Truppen an. Die Letten drangen zwar in die sowjetischen Schützengräben, wurden aber stark dezimiert. Die deutsche Artillerie-Abteilung 23 wurde zur Unterstützung der Letten an die Front geworfen, erlitt jedoch ebenfalls schwere Verluste. Daraufhin mußte das II. Bataillon des Gren.Rgt. 9 unter Hauptmann von dem Bussche einspringen. Mit dem »Wolchow-Express« ging es bis zur Station »Wannsee«. Die Schienen waren einfach auf quergelegte Baumstämme genagelt, die Waggons bestanden aus Holzbuden auf Rädern, gezogen wurde das Ganze von einer winzigen Dampflok.

Nach dem Ausladen schickte man die 6. Kompanie bis zur Hauptkampflinie vor, wo sie die Reste der aufgeriebenen deutschen Artillerie-Abteilung in den eroberten sowjetischen Stellungen ablöste. Der Nachteil des »Russengrabens« war, daß es keinen Stichgraben zu den rückwärtigen deutschen Stellungen gab, insbesondere nicht zu dem ersten quer zur Front verlaufenden deutschen Graben. Dazwischen lag eine etwa 50 Meter breit verminte Fläche, in der zuhauf Tote lagen. Der Tag war noch nicht zu Ende, da wurde die 6. Kompanie unter schweres sowjetisches Trommelfeuer gelegt; Schlachtflieger griffen im Tiefflug an; die sowjetische Infanterie setzte zum Sturm an. Ein mörderischer Nahkampf entbrannte. Jeder war nur vom Gedanken des Tötens berauscht. Kompanieführer Hafner wurde schwer verwundet. Der Graben wechselte zweimal den Besitzer. Die Deutschen warfen schließlich den Gegner wieder aus der eingebrochenen Stellung heraus. 86 Mann zählte die 6. Kompanie, als sie ins Gefecht geworfen wurde. Als die Ablösung eintraf, waren die Übriggebliebenen an zwei Händen abzuzählen.

Weiter südlich waren die spanischen Freiwilligen eingesetzt, die Reste der von Franco zur Heimkehr aufgeforderten Blauen Division. Die Spanier hatten einen zweischneidigen Ruf. Sie spielten im Hinterland gerne Fußball. Einmal, als sie gerade wieder kickten, feuerten die Sowjets einige gut gezielte Artilleriegranaten auf das Fußballfeld – mit dem Erfolg, daß es Tote und Verwundete gab. Womit sie nicht gerechnet hatten: Sie hatten damit die Spanier in ihrem Stolz verletzt. In der folgenden Nacht schlich sich ein Stoßtrupp der Blauen Division – jeder nur mit einem Messer im Stiefel bewaffnet – durchs Niemandsland in den sowjetischen Graben. Dort erstachen sie alle Soldaten, derer sie habhaft wurden. Die Sowjets verstanden die Lektion. Das Fußballfeld der Spanier wurde nie mehr beschossen.

Die Spanier waren einerseits hervorragende Einzelkämpfer, leisteten sich aber auch Dinge, die in der deutschen Wehrmacht unvorstellbar waren. So verkauften sie ihre Waffen oder tauschten sie gegen Marketenderware ein.

In den nächsten Wochen blieb es, abgesehen von gelegentlicher Spähtrupptätigkeit, an der Wolchow-Front ruhig.

Hauptmann von dem Bussche wurde vorübergehend in den Divisionsstab versetzt, wo er die Position des stellvertretenden Ib wahrnahm. Sein Nachfolger war der bisherige Chef der 4. Kompanie, Max von Arnim. Dieser hatte eines Tages auf einem Baumstumpf gesessen und war gerade dabei, sich eine Ölsardine auf ein Knäckebrot zu legen, als aus heiterem Himmel etwas Silbrigglänzendes an seinem Kopf vorbei herabsauste, ihm das Knäckebrot aus der Hand schlug und zwischen Stiefelschaft und Hose verschwand. Arnim sprang entsetzt auf und merkte, wie Blut durch sein Hosenbein sickerte. Er wurde zum Regimentsarzt geschickt. Der verband ihn. »Das ist nicht weiter schlimm, nur ein Streifschuß durch ein verirrtes Infanteriegeschoß.«

»Ich habe mich schon immer gewundert, was mit diesen Dingern geschieht, die in die Luft geschossen werden. Die müssen doch irgendwo runterkommen.«

»Nun wissen Sie, daß sie in der Tat runterkommen«, lachte der Regimentsarzt und gab Arnim einen freundschaftlichen Klaps.

Die Ruhe an der Front täuschte. In Wirklichkeit rüsteten die Sowjets zu einer der größten Schlachten des Jahres 1943. Als Angriffsziel hatten sie sich die Nahtstelle zwischen der Heeresgruppe Mitte und der Heeresgruppe Nord bei Newel ausgesucht, ausgerechnet dort, wo das Gren.Rgt. 9 lag.

34 Widerstand gegen Hitler: Wer bringt ihn um?

Die Lage Hitler-Deutschlands hatte sich im Herbst 1943 weiter verschlechtert. Deutsche Truppen mußten Korsika räumen und Neapel den heranrückenden Alliierten überlassen. Italien, bisher Bundesgenosse, erklärte am 13. Oktober Deutschland den Krieg. An der Ostfront setzte eine große Herbstoffensive der Sowjets ein. Ausgerechnet in dieser Situation verlangte General Franco die Rückführung der Blauen Division aus dem Osten nach Spanien. Die USA, Großbritannien und die Sowjetunion setzten anläßlich der Konferenz in Teheran (28. November bis 1. Dezember) das Datum für eine Invasion im Westen auf Mai 1944 fest. Zum Oberbefehlshaber der Invasionstruppen wurde der amerikanische General Dwight D. Eisenhower ernannt.

Mit der Verschlechterung der politischen und militärischen Lage formierten sich in Deutschland zunehmend die Widerstandskräfte im Untergrund. Drei Gruppen planten den Sturz Hitlers. Da war zunächst ein Kreis von Nichtmilitärs um Helmuth James Graf von Moltke. Dieser gründete 1942 eine Widerstandsgruppe, die nach dem niederschlesischen Ort seines Gutes »Kreisauer Kreis« benannt wurde, wo man zu geheimen Gesprächen zusammenkam. Moltke nutzte für die Widerstandstätigkeit seine Funktion im Amt Ausland/Abwehr des OKW. Zu seinem Kreis, der Widerstandsgruppe der »Jüngeren«, gehörten u. a. der Jesuitenpater Alfred Delp, der Journalist und ehemalige Reichstagsabgeordnete Carlo Mierendorf, Oberstleutnant Theodor Steltzer, Oberregierungsrat Peter Graf Yorck von Wartenburg und der Theologe Eugen Gerstenmaier. Die Gruppe der »Älteren« um den ehemaligen Leipziger Oberbürgermeister Carl Friedrich Goerdeler bildeten Männer wie der vormalige SPD-Reichstagsabgeordnete und Gewerkschaftler Julius Leber, der pensionierte Botschafter Ulrich von Hassell, der international anerkannte Gewerkschafter und zeitweilig in ein Konzentrationslager verbannte Wilhelm Leuschner, das Vorstandsmitglied der von den Nazis verbotenen christlichen Gewerkschaften Jakob Kaiser.

Mittelpunkt des militärischen Widerstandskreises war der Major im Generalstab, Claus Schenk Graf von Stauffenberg. Dieser war im Februar 1943 aus dem Oberkommando des Heeres in Ostpreußen, wo Richard von Weizsäcker ihn mehrmals getroffen hatte, zur 10. Panzer-Division nach Nordafrika versetzt und dort am 7. April durch einen feindlichen Jagdbomber im Tiefflug schwer verwundet worden. Die rechte Hand mußte amputiert werden, ebenso der kleine und der Ringfinger der linken Hand. Außerdem verlor er sein linkes Auge. Mit ungeheurer Selbstdisziplin und starkem Lebenswillen beschleunigte er seine Genesung, lehnte jede Hilfe, zum Beispiel beim Anziehen, ab. Die Schnürsenkel band er sich mit den an der linken Hand verbliebenen drei Fingern und den Zähnen. Seine Bitte trotz dieser schweren Verwundung um eine neue Frontverwendung war abschlägig beschieden worden. Statt dessen hatte man ihn mit Wirkung vom 15. September zum Stabschef im Allgemeinen Heeresamt in Berlin unter General Olbricht ernannt. Er arbeitete also fortan mit jenem General zusammen, der im Frühjahr den damaligen Oberleutnant Axel von dem Bussche im Ersatzregiment zu Potsdam besucht und mit ihm Einzelheiten des Umsturzplanes, der unter dem Stichwort »Walküre« in Kraft treten sollte, besprochen hatte.

Zwischen den Widerstandsgruppen bestanden gravierende Meinungsverschiedenheiten. Während Moltke und seine Mitverschwörer zunächst nicht daran dachten, Hitler umzubringen, sondern sich für den Fall vorbereiteten, daß Hitler von jemand anderem erschossen werden oder mit dem Flugzeug abstürzen würde, zögerten Stauffenberg und seine Männer nicht mehr länger mit einem Attentat auf das Leben des »Führers«. Es gab aber auch politische Meinungsverschiedenheiten. Moltke wollte den Krieg selbst um den Preis der Abtrennung deutscher Gebiete beenden, Stauffenberg das bestehende Reich retten. »Ich kann diesen Menschen nicht ertragen, diesen Helmuth Moltke«, soll Stauffenberg nach einer Begegnung gesagt haben.

Stauffenberg plante ein Sprengstoffattentat auf Hitler. Das Material hatte ihm Oberst Henning von Tresckow, der im Generalstab der Heeresgruppe Mitte Dienst tat, besorgt. Es war englischer Plastiksprengstoff, für sowjetische Partisanen hinter der Front abgeworfen, von den Deutschen erbeutet. Der Anschlag könnte, ohne allzugroßen Verdacht zu erregen, am besten von einem Offizier ausgeführt werden, der ständig Zugang zu Hitler hatte. Für diese Aufgabe hatte man Oberst

Hellmuth Stieff, den Chef der Organisationsabteilung im Generalstab des Heeres, vorgesehen, der meistens bei den Besprechungen Hitlers mit der Generalität zugegen war. Stieff sagte zunächst zu und schrieb in einem Brief vom 6. August 1943 an seine Frau eine nur ihr verständliche Botschaft, denn äußerste Vorsicht war am Platze: »[...] und ich stelle fest, daß meine Auffassung, zu der ich mich in den letzten Tagen durchgerungen habe, die richtige ist, nämlich, daß man sich keiner Verantwortung, die einem das Schicksal abfordert, entziehen darf. Diese Feststellung wird Dir genügen. Und ich müßte mich meines eigenen Werdegangs vor mir schämen, wenn ich nicht in dem Augenblick, wo es nottut, meine wahre Pflicht erfülle. Ich werde mich dabei nicht beflekken – darüber kannst Du beruhigt sein.«

Oberst Stieff ließ jedoch verschiedene Gelegenheiten zu einem Attentat verstreichen, so daß Stauffenberg sich veranlaßt sah, nach einem anderen Ausschau zu halten, der willens war, die Aufgabe des Attentäters zu übernehmen. Stauffenberg selbst war bereit, aber seine Mitverschwörer vertraten die Ansicht, daß er als führender Kopf am Leben bleiben müßte, um die Geschicke des Landes nach Hitlers Tod in die Hand zu nehmen. Ein neuer Plan wurde geboren: nämlich Hitler zu überreden, der Heeresgruppe Mitte einen Besuch abzustatten. Dort warteten acht Offiziere, darunter Oberst Ewald Heinrich von Kleist und Oberstleutnant Hans-Alexander von Voss, darauf, Hitler gleichzeitig mit der Pistole zu erschießen. Der Plan scheiterte an Hitlers Weigerung, diesen Besuch vorzunehmen.

Es gab noch ein Problem. Stauffenberg war seit Beginn der Umsturzabsichten der Meinung, daß für die Durchführung mindestens einer der Feldmarschälle gewonnen werden müßte, auf jeden Fall ein Heerführer an der Front, damit bei der Bevölkerung nicht der Eindruck entstünde, hier putschten Offiziere, die sich selbst vor dem Fronteinsatz drückten. Durch Vermittlung des Oberst von Tresckow hatten sie den Feldmarschall Hans Günther von Kluge, Oberbefehlshaber der Heeresgruppe Mitte, im Juni 1943 angesprochen. Sie versprachen sich einen gewissen Erfolg, weil Kluge Hitlers militärische Fähigkeiten negativ beurteilte. Kluge zögerte zunächst, aber dann erinnerte Tresckow den Feldmarschall daran, daß er sich zu seinem 60. Geburtstag am 30. Oktober 1942 von Hitler 250000 Mark hatte schenken lassen. Man könne annehmen, daß er aus diesem Grunde nicht bereit sei, gegen den »Führer« zu putschen. Prompt willigte Kluge ein: »Kinder, ihr habt mich!«

Kluge hätte es allerdings gern gesehen, wenn sich noch ein zweiter Feldmarschall am Umsturz beteiligt hätte. Man dachte an den Oberbefehlshaber der Heeresgruppe Süd, Erich von Manstein. Die Aufgabe herauszufinden, ob Manstein dazu bereit wäre, fiel Oberst Rudolf-Christoph Freiherr von Gersdorff zu. Das Gespräch fand am 8. August statt und endete mit einer glatten Absage. Manstein hatte geradeheraus gefragt: »Ihr wollt ihn wohl totschlagen?« Und auf die Bestätigung, daß dies der Fall sei, entgegengehalten, er sei Soldat und würde sich an einer Umsturzaktion, die die Truppe nur spalten würde, nicht beteiligen. Manstein notierte in seinem Tagebuch: »Die Armee hat mit solchen Dingen grundsätzlich nichts zu tun. Sie hat ihren Fahneneid und die Gehorsamspflicht und wird auch stets der Teil sein, der immer treu bleibt. Jeder Gedanke, daß militärische Führer sich in Fragen der politischen Führung mischen, würde bedeuten, daß sie damit die Basis der militärischen Unterordnung verlassen, was sich stets gegen sie selbst kehren wird.«

So hatten die Verschwörer nur Generalfeldmarschall Kluge auf ihrer Seite. Er sollte am Tag X dem Befehlshaber des im Reich stationierten Ersatzheeres, Generaloberst Friedrich Fromm, den Befehl geben, mit seinen Truppen alle Schlüsselstellungen der Regierung zu besetzen. Sollte dieser sich weigern, würde es sein Stellvertreter, General Olbricht, tun. Als frühestmöglicher Zeitpunkt für den Umsturz war der 13. August 1943 vorgesehen. Am 2. August kam jedoch General Olbricht mit der Hiobsbotschaft, daß auf Befehl Hitlers sämtliche Panzertruppen des Ersatzheeres aus Berlin und Fallingbostel abgezogen und nach Italien in Marsch gesetzt worden seien. Mithin war den Verschwörern eine entscheidende Waffe für die Umsturzpläne genommen worden. Und weil ein Unglück selten allein kommt, verunglückte zwei Monate später Generalfeldmarschall von Kluge während einer Dienstfahrt von Orscha nach Minsk so schwer, daß er für die nächsten Monate als militärische Symbolfigur der Attentäter ausfiel.

Solange die Front am Wolchow ruhig war, hatte Axel Bussche mit Hilfe seines Freundes Weizsäcker ein paar sogenannte Dienstreisen absolviert, die in Wirklichkeit gar keine waren. Einer dieser Abstecher, der etwa drei bis vier Tage dauerte, führte Bussche nach Ostpreußen auf das Gut des Grafen Heinrich von Lehndorff-Steinort. Obwohl in dessen Schloß auch Beamte und Offiziere des »Führer«-Hauptquartiers untergebracht waren, gehörte der Hausherr zum Widerstand. Bussche kam ziemlich schnell auf den Punkt, nachdem er ihm von der Hoffnungslosigkeit an der Front und den schlimmen Dingen, die hinter der Front passierten, erzählt hatte: »Da muß doch was passieren.« Er hütete sich jedoch, das Wort »Mord« auszusprechen.

Lehndorff, der etwas älter als Bussche war, Kavallerist und Oberleutnant der Reserve, kannte Bussche kaum, war vorsichtig, fragte bei einem Blitzbesuch in Berlin nach (derweil Bussche auf dem Lehndorffschen Gut blieb), ob er seinem Gast trauen könne. Ja, hieß es, Bussche sei vertrauenswürdig. Daraufhin erklärte Lehndorff gegenüber Stauffenberg: »Also ich habe hier einen. Der ist so besessen. Und der könnte auch das Attentat ausführen. Hat tadelsfreien Werdegang. Nordfront, Leningrad, Newa, Südfront, Mittelfront. Der kann so was. Infanterie-Offizier.« Stauffenberg merkte sich den Namen, und als das nächste Mal bei ihm »Fritzi« Schulenburg auftauchte, sagte er: »Da gibt es doch den Axel Bussche. Schon mal gehört? Den würde ich gerne sprechen.«

35 Hauptmann von dem Bussche bereit zur Tat: »Aber nicht mit englischem Sprengstoff!«

Axel Bussches Verwendung beim Divisionsstab währte nur knapp zwei Monate. Dann ernannte man ihn mit Wirkung vom 11. November 1943 zum Kommandeur des I. Bataillons im Grenadier-Regiment 9. Kommandeur – das war wie ein Ritterschlag. Bussche war auf diese Ernennung besonders stolz. Er war jetzt 24 Jahre alt und trug ein hohes Maß an Verantwortung für seine Soldaten, von denen viele älter als er und vor allem Familienväter waren. Ob sie die nächsten Monate überlebten, hing nicht zuletzt auch von seinem Geschick ab. Bussche war kein Typ, der seine Männer verheizte, nur weil er auf einen neuen Orden aus war. Das schätzten seine Soldaten an ihm besonders. Dennoch, nach den Feldzügen in Polen, Frankreich und Rußland hatte er sich den Ruf eines echten Kriegers erworben. Niemand wäre auf die Idee gekommen, ihm Mut abzusprechen. Daher konnte er es sich leisten, unsinnige Befehle nicht auszuführen.

Bussche war gerade erst etwa zehn Tage beim Bataillon, als ihn im Oktober von seinem Kameraden Schulenburg die Nachricht erreichte, er möge sich bitte in Berlin beim Stabschef im Allgemeinen Heeresamt, Major Graf Stauffenberg, melden. Er konnte sich keinen rechten Vers auf diese Aufforderung machen, ahnte vielleicht nur dunkel, daß es mit irgendwelchen Verschwörungsplänen zusammenhängen könnte. Weizsäcker stellte ihm die notwendigen Papiere aus, ohne zu fragen. Es gab bestimmte Dinge, über die man auch unter Freunden nicht redete.

In einem Krad mit Beiwagen wurde Bussche zur nächsten Ortschaft mit Bahnanschluß chauffiert. Er mußte noch einmal umsteigen, um dann einen Fronturlauberzug nach Berlin zu bekommen. Bei der Ankunft erfuhr er, daß die Dienststelle nach einem schweren Luftangriff in den äußersten Süden Berlins, in den ehemals selbständigen Gutsbezirk Düppel, ausquartiert worden war. Schulenburg hatte ihn vom Bahnhof abgeholt; dann waren sie mit der S-Bahn bis zur Station Wannsee gefahren und hatten noch einen gemeinsamen Bekannten, einen Pfarrer, der auch in Widerstandspläne eingeweiht war, besucht. Das Gespräch mit ihm drehte sich darum, daß es nicht genügend demokratische Persönlichkeiten gäbe, die nach einem Umsturz Ministerposten übernehmen könnten. Man sprach ferner über eine notwendige Verwaltungsreform, über die Auflösung Preußens in selbständige Gebiete, etwa in Ostpreußen, Pommern, Schlesien und Hannover.

Die Dienststelle Stauffenbergs war in einer Baracke untergebracht. Unterwegs hatte Bussche Schulenburg gefragt: »Was will der eigentlich von mir?«

»Keine Ahnung«, hatte Schulenburg geantwortet und dabei die Schultern hochgezogen. Überzeugend wirkte es nicht. Im Vorzimmer war ein Unteroffizier. Schulenburg wurde gebeten, dort zu warten. Der Herr Major wolle mit dem Herrn Hauptmann von dem Bussche allein reden.

Dann wurde die Tür geöffnet, und Bussche sah sich Stauffenberg gegenüber, der aufstand und um seinen Schreibtisch herum kam. Bussche ergriff die ausgestreckte Linke, spürte beim Händedruck das Fehlen der zwei Finger. Stauffenbergs rechter Arm mit der Handprothese hing gerade herunter, über dem fehlenden Auge trug er eine schwarze Klappe. Das Gesicht wurde dadurch nicht, wie bei vielen, verdunkelt, sondern trug von innen einen hellen Glanz der sicheren Gelassenheit zur Schau. Obwohl sein Gegenüber von den schweren Verwundungen gezeichnet war, blieb er eine faszinierende Persönlichkeit, verkörperte mit seiner aufrechten Haltung und ausstrahlenden Dynamik soldatische Tugenden. Bussche registrierte, daß der Schreibtisch Stauffenbergs leer, nur mit einem Telefon bestückt war. Das machte ihm Stauffenberg noch sympathischer, denn es gab auch unter Generalstabsoffizieren Wichtigtuer, die vier oder fünf Telefone hatten.

Stauffenberg bot seinem Besucher einen Platz an, sie setzten sich und begannen zunächst ein Gespräch über gemeinsame Freunde und verwandtschaftliche Beziehungen. Die beiden Offiziere verstanden sich auf Anhieb. Stauffenberg kam dann ohne Umschweife zur Sache, als gälte es, eine militärische Operation vorzubereiten.

»Ich brauche Ihnen als altem Hasen ja nicht zu erklären, wie mangelhaft die Ausrüstung unserer Soldaten ist – die Knobelbecher, die Tarnkleidung und so weiter. Wir haben auf dem mühsamen Beschaffungsweg eine neue Ausrüstung entworfen. Hitler will sie selbst sehen, sie muß ihm also vorgeführt werden. Dabei trifft es sich für unsere Pläne, daß Himmler als Führer der Waffen-SS und Göring als Oberbefehlshaber der Luftwaffen-Felddivisionen auch dabeisein wollen.«

Bussche: »Also alle drei auf einen Schlag?«

»So ist es. Eine gewisse Schwierigkeit besteht darin, daß Zeitzler [Generalstabschef des Heeres] die Sachen vorher sehen will. Er will sich persönlich davon überzeugen, daß die Ausrüstung in Ordnung ist.«

Alsdann entwickelte Stauffenberg seinen Plan, wie der »Führer« am besten umzubringen sei. Eine Pistole käme nicht in Frage, weil Handfeuerwaffen vor Betreten des Raumes, in dem die Vorführung stattfinden sollte, abgegeben werden müßten. So bliebe nur die Alternative, sich mit Hitler, Himmler und Göring in die Luft zu sprengen. Man habe für diesen Zweck bereits englischen Plastiksprengstoff besorgt. Der habe keine Metallteile, so daß bei einer eventuellen Durchsuchung mittels Röntgenstrahlen kein Verdacht aufkäme.

Das Ansinnen, sein Leben bei dieser Aktion zu opfern, fand Bussche völlig in Ordnung. Mensch, dachte er sich, das lohnt wenigstens. Du schickst ja auch als Bataillonskommandeur alle zehn Tage Leute raus, die müssen einen Gefangenen bringen. Und du weißt, daß einige tot zurückbleiben. Und du bekommst die Chance, den »Führer« umzulegen, auch wenn du dabei draufgehst. Ihn störte nur, daß es unbedingt englischer Sprengstoff sein mußte, zumal dieser einen Zünder hatte, der zehn bis dreißig Minuten bis zur Explosion benötigte. »Ich kann doch nicht zehn Minuten oder länger ruhig vor Adolf stehen, während in meiner Hosentasche der Zünder zischt, Herr Graf!« Obwohl sie nun gemeinsam eine Verschwörung, ja Hochverratspläne schmiedeten, hielt sich Bussche an die korrekte Anrede.

»Der zischt nicht, sondern arbeitet auf dem Säureprinzip.«

Bussche: »Mir wäre lieber, wir machten das mit deutschem Sprengstoff und mit einem Handgranatenzünder, der nur viereinhalb Sekunden bis zur Explosion braucht.«

Stauffenberg war es egal, mit welchem Sprengstoff und Zünder Hitler ins Jenseits befördert werden sollte. Der englische Plastiksprengstoff hatte den Vorteil, daß er schon ins »Führer«-Hauptquartier geschmuggelt und von Oberst Stieff in Verwahrung genommen worden war.

»Und warum sprengt Oberst Stieff nicht selbst Adolf in die Luft?« fragte Bussche.

»Das ist wie beim Hindernisrennen. Stieff ist zwar ganz dafür, aber wenn es ans Springen geht, muß man das Herz erst über die Hürde werfen, und das kann er nicht.«

»Der ist also zu jeder Schandtat bereit, aber nicht dazu, sie selber zu machen?« Stauffenberg nickte.

Sie sprachen auch über die ethische Rechtfertigung, im Widerstand zu töten. Stauffenberg meinte: »Na ja, wir Katholiken, wir haben es leichter. Bei uns gibt es durch die Jahrhunderte eine ganze Literatur über Tyrannenmord. Aber auch der Luther hat in einem seiner drei Werke, als er so Anfang 30 war, gesagt: ›Einen Tyrannen darf man umbringen.‹« Bussche hatte da keine Probleme. Wichtiger für Stauffenberg war nun zu wissen, ob Bussche zur Tat bereit wäre.

»Ich muß mir jetzt die Haare schneiden lassen. Überlegen Sie sich in der Zwischenzeit, ob Sie das machen wollen. Kommen Sie heute nachmittag noch mal vorbei.«

Dann war Bussche entlassen. Im Vorzimmer erwartete ihn Schulenburg mit fragendem Blick. Als sie die Baracke verlassen hatten, weihte ihn Bussche in das Gespräch ein. Schulenburg war erstaunt: »Wenn ich gewußt hätte, was für ein unzüchtiges Angebot der macht, hätte ich dich da gar nicht hingebracht. Und wie wirst du dich entscheiden?«

»Ist doch klar, ich mach' es!«

Zur vereinbarten Nachmittagsstunde saß Bussche Stauffenberg wieder gegenüber. Dieser rauchte eine schmale, kleine Zigarre. »Haben Sie sich entschieden?«

»Darüber brauchen wir gar nicht mehr zu reden. Ich mach' es, Herr Graf.«

Etwas anderes schien Stauffenberg nicht erwartet zu haben. Er hatte bereits eine Eisenbahnfahrkarte mit Schlafwagenplatz im Wehrmachts-Sonderzug, der täglich vom Berliner Schlesischen Bahnhof nach Ostpreußen fuhr, parat. Er schob die beiden Fahrkarten über den Tisch. »Nehmen Sie schon heute abend den Zug und melden Sie sich morgen bei Stieff. Er soll Sie mit den Einzelheiten vertraut machen. In der Zwischenzeit werden wir dafür sorgen, daß die vorzuführenden Uniformen ins ›Führer‹-Hauptquartier geschafft werden.« Stauffenberg erhob sich, ging um den Schreibtisch und begleitete Bussche bis zur Tür. »Alles Gute, wir bleiben in Verbindung.«

Im Schlafwagen las Bussche ein Schriftstück, das er Stieff überbringen sollte. Es war der Entwurf der Verhaltensregeln für das Vorgehen der Putschisten nach Hitlers Tod. Unter anderem sollten alle SS-Kasernen umstellt werden und jeweils zwei Offiziere der Putschisten an der Wache dem dienstältesten SS-Führer mitteilen: »Der ›Führer‹ ist tot. Eine kleine Clique gewissenloser frontfremder Parteiführer hat einen Staatsstreich versucht. Der militärische Ausnahmezustand ist verhängt und die vollziehende Gewalt in die Hände der Wehrkreisbefehlshaber gelegt.«

Bussche war entsetzt, daß der Umsturz mit einer Lüge beginnen sollte. Doch dann vertiefte er sich in Ernst Jüngers *Marmorklippen*; schließlich döste er ein und schlief durch bis zum nächsten Morgen.

Im »Führer«-Hauptquartier, der »Wolfsschanze«, wohnte er in der Gästebaracke des Oberkommandos des Heeres. Die Sicherheitsvorschriften waren streng. Es gab einen äußeren und einen inneren Sicherheitsring. In der Mitte lag die Gästebaracke. Als ihn Oberst Stieff und sein Mitarbeiter, ein Major im Generalstab, Joachim Kuhn, aufsuchten, warnten sie: »Sie in Ihrer Uniform, so von der Front, sollten sich hier nicht zu oft sehen lassen. Bleiben Sie mal lieber in Ihrer Gästebaracke.«

Stieff und Bussche waren von einer Gegensätzlichkeit, wie sie kaum ausgeprägter hätte sein können. Der Oberst war 18 Jahre älter und von winziger Gestalt. Er war verheiratet mit Ili Cäcilie Gaertner, die ein Monokel trug und mit langer Zigarettenspitze rauchte. Dies in einer Zeit, da die Ansicht vorherrschte: Eine deutsche Frau raucht nicht. Ihr Mann hatte seit Kriegsbeginn nur in Stabsfunktionen gedient, im Gegensatz zu Axel Bussche, der, nicht nur wegen seiner hünenhaften Figur, sondern auch in Anbetracht seines fast nahtlosen Fronteinsatzes den Prototyp des Haudegens verkörperte. Was sie jedoch einte, war der Haß auf Hitler. Beide fühlten sich nicht mehr an den Fahneneid gebunden.

Bussche erklärte Major Kuhn noch einmal seine Bedenken: »Also, Herr Major, zehn Minuten schweigender englischer Zünder? Kein Aas kennt diese Maschine. Außerdem englisch – damit werde ich es nicht machen. Können Sie mir nicht ein Kilogramm deutschen Sprengstoff besorgen, mit Zündschnur und so weiter?«

»Ja, ich kann zu einem Freund in den Raum von Smolensk fliegen. Wir haben täglich eine Kuriermaschine. Ich wäre abends wieder zurück. Außerdem, von den beiden uns geschickten englischen Sprengstoffpaketen habe ich nur noch eins!«

»Wieso?«

»Die in meinem Zimmer aufzubewahren war mir zu unheimlich. Da bin ich eines Abends in der Dämmerung hinausgegangen und habe das

Zeug im Mauerwald vergraben.« Und jetzt grinste Kuhn. »Irgend jemand muß mich beobachtet haben, denn eine Wehrmachtsstreife mit Hund hat den Sprengstoff wieder ausgebuddelt und auf den Dienstweg geschickt. Die Fundstücke landeten bei Oberst Hansen.«

Bussche glaubte, nicht richtig gehört zu haben: Da war ein Attentat auf Hitler in Vorbereitung und der hierfür benötigte Sprengstoff wurde entdeckt. Aber Kuhn schien Nerven wie Drahtseile zu haben. Sein Glück im Unglück: Jener Oberst Georg Hansen vom Amt Ausland/Abwehr des Oberkommandos der Wehrmacht, zuständig für die Auslandsspionage, gehörte zum Verschwörerkreis. Hansen schien auch eine mächtige Portion Galgenhumor zu besitzen, denn er rief am nächsten Tag Kuhn an – er wußte ja, wem dieser Sprengstoff gehörte: »Der Hund, der dann die Spur aufnahm, ist in eine falsche Baracke geraten. Man hat schließlich die Fährte verloren. Übrigens, haben Sie einen hellen Mantel?«

»Ja«, hatte Kuhn geantwortet, »von meinem Vater aus dem Ersten Weltkrieg.«

Hansen: »Ja, das steht auch in dem Bericht drin. Es wäre jemand in einem hellen Wehrmachtsmantel gewesen, der den Sprengstoff vergraben hat.«

Bussche hörte immer noch leicht ungläubig zu. »Ja, und wie ging die Geschichte aus?«

»Hansen hat nur gesagt: ›Ein Paket können Sie wiederhaben. Aber das andere muß ich behalten, falls Nachfragen kommen.‹«

Bussche: »Wie dem auch sei, ich habe was gegen eine englische Sprengladung. Die reißt den deutsch-englischen Gegensatz, diese Anglophobie, noch mehr auf.«

Kuhn versprach, den deutschen Sprengstoff bei seinem Freund in der Sowjetunion zu besorgen, das heißt, er beauftragte damit seinen Ordonnanzoffizier, den Oberleutnant der Reserve Albrecht von Hagen. Der ließ sich wiederum von Oberst Stieff die Dienstreise genehmigen und flog nach Minsk zu einem Pionierbataillon, wo ein Mitwisser, der Major im Generalstab Hans Ulrich von Oertzen, das Gewünschte beschaffte.

Bussche blieb derweil im »Führer«-Hauptquartier. Die Wartezeit nervte ihn, schließlich hatte er sich auf ein riskantes Abenteuer eingelassen und saß in der Höhle des Löwen. An einem Abend ging er mit einem Bekannten, Dodo Knyphausen, essen. Dieser war beim Heer zuständig für Ausrüstung und Bewaffnung der Infanterie. Auf dem Rückweg sagte Knyphausen: »Ach, Bussche, kommen Sie doch mal in mein Zimmer. Ich muß Ihnen was zeigen.« Sein Zimmer war mehr eine Zelle mit einem viereckigen Tisch. Darauf lag eine Menge Papiere. Knyphausen wühlte, fand schließlich, was er suchte: die Bewaffnung einer deutschen Infanterie-Division. Skizzen, auf denen taktische Zeichen für Personen und Waffen, wie leichte und schwere Maschinengewehre, Granatwerfer, Flugabwehrkanonen, Panzerabwehrkanonen und Schützenpanzer, mit Symbolen eingetragen waren. Knyphausen breitete diese Skizzen sorgfältig aus, wurde ernst. »Bussche, wir haben den Krieg verloren, wenn wir nicht die Infanterie-Divisionen mit der doppelten Feuerkraft ausstatten. Jeder Zug hat drei Gruppen, jede Gruppe hatte bis jetzt ein leichtes Maschinengewehr. Statt der MGs müssen alle Soldaten Schnellfeuergewehre bekommen.«

Welch eine Schizophrenie, dachte Bussche. Hier ist einer, der den Krieg durch noch bessere Ausrüstung gewinnen, und daneben ich, der den obersten Feldherrn umlegen will, um den Krieg vorzeitig zu beenden. Nach zwei Tagen kehrte der Ordonnanzoffizier mit dem gewünschten deutschen Sprengstoff aus der Sowjetunion zurück. Kuhn überreichte das Material. Bussche betrachtete kurz die »Mitbringsel«.

»Und wo sind die Zünder?«

»Welche Zünder?«

»Na, um die Dinger in die Luft zu jagen, braucht man doch einen Zünder! Am besten von einer Handgranate!« Bussche dachte: So ist das, wenn man mit Stabsoffizieren zu tun hat. Keinen blassen Schimmer von Waffen. Er schlug vor, sich selber um die notwendigen Zünder zu kümmern. Vielleicht würden in der Zwischenzeit die vorzuführenden Uniformen eintreffen. Ihm sei der Boden hier zu heiß, um untätig herumzusitzen.

Bussche fuhr mit dem Wehrmachts-Sonderzug zurück nach Berlin. Dort wußte »Fritzi« Schulenburg einmal mehr Rat. Da gab es doch beim Ersatzbataillon 9 in Potsdam den Adjutanten Oberleutnant Helmut von Gottberg. Bussche kannte ihn. Gottberg, Sohn eines Generals aus dem Ersten Weltkrieg, war Reserveoffizier und hatte mit den Nazis ebenfalls nichts am Hut. Auch er war im ersten Winter des Rußland-Feldzuges so nah an Moskau herangekommen, daß er ohne Fernglas die Türme der Stadt sehen konnte. Dann hatte er sich eine schwere Typhus-Erkrankung zugezogen, mit der Folge, daß er nach der Genesung »GVH«

geschrieben wurde – Garnisondienst-Verwendung Heimat. Gottberg war von dem Ansinnen, einen Handgranatenzünder zu besorgen, zunächst nicht besonders angetan. Über Waffen und Munition wurde peinlichst genau Buch geführt, aber Gottberg willigte ein. Er ging zum Waffen- und Geräte-Unteroffizier des Ersatzbataillons. »Ich brauch' zwei Stielhandgranaten.« Wenn schon, denn schon. Könnte ja sein, daß mit einem Zünder etwas schiefgeht. Dann hat man wenigstens einen Ersatz. Der Mann, Oberfeldwebel Knodel, der schon im 1. Garde-Regiment gedient hatte, stellte wider Erwarten keine Fragen.

Gottberg nahm die Handgranaten mit in seine Wohnung in der Potsdamer Mangerstraße, in der Nähe des Heiligensees. Dort suchte ihn Bussche nach Dienstschluß auf. Das Problem war nun: Wie den Zünder aus der Handgranate entfernen? Das Scharfmachen und Werfen hatten sie nicht nur zigmal geübt, sondern – vor allem Bussche – an der Front immer wieder praktiziert. Gottberg: »Ich habe eine Idee. Im ›Reibert‹ wird doch die Handgranate genau beschrieben!« Der *Reibert* war die Bibel der Wehrmachtsausbilder. Ein grünes, rund 400 Seiten starkes Buch, angefangen von Anleitungen zur Körperpflege (»Täglich sind zu waschen: Hände, [wiederholt!], Gesicht, Hals, Ohren, Brust, Achselhöhlen und Schritt«) über Kommandos (»Rührt Euch! Der linke Fuß wird links seitwärts vorgesetzt, der Mann darf sich bewegen, jedoch nicht ohne Erlaubnis sprechen«) bis zur Schießlehre (»Beim Anschlag liegend aufgelegt, liegt der Körper schräg zum Ziel, in sich gerade ohne Biegung der Hüften«).

Vorsichtig trennten sie anhand der Abbildungen den Handgranatenkopf vom Holzstiel, entfernten Sprengkapselröhrchen und Brennzünder mit Verzögerungssatz. Die Abreißschnur verkürzte einer durch kleine Knoten. Als sie fertig waren, holte Gottberg noch ein kleines Wildledersäckchen aus dem Nähkasten seiner Mutter, in das sie alles verpackten. Dann fuhr Bussche, von Stauffenberg noch einmal mit Marschpapieren und Fahrkarten versehen, zurück ins »Führer«-Hauptquartier. Dort eingetroffen, paßte er in der Gästebaracke den gelblich-orangen Sprengstoff mit dem Handgranatenzünder zusammen, was relativ einfach war, weil das Sprengpaket bereits ein Loch aufwies, in das er den Zünder nur einzuführen brauchte.

Dann spielte Bussche die Situation durch, wie er sich und Hitler in die Luft sprengen würde. Er mußte nahe genug an ihn herantreten, aber gleichzeitig durch Reden oder Geräusche das viereinhalb Sekunden währende leichte Zischen des Zünders übertönen. Ob er dazu die Nerven hätte? Immer wieder probte er gedanklich den Anschlag. Hatte er alle Möglichkeiten bedacht? Auch die unwahrscheinlichen? Er beschloß, Hitler nach dem Ingangsetzen der Zünder zu umarmen.

Was jetzt noch fehlte, waren die vorzuführenden Uniformen, die nach wie vor in Berlin lagen. Er wurde zunehmend unruhiger. Am dritten Tag kam eine Ordonnanz und bat ihn zu Oberst Stieff. Der kleinwüchsige Stieff regte immer wieder zu der Überlegung an, wie er sich in der Welt großwüchsiger Offiziere behaupten könne. Doch als Chef der Organisationsabteilung des Heeres brauchte er vornehmlich einen klugen Kopf. Und den besaß er zweifelsohne. Der Oberst machte einen überraschend erleichterten Eindruck, als er Bussche die Hiobsbotschaft steckte: »Ich habe heute aus Berlin die telefonische Nachricht erhalten: Bei einem Fliegerangriff gestern abend ist der Waggon mit den vorzuführenden Uniformen, vor allem dem schwer ersetzbaren Lederzeug, getroffen worden. Das dauert ein paar Wochen, bis die Uniformstücke ersetzt sind. Wir können auch nicht versuchen, kaputte Sachen vorzuführen, weil der Chef des Generalstabes, Zeitzler, sich vorbehalten hat, die neuen Uniformen vorher zu sehen. Sie brauchen daher nicht länger zu warten. Der Claus« – er meinte Graf Stauffenberg – »kann Sie mit einem Fernschreiben ranholen, wenn wir wieder soweit sind.«

War Bussche auch erleichtert? Nein. Er hatte den Auftrag quasi als Frontkommando betrachtet und sich psychisch voll darauf eingestellt, für ein höheres Ziel sein Leben zu opfern. »Solche Tage sind getragen von der hellsichtigen Klarheit, die der Soldat vor dem Angriff kennt.« Bussche reagierte unwirsch: Wenn die Uniformen eingetroffen seien, könne der Herr Oberst das Attentat ja auch ohne ihn ausführen. Diesen Vorschlag fand Stieff gar nicht komisch.

Bussche dachte an das Sprengmaterial: Das nimmst du mal lieber alles mit, auch die Tellermine, die Kuhn zusätzlich beschafft hatte. Er verstaute die Sachen zusammen mit Unterhosen in einem kleinen requirierten russischen Handkoffer, der einen Bezug aus Khakileinen hatte. Schließlich fuhr er zurück zu seinem Bataillon an der Nordfront in Rußland. Auf dem Regimentsgefechtsstand meldete er sich bei Weizsäcker zurück. »Habe keinen einzigen Tag überzogen!«

»Das wäre auch noch schöner gewesen.«

Dann berichtete Bussche von dem geplatzten Attentatsversuch und von der Möglichkeit, daß Stauffenberg ihn noch einmal anfordern könnte. Schließlich fragte er: »Und wie ist die Lage hier?«

»Beschissen. Erstens sind unsere Bunker völlig verlaust, und zweitens wird der Iwan irgendwann groß angreifen.«

Während Bussche wieder in die Gemeinschaft der Frontsoldaten eintauchte und sich auf das tägliche Überleben konzentrierte, waren in Berlin die Bemühungen der Verschwörer, Hitler umzubringen und den Krieg vorzeitig zu beenden, um Monate zurückgeworfen.

Als die vorzuführenden Uniformen wieder zur Verfügung standen, versuchte Stauffenberg, Bussche noch einmal von der Front anzufordern, schickte ein Fernschreiben ohne Begründung an die Division: Der Hauptmann von dem Bussche sei zum Stab AHA/Chef/B in Marsch zu setzen. Der Divisionskommandeur, Generalmajor Paul Gurran, nicht eingeweiht in die Attentatspläne, schimpfte: »Kommt überhaupt nicht in Frage. Ich habe nur neun Kommandeure, davon kann ich keinen als Mannequin ins ›Führer‹-Hauptquartier abstellen.«

Weizsäcker fand Stauffenbergs Anforderung leichtsinnig abgefaßt, fuhr ins rückwärtige Korpsgebiet, wo er hoffte, keinen ungebetenen Mithörer aus dem Regiment zu haben, und telefonierte von dort aus mit ihm, um die schwierige Lage zu schildern. Hinzu kam, daß Bussche just in dieser Zeit mit wolynischem Fieber daniederlag. Am 21. Januar 1944 wurde das Ersuchen Stauffenbergs auf Befehl des Divisionskommandeurs schriftlich abschlägig beschieden: »Inmarschsetzung zum Stab AHA/Chef/B ohne Ersatzgestellung nicht möglich.«

Europa mußte weiter leiden.

36 Konfrontation: Weizsäcker und der Leutnant mit dem »Blasrohr«

Sogenannte Propaganda-Kompanien gehörten zu den Besonderheiten des Zweiten Weltkrieges. Sie rekrutierten sich vorwiegend aus gelernten Journalisten, die man eingezogen und in Uniformen gesteckt hatte. Sie produzierten Flugblätter, mit denen die Soldaten des Gegners aufgefordert wurden überzulaufen; sie versuchten dasselbe mittels Lautsprechern aus der Hauptkampflinie. Sie betrieben Radiostationen und verfaßten Reportagen über den Einsatz der deutschen Soldaten, die in eigens für die Wehrmacht hergestellten Feldzeitungen abgedruckt wurden. Gelegentlich brachten sie tatsächlich Sowjets zum Überlaufen, aber mindestens ebenso oft provozierten sie auf Grund ihrer Lautsprecherkampagnen nur wütendes Artilleriefeuer des Gegners. Darum waren die »Kriegsberichterstatter«, wie sie sich nannten, dem Regimentsadjutanten Richard von Weizsäcker ein Dorn im Auge.

Eines Tages tauchte ein solcher Propaganda-Zug unter der Leitung eines Leutnants namens Peter von Zahn* beim Regimentsgefechtsstand auf, um sein Vorhaben, mittels Lautsprechern die gegenüberliegenden Sowjets zum Überlaufen aufzufordern, anzukündigen. Weizsäcker fand es schizophren, dem Gegner in schlechtem Russisch weismachen zu wollen, er hätte den Krieg verloren, während er sich tatsächlich auf dem Vormarsch befand. Er war strikt gegen die Aktion: »Das wollen wir nicht. Ihr zieht immer nur das Artilleriefeuer an und haut dann wieder mit euren Blasrohren ab.«

Persönlich mochten sich die beiden, aber in der Sache waren sie gegensätzlicher Meinung. Leutnant von Zahn vertrat überdies die Theorie, daß es bei Rückzugsgefechten wichtig sei, sich an eine ostpreußische oder schwäbische Einheit zu halten. Die würden den Feind nicht durchlassen. Die Ostpreußen nicht, weil sie stur wären, die Schwaben wegen ihrer Schläue nicht. Truppenteile dagegen, die sich aus Großstädten

* Nach dem Krieg bekannter Hörfunk- und Fernsehjournalist (*Windrose*)

rekrutierten beziehungsweise aus deren Umfeld, galten seiner Meinung nach als weniger zuverlässig. Und weil das Gren.Rgt. 9 seine Soldaten aus dem Umkreis von Berlin bezog, hielt er das Regiment für eine Schwachstelle und vertrat diese Ansicht auch gelegentlich laut. Hinzu kam, daß Leutnant von Zahn zu leichtem Spott neigte. Als er an besagtem Tag zum Regimentsgefechtsstand geführt wurde, vernahm er aus einem Bunker Gebrüll.

»Wer schreit denn da so?«

Sein Begleiter: »Das ist der Regimentsadjutant, Oberleutnant von Weizsäcker. Er spricht mit seinem Vater in Rom.«

»Warum stellt man ihm denn nicht ein Telefon zur Verfügung?«

Von Anfang Oktober 1943 bis Anfang Januar 1944 versuchten die Sowjets mit der Übermacht von drei Armeen, in vier großen Schlachten im Raum von Newel die deutsche Front zu durchbrechen, um mit Stoßrichtung auf den baltischen Raum die deutsche Heeresgruppe Nord abzuschneiden.

Ende November wurde das Grenadier-Regiment 9 an diesen Brennpunkt verlegt. Schon während der Eisenbahnfahrt wurden sie von sowjetischen Fliegern angegriffen. Als das Regiment am Zielort eintraf, wurde es sofort an die Front geworfen und in heftige Kämpfe verwikkelt. Es kam zu hohen Verlusten, die Angriffe liefen sich schon nach 100 Metern fest, die Soldaten kämpften Mann gegen Mann, die Ausfälle wurden noch durch Feuer der eigenen Artillerie erhöht. Der Boden war tief gefroren. Ein Dorf namens Ssamoschiza wechselte mehrmals den Besitzer. Die Kämpfe spielten sich hauptsächlich längs des Flusses Uschtscha ab. Das Regiment verteidigte seine Stellung in einem Brükkenkopf, auf den die Rote Armee Trommelfeuer schoß. Eigene Panzer oder Sturmgeschütze konnten nicht über den Fluß gebracht werden, da die Pionier-Fähren nicht ausreichten. Die 23. Infanterie-Division mit dem Grenadier-Regiment 9 sowie die Nachbardivision, die 32. Infanterie-Division, verloren innerhalb kürzester Zeit 2000 Mann. Am 18. Dezember erhielt das Gren.Rgt. 9 endlich Erlaubnis, sich aus dem Brückenkopf zu lösen, wurde aber auf dem Ostufer des Flusses in neue schwere Kämpfe verwickelt. Ab 20. Dezember verloren die sowjetischen Angriffe endlich an Wucht, und die deutschen Soldaten bekamen eine Atempause.

Hauptmann Max von Arnim, dem Ferngetrauten, hatte man Mitte November einen Urlaub genehmigt, damit er am 14. November 1943 in der Michaelerkirche zu Wien »richtig« getraut werden konnte. Nach drei Wochen mußte er wieder zurück; er fuhr über die Frontleitstelle in Tauroggen, wo inzwischen das Grenadier-Regiment 9 lag. Auf Um- und Schleichwegen erreichte er das II. Bataillon, dessen Führer er seit Mitte September war.

Als er die Decke, die zum Schutz gegen die Winterkälte vor dem Eingang des Kommandeurbunkers hing, zurückschlug und völlig überraschend seinem Stellvertreter gegenüberstand, war dieser hocherfreut, nicht mehr die Verantwortung für die rund 350 Soldaten in schwieriger Lage zu haben. Den Sowjets war ein Einbruch gelungen, der zwar abgeriegelt werden konnte; aber nach wie vor war man durch das Vordringen vereinzelter gegnerischer Panzer schwer bedrängt. Sie schossen auf alles, was sich in der deutschen Linie bewegte. Eine der ersten Maßnahmen, die Arnim traf, war die Anforderung von Sturmgeschützen, um den feindlichen Panzern Paroli bieten zu können.

Zwei Tage später, Max von Arnim saß in seinem Bunker, wurde die Eingangsdecke zurückgeworfen, vor ihm baute sich ein Offizier auf, salutierte.

»Oberleutnant von Arnim meldet sich zur Stelle.«

Was denn, noch ein Arnim? Der Offizier war ihm völlig fremd. Nachdem die beiden Offiziere ihre verwandtschaftlichen Verbindungen ausgelotet hatten, kamen sie zur Sache: Max von Arnim beschrieb das Problem der ständigen Störungen durch die sowjetischen Panzer. Es war bereits Abend. »Morgen früh werde ich dich einweisen.«

Der Sturmgeschütz-Oberleutnant verstand sein Handwerk, war, wie Max von Arnim, auch Jäger, wußte sich im Gelände fachmännisch zu bewegen. Als Arnim ihm am nächsten Morgen die sowjetischen Stellungen zeigte, antwortete der Namensvetter nur knapp: »Paßt sehr gut, wir werden uns entsprechend aufbauen, du hörst wieder von mir.«

Als die Nacht hereinbrach – es herrschte Mondschein, keine Wolken am Himmel, auf der Erde eine helle, weiße Schneefläche –, dirigierte er seine Sturmgeschütze im Schlagschatten eines Waldstückes in Position. So waren sie für die Sowjets nicht erkennbar. Dann wartete er das Mündungsfeuer der gegnerischen Panzer ab, gab seinen Richtschützen die entsprechenden Zielwerte und ließ sie feuern. Innerhalb von 24 Stunden hatte er eine ganze Reihe von feindlichen Panzern abgeschossen. Von dann ab herrschte Ruhe im Abschnitt des II. Bataillons.

Für den letzten Tag des Jahres 1943 bekam das Regiment Befehl, sich nachts zurückzuziehen und eine Auffangstellung einzunehmen. Das I. Bataillon mit Axel von dem Bussche sollte zuerst seine Stellungen räumen, danach das II. Bataillon unter Max von Arnim, dabei aber achtgeben, daß der Gegner nicht sofort mit seinen Stoßtrupps in Kompaniestärke nachsetzte. Er sollte eine Weile in Schach gehalten werden. Bussche und Arnim machten für ihre Bataillone einen Treffpunkt aus, wo sie gemeinsam Verpflegung fassen und danach noch weiter zurückmarschieren wollten. Das Absetzmanöver klappte, und als sich die Bataillone getroffen und verpflegt hatten und in der Nacht weiter zurückzogen, marschierten die beiden Kommandeure an der Spitze.

Es war wieder eine klare Winternacht mit viel Schnee, Mondschein und einem blanken Sternenhimmel. Sie unterhielten sich über ihre Familien und darüber, was aus ihnen beiden nach dem Krieg wohl werden würde. Erstaunlicherweise hatte Arnim keinen Zweifel, daß er diesen Krieg, diese Hölle auf Erden, lebend überstehen würde. Wiewohl sie eng befreundet waren, weihte Bussche den Freund nicht in die Verschwörungspläne gegen Hitler ein, nicht einmal andeutungsweise.

Als sie zu nächtlicher Stunde ein russisches Dorf erreichten, waren sie trotz der nicht beneidenswerten Situation, in die sie das Schicksal gestellt hatte, bester Stimmung. Anhand der militärischen Kennzeichen der zwischen den Häusern abgestellten Fahrzeuge stellten sie fest, daß hier der Stab ihrer Division, der 23. Infanterie-Division, untergebracht war.

»Jetzt wollen wir unserem alten Divisionskommandeur doch mal guten Abend sagen«, meinte Bussche verschmitzt lächelnd und stapfte auf eine Datscha zu, aus der schon fröhlicher Silvesterlärm klang. Die beiden wurden wohlwollend begrüßt und aufgefordert zu erzählen, wie es an der Front stünde. Danach verabschiedeten sie sich (»Wir müssen weiter«). Draußen moserte Bussche:

»Es ist doch eigentlich unglaublich, daß diese Leute hier einfach so Silvester feiern, ohne ein wenig Rücksicht auf uns zu nehmen, die wir draußen im Einsatz sind! Denen wollen wir jetzt mal eine besondere Silvesterüberraschung bereiten.« Er holte aus seinem Brotbeutel zwei Eihandgranaten. »Paß auf, Max, da drüben in dem anderen Haus sitzt der Eins c [Generalstabsoffizier]. Du nimmst die eine Eihandgranate, ich die andere, und hier genau unter den beiden Fenstern vom Kommandeur zünden wir die, flitzen rüber in das andere Haus und nehmen dort Deckung. Verstanden?«

»Mann, du hast Nerven.«

Wie Lausbuben schlichen zwei fronterfahrene Hauptleute zu den Fenstern der Kommandeursdatscha, zündeten, wie verabredet, die Handgranaten und rannten wieselflink in das andere Haus. Sie hatten kaum die Tür hinter sich geschlossen, als die Handgranaten mit einem berstenden Knall explodierten. Wenig später wurde die Tür aufgestoßen, und wutschnaubend trat ein Stabsoffizier ein. »Haben Sie das mitgekriegt? Es ist eine Schweinerei, was hier passiert. Wir wollten gerade aufs neue Jahr anstoßen, da hat es draußen diese Einschläge gegeben. Nicht nur, daß die Scheiben kaputt sind, uns sind beinahe auch noch die Gläser aus der Hand gefallen.«

Bussche und Arnim spielten die Erstaunten. Als der Stabsoffizier wieder draußen war, brachen sie in schallendes Gelächter aus. Wenig später marschierten sie weiter in die Richtung ihrer abgerückten Bataillone. Hinter ihnen war nur noch die Nachhut.

Der Stoßtruppführer: Oberjäger Walter Henze, Held am »Pfingstberg«. Trotzdem wurde er von der Militärjustiz verfolgt.
(Foto: Walter Henze)

Der Glückspilz: Leutnant Joachim Kredel, im Januar 1945 schwer verwundet, heiratete die Frau, die ihn gesund pflegte.
(Foto: Joachim Kredel)

Der Namensträger: Max von Arnim, Urenkel des Dichters Achim von Arnim, stieg vom Fahnenjunker-Gefreiten (Foto) zum Hauptmann auf. 1943 an der Front ferngetraut. Richard von Weizsäcker war Trauzeuge.
(Foto: Max von Arnim)

Oben: Frontlinie: Panzerabwehrkanone und schweres Maschinengewehr vor Mogilew, Juli 1941. Rüffel vom Bataillonskommandeur: »Alle auf einem Haufen! Wie üblich.«

Unten: Bataillonsgefechtsstand: Wo liegt Buinitschi? Das Problem mit sowjetischen Landkarten. Major Heinemann lesend am Baum, Oberleutnant Maurer (Mitte), Scherenfernrohr-Beobachter (vorne). (beide Fotos: Joachim Kredel)

Bunkerleben: Bataillonskommandeur Hans Sievers bei der Naßrasur
in Schurawki, April 1944. Holztisch,
Wasser im Kochgeschirrdeckel, Handspiegel gegen Keksdose gelehnt.
(Foto: Hans Sievers)

Neuzugang: Hauptmann Hermann Ulrichs (27), Landwirt, übernimmt im Oktober 1944 im »I.R. Graf 9« das I. Bataillon. Bereits im November wegen besonderer Tapferkeit Nennung im »Ehrenblatt des Heeres«. (Foto: Hermann Ulrichs)

Lagebesprechung: Ein Holztisch, drei Kaffeetassen, ein Kännchen – Regimentskommandeur Trittel (Mitte) bespricht sich mit Hauptmann von Weizsäcker (links) und Bataillonskommandeur Sievers (rechts). Sommer 1944 am Assno-See.

Gruppenfoto mit General: Divisionskommandeur Walter Châles de Beaulieu (Mitte) und seine Offiziere. Rechts von ihm, kahlköpfig, Jonas Graf zu Eulenburg (die »Eule«). Alle waren Hitler nach dem 20. Juli 1944 suspekt. (Fotos oben rechts und unten: Hans Sievers)

Etappenleben: Leutnant Joachim Kredel (links) und Leutnant Benecke in Ausgehuniform auf dem Antreteplatz der Loesegard-Schule in Aarhus, Dänemark, Dezember 1942. (Foto: Joachim Kredel)

Gruppenbild mit Ritterkreuzträger: Ostern 1944 in Rußland, nahe der lettischen Grenze. Links außen Hauptmann Richard von Weizsäcker; Oberleutnant Westphal (3. v. l.), der drei Monate später fiel; mit Halsorden Regimentskommandeur Rudolf Trittel; mit Brille Hans Sievers, Kommandeur I. Bataillon; rechts außen Max von Arnim, Kommandeur II. Bataillon. (Foto: Hans Sievers)

Hoch zu Roß: Major von Haeften, Kommandeur III. Bataillon,
bei der Befehlserteilung.
Obwohl es ein Infanterie-Regiment war, führte das I.R. 9
über 750 Pferde mit.
(Foto: Gottfried Becker)

Knietief im Sumpf: An der Wolchow-Front, 1943,
versucht ein Essenholer, über gefällte Bäume die Bunker zu erreichen.
(Foto: Gottfried Becker)

In der Stellung: Das Schlachtfeld bei Kalinkina im russischen Welikaja-Bogen ist im April 1944 von Granaten umgepflügt. Oberleutnant Gottfried Becker (rechts), 10. Kompanie, inspiziert mit seinem Melder, Gefreiter Vinken, die Lage. (Foto: Gottfried Becker)

Unter dem Kreuz: Wie im Soldatenleben in Reih und Glied die im März 1942 beim Kampf gegen Partisanen im Raum Dorogobusch Gefallenen des I.R. 9. (Foto: Gottfried Becker)

Weizsäckers Lebensretter: Ritterkreuzträger Oberstleutnant Rudolf Trittel, letzter Kommandeur des Regiments. Am 26. März 1945 wurde er im Brückenkopf am Frischen Haff (Ostpreußen) schwer verwundet, als er bei einem sowjetischen Granatüberfall mit dem Körper seinen Adjutanten Richard von Weizsäcker schützte. Nach Dänemark evakuiert, erlag er zehn Tage nach Kriegsende seiner Verletzung. An der Kirchhofsmauer von Kastrup auf Seeland liegt er mit zwei deutschen Soldaten und einem russischen »Hiwi« begraben.
(Fotos: Wofgang Meier)

37 Soldatenspiele: mit Nebelhandgranate Weizsäcker aus der Sauna verscheucht

Das Grenadier-Regiment 9 hatte einen neuen Frontabschnitt zugewiesen bekommen. Es lag jetzt bei Newel, etwa in der Mitte der Strecke Riga-Moskau. Regimentskommandeur Dewitz war erkrankt und Anfang Dezember abgelöst worden. Ein paar Monate später, im Februar 1944, sollten die Kommandeure des I. und II. Bataillons von ihm in klarer, schräger Sütterlinschrift einen Dankesbrief erhalten:

»Lieber Arnim, lieber Bussche!

Über meinen allgemeinen Abschiedsbefehl hinaus möchte ich Ihnen beiden noch besonders Lebewohl sagen.

Sie werden mir nachfühlen können, daß mir die Trennung von dem Regiment, das ich nicht nur aus der Taufe hob und an dem mein ganzes Herz hing, nicht leicht fällt. Es wäre noch schwerer zu ertragen, wenn ich nicht die klare beruhigende und wohltuende Gewißheit hätte, daß an der Spitze des I. und II./9 Kommandeure stehen, wie man sie heutzutage nicht häufig antrifft: aus altem Soldatengeschlecht, ausgesprochene Herrennaturen, zwei Ritter ohne Furcht und Tadel, kurz Typ *des* Offiziers.

Lassen Sie mich Ihnen in dieser Stunde für alles danken, was Sie unter meinem Befehl für das Regiment und mich in Tagen der Ruhe und des Kampfes taten, und seien Sie versichert, daß ich dies niemals vergessen werde.

Meine Gedanken begleiten auch weiterhin die beiden stolzen Bataillone und Ihren persönlichen Lebensweg, lieber Arnim und lieber Bussche, in aufrichtiger Anteilnahme und mit heißen Wünschen. Immer

Ihr getreuer Dewitz.«

Inzwischen führte Major Franz Klaukien, ein aus dem Unteroffiziersstand hervorgegangener Offizier, das Regiment, genauer gesagt, er überließ die Führung seinem Regimentsadjutanten von Weizsäcker. Auf Vorhalt Bussches: »Klauke« – so sein Spitzname –, »du mußt jetzt mal selber führen, du sitzt immer nur da, machst eine eindrucksvolle Figur, aber der Richard, der Max und ich machen, was wir wollen ...« Darauf pflegte er zu entgegnen, und zwar im reinsten Berlinerisch: »Wat heeßt hier, ick soll führen? Wat denn? Ick habe doch als Adjutanten een Verhandlungsgenie! Da misch ick mir doch janich erst ein.«

Bei dieser Rollenverteilung kam es auf dem Regimentsgefechtsstand zu kabarettreifen Szenen. So klingelte eines Tages das Telefon, Klaukien nahm ab, vernahm aus der Hörmuschel die brüllende Stimme des Divisionskommandeurs, gab schweigend den Hörer an Weizsäcker weiter, dieser lauschte ebenfalls nur kurz, gab verstohlen lächelnd weiter an Max von Arnim, der wiederum an Bussche. Nun blieb nur noch einer übrig: Ordonnanzoffizier Oberleutnant Hornfeck. Prompt drückte ihm Bussche den Hörer in die Hand.

Hornfeck, Reserveoffizier, von Beruf Textileinkäufer für die Mitropa (Mitteleuropäische Schlaf- und Speisewagen AG), mußte sich als Dienstgradniedrigster den Anschiß des Kommandeurs anhören und parieren: »Jawoll, Herr General, bedaure, die Herren sind alle in der Stellung. Es tut mir sehr leid, was Sie uns vorzuwerfen haben. Ich werde es sofort melden. Jawoll, Herr General, und das Nötige veranlassen. Jawoll, Herr General.« Nachdem Hornfeck aufgelegt hatte und die Runde in brüllendes Gelächter ausbrach, schmollte er. »Keiner denkt an mich. Alle denken nur an sich. Nur ich denke an mich.«

Sie waren eine verschworene Gemeinschaft, brauchten ihre Befähigung als Frontoffizier nicht mehr nachzuweisen, ihre Auszeichnungen sprachen für die Schlachten, die sie durchgestanden hatten. Von einem wildgewordenen General ließen sie sich nicht aus der Ruhe bringen.

Über fast jeden von ihnen kursierten im Regiment die herrlichsten Geschichten. Da war zum Beispiel die Sache mit Max von Arnim und den Elchen. Arnim, der Forstmann und begeisterte Jäger, war ein so geübter Schütze, daß er balzende Auerhähne nicht mit Schrot, sondern mit der Kugel traf. Eines Tages, das Regiment lag vor Leningrad, kam ein Oberjäger, also Unteroffizier, zu ihm: »Herr Hauptmann, wir haben da drüben in einer Dickung Elche festgestellt. Dürfen wir die schießen?«

»Nein, das dürft ihr nicht, denn der Herr Reichsjägermeister Hermann Göring hat befohlen, wer hier oben Elche schießt, wird vor ein Kriegsgericht gestellt.« Pause. »Aber wir können morgen eine Übung veranstalten. Schnappen Sie sich ein paar Männer und dringen Sie seitlich in die Dickung ein, wo die Elche stehen, und ich richte eine Panzerabwehrkanone so aus, daß sie schußbereit ist, wenn die Elche aus dem Wald kommen.«

Gesagt, getan. Am nächsten Tag schossen Sie mit der Pak zwei Elche, veranstalteten für das Bataillon ein großes Essen und meldeten den Vorfall dem Regimentsgefechtsstand: »Zwei Schuß 3,7-cm-Pak-Munition abgegeben, da ein noch nicht erfahrener Soldat zwei Elche irrtümlich für russische Fahrzeuge hielt.«

Da war der Schwank, den man sich über Bussche und seinen Freund Weizsäcker erzählte. Fast in jedem russischen Dorf im Norden des Landes gab es eine Sauna. Eines Tages besuchte Bussche Weizsäcker. Auf dem Regimentsgefechtsstand erhielt er auf die Frage, wo dieser stecke, die Antwort: »In der Sauna.« Bussche fand die Sauna, ging einmal vorsichtig um sie herum und entdeckte, was er gesucht hatte: eine leicht offenstehende Luke. Im nächsten Moment fingerte er aus der Tasche seiner weiten Hose eine Nebelhandgranate, zündete sie und warf sie durch die Luke in das Innere; wobei er ruhig in Kauf nahm, daß die Rauchentwicklung nicht nur unangenehm, sondern auch gefährlich sein konnte. Was er nicht bedacht hatte: Die Außentür der Sauna klemmte. Verzweifelt versuchte Weizsäcker, sie von innen zu öffnen. Erst als er sich mit der ganzen Wucht seines Körpers gegen sie warf, sprang sie auf. Hustend und mit tränenden Augen taumelte Weizsäcker heraus. Als er des laut lachenden Freundes Axel ansichtig wurde, ward ihm klar, daß der ihm einen üblen Streich gespielt hatte. Bussche: »Es gab keinen Vorwurf, er hat das einfach weggesteckt.«

Eigentlich hätte Bussche nach dem mißglückten Attentatsversuch nicht mehr an die Front zurückgemußt. »Fritzi« Schulenburg hatte sich gedacht, daß es gar nicht schlecht wäre, wenn der militärische Verschwörerkreis um Graf Stauffenberg einen Verbindungsmann in Kopenhagen hätte, und Axel Bussche, der fließend dänisch sprach, wäre der geeignete Mann dafür.

Wie Schulenburg erfahren hatte, suchte die deutsche Abwehr einen Vertreter für Dänemark. Kurzum, Schulenburg vermittelte seinem Freund Bussche ein Gespräch mit einem Hauptmann Gehre von der Abwehr, und zwar just vor Antritt eines kurzen Urlaubs nach Kopenhagen. »Ja, wir haben davon gehört«, sagte der Abwehrmann. »Sie fahren zu Ihrer Mutter nach Kopenhagen. Das ist natürlich interessant. Darf ich Sie bitten, mir zu folgen?« Dann fuhren sie hinauf in ein anderes Stockwerk zu einem Oberleutnant, der auch bei der Abwehr diente und eine dänische Frau namens Rose Twede hatte. Der sagte zu Bussche: »Du, mein Chef möchte dich sprechen. Er ist der Major ...«, Bussche konnte sich den Namen nicht merken, » . . . der hat seine Dienststelle in Kopenhagen in einem Bürohaus neben dem Hotel *Angleterre*.«

Das Gespräch, das Bussche dann mit besagtem Major führte, lief darauf hinaus, daß er im Auftrag der Abwehr Kontakt mit seiner dänischen Verwandtschaft aufnehmen sollte. Ihn irritierte, daß sie über seine Verwandtschaft bereits genau Bescheid wußten, zum Beispiel, daß der Bruder seiner Mutter, »Onkel Emil«, zunächst Leutnant in der dänischen Armee, später im Winterkrieg Hauptmann in der finnischen Armee gewesen war. »Also, Ihren Onkel Emil«, sagte der Major von der Abwehr, »den nehmen wir alle vier Wochen mal pro forma fest, dann kann er sich bei uns ausschlafen, das ist nicht weiter aufregend, aber damit zerstreuen wir vielleicht den Verdacht, daß Ihre dänischen Verwandten mit uns gemeinsame Sache machen.« Trotzdem, mit dem Gedanken, seine eigene Verwandtschaft auszuspionieren, konnte sich Bussche nicht anfreunden. Also ging er lieber wieder an die Front.

Schon während der Reise hatte Bussche Gliederschmerzen und zunehmende Müdigkeit verspürt. Als er sich schließlich auf dem Regimentsgefechtsstand zurückmeldete, stellte der Arzt wolynisches Fieber fest. Er kam gar nicht mehr zu seinem Bataillon. Sie wiesen ihn auf dem Hauptverbandsplatz ein, er mußte sich sofort hinlegen. Eines Tages erschien Hornfeck. »Wann wirst du denn in der Lage sein, dein Bataillon zu übernehmen?«

»In zwei Tagen.«

»Der Iwan bereitet nämlich einen großen Angriff vor. Und wenn ich groß sage, dann meine ich das auch. Kannst du nicht vielleicht einen Tag früher übernehmen?«

»Ja, schön, ich übernehme es morgen, gehe aber vorher noch mal auf den Divisionsgefechtsstand.«

Dort traf er auf den inzwischen zum Oberst beförderten Ia der Division, Hetzel. Er bestätigte den bevorstehenden Großangriff: »Diesmal wird es sehr ernst. Diesmal kriegen wir richtigen Ärger. Wir rechnen mit einer acht- bis neunfachen Überlegenheit des Gegners.«

Bussche überlegte. Bislang hatte man sich bei dreifacher Überlegenheit Sorgen gemacht. Aber nun acht- bis neunfache? Hetzel fuhr fort: »Außerdem hat mittlerweile deren Artillerie schießen gelernt. Die können sogar etwas, was wir noch nicht können. Nämlich die ganze Artillerie einer Division zusammenfassen und gemeinsam während des Schießens schwenken lassen. Die greifen wahrscheinlich morgen an.«

»Was heißt schwenken?«

»Die gesamte Artillerie einer Division – bis zu 36 Geschütze – kann zum Beispiel 20 Minuten lang Abschnitt A beschießen, dann zwei Minuten Feuerpause einlegen und danach mit allen Geschützen den Abschnitt B bestreichen.«

»Das ist ja erstaunlich.«

»Ja, das sind eben Mathematiker.«

»Wie lange sollen wir denn aushalten, wenn der Angriff mit acht- bis neunfacher Übermacht kommt?«

»Bis zur letzten Patrone.«

»Ist das ein Witz?«

»Ich meine es ernst.«

»Schon gut, schon gut«, sagte Bussche.

Mit einem Krad-Beiwagen ließ er sich zu seinem Bataillon fahren. Die Soldaten waren hoch erfreut, ihren alten Kommandeur wiederzusehen. Um so mehr, als auch sie von dem bevorstehenden Großangriff gehört hatten. Mit Bussche an der Spitze des Bataillons fühlten sie sich sicherer. Dann rückte er mit der Hiobsbotschaft heraus: »Hört mal her, Leute! Ich komme gerade von der Division. Wenn der Russe morgen angreift, gibt es kein Zurückweichen. Es wird gekämpft bis zur letzten Patrone.« Die Soldaten schauten ihn betroffen an. Bis zur letzten Patrone? Das hieß, die letzte Kugel jagte man sich entweder selbst durch den Kopf, oder man ging in die ungewisse Zukunft einer russischen Gefangenschaft. In der Nacht setzte starkes Artilleriefeuer ein, und bei Tagesbeginn griff die sowjetische Infanterie an. Zwei Tage lang tobte die Schlacht. Eine verlorengegangene Höhenstellung wurde zurückerobert.

Am Abend des zweiten Tages rief Oberst Hetzel an: »Nix letzte Patrone, sondern bis acht Uhr am nächsten Morgen halten. Dann können Sie die Stellung zurücknehmen.«

Das mußte sofort weitergegeben werden. Bussche traute sich jedoch nicht, die Aufhebung des Befehls »Bis zur letzten Patrone« per Telefon seinen Kompaniechefs mitzuteilen. Das Risiko, von den Sowjets abgehört zu werden, war zu groß. Also schlich er sich in der Nacht durch diese Endmoränenlandschaft zu seinen vier Kompanien, um zu verkünden: »Also von letzter Patrone ist nicht mehr die Rede. Sollte der Angriff heute nacht beginnen, haltet ihr die Stellung bis acht Uhr. Dann zieht ihr euch, vorbei an meinem Gefechtsstand, zurück und haut ab. Aber bitte nicht früher und nicht später!«

Wieder setzte in der Nacht starkes Artilleriefeuer ein. Die Stellungen, auf gefrorenem Sumpf gebaut, schwankten hin und her. Bussche ließ sich noch einmal den Ablauf des mit hinhaltendem Widerstand verbundenen Rückzugs durch den Kopf gehen. Da war wieder diese klitzekleine Portion Angst, daß man den Anschluß verpassen und von den Sowjets überrollt werden könnte. Er hatte schon immer die Vorschrift kritisiert, daß der kommandierende Offizier bei der Absetzbewegung als letzter die Stellung verläßt - wie der Kapitän das sinkende Schiff. Er müßte als erster zurückgehen, um jene Soldaten aufzufangen, die über die neue, vorgegebene rückwärtige Stellung hinaus türmen würden. Um acht Uhr - die Artillerie schoß noch immer - tauchten die ersten seiner Männer auf. Sie hasteten unbeholfen durch tiefen Schnee. Bussche zeigte auf ein etwas erhöht, 3000 Meter weiter hinten liegendes Dorf. »Dort wartet ihr auf mich. Geht hintereinander, dann ist das Laufen im Schnee nicht so beschwerlich!«

Er drehte sich um - und erblickte einen seiner Offiziere, einen Reserve-Oberleutnant, von Beruf Pfarrer, den ein Granatsplitter am Bein so getroffen hatte, daß es fast um 180 Grad verdreht war. Der Mann konnte unmöglich mehr laufen. »Bitte nehmen Sie mich doch mit zurück. Ich will hier nicht von den Russen erschlagen werden.« Bussche fand einen kleinen, viel zu niedrigen Schlitten, auf den er den Verwundeten vorsichtig bettete. Dann verließ er, den Schlitten ziehend, als letzter die Stellung.

Rechts und links schlugen immer noch sowjetische Artilleriegranaten ein, verursachten riesige Schneefontänen. Bussche dachte nur: Eine Granate, die du heranorgeln hörst, die trifft ja nicht. Solche, die du nicht hörst, sind die tödlichen. Aber noch mehr Angst hatte er davor, daß ihn bei dem langsamen Absetztempo ein Schuß in den Rücken treffen oder seine Leute das in der Ferne liegende Dorf längst verlassen haben könnten. Der Pfarrer mit dem zerschossenen Bein war dankbar, wie alle Schwerverwundeten. »Daß Sie das für mich tun, Kamerad, Gott wird Ihnen die gute Tat lohnen.« Bussche biß die Zähne zusammen. Er war längst schweißgebadet, die Schlittenschnur schnitt in seinen Handschuh. Den Kopf gesenkt, die Maschinenpistole vor der Brust baumelnd, stapfte er keuchend weiter. Endlich, nach einer ihm endlos erscheinenden Zeit erreichte er den Dorfrand und sah seine Soldaten. Mensch, dachte er, was für Mordskerle. Hauen nicht einfach ab, sondern bauen tatsächlich eine neue Stellung auf.

38 Sowjetischer Grossangriff: Das Schlachtfeld ist blutgetränkt

Die Rote Armee erreichte am 3. Januar 1944 die ehemalige polnisch-sowjetische Grenze vom 1. September 1939. Auf der Krim waren die deutschen Truppen seit dem 1. November 1943 abgeschnitten. Auch an anderen europäischen Kriegsschauplätzen wurde es brenzlig. Am 22. Januar landeten zwei amerikanische Divisionen an der italienischen Küste bei Anzio und Nettuno, 100 Kilometer hinter der Front, mit dem Auftrag, den Weg nach Rom freizukämpfen.

Die alliierten Luftangriffe auf deutsche Städte fanden Tag und Nacht statt. Allein am 20. Januar warf die Royal Air Force über Berlin 2300 Tonnen Sprengbomben ab.

Die Heeresgruppe Nord, zu der das Grenadier-Regiment 9 gehörte, wurde im Januar 1944 vom Wolchow bis hinter den Peipus-See und die Narwa zurückgedrängt. Am 14. Januar starteten die Sowjets erneut eine Großoffensive, um diese Heeresgruppe abzuschneiden.

Die deutsche militärische Führung beschränkte sich inzwischen im Osten nur noch auf Verteidigungsmaßnahmen. In einer für den Chef des Oberkommandos der Wehrmacht, Generalfeldmarschall Keitel, angefertigten Notiz eines seiner Generale hieß es: »Unsere Aufgabe muß es sein, unter zäher Verteidigung jeden Fußbreit Bodens im Osten, die erwartete Großlandung und möglichst auch alle Nebenlandungen der Angelsachsen auf den übrigen Kriegsschauplätzen abzuweisen, um dann die Initiative zurückzugewinnen und mit den freigewordenen Kräften die Kriegsentscheidung zu erzwingen.«

Täglich büßte die Wehrmacht Tausende von Toten, Verwundeten und Erkrankten ein. Die Personalnot war so groß, daß inzwischen auch Ohren- und Magenkranke eingezogen und in Sondereinheiten auf nicht besonders gefährdeten Abschnitten eingesetzt wurden. Die Soldaten an der Front litten nicht nur darunter, daß sie mehr und mehr untauglichen Ersatz erhielten, sondern auch darunter, daß ihnen immer seltener Atempausen belassen wurden. Sie wurden zunehmend überfordert.

Daß es dennoch nicht zum totalen Zusammenbruch kam, war mit dem – mißbrauchten – Idealismus und der Opferbereitschaft, die es immer noch gab, zu erklären.

Noch ein Phänomen spielte eine Rolle: Nicht wenige Soldaten, vor allem Junggesellen, fühlten sich bei ihren Kameraden an der Front »heimischer« als zu Hause. Zum Beispiel der Oberjäger Walter Henze. Nach seiner Verwundung im Juli 1943 am Ladoga-See und Lazarettaufenthalten in Riga und Grimma bei Leipzig stand ihm Heimaturlaub zu. Er war gerade im Begriff, sich die Urlaubspapiere beim Ersatzbataillon in Potsdam zu besorgen, als auf dem Kasernenhof in der Priesterstraße eine Marschkompanie antrat, bestehend aus Genesenden, die wieder an die Front sollten. Unter den Angetretenen alte Kumpel von ihm, darunter ein Oberfeldwebel, den er wegen seines Draufgängertums verehrte. Dieser war bereits einmal zum einfachen Soldaten degradiert, aller Ehrenzeichen entledigt und zum Strafbataillon 900 abkommandiert worden, weil er vor versammelter Kompanie dem »Spieß«, dem Hauptfeldwebel, in den Hintern getreten hatte. Wegen besonderer Tapferkeit in dieser Sondereinheit – er war mit anderen hinter den sowjetischen Linien per Fallschirm abgesprungen und hatte einen Generalstab gefangengenommen und übergebracht – hatte er seinen alten Dienstgrad wieder erhalten und war erneut mit dem Eisernen Kreuz I. Klasse dekoriert worden. Als er nun auch auf dem Kasernenhof stand und rief: »Mensch, Walter! Komm mit, wir gehen wieder raus«, machte der Oberjäger Henze kehrt, ließ sich beim Kommandeur des Ersatzbataillons, Dr. Herbert Meyer, melden.

»Herr Major, ich möchte mit dem Marschbataillon, das unten auf dem Kasernenhof angetreten ist, an die Front.«

»Aber Ihnen stehen doch erst noch drei Wochen Urlaub zu!«

»Mag sein, aber das sind meine alten Kameraden, ich will mit denen mit.« Der Kommandeur schüttelte den Kopf, gab jedoch Anweisung, Henze auf die Liste des ausrückenden Bataillons zu setzen. Im Raum Newel-Opotschka trafen er und seine Kameraden auf das Grenadier-Regiment 9. Henze wurde wieder Zugführer in seiner alten Einheit, der 5. Kompanie.

Er bekam sehr schnell zu spüren, wie sich in den wenigen Monaten seiner Abwesenheit die Bewaffnung des Feindes verbessert hatte. Die Rote Armee setzte jetzt zunehmend Scharfschützen ein, die über Gewehre mit Zielfernrohr verfügten, die auch ein Erkennen des Gegners bei Nacht möglich machten; und zwar auf über 500 Meter. Wenn deutsche Soldaten im Schnee lagen, ohne Deckung, aber in der irrigen Annahme, bei Nacht und auf diese Entfernung nicht gesehen, geschweige denn getroffen zu werden, erlagen sie einem tödlichen Irrtum. Sie starben an gezielten Kopfschüssen. Selbst Verletzungen an anderen Körperteilen waren verheerend, denn die Sowjets verwendeten Explosivgeschosse, die nach dem Treffer im Körper explodierten und schwere Wunden rissen. Ab dem 20. Dezember griff der Gegner pausenlos an. Die Feuerkraft seiner auf LKWs montierten Stalinorgeln war vernichtend. Zusätzlich erschwerten zwei Meter hoher Schnee und über 30 Grad minus den deutschen Soldaten die Verteidigung. Lokal begrenzte, immer wieder notwendige Rückzüge endeten im totalen Chaos.

Ferner machten Henze und seinen Kameraden die Menschenmassen des Gegners zu schaffen. Sämtliche Völker der Sowjetunion waren mobilisiert worden. Die Männer im wehrfähigen Alter wurden in die vordersten Linien geschickt, der Troß bestand aus Frauen, Kindern und alten Männern, die zum Teil mit Schlitten die Munition für die kämpfenden Truppe heranschafften.

Am 29. Januar starteten die Sowjets im Abschnitt der 5. Kompanie einen Großangriff. Sie kamen zu Tausenden und in mehreren Wellen aus einem Wald über eine freie Pläne. Die deutschen Maschinengewehre hämmerten in eine vorwärtsstapfende dunkle Menschenwand, spien ihre todbringende Feuerkraft in deckungslose Leiber. Nach wenigen Minuten lagen Hunderte von toten Rotarmisten auf dem Schneefeld. Dann griff die zweite Welle an, schob, gleichfalls aus dem Wald kommend, zum Schutz Panje-Wagen vor sich her. Sie zersplitterten im Kugelhagel. In das Knirschen des Holzes mischten sich die Schreie der Getroffenen. Die zweite Welle kam zwar ein Stück weiter voran, wurde aber auch gestoppt. Dann die dritte Welle. Sie schaffte es immerhin bis zu einem winzigen Hügel vor der deutschen Stellung. Dort, im toten Winkel, waren die Soldaten vor deutschem Beschuß einigermaßen sicher. Aber statt in Deckung zu bleiben und von dort aus zu schießen, kletterten sie über den Hügel und stürmten mit »Urää« auf den deutschen Graben zu. Die letzten wurden wenige Meter davor niedergestreckt.

Im Nebel des nächsten Morgens lancierte die 5. Kompanie einen Gegenangriff, stolperte über das mit dem Blut der Toten getränkte Schlachtfeld. Als sie im Wald den ersten feindlichen Bunker erreichten, trauten sie ihren Augen nicht: Er war besetzt mit Frauen, die sich ergaben, aber nur, weil sie überrascht worden waren. Nach dem Gefecht diskutierten die Deutschen das selbstmörderische Verhalten der Sowjets. »Kein vernünftiger Mensch kann im nüchternen Zustand solche Fehler machen!«

»Und sie ständig wiederholen!«

Henze faßte zusammen: »Ich glaube, die waren betrunken und hatten außerdem das Versprechen erhalten, nach erfolgreichem Angriff zu ihren Frauen zurückkehren zu können.« Sie zählten an die 3000 Tote.

Die gleiche Unvorsichtigkeit des Gegners, die nur mit dem fast unerschöpflichen Menschenpotential zu erklären war, erlebten Henze und seine Einheit beim späteren Rückzug in eine neue Stellung. Sein Zug war als Nachhut eingeteilt. Das bedeutete wieder einmal, so lange zu warten und zu sichern, bis sich Kompanie, Bataillon und Regiment auf eine rückwärtige Stellung zurückgezogen hatten. Der Rückzug erfolgte von Ort zu Ort. In dem einen Ort angekommen, verschanzten sich Henze und seine Männer in den Häusern und warteten das Herannahen der Sowjets ab. Sie ließen sie bis auf wenige Meter herankommen und eröffneten dann aus fünf Maschinengewehren das Feuer. Im nächsten Dorf, in dem sie sich erneut verschanzten, wiederholte sich das Gemetzel. Wieder näherten sich die sowjetischen Soldaten, ohne durch das vorangegangene Massaker gewarnt zu sein, so daß auch sie reihenweise niedergemäht wurden.

Bei diesem rücksichtslosen Einsatz wurde verständlich, warum die Rote Armee allein bei den vorangegangenen vier Schlachten vor Newel von rund 100 000 eingesetzten Soldaten nach Schätzung des deutschen I. Armeekorps etwa 80 000 Mann verlor! Aber unter dem Strich ging die menschenverachtende Strategie auf. An der Leningrad-Front wurde die deutsche 18. Armee aus ihren zum Teil gut ausgebauten Bunkern nach einer fünftägigen Schlacht hinausgeworfen und – unter Zurücklassung von Ausrüstung und schweren Waffen – zum Hals-über-Kopf-Rückzug gezwungen. Am 27. Januar 1944 war die dreieinhalbjährige Belagerung Leningrads zu Ende.

Am 30. Januar lag das I. Bataillon des Gren.Rgt. 9 am Ostufer der Uschtscha bei Newel. Es hatte sich auf die Häuser am Ortsausgang eines Dorfes verteilt, Fußbodenbretter herausgerissen und in die darunterliegende Erde Gräben zum Schutz gegen Panzergeschosse gegraben. Aus den hölzernen Hauswänden waren Balken herausgebrochen worden, um Schußfeld zu bekommen. Maschinenpistolen und -gewehre lagen griffbereit, um auf den Angriff der sowjetischen Infanterie vorbereitet zu sein. T-34-Panzer beschossen bereits das Dorf. Nachdem sich andere um den Verwundeten, den Bussche mitgebracht hatte, kümmerten, setzte er sich erschöpft auf den Boden, mit dem Rücken an eine Hauswand gelehnt. Er sah einen Artillerie-Offizier, der über Funk Anweisungen für deutsche Batterien gab. Bussche dachte noch, guck mal an, da fängt unsere Artillerie endlich auch an, sich zu melden. In der nächsten Sekunde blendete ihn das Licht einer in etwa zwei Meter Entfernung vor seinen Füßen einschlagenden Granate. Er spürte die unheimliche Wucht des Schlages gegen beide Beine. Es war, als wenn ein Riese sie mit einer Eisenstange zerschmettern wollte. Bussche wußte sofort: Jetzt ist es mit dem Gehen vorbei. Er hörte die Stimme des Artilleriebeobachters: »Euren Hauptmann hat's erwischt!« Merkwürdigerweise verlor Bussche nicht das Bewußtsein, auch Schmerzen stellten sich nicht ein. Die Feldstiefel, die er trug, waren zerfetzt, blutverschmiert und verrußt.

Er machte gar nicht den Versuch aufzustehen, sondern rutschte auf den Knien ins Haus, das von weiteren Einschlägen erschüttert wurde. Ein Wachtmeister der Artillerie, den Bussche gut kannte, sprang wie ein Betrunkener herum. Er hielt in seiner Rechten ein Taschentuch und wischte sich dort, wo seine Augen einmal waren, leere Höhlen aus. Der Mann jubelte: »Ich kann nach Hause! Ich kann nach Hause! Die haben meine Augen getroffen!«

Im Haus lagen mehrere Verwundete, deren Schreie Bussche erst jetzt wahrnahm. Ihn schauderte vor Entsetzen. Er krabbelte – immer noch auf den Knien und unter Zuhilfenahme seiner Hände – wieder hinaus und erblickte ein deutsches Sturmgeschütz* mit einem jungen, nervösen Leutnant, der vor dem Haus in Stellung gegangen war und auf sowjetische Panzer am Ende der freien Fläche feuerte, über die Bussche mit dem Schlitten gekommen war. Er sah, daß der Mann es eilig hatte, wieder fortzukommen.

Mit der letzten Granate verschoß er sich auch noch, traf eine deutsche MG-Stellung links am Ortsausgang und tötete drei Soldaten der 5. Kompanie. Aber das spielte in dem allgemeinen Durcheinander fast keine Rolle mehr. Der Leutnant schrie durch den Gefechtslärm: »Herr Hauptmann, ich kann sechs Verwundete mitnehmen! Sechs krieg' ich

* Eine 7,5-cm-Kanone oder 10,5-cm-Haubitze auf dem Kettenfahrgestell eines Panzers

rein, mehr nicht!« Bussche schrie ins Haus: »Sechs Verwundete rausbringen! Das Sturmgeschütz nimmt sie mit zurück!« Der Gefechtslärm war so sehr gewachsen, daß sein Befehl nicht gleich gehört wurde. »Verdammt noch mal, ihr Lahmärsche, bringt sechs Verwundete raus!« Seine Stimme überschlug sich vor Wut und Verzweiflung. Schließlich zeigte sich am Eingang ein Unteroffizier und schaute fragend zu seinem Hauptmann. »Sechs Verwundete kann das Sturmgeschütz mitnehmen!« Der Unteroffizier hob die Hand zum Zeichen, daß er verstanden hatte. Sie begannen, die Verwundeten vorsichtig in das Innere des Panzers zu verladen. Der Panzer-Leutnant drängte: »Beeilung, Beeilung!« Im Dorf schlugen immer mehr Granaten ein. Nachdem der fünfte Verwundete verstaut worden war, rief der Leutnant: »Herr Hauptmann, wollen Sie nicht mit?«

»Nein«, schrie Bussche zurück. »Erst meine Männer.« Der Leutnant zuckte mit den Schultern. Bussche: »Das ist eben meine Erziehung. Man läuft ja auch nicht vor einer Dame durch die Haustür!« Der Motor des Sturmgeschützes heulte auf, dem Fahrer wurde die Lage zu brenzlig. Rechts und links krachten immer häufiger Einschläge des Gegners. Inzwischen war der sechste Verwundete untergebracht. Der Leutnant machte ein letztes Angebot: »Ich kann jetzt keinen mehr im Innenraum mitnehmen, aber wenn Sie draußen sitzen wollen, ist das Ihr eigenes Risiko, Herr Hauptmann.«

Bussche nickte. Da hoben die Soldaten, darunter der Oberjäger Henze, den Kommandeur auf das gepanzerte Fahrzeug und setzten ihn so, daß er sich anlehnen konnte. Sie sprangen zurück zum Hauseingang und blickten besorgt zu ihm hoch. Der »Alte« hockte da wie eine lebende Schießscheibe, aber er machte trotz seiner Verwundung einen fröhlichen Eindruck. Mit einem Aufheulen wendete der Panzer um 180 Grad. Bussche wandte sich ein letztes Mal zu seinen Soldaten um. Er sorgte sich, was aus seinen Schutzbefohlenen werden würde. Zwei, drei winkten zögernd. Dann röhrte der Stahlkoloß ab ins rückwärtige Gebiet.

Auf dem Hauptverbandsplatz war ein Arzt, den Bussche kannte. Kein Wunder, schließlich war es seine sechste Verwundung. Der Arzt sagte: »Na, das ist aber das letzte Mal, daß wir uns sehen. Der rechte Fuß ist kaputt, und links ist es auch sehr schwierig. Ich gebe Ihnen jetzt erst mal Morphium.« Nach fünf Minuten fühlte sich Bussche wie auf einer schönen weißen Wolke. Krieg, Schmutz, Blut – all das war plötzlich wie weggeblasen. Der Arzt kümmerte sich um andere Verwundete, schließlich kam er zurück. »Was machen wir denn nun mit Ihnen? Ich glaube, ich hab's: Wir haben hier so einen Zirkus. Das sind russische Bauern mit jeweils von einem Pferd gezogenen kleinen Panje-Schlitten. Wir verpflegen sie, und außerdem kriegen die Bauern ab und zu von unserem neunzigprozentigen Verbandsalkohol ein Gläschen zum Trinken. Die fahren Sie zum rückwärtigen Verbandsplatz.«

Bussche schaute den Arzt etwas verunsichert an. »Alleine auf so einem Schlitten und mit so einem stinkenden Bauern? Der fährt mich doch zu den Russen rüber!«

»Nein, nein. Die finden das bei uns sehr schön. Natürlich, wenn morgen die Rote Armee kommt, werden sie behaupten, daß sie unter Sklavenherrschaft gelebt haben. Aber auf die Leute ist Verlaß.«

Also hoben sie ihn auf einen dieser Schlitten. Der Bauer bekam den Befehl, den Verwundeten zum nächsten Ort zu fahren. Er schnalzte mit der Zunge und trieb mit der Peitsche das Pferdchen an. Bussche fand die Schlittenfahrt richtig lustig. Die Beine sind weg, was soll's. Schade, daß Adolf nicht sehen kann, wie schön ich hier Schlitten fahre.

Der Schlittenkutscher brachte ihn zum Hauptverbandsplatz im nächsten größeren Ort. Da schnitten sie ihm die Filzstiefel auf, warfen einen Blick auf seine zerschossenen Beine, legten ihm einen Notverband an und sagten: »Der kommt in den Lazarettzug.« Es war ein Behelfs-Lazarettzug mit Betten, die nur 1,80 Meter lang waren – für einen Recken wie Bussche mit 1,96 Meter und mit zwei zerschossenen Beinen ein Unding. Also wurde er wieder ausgeladen und nach Rositten in Lettland geflogen.

Der Chefarzt, ein Gehirnchirurg aus Magdeburg, las Bussches Namen auf dem Anhänger für Verwundete. »Bussche? Meine Familie ist wegen der Luftangriffe auf Magdeburg bei einer Familie Bussche auf dem Lande untergekommen. Verwandte?«

»Vettern.« Fortan behielt der Arzt sich die Pflege des schwerverwundeten Hauptmanns vor. Er kam immer mit einem Lexikon ans Bett, dem er Hinweise für die Behandlung entnahm. Am zweiten Tag sagte er zu seinem ärztlichen Gefolge: »Den rechten Fuß amputieren wir nicht. Den rette ich. Wir gipsen Bussche bis zur Hüfte ein.« Die jüngeren Ärzte setzten skeptische Gesichter auf.

Aber dann kam Bussches Retterin in Gestalt einer estnischen Nachtschwester. Sie sah ihn leiden. »Ich habe ein schmerzstillendes Mittel.

Wenn Sie es nicht weitersagen, spritze ich Ihnen nachts einen Kubikzentimeter, unter der Bedingung, daß Sie morgens um sieben vor der Visite ein Glas Kaffee trinken, damit der Kreislauf wieder in Schwung kommt.« Vier Wochen lang erschien sie jeden Abend um 23.00 Uhr und verabreichte ihm die Spritze.

Dann verlegten sie ihn weiter südlich ins ostpreußische Kreuzburg und von da weiter nach Insterburg, wo sie ihn in einem gekachelten Badezimmer im Erdgeschoß abstellten. Bussche dachte sofort an ein Sterbezimmer. Als erfahrener Lazarettpatient wußte er, daß die Räume für die letzten Stunden immer gekachelt sind. Damit noch nicht genug: Die Tür ging auf, und herein trat ein Pfarrer mit Kreuz und Beffchen. Bussche erschrak. Hatten ihm die Ärzte irgend etwas über seinen Zustand verheimlicht? War seine letzte Stunde gekommen?

Da entsann er sich einer Familie Lehndorff, altpreußisches Geschlecht, Reichsgrafen seit 1687. Einer aus der jetzigen Generation, Hans Graf Lehndorff, war Arzt und praktizierte in diesem Ort. Ob Hochwürden diesen Doktor Lehndorff nicht rufen lassen könnte?

Nach einer halben Stunde stieg jemand durchs Fenster – Doktor Graf Lehndorff. Bussche war beeindruckt von der schnellen Reaktion; schließlich kannte er den Mann nicht persönlich. »Ich finde es furchtbar nett, daß Sie kommen, denn der Kollege von der Geistlichkeit, der ist mir mit seinem Beffchen auf die Nerven gefallen. Könnten Sie bitte als erstes das Radio ausmachen?« In jedem Zimmer war ein Radio aufgestellt, das Schlagermusik verbreitete. Lehndorff riß den Apparat kurzerhand aus der Wand und warf ihn zu Boden.

Schon der Chefarzt des Lazaretts in Kreuzburg hatte prophezeit: »Wir müssen amputieren.« Bussche hatte zu dem Chefarzt kein Vertrauen gehabt und seine Zustimmung verweigert. Lehndorff und er kamen überein, daß Bussche schnellstmöglich zur Operation nach Berlin verlegt werden müßte. Wenn schon amputieren, dann nur von einem der besten Ärzte. Bussche: »Kann ich nach Berlin ins Oskar-Helene-Heim verlegt werden? Die haben eine gute chirurgische Station.«

Die Verschwörer um Graf Stauffenberg hatten mittlerweile von Bussches schwerer Verwundung erfahren. Sie wollten dem tapferen Frontoffizier, der bereit gewesen war, für das Attentat sein Leben zu opfern, die beste ärztliche Versorgung angedeihen lassen und befanden, daß ein Berliner Lazarett wegen der ständigen schweren Bombenangriffe zu gefährlich sei. Sie empfahlen – Bussche glaubte sich zu verhören - die Verlegung in das nördlich von Berlin gelegene SS-Lazarett Hohenlychen, das unter der Leitung von Himmlers Leibarzt, Professor Gebhardt, stand. »Da kriegen wir als Wehrmachtsangehörige zwar nur auf doppelte Empfehlung - Befürwortung von uns und einem Großwürdenträger der Partei - ein Bett, aber wir kriegen das schon hin«, ließen sie ihn wissen.

Sie kontaktierten kaltschnäuzig den obersten HJ-Führer, Reichsjugendführer Artur Axmann, der es zum Reserveoffizier gebracht hatte. So wurde wenig später der ehemalige potentielle Hitler-Attentäter Axel von dem Bussche nach einem vorangegangenen Fernschreiben, das als Absender den Major im Generalstab, Graf Stauffenberg, und Reichsjugendführer Axmann trug, in das SS-Lazarett eingewiesen. »Eine schöne Leistung«, befand Bussche.

Am 7. März wurde er mit dem Ritterkreuz dekoriert.

Was aber bewog ein Mitglied des Widerstandes, das Ritterkreuz anzunehmen, das - zwar pro forma, aber immerhin - im Namen des »Führers« verliehen wurde? Bussche: »Ich hab' es bis zum Schluß in Dankbarkeit getragen, weil es mir ein Beweis wurde, daß ich zwischen Hoch- und Landesverrat zu unterscheiden gewußt habe.«

Dazu hieß es im Tagesbefehl Nr. 5/44 der Division:

»Hauptmann von dem Bussche-Streithorst lag am 29.1.44 mit starkem wolynischen Fieber auf dem Hauptverbandsplatz, als ihn die Nachricht von dem schweren Angriff auf sein Bataillon erreichte. Ohne Zögern eilte er in der Stunde der Not zu seinem Bataillon, organisierte die Abwehr, nahm aus eigenem Entschluß, allen vorankämpfend, eine wichtige, verlorengegangene Höhenstellung und hielt sie in den nächsten zwei Tagen, obwohl der Russe beiderseits durchgebrochen war. Bei diesen Kämpfen wurde er zum sechstenmal verwundet.

Er war durch seine Sicherheit und durch seinen unerschütterlichen Glauben an die Überlegenheit des deutschen Soldaten die alles stärkende Stütze seines Bataillons, das ihm blind vertraute und ihn über alles verehrte.

Die Gedanken der Division begleiten diesen vorbildlichen Offizier und Truppenführer in der nächsten Zukunft mit der Hoffnung auf eine baldige völlige Genesung. Ich beglückwünsche Hauptmann von dem Bussche-Streithorst von ganzem Herzen zu dieser Auszeichnung.

Châles de Beaulieu
Generalmajor u. Div.Kommandeur.«

39 Bewährungsauftrag: Stosstrupp Henze erobert den Pfingstberg

Die 16. Armee, zu der das Grenadier-Regiment 9 gehörte, bekam Ende Februar 1944 eine neue Stellung zugewiesen, die, nordwestlich von Newel, bei Opotschka im Quellgebiet des Welikaja-Flusses lag. Es war die sogenannte Panther-Stellung, die auf Befehl Hitlers Teil des »Ostwalls« war und von Baubrigaden der Organisation Todt angelegt wurde. Eine beherrschende Höhe in diesem Frontabschnitt war der Sattelberg, den die Soldaten in Anlehnung an ein Übungsgelände in Potsdam den Pfingstberg nannten. Auf ihm, mit Blick auf die gegnerischen Linien, hatte ein Zug der 7. Kompanie Stellung bezogen.

Am 17. März, ab vier Uhr morgens, belegte die Rote Armee in Vorbereitung eines Angriffs den Pfingstberg mit heftigem Trommelfeuer, um diese beherrschende Höhe, die ebenfalls Einblick in die deutschen Stellungen gewährte, zu erobern. Die 7. Kompanie konnte ihre Position nicht halten. Bis zum Tagesanbruch hatte es auf deutscher Seite so viele Ausfälle gegeben, daß die Sowjets den Pfingstberg erobern konnten. Daraufhin erhielt Leutnant Felix Hannig Befehl, mit etwa 60 Mann die Höhe zurückzuerobern. Obwohl ab zehn Uhr schwere Haubitzen auf Selbstfahrlafette den Gegenangriff vorbereiteten und Hannig mit seinen Männern den Gipfel auch erreichte, wurden sie in erbitterten Nahkämpfen zurückgeworfen. Von den angetretenen 60 Soldaten kehrten nur acht zurück! Auch Leutnant Hannig war gefallen.

Daraufhin erhielt die 5. Kompanie unter Oberleutnant Kielmann den Befehl, in einem zweiten Anlauf den Berg zu erstürmen. Kielmann gab den Auftrag an Henze weiter: »Henze, komm her. Such dir 30 gute Männer aus, du kennst ja deine Kameraden. Und dann nimmst du den Berg.«

Daß die Wahl auf Henze fiel und der Angriff nicht von einem Offizier ausgeführt wurde, hatte einen Grund. Gegen den Unteroffizier schwebte ein Verfahren wegen »fahrlässiger Brandstiftung, Nichtausführung eines Befehls und mangelnder Dienstaufsicht«. Mit der Rückeroberung wollte ihm sein Vorgesetzter die Chance geben, sich zu rehabilitieren. Doch welche Bewandtnis hatte es mit diesen Beschuldigungen?

Einige Wochen zuvor war die 5. Kompanie in schwere Abwehrkämpfe verwickelt gewesen. Die Sowjets griffen mit Panzern an, drangen in den deutschen Schützengraben ein und schalteten im Nahkampf den größten Teil der 5. Kompanie aus. Henze hatte Glück, er lag mit sechs Leuten und zwei Maschinengewehren etwas abseits. An seiner Stelle konnte er den Angriff abwehren, aber rechts von ihm war eine etwa eineinhalb Kilometer breite Lücke in der Front, an der die Sowjets durchsickerten. Er hastete zum Bataillonsgefechtsstand zurück, um das Eindringen und die fast völlige Vernichtung der 5. Kompanie zu melden. Es wurde Nacht, die Sowjets kamen und kesselten das Bataillon ein. Zwei Tage und zwei Nächte lang konnte die Stellung gehalten werden. In der dritten Nacht gelang den Resten des Bataillons - nur noch 80 Mann - unter Führung von Major Klaukien und mit Unterstützung eines deutschen Panzers der Ausbruch. Sie zogen in der Dunkelheit auf freiem Gelände Richtung Westen. Die Lage war wieder einmal, wie so oft im Rußland-Feldzug, verworren. Auf einer etwas tiefer gelegenen, parallel verlaufenden Straße rückte gleichzeitig eine gegnerische Einheit vor. Die Sowjets hielten die Deutschen für Landsleute, riefen zu ihnen hoch: »Na Berlin! - Auf nach Berlin!« Ein deutscher Soldat, der russisch konnte, rief zurück: »Na Berlin, Towarischtschi! - Auf nach Berlin, Genossen.« Der nächste Ort stand hell in Flammen, war bereits von russischen T-34-Panzern erobert worden. Major Klaukien und seine Soldaten kämpften sich bei relativ geringen Verlusten 40 Kilometer weiter nach Westen vor. Dort stießen sie auf ihr Regiment, das eine neue, eben die von der obersten Heeresführung zugewiesene Panther-Stellung bezogen hatte.

Da es Nacht war und die Männer des II. Bataillons vom pausenlosen Einsatz erschöpft waren, die Soldaten seit Wochen keinen ausreichenden Schlaf bekommen hatten, wurden sie auf die wenigen vorhandenen Häuser verteilt. Auch Henze und seine Männer erhielten einen Raum: »Hier könnt ihr schlafen.« Sie legten sich auf Bänke und den Fußboden und schliefen sofort ein. Kurz nach 1.30 Uhr nachts wurden sie durch den Ruf hochschreckten: »Feuer! Feuer!« Henze, noch völlig verschlafen, sah auf dem Fußboden um den Ofen Flammen züngeln. Mit dem Gefreiten Hadwiger versuchte er, das sich schnell ausbreitende Feuer mittels einer Decke und einer Tarnjacke zu ersticken. Ohne Erfolg.

Henze: »Raus, alle Mann raus!« Sie rafften, was sie gerade noch an Waffen und Uniformteilen ergreifen konnten, zusammen und stürzten nach draußen. Innerhalb von Minuten stand das Holzhaus in Flammen. Durch den Lärm waren die Soldaten in den übrigen Häusern wach geworden, konnten aber auch nur noch tatenlos zusehen, wie das Haus völlig niederbrannte.

Nachdem sich die Aufregung gelegt hatte, wurden Henze und seine Soldaten für den Rest der Nacht umquartiert. Am anderen Morgen mußten die Reste des II. Bataillons antreten. »Alle Unteroffiziere, die in der letzten Nacht in dem abgebrannten Haus einquartiert waren, vortreten.« Drei traten vor. Sie wurden nacheinander gefragt: »Wie lange sind Sie Unteroffizier?« Sie nannten die Daten. Henze war der dienstälteste. Nun wieherte der deutsche Amtsschimmel im tiefen Rußland. Ein »Tatbericht« wurde aufgesetzt:

»Gren.Reg. 9 O.U., den 14. März 1944

5. Kompanie

Dem Gerichtsherrn der 23. Infanterie-Division

TATBERICHT

Gegen den Oberjäger Walter Henze
wegen fahrlässiger Brandstiftung, Nichtausführung eines Befehls und mangelnder Dienstaufsicht

Tatbestand und Verdachtsgründe:

Am 14.3.44, gegen 1.30 Uhr nachts, brannte in Petschurki ein Unterkunftshaus der 5. Kompanie, in dem ein Zug zur Ruhe übergegangen war, völlig nieder.

Außer 1 leichten Maschinengewehr 42, 7 Gewehren und einigen anderen Ausrüstungsstücken der 5. Kompanie verbrannte ein LKW und ein RSO [Raupenschlepper Ost], die von der 13. Kompanie hinter dem betreffenden Haus abgestellt waren. Schuld trifft den Quartierältesten, Oberjäger Walter Henze, der, entgegen dem gegebenen Befehl, weder eine Wache im Quartier noch einen Posten außerhalb des Quartiers eingeteilt hatte, so daß das Feuer nicht in seiner Entstehung bemerkt und bekämpft bzw. die verbrannten Gegenstände nicht rechtzeitig gerettet werden konnten. Außerdem unterließ H. die Kontrolle beim Heizen des Ofens, so daß eine Überhitzung desselben möglich war.

Trittel

Major«

Dieser Tatbericht wurde mit acht (!) Anlagen, darunter das Protokoll von der Vernehmung des Schützen Roschlau als Zeugen und einer Stellungnahme des Kompanieführers, Leutnant Becker, dem Gerichtsherrn der Division übersandt.

Für den Oberjäger Henze brach eine Welt zusammen. Da war er 1940 als Kriegsfreiwilliger zu den Fahnen geeilt, hatte den Frankreich-Feldzug und den Einmarsch in Rußland von der ersten Stunde an mitgemacht, war wegen Tapferkeit dekoriert und mehrmals verwundet worden. Er hatte einen Krieg mitgemacht, in dem Milliarden Mark verpulvert wurden und ganze Armeen Ausrüstung und Waffen beim Rückzug im Stich ließen oder in die Luft sprengten. Bei früheren Rückzügen im Winter hatte es einen Befehl der Obersten Heeresleitung gegeben, jedes Haus niederzubrennen, um den nachstoßenden Sowjets jeden Schutz vor der Härte des russischen Winters zu nehmen – und nun wurde ausgerechnet er dafür belangt, daß ein Haus in Flammen aufgegangen war. Natürlich hätte er für eine Wache sorgen müssen. Aber nach den wochenlangen aufreibenden Rückzugsgefechten, in denen es um Leben und Tod gegangen war, wo er und seine Kameraden manchmal nur zwei, drei Stunden Schlaf pro Nacht hatten – mein Gott, verstanden denn seine Vorgesetzten nicht, daß man hier auch einmal eine Unterlassung begehen konnte? Genausogut hätten sie – wenn überhaupt eine Anfrage der Division gekommen wäre – behaupten können, das Haus sei durch Feindeinwirkung in Brand geraten! Ebensowenig vermochte er zu begreifen, daß inmitten der schweren Kampfhandlung für das Erstellen eines Tatberichts und für die Vernehmung von Zeugen Zeit vertan wurde, während nur wenige Kilometer vom »Tatort« entfernt die Rote Armee gegen die von den Deutschen mühsam gehaltene Panther-Stellung Sturm lief.

Wenigstens sein Kompaniechef, Oberleutnant Kielmann, schien ein Einsehen mit ihm zu haben. Darum erhielt er fünf Tage später die Chance, seine Haut zu Markte zu tragen, mit 30 Freiwilligen den Pfingstberg für das Großdeutsche Reich zurückzuerobern.

Der Angriff wurde sorgfältig geplant. Auf dem Regimentsgefechtsstand wurden ein Sandkasten aufgebaut, der Berg nachmodelliert und auf dessen Doppelspitze mit kleinen Klötzen zwei von den Sowjets gehaltene Bunker markiert. Das Besondere der beiden Bunker war, daß ihre Eingänge in Richtung des deutschen Angriffs lagen. Dies hatte bei dem vorangegangenen Versuch, den Pfingstberg zu nehmen, Leutnant Hannig nicht bedacht, und er war in die aus diesen offenen Bunkertüren abgegebenen Feuergarben gelaufen. Um ein derartiges Fiasko nicht zu wiederholen, sollten die Bunker erstens schräg seitlich angegriffen werden. Außerdem erhielt Henze zur Unterstützung Pioniere mit zwei Flammenwerfern. Es wurde entschieden, daß Henze mit zehn Mann und einem Flammenwerfer den linken Bunker und ein junger Leutnant, der gerade erst die Kriegsschule absolviert hatte, ebenfalls mit zehn Mann und einem Flammenwerfer den rechten Bunker angreifen sollte. Die Reserve von noch einmal zehn Mann würde von dem Gefreiten Harms, der das besondere Vertrauen Henzes genoß, geführt werden. Der Angriff war auf 20.00 Uhr festgelegt. Tagsüber sollte die Höhe mit Artillerie unter Beschuß genommen und Punkt 20.00 Uhr, während der deutsche Stoß aus dem vordersten Graben zum Angriff stieg, mit einem letzten schweren Feuerschlag sturmreif geschossen werden.

Zur festgelegten Angriffszeit lag der Stoßtrupp Henze im Abschnitt der 7. Kompanie vor dem Berg. Wieder verspürte der Oberjäger das eigentümliche Gefühl, das er vor jedem Angriff hatte – ein leicht flaues Gefühl im Magen, das man mit ein paar belanglosen Scherzen zu überspielen suchte. Er lief hin und her wie vor einem Appell, korrigierte dieses und jenes an der Ausrüstung seiner Soldaten. Ein letzter Blick auf die Uhr, deren genaue Einstellung vorher auf dem Regimentsgefechtsstand abgestimmt worden war.

Punkt 20.00 Uhr jaulte die erste Salve des verabredeten letzten Feuerschlags heran. Henze und die 30 Soldaten sprangen aus dem Graben und warfen sich nach wenigen Metern wieder zu Boden. Die Einschläge der eigenen Artillerie lagen zu kurz. Henze hörte zwei Verwundete schreien, gab sofort das Kommando: »Alles zurück in den Graben!« Mit Getöse und Flüchen sprangen sie in die eigene Stellung zurück. Der vorgeschobene Artilleriebeobachter korrigierte telefonisch die Schußweiten, nun lagen die Salven auf den sowjetischen Stellungen. Daraufhin sprangen Henze und die verbliebenen 28 Soldaten ein zweites Mal aus dem Graben. Jetzt eröffneten die Sowjets das Feuer. Wiewohl eine helle Schneenacht, gab es auf deutscher Seite keine Verluste. Vielleicht lag das daran, daß die Deutschen zur Tarnung Schneehemden trugen und die Fläche zu dem Hügel hinauf mit kleinen Büschen bewachsen war, die den sich immer wieder hinwerfenden Soldaten des Stoßtrupps Sichtdeckung boten.

Henze überkam im Vorwärtsstürmen plötzlich eine scheinbar absurde Idee, die er nichtsdestotrotz sofort in die Tat umsetzte: Statt des üblichen »Hurras« zur Anfeuerung schrie er wie ein Wilder den alten Schützenruf: »Horrido Joho – Waidmannsheil – Faßt die wilde Sau!« Im Nu stimmten die vorwärtsstürmenden Soldaten ein: »Horrido Joho ...« Die Pioniere mit den Flammenwerfern erreichten die Bunkertür und schalteten mit ihrer grausamen Vernichtungswaffe die Besatzung aus. Was den anderen Grenadieren im Wege stand, wurde niedergemacht. Auf dem Berg ganz außer Atem angekommen, schoß Henze eine weiße Leuchtkugel ab, um sich Einblick in das hinter dem Gipfel liegende Gelände zu verschaffen. Halb rechts voraus entdeckte er noch ein sowjetisches MG-Nest, das seine Soldaten mit Handgranaten ausschalteten.

Der Erfolg und die bisher überstandene Gefahr versetzten Henze in einen Rausch. Statt auf der Hügelkette zu bleiben und seinen Auftrag als ausgeführt zu betrachten, verfolgte er auf der Rückseite des Berges auf einem schmalen, im Schnee festgetretenen Weg fliehende Soldaten des Gegners. Da drehte sich einer der Sowjets um und schoß! Henze sah noch die Leuchtspur wie eine Perlenkette auf sich zukommen. Im selben Moment spürte er gegen den linken Oberschenkel einen Schlag von solcher Wucht, daß er zu Boden geschleudert wurde. Er verlor sofort das Bewußtsein. Als er wieder zu sich kam, waren seine Gedanken noch völlig verwirrt. Er spürte nur, daß das getroffene Bein wie gelähmt war und daß warmes Blut durch seine gefütterte Schneehose drang. In panischer Angst rief er nach dem Gefreiten Harms.

»Wo bist du?!?«

»Haaarms, hier, hier!«

Harms fand ihn, blutbesudelt und mit wirrem Blick. Andere Soldaten des Stoßtrupps stolperten heran. Es fielen nur noch vereinzelt Schüsse. Entsetzt sahen sie im Mondlicht auf ihren blutverschmierten Stoßtruppführer: »Mensch, eine Zeltbahn muß her!« rief einer. Vorsichtig schoben sie die Plane unter ihn und zogen die Last keuchend – ein verletzter Mensch ist verdammt schwer – über den Schnee langsam den

Berg hoch bis in einen Bombentrichter. Dort legten sie ihn auf den Boden. Mit klammen, zittrigen Händen banden sie ihm das Bein ab.

Henze, vorübergehend zu sich gekommen, hatte erneut das Bewußtsein verloren. Der Blutverlust war enorm. Ein Explosivgeschoß hatte ihm im Oberschenkel ein faustgroßes Loch gerissen, sämtliche Nervenstränge zerfetzt, nur die Hauptschlagader war nicht getroffen worden. Henze kam wieder zu Bewußtsein. Trotz des Schocks hatte er furchtbare Schmerzen. Das verletzte Bein zuckte unkontrolliert. Er riß sich, nicht wissend, was er tat, den Notverband ab. Die Kameraden hockten wie gelähmt um ihn herum. Aber Gott hatte mit dem schwerverletzten Oberjäger ein Einsehen: Bei über 30 Grad Kälte kam die Blutung von allein zum Stillstand. Henze fiel von neuem in tiefe Bewußtlosigkeit. Als es zu dämmern begann, wurde er zusammen mit den anderen Verwundeten und Toten des Stoßtrupps von der 6. Kompanie geborgen. Willi Unnold, ein besonders kräftiger Soldat, trug ihn den Berg hinunter. Die Mehrheit der Sechsten besetzte dann den von den mutigen Männern in der Nacht zurückeroberten Pfingstberg.

Henze überlebte unter anderem, weil die deutschen Soldaten im Gegensatz zum Winter 1941/42 die richtige Ausrüstung hatten: wattegefütterte Hosen und Jacken, Filzstiefel und wollene, lange Unterwäsche. Als Henze erneut aus seiner Ohnmacht erwachte, lag er in einem deutschen Bunker am Fuß des Pfingstbergs. Ein Sanitäter beugte sich über ihn, schnitt das Hosenbein auf und legte einen Verband an. Dann luden sie ihn auf einen Pferdeschlitten und transportierten ihn nach Dünaburg. Wieder fiel er in Bewußtlosigkeit. Er war nicht der einzige Verwundete auf diesem Schlittentransport. Einer starb unterwegs. Den legten sie einfach neben den Weg. In Dünaburg auf dem Hauptverbandsplatz wachte Henze kurz auf, bekam gerade noch mit, wie er in einen Güterwagen mit Betten verlegt wurde. Er bat einen Sanitäter: »Kumpel, hast du eine Zigarette für mich?«

»Du darfst nicht rauchen, mußt schön liegenbleiben.« Erneut fiel Henze in Ohnmacht. Es war, als ob sich Gott nicht entscheiden könnte, den Oberjäger zu sich zu rufen oder unter den Lebenden zu belassen. Als Henze wieder zu sich kam, lag er in einem weißbezogenen Lazarettbett.

»Wo bin ich?«

Ein Arzt klärte ihn auf: »In Ponnewesch.«

»Ponne . . ., Ponne . . .?«

»Ponnewesch, das ist in Litauen.«

Nach vier Wochen wurde Henze in einem schönen Lazarettzug nach Lötzen in Ostpreußen und, als die Front im Juli 1944 näher kam, nach Pützchen bei Bonn verlegt. Im Regimentsbefehl Nr. 7/44 vom 1. April 1944 wurde er »im Namen des Führers« mit dem Eisernen Kreuz I. Klasse ausgezeichnet. Der Gefreite Harms, der beim Sturm auf den Berg die Reserve angeführt und ihm zuerst geholfen hatte, und fünf weitere Soldaten der 5. Kompanie erhielten das Eiserne Kreuz II. Klasse. Sein Bataillonskommandeur, Hauptmann von Arnim, dessen Brust bereits beide Stufen des EKs schmückten, erhielt das Deutsche Kreuz in Gold. Offizielle Begründung: »Damit findet der in allen Kämpfen erprobte, unerschrockene Einsatz des Kommandeurs und aller Soldaten des tapferen II. Bataillons seine hohe und verdiente Ehrung und Anerkennung.«

Der Gerichtsherr der Division dagegen lud in Unkenntnis der Heldentat des Oberjägers Walter Henze diesen per Funkspruch zur Hauptverhandlung vor. Das Bataillon funkte zurück:

»Abs.: Felix = II/Gren.Rgt. 9
An: Gericht
Betr.: Hauptverhandlung gegen Oberjäg. Henze

Oberjäg. Henze und Schütze Roschlau sind bei einem Spähtruppunternehmen auf eine vom Feind besetzte Höhe nordwestlich von Barmen verwundet. Lazarettmitteilung ist noch nicht eingetroffen.

II/G.R. 9

Aufgenommen: Gefreiter Drenhaus, 27.3.44, 19.00 Uhr
Aufgegeben: Gefreiter Langerdick.«

Wenn Henze glaubte, die Angelegenheit hätte sich erledigt, der Dank und Gnadenerweis des Vaterlandes sei ihm gewiß, hatte er sich gründlich geirrt.

40 Himmelfahrtskommando: Wenn Gefangene gemacht werden müssen

Leutnant Becker lief mit einem dicken Halsverband herum. Bevor er und seine Männer von der 5. Kompanie in die Stellung vor dem Pfingstberg verlegt worden waren, hatten sie an anderer Stelle der Front als Sturmreserve mehrere Tage auf sich allein gestellt einen einsamen Kampf geführt. Gerade während sie auf Ablösung warteten, brach ein sowjetischer Stoßtrupp ein. Nach kurzer, heftiger Schießerei warfen sie den eingedrungenen Gegner wieder aus dem Graben. Becker sprang heraus, um die Flüchtenden weiter zu bekämpfen. Da traf ihn ein heftiger Schlag am Hals, Blut lief über das weiße Schneehemd. Ein kleiner Granatsplitter hatte ihn getroffen und steckte im Hals. Etwas benommen sprang er in den eigenen Graben zurück. Ein Sanitäter verband ihn.

»Ein glatter Heimatschuß, Herr Leutnant. Aber damit müssen Sie erst mal ins Lazarett.«

»Schon gut, schon gut. Ich bleibe erst einmal.«

Später, in der Pfingstberg-Stellung, nahmen die Schmerzen zu, und die Stelle, wo der Splitter eingetreten war, begann zu »suppen«. Sein Regimentskommandeur besuchte ihn im Bunker. »Becker, wollen Sie nicht lieber freiwillig ins Lazarett?«

»Nee, ich bleibe hier bei der Truppe.« Vorher hatten ihn schon seine Soldaten gebeten: »Also, Gottlieb, du bleibst doch bei uns. Du kannst uns nicht einfach im Stich lassen. Wir wissen ja gar nicht, was aus uns wird.«

»Dann schicke ich dir aber einen Arzt rüber.« Der Major und sein Leutnant waren per du.

Der Arzt hatte Mühe, Beckers Gefechtsbunker zu erreichen, denn die Fläche davor war von den auf dem Pfingstberg liegenden Sowjets einzusehen. Sie schossen auf alles, was sich da bewegte. Der Arzt mußte große Sprünge machen, aber er schaffte es unverletzt. Auch er versuchte, Becker das Bleiben auszureden. »Mensch, du mußt doch ein Einsehen haben. Das ist viel zu gefährlich!«

»Nein, ich will hier nicht weg. Basta.«

Der Arzt tat einen tiefen Seufzer. »Wie du meinst. Dann müssen wir dich eben hier operieren. Nicht gerade ideale sterile Verhältnisse, aber des Menschen Wille ist sein Himmelreich.«

Becker teilte den Bunker mit seinen Soldaten. Die hatten die Gespräche - gleichgültig tuend - mit gespitzten Ohren verfolgt. Das war doch etwas, nun eine richtige Operation zu sehen. »Wir müssen das ohne Betäubung machen. Ich habe nichts dabei.«

»Schon gut, laß uns anfangen.« Becker saß auf einer Munitionskiste und biß die Zähne zusammen. Der Arzt sterilisierte die Wunde und schnitt den Einschußkanal ein Stückchen weiter auf. Ein bißchen Eiter lief aus der Wunde. »Das war allerhöchste Zeit, mein lieber Schwan«, murmelte der Medizinmann, als er versuchte, im schlechten Licht des geschlossenen Raumes den Splitter zu finden. Endlich entdeckte er ihn, zog ihn mit einer Pinzette heraus und hielt ihn Becker unter die Nase. »Hier, ein Souvenir von Stalin.« Becker nahm den Splitter ungläubig in die Hand und betrachtete ihn neugierig. Er wischte ihn kurz mit einem Lappen ab und steckte ihn in sein Portemonnaie. »Als Talisman.« Es war seine dritte Verwundung.

Die vierte ließ nicht lange auf sich warten. Aber dafür wurde er vorher noch zum Oberleutnant befördert.

Beim Regiment waren im März 1944 neue Gesichter aufgetaucht. Kommandeur war Major Rudolf Trittel geworden, der im Jahre 1934 als Fahnenjunker ins I.R. 9 eingetreten war. Er hatte sich durch besondere Tapferkeit ausgezeichnet. Trittel war ein gutartiger, wohlmeinender, sehr spontaner, indes nicht unbedingt nachdenklicher Offizier. Mit seinen 30 Jahren war er eigentlich ein bißchen zu jung für seine Aufgabe. Dennoch wurde er von seinen Offizieren, Unteroffizieren und Mannschaften sehr schnell geschätzt.

Auch das I. Bataillon bekam einen neuen Kommandeur: Hauptmann Hans Sievers, einen aktiven Offizier, der zwei Jahre vor Kriegsbeginn in Hildesheim in die Wehrmacht eingetreten war. Von 2500 Oberfähnrichen, die im August 1939 an Deutschlands Kriegsschulen ihr Leutnantspatent erhielten, kam er in der Bewertung auf Platz 725. Das genügte ihm. Seine Theorie: »Du mußt sehen, mindestens am Ende des ersten Drittels abzuschneiden.«

Den Beginn des Zweiten Weltkrieges am 1. September 1939 hätte Sievers beinahe verschlafen. Er lag mit dem Flensburger Infanterie-

Regiment 26 hart an der deutsch-polnischen Grenze und hatte am Abend zuvor im Dorfkrug von Katholisch-Hammer mit anderen jungen Oberfähnrichen seine Beförderung zum Leutnant reichlich mit Alkohol gefeiert. Er wohnte bei einem Forstmeister im Privatquartier, und keiner war auf die Idee gekommen, ihn rechtzeitig zu wecken. Dennoch erreichte er sein Regiment, und am Ende des Polen-Feldzuges hatte er einen Schulterblattdurchschuß und das Eiserne Kreuz II. Klasse. Der Frankreich-Feldzug blieb ihm erspart; statt dessen machte er Dienst beim Ersatzbataillon 26 in Dänemark und labte sich reichlich an Fisch, Schinken, Kuchen und Sahne.

Beim Krieg gegen Rußland war er wieder von Anbeginn dabei. Bereits nach vier Wochen hätte beinahe sein letztes Stündlein geschlagen. Bei einem Gegenangriff sowjetischer Panzer wurde er abgedrängt und gefangengenommen. Gleichzeitig gefangengenommene Verwundete erschossen die Sowjets. Ihm rissen sie wütend das Eiserne Kreuz von der Uniform, konfiszierten Soldbuch, Kompaß, Signalpfeife, Armbanduhr und Kartentasche. »Hittlerr gutt?« fragten sie provozierend. Aus Trotz hatte er bejahend genickt. Daraufhin wollten sie ihn vorn auf einen ihrer Panzer binden, als Abschreckung und menschlichen Schutzschild. Dann hielten sie es für nützlicher, den deutschen Offizier als Siegestrophäe zurückzubringen und zu verhören. Ein Russe bekam Befehl, ihn abzuführen. Kaum hatten sich die beiden in Marsch gesetzt, schoß die deutsche Artillerie Sperrfeuer. Der Russe sprang in einen Granattrichter, hatte aber vor Aufregung sein Gewehr am Rand liegenlassen. Sievers ergriff es blitzschnell, erschoß seinen Bewacher und rannte in ein 50 Meter entferntes Unterholz. Die anderen Sowjets hatten das mitbekommen, schossen hinter ihm her und trafen ihn mit zwei Schüssen durch Brust und Oberarm – jedoch nicht lebensgefährlich. Sie suchten ihn, aber vergebens. Vorrückende deutsche Infanterie befreite ihn schließlich. Noch auf dem Weg zum Truppenverbandsplatz dekorierte ihn der Divisionskommandeur persönlich mit dem Eisernen Kreuz I. Klasse.

Nach drei Monaten war er wieder fit, diente mal bei der 30., mal bei der 8. Division und wurde am 27. März 1944 Kommandeur des I. Bataillons im Grenadier-Regiment 9, das bis Ende Januar Hauptmann Axel von dem Bussche erfolgreich und tapfer geführt hatte. Begleitet von seinem »Burschen«, einem zu seiner persönlichen Betreuung abgestellten Soldaten, der ihm das Gepäck trug, traf Sievers zu Fuß auf dem

Regimentsgefechtsstand ein. Er war mit einem Tarnanzug bekleidet, trug eine großkalibrige Pistole und als zusätzliche Waffe eine Gewehrgranate, weil deren Splitter weiter flogen als die einer Handgranate. Ganz persönliche Utensilien hatte er in eine Kartentasche gestopft.

Beim Regimentsadjutanten von Weizsäcker meldete er sich zur Übernahme des Bataillons. Beide Herren hatten zwar den gleichen Dienstgrad, aber Sievers bekam bald zu spüren, daß der Regimentsadjutant welterfahrener war. Als Weizsäcker ihn das erste Mal zu einem Essen in seinem Bunker einlud, wußte Sievers nicht, wie man Flußkrebse ißt. Der Gastgeber mußte es ihm zeigen, und Sievers fühlte sich blamiert. Um die Peinlichkeit zu überbrücken, erzählte Weizsäcker von seiner Zeit vor dem Krieg: »Ich habe eine Weile in Grenoble studiert.«

»War es denn schön, da in der Schweiz?«

Da lachte Weizsäcker. »Grenoble liegt in Frankreich und nicht in der Schweiz.« Sievers fühlte sich zum zweitenmal blamiert. Dabei war er eigentlich entschuldigt: außer einem Vierteljahr in England als Schüler mit der Hitler-Jugend war er nie ins Ausland gekommen. Weizsäcker dagegen war dank seines Diplomatenvaters schon im jugendlichen Alter viel herumgekommen: Schulbesuch in Kopenhagen und Bern, Studienzeit in Oxford und Grenoble.

Nach der Übernahme des Bataillons telefonierten die Herren jeden Tag miteinander. Weizsäcker meldete sich wegen der Gefahr des Abhörens durch die Sowjets mit Decknamen wie »Hier Koralle zwei«, ließ sich die tägliche Lagemeldung (»Keine besonderen Vorkommnisse beim Gegner«) zwecks Weitergabe an die Division geben. Und wenn es an der Front ruhig blieb, verabredeten sie sich auch mal zum gemeinsamen Ausritt oder zum Baden in einem der vielen nahegelegenen Seen. Sievers fand, daß der Regimentsadjutant »ein umgänglicher Mann« war, der trotzdem auf Abstand hielt, »als ob da eine Glaswand wäre«.

Sievers wurde, wie auch die anderen Bataillonskommandeure, wiederholt aufgefordert, einen Stoßtrupp in die gegnerischen Linien zu schicken, um Gefangene zu machen, damit das Regiment der Division melden konnte, ob neue sowjetischen Einheiten auf der anderen Seite lägen. Wenn sich nach seinem Gefühl bei den Sowjets keine Veränderungen ergeben hatten, keine verdächtigen Geräusche beim Gegner zu hören waren, schickte er trotz Aufforderung keinen Stoßtrupp raus, sondern gab einfach eine »getürkte« Meldung an das Regiment. Weizsäcker deckte das, weil er ebenfalls keinen Sinn darin sah, für diesen Zweck Menschenleben zu opfern. Wenn Sievers jedoch selbst den Eindruck hatte, daß sich auf der anderen Seite eine Veränderung vollzog, kam er nicht umhin, einen Stoßtrupp zum Gegner rüberzuschicken, um einen Gefangenen zu machen.

So ein Stoßtruppunternehmen war eine höchst riskante Sache, die sorgfältigster Vorbereitung bedurfte. Zielvorgabe und Verhalten wurden schriftlich festgehalten. Zum Beispiel:

»Feind hat vor dem Bataillonsabschnitt anscheinend abgelöst. Diese Vermutung liegt in völlig verändertem Feindverhalten seit einer Woche begründet. Zur Klärung der Feindlage hat das Bataillon den Auftrag, unter allen Umständen bis zum 8.7. einen Gefangenen oder Papiere von gefallenen Bolschewisten, aus denen die Truppenzugehörigkeit hervorgeht, einzubringen.«

Vor allem wurde der Stoßtruppführer ausgewählt, etwa Leutnant Fittko. Ein schriftlicher Bataillonsbefehl legte zwei Tage vor Beginn die Aktion bis in alle Einzelheiten - Stärke, Gliederung, Ausrüstung und Verlauf der Aktion - fest.

»Bei Mondlicht ist langsam und geräuschlos zu robben. Im Bereitstellungsraum tarnt sich der Stoßtrupp und wartet die Helligkeit ab.

Um 3.05 Uhr springt der Stoßtrupp so schnell wie möglich unter einem starken Feuerschlag aller zur Verfügung stehenden schweren Waffen (siehe Feuerplan) den Steinbunker an, macht einen oder mehrere Gefangene, tötet die restliche Grabenbesatzung und kehrt unter dem Abschirmungsfeuer der schweren Waffen in die HKL zurück.«

Eines Tages ging der mit großen Verlusten im März genommene Pfingstberg wieder verloren. Sievers und das I. Bataillon bekamen Befehl, die Anhöhe ein weiteres Mal zurückzuerobern. Was sich dann abspielte, beschrieb der Kriegsberichterstatter Hubert Adler in der Feldzeitung:

»Lange Staubfahnen hinter sich herschleifend, jagen die Lastkraftwagen über die Rollbahn nach Norden. Es ist kurz nach 3.00 Uhr morgens. Der Tag ist gerade jung, klar und frisch über dem östlichen Horizont emporgestiegen. Zu frisch, finden die Grenadiere, die dicht gedrängt fröstelnd und müde unter den im Fahrtwind knatternden Wagenplanen stehen oder hocken. Unaufhörlich wirbelt der Staub unter den Doppelreifen empor, wirft sich hoch und schlägt weich und unwiderstehlich in das Innere der Wagen. Er pudert von Kilometer zu Kilometer die

Gesichter der Grenadiere stärker ein, bis ihre Augäpfel leuchtend weiß aus dem Helmschatten hervorzuschimmern beginnen. [...]

Die Nähe der Hauptkampflinie (HKL) wird immer offenbarer, als dann auch die Trichter auf und neben der Straße sich zu mehren beginnen. In vorsichtiger Schlangenlinienfahrt winden sich die schweren Lastkraftwagen um die Löcher herum. Nach dem ›Halt!‹ der Befehl: ›Absitzen!‹ Die Grenadiere springen ab und sammeln sich schnell neben der Straße. Es muß nun alles sehr rasch gehen, denn die Sowjets beginnen sehr starkes Störungsfeuer zu schießen, das wie eine stählerne Harke den ganzen Raum zu durchziehen anfängt und bald darauf immer heftiger wird. Und es geht rasch, unheimlich rasch, denn die Grenadiere wissen genau, was sie für einen Angriff an Munition gebrauchen, wieviel der einzelne Mann tragen kann an Waffen und Gerät, wer die Lafette des schweren Maschinengewehrs am besten und schnellsten schleppen kann und wer das Gewehr, die Kästen. Schwer bepackt zwar, doch mit dem langen, ruhigen Schritt der gefechtsgewohnten Soldaten, die unbeirrbar ihrem Ziele zustreben, setzen sie sich in Marsch.

Gegen sechs Uhr hat das Bataillon sein erstes Ziel erreicht. Zu diesem Zeitpunkt haben aber auch die sowjetischen Artilleriebeobachter augenscheinlich erkannt, daß Gefahr droht. Sie fassen das weit auseinander gestreute Feuer ihrer Geschütze zusammen und konzentrieren es auf den Raum, den das Bataillon soeben erreicht hat. Da gibt es nur eins: Hinein in die Erde! Die Grenadiere bedürfen der Picken nicht, denn der Spaten, der so leicht in das Erdreich dringt, offenbart das Geheimnis der weichen Erde: Wasser. Sie können nur wenige Spatenstiche tief in den Boden eindringen und müssen sich dann doch in eine flache Mulde legen, in der das Wasser langsam, aber unaufhörlich steigt. Und sie müssen hinein, denn das Feuer der Sowjets wächst von Stunde zu Stunde. In der fünften Stunde rast es seinem infernalischen Höhepunkt entgegen, auf dem es donnernd stehenbleibt. Drei Stunden lang müssen die Grenadiere dicht über dem brackigen Wasser atmen; drei Stunden lang dürfen sie den Kopf nicht einen Zentimeter heben; drei Stunden lang werden sie von Schlammfontänen überschüttet; drei Stunden lang werden sie von den unaufhörlich über ihnen kreisenden und wieder und wieder herabstoßenden sowjetischen Schlachtfliegern mit Bomben und Bordwaffenfeuer belegt.

In einem der nassen Löcher liegt der Bataillonskommandeur, Hauptmann Sievers, über seine zerweichte Karte gebeugt und überlegt, wie er seinen Befehl: Den auf das Dorf S. vorgehenden Feind angreifen und die alte HKL wiedergewinnen – am besten ausführen kann. Wenn doch nur das verfluchte Trommelfeuer aufhören wollte, denkt er zum x-ten Male.

Es hört auf, das Trommeln. Die Grenadiere heben vorsichtig, ganz vorsichtig den Kopf und strecken sich ein wenig. Zwar rauscht es noch einige Minuten lang heran, aber dann läßt es mehr und mehr nach, bis sie zuletzt die Einschläge wieder auseinanderhalten können. Endlich hört auch das auf. Von Loch zu Loch läuft gleich darauf der Befehl: ›Auf! und Folgen!‹ Einer nach dem anderen hebt sich aus seinem Wasserloch und zieht seine Kameraden nach, die wieder weit auseinandergezogen nach Nordosten marschieren, dem Dorf S. zu, das ja auch das Ziel der Sowjets ist.

Am Ostrand erfährt Hauptmann Sievers zwar, daß die Raserei der sowjetischen Artillerie keinem seiner Grenadiere auch nur ein Haar gekrümmt hat, aber dafür harrt seiner eine neue böse Überraschung. Denn kaum hat das erste Glied der Bataillonskette die freie Pläne, die sich einige Kilometer breit vor der Höhenrippe entlangzieht, erreicht, als ihm schweres Feuer aus der linken Flanke, genauer: von Höhe X, entgegenschlägt. Die Grenadiere müssen nochmals schleunigst in die Erde und damit ins Wasser. Und wieder muß gewartet werden.

Hauptmann Sievers überlegt lange, ob er es nicht doch mit den Sturmgeschützen zusammen, die mittlerweile herangekommen sind, versuchen soll, den Angriff vorzutragen; aber dann sagt er doch: Nein, denn einmal legen die Sowjets erfahrungsgemäß unheimliches Feuer vor ihre Stellung, wenn sie nur die Sturmgeschütze brummen hören, zum anderen fällt mir mindestens die Hälfte meiner Grenadiere in dem flankierenden Feuer aus. Also bleiben die Sturmgeschütze hinten im Dorf und wir warten.

Der Nachmittag ist wie ein zäher Traum, der nicht weichen will; aber endlich kommt doch die Dämmerung, der eine klare, mondhelle Nacht folgt. Kälte kriecht aus den Sümpfen, krallt sich in die nassen Tarnanzüge der Grenadiere und jagt ihnen Frostschauer durch den Leib. Sie krabbeln aus ihren Löchern und fluchen mit klappernden Zähnen. Einem von ihnen bleibt aber doch der lange, sorgfältig ausgedachte Fluch zwischen den Zähnen hängen, denn – war das nicht Hurra? Klang es nicht von der verdammten Höhe links herüber? Teufel, Teufel, sollten die Kameraden am linken Flügel doch die Höhe gestürmt haben? Sie haben sie gestürmt, schreit wenig später einer dem anderen zu. Und nun fällt das Sturmfieber auch über sie.

Aber erst eine Stunde vor Mitternacht kommt der Befehl zum Angriff, der sie erlöst. Nochmals laden sie sich Waffen, Munition und Gerät auf, und dann geht es los. Ruhig, aber schneller als während des Anmarsches überschreiten die Grenadiere die Pläne. Ein kalter Wind kommt auf. Die Tümpel, die Bachläufe, die Sümpfe überziehen sich unter seinem Anhauch mit einer dünnen Eisschicht, die unter den Tritten der Grenadiere mit zartem Klirren zerbricht. Meist geht ihnen das Wasser bis über die Knie, oft aber müssen sie auch durch eiskaltes Wasser, das ihnen bis zur Mitte des Leibes reicht. Mehr watend als gehend, aber zäh und stetig sich vorwärtsschiebend gelangen sie eine halbe Stunde nach Mitternacht unangefochten bis dicht unter die Höhe.

Hauptmann Sievers läßt seine Grenadiere verschnaufen. Während der kurzen Pause werden die Waffen überprüft, die Munition klar gemacht, nochmals genaue Befehle ausgegeben. Jeder weiß, was er zu machen hat. Unsere Artillerie schweigt, und das ist gut, denn nicht der ansonsten geübte Feuerschlag soll dem Bataillon helfen, sondern die Überraschung. Und dann gehen die drei Kompanien tiefgestaffelt gegen die Höhe vor. Die 2. Kompanie des Bataillons links, die 3. rechts, während die Maschinengewehr-Kompanie dahinter – in der Mitte etwa – vorgeht. Sie brechen überraschend und mit solcher Wucht in die feindliche Stellung ein, daß die Sowjets, deren Posten im Nu zum Schweigen gebracht werden, im ersten Augenblick kaum Widerstand leisten. Die sowjetische Artillerie verpaßt den Augenblick nicht nur, sondern wähnt die Grenadiere noch vor ihren Stellungen. Sie haut ein wütendes Sperrfeuer vor die Gräben, aber zu spät, denn die Grenadiere sind ja bereits »drin«. Viele von den sowjetischen Infanteristen werden – wie sich später herausstellt – von ihren dampfenden Kochgeschirren emporgescheucht. Schon wenden sich die Männer der 2. Kompanie von der Einbruchstelle aus nach links, die 3. nach rechts, um die Gräben aufzurollen, da erst finden sich die Sowjets zu verzweifeltem Widerstand zusammen. Aber nun hat auch die MG-Kompanie ihre schweren Gewehre buchstäblich auf den Grabenrändern der Sowjets in Feuerstellung bringen können und jagt – die 2. Kompanie überschießend – ihre Garben die Gräben entlang, über sie hinweg und in die Tiefe des Kampffeldes hinein. Zuletzt noch reißt einer der gewehrführenden Unteroffiziere das MG fast von der Lafette, preßt es in die Seite und läuft, aus der Hüfte schießend die Gräben entlang, hält in die Bunker und MG-Stände, bis der Widerstand allmählich erlahmt. Die Sturmgeschütze, die von der rechten Flanke aus herangerollt sind, schießen noch zwei MG-Stände in der Tiefe des Kampffeldes zusammen und halten die Reserven nieder, die die Sowjets noch in letzter Minute heranführen wollen.

Die 3. Kompanie, die sich nach rechts gewendet hat, findet zähen Widerstand. Die Grenadiere schießen wie toll von Graben zu Graben. Sie werfen Handgranaten. Plötzlich sind die Handgranaten verbraucht. Was tun? ›Leuchtpistolen her!‹ schreien in diesem kritischen Augenblick zwei Feldwebel fast zugleich. Und dann schießen sie die Leuchtkugeln in das Zickzack der Gräben – und das scheinbar Widersinnige gelingt. Die Leuchtkugeln prallen dank ihrer stumpfen, breiten Spitze von den Grabenwänden ab, fegen auf die gegenüberliegenden los, prallen erneut ab und nochmals und nochmals und weben so ein feuriges, verderbenbringendes Muster in die schmalen Gräben hin und her, daß die Sowjets von der blassen Furcht gepackt auch hier flüchten.

Fünfzehn Minuten dauert die harte, blutige Arbeit der Grenadiere, dann ist es vollbracht. Die alte HKL ist wieder fest in unserer Hand. Zwar greifen die Sowjets im Verlaufe der nächsten Stunden und auch während des folgenden Tages noch mehrmals an, aber nun können die Grenadiere sich wieder auf unsere Artillerie und unsere Werfer verlassen, die ihnen mit gut geleitetem Feuer helfen, die Angriffe der Sowjets fast mühelos abzuschlagen.«

Als Sievers verdreckt und erschöpft, aber siegreich das bestandene Gefecht dem Regimentsgefechtsstand meldete und ein Lob erwartete, teilte ihm Weizsäcker eine böse Überraschung mit: »Sie sollen vor ein Kriegsgericht gestellt werden.«

»Was soll ich? Vor ein Kriegsgericht gestellt werden?«

»Der ›Führer‹ soll diesen Angriff angeblich selbst befohlen haben. Und weil Sie nicht unmittelbar nach Eintreffen in der Bereitschaftsstellung angriffen, was wir der Division melden mußten, sondern erst die Nacht abwarteten, sollen Sie wegen Befehlsverweigerung vor ein Kriegsgericht. Aber das ist natürlich hirnrissig. Ich habe das schon einmal abgeblockt. Nur, ich empfehle Ihnen, zum L. Armeekorps zu fahren und die Angelegenhei bei General Wegener in Ordnung zu bringen.«

Sievers tat wie geheißen, das Kriegsgerichtsverfahren wurde nicht eröffnet.

41 Heimaturlaub: Eine Tabakspende macht's möglich

Es war im April, Tauwetter setzte ein. Das Grenadier-Regiment 9 lag in der Nähe von Opotschka, als Regimentskommandeur Trittel den Kommandeur des II. Bataillons, Hauptmann von Arnim, persönlich in eine neue Stellung einweisen wollte. Sie waren mit einem Kübelwagen und in Begleitung eines Ordonnanzoffiziers zu der vorgesehenen Stelle gefahren, hatten Zeitpunkt und Marschziel besprochen und die Rückfahrt angetreten. Da vernahmen sie das Dröhnen sowjetischer Schlachtflieger, die eine in der Nähe der Straße liegende deutsche Flak-Stellung angriffen. »Halt!« schrie Trittel und dann noch: »Raus!« Die drei Offiziere und der Fahrer hechteten in einen den Flugzeugen zugewandten Straßengraben. Ein Pilot hatte ihr Fahrzeug entdeckt, das da nun mit laufendem Motor mitten auf der Straße stand, und setzte zum Angriff an. Im Tiefflug, der rote Sowjetstern war deutlich zu erkennen, donnerte die Maschine heran. In das Dröhnen der Motoren mischte sich das Rattern der Bordkanonen, die ihre Geschosse in das verlassene Fahrzeug stanzten. Als der Pilot das Ziel überflogen hatte, riß die Geräuschkulisse für etwa eine Sekunde ab. Arnim nahm neugierig seinen Kopf hoch – und wurde in der nächsten Sekunde für diese Fahrlässigkeit bestraft: Mehrere kleine Splitterbomben schlugen krachend seitlich vor dem zerschossenen PKW ein. Ein fürchterlicher Schlag traf sein rechtes Auge, er sank zu Boden. Ein brennender, aber merkwürdigerweise erträglicher Schmerz breitete sich aus. Auf dem Auge konnte er nicht mehr sehen. Er richtete sich langsam auf. Da hörte er Trittel: »Mensch, was ist denn mit Ihnen passiert?«

»Ich weiß nicht, ich kann rechts nichts mehr sehen. Ich glaube, ich habe etwas abbekommen.«

Das Auge schwoll im Nu zu. Der Fahrer und der Ordonnanzoffizier rannten zum Fahrzeug, dessen Benzinleitung durchschossen war und das zu brennen anfing. Mit Schnee gelang es ihnen, den beginnenden Brand zu löschen. Die sowjetischen Schlachtflieger waren abgedreht und hinter der Frontlinie verschwunden. Die beiden Männer umwickelten die Benzinleitung. Der Fahrer machte einen Startversuch, der Motor sprang an. Schnell bestiegen sie das Fahrzeug und setzten die Fahrt zum Regimentsgefechtsstand fort. »Wir bringen Sie in ein Lazarett. Und dann sehen Sie zu, daß Sie zum Feldersatzbataillon kommen, bis Sie das ausgeheilt haben«, sagte Trittel.

Der Arzt, der sich die Verwundung ansah, befahl: »Bewegen Sie mal Ihr Auge.« Arnim tat wie geheißen. »Da haben Sie aber Schwein gehabt. Der Augapfel ist nicht getroffen.« Der Splitter war oberhalb des Auges aufgeprallt, aber nicht eingedrungen. Mit einem Krad brachten sie Arnim zum Feldersatzbataillon, das nicht allzuweit hinter der Front lag. Kommandeur war Hauptmann Berkholz, der ehemalige Bataillonskommandeur aus dem I.R. 9, den alle gern mochten. Er war bei Leningrad verletzt worden, als ihm bei schwerem Beschuß im Bunker ein Balken aufs Kreuz fiel. Nun war er selbst Genesender. Er befehligte das Feldersatzbataillon, aus dem kurzfristig Soldaten an die Front geworfen werden konnten, wenn in der Hauptkampflinie die Ausfälle überhandnahmen. Nach 14 Tagen war Arnim wieder bei seiner Truppe. Nach ein paar Wochen rief ihn Weizsäcker. »Deine Frau erwartet doch euer erstes Kind?«

»So ist es.«

»Hättest du Lust, sie zu besuchen?«

Arnim ungläubig: »Ich bin doch mit Urlaub noch gar nicht dran.«

»Ich weiß. Aber ich kann dir einen Sonderauftrag geben. Das zweihundertjährige Gründungsjubiläum des Potsdamer Gardejäger-Bataillons, dessen Tradition dein Bataillon bekanntlich fortführt, steht bevor. Das wird eine große Veranstaltung, auf der wir natürlich auch repräsentiert sein müssen. Du könntest das mit einigen Oberjägern übernehmen und bei dieser Gelegenheit der Belegschaft der Lokomotivfabrik in Babelsberg, immerhin ein rüstungswichtiger Betrieb, zum Dank und als Ausdruck unserer Verbundenheit eine Tabakspende überreichen. Wir haben zu diesem Zweck Tabak, Zigaretten und Zigarren gesammelt. Danach hängst du einfach ein paar Urlaubstage an und besuchst deine Torry. Möchtest du das übernehmen?« Weizsäcker war Zeuge bei der Ferntrauung gewesen und wußte, daß der Kosename der Frau seines Freundes Torry lautete.

»Was für eine Frage. Natürlich.«

»Dann mach dich fertig, such dir die Leute aus, die du mitnehmen willst und die hier einigermaßen entbehrlich sind. Ich lasse inzwischen die Papiere fertig machen.«

Die Übergabe der Tabakspende erwies sich als großer Erfolg und geschah während einer Belegschaftsversammlung, in der Arnim und seine Oberjäger als kernige Krieger vorgestellt wurden. Arnim trug beide Eisernen Kreuze, das Deutsche Kreuz in Gold, Infanteriesturmabzeichen und das silberne Verwundetenabzeichen. Er hielt eine Ansprache und überreichte als Gruß von der Front an die Heimat die Tabakspende. Der Beifall war riesig.

Anschließend nahmen er und seine Oberjäger an der Feier zum 200. Jahrestag des Gardejäger-Bataillons an den Schießständen am Brauhausberg, vor den Toren Potsdams, teil. Auf der linken Seite lagen die benutzten Schießstände des I.R. 9 und das Denkmal der Garde-Jäger mit der Aufschrift »Nec soli cedit – Weicht auch der Sonne nicht«.

Auf der Feier traf Arnim Kurt Plettenberg, den ehemaligen Regimentskameraden und nunmehrigen Repräsentanten in der Hohenzollernschen Vermögensverwaltung. Der nahm ihn zu einem Abendessen auf den Cecilienhof mit. Der Cecilienhof war der letzte Schloß-Neubau der Hohenzollern, der 1917 als Sommersitz des Kronprinzen fertiggestellt wurde. Mitglieder der kaiserlichen Familie wohnten hier von 1917 bis 1918 und von 1926 bis 1945. Es handelte sich um ein im Stil eines englischen Landsitzes errichtetes Haus. Arnim lernte bei diesem Abendessen »Cecilchen«, die Tochter des Kronprinzen, kennen.

Plettenberg begleitete ihn anschließend zu Fuß zum Bahnhof, denn Arnim wollte einen weiteren Regimentskameraden, seinen Freund Friedrich-Karl Klausing, in Berlin besuchen. Es war ein ziemlich langer Weg, vorbei am Stadtschloß und über die Havelbrücke, dann gleich links war der Bahnhof. Sie führten ein Gespräch über Gott und die Welt. Plettenberg fragte: »Ob man sich noch einmal wiedersehen wird?« Arnim bezog das auf sich, der nun nach kurzem Urlaub wieder an die Front mußte, nicht ahnend, daß Plettenberg in den Verschwörerkreis zum Sturz Hitlers eingebunden war. Darüber ließ Plettenberg kein Wort verlauten.

Arnim fuhr nach Berlin in die Bendlerstraße, wo das Oberkommando des Heeres untergebracht und Klausing, der ehemalige Chef der 9. Kompanie, nun als Ordonnanzoffizier des Kopfs der Verschwörung, des inzwischen zum Oberst beförderten Graf Stauffenberg, tätig war. Arnim hatte Klausing schon vor Monaten versprochen: »Du wirst Pate unseres ersten Kindes.« In der Bendlerstraße angekommen, fiel ihm eine allgemeine Nervosität auf. Es war zudem schwül und heiß. Auf den Korridoren eilten Offiziere mit wichtiger Miene hin und her. Als er schließlich seinem Freund gegenüberstand und nachdem sie sich freundschaftlich begrüßt hatten, sagte er: »Mensch, Friedrich-Karl, du mußt doch meine Frau endlich mal kennenlernen. Kannst du nicht an einem der nächsten Wochenenden, solange ich noch in der Heimat bin, nach Schlesien runterkommen?«

»Ja, natürlich, ich komme auf jeden Fall.«

»Kannst du mir jetzt schon sagen, wann du kommst? Ich will dich doch auch abholen.«

»Nimm es mir nicht übel, Max, aber im Augenblick kann ich dir das nicht sagen. Aber ich melde mich rechtzeitig.«

Das erste Wochenende verging, Klausing meldete sich nicht. Da rief Arnim ihn in Berlin an und bekam zu hören: »Ach so, ja richtig. Du mußt entschuldigen, mir ist wieder was dazwischengekommen. Hier ist so viel los.« Er kam auch das nächste Wochenende nicht, und dann mußte Arnim zurück an die Front.

Es war nicht einfach, das Grenadier-Regiment 9 zu finden. Truppen wurden von Generalen wie Schachbrettfiguren verschoben. Es war nach Ludsen, im westlichsten Zipfel Lettlands, dort, wo die Eisenbahnlinie Riga-Moskau verlief, verlegt worden. Am Nachmittag des 20. Juli landete Arnim schließlich beim Regiment, nicht ahnend, daß eine von Stauffenberg in das »Führer«-Hauptquartier geschmuggelte Bombe gegen 12.45 Uhr explodiert war.

42 Das Attentat vom 20. Juli: »Weizsäcker, wären Sie bereit mitzumachen?«

In der zweiten Maihälfte 1944 bekam Regimentsadjutant Richard von Weizsäcker Heimaturlaub. Er reiste wieder nach Rom, wo sein Vater mittlerweile bereits ein knappes Jahr deutscher Botschafter beim Vatikan war. Als sich Ernst von Weizsäcker bei Hitler verabschiedete, sagte dieser: »Eigentlich beneide ich Sie.«

Neugierig fragte Weizsäcker senior: »Warum?«

»Jetzt muß ich wieder in mein Hauptquartier im Osten. Drei Monate in einem Kulturzentrum wie Rom, das würde mir passen.« Der Diktator, der den Tod von Millionen Menschen auf dem Gewissen hatte, als heimlicher Verehrer der schönen Künste!

Politisch hatte Weizsäckers Vater in seiner einjährigen Botschafterzeit nichts erreichen können. Aber er und seine Mitarbeiter vermochten viele Flüchtlinge, politisch und rassistisch Verfolgte, die in verschiedenen Klöstern Unterschlupf gefunden hatten, vor Unbill und Schaden durch die deutsche Besatzung in Italien zu bewahren. Unter den Verfolgten war ein junger Journalist, der für die illegal erscheinende Zeitung *Il popolo* arbeitete, dem der deutsche Botschafter das Leben rettete: Giulio Andreotti, der spätere christdemokratische Ministerpräsident Italiens. Für fast 4500 Juden, die in 145 Klöstern und zehn Pfarreien versteckt worden waren, hatte Ernst von Weizsäcker Schutzbriefe ausstellen lassen. Auch sorgte er dafür, daß Priester, welche die Staatsangehörigkeit der mit Deutschland im Kriegszustand befindlichen Länder besaßen, im Rom bleiben durften. Wenige Wochen nach Amtsantritt erlebte er am 25. Juli den Sturz des »Duce«. »Nieder mit Mussolini! Es lebe der König! Nieder mit Deutschland, es lebe der Frieden!« scholl es von der Straße in sein Hotelzimmer. Am nächsten Tag sah man überall die Fahnen des italienischen Königshauses.

An der italienischen Front setzte der generelle Rückzug der Wehrmacht ein. Den Alliierten gelang die Umgehung des von deutschen Fallschirmjägern monatelang gehaltenen Monte Cassino mit dem historischen Benediktinerkloster. Am 18. Mai 1944 befahl Generalfeldmarschall Albert Kesselring den Fallschirmjägern ebenfalls den Rückzug. Die »Gustav-Linie«, später auch die »Hitler-Linie«, ließen sich nicht mehr halten. Ernst von Weizsäcker, der häufig bei Kesselring zu Gast war, konnte den Feldmarschall dazu bewegen, alle Brücken über den Tiber, einschließlich der daran angebrachten Strom-, Wasser- und Gasleitungen, nicht zu sprengen. Siena, Assisi und Chieti wurden durch sein Eintreten zu offenen Städten erklärt.

Eigentlich hätten die Alliierten schon vier Monate früher auf Rom zumarschieren können. In der stockfinsteren Nacht des 22. Januar 1944 waren sie unbehindert an der Küste von Anzio und Nettuno gelandet. Sie stießen praktisch auf keinen Widerstand. Vier deutsche Artilleristen, die gerade dabei waren, sich in einem Stabswagen an italienischem Wein gütlich zu tun, waren ihre ersten Gefangenen. Aber anstatt zügig auf offener Straße nach Rom vorzustoßen, bildeten sie einen Brückenkopf und gruben sich ein. Churchill höhnte, er habe geglaubt, man habe »eine Wildkatze, nicht einen gestrandeten Walfisch« am Strand von Anzio abgesetzt.

Botschafter von Weizsäcker konzentrierte nunmehr sein Interesse darauf, daß die zurückflutenden deutschen Truppen das exterritoriale Gebiet des Vatikan respektierten und nicht in letzter Minute die Ewige Stadt zerstörten. In General Stahel, dem deutschen Stadtkommandanten, fand er einen Gleichgesinnten.

Trotz dieser hektischen Tage verlebte sein Sohn, Hauptmann Weizsäcker, bei den Eltern ruhige, familiäre Abende mit intensiven politischen Gesprächen, die immer wieder um das eine Thema kreisten: Was wird aus Deutschland? Was muß geschehen, um das Land vor dem totalen Untergang zu bewahren? Galt es doch gleichzeitig zu berücksichtigen, daß der Volkswille *für* Hitler war, nicht gegen ihn!

Schließlich ging der Urlaub zu Ende. Es war ein schwerer Abschied. Würde man den Krieg lebend überstehen? Was Hauptmann von Weizsäcker und seine Eltern nicht ahnten: Die nächsten zwei Jahre würde man sich nicht wiedersehen.

Richard von Weizsäcker hatte Rom kaum verlassen, da wurde die Stadt am Tiber am 4. Juni von den Alliierten besetzt. Es war um 18.00 Uhr, als der erste Panzer über die Brücke von San Giovanni rollte und steckenblieb – inmitten einer Menge jubelnder Italiener.

Richard besuchte auf der Rückreise in Straßburg seinen acht Jahre älteren Bruder Carl Friedrich, der seit 1942 an der dortigen »Reichsuniversität« als außerordentlicher Professor für theoretische Physik lehrte. Er hatte den Ruf erhalten, obwohl er nicht der NSDAP beigetreten war. 1943 veröffentlichte er mit 23 Jahren ein anerkanntes wissenschaftliches Werk über die modernen Naturwissenschaften unter dem Titel *Zum Weltbild der Physik*. Er war nur kurz Soldat gewesen, dann als wichtiger Physiker »uk« (unabkömmlich) gestellt worden. Im Hause seines Bruders traf Richard von Weizsäcker dessen Freund Hellmut Becker, Anwalt und Sohn des ehemaligen preußischen Kultusministers Professor Dr. Dr. Carl Heinrich Becker. Jener war als Soldat schwer verwundet worden, hatte ein leicht verkürztes Bein und konnte deswegen nicht mehr dienen.

In dieser Runde nahm keiner ein Blatt vor den Mund. Die ganze erste Nacht stritten die drei, ob nun endlich gegen das Hitler-Regime gehandelt werden müßte, oder ob es unumgänglich sei, zur Vermeidung einer neuen »Dolchstoßlegende«*, den Kelch bis zum letzten Tropfen leeren zu müssen. Richard erregte sich: »Was interessiert uns eine Dolchstoßlegende? Ihr könnt doch sehen, was jeden Tag Schreckliches passiert! Es geht überhaupt nicht mehr um die Frage, wer hinterher mit welcher moralischen Begründungsweste dasteht, sondern nur darum zu verhindern, daß jeden Tag Tausende Menschen, aus welchem Land auch immer, ihr Leben und ihre Heimat verlieren!«

Hellmut Becker konterte: »Man kann doch nicht von der Verantwortung für die Folgen solcher Taten und von ihrer Verständlichkeit absehen!«

Bevor er endgültig an die Front zurückkehrte, machte Richard noch einen Abstecher beim Ersatzbataillon in Potsdam, in seiner alten Kaserne in der Pappelallee. Dort traf er »Fritzi« Schulenburg. Der schlug ihm vor: »Wir müssen jetzt mal spazierengehen.« Weizsäcker dachte sich: Was ist denn nun los? Man geht doch im allgemeinen jetzt nicht spazieren. Er willigte trotzdem ein und überließ dem Älteren die Führung. Schulenburg lenkte seine Schritte auf die Brücke, die vom Stadtzentrum zum Bahnhof führte. Auf derselben angekommen, blieb er

* Mit der »Dolchstoßlegende« wurde die deutsche Niederlage nach dem Ersten Weltkrieg entschuldigt. Teile der Heimatbevölkerung, vor allem aber die politische Mitte, wie Sozialdemokraten, seien durch die Revolution vom November 1918 der im »Felde unbesiegten deutschen Armee« in den Rücken gefallen.

stehen. »Hier können wir reden, ohne daß uns jemand abhört.« Weizsäcker war gespannt, was da kommen würde.

Schulenburg machte eine Pause, begann dann leise zu sprechen, wurde formell, geradezu feierlich. Dabei äußerte er sich etwas durch die Blume, doch Weizsäcker verstand sofort, worauf er hinaus wollte. »Wären Sie bereit mitzumachen, wenn es jetzt bald losgeht?« Er konnte ihm nicht sagen – oder wollte er nicht? –, wann und wie. »Aber wenn es soweit ist, müssen wir gegebenenfalls auf Truppenteile und auf Offiziere zurückgreifen können, auf die man sich verlassen kann.« Erneut hielt er inne, schickte einen Blick hinunter auf die vorbeifließende Havel und schaute dann wieder den jungen Weizsäcker an. »Dann würden wir uns auch bei Ihnen melden. Können wir auf Sie zählen?«

»Selbstverständlich.«

Das war völlig informell, aber nichtsdestotrotz eine unter zwei Männern abgegebene Verpflichtung, die Gültigkeit hatte. Zurück an der Front dachte er oft über dieses Gespräch nach. Er wußte nicht, daß der Tag des Attentats der 20. Juli sein würde. Weizsäcker hatte damals auch nicht erfahren, daß Stauffenberg selbst den Anschlag ausführen würde, geschweige denn auf welche Weise, und auch nicht, daß es in der Wolfsschanze passieren würde. Das alles, wie gesagt, wußte er nicht. Aber er war ganz und gar darauf eingestellt, daß es passieren sollte und bald geschehen würde.

Als Weizsäcker wieder bei seinem Regiment eintraf, herrschte – Gott sei Dank – Ruhe an der Front. Der Oberbefehlshaber der 16. Armee, zu der das Grenadier-Regiment 9 gehörte, General Hansen, regte am 12. Juni 1944 in einem Fernschreiben an seine Korpskommandos sogar an, sich Gedanken über die Einführung der Sonntagsruhe zu machen: »Ich bitte, mir bis zum 20. Juni darüber zu melden, ob es im fünften Kriegsjahr nicht erforderlich ist, die Sonntagsruhe wieder einzuführen. Das würde bedeuten, daß am Sonntag selbstverständlich alles, was mit dem Kampf zu tun hat, weiterläuft. Daß aber sonst weder Ausbildung noch Bau- und Schanzarbeiten, noch Appelle stattfinden. Ich glaube, daß durch eine derartige Maßnahme die Leistungen der Truppe erheblich gebessert werden können.«

Parallel zur Ruhe an der Front wurden die Gespräche in Weizsäckers Bunker immer hitziger. Inzwischen drehte sich auch hier alles um Fragen wie: Kämpfen für einen Sieg, den man gar nicht mehr will? Ist Widerstand gegen das Unrecht, das jetzt allenthalben ruchbar wird, wirklich aussichtslos? Würde nicht ein Sieg und damit die Beherrschung Europas gleichzeitig das Ende jeder abendländischen Kultur und Humanität bedeuten? Würde Europa nicht ein einziger Polizeistaat werden? Zu der politisierenden Gruppe um den Regimentsadjutanten gehörte ein junger Artillerieleutnant namens Iring Fetscher, der aus seinem Elternhaus ebenfalls eine anti-nationalsozialistische Gesinnung mitbekommen hatte. Irgendwie mündeten ihre hitzigen Gespräche, die immer mit einem Blick zur Bunkertür geführt wurden, ob da nicht ein unberufenes Ohr lauschte, in der Hilflosigkeit, daß es nicht ausreiche, sich klarzumachen, daß Hitler ein Verbrecher sei und der Krieg gegen die Sowjetunion einen politischen und moralischen Schrecken bedeute. Eigentlich hätten sie vor ihre Bataillone treten müssen, um die Soldaten zur Meuterei aufzufordern. Aber solch einen Gedanken brauchten sie gar nicht zu Ende zu denken. Was würde das schon bringen? Nicht das geringste. Das Schicksal hatte sie in eine militärische Ordnung gestellt, aus der auszubrechen bei ihren bescheidenen Kompetenzen wenig Sinn gemacht hätte.

Einmal liefen sie Gefahr, verpfiffen zu werden. Ein Leutnant, Werner Wächter, ein junger, wendiger Nachrichtenoffizier, war zum Regiment versetzt worden und befugt, Telefongespräche abzuhören. Sie wußten, daß er früher in der SS gedient hatte. Worüber sie nicht orientiert waren: Er gehörte gleichzeitig zu Himmlers gefürchtetem Sicherheitsdienst (SD). Es konnte ihm nicht verborgen bleiben, welcher Gesinnung Weizsäcker und seine engeren Kameraden waren. Dennoch wurden sie von ihm nicht angeschwärzt, was vielleicht auch damit zusammenhing, daß Weizsäcker und sein Ordonnanzoffizier, Oberleutnant Hornfeck, Wächter in vielen Gesprächen »bekehrten«.

Wer ihnen allerdings bei diesen weltbewegenden Gesprächen fehlte, war Axel von dem Bussche, der im SS-Lazarett in Hohenlychen lag. In seinem Zimmer hatte er leichtsinnigerweise immer noch jenen mit Leinen bespannten Russenkoffer, in dem er den Sprengstoff samt Tellermine aufbewahrte, und in der Schublade des Nachttisches lag sein Adreßkalender mit all den Namen der Verschwörer, die er besuchen konnte oder mußte. Dabei war auch ein auf sehr teurem blauem Papier handgeschriebener Brief von »Fritzi« Schulenburg, der eine klare Anklage gegen Feldmarschall von Manstein, vormals Befehlshaber der Heeresgruppe Don, bedeutete, der sich geweigert hatte, an der Verschwörung teilzunehmen (»Ihr wollt ihn wohl totschlagen? Die Armee kann nie mit so etwas zu tun haben«). Schulenburg brandmarkte in diesem Brief ferner, wie der Feldmarschall auf einen mündlichen Bericht seines Kriegstagebuchführers über Greueltaten im rückwärtigen Armeegebiet gegen Minderheiten reagiert hatte. »Manstein hatte nur von der Karte aufgeblickt und gesagt: ›Herr Schulenburg, ich bin damit beschäftigt, Sewastopol zu erobern. Wenn ich das gemacht habe, müssen wir weiterreden.‹«

Am 16. Juli, oder war es der 17.?, hatte Stauffenbergs Ordonnanzoffizier, Hauptmann Klausing, Bussche besucht und Andeutungen gemacht, es würde wohl »in den nächsten drei, vier Tagen losgehen«. Bussche fand, es sei allerhöchste Zeit, denn im nahegelegenen Berlin kursierte bereits ein Gerücht, das »Führer«-Hauptquartier würde demnächst in die Luft gesprengt.

Daß das Attentat nach dem Ausfall Bussches noch nicht versucht worden war, lag daran, daß Stauffenberg niemanden fand, der bereit war, Hitler umzubringen. Verschiedene Personen waren angesprochen worden. So zum Beispiel der Leutnant Ewald Heinrich von Kleist, der gerade beim Ersatzbataillon 9 in Potsdam zur Verfügung stand und Sprößling eines pommerschen Adelsgeschlechtes war, aus dem sowohl preußische Generalfeldmarschälle wie Männer des Geistes (Heinrich von Kleist) und Politiker hervorgegangen waren. So sein Vater, Ewald von Kleist-Schmenzin, ein konservativer, christlicher Politiker, der von Anfang an als kompromißloser Gegner der Nationalsozialisten galt. 1938 war dieser nach London gereist und hatte dort in Verhandlungen mit Politikern versucht, die Briten zu einer festen Haltung gegenüber Hitlers Expansionsgelüsten zu bewegen, um dadurch auch damals bereits existierende Umsturzpläne in Deutschland zu fördern. Diese familiäre Vorgeschichte war für Stauffenberg und Schulenburg Anlaß, den Leutnant als vertrauenswürdig zu erachten und in die Umsturzpläne einzuweihen.

Schulenburg war es wieder, der Kleist zu Oberst Stauffenberg brachte. Es war der 29. Januar 1944. Stauffenberg erklärte, es sei keine Zeit mehr zu verlieren. Am 11. Februar böte sich erneut eine Gelegenheit, Hitler umzubringen. Wieder sollten neue Uniformen, die an der Front erprobt wurden, vorgeführt werden. Leutnant von Kleist als Frontoffizier sollte die Ausstattung vorführen und einen ausführlichen schriftlichen Bericht vorlegen, was ihm Grund gebe, eine Aktentasche mitzuführen, in der der Sprengstoff versteckt werden könne.

Der junge Kleist fuhr auf das elterliche Gut und besprach sich mit seinem Vater. Dessen Standpunkt: Wer in einem solchen Augenblick versage, werde nie wieder glücklich sein. Der Sohn müsse es tun. Kleist erklärte daraufhin Stauffenberg seine Bereitschaft. Einzelheiten wurden besprochen, zum Beispiel, daß das Attentat nun doch mit englischem Sprengstoff und einem Handgranatenzünder mit viereinhalb Sekunden Verzögerung ausgeführt werden sollte und Kleist sich zu diesem Zweck die Sprengladung um den Bauch zu binden habe.

Das für den 11. Februar in Aussicht genommene Attentat fiel jedoch aus, weil in letzter Minute das Nichterscheinen Himmlers und Görings gemeldet wurde. Die Verschwörer hatten sich aber, wie schon bei dem mit Bussche geplanten Anschlag, darauf versteift, die drei mächtigsten Männer des Regimes gleichzeitig auszuschalten.

Der nächste Freiwillige war Oberleutnant Werner von Haeften, ebenfalls Adjutant des Grafen Stauffenberg. In Rußland schwer verwundet und nicht mehr frontdienstverwendungsfähig, erklärte er sich zunächst bereit, Hitler mit der Pistole zu erschießen, zog aber später diese Zusage zurück, weil ihn sein Bruder Hans-Bernd an das fünfte Gebot »Du sollst nicht töten« erinnerte.

Das Problem war nicht nur, einen zur Tat bereiten Offizier zu finden, sondern auch eine Person, die gleichzeitig Zugangsberechtigung zu Hitler hatte. Ein anderer führender Kopf der ersten Stunde im Kreis der Verschwörer war Oberst i.G. (später Generalmajor) Henning von Tresckow, seit Dezember 1943 Chef des Generalstabes der 2. Armee. Er wäre zu der Tat bereit gewesen, kam jedoch nicht an Hitler heran. Vergebens bat er den Chef der Operationsabteilung im Oberkommando des Heeres, derzeit im ostpreußischen »Mauerwald«, Generalleutnant Heusinger, dieser solle ihn als Urlaubsvertretung anfordern. Aber von Heusinger kam keine Antwort.

Daraufhin guckte Tresckow einen neuen Kandidaten aus, den Rittmeister Eberhard von Breitenbuch. Dieser hatte bereits unmittelbar nach der Machtübernahme der Nazis am 30. Januar 1933 seinen Abscheu gegenüber dem Nationalsozialismus in Kameradenkreisen kundgetan. Die Verschwörer mit ihren Beziehungen zum Heerespersonalamt hatten ihn im August 1943 als Ordonnanzoffizier bei Feldmarschall von Kluge mit dem Auftrag eingeschleust, diesen für die Umsturzpläne zu gewinnen. Da aber der Feldmarschall am 12. Oktober 1943 einen schweren Autounfall erlitt und das Oberkommando abgeben mußte, wurde

Breitenbuch Ordonnanzoffizier des Nachfolgers Generalfeldmarschall Busch. Für den 11. März 1944 wurde Busch zum Vortrag bei Hitler auf dessen »Berghof« bei Berchtesgaden befohlen. Eine neue Chance für die Putschisten. Der »Führer« schickte sogar sein persönliches Flugzeug, eine Condor FW 200, nach Rußland, um den Generalfeldmarschall und seine Begleitung abholen zu lassen.

Tresckow hatte rechtzeitig von diesem Termin erfahren, sich daraufhin mit Breitenbuch getroffen und gleich einen granatförmigen Sprengkörper mit Zünder mitgebracht. Breitenbuch sollte sich beides in eine Tasche seiner Uniformjacke stecken und im geeigneten Moment den Zünder auslösen und Hitler bis zur Explosion umarmen! Die Idee, mit einem Schlag auch Göring und Himmler zu erledigen, hatten die Verschwörer inzwischen aufgegeben. Breitenbuch fand die Idee mit dem Sprengkörper nicht gut, schlug statt dessen vor, Hitler mit einer Pistole, die er in der Hosentasche tragen wollte, zu erschießen. Tresckow mahnte Breitenbuch, auf Kopf oder Hals Hitlers zu schießen, weil er unter seiner Uniformjacke schußfestes Material trüge.

Generalfeldmarschall Busch, sein Generalstabsoffizier Oberst Peter von der Groeben und Breitenbuch trafen pünktlich auf dem »Berghof« ein. In der Vorhalle warteten andere Teilnehmer der geplanten Besprechung: Keitel, Jodl, Reichspropagandaminister Joseph Goebbels und – zu ihrer Überraschung – auch Hermann Göring. Dann öffnete ein SS-Leibwächter die Tür zu einer riesigen Halle, in der sie von Hitler erwartet wurden. Streng nach Rangordnung schritt einer nach dem anderen durch die Tür. Breitenbuch, der die Unterlagen für den Vortrag seines Feldmarschalls trug, schickte sich an, als Dienstjüngster hineinzugehen. Da geschah das Unerwartete: Der SS-Mann hielt Breitenbuch am Arm fest. »Ordonnanzoffiziere sind heute nicht zugelassen!«

Wieder war eine Gelegenheit verpaßt, Hitler zu töten.

Aus nicht bekannten Gründen suchten sich die Betreiber des Umsturzes für jeden neuen Attentatsversuch auch einen neuen Akteur aus. So das nächste Mal den Oberstleutnant Peter Sauerbruch, den Stauffenberg nach Berlin in das Allgemeine Heeresamt hatte versetzen lassen, um in dieser Dienststelle möglichst viele Vertraute zu haben. Von ihm bekam er sofort eine Absage. Er sei nicht sicher im Pistolenschießen, bei einem Sprengstoffanschlag würde er womöglich Dritte gefährden, und dann sei da auch noch der Eid, den er auf den »Führer« abgelegt hätte. Schließlich sprach Stauffenberg im Frühjahr 1944 Oberst Joachim

Meichssner, Leiter der Abteilung II des Wehrmachtsführungsstabes, an. Meichssner war früher vorübergehend schon einmal zur Ausführung bereit gewesen. Aber er hatte, wie schon beim ersten Mal, für ein derartiges Himmelfahrtskommando nicht die Nerven.

Stauffenberg war inzwischen in einer verzweifelten Stimmung – bis sich für ihn die Chance eröffnete, selbst Zutritt zu Hitler zu bekommen. Er war in der Zwischenzeit Chef des Generalstabes beim Befehlshaber des Ersatzheeres geworden.

Am 6. Juni landeten die Alliierten in der Normandie, um in Westeuropa die von Stalin seit langem geforderte zweite Front zu eröffnen. Die Verschwörer waren verunsichert. Hatte es jetzt überhaupt noch Sinn, Hitler zu stürzen? Doch Generalmajor Tresckow gab die Parole aus: »Das Attentat muß erfolgen, coûte que coûte! Sollte es nicht gelingen, so muß trotzdem in Berlin gehandelt werden. Denn es kommt nicht mehr auf den praktischen Zweck an, sondern darauf, daß die Widerstandsbewegung vor der Welt und vor der Geschichte den entscheidenden Wurf gewagt hat. Alles andere ist daneben gleichgültig.«

Hitler hatte die Invasion verschlafen, weil er strikte Order gegeben hatte, ihn nicht zu wecken. 15 Minuten nach Mitternacht waren die »Pfadfinder« der 6. britischen Luftlande-Division sowie der 101. amerikanischen Luftlande-Division an der französischen Kanalküste abgesprungen, um mit flackernden Lichtern die Landezonen für ihre Einheiten abzustecken, die um 6.30 Uhr folgten. Auf See pflügte sich eine Armada von 5339 Schiffen heran, unterstützt von 12 857 Flugzeugen, die 14 674 Einsätze flogen. Sie sollten insgesamt 86 Divisionen zum Kampf gegen die »Festung Europa« an Land setzen. Einer der ersten Amerikaner, der um 6.39 Uhr französischen Boden betrat, war der Sohn des amerikanischen Präsidenten, Brigadegeneral Theodore Roosevelt jr. Am Ende des ersten Tages, dem die Alliierten den Namen »D-Day« gegeben hatten, hatten bereits 156 000 Mann französischen Boden betreten. Hitler witterte wie immer in Stunden der Niederlage Verrat in den eigenen Reihen.

Am Nachmittag des folgenden Tages nahm Stauffenberg erstmals als Begleitung seines Chefs, des Befehlshabers des Ersatzheeres, Generaloberst Friedrich Fromm, an einer einstündigen Besprechung auf dem »Berghof« teil. Er war gespannt auf diese erste Begegnung mit seinem Obersten Befehlshaber, insbesondere nach der sensationellen Landung der Alliierten. Seiner Frau berichtete Stauffenberg später, Hitler hätte bei der Begrüßung mit beiden Händen die Reste seiner linken Hand ergriffen. Während Hitler zitternd Landkarten verschob, hätte er immer wieder zu Stauffenberg geblickt. Offensichtlich konnte sich auch der »Führer« nicht der Faszination entziehen, die von Stauffenberg trotz seiner schweren Kriegsverletzungen ausging. Der deutsche Diplomat jener Tage, Albrecht von Kessel, beschrieb das eindrucksvoll:

»Obwohl Stauffenberg beim Tunis-Feldzug ein Auge und eine Hand verloren hatte, wirkte er schön und kraftvoll wie ein junger Kriegsgott. Mit seinem gelockten dunklen Haar, dem kräftig-ebenmäßigen Gesicht, dem hohen Wuchs und der gebändigten Leidenschaft seines Wesens nahm er uns sehr gefangen.«

Hitler dagegen wirkte bei dieser Begegnung schwächlich. Sein Blick war verschleiert, und seine Hände zitterten. Dennoch empfand Stauffenberg Hitler als »einzigen Normalen, die anderen als Psychopathen«. Die anderen waren Keitel, Himmler, Speer und ein geschminkter (!) Hermann Göring. In der Besprechung ging es um Rüstungsproduktion, weitere Mobilisierungsmöglichkeiten von Truppen und den Bau von vier bombensicheren Tunneln für die Unterstellung des Hitler-Sonderzuges. Für seine Attentatspläne nahm Stauffenberg den Eindruck mit, »daß man in unmittelbarer Nähe des Führers recht zwanglose Bewegungsmöglichkeiten habe«.

Stauffenberg hatte Zwillingsbrüder, Alexander und Berthold, die älter als er waren und ebenfalls als Offiziere dienten; Alexander als Artillerist, Berthold als Marineoberstabsrichter. Beide waren in seine Widerstandspläne eingeweiht, Berthold wurde sogar aktiver Mithelfer. Zu den Ungereimtheiten der damaligen Zeit gehörte, daß Alexander, der als Historiker und Lehrstuhlinhaber übrigens nur Reserveoffizier war, ab 1. Juni Nationalsozialistischer Führungsoffizier – ein Gegenstück zu den sowjetischen Politkommissaren – in Athen werden sollte. Auf seinen Einwand, als er sich bei seinem General vorstellte, er sei für diesen Posten am allerwenigsten qualifiziert, bekam er zu hören: »Gerade deshalb nehme ich Sie ja.«

Am 11. Juli war Stauffenberg zu einer zweiten Lagebesprechung auf dem »Berghof«. In seiner Begleitung Ordonnanzoffizier, Hauptmann Friedrich-Karl Klausing. Der wieder genesene Generalfeldmarschall von Kluge und der inzwischen auch eingeweihte Generalfeldmarschall Rommel hatten, wie früher andere, darauf bestanden, daß Himmler und Göring zusammen mit Hitler liquidiert werden müßten. Aber die beiden Paladine waren nicht angekündigt. Stauffenberg fragte vor Beginn der Besprechung den inzwischen zum Generalmajor beförderten Hellmuth Stieff: »Herrgott, soll man nicht doch handeln?« Es war wohl der stets zögerliche Stieff, der Stauffenberg das Attentat an diesem Tag ausredete. Langsam dämmerte Stauffenberg, daß bei dem ständigen Zögern der Mitverschworenen und den mittlerweile ausgebrochenen Intrigen der Umsturz wohl nie realisierbar sein würde, wenn er sich nicht selbst über alle Bedenken hinwegsetzte.

Am 14. Juli wechselte Hitler mit seinem Stab vom »Berghof« in die »Wolfsschanze«. Für den 15. Juli wurden Stauffenberg und Fromm ein weiteres Mal einbestellt. Stauffenberg nahm wieder Klausing mit. Sie bestiegen eine Maschine der Luftwaffe und landeten gegen 9.30 Uhr auf dem eigenen Flugplatz des »Führer«-Hauptquartiers, mit den zwei inneren Sperrkreisen. Nach einem Frühstück im Kasino des Sperrkreises II ließen sie sich zum »Allerheiligsten«, dem Sperrkreis I, fahren. Hier hatte der »Führer« mit seinem persönlichen Stab seinen eigenen Bunker. Dort befand sich auch die »Lagebaracke«, in der die Besprechungen mit dem »Führer« stattzufinden pflegten. Nur wer einen Sonderausweis besaß, durfte den »Führer«-Sperrkreis betreten, es sei denn, er war in Begleitung eines Bewohners dieses Sperrkreises.

Stauffenberg hatte fest vor, an diesem Tag das Attentat auszuführen. Der Sprengstoff, den er in einer Aktentasche mit sich führte, war doch englischer Plastiksprengstoff mit einem auf chemischer Basis beruhenden Zünder. Eine Säure, die bei Zündung freigesetzt wurde, zerfraß einen Draht. Dieser Zersetzungsvorgang war von sehr unterschiedlicher Dauer – je nach Raumtemperatur, Stärke und Legierung des Drahtes und der Konzentration der Säure. Die Zeit bis zur Explosion variierte zwischen 4,5 und 30 Minuten. Das heißt, wenn sich der Täter mit dem Opfer in die Luft sprengen wollte, mußte er nach Auslösung des Zünders bis zu 30 Minuten seinem eigenen Tod entgegensehen. Eine unglaubliche nervliche Belastung.

Bei dem für den 15. Juli vorgesehenen Termin wußten Stauffenberg und Fromm nicht, an welcher der für diesen Tag vorgesehenen drei Lagebesprechungen sie teilnehmen sollten. Und vor allem, bei welcher Hitler zugegen sein würde. Solange Stauffenberg im unklaren blieb, wann er Hitler sehen würde, konnte er den Zeitzünder seiner Sprengladung nicht aktivieren. Überhaupt, bedingt durch die Tatsache, daß er nur eine Hand, und diese wiederum nur mit drei Fingern zur Verfügung hatte, konnte er den Zündungsvorgang auch nicht ohne Hilfe eines Dritten in Gang setzen. Da er zudem für die Besprechung Aktenunterlagen mitnehmen mußte, durfte man davon ausgehen, daß er mit zwei Aktentaschen kommen würde. Außerdem durfte Klausing nicht den »Führer«-Sperrkreis betreten. Sein Part beim Attentatskomplott war daher, sich mit einem Auto für die anschließende Flucht zum Flugplatz vor dem Eingang zum Sperrkreis I bereitzuhalten.

Als es soweit war, betraten Generaloberst Fromm und Oberst Stauffenberg in Begleitung Keitels den »Führer«-Sperrkreis. Es gibt ein Foto, daß sie außerhalb der »Lagebaracke« mit Hitler zeigt. Dieser begrüßt gerade auf einem Fußgängerweg, im Schatten weitverstreuter Bäume, den General der Flieger, Karl Bodenschatz, mit Handschlag. Links davon steht Stauffenberg, hoch aufgerichtet mit durchgedrücktem Kreuz und dem Anflug eines Lächelns, einen erstaunlich freundlichen Blick auf Hitler gerichtet. Nichts an Stauffenberg läßt seine Absicht erkennen, den Mann, der Europa und die halbe Welt in Schrecken hält, umzubringen.

In Berlin war beim Abflug Stauffenbergs kurz nach sieben Uhr von seinem Konfidenten und Mitarbeiter, Oberst Albrecht Ritter Mertz von Quirnheim, »Walküre«-Marschbereitschaft für die Heeresschulen angeordnet worden. Sie sollten nach dem Attentat alle strategischen Punkte, wie Regierungsgebäude, SS-Kasernen und Rundfunkstationen besetzen. Aber das Attentat erfolgte nicht, obwohl es zu einer Begegnung mit dem »Führer« in einer der drei Besprechungen kam. Es wird nie geklärt werden, warum Stauffenberg die Bombe nicht zündete. Bekannt ist nur, daß er mehrmals von der »Wolfsschanze« aus mit Berlin telefonierte. Wahrscheinlich warnten ihn einmal mehr die mitverschworenen Generale, das Attentat nur in Anwesenheit Himmlers und Görings auszuführen. Es wurde ihm jedenfalls in einem dieser Telefonate bedeutet zu warten. General Stieff würde ihm noch eine wichtige Mitteilung überbringen. Stieff kam tatsächlich vom nahegelegenen Oberkommando des Heeres »Mauerwald«, soll aber während eines der Telefonate, die Stauffenberg mit Berlin führte, die Tasche mit dem Sprengstoff beiseite geschafft haben!

Selbst wenn dies nicht zutraf, die Chance, Hitler umzubringen, war an diesem Tag verpaßt. Als Stauffenberg von seinem letzten Ferngespräch in die Besprechung zurückkehrte, hatte Hitler bereits die »Lagebaracke« verlassen. Aber das Glück schien den Verschwörern hold zu sein. Drei Tage später, am 18. Juli, erfuhr Stauffenberg, daß er am 20. Juli wieder in der »Wolfsschanze« zum Vortrag bei Hitler erwartet werde. Diesmal war er fest entschlossen, das Attentat ohne Rücksicht auf die Bedenken der Generale durchzuführen. Der Countdown lief.

Die Eingeweihten wurden verständigt: Generalfeldmarschall von Witzleben, Generaloberst Hoepner, Generalleutnant von Hase und zuverlässige Offiziere des Ersatzbataillons 9 in Potsdam. Oberleutnant Graf von der Schulenburg begab sich persönlich nach Potsdam, meldete sich bei seinem Freund, dem Regimentsadjutanten des Ersatzbataillons, Helmut von Gottberg: »Morgen geht's endgültig los.« Und nach einer Pause: »Können Sie mich zu Stauffenberg fahren?«

»Das geht leider nicht, weil ich heute abend mit anderen bei meinem Kommandeur, Major Meyer, eingeladen bin. Da kann ich nicht sagen, ich muß Schulenburg zu Stauffenberg fahren. Das wäre zu auffallend. Aber Sie können mein Auto haben, es hat einen roten Winkel.« Der rote Winkel war neben der Zulassung eine zusätzliche Fahrberechtigung. Fahrzeuge, die dieses Zeichen nicht besaßen, durften wegen der Benzinknappheit und allgemeinen Bewirtschaftung nicht fahren. Gottberg bat den Leutnant von Oppen, ebenfalls Mitglied des Widerstandes, Schulenburg zu chauffieren, und überließ ihm seinen Wagen, einen roten DKW.

Am Abend vor dem Attentat, vor dem es kein Zurück mehr geben sollte, ließ Stauffenberg seinen Dienstwagen an einer Kirche im Berliner Stadtteil Steglitz stoppen und hielt dort für eine Weile Zwiesprache mit Gott. Dann ließ er sich nach Hause fahren. Sein Zuhause war eine von seinem Bruder Berthold in der Tristanstraße 8 im Berliner Vorort Wannsee bewohnte Villa. Dort angekommen, zeigte er dem Bruder die Tasche mit Sprengstoff, die sein Fahrer zuvor aus dem Versteck bei einem Oberstleutnant Fritz von der Lancken besorgt hatte. Claus Stauffenberg hätte gern am Vorabend des für ihn schicksalsschweren Tages seine Frau Nina und die drei Kinder um sich gehabt. Als Stauffenberg versuchte, seine Frau wenigstens telefonisch auf dem am Fuße der Schwäbischen Alb gelegenen schwiegerelterlichen Schloß in Lautlingen zu erreichen, kam keine Verbindung zustande, weil die Leitungen durch Fliegerangriffe zerstört worden waren.

Am nächsten Morgen, dem 20. Juli, flog er in Begleitung seines Ordonnanzoffiziers, Oberleutnant von Haeften, ins »Führer«-Hauptquartier. Gegen elf Uhr ließ er sich in den »Führer«-Sperrkreis fahren, wo er zunächst mit dem Chef des Heeresstabes beim OKW, General Buhle, und Generalleutnant von Thadden eine Besprechung über die Neuaufstellung von Divisionen hatte. Haeften trug die Aktentasche mit dem Sprengstoff. Es folgte eine zweite Besprechung in der Amtsbaracke von Generalfeldmarschall Keitel. Gegen zwölf Uhr klingelte das Telefon: Am Apparat war Hitlers Leibdiener Heinz Linge, der den Dienstgrad eines SS-Hauptsturmführers, gleichbedeutend mit dem Wehrmachtsrang eines Hauptmanns, hatte. Er erinnerte daran, daß die »Morgenlage« beim »Führer« vorverlegt worden sei, also schon um 12.30 Uhr beginne, da der italienische Diktator Benito Mussolini seinen Besuch angekündigt hatte.

Ehe die Herren aufbrachen, fragte Stauffenberg Keitels Adjutanten, den Major John von Freyend, wo er sich ein bißchen erfrischen und sein Hemd wechseln könne. Das war lediglich ein Vorwand. Denn mit einer Hand und nur noch drei Fingern konnte ein Hemdwechsel schwer ohne fremde Hilfe vorgenommen werden. Also zog er sich mit seinem Ordonnanzoffizier Haeften zurück. In Wirklichkeit, um die Zünder der Sprengstoffpakete – insgesamt zwei – scharf zu machen. Den Herren wurde ein Raum nahe des Barackenausganges zugewiesen. Die übrigen warteten bereits draußen.

Da klingelte in der Baracke das Telefon. Am Apparat war der Chef des Wehrmacht-Nachrichtenwesens, General der Nachrichtentruppe Erich Fellgiebel, der zum Verschwörerkreis gehörte und sofort nach dem vollzogenen Attentat für die Unterbrechung aller Telefonverbindungen zwischen dem »Führer«-Hauptquartier und anderen Kommandozentralen sorgen sollte. Er verlangte Stauffenberg zu sprechen. Keitels Adjutant hatte das Gespräch angenommen und schickte einen Oberfeldwebel zum Umkleideraum. Dieser klopfte, öffnete die Tür und stieß versehentlich an Stauffenbergs Rücken. Er bekam noch mit, daß sich Stauffenberg und Haeften nervös mit irgend etwas beschäftigten. Dann meldete er das für den Oberst bestimmte Telefonat. Währenddessen rief Major John von Freyend vom Gang aus: »Stauffenberg, so kommen Sie doch!« Der Feldwebel entfernte sich. Wenige Momente später eilten Stauffenberg und Haeften aus Zimmer und Baracke.

Draußen wollte Keitels Adjutant behilflich sein und Stauffenbergs Aktentasche übernehmen. Der Graf jedoch weigerte sich mit auffallender Heftigkeit. Stauffenberg hatte zwei Packungen mit je fast einem Kilo Plastiksprengstoff aus Berlin mitgebracht sowie englische Zünder mit

30 Minuten Verzögerung. In der Tasche, die er zur Besprechung mit Hitler mitnahm, befand sich jedoch nur ein Sprengsatz! Den anderen hatte er Haeften übergeben – wie sich später herausstellen sollte, ein schwerwiegender Fehler. Er war nur damit zu erklären, daß das Ingangsetzen des Zündungsmechanismus ein gefährlicher und umständlicher Vorgang war und daß Stauffenberg und Haeften durch das plötzliche Eintreten des Oberfeldwebels gestört wurden. Mit einer Flachzange mußten Kupferhülsen zusammengepreßt werden, in denen Glasampullen mit Säure steckten. Die Säure wiederum sollte einen Spanndraht zersetzen, der seinerseits eine Spiralfelder mit Zündbolzen zurückhielt. Dabei durfte der Spanndraht nicht durch den Druck der Zange geknickt werden. Schließlich mußte ein Sicherungsstift entfernt und der Zünder in eine sogenannte »Übertragungsladung« eingesetzt werden.

Während die Herren zur »Lagebaracke« schritten, blieb Oberleutnant Haeften zurück. Kurz vor der Baracke übergab Stauffenberg die Tasche mit dem Sprengstoff an Major John von Freyend mit der Bitte, sie auf dem Fußboden möglichst nahe bei Hitler zu plazieren. Der Lagevortrag durch Generalleutnant Adolf Heusinger* war bereits im Gange. Das Hauptinteresse konzentrierte sich auf die Invasionsfront im Westen, die zu einer riesigen Material- und Abnutzungsschlacht ausgeufert war. Allein in den ersten zehn Tagen nach der Landung hatten die Amerikaner 1704 Panzer und 293 Flugzeuge verloren. Die deutschen Verluste bezifferten sich auf rund 100 000 Mann, darunter 2360 Offiziere.

Hitler und der stellvertretende Chef des Wehrmachtsführungsstabes, General der Artillerie Walter Warlimont, drehten sich beim Kommen Stauffenbergs und der anderen Herren um. Warlimont erinnerte sich später an den Eindruck, den Stauffenberg im Moment des Eintretens machte: »Das klassische Bild des Kriegers durch alle geschichtlichen Zeiten. Ich kannte ihn kaum, aber wie er dort stand, das eine Auge durch eine schwarze Binde verdeckt, einen verstümmelten Arm in einem leeren Uniformärmel, hoch aufgerichtet, den Blick geradeaus auf Hitler gerichtet, der sich nun auch umgedreht hatte, bot er, wie gesagt, ein stolzes Bild, wie man es von dem Generalstabsoffizier, dem deutschen Generalstabsoffizier jener Zeit, gewohnt war.«

Hitler reichte Stauffenberg die Hand – die Begrüßung zwischen Opfer und Todesbringer. Es wurde gebeten, Stauffenberg einen Platz am

* Generalinspekteur der Bundeswehr (1957-1961)

Kartentisch zu überlassen. Er war jetzt nur noch durch den vortragenden Heusinger von Hitler getrennt. Keitels Adjutant stellte die Tasche mit dem todbringenden Inhalt ab. Stauffenberg – eiserne Nerven – schob mit dem Fuß die Tasche unter den Tisch so weit wie möglich in Richtung Hitler. Allerdings stand dazwischen noch der schwere Sockel des Tisches.

Nach einer kurzen Pause – er war noch nicht mit seinem Vortrag an der Reihe – gab er dem Adjutanten Keitels ein Zeichen, daß er ihn draußen sprechen wolle. Vor der Tür bat er, mit General Fellgiebel verbunden zu werden. Der Adjutant veranlaßte das Notwendige und kehrte in den Lageraum zurück. Stauffenberg nahm den Hörer, tat kurz so, als ob er telefoniere, legte ihn dann hin und verließ die »Lagebaracke«. Er überquerte einen Weg und betrat ein gegenüberliegendes Gebäude, wo ihn General Fellgiebel und Oberleutnant Haeften erwarteten. Zu dritt traten sie aus dem Haus und warteten, eine Zigarette rauchend, auf die Explosion.

In der »Führer«-Baracke war inzwischen einem die Abwesenheit Stauffenbergs aufgefallen: General Walther Buhle, Chef des Heeresstabes beim OKW und früherem Vorgesetzten Stauffenbergs in der Organisationsabteilung. Er verließ den Raum, um Stauffenberg zu sagen, daß er jeden Moment mit seinem Bericht an der Reihe sei. Dieser hatte jedoch bereits die Baracke verlassen. Unverrichteter Dinge ging Buhle in das Lagezentrum zurück.

Der Knall der Detonation war scharf und widerlich. Holz barst, Glas splitterte. Über der Lagebaracke entstand eine dichte Staubwolke aus einem Gemisch von Pulverdampf und Staub. Gellende Schmerzensschreie drangen nach draußen. Es war zwischen 12.40 und 12.50 Uhr. General Fellgiebel, Oberst Stauffenberg und Oberleutnant Haeften hatten offensichtlich den Nerv, noch einige Minuten am Tatort zu verweilen, denn Fellgiebel sagte später aus, sie hätten gesehen, wie ein Verletzter »unter dem Umhang des Führers« herausgetragen wurde. Die Tötung des Tyrannen schien vollbracht! Welch ein Triumph für den Widerstand!

Die drei bestiegen schnell das wartende Auto, um sich zum Flughafen fahren zu lassen. Das geschah jedoch nicht ohne Schwierigkeiten. Beim Verlassen der beiden Sperrkreise wurde ihr Fahrzeug jedesmal gestoppt. Die Detonation hatten natürlich auch die Wachen gehört. Die ersten Posten schüchterten sie durch ihr herrisches Auftreten ein. Beim

Verlassen des zweiten Sperrkreises ließen sich die Wachen davon nicht beeindrucken. Erst nach telefonischer Rückfrage beim Adjutanten des Kommandanten Führerhauptquartier, Rittmeister Leonhard von Möllendorf, durften sie passieren.

Fellgiebel war zurückgeblieben. Er begab sich zum Nachrichtenbunker, um sich zu vergewissern, daß die angeordnete Sperrung der Telefone und Fernschreiber funktionierte. Dann verließ Fellgiebel wieder den Nachrichtenbunker und – traute seinen Augen nicht: Hitler ging im Freien spazieren. Nachdem Fellgiebel seinen Schock überwunden hatte, machte er auf dem Absatz kehrt, ging wieder in den Nachrichtenbunker und gab die Meldung vom Überleben Hitlers weiter.

Währenddessen preschte der Wagen mit Stauffenberg und Haeften zum Flugplatz. Unterwegs, während sie durch einen Wald fuhren, warf Haeften das zweite Sprengstoffpaket aus dem Wagen. Hätte er dieses Paket einfach in der Aktentasche mit der scharfen Bombe belassen – die Detonation hätte zweifelsfrei auch das zweite Sprengstoffpaket zur Explosion gebracht! Diesem Versäumnis verdankte Hitler sein Überleben.

Dagegen tötete die Explosion vier Männer – sofort oder als Folge schwerer Verletzungen: Hitlers Wehrmachtsadjutanten und ehemaligen Angehörigen des Infanterie-Regiments 9, Generalmajor Rudolf Schmundt; den Luftwaffen-General Günter Korten; Oberst (und Olympia-Goldmedaillengewinner im Springreiten) Heinz Brandt, der vor der Detonation über Stauffenbergs Aktentasche mit dem Sprengstoff gestolpert war und sie beiseite gestellt hatte; und Hitlers Stenografen, Heinrich Berger. Andere Teilnehmer der Lagebesprechung – etwa 20 Personen insgesamt – taumelten blutend, mit zerrissenen Uniformen und rußgeschwärzten Gesichtern aus der Baracke.

Zunächst glaubte man an einen Bombenabwurf beziehungsweise an einen Sabotageakt von Fremdarbeitern, die einige Zeit zuvor die Baracke umgebaut hatten. Dann aber erinnerte sich Generalfeldmarschall Keitel – abgesehen von geplatzten Trommelfellen war er nicht verletzt – an Stauffenberg und bemerkte sein Fehlen. Er gab Order, nach Stauffenberg zu fahnden.

Hitler war überraschenderweise von allen am ruhigsten. Als er Mussolini am Nachmittag empfing, trug er um die rechte Hand einen Verband sowie im rechten Ohr, dessen Trommelfell ebenfalls geplatzt war, einen Wattebausch. Seine Uniform war wieder tipptopp, auf der linken Brustseite blitzten das Goldene Parteiabzeichen und das Eiserne Kreuz, matt schimmerte das Schwarze Verwundetenabzeichen aus dem Ersten Weltkrieg. »Duce, bei mir ist eben eine Bombe losgegangen«, sagte er und zeigte dem Besucher die verwüstete Baracke. Mussolini, bemüht, sich an herabhängenden Latten, Kabeln und Gestänge nicht zu verletzen, lugte vorsichtig in das Trümmerfeld des Kartenraums. Beim anschließenden Tee schrie Hitler plötzlich die unterdrückte Wut heraus. Er prophezeite den »Verrätern«, ihren Familien und ihrer ganzen Gesellschaftsklasse die schlimmsten Strafen.

Stauffenberg und Haeften flogen ungehindert mit einer Luftwaffenmaschine nach Berlin zurück. Gleich nach der Landung, noch vom Flughafen aus, gegen 16.00 Uhr, rief Haeften im Oberkommando der Wehrmacht an und meldete, daß Hitler tot sei. Generaloberst Olbricht und Generalleutnant Thiele hatten jedoch schon durch einen Anruf des Nachrichtengenerals Fellgiebel erfahren, daß das Attentat gescheitert war. Statt die Aktion abzublasen oder nun erst recht den Alarmplan »Walküre« anlaufen zu lassen, beschlossen sie, erst einmal Mittag zu essen! Dafür handelten zwei Offiziere aus ihren Stäben, Oberst Mertz von Quirnheim und Major von Oertzen. Sie gaben einen Alarmbefehl an den Kommandeur der Panzerschule in Krampnitz, sich marschbereit zu halten und gegen die Kaserne der SS-Leibstandarte in Berlin-Lichterfelde-West aufzuklären. Auch andere Einheiten, wie die Infanterieschule in Döberitz, erhielten den »Walküre«-Befehl. Zum Teil wurden die Befehle verschlüsselt und per Telex abgesetzt. Dadurch ging kostbare Zeit verloren.

Der Kommandeur des Berliner Wachbataillons, Major Remer, ein neunmal verwundeter, zweiunddreißigjähriger Frontoffizier, der kurz zuvor von Hitler persönlich mit dem Ritterkreuz ausgezeichnet worden war, erhielt von den Putschisten den Befehl, das Regierungsviertel abzusperren, das OKH in der Bendlerstraße zu schützen und Goebbels zu verhaften. Doch der Reichspropagandaminister war zuvor gewarnt worden. Als Remer mit ein paar Soldaten kurz nach 18.30 Uhr beim Minister erschien, fertigte er ihn kühl ab. Verhaftet solle er werden? Der »Führer« sei tot? Da sei der Herr Major einer Lüge aufgesessen. Das Ritterkreuz, das er trage, sei ihm doch vom »Führer« persönlich verliehen worden? »Jawohl, Herr Minister.« Dann müsse er wohl auch die Stimme des »Führers« wiedererkennen. Goebbels wählte die »Wolfsschanze« an und war im Nu mit Hitler verbunden. Er reichte Remer den

Hörer. Hitler teilte mit, Verräter hätten tatsächlich versucht, ihn zu ermorden, aber er sei nicht einmal verwundet, und nun müsse Vergeltung geübt werden. Er, Remer, stehe bis zum Eintreffen des neuen Befehlshabers des Ersatzheeres, SS-Reichsführer Himmler, unter seinem Kommando. Selbstverständlich sei Goebbels nicht zu verhaften und er möge sich loyal verhalten. »Zu Befehl, mein Führer«, erwiderte Remer.

Auch ein anderer, für den Umsturz vorgesehener wichtiger Akteur hatte sich inzwischen durch einen persönlichen Anruf im »Führer«-Hauptquartier – direkte Leitungen zu Hitler, Keitel, Himmler und anderen Größen des Reiches waren nicht unterbrochen – vom Fehlschlag des Attentats überzeugt: Generaloberst Friedrich Fromm, der Befehlshaber des Ersatzheeres. Als Stauffenberg gegen 16.30 Uhr sein Büro in der Bendlerstraße betrat, traf er auf seinen Bruder Berthold, »Fritzi« Schulenburg und drei weitere Offiziere. Er verkündete die Botschaft: »Er ist tot. Ich habe gesehen, wie man ihn hinausgetragen hat.« Dann gingen sie zusammen mit anderen Offizieren zu Fromm. Sie verlangten, daß er nachträglich die angelaufene »Walküre«-Aktion billige. Fromm, mit 2,06 Meter der größte General der Wehrmacht, schlug mit der Faust auf den Tisch. Das sei Hochverrat, er erkläre die Herren hiermit für verhaftet! Stauffenberg behielt die Nerven und konterte: Vielmehr sei Fromm verhaftet. Er, Stauffenberg, habe die Bombe selbst gezündet und wisse mit Sicherheit, daß der Führer nicht mehr lebe. Fromm wollte sich auf Stauffenberg stürzen, mehrere Offiziere gingen dazwischen, einer mit vorgehaltener Pistole. Dann isolierten sie den Generaloberst in einem Nebenzimmer, schlossen es aber nicht ab. Wären sie hartgesottene Revolutionäre gewesen, hätten sie ihn kurzerhand erschossen. Aber abgesehen davon, daß ihre preußische Erziehung ihnen solch ein radikales Vorgehen verbat, wollten sie nicht dem schlechten Beispiel der Nazis nacheifern.

Inzwischen rief aus Ostpreußen Generalmajor Stieff, der Mitverschwörer, Generalquartiermeister Wagner in Zossen bei Berlin an (dieser hatte Stauffenberg und Haeften sein Flugzeug für Hin- und Rückflug ins »Führer«-Hauptquartier zur Verfügung gestellt) und meldete das Scheitern des Attentats. Jetzt den »Walküre«-Befehl zu befolgen, sei völliger Wahnsinn. Wagner befahl als Ranghöherer Stieff sofort, alles, was mit der Erhebung geplant war, dem Chef des Oberkommandos der Wehrmacht, Keitel, zu melden. Das heißt, Wagner, der bis dahin dem Widerstand angehörte, lieferte seine Mitverschwörer ans Messer.

Um 18.45 Uhr kam über den Rundfunk die Nachricht des Attentatsversuchs. Hitler habe überlebt und werde in Kürze zum deutschen Volk sprechen. Mithin war es den Putschisten nicht gelungen, die Rundfunksender unter ihre Kontrolle zu bringen. Zum Teil hatten sich die in die Funkhäuser entsandten Offiziere täuschen lassen. In der Masurenallee am Funkturm war ihnen vorgegaukelt worden, der Sender sei abgeschaltet. Zum Beweis führte man sie in den »Hauptschaltraum«. In Wahrheit wurde der Sender seit einiger Zeit aus einem in der Nähe gelegenen Bunker geschaltet, und dort war er nicht abgestellt worden.

Verzweifelt versuchte Stauffenberg durch zahlreiche Telefonate zwischen 18.00 und 22.00 Uhr, die Erhebung gegen das verhaßte System doch noch zustande zu bringen. Er telefonierte persönlich mit den Wehrkreiskommandos in Königsberg, München, Breslau, Kassel, Hamburg, Nürnberg und Hannover. Die Reaktion: Teilweise wurden seine Alarmbefehle zögernd weitergegeben beziehungsweise überhaupt nicht befolgt. Nur in Paris klappte der Vollzug des »Walküre«-Befehls. Stauffenberg rief im Hauptquartier des deutschen Militärbefehlshabers für Frankreich, im Hotel *Majestic*, an, wo er einen Vetter namens Dr. Caesar Freiherr von Hofacker, Oberstleutnant der Reserve, hatte. Ihm meldete er, Hitler sei tot, und die für diesen Fall vorgesehenen Maßnahmen, nämlich eine Reihe von höheren SS-Führern zu verhaften und die strategisch wichtigen Stellen in Paris zu besetzen, könnten anlaufen. Zu den Mitverschwörern gehörte der deutsche Militärbefehlshaber für Frankreich, General von Stülpnagel, der – von Hofacker unterrichtet – die Verhaftungen sofort veranlaßte und sich in das Hauptquartier des deutschen Oberbefehlshabers West, Generalfeldmarschall von Kluge, fahren ließ, um ihn aufzufordern, sich der Aufstandsbewegung anzuschließen. Kluge hatte den ganzen Tag über Truppen inspiziert und war dabei in einen länger dauernden Bombenhagel geraten. Er war zwar unverletzt geblieben, hatte aber seinen Dienstwagen verloren. In sein Hauptquartier heimgekehrt, hatte ihn sein Generalstabschef, Generalleutnant Hans Speidel*, über die Ereignisse unterrichtet und eher beiläufig hinzugefügt, auf den »Führer« sei ein Anschlag verübt worden. Kluge, der über viele Monate von den Männern des Widerstandes um Teilnahme gebeten worden war, also wußte, daß sich hier etwas anbahnte, tat so, als interessiere ihn das

* Von 1957 bis 1963 Vier-Sterne-General der Bundeswehr

nicht. »Ist das alles?« Dann nahm er ein Bad und zog sich um – offensichtlich um Zeit zu gewinnen.

Um 19.00 Uhr rief Generaloberst Ludwig Beck an, ein Mann, der aus Protest gegen Hitlers Kriegspläne bereits 1938 als Generalstabschef des Heeres zurückgetreten war und im Falle eines Gelingens des Umsturzes bis zur Bildung einer Regierung das Amt des Reichsstatthalters übernehmen sollte. Beck wollte von Kluge wissen, ob er zu den Aufständischen halte. »Ich muß mich mit meinem Stab darüber besprechen. Ich rufe in einer halben Stunde zurück«, erwiderte Kluge. Er rief nicht zurück. Auch nicht, als Stülpnagel und Hofacker aus Paris eintrafen und ihn zu überzeugen versuchten: »Der Krieg ist verloren, machen Sie dem Gemetzel ein Ende, verhindern Sie, daß die schlimmste aller Katastrophen über das deutsche Volk hereinbricht!«

Kluge sperrte sich: »Meine Herren, das Attentat ist gescheitert.« Dann bat er zu Tisch, als wäre nichts gewesen, erzählte lachend Geschichtchen aus seiner Militärzeit. Bis es Stülpnagel zuviel wurde: »Herr Generalfeldmarschall, darf ich Ihnen unter vier Augen etwas sagen?« Er durfte. Die Herren zogen sich in einen Nebenraum zurück. Plötzlich hörten die übrigen Gäste die dröhnende Stimme des Feldmarschalls. Wie General von Stülpnagel sich erdreiste, ohne seine Genehmigung die Befehle zur Verhaftung der höheren SS- und SD-Führer herauszugeben? Sofort sei dieser »Blödsinnsbefehl« zu widerrufen. In Paris wurden daraufhin etwa 1200 zunächst verhaftete Personen, die das Nazi-Regime in der französischen Hauptstadt repräsentierten, wieder freigelassen. Dann begaben sich der General und der Feldmarschall – Ordonnanzen schlugen die Hacken zusammen – wieder zu Tisch. Nach dem Abendessen begleitete Kluge Karl-Heinrich von Stülpnagel zum Wagen, der ihn zurück nach Paris bringen sollte. Bei der Verabschiedung flüsterte er ihm ins Ohr: »An Ihrer Stelle würde ich mich in Zivilkleider werfen und verschwinden!« Stülpnagel übersah die dargebotene Hand des Feldmarschalls.

Inzwischen ging ein neuerlicher Anruf Stauffenbergs ein: Der Putsch sei gescheitert, und nun müßten die Mitverschwörer in Paris versuchen, sich in Sicherheit zu bringen. Das Wachbataillon, ursprünglich zum Schutz des Oberkommandos des Heeres in der Bendlerstraße herbeibefohlen, habe das Gebäude umstellt und beginne einzudringen. »Sie sind vor der Tür meines Büros, sie sind da«, schloß Stauffenberg das Telefonat.

Keine Frage, der Putsch begann zu bröckeln. In der Bendlerstraße formierte sich eine Gegenbewegung junger Offiziere, die loyal bleiben und zu Hitler halten wollten. Nichts zu tun war in diesem Stadium nicht mehr möglich. Vor einem Kriegsgericht wäre ihnen selbst passives Verhalten als Sympathiebeweis für den Umsturz ausgelegt worden. Da er gescheitert zu sein schien, hielten sie es für angebrachter, sich gegen die Bewegung zu stellen. Es kam auf dem Flur zu einer Schießerei. Stauffenberg wurde an der linken Schulter getroffen. Er resignierte: »Sie haben mich ja alle im Stich gelassen!« Papiere wurden hastig verbrannt, der festgesetzte Generaloberst Fromm herbeigeholt. Während jene Offiziere, die sich zur Gegenbewegung formiert hatten, ihre auf die Verschwörer gerichteten Pistolen im Anschlag behielten, erklärte Fromm nun Stauffenberg und die Seinen wegen Hochverrats für verhaftet und verlangte ihre Waffen. Der ebenfalls anwesende und von den Putschisten als Reichsstatthalter auserwählte Generaloberst Beck versuchte, sich zu erschießen. Indes, selbst beim zweiten Schuß wollte ihm das nicht gelingen. Fromm befahl einem Feldwebel, Beck den Gnadenschuß zu geben.

Dann erklärte Fromm Mertz von Quirnheim, Olbricht, Haeften und »den Oberst, dessen Namen ich nicht mehr kenne« – gemeint war Stauffenberg –, für zum Tode verurteilt. Stauffenberg versuchte noch, das Leben seiner Kameraden zu retten, indem er die alleinige Verantwortung für den Umsturz auf sich nahm. Ohne Erfolg. Nachdem sie ihre Waffen freiwillig abgelegt hatten, verließen die Männer, die versucht hatten, die Ehre des deutschen Volkes zu retten, den Raum. Von Soldaten des Wachbataillons wurden sie einzeln in den Hof der Bendlerstraße geführt und vor einem Sandhaufen im Scheinwerferlicht vorgefahrener Autos erschossen. Ehe sich die Kugeln in Stauffenbergs Körper bohrten, rief er laut: »Es lebe Deutschland!«

Das Echo der Schüsse vermischte sich mit dem Grollen einschlagender Bomben im Norden Berlins. Die Alliierten setzten ihre Flächenbombardements auch in dieser Nacht fort. Den Aufstand hielten sie für eine interne Angelegenheit der »Krauts«. Sie hatten sich von Anbeginn geweigert, Stauffenberg und seine Mitverschwörer zu unterstützen.

Hitler triumphierte. Noch in der Nacht hielt er über Rundfunk eine Ansprache an das deutsche Volk:

»Deutsche Volksgenossen und Volksgenossinnen!

Ich weiß nicht, zum wievielten Male nunmehr ein Attentat auf mich geplant und zur Ausführung gekommen ist. Wenn ich heute zu Ihnen spreche, dann geschieht es aber besonders aus zwei Gründen:

1. Damit Sie meine Stimme hören und wissen, daß ich selbst unverletzt und gesund bin.

2. Damit Sie aber auch das Nähere erfahren über ein Verbrechen, das in der deutschen Geschichte seinesgleichen sucht!

Eine ganz kleine Clique ehrgeiziger, gewissenloser und zugleich verbrecherischer dummer Offiziere hat ein Komplott geschmiedet, um mich zu beseitigen und zugleich mit mir den Stab der deutschen Wehrmachtsführung auszurotten.

Die Bombe, die von einem Oberst Graf von *Stauffenberg* gelegt wurde, krepierte zwei Meter an meiner rechten Seite. Sie hat eine Reihe mir teurer Mitarbeiter sehr schwer verletzt, einer ist gestorben. Ich selbst bin völlig unverletzt bis auf ganz kleine Hautabschürfungen, Prellungen oder Verbrennungen. Ich fasse das als eine Bestätigung des Auftrages der Vorsehung auf, mein Lebensziel weiter zu verfolgen, so wie [ich] es bisher getan habe. Denn ich darf es vor der ganzen Nation feierlich gestehen, daß ich seit dem Tage, an dem ich in die Wilhelmstraße einzog, nur einen einzigen Gedanken hatte, nach bestem Wissen und Gewissen meine Pflicht zu erfüllen und daß ich, seit mir klar wurde, daß der Krieg ein unausbleiblicher war und nicht mehr aufgeschoben werden konnte, eigentlich nur Sorge und Arbeit kannte und in zahllosen Tagen und durchwachten Nächten nur für mein Volk lebte . . .«

43 Hitlers Rache: Acht ehemalige I.R.-9-Offiziere werden hingerichtet

Hitlers Rache war grausam. An die 7000 Verhaftungen erfolgten. Als Regimentsadjutant Richard von Weizsäcker an der Front von dem gescheiterten Attentat erfuhr, sagte er zu einem seiner Kameraden: »Wundert euch nicht, wenn ich hinter dem nächsten Kornfeld verschwinde und nicht wieder auftauche« – was immer er damit gemeint haben mag. Er war jedenfalls in Gefahr durch seine Bekanntschaften mit mehreren Leuten des Widerstandes, darunter Legationsrat Albrecht von Kessel, der im selben Jahr wie Weizsäckers Vater an die Botschaft am Vatikan versetzt worden war und zu Stauffenberg und Goerdeler enge Beziehungen unterhielt. Und vor allem: Weizsäcker war in seiner politischen Einstellung wesentlich von Graf Schulenburg geprägt worden, der ihm im letzten Urlaub bei einem Abstecher nach Potsdam das Versprechen abgenommen hatte, sich bereitzuhalten und auf ein entsprechendes Signal mitzuputschen. Hatte Schulenburg darüber mit anderen gesprochen? War davon etwas bis an die Ohren der Gestapo gedrungen? Dann war da das Telefonat mit Stauffenberg, der Hauptmann Bussche für einen zweiten Attentatsversuch angefordert hatte. Weizsäcker war dabei von einem Nachrichtenoffizier, der von der Waffen-SS kam und vorübergehend beim Regiment Dienst tat, belauscht worden. Weizsäcker hatte das nach dem Telefonat mitbekommen und den Mithörer fragend angeschaut. Der hatte seinem Blick standgehalten, aber sich in keiner Weise geäußert. Hatte er eine Meldung gemacht? Da waren auch die Urlaubsscheine für Bussche, die Weizsäcker großzügig unterschrieben hatte – für Fahrten, die in Wahrheit einen anderen Hintergrund hatten. Dann hatte ihn kurz nach dem 20. Juli der Nationalsozialistische Führungsoffizier (NSFO) der Division, Oberleutnant d. R. van Bürck, besucht. Es habe doch jene Fernschreiben mit Stauffenbergs Unterschrift zur Anforderung Bussches gegeben! Dazu die von Weizsäcker ausgestellten Reisepapiere. Es sei wohl eindeutig, was das zu bedeuten habe. Weizsäcker hatte dreist entgegnet, man könne doch einen OKH-Befehl nicht verweigern. Außerdem – er hatte sich dabei so harmlos wie möglich gegeben – sei man die ganze Zeit Frontoffizier ohne Kenntnisse dessen gewesen, was da politisch gespielt wurde. Hatte der NSFO es bei dieser Befragung belassen und keine Meldung gemacht? Und schließlich die Geschichte mit den Schüssen auf das Hitler-Bild, als er und andere Offiziere vor Leningrad eines Abends zusammengesessen hatten. Konnte er sicher sein, daß dieser Vorfall über den Kreis der Beteiligten nicht hinausgetragen worden war? Dann seine gelegentlichen kritischen Bemerkungen über »Adolf«! Untergrabung der Manneszucht nannten sie so etwas in der Wehrmacht. Die Militärgerichtsbarkeit war längst eine Hure der Staatsmacht.

Der schwerverwundete, beinamputierte Hauptmann Axel von dem Bussche lag immer noch im SS-Lazarett Hohenlychen. Am späten Abend des 20. Juli 1944 hörte er im Radio die Nachricht vom gescheiterten Attentat und war starr vor Entsetzen. Zunächst klammerte er sich an die Hoffnung, sich verhört zu haben. Aber dann vernahm er eine Rede Robert Leys, eines der getreuesten Vasallen Hitlers und Führers der »Deutschen Arbeitsfront«. Bussche war ganz benommen. Wortfetzen drangen an sein Ohr: »Blaublütige Schweine ... Adolf Hitler lebt ... Stauffenberg erschossen ...« Während Bussche noch versuchte, die schockierende Nachricht zu verarbeiten, wurde die Tür aufgestoßen – das mußte die Gestapo sein, um ihn abzuholen! –, im Türrahmen stand die Stationsschwester, eine schöne, romanisch aussehende Nazisse, die, wie sie Bussche erzählt hatte, mit einem Juristen verheiratet war, der ausgerechnet im Reichssicherheitshauptamt arbeitete. Sie hatte ihren Mann an diesem Tag besucht, als gegen 16.00 Uhr in seinem Büro das Telefon klingelte. »Es ist soweit!« hatte er nach dem Anruf gesagt. »Setz dich bitte in die Ecke, da bist du am sichersten.« Dann hatte er seinen Stahlhelm aufgesetzt, eine Waffe aus dem Schrank geholt und sich am Fenster in Schußstellung begeben. Als der erwartete Sturm auf das Reichssicherheitshauptamt ausblieb, hatte er sie aufgeklärt, was passiert war. Nun stand sie noch voller Erregung in der Tür und schrie Bussche an: »Und Ihr Regimentskamerad, der Klausing, auch so ein Verräter, war gerade erst vor ein paar Tagen bei Ihnen. Sie blaublütige Schweine, Vaterlandsverräter ...!« Ihre Stimme überschlug sich vor Wut. Bussche dachte immer nur: Wenn sie bloß nicht den Nachtkasten aufzieht mit meinem Adreßbuch und den Namenslisten! Irgendwann schlug sie die

Tür zu. Energische Schritte entfernten sich. Bussche überlegte fieberhaft. Mit dem Tod hatte er sich schon vor Jahr und Tag abgefunden. Sowohl an der Front als auch vor einem Dreivierteljahr, als er den »Führer« umbringen wollte. Jedoch jetzt am Galgen zu enden, ohne Deutschland von der braunen Pest befreit zu haben, auf so eine Nummer war er nicht vorbereitet. Ganz ruhig bleiben, Axel, sagte er sich. An die Aisne hatten sie dich geschickt, nach Mogilew, auf die Krim, immer warst du einen Fuß näher am Tod als viele andere, aber aus allen Gefahren hast du dich hinausmanöveriert. Das muß auch diesmal klappen. Plötzlich wurde ihm jedoch siedend heiß. Mensch, der Koffer auf dem Schrank! Als das damals im »Führer«-Hauptquartier mit dem Anschlag nicht geklappt hatte, weil die vorzuführenden Uniformen bei einem Luftangriff verbrannt waren, hatte er den illegal beschafften Sprengstoff mit Zündern und Tellermine in einem russischen Beutekoffer wieder mit an die Front genommen. Idiotischerweise hatten sie ihm diesen samt Inhalt nach seiner Verwundung nachgeschickt. Der lag nun oben auf dem Kleiderschrank! Bussche in seinem Zustand – frisch amputiert – war unfähig aufzustehen, den Koffer herunterzunehmen und irgendwo zu verstecken. Er konnte ja nicht einmal die verräterischen Namenslisten der Mitverschwörer und sein Adreßbuch die Toilette hinunterspülen. Fieberhaft suchte er nach einem Ausweg. Mit diesen Unterlagen könnten sie einiger Kameraden habhaft werden, die sie vielleicht noch nicht gefangen hatten. Schweißperlen traten auf seine Stirn. Der Blick wanderte unruhig an der Decke entlang, als könne er dort eine Lösung ablesen. Und wenn er die belastenden Unterlagen einfach aufaß, vor allem den Brief von »Fritzi« Schulenburg, in dem sich dieser über Feldmarschall Manstein beschwerte? Es war inzwischen längst Nacht. Mühsam versuchte sich Bussche aufzurichten. Mit der linken, gesunden Hand, an der rechten fehlte ja der Daumen, gelang es ihm, den Nachtkasten zu öffnen. Tastend durchwühlte er den Inhalt. Halt! Da waren die Adressenlisten. Dann begann er, sie aufzuessen. Seite für Seite. Das Papier schmeckte furchtbar. Er bekam einen ganz trockenen Mund. Es wurde immer schwieriger, die zerkauten Reste hinunterzuschlucken. Nach der siebten Seite war er am Ende seiner Kräfte.

Und wohin mit dem Adreßbuch? Das konnte er nicht auch noch vertilgen. Dann kam ihm eine aberwitzige Idee: Der Sanitäter vom Dienst für die Nacht! Genau, das war es! Ein anständiger Bauernsohn aus dem Münsterland. Der bringt dir den Schieber, läßt dich zur Verrichtung der Notdurft allein. Dann legst du schnell dein Adreßbuch rein und baust einen Kaktus drauf. Gedacht, getan. Es stank fürchterlich. Der Sani kam, brachte die Ladung weg, schien nichts zu merken, sagte jedenfalls nichts.

Am anderen Tag hatte Bussche 38 Grad Fieber. Da war noch der verdammte Koffer mit dem Sprengstoff und der Tellermine auf dem Schrank. Wie konnte er den nur verschwinden lassen? Wie sollte er, der Schwerverwundete, erklären, daß er dieses gefährliche Zeugs mit sich schleppte? Das reichte, um ein ganzes Haus in die Luft zu sprengen!

Der Adjutant des Ersatzbataillons 9 in Potsdam, Oberleutnant Helmut von Gottberg, der für den Attentatsversuch mit Bussche zwei Handgranaten mit den notwendigen Zündern besorgt hatte, erhielt unmittelbar nach dem 20. Juli einen Anruf: »Hier Gestapo-Leitstelle. Der Oberleutnant von Gottberg ist uns hier sofort vorzuführen.«

Gottberg blieb ganz ruhig, tat so, als hätte er nicht verstanden: »Wie bitte?«

»Der Oberleutnant von Gottberg ist sofort zu uns rüberzubringen.«

»Mit dem sprechen Sie zur Zeit. Worum handelt es sich denn?«

Zunächst eine Pause der Verblüffung, dann eine verärgerte Stimme: »Das werden Sie wohl selber am besten wissen!«

»Ich weiß es zwar nicht, aber wenn Sie von sofort sprechen – wie eilig ist Ihnen das? Mein Kommandeur ist im Gelände, und ich kann das Bataillon nicht ohne weiteres allein lassen. Es sei denn, es ist irgend etwas besonders Dringliches.«

»Es ist besonders dringend!!«

Gottberg spielte immer noch den Unschuldigen. »Gut, dann bin ich in einer Stunde da.«

Zur angegebenen Zeit fuhr er nach Berlin in die berüchtigte Prinz-Albrecht-Straße. Er trug seine Wehrmachtsuniform, Pistole umgeschnallt. Er wurde zunächst in einen Raum gesetzt, der völlig leer war. Nur weiße Wände und in der Mitte ein Stuhl. Dort ließ man ihn warten. Gottberg ging davon aus, daß er beobachtet wurde. Die Gestapo-Leute hofften, einen übernervösen Offizier vor sich zu haben. Aber Gottberg hatte von dieser Masche schon gehört. Er setzte sich seelenruhig auf den Stuhl, klappte die Beine übereinander, dachte: Wenn die glauben, daß ich jetzt anfange, Nägel zu kauen, oder wie ein gefangenes Tier im Käfig hin- und herzulaufen, haben sie sich gehörig geschnitten. Nach einer halben Stunde brachten sie ihn in einen Vernehmungsraum, wo drei Männer hinter verschiedenen Schreibtischen saßen. Wie Raubkatzen auf der Lauer. Gottberg hatte sich vorgenommen, so wenig wie möglich zu lügen, weil er wußte, wie schnell man sich in Widersprüche verwickelt, wenn man nachher nicht mehr weiß, ob man viel oder wenig gelogen hat. Lügen muß man ganz genau. Zunächst gab es die üblichen Fragen zur Person, seiner militärischen Laufbahn. Dann kamen sie ziemlich direkt auf das Attentat zu sprechen.

Gottberg war erstaunt, wie gut sie über seine Tätigkeit im Zusammenhang mit dem Widerstandskreis informiert waren, ohne ihm jedoch die Zusammenarbeit beweisen zu können.

Am Nachmittag des 19. Juli hatte Schulenburg in Potsdam Gottberg aufgesucht, um ihm mitzuteilen, daß das Attentat unwiderruflich am nächsten Tag stattfinden würde. Gottberg hatte seinen Wagen Leutnant von Oppen überlassen, der Schulenburg zu Stauffenberg chauffierte. Am nächsten Tag in der Frühe hatte Oppen bei Gottberg angefragt, ob er den Wagen noch behalten könne, da die Verhaftung des Oberleutnants von Hammerstein kurz bevorstünde und dieser sofort gewarnt werden müsse. Gottberg hatte eingewilligt, Oppen war losgebraust. Wenig später war die Gestapo im Hause Hammerstein erschienen und enttäuscht, als sie den Gesuchten nicht vorfand. Sie nahmen dessen Mutter in die Zange: »Wo ist Ihr Sohn?«

»Ich weiß es nicht.«

»Wann haben Sie ihn das letzte Mal gesehen?«

»Etwa vor einer Stunde. Da ist er weggefahren.«

»Wohin? Womit? In einem Auto?«

»Mit einem Auto.«

»Lassen Sie sich nicht alles aus der Nase ziehen. War es Ihr Wagen?«

»Nein, das war ein fremdes Auto. Ein roter PKW mit einer IE-Nummer.« Mit IE-Nummern waren die Fahrzeuge der Provinz Brandenburg gekennzeichnet.

Bei den damals wenigen fahrberechtigten Privatautos war der Eigentümer leicht zu ermitteln.

Gottberg hatte außerdem am 20. Juli um die Mittagszeit in seiner Eigenschaft als Adjutant des Ersatzbataillons 9 drei um das Attentat mitwissende Offiziere von Potsdam mit der S-Bahn in die Bendlerstraße geschickt – Hauptmann Hans Karl Fritzsche, Oberleutnant Ewald Heinrich von Kleist und den zuvor von der Rettung des gesuchten Oberleutnants Hammerstein zurückgekehrten Leutnant Georg Sigismund von Oppen. Als der Putsch mißlang, fingen sie Leutnant von Kleist. Fritzsche und Oppen konnten aus der Bendlerstraße entweichen, fuhren zurück nach Potsdam und suchten Rat bei Gottberg. Zu dritt gingen sie etwa zwei Stunden lang um den Pfingstberg spazieren. Im Freien waren sie einigermaßen sicher, nicht abgehört zu werden.

»Wie sollen wir uns verhalten? Zum Beispiel, wenn man uns fragt, wie wir zu Beginn des Aufstandes von Potsdam nach Berlin gekommen sind?«

Gottberg dachte wieder an seine Maxime, möglichst wenig zu lügen. »Ihr sagt einfach, weil der Adjutant von Gottberg den Befehl gab, uns in der Bendlerstraße zu melden.«

Prompt fragten jetzt die Vernehmer Gottberg: »Wie kamen Sie dazu, die drei Offiziere in die Keimzelle der Verschwörung gegen unseren geliebten ›Führer‹ in Marsch zu setzen?«

Gottberg wunderte sich selbst über seine schon kühne Gelassenheit: »Ich hatte einen Anruf aus dem OKH, es seien sofort drei Offiziere in die Bendlerstraße zu schicken.«

Aha, dachten die drei von der Gestapo, jetzt haben wir ihn in der Schlinge. Nun brauchen wir sie nur zuzuziehen. »Wer hat Sie denn da angerufen?«

»Tja, den Namen kann ich Ihnen jetzt auch nicht mehr sagen. Das war meines Erachtens ein Oberleutnant oder Hauptmann.«

»Das müssen Sie doch noch wissen!«

»Wenn Sie mir ein paar Namen aus dem Bereich vorlesen, fällt es mir vielleicht wieder ein.« Sie nannten ihm Namen. Als der Name von Stauffenbergs Ordonnanzoffizier, Oberleutnant von Haeften, fiel, unterbrach er: »Der war es. Jetzt fällt es mir ein!« Die Vernehmer schauten sich verdutzt an: Gottbergs Kopf war wieder aus der Schlinge. Damit hatten sie nicht gerechnet, zu sicher waren sie gewesen, ihn festgenagelt zu haben. Eine Gegenüberstellung mit Haeften war nicht mehr möglich, da dieser brave Offizier mit Claus Stauffenberg noch am Abend des 20. Juli erschossen worden war. Das wußte Gottberg. Verärgerung und Enttäuschung spiegelten sich in den Gesichtern der Gestapo-Leute. »Und das haben Sie ohne schriftliche Anweisung getan?«

»In dringenden Fällen ist das üblich, wenn es auch vielleicht ein Formfehler war.«

Sie stellten noch eine Reihe Fragen, die zeigten, wie gut sie inzwischen über Einzelheiten des Putschversuches unterrichtet waren. So lag ihnen zum Beispiel ein Versetzungsbefehl für Schulenburg vor, der als Chef der Zivilverwaltung nach Südfrankreich gehen sollte. Gottberg hatte jedoch auf dringende Bitte die Durchführung um einige Wochen verzögern können. Aber auch hierauf wußte Gottberg eine plausibel klingende Erklärung.

Nach sechs Stunden waren die Vernehmer am Ende ihres Lateins. Sie zogen sich zur Beratung zurück, kamen nach einiger Zeit wieder. Der Ranghöhere ging auf Gottberg zu. Dieser hatte sich in Erwartung eines Ergebnisses erhoben. »Ich muß Ihnen leider mitteilen«, sagte der SS-Mann, zog ein Taschentuch aus der Hosentasche, schnupfte sich umständlich die Nase, während er auf jede Regung in Gottbergs Gesicht achtete, um das Taschentuch schließlich umständlich zurückzustecken und den Satz zu vollenden, »daß Sie wieder gehen können.« Gottbergs Pokerface hatte sich ausgezahlt. Dann fragte der Chefvernehmer: »Ist Ihre Pistole eigentlich geladen?«

»Die ist geladen, aber Sie brauchen keine Angst zu haben.« Dann salutierte er, die Herren übersahen den Gruß, und er verließ den Raum, schritt einen nach Linoleum riechenden Korridor entlang und begann die Treppe zum Erdgeschoß hinabzusteigen. Er hatte gerade die unterste Stufe erreicht, da hörte er hinter sich hastige Schritte. Er drehte sich um. An der Treppe stand einer der Vernehmer.

»Herr von Gottberg, Sie scheinen ja viele Menschen zu kennen. Können Sie nicht dafür sorgen, daß ich zur Wehrmacht eingezogen werde?«

Gottberg machte sich seinen eigenen Vers darauf. »Ich will mein Bestes versuchen.«

»Besten Dank im voraus.« Dann grüßte der oben an der Treppe. Diesmal übersah Gottberg den Gruß, machte kehrt und verließ die Gestapo-Leitstelle. Draußen atmete er tief durch.

Zurück in der Kaserne berichtete Gottberg seinem Kommandeur, Major Dr. Herbert Meyer, den Verlauf der Vernehmung, gab den genauen Dialog wieder, streng darauf bedacht, nichts auszulassen, vor allem nicht die Geschichte mit dem angeblichen Anruf aus der Bendlerstraße, um die Offiziere Kleist, Oppen und Fritzsche in Marsch zu setzen – ohne schriftliche Anweisung, »weil das in dringenden Fällen Praxis« sei. Meyer nickte. »Gut, daß Sie mir das so genau erzählt haben. Ich weiß, wie ich mich zu verhalten habe.« Kurz darauf bestellte die Gestapo Major Meyer ein, um sich bestätigen zu lassen, daß Gottberg die Wahrheit gesagt hatte. Gottberg war nach dem ersten Verhör auf Befehl des OKH strafversetzt, aber vorsorglich noch ein zweites Mal in die Prinz-Albrecht-Straße befohlen worden, ohne daß ihm etwas nachgewiesen werden konnte. Meyer erklärte: »Ich kann die Aussagen des Herrn Oberleutnant von Gottberg in jeder Hinsicht bestätigen.« Da ließen die SS-Schergen von Gottberg ab. Anderen war das Schicksal nicht so gnädig.

Auf Anordnung des »Führers« leitete Generalfeldmarschall von Rundstedt den sogenannten Ehrenhof der Wehrmacht, der die dem Widerstand zugehörigen Offiziere aus der Wehrmacht ausstieß. Fortan konnte gegen sie außerhalb der Militärgerichtsbarkeit geurteilt werden. Sie könnten ja sonst von ihren Offizierskameraden unter den Militärrichtern milder bestraft werden, argwöhnte Hitler. Die Aburteilung wurde dem Präsidenten des Volksgerichtshofes, Roland Freisler, übertragen. 170 Menschen mußten sterben. Unter den Hingerichteten befanden sich acht ehemalige Offiziere des Infanterie-Regiments 9: Oberstleutnant Hasso von Boehmer, Hauptmann Wilhelm Dieckmann, Generalleutnant Paul von Hase, Hauptmann Friedrich-Karl Klausing, Oberst Hans-Ottfried von Linstow, Major Ferdinand Freiherr von Lüninck, Oberleutnant Fritz-Dietlof (»Fritzi«) Graf von der Schulenburg und Oberst Alexis Freiherr von Roenne.

Vier Ehemalige des I.R. 9 schieden freiwillig aus dem Leben, vorwiegend um nicht bei der unweigerlichen Folterung die Namen weiterer Mitglieder des Widerstandskreises zu verraten: Major Kurt Freiherr von Plettenberg, Oberstleutnant Hans-Alexander von Voß, Oberstleutnant Gerd von Tresckow, Generalmajor Henning von Tresckow. Letzterer sprengte sich zwischen den deutschen und russischen Linien mit einer Gewehrgranate in die Luft. Zuvor schrieb er nieder: »Wenn einst Gott Abraham verheißen hatte, er werde Sodom nicht verderben, wenn auch nur zehn Gerechte darin seien, so hoffe ich, daß Gott auch Deutschland um unseretwillen nicht verderben wird. Niemand von uns kann über seinen Tod Klage führen. Wer in unseren Kreis getreten ist, hat damit das Nessus-Hemd* angezogen.«

* Nach der griechischen Sage starb Herkules, Sohn des Zeus, nachdem er ein mit dem Blut des von ihm getöteten Nessus vergiftetes Hemd anzog, die Schmerzen nicht mehr aushielt und sich selbst auf einem Scheiterhaufen verbrannte.

Das Regiment entrichtete im Zusammenhang mit dem Umsturzversuch einen Blutzoll wie kein anderes der deutschen Wehrmacht.

Aber auch andere Wehrmachtsangehörige erreichte Hitlers Rache. Der Ranghöchste unter den Hingerichteten war der Generalfeldmarschall Erwin von Witzleben. Er sollte im Falle des Gelingens des Umsturzes neuer Oberbefehlshaber der Wehrmacht werden. Als er sich in einem faltigen Zivilanzug vor dem Tribunal die wütenden Attacken Freislers anhören mußte, bot er äußerlich einen erbarmungswürdigen Eindruck. Aber er erwies sich als ein tapferer Mann, der Hitlers Scharfrichter Paroli bot: »Sie können uns dem Henker überantworten. In drei Monaten zieht das empörte und gequälte Volk Sie zur Rechenschaft und schleift Sie bei lebendigem Leib durch den Kot der Straßen.« Witzleben wurde am 8. August zum Tode verurteilt und sofort hingerichtet.

Auch General Erich Fellgiebel, der am 20. Juli im »Führer«-Hauptquartier die Unterbrechung der Nachrichtenverbindungen veranlaßte, ließ sich nicht einschüchtern und rief nach der Verkündung seines Todesurteils Freisler zu: »Dann beeilen Sie sich mit dem Aufhängen, Herr Präsident, sonst hängen Sie eher als wir.« (Freisler kam bei einem Luftangriff der Alliierten am 3. Februar 1945 um.)

Mutig auch General Werner von und zu Gilsa, Kommandeur des I.R. 9 bei Kriegsausbruch. Er weigerte sich im »Generals-Prozeß«, als Beisitzer seine Kameraden zum Tode zu verurteilen, und knallte Freisler die Untersuchungsakten auf den Tisch.

Hitler gönnte den Verschwörern nicht einmal die Kugel. »Ich will, daß sie erhängt werden, aufgehängt wie Schlachtvieh.«

Generalmajor Hellmuth Stieff, der ewige Zauderer im Verschwörerkreis, wurde ebenfalls am 8. August zum Tode verurteilt und hingerichtet. In seiner Todesstunde schrieb Stieff seiner Frau Ili Cäcilie einen Abschiedsbrief*:

»8. August 1944

Meine liebe, liebe, gute, arme Igelfrau!

Mein geliebtes, einziges Gattchen!

Mein Leben ist zerstört. Gestern und heute hat die Hauptverhandlung stattgefunden. Der Antrag lautet auf Tod, und er kann auch nicht anders ausfallen. Es ist gerecht.

* Zitiert nach: Horst Mühleisen, Hellmuth Stieff – Briefe. Berlin 1991.

Du lieber, armer Kerl – was habe ich für Leid und Schande über Dich gebracht. Das ist der schlimmste Gedanke, der mich peinigt. Ich bitte Gott, daß er Dich behütet und beschützt.

Eins aber sollst Du wissen. Du bist und bleibst meine einzige liebste Frau, und ich sühne mit meinem Tod auch alles, was ich Dir in den letzten Jahren angetan hatte. In den schweren letzten zweieinhalb Wochen ist mir nichts klarer als das geworden.

Du hast mein Leben sehr, sehr reich gemacht und warst mein Sonnenschein, auch wenn ab und zu mal Wolken darüber waren – ohne Deine Schuld. Ein Dank ist viel zu wenig, was ich dazu sagen kann. Ich stehe tief in deiner Schuld!

Ich gehe ruhig und gefaßt in den Tod, den ich mir schuldbeladen zugezogen habe. Ich weiß, daß Du mich nicht verlassen wirst. Und ich hoffe auf die Gnade Gottes, daß er uns dereinst in seiner Herrlichkeit wieder zusammenführen wird. Ich werde in Deinem Glauben sterben und mir als Beistand einen Geistlichen Deiner Kirche geben lassen. Geht das nicht, so gilt als mein letzter Wille, zur katholischen Kirche überzutreten, und ich werde in die Ewigkeit so eingehen, wie wir vor bald 15 Jahren in Ludwigsdorf vor den Altar traten. Der Tod ist kein Ende, sondern nur eine Wandlung. Ich bin von der Unsterblichkeit unserer Seelen fest und gläubig überzeugt. Und so werde ich auch Dich, meine wunderbare Lebensgefährtin, durch Gottes Güte wiederfinden, wenn ich alles abgebüßt habe, was ich in diesem Leben gefehlt.

Wann die Todesstunde kommt, weiß ich nicht. Sie wird nicht lange auf sich warten lassen. Ob ich noch einmal die Möglichkeit zum Schreiben habe, weiß ich auch nicht. Grüße Deine lieben Eltern und Geschwister ganz innig von mir und danke ihnen in meinem Namen für alles Gute, was sie mir stets angetan. Tröste auch meine arme, kleine Mutter und meine Schwester und sage ihnen, daß sie nicht zu schlecht von mir denken mögen. Du weißt, daß ich nicht (aus) schlechtem Willen so gehandelt habe – auch wenn der Schein jetzt gegen mich steht. Ich habe geirrt und gefehlt. Es war falsch, Gott in seinem Wirken als kleiner Mensch hochmütig in den Arm fallen zu wollen.

Mein liebster Ling! Nun lebe wohl und Gott behüte Deine Wege. Das wird mein letztes Gebet und mein letzter Gedanke sein.

Ich küsse und umarme Dich in Ewigkeit.

Dein kleiner Mann«

Ein anderes Mitglied des Widerstandes, Generalquartiermeister Eduard Wagner, der in der Stunde des Attentats seine Mitverschworenen verraten hatte, richtete sich selbst. General Karl-Heinrich von Stülpnagel, der in der Stunde der Erhebung vergeblich versucht hatte, Feldmarschall von Kluge für die Verschwörung zu gewinnen, versuchte es auch: Die Kugel, die er sich gab, traf in den Kopf, war jedoch nicht tödlich, sondern ließ ihn erblinden. Er wurde nach Berlin gebracht und dort am 30. August hingerichtet. Im Krankenhaus, unter Einwirkung der Narkose, hatte er einen Mitverschwörer genannt: Generalfeldmarschall Erwin Rommel. Für Hitler war die Nachricht von dessen Beteiligung vielleicht die schmerzhafteste. Er schätzte ihn nicht nur als Heerführer, sondern wußte, daß der Marschall lange Zeit dem Nationalsozialismus zugeneigt war. Nun zwang er ihn, kaum von schwerer Verwundung durch einen Fliegerangriff am 17. Juli genesen, am 14. Oktober 1944 zum Selbstmord.

Die Familie Stauffenberg wurde der totalen Verfolgung ausgesetzt. Bruder Berthold erhängte man am 10. August. Der dritte der Gebrüder Stauffenberg, Alexander, wiewohl er mit dem Attentat nichts zu tun hatte, nicht einmal informiert war, wurde ins Konzentrationslager Buchenwald gesteckt, aus dem er bei Kriegsende befreit wurde. Die Mutter des Attentäters, Caroline, sowie die Ehefrauen der Brüder, Nina und Melitta, kamen ins Gefängnis. Letztere, die Frau Bertholds, war – für eine Frau in der damaligen Zeit ungewöhnlich – Testpilotin für Kampfflugzeuge der Luftwaffe. Das Eiserne Kreuz II. Klasse und das Flugzeugführerabzeichen in Gold mit Brillanten an ihrer Uniformjacke paßten schlecht in das weltanschauliche Vorurteil ihrer Peiniger. Die Kinder der Stauffenbergs wurden ihren Müttern weggenommen und verschleppt.

Es waren wenige, die ihren Häschern entkamen. Major Joachim Kuhn aus dem Oberkommando des Heeres, der für das mit Axel von dem Bussche versuchte Attentat den Sprengstoff aus Rußland besorgt hatte, lief zu den Sowjets über.

Bussche im SS-Lazarett Hohenlychen war den Koffer mit eben diesem Sprengstoff immer noch nicht losgeworden. Ende Juli klopfte es an der Tür seines Krankenzimmers. »Herein!« In der Tür stand die Gräfin Astrid von der Goltz aus Berlin, eine gute Bekannte. Ihr Mann Rüdiger Goltz, Rechtsanwalt und Notar, Oberleutnant a.D., vormals Reichtagsabgeordneter, war anfangs ein »deutsch-schwarz-weiß-roter Nazi« (Bussche) gewesen, hatte sich dann aber von der NS-Bewegung losgesagt und vor dem Krieg in einem Aufsehen erregenden Prozeß den damaligen Oberbefehlshaber des Heeres, Generaloberst Werner Freiherr von Fritsch, verteidigt. Hitler hatte den hohen Offizier geschaßt, weil er seiner Expansionspolitik im Wege stand und von Himmler und Göring der Homosexualität verdächtigt worden war. Das Ehepaar Goltz, sie war Norwegerin, hatte zehn Kinder. Als das zehnte Kind das Licht der Welt erblickte, kam ein Telegramm von Hitler: Er würde gern die Patenschaft übernehmen, was jedoch bedeutete, daß das Neugeborene Adolf heißen müsse. Da hatten Rüdiger Goltz und seine Frau zurücktelegrafiert, sie hätten sich auf das zehnte Kind so sehr gefreut, daß sie es Dezimus zu nennen gedächten. Damit waren sie Hitler als Taufpaten los. Der älteste Sohn, Leutnant Graf von der Goltz, Vorname Rüdiger wie sein Vater, war bei Bussche im Bataillon als Adjutant im März 1942 bei Wjasma in Rußland gefallen.

Mit der Mutter, die da plötzlich unangemeldet im Zimmer stand, konnte Bussche offen reden. Er wußte auch, daß ihr Mann wegen einer Verwundung aus dem Ersten Weltkrieg beinamputiert war und zur ständigen Versorgung ins Lazarett kam, wiewohl er längst Zivilist war. Wie sie vor seinem Bett stand, sagte sie mit gespielter Beiläufigkeit: »Ach ja, ich war gerade bei Professor Gebhardt [dem Chefarzt]. Er sagte mir, sie haben all die Listen gefunden. Aber Sie sind nicht drauf.« Bussche war sofort klar, was sie meinte. Für den Fall, daß der Putsch geglückt wäre, hatten die Verschwörer Listen erstellt, auf denen genau festgehalten war, wer ab Stunde X welches Kommando übernehmen sollte. Da war er also nun – wahrscheinlich wegen seiner Verwundung – nicht mehr aufgeführt. Also Entwarnung? Aber der verdammte Koffer!

Einige Tage später bekam er wieder Damenbesuch, »Angi« Hardenberg. Ihr Vater, der Oberstleutnant d. R. Carl-Hans Graf von Hardenberg, der auch im I.R. 9 gedient hatte, ebenfalls dem Widerstand angehörte, hatte versucht, sich nach dem 20. Juli zu erschießen, sich indes nur schwer verletzt. Er war verhaftet und ins Zuchthauslazarett Berlin-Moabit eingeliefert worden. Für einen Moment hatte Bussche überlegt, den Koffer mit dem Sprengstoff der Tochter anzuvertrauen. Aber dann verwarf er den Gedanken, sagte sich: So etwas tut man nicht, Damen mit solchen Sachen zu belasten.

Schließlich besuchte ihn ein Freund, Karl Konrad von der Groeben, genannt »Kako«. Im Laufe des Gesprächs sagte Bussche: »Kako, da oben auf dem Schrank steht ein kleiner Koffer. Den nimmst du jetzt mit und schmeißt ihn in einen dieser Seen. Aber laß dich nicht erwischen dabei! Guck da auch nicht rein. Du nimmst ihn einfach und schmeißt ihn weg.«

»Kako« hatte auch nur noch eine Hand. Wenn Bussche es recht bedachte, war ein Mann mit zwei Armen und zwei Beinen schon langsam eine Abnormität. Also »Kako« schnappte sich den Koffer mit der einen Hand, die er noch hatte, ging zu Fuß in Richtung Bahnhof und warf das Gepäckstück irgendwo ins Wasser. Der Koffer war so schwer, daß er blitzschnell unterging.

Bussche im Lazarettbett triumphierte: So, nun sollen sie mir erst einmal beweisen, daß ich den »Adolf« umlegen wollte.

44 Die Reaktion an der Front: »Alles ist verloren, nur die Ehre nicht!«

Es war Nacht. Von rechts voraus hallte Kanonendonner herüber. Hin und wieder stiegen weiße und rote Leuchtkugeln auf und schwebten, immer schneller werdend, nieder. Ab und zu war das metallene Hämmern einiger Maschinengewehre zu hören, gelegentlich auch der entfernte Knall von Handgranaten.

Hauptmann Sievers marschierte seinem Bataillon voran. Neben ihm Bataillonsarzt Dr. Aeffner, der die Schritte zählte. »Ich freß einen Affen, wenn wir wirklich unser Ziel finden«, sagte Sievers. Aeffner tat so, als hätte er nichts gehört. »310, 311, 312 . . .« Verbissen zählte er weiter, schaute dabei, so gut es im Schein einer funzligen Taschenlampe möglich war, auf eine Landkarte. »Wie lautete noch der Befehl?« fragte Sievers mehr sich selbst als seinen Nebenmann. »Bis zum Wegkreuz, dann nicht gleich links, sondern erst 50 Meter weiter und dann links. Das müßte doch schon längst sein.«

Die Sowjets hatten am 22. Juni, also vor etwas mehr als drei Wochen, ihre Sommeroffensive unter Führung der Marschälle Georgij Schukow und Alexander Wassiljewski an vier Fronten mit 140 Schützen-Divisionen und 43 Panzer- beziehungsweise mechanisierten Korps begonnen. Der Hauptangriff war gegen die Heeresgruppe Mitte gerichtet und konzentrierte sich auf ein Gebiet zwischen den Pripjet-Sümpfen und der Düna. In nur 14 Tagen wurden 28 deutsche Divisionen mit 350 000 Soldaten verloren. 22 Generale gerieten in Gefangenschaft. Danach sollte durch einen Schwenk nach Norden und eine Zangenbewegung der Hauptteil der Heeresgruppe Nord eingekesselt werden. Zu ihr gehörte das Gren.Rgt. 9. Es hatte Befehl zum Rückzug bekommen. Das ging nun schon tagelang. Trotzdem: Zum erstenmal im ganzen Rußland-Feldzug war es am Abend des 14. Juli eingeschlossen.

Hauptmann Sievers und die Reste seines Bataillons sollten mit einer lettischen Division Kontakt aufnehmen. Die Rollbahn, auf der sie marschierten, war von Überbleibseln des Krieges gesäumt: zerschossenen Fahrzeugen, weggeworfenen Uniformteilen, zurückgelassenen Waffen. Außer den deutschen Soldaten und der Geräuschkulisse in der Ferne keine Menschenseele weit und breit. Verbissen wurde weitermarschiert.

Plötzlich tauchte vor ihnen aus der Dunkelheit eine Gestalt auf. Automatisch griff Sievers zur Pistole, ein paar Schritte voraus, rechts und links am Rande der Rollbahn, marschierte je ein MG-Schütze mit dem MG 42 im Hüftanschlag. Im nächsten Moment erkannte er die Uniform eines deutschen Offiziers – und dann traute er seinen Augen nicht: Vor ihm stand mutterseelenallein Regimentsadjutant von Weizsäcker. »Was machen Sie denn hier?« entfuhr es dem verdutzten Sievers.

»Ich habe hier auf Sie gewartet, um Sie zu warnen, daß Sie dem Iwan direkt in die Arme laufen.« Sievers meinte trotz der Dunkelheit in Weizsäckers Gesicht einen Anflug von Spott zu erkennen. »Dort, wo Sie laut Regimentsbefehl hinmarschieren sollten, gibt es gar keine lettische Division mehr. Die hat einfach ihre Stellung geräumt, und die Russen sind nachgestoßen.«

Weizsäcker erklärte die neue Richtung, und während sie nun zusammen mit dem Rest des Bataillons die Rollbahn weiter entlangmarschierten, fragte sich Sievers, wie ihn Weizsäcker in stockdunkler Nacht gefunden hatte. Es reizte ihn, danach zu fragen, aber er verkniff sich die Frage. Es genügte ihm, daß er nicht den Sowjets in die Arme gelaufen war. Noch in der Nacht schlossen sie zum Regiment auf, überschritten die Grenze nach Lettland und erreichten am 18. Juli Ludsen. Am nächsten Tag griff die nachrückende Rote Armee mehrmals an.

Die dramatischen Ereignisse des 20. Juli erreichten das Regiment mit Verzögerung und auf dem Umweg über den Generalstab der Heeresgruppe Nord. Um 19.55 Uhr klingelte dort das Telefon. Ein dringendes Gespräch aus Berlin! Am Apparat waren Generaloberst a.D. Ludwig Beck und Oberst Stauffenberg. Sie erklärten, Rundfunkmeldungen, die vielleicht von der Heeresgruppe empfangen worden seien, wonach Hitler das Attentat überlebt habe, entsprächen nicht der Wahrheit. Hitler sei tot, und Generaloberst Beck würde eine neue Regierung bilden. Die neue Führung gebe der Heeresgruppe hiermit den Befehl, sich sofort zurückzuziehen, um Ostpreußen zu retten. Auf keinen Fall solle sich die Heeresgruppe von den Sowjets einschließen und aufreiben lassen wie die 6. Armee bei Stalingrad. Jeder Kommandeur könne jetzt nach eigenem Gewissen entscheiden.

Die Heeresgruppe Nord hatte seit dem 4. Juli einen neuen Oberbefehlshaber: General der Infanterie Johannes Frießner, einen Hitler besonders treu ergebenen Offizier. Er jagte ein Fernschreiben, direkt an Hitler adressiert, um 21.00 Uhr raus: »Mein Führer! Die Heeresgruppe kämpft jetzt erst recht. Frießner, General der Infanterie.« Dann teilte er den Inhalt allen ihm unterstellten Armeen, Korps und Divisionen mit.

Um 1.50 Uhr schickte Generaloberst Fromm, der vorübergehend von Stauffenberg und seinen Helfern festgesetzte Oberbefehlshaber des Ersatzheeres, nun, da er wieder frei war, an die Heeresgruppe Nord ein Telex:

»Putschversuch von unverantwortlichen Generalen blutig niedergeschlagen. Sämtliche Anführer erschossen. Befehle des Generalfeldmarschalls von Witzleben, Generaloberst Hoepner, General Beck und General Olbricht sind nicht zu befolgen.

Ich habe die Befehlsgewalt wieder übernommen, nachdem ich vorübergehend durch Waffengewalt festgenommen war.

Gez. Fromm,

Gen.Oberst.«

Um 7.20 Uhr traf ein Fernschreiben des Reichsführers-SS, Heinrich Himmler, ein:

»Letzter Absatz des Fernschreibens OKW 451 937 von Gen.Oberst Fromm ungültig. Laut Führerbefehl habe ich die Befehlsgewalt über das Ersatzheer übernommen. Nur meinem Befehl ist Folge zu leisten. Die Auslösung des Stichworts ›Walküre‹ wird mit sofortiger Wirkung aufgehoben.

Gez. Himmler.«

Der 21. Juli war ein besonders schöner, sonniger Tag; jedenfalls im östlichen Zipfel Lettlands, wo das Grenadier-Regiment 9 lag. Die Kommandeure des Regiments wurden zum Stab der 23. Infanterie-Division beordert. Das Kommando über die Division hatte mittlerweile kommissarisch der zum Oberst beförderte Jonas Graf zu Eulenburg übernommen – die »Eule« vom alten I.R. 9. Er verlas den Tagesbefehl: »Auf Hitler ist ein Attentat verübt worden ...« Dann folgte eine längere Passage über eine angeblich verbrecherische Clique von untreuen Offizieren, die aber ausgeschaltet worden sei, und daß der Führer am Leben sei. Danach der Befehl: »Ab sofort wird in der Deutschen Wehrmacht die militärische Ehrenbezeugung durch den deutschen Gruß ersetzt.«

Die Reaktion der Kommandeure war unterschiedlich. Max von

Arnim, Kommandeur des II. Bataillons, der erst am Tage zuvor vom Heimaturlaub und der 200-Jahr-Feier in Potsdam zurückgekehrt war, dachte: Es ist ja doch über kurz oder lang Schluß. Jetzt geht es nur noch darum, anständig über die Runden zu kommen. Ihm fiel ein Spruch des französischen Königs Franz I. ein, der sich 1525 nach einer Niederlage gegen die Italiener bei Pavia und seiner Gefangennahme mit dem Satz getröstet hatte: »Alles ist verloren, nur die Ehre nicht.« Und natürlich kam bei dem einen oder anderen Offizier, so auch bei Arnim, auch die Erziehung des Elternhauses zum Zuge. Hatte es doch sein Vater, ehrenamtlicher Bürgermeister eines kleinen Dorfes, grundsätzlich abgelehnt, mit »Heil Hitler« zu grüßen, weil er »mit diesem Emporkömmling« nichts zu tun haben wollte.

Nicht wenige Deutsche mißbilligten andererseits den Putschversuch. Sogar im australischen Gefangenenlager des ehemaligen I.R.-9-Regimentsadjutanten Wolf Graf Baudissin herrschte unter den meisten Offizieren, als sie die Nachricht noch in der Nacht über einen deutschen Sender erfuhren, Empörung. Mit ganz wenigen Ausnahmen waren sie Nazi-Anhänger und glaubten immer noch an den Sieg. Baudissin hielt ihnen entgegen: »Ich bitte doch etwas nachdenklicher zu werden. Die Namen der hier genannten, angeblich bösen Leute kenne ich alle, und ich verehre diese Menschen und weiß, daß sie nichts Unehrenwertes getan haben. Sie sollten eigentlich nachdenklich werden und sich fragen, aus welchen Gründen solche Leute wohl in den Widerstand gingen!« Daraufhin richtete sich die Empörung gegen Baudissin, dem man an den Kragen wollte. Es passierte zwar nichts, aber er hatte sich auch nicht gerade beliebter gemacht.

Leutnant Brandes, nach Lazarettaufenthalt und Dienst bei einer Genesenen-Kompanie in Kopenhagen, war auf dem Rückweg zum Grenadier-Regiment 9 von einer Frontleitstelle umdirigiert und als Ausbilder nach Menniku bei Reval in Estland geschickt worden. Er und seine Offizierskameraden hörten noch am späten Abend des 20. Juli von dem mißglückten Umsturzversuch. Die Meinungen, ob das richtig oder verräterisch war, blieben geteilt, und die Kommandeure drückten sich um eine Äußerung.

Hauptmann Sievers war seinerzeit mit Begeisterung in die Hitler-Jugend eingetreten. Erste Zweifel an der Unfehlbarkeit des »Führers« und an der nationalsozialistischen Erziehung kamen ihm im Krieg auf der Kriegsschule. Da war ihm und seinen Jahrgangskameraden eingetrichtert worden, im Einsatz an der Front das Leben der Soldaten, wenn durchführbar, zu erhalten, viel mit möglichst wenigen Ausfällen zu erreichen. Bei der Waffen-SS dagegen - das hatte er schon im Polen-Feldzug mitbekommen - schien man regelrecht stolz zu sein, wenn bei einem Angriff besonders viele Soldaten fielen. Später, ab 1943 in Rußland, hatte er mehr als einmal die Widersinnigkeit eines »Führer«-Befehls erlebt, einen Frontabschnitt um jeden Preis zu halten, sich notfalls totschlagen zu lassen. Wäre er selbst nicht beinahe vor ein Kriegsgericht gekommen, weil er einen solchen »Führer«-Befehl nicht befolgt hatte? Damals den »Pfingstberg« an hellichtem Tage in aussichtsloser Lage anzugreifen! Kurzum, er war längst nicht mehr hundertprozentig mit allem einverstanden, was da an nationalsozialistischem Gedankengut verbreitet wurde. Im übrigen stand er, wie viele seiner Kameraden, auf dem Standpunkt: »Kinder, genießt den Krieg, der Frieden wird fürchterlich.« Er meinte, die Situation in einem zerstörten, vielleicht sogar besiegten und vom Gegner besetzten Deutschland und mit einem Zivilberuf, den die meisten von ihnen erst noch erlernen mußten.

45 Der Krieg geht weiter: »Herrn Major stets gehorsamer Weizsäcker«

Vier Tage nach dem 20. Juli hatte das Grenadier-Regiment 9 eine neue Frontstellung bezogen. Ausgerechnet an diesem Tag sollten drei sowjetische Divisionen nach starker Artillerievorbereitung und unterstützt von Panzern angreifen.

Das II. Bataillon unter Hauptmann von Arnim bekam Befehl, sich einzugraben. Aber noch während des Eingrabens setzte heftiges Artilleriefeuer ein. Bei jedem Einschlag krallten sich die Soldaten in die Erde, in der Hoffnung, so dem Splitterregen zu entgehen. Arnim gab Befehl: »Aufhören mit dem Eingraben! Jeder legt sich in vorhandene Löcher, bis das Artillerieschießen vorbei ist!« Er selbst befand sich in der Nähe eines einsamen Gehöftes, neben dem er und die Männer seines Stabes ebenfalls eine Kuhle gegraben hatten. Sie entdeckten dicke Holzbohlen, die sie über die Kuhle legten. Darauf schütteten sie Erde und krochen in ihren provisorischen Unterstand, um der weiteren Dinge zu harren. Granate um Granate schlug krachend neben, vor und hinter ihnen ein, ließ die Erde erzittern wie bei einem Erdbeben. Sand und Steine prasselten auf die Decke ihres primitiven Unterstandes. Erdkrumen rieselten in Arnims verschwitzten Nacken. Er haßte das, versuchte sie sich aus der Innenseite des Kragens herauszuwischen und ärgerte sich, wenn statt dessen einzelne Krümel tiefer über den Rücken rutschten. Die Luft wurde heiß und stickig, nicht mehr zum Aushalten. Die Einschläge kamen näher, als ob sich die gegnerischen Geschütze herantasteten. Ein sonderbares Gefühl beschlich ihn. War es ein siebter Sinn? In der nächsten Sekunde gab es einen ohrenbetäubenden Knall. Lauter, schärfer und schmerzhafter als alles, was ihm bisher in diesem Feldzug widerfahren war. Lauter als jeder Kugelblitz, den er als Junge auf dem Lande erlebt hatte. Im selben Moment spürte er einen furchtbaren Schlag auf Hand und Kinn. Die Hand klappte ab wie ein Taschenmesser, der Unterkiefer war eine einzige brennende, schmerzende Masse. In diese Wahrnehmung mischten sich die Schreie des Adjutanten und seines Ordonnanzoffiziers. Alle drei waren von einem Baumkrepierer getroffen worden – die Granate war nicht erst beim Einschlag in das Erdreich detoniert, sondern bereits, als sie in eine Baumkrone rauschte, mit dem Erfolg, daß sie dort oben detonierte und der Splitterregen sich wie das Wasser aus der Gießkanne, nur wesentlich lebensgefährlicher, über die Soldaten am Boden ergoß. Die Splitter fetzten mit unheimlicher Wucht auf die Decke ihres notdürftigen Bunkers. Einige besonders große mußten durch die Ritzen zwischen den Bohlen eingeschlagen haben. Jedenfalls waren die drei Offiziere getroffen worden. Herbeigesprungene Sanitäter zerrten sie heraus. Arnim war an Hand und Unterkiefer getroffen. Seinem Adjutanten hatte ein Splitter den Rücken aufgeschlitzt, dem Ordonnanzoffizier wurde eine Zehe zerschmettert. Man legte ihnen Notverbände an und brachte sie in Sicherheit, bis das sowjetische Artilleriefeuer so jählings stoppte, wie es begonnen hatte.

Arnim hatte im Gesicht kein Gefühl mehr. Ihm war nur klar, daß es ihn schwer erwischt hatte. Sie wurden zu dritt auf ein zweirädriges, von einem Pferd gezogenes Wägelchen geladen, das sie zum Divisionsverbandsplatz karrte. Auf dem Verbandsplatz unterhielt sich das Sanitätspersonal:

»Der Iwan soll die Front auf breiter Front bereits aufgerissen haben!«

»Dann wird es wohl höchste Zeit, daß wir zurückverlegen.«

»Wann wird wohl das Ganze zum Stehen kommen?«

»Niemals.«

Der Arzt schaute sich Arnims lädierten Unterkiefer an, murmelte etwas Unverständliches. Plötzlich wurde Arnim gewahr, daß sich »die Eule« zu ihm herabbeugte. »Na, Arnim, das ist ja nicht so schlimm. Ich denke, das werden Sie bald überwunden haben.« Arnim nickte und wunderte sich, warum der Divisionsführer Graf Eulenburg auf dem Verbandsplatz anzutreffen war. Dann erhielt er eine Betäubungsspritze und versank in Ohnmacht.

Als Arnim aus der tiefen Bewußtlosigkeit wieder auftauchte, ganz allmählich, nahm er zunächst nur wahr, daß ihn irgend etwas schüttelte. Dann realisierte er das Geräusch von rollenden Rädern auf Schienen, und als er ganz vorsichtig die Augen öffnete, zunächst ein wenig blinzelnd, begriff er, daß er in einem Lazarettzug lag. In seinem Blickfeld standen ein Mensch in weißem Kittel und sein Adjutant sowie der Ordonnanzoffizier, mit denen er zusammen verwundet worden war. Die Herren tranken Sekt. Als der weiße Kittel, in ihm steckte der leitende Arzt des Lazarettzuges, merkte, daß Arnim aus seiner Betäubung aufgewacht war, trat er ans Bett.

»Ach, wie schön, daß Sie wieder wach sind. Hier, eine Stärkung, nehmen Sie!«

Er gab ihm ein volles Glas Sekt. Bereits der bloße Anblick des perlenden Sektes verschaffte Arnim angenehme Kühlung, denn draußen herrschte wahnsinnige Juli-Hitze, und im Lazarettwagen war es auch nicht viel angenehmer. Mit dem zertrümmerten Unterkiefer zu trinken war reichlich kompliziert. Aber seitlich liegend goß er sich den Sekt vorsichtig in die obere Mundhälfte. Der Arzt füllte nach. Und noch einmal. Dahinter verbarg sich die Absicht, den Verwundeten, der so lange narkotisiert gewesen war, munter zu kriegen. Nun sagte der weiße Kittel: »Hauptmann, Sie müssen an Ihrem Unterkiefer operiert werden. In Libau kenne ich einen sehr guten Kieferchirurgen, der Sie wieder zurechtflicken wird.«

Arnim überlegte: Libau ... Libau ..., ja richtig, das war doch eine Hafenstadt in Lettland. Da hatte es 1919 den Libauer Putsch gegeben, Ausgangspunkt für die Wiedereroberung des von den Bolschewisten besetzten Lettlands durch deutsche und lettische Verbände. Eine innere Stimme sagte ihm: Laß dich nicht nach Libau bringen!

»Halten wir denn irgendwo unterwegs?« fragte er den Arzt.

»Ja, in Riga.«

»Ich will in Riga raus.« Arnim registrierte im Gesicht seines Gegenübers eine Unmutsfalte.

»In Libau sind Sie aber in besseren ärztlichen Händen, Herr Hauptmann.«

Ein komisches Gefühl überkam ihn. »Ich möchte trotzdem in Riga ausgeladen werden.«

Seine beiden Kameraden hatten sich dazugestellt. Der Fahrtwind des geöffneten Fensters hatte ihre Haare zerzaust. Arnims Adjutant sagte: »Dann steigen wir mit aus.« Der Ordonnanzoffizier nickte. Drei zu eins gegen den Arzt. Er gab sich geschlagen.

Im Kriegslazarett Riga flickten sie Arnim mühselig zusammen; mit einer großen Spange hier und einer großen Spange da, mit Noppenstümpfen und Gummiringen, die Unter- und Oberkiefer fest zusammenpreßten, damit der zerschmetterte Knochen wieder richtig zusammenwuchs. Das nächste Vierteljahr würde er nur Flüssignahrung zu sich nehmen können.

Wenige Tage nach Einlieferung bekam er eine Frontzeitung in die Hand. Seine Augen blieben an einer Überschrift hängen. »Lazarettzug vor der Einfahrt nach Libau von russischen Panzern zusammengeschossen!« Er rechnete nach – tatsächlich! Es mußte jener Lazarettzug gewesen sein, mit dem er von der Front gekommen war und der ihn nach Libau bringen sollte. Dann dachte er weiter: Wenn die Sowjets den Lazarettzug bei der Einfahrt nach Libau beschossen hatten, hatten sie Riga bereits südlich umgangen und damit von Ostpreußen abgeschnitten! Dann lag er ja zusammen mit der ganzen Armeegruppe Nord in einem riesigen Kessel! Ihm wurde mulmig.

Er hatte sich nicht geirrt. Am 29. Juli war die Heeresgruppe Nord abgeschnitten. Die Sowjets hatten nicht nur Libau erreicht, sondern auch die Rigaer Bucht ungefähr 50 Kilometer westlich von Riga bei Tukkum. Sie hatten beide Armeen der Heeresgruppe Nord (einschließlich des Grenadier-Regiments 9) trotz heftigen Widerstands zum ständigen Rückzug gezwungen. Pleskau, Ostrow, Dünaburg und Mitau gingen nach heftigen Kämpfen verloren, und das, obgleich Hitler bereits am 24. Juli General Frießner als Führer der Heeresgruppe Nord durch Generaloberst Ferdinand Schörner hatte ablösen lassen. General Frießner, der Hitler noch am 20. Juli unaufgefordert fernschriftlich eine Ergebenheitsadresse geschickt hatte und der erst am 3. Juli die Heeresgruppe übernommen hatte, erhielt bereits nach 14 Tagen ein neues Kommando in Rumänien.

Die Befehle Hitlers waren sprunghaft. Das Attentat, das er zunächst kühl wegzustecken schien, hatte ihm in Wirklichkeit psychisch und physisch schwer zugesetzt. Von heftigen Magen- und Darmschmerzen geplagt, blieb er in der »Wolfsschanze« die meiste Zeit im Bett, stand nur noch zu den Lagebesprechungen auf und vergatterte jedesmal vorher Feldmarschall Keitel: »Achten Sie darauf, daß diese Herren mich nicht länger als eine Stunde aufhalten, das ermüdet meine Stimme zu sehr.« Von der Berufung Schörners erhoffte sich Hitler die Rettung der Heeresgruppe.

Schörner, Sohn eines Münchner Polizeioberinspektors, Weltkrieg-I-Teilnehmer mit dem Pour le mérite, war in die Reichswehr übernommen worden, wurde Taktiklehrer an der Infanterieschule Dresden und bimste den jungen Fahnenjunkern ein: »Die Angst vor dem Vorgesetzten muß größer sein als die Angst vor dem Feind.« Bei Kriegsbeginn war er noch Oberst und Regimentskommandeur bei den Gebirgsjägern in

Mittenwald im Verband der 1. Gebirgs-Division, die spöttisch »Reichsflurschaden-Division« genannt wurde. Im Frankreich-Feldzug avancierte er zum General und kommandierte die 6. Gebirgs-Division. Später führte er das XIX. Gebirgs-Korps in Lappland und ab Oktober 1943 die Armee-Abteilung Nikopol an der russischen Südfront. Bevor er die Heeresgruppe Nord übernahm, war er Oberbefehlshaber der Heeresgruppe Südukraine.

Geschichten über seine Schrullen gehörten zum Repertoire von Offizieren und Soldaten. Bellende Hunde störten ihn derart, daß er sie erschießen ließ. Posten, die ihn zu bewachen hatten und vor seinem Fenster husteten, wurden abgestraft. Am liebsten spielte er Verkehrspolizist. Er schnappte sich zwei, drei Feldgendarmen und machte Jagd auf das, was er für Verkehrssünder hielt.

Wenige Tage, bevor die Sowjets Libau erreichten, einen der beiden letzten freien Häfen, stand Generaloberst Schörner auf einer Kreuzung und stoppte den Funkwagen einer Panzer-Division, der zur Reparatur unterwegs war. Schörner: »Wo ist Ihr Marschbefehl?« Der Fahrer sprang heraus, meldete und zeigte die Marschpapiere. Schörner überflog sie. »Nach Libau wollen Sie, steht hier? Quatsch, türmen wollen Sie!« Dann kontrollierte er das Innere des Wagens, fand drei Äpfel, eine Waschschüssel und ein Kissen. Er befahl seinen Feldgendarmen, die Gegenstände zu beschlagnahmen und in den Straßengraben zu werfen. Den Fahrer des Funkwagens fauchte er an: »Wer hat den Marschbefehl überhaupt unterschrieben?«

»Der Erste Generalstabsoffizier.«

»Dann bestellen Sie dem Ersten Generalstabsoffizier, daß die Verkehrsdisziplin seiner Division schon lange zu wünschen übrigläßt! Sprit!« bellte er einen Feldgendarmen an. Der brachte hastig einen vollen Benzinkanister. Schörner übergoß den Funkwagen und zündete ihn »zur Strafe« an. Bis zum Kriegsende mußte die Panzer-Division mit den zwei verbliebenen Funkstellen auskommen.

Indes, auf Schörner konnte sich Hitler allzeit verlassen. Der General mit dem Charme eines Bluthundes war einer der wenigen hundertfünfzigprozentigen Nazis in der deutschen Generalität. Er führte als erster »Nationalsozialistischen Schulungsunterricht« ein und schlug dem Oberkommando der Wehrmacht die Einrichtung Nationalsozialistischer Führungsoffiziere (NSFO) vor, was dann auch geschah. Hitler belohnte ihn mit der Verleihung des Goldenen Parteiabzeichens, das sonst nur Parteigenossen mit der Mitgliednummer unter 100000 (d.h. Eintritt in den zwanziger Jahren) zustand.

Am 29. Juli 1944 gab Schörner folgenden Befehl bekannt:

»1. Der Führer hat befohlen: Wer die Heeresgruppe ohne schriftlichen Befehl der Heeresgruppe verläßt, wird ohne weiteres erschossen.

2. Wer innerhalb des Bereichs der Heeresgruppe ab 30.7., 9.00 Uhr, ohne schriftlichen Ausweis mindestens eines Kommandeurs, der seinen Auftrag bestätigt, angetroffen wird, wird sofort erschossen.

Wer sich gegen das Erschießen wehrt, macht sich eines erschwerenden Ungehorsams gemäß 92 der Militärstrafordnung schuldig. Der Befehl gilt für Soldaten und militärisches Wehrmachtgefolge.«

Was jetzt noch von der Heeresgruppe Nord über den See- oder Luftweg herauskam, waren fast ausschließlich Verwundete. Zu ihnen gehörte Hauptmann von Arnim. Von Riga-Strand wurde er mit anderen Verwundeten in kleinen Booten zu einem großen Lazarettschiff, das auf Reede lag, transportiert. Es war ein ehemaliges Schiff der nationalsozialistischen Erholungsorganisation »Kraft durch Freude«. Zum Schutz gegen sowjetische Torpedos wurde es auf jeder Seite von zwei kleineren Booten eskortiert, die Fangnetze zwischen sich gespannt hatten. Arnim steckten die Ärzte eine Schere zu, damit er sich im Falle von aufkommendem Sturm die seine Kiefer zusammenhaltenden Gummis durchschneiden konnte. Sonst bestand Gefahr, am eigenen Mageninhalt zu ersticken. In Swinemünde wurden die Verwundeten in Lazarettzüge umgeladen und durch ganz Mecklenburg gefahren. In Hamburg luden sie Arnim aus. Zuletzt landete er in Kiel in einem Marinelazarett. Eins stand fest: Der Krieg war für ihn zu Ende.

Sein Bataillon lag derweil mit den übrigen Einheiten des Grenadier-Regiments 9 Ende Juli längs der Straße Steki-Turki. Eine ganze sowjetische Armee – die 22. – griff nach schwerem Artilleriefeuer und dem Einsatz von Stalinorgeln an. Die 23. Infanterie-Division, zu der nach wie vor das Gren.Rgt. 9 gehörte, hatte so hohe Verluste, daß es nur noch eine Kampfgruppe war, die auf beiden Seiten ihre Frontabschnitte zurücknehmen mußte. Noch bildeten die deutschen Soldaten einen großen Brückenkopf auf dem Ostufer der Düna.

Am 31. Juli standen die Sowjets nur noch 60 Kilometer vor dem ostpreußischen Rastenburg, in dessen Nähe Hitlers Hauptquartier lag. Hitler klagte: »Wenn ich hier weggehe, ist Ostpreußen verloren.« Er, der bis dahin von seinen Soldaten jeden Quadratmeter Boden verteidigt wissen wollte und jeden aufs schärfste bestrafen ließ, der ohne seinen Befehl den Rückzug antrat, stand plötzlich selbst vor der Entscheidung, sein Hauptquartier zu räumen.

Oberleutnant Becker hatte stellvertretend die Führung des II. Bataillons übernommen. Er trug immer noch einen Halsverband von seiner dritten Verwundung, als er sein Bataillon vom lettischen Steki zurückführte. Es war Nacht, und die Offiziere ritten auf ihren Pferden, die über weite Strecken Rußlands im Troß mitgeführt worden waren, den marschierenden Soldaten voraus. Die Stimmung war gut, weil man ausnahmsweise nicht in vorderster Stellung im Dreck lag und sich seiner Haut wehren mußte. Wäre da nicht hinter ihnen das grollende Donnern der Front zu hören gewesen, man hätte glauben können, sich bei einer Nachtübung außerhalb Potsdams zu befinden. Es war die gleiche Geräuschkulisse: das Trappeln der Soldatenstiefel, das Klappern von Kochgeschirren, ab und zu ein Wortfetzen ...

Als man am allerwenigsten darauf gefaßt war, kam das Unglück in Form von mehreren sowjetischen Doppeldeckern. »Nachteulen« nannten die Landser sie, weil sie meistens nachts angriffen. Ehe die deutschen Soldaten vollends Deckung genommen hatten, fielen die Bomben; eine Vielzahl von kleinen Bomben, jedoch mit hoher Splitterwirkung. Im Nu brach das totale Chaos aus. Verwundete schrien, Pferde gingen durch, Schüsse fielen.

Ein Splitter krachte klirrend gegen Beckers Gasmaskentrommel, aber das merkte er gar nicht, denn sein Pferd setzte mit einem Riesensprung über den Straßengraben und jagte auf der anderen Seite ein Stück Böschung hinunter. Becker sah es kommen: Ehe er seinen verrutschten Sitz korrigieren konnte, fiel er vom Pferd und blieb mit dem Fuß im Steigbügel hängen. Er spürte die Schläge des Bodens gegen Kopf und Rücken, ruderte verzweifelt mit den Armen, schrie: »Brrr!« Aber der Gaul war derart in Panik, daß er nicht parierte. Dann endlich - Retter in der Not - warfen sich ein paar Artilleristen dem Pferd entgegen, brachten es zum Stehen und lösten Becker aus dem völlig verdrehten Steigbügel. Sein ganzer Körper schmerzte. Aber er lebte. Sie richteten ihn vorsichtig auf. »Alles in Ordnung, Herr Oberleutnant?« Er nickte. »Mit Pferden habe ich anscheinend immer Pech«, antwortete er und versuchte aufzustehen. Dabei merkte er einen stichartigen Schmerz im linken Oberarm. Er tastete ihn ab, merkte plötzlich, daß seine Hand warm und klebrig war. Auf dem Verbandsplatz schnitten sie ihm den Ärmel auf. Der Arzt sagte nur: »Eine typische Splitterverletzung.«

»Ach, dann ist es ja nicht so schlimm, dann kann ich ja bei meinem Haufen bleiben.«

»Kommt nicht in Frage«, entgegnete der Arzt, keinen Widerspruch duldend. »Ab mit Ihnen zum Hauptverbandsplatz.«

»Aber ich werde mich doch wohl noch bei meinem Regimentskommandeur abmelden dürfen, oder?« Dagegen hatte der Medizinmann nichts einzuwenden. Oberstleutnant Trittel nahm die Abmeldung entgegen. Daß nach Arnim auch Becker ausfiel, paßte ihm ganz und gar nicht. »Machen Sie's gut, aber kommen Sie bald wieder.«

Die Verwundung, Beckers vierte, war schwerer als zunächst angenommen. Wie kurz vor ihm Arnim, kam er auf ein Lazarettschiff, das ihn nach Danzig brachte. In Danzig hatte er eine Brieffreundin. So konnte er der Verwundung schließlich etwas Positives abgewinnen.

Auch das I. Bataillon unter Hauptmann Sievers bekam das Feuer der Sowjets zu spüren. Was dann folgte, hatten die deutschen Soldaten noch nie erlebt. Die ersten Angriffe der 22. sowjetischen Armee hatten sie noch abweisen können, aber dann brachen die Truppen der Roten Armee durch. Sie kamen in Zehnerreihen, 50 Mann hintereinander als Block in schnellem Laufschritt. 2000, 3000, immer in Reihen, wie bei einer Parade. Sievers Männer schossen zunächst, gaben dann auf, weil es nichts zu nutzen schien und außerdem die MG-Munition zu Ende ging. Sie retteten sich mit Sprüngen zur Seite. Auch Divisionsführer Graf Eulenburg und Regimentsadjutant von Weizsäcker traten zurück.

Das Ganze geschah im Morgengrauen. Im Dunkel der Nacht hatte der Gegner sich bereitgestellt, und sobald Büchsenlicht anbrach, stürmten seine Soldaten in Massen Richtung Westen, Richtung Riga, los.

Im Kriegstagebuch der Heeresgruppe Nord las sich das in der nüchternen Sprache der Strategen: »Beule am linken Flügel 23. Inf.Div. ist am bittersten. So geht es Tag für Tag, begleitet von heftigen Gefechten, zurück. Tagsüber wird verteidigt, nachts der Rückzug angetreten.« Oberleutnant Gerhard Brentführer, Chef der 4. (schweren MG-)Kompanie, wurde verwundet. Ein großes Problem bereitete das teils sumpfige, teils waldige Gelände. Die Sowjets griffen nicht nur in breiter Front mit Tausenden von Rotarmisten an, sie »tröpfelten« auch einzeln nachts unbemerkt durch die Linien in die Wälder ein. Zu zweit, zu viert und plötzlich waren es in einem Waldstück an die 100 Sowjets.

Bataillonskommandeur Sievers wollte sich am 4. August selbst davon überzeugen, ob ein solches Waldstück feindfrei oder besetzt war. Auf dem Sozius eines Motorrades fuhr er längs eines Waldstückes, als er plötzlich inmitten des Dröhnens der Maschine einen heftigen Schlag gegen den Hals verspürte. Was ihm in diesem Moment noch gar nicht richtig klar war: Die Kugel eines Feuerstoßes aus einer Maschinenpistole, abgefeuert aus dem Wald, hatte ihn getroffen. Geistesgegenwärtig gab der Fahrer Gas, Sievers hielt sich mit beiden Händen den Kopf, der abzuknicken drohte, weil Sehne und Kopfdrehermuskel, aber Gott sei Dank nicht die Halsarterie, zerschossen waren. Kommentar des Regimentsarztes, Dr. Aeffner, als Sievers ihm vorgeführt wurde: »Mensch, da hast du aber Schwein gehabt.«

Dann brachten sie ihn zum Divisions-Hauptverbandsplatz. Zu seiner Überraschung traf Sievers dort Weizsäcker sowie den Divisionsadjutanten und Ia der 23. Infanterie-Division, Major Curt von Witzendorff. Es war bereits seine zweite Verwundung, aber wie schon beim erstenmal registrierte Sievers mit unverhohlener Neugier die ihm letztlich doch fremde Welt. Es roch nach Karbol und Brennspiritus. Der Chirurg rauchte nach der Operation eine Zigarette. In dem Bemühen, keine Wundinfektionen zu verursachen, hatte er die Zigarette in eine sterile Kocherklemme gesteckt. Ein Sanitäter gab ihm Kaffee, Schluck für Schluck, aus einem Aluminiumbecher, wie einem Kranken. Sievers bewunderte die Behutsamkeit der Krankenträger, mit der sie die Patienten auf die Tragen legten. Das Schönste an seinem Zustand war, daß er nicht ständig zum Teil lebensentscheidende Befehle zu erteilen hatte. Er konnte sich einfach treiben lassen und abwarten, was mit ihm geschehen würde. Die Sowjets waren zwar nicht weit entfernt, aber er war gottlob transportfähig und wußte, daß man ihn bei plötzlicher Verlegung des Lazaretts mitnehmen würde. Und auf Grund des Gefechtslärms konnte er genau heraushören, wann es allerhöchste Zeit war, sich abzusetzen. Wenn das Motorengeräusch und Rasseln von Panzerketten und einzelnes Gewehrfeuer zu hören waren, dann war es allerdings schon fünf nach zwölf.

Nach der Wundversorgung wurde Sievers mit Weizsäcker und Witzendorff in ein Zimmer des Divisionslazaretts gelegt. Genau 13 Tage lagen sie dort zusammen. Sievers fiel Weizsäckers niedergeschlagene Stimmung auf. Am 8. August kam über das Radio die Nachricht, daß der »Volksverräter«, Hauptmann Friedrich-Karl Klausing, wegen seiner Beteiligung an dem Attentat vom 20. Juli hingerichtet worden sei. Weizsäcker sagte leise, aber so, daß die anderen es hören konnten: »Jetzt haben sie auch meinen Freund auf dem Gewissen.«

Am 18. August wurden sie entlassen. Feldwebel Fischer vom Bataillon holte Sievers mit dem Beiwagen-Krad ab. Das Gren.Rgt. 9 hatte sich inzwischen über die Düna gen Westen zurückgezogen. Am Vortag hatte der Gegner, unterstützt durch Schlachtflieger, angegriffen. Zur Nachbardivision, der 329., entstand eine Lücke, durch die der Gegner bis zu einer Ortschaft namens Ergli durchbrach. Einer der durchgebrochenen Panzer vom Typ 34 war mit Kettenschaden unterwegs liegengeblieben. Auf dieses Fahrzeug stießen zufällig Hauptmann Sievers und Feldwebel Fischer. Als sie des grauen Ungeheuers ansichtig wurden, bremste der Feldwebel sofort das Beiwagen-Krad und stellte den Motor ab. »Den schnappen wir uns«, sagte Sievers mit leiser Stimme, während er vorsichtig aus dem Beiwagen kletterte. Sie liefen geduckt zu einem Strauch und beobachteten in dessen Schutz das feindliche Fahrzeug. Der T 34 hatte sich im lockeren Sand festgefahren, eine Kette war dabei gerissen. Der Motor lief. Ein Russe war abgesessen und versuchte, die Kette zu reparieren. Der andere, wahrscheinlich der Kommandant, schaute aus dem Turm heraus.

»Fischer«, flüsterte Sievers, »wir haben ja beide unsere Maschinenpistolen dabei. Die holen wir jetzt. Sie zielen auf den Mann unten, ich auf den oben. Aber nicht feuern, bevor ich Kommando gegeben habe!«

»Verstanden, Herr Hauptmann.«

Der Feldwebel holte die Maschinenpistolen und eine Handgranate. Sievers nahm seine Maschinenpistole und die Handgranate. Dann gingen sie jeder hinter einem Baum in Deckung, visierten kurz das Ziel an und schauten zueinander herüber. »Führung fertig? Im Ziel?«

»Jawohl!«

Dann zogen sie beide ab. Die Feuerstöße kamen synchron. Der Soldat, der außen am Fahrzeug mit der Kette beschäftigt war, sackte getroffen zusammen, schaute noch im Fallen verdutzt, als würde er nicht kapieren, was da passierte. Der Panzerkommandant knickte ab und hing über dem Turm. Im nächsten Moment ritt Sievers der Teufel. Er ließ seine Maschinenpistole fallen, rannte auf den T 34 zu, zündete im Laufen die Handgranate, sprang mit einem Satz über den toten Sowjet hinweg auf den Panzer, schob blitzschnell die Handgranate in die offene Luke, sprang zurück und gab Fersengeld. Die Explosion, die folgte, klang dumpf, häßlich. Bläulicher Pulverdampf quoll aus dem Inneren des Panzers. Dann wurde es still, kein Laut mehr, nicht einmal der Motor des Panzers war zu hören.

»Gratuliere, Herr Hauptmann«, sagte der Feldwebel noch vor Aufregung ganz außer Atem.

Sie klopften sich gegenseitig anerkennend auf die Schulter und schnitten Grimassen. Die typische Reaktion nach einer überstandenen Gefahr. Daß sie soeben zwei, wenn nicht der Panzer noch einen Fahrer hatte, drei Menschenleben ausgelöscht hatten, berührte sie nicht. Im Krieg wird der Mensch zum Teufel.

Sievers wurde später mit dem Panzervernichtungs-Abzeichen dekoriert. Er erhielt auch noch »im Namen des Führers und Obersten Befehlshaber der Wehrmacht« das Deutsche Kreuz in Gold für seinen heldenhaften Einsatz im Grenadier-Regiment 9 und wurde zum Major befördert.

Vorbilder wie er wurden als Ausbilder gebraucht. Am 2. September, nachts um zwei Uhr, verließ er, nachdem er sich bei Weizsäcker verabschiedet hatte, das Gren.Rgt. 9, um im tschechischen Mielowicz bei Prag seine Stelle als Lehroffizier anzutreten. Obwohl er nun aus der unmittelbaren Gefahrenzone der Front heraus war, fiel ihm der Abschied nicht leicht.

Zwei Monate später – inzwischen war er bereits zum 74. Infanterie-Regiment nach Frankreich versetzt – erhielt er einen Brief Weizsäckers. In der damals üblichen Anrede in dritter Person schrieb dieser:

10.11. 1944

»Hochverehrter Herr Major!

Darf ich zunächst namens der kleinen hier noch vorhandenen Schar zur Beförderung und vor allem zum Deutschen Kreuz gehorsamst gratulieren und zugleich mich für Herrn Majors Brief sehr bedanken. Alles hat uns besonders gefreut.

Daß die Zeit an der Schule nur kurz dauern würde, war ja von vornherein zu befürchten. Immerhin ist dadurch der Ost-West-Frontwechsel erreicht, der doch sehr angenehm erscheint, insbesondere in Anbetracht der Tatsache, daß wir uns hier ja immer noch auf einer mehr als interessanten Vorpostenstellung in wasserreicher Gegend befinden, wie Herr Major vielleicht der Nennung der Division im Wehrmachtsbericht entnommen haben.

Bis zu dieser Nennung gab es noch fast die härtesten Kampfperioden des ganzen Sommers auf dem Eiland. Wolter und Scherbech sind dabei gefallen; Renne, Becker, Gehring und Wächter wurden verwundet; Sonntag ist vermißt. So sind jetzt lediglich nur noch der ritterkreuzgeschmückte Brentführer, Aeffner und ich da. Hauptmann Ritter hat als Führer des II. Bataillons das Ritterkreuz erhalten. Graf zu Eulenburg mußte wegen Krankheit leider nach Potsdam fahren. Nur Niepold und die beiden Witzendorffs halten noch die Stellung. Herr Major können aus all diesem den ewig aushöhlenden Zahn der Zeit ermessen.

Herr Major, darf ich neben einem angemessenen neuen militärischen Rahmen vor allem baldige Wiedereröffnung des P3-Betriebes wünschen, und bis dahin eine ruhige Ecke.

Herrn Major stets
gehorsamer
Weizsäcker

Feldpost-Nr. 48 017«

46 Einsatz im Baltikum: die Schmach von Moon

Zwei Monate nach der Alliierten-Invasion im Westen standen amerikanische, britische und französische Truppen tief in Frankreich. In der zweiten Augusthälfte wären die G.I.s des amerikanischen Generals Patton bereit gewesen, Paris zu erobern. Aber das Alliierte Oberkommando wollte erstens die Stadt mit ihren vielen Kunstschätzen vor der Zerstörung bewahren und zweitens den französischen Truppen den siegreichen Einzug in ihre Hauptstadt überlassen.

Hitler dagegen, wie konnte es anders sein, wollte die Stadt bis zum letzten Mann und zur letzten Patrone verteidigen. Dafür suchte er einen Stadtkommandanten, bei dem er sich auf die Ausführung dieses Befehls verlassen konnte. Der Chef des Heerespersonalamtes, General Wilhelm Burgdorf, schlug ihm General Dietrich von Choltitz vor, einen etwas fülligeren Brillenträger, der, durchaus befähigt, mit dem Ritterkreuz ausgezeichnet, vorübergehend der jüngste Divisionskommandeur des deutschen Heeres war. Hitler bestand darauf, den Ausgesuchten persönlich in Augenschein zu nehmen und einzuweisen.

Choltitz reiste nach Ostpreußen in die »Wolfsschanze« und traf, nach einer Leibesvisitation, die nach dem Attentat vom 20. Juli eingeführt worden war, auf Hitler. Burgdorf hatte ihn vorher schon gewarnt, die Hand des »Führers« nur mit Vorsicht zu schütteln. Trotz dieser Vorwarnung war Choltitz erschrocken: Er traf auf einen um viele Jahre gealterten, aufgeschwemmten Mann, der gebeugt ging, dessen Haar dünn und grau geworden war und der ständig zitterte. Als Hitler jedoch auf den 20. Juli zu sprechen kam, ging eine Verwandlung in ihm vor. Grenzenloser Zorn brach aus ihm heraus. Choltitz schilderte die Reaktion: »Der Geifer lief ihm buchstäblich aus dem Mund. Er zitterte am ganzen Körper, so daß der Schreibtisch, an den er sich klammerte, ebenfalls in Bewegung geriet. Mich überkam die Gewißheit: Ich hatte einen Wahnsinnigen vor mir!«

Trotz eines später noch von Hitler schriftlich gegebenen Befehls,

»Paris ist in ein Trümmerfeld zu verwandeln«, weigerte sich Choltitz, dies zu tun, und bewies damit großen Mut. Er handelte einen Waffenstillstand mit der Résistance aus und übergab Paris am 25. August 1944 – abgesehen von hier oder da um einzelne Gebäude aufflackernden Schießereien – kampflos.

Zu diesem Zeitpunkt hatte das Grenadier-Regiment 9 aufgehört zu existieren. Von seiner ursprünglichen Kampfstärke, rund 2000 Mann, waren vielleicht noch etwas über 300 Soldaten übriggeblieben – soviel wie ein schwaches Bataillon. Es wurde dem Grenadier-Regiment 67 als I. Bataillon zugeteilt. Neuer Regimentskommandeur wurde für die alten Hasen des ehemaligen I.R. 9 ein altes Gesicht: Oberst Graf zu Eulenburg, die »Eule«. Gekämpft wurde nach wie vor im Verband der 23. Infanterie-Division. Sie erhielt den Auftrag, die baltischen Inseln Ösel und Moon zu verteidigen.

Die Inseln Ösel, Dagö und Moon liegen in der Ostsee und sind der Rigaer Bucht, mithin der Küste Estlands, vorgelagert. Die größte, Ösel, ist mit 2714 Quadratkilometern sogar etwas größer als das Saarland. Eine gewisse strategische Bedeutung bestand darin, daß von ihrem Südzipfel, der Halbinsel Sworbe, aus die Evakuierung von Truppen, Zivilisten, Flüchtlingen und Kriegsgefangenen aus der Rigaer Bucht über See behindert werden konnte, fiele sie in sowjetische Hände. An der schmalsten Stelle war die Zufahrt nur 30 Kilometer breit.

Für das Gesamtgeschehen auf dem europäischen Kriegsschauplatz waren die baltischen Inseln jedoch ohne größere Bedeutung. Die Alliierten hatten am 3. September 1944 bereits Brüssel befreit. Amerikanische Truppen erreichten am 11. September die deutsche Grenze bei Trier, die Rote Armee stand schon in der Vorstadt Warschaus, die Finnen waren aus der Koalition mit Deutschland ausgeschert und hatten am 19. September einen Waffenstillstandsvertrag mit der UdSSR abgeschlossen. Hitler mobilisierte Kinder, alte Männer und Kranke und berief sie als letztes Aufgebot in »Volkssturm«-Einheiten ein. Die Brotrationen in Deutschland betrugen nur noch 2425 Gramm pro Kopf und Woche. Der einzige Erfolg, den Hitler noch verbuchen konnte, war die Schlacht von Arnheim. Innerhalb von neun Tagen, vom 17. bis zum 26. September, wurden 10095 Soldaten der 1. britischen Luftlande-Division, die am 17. September 1944 in einem Handstreich gelandet war, ausgeschaltet. Nur 2163 Mann gelang es, sich zu den etwa 17 Kilometer entfernten amerikanischen Linien durchzuschlagen. Der Rest war gefallen oder gefangengenommen worden.

Am 11. September wurden die Reste des Grenadier-Regiments 9, also das neue I. Bataillon im Grenadier-Regiment 67, mit dem Passagierschiff *Wartheland* nach Ösel verschifft. Am selben Tag verlor der Divisionskommandeur, Generalleutnant Walter Châles de Beaulieu, seinen Posten, weil ihn die Gestapo verdächtigte, mit den Verschwörern des 20. Juli unter einer Decke gesteckt zu haben. Der neue Kommandeur der 23. Infanterie-Division, gleichzeitig zum »Befehlshaber der baltischen Inseln« ernannt, wurde Generalleutnant Hans Hugo Schirmer.

Die Aufgabe, eine sowjetische Landung auf der Insel Moon zu verhindern, wurde dem achtundzwanzigjährigen Oberleutnant Becker übertragen. Dabei hätte er nach Ausheilung seiner dritten Verwundung in einem Danziger Lazarett Anspruch auf 14 Tage Heimaturlaub gehabt. Aber er hatte ein Mädchen kennengelernt und über einem Rendezvous versäumt, im Lazarett zur Verbandsstunde zu erscheinen. Das trug ihm prompt den Ärger des Arztes ein. »Wenn Sie nicht mehr zur Verbandsstunde kommen, scheinen Sie voll tauglich zu sein. Sie sind hiermit entlassen. Fahren Sie sofort zu Ihrer Truppe zurück. Der dortige Arzt kann Sie weiterbehandeln. Mehr habe ich nicht zu sagen.«

Aber wie seine Einheit erreichen? Da die Reste des Grenadier-Regiments 9 mit der Heeresgruppe Nord im Baltikum eingeschlossen waren, konnte er, Becker, nur auf dem Seeweg anreisen. Als sich Becker bei der Hafenkommandantur meldete, sagte der Kommandant, ein Leutnant: »In einer Stunde läuft ein Truppentransporter aus. Holen Sie sich Verpflegung, dann können Sie gleich mitfahren.« Becker überstand die Überfahrt, ohne versenkt zu werden. Das war gar nicht so selbstverständlich, denn im Herbst 1944 herrschte in diesem Teil der Ostsee eine rege U-Boot-Tätigkeit der Sowjets. Becker traf schließlich auf seine Einheit und übernahm wieder das II. Bataillon.

Er und seine Soldaten wurden zunächst auf der kleineren Insel, Moon, eingesetzt. Sie sollte zu seinem militärischen Schicksal werden.

Moon, mit 207 Quadratkilometern so groß wie Hannover, schließt mit der größeren Insel Ösel die Rigaer Bucht nach Norden ab und ist im Osten vom Großen, im Westen vom Kleinen Moonsund umgeben. Sie ist waldlos und besteht aus Kalk- und Dolomitgestein. Mit der südlich liegenden größeren Insel Ösel verbindet sie ein vier Kilometer langer Damm. Am Ostufer liegt der Hafen Kuivastu.

Von den 520 Soldaten des Bataillons waren nur 80 »alte Hasen«, die Mehrheit dagegen Neuankömmlinge aus der Heimat, die noch keine scharfe Handgranate geworfen hatten, kaum richtig mit dem Gewehr umgehen konnten. Becker ließ zunächst die Ausbildung fortsetzen: Handgranatenwerfen, MG-Schießen, Üben im Verband der Kompanie. Zugleich mußte er sich auf die Verteidigung vorbereiten. Das hieß, Boote requirieren, sie von der dem Festland zugewandten Inselseite wegverlegen, damit sie bei einer Landung der Roten Armee nicht von ihr genutzt werden konnten. Weil das Bataillon nur über zwei Lastwagen, aber über keinen Sprit verfügte, mußten Fahrräder beschlagnahmt werden. Schließlich trafen 10 000 sowjetische Kriegsgefangene ein, die bewacht werden mußten. Allein dafür war die Abstellung eines Zuges Soldaten erforderlich, die für die Verteidigung ausfielen.

Bald erschien Regimentskommandeur Graf Eulenburg. »Becker«, hob er an, »wir haben dich hier für die Verteidigung auserwählt.«

»Verzeihen Sie gehorsamst, Herr Oberst, ich habe mir darüber schon Gedanken gemacht. Eine Kompanie lege ich an die Anlegestelle in Kuivastu, wo die Fähre vom Festland normalerweise ankommt. Eine zweite Kompanie würde ich an den Moon-Damm legen, damit die Russen dort nicht landen und uns vom Regiment auf Ösel abschneiden. Die beiden restlichen Kompanien müßten in der Mitte der Insel, im Ort Hellama, zu meiner Verfügung stehen, damit ich sie sofort als Eingreifreserve einsetzen kann. Leider haben wir keinen Funk, sondern sind auf die wenigen Telefonleitungen der Insel angewiesen.«

»Dann machen Sie das mal so, Becker«, sagte die »Eule« und verließ wieder die Insel.

Nach einer Woche Verteidigungsvorbereitung fühlte sich Becker einigermaßen sicher, bis ihm plötzlich ein Major Melzer als Inselkommandant vor die Nase gesetzt wurde. »Nee, Becker, mit Ihrer Einsatzplanung bin ich gar nicht zufrieden. Das machen wir anders«, begann er das Gespräch, nachdem sich die Herren zuvor bekanntgemacht hatten. »Eine Kompanie kommt an die Nordseite der Insel, eine weitere an die Nordostseite. Eine bleibt an der Fährstelle liegen, das haben Sie richtig gemacht, und die vierte bleibt am Moon-Damm.«

»Verzeihen Sie, Herr Major, wenn jetzt irgendwo an anderer Stelle etwas los ist, kriege ich so schnell keine Soldaten dorthin.«

»Wieso denn nicht?«

»Erstens wegen der mangelhaften Nachrichtenverbindung: Wir haben nur normale Telefone und keinen Funk. Zweitens sind die Kompanien dann so weit auseinandergezogen, daß sie zwei, drei Stunden brauchen, ehe sie am Gefahrenpunkt eingetroffen sind. Ich würde daher raten ...«

»Nein«, unterbrach ihn der Inselkommandant, »kommt nicht in Frage. Veranlassen Sie sofort die Verlegung der Kompanien.«

Zur Abwehr der erwarteten Offensive des Gegners gehörte auch das Heranschaffen neuer Verpflegung. Die lagerte in Arensburg auf Ösel. Die zwei LKWs ohne Sprit wurden mit vorgespannten Pferden in Marsch gesetzt. Einkalkulierte Reisedauer: zwei Tage hin, zwei Tage zurück.

Außerdem galt es noch etwas zu bedenken. »Herr Major«, meldete sich Becker, »wir müssen die Kaimauer samt Anlegestelle im Hafen in die Luft sprengen, damit die russischen Landungskräfte sie nicht benutzen können.«

»Nein, das kommt überhaupt nicht in Frage. Wenn, dann vielleicht später. Wenn wir es jetzt tun, glaubt der Russe, wir wollen die Insel räumen, und landet dann erst recht.«

»Herr Major, die Sprengladungen sind angebracht und die Zündschnüre gelegt. Wenn der Russe die Landung mit Artilleriebeschuß vorbereitet, zerschießt er uns die Zündleitungen, und wir können nicht mehr sprengen.« Der Major blieb stur, Becker kochte vor Wut.

Recht zu haben ist nicht immer schön. Prompt setzte am nächsten Tag Artilleriebeschuß ein. Wo die Granaten einschlugen, wirbelten helle Gesteinsklumpen aus weißen Wolken. Becker wußte aus langjähriger Fronterfahrung: Das ist die Angriffsvorbereitung. Natürlich waren, wie er prophezeite, sehr schnell die Zündschnüre zerschossen, und zwar so gründlich, daß sie sich nicht mehr flicken ließen. An eine Sprengung der Hafenanlage war nicht mehr zu denken. Becker schnappte sich einen Kradmelder: »Zum Anlegesteg!« Als sie sich den Stegen näherten, sah er die Bescherung: Die ersten sowjetischen Soldaten liefen bereits an Land. Der linke Zug der Kompanie, die er dort zur Sicherung in Stellung gebracht hatte, haute ab. Er war versucht, ihnen zuzubrüllen »Stehen bleiben!«, wußte aber, daß die Entfernung mindestens 600 Meter betrug und es daher zwecklos war. Hilflosigkeit und Wut überkamen ihn. Er jagte den Kradmelder zurück: »Geben Sie Alarm! Alarmieren Sie vor allem die Artillerie!«

Rechts von ihm lag ein anderer Zug, bei dem sich der Kompaniechef befinden sollte, der aber bereits gefallen war, wie er später erfuhr. Zu seinem Entsetzen sah Becker, daß das erste sowjetische Fahrzeug an der Fährstelle schon an Land fuhr. Wenn Becker jetzt nicht blitzschnell Entscheidungen treffen würde, könnten die Sowjets glatt die Insel durchfahren und in einer Stunde die Ortschaft Hellama erreichen. Die Artillerie-Abteilung bestand aus sechs Geschützen und lag nur ein paar Kilometer entfernt in Stellung. Aber es fiel nicht ein einziger Schuß – wie er hinterher erfuhr, weil kein Offizier bei den Geschützen war. Dabei war sich Becker sicher: Hätten die ein einziges Mal in die Landungsstelle geschossen, die ganzen Sprengladungen mitsamt den Sowjets wären in die Luft geflogen.

Der Kradmelder war inzwischen zurückgekommen. Becker schwang sich auf den Sozius, und zurück ging's nach Hellama. Zu seinem Entsetzen stellte er fest, daß der Inselkommandant eine Kompanie verlegt hatte und eine weitere ohne telefonische Verbindung war. Ein Melder zu Fuß würde für die sieben Kilometer eine Stunde unterwegs sein – wenn ihn nicht die Partisanen zuvor erledigten. Becker wollte es sich zunächst nicht eingestehen, aber dann sickerte die fatale Erkenntnis langsam in sein Gehirn, daß nunmehr unwiderruflich das Chaos ausbrechen würde. Ihm stand nicht ein einziger Soldat zur Verfügung, um einzugreifen, Widerstand zu leisten, die Sowjets zurückzuwerfen. Diese Ohnmacht des Handelns machte ihn psychisch fix und fertig.

In dem Holzhaus seines Bataillonsgefechtsstandes – es war zweistöckig und hatte weißgestrichene Fensterläden – hing ein Kalender. Er zeigte den 29. September 1944 an. Die Anlandung der Roten Armee am Steg war um 18.30 Uhr erfolgt. Innerhalb der nächsten drei Stunden landeten gegnerische Truppen an vier weiteren Stellen im Osten und Süden der Insel. Sie benutzten von den Amerikanern gelieferte Ford-Schwimmwagen, die mit 2-cm-Bordkanonen ausgerüstet waren. Auf halbem Weg nach Hellama konnten sie vorübergehend gestoppt werden, aber dann brachen sie durch und drohten, die über die ganze Insel verstreuten deutschen Kräfte abzuschneiden.

Noch in der Nacht gab Becker seinen Soldaten – soweit er sie erreichen konnte – Befehl, sich über den Damm, der Moon mit Ösel verband, zurückzuziehen. Rette sich, wer kann! Seinem Bataillon gelang es weitestgehend, die deutschen Linien auf der anderen Insel zu erreichen. Hinter sich sprengten sie den Steindamm.

Der Rückzug hatte einen Schönheitsfehler: Die zweite Kompanie unter Leutnant Renne war nicht mehr rechtzeitig am Übergang eingetroffen und nunmehr abgeschnitten. Als sie schließlich die Spitze des zerstörten Dammes erreichte, gab Renne Befehl – es herrschte gerade Ebbe –, die vier Kilometer zum anderen Ufer watend zurückzulegen. Ihre Waffen über den Köpfen hochhaltend, arbeiteten sich die Soldaten verbissen, teilweise bis zur Brust im Wasser, durch den Sund. Wer von den am Ufer eingetroffenen Sowjets beschossen und getroffen wurde und zusammenbrach, ertrank jämmerlich.

Auf Ösel wurden Becker und seinem Bataillon eine Auffangstellung zugewiesen. Becker wurde mit der Tatsache nicht fertig, daß die Insel Moon so schnell verlorengegangen war, ohne die Möglichkeit gehabt zu haben, dagegen eingreifen zu können. Daß ausgerechnet er als begeisterter Soldat durch die Kurzsichtigkeit eines Inselkommandanten, der Beckers wohldurchdachte Verteidigungspläne einfach über den Haufen geworfen hatte, in diese verzweifelte Lage geraten mußte, empfand er als eine höchst ungerechte Einmischung des Schicksals.

Von seinem Regimentskommandeur, Graf Eulenburg, bekam er wegen des schnellen Verlustes keine Vorwürfe zu hören. Doch Hitler war über die schnelle Räumung der Insel entsetzt, um so mehr, als zwei Tage später, am 2. Oktober, auch die Insel Dagö aufgegeben wurde. Kurz darauf klingelte auf Beckers Gefechtsstand das Telefon. Am Apparat Regimentsadjutant von Weizsäcker:

»Becker, Sie müssen mal nach Arensburg zum Stab der Division kommen, um persönlich zu berichten, was da schiefgegangen ist.«

»Jawohl, Herr Hauptmann.«

»Bitte seien Sie morgen früh um acht Uhr zur Stelle.«

Ein Kradmelder brachte ihn in aller Herrgottsfrühe zur Inselhauptstadt Arensburg. Der Stab lag in einem stattlichen Gebäude. Becker war gerade im Begriff, dieses zu betreten, als ihm der Divisionsadjutant, Oberstleutnant Curt von Witzendorff, entgegenkam. Becker kannte ihn aus Potsdam, wo Witzendorff den Unterführer-Lehrgang geleitet hatte, den Becker besuchte. Seitdem hatten sie sich gelegentlich getroffen. Becker war irgendwie erleichtert, ein bekanntes Gesicht zu sehen. Der andere aber war eher erstaunt als erfreut.

»Mensch, Becker, wissen Sie, wo Sie hin müssen?«

»Wie bitte?«

»Ich meine: Wissen Sie, was Ihnen bevorsteht?«

»Ich wollte mich bei Ihnen melden!«

»Nee, nee, gehen Sie gleich die Treppe hoch. Oben tagt das Kriegsgericht. Sie werden erwartet. Ich bin leider in Eile, aber erzählen Sie die Wahrheit!«

Während Becker fassungslos Witzendorff hinterherschaute, purzelte das soeben Gehörte in Wortfetzen noch einmal durch seinen Kopf: Die Wahrheit? – Kriegsgericht? Kein Mensch hat mir gesagt, daß ich vor ein Kriegsgericht muß. Verdammt noch mal, warum? Als er die Treppe zum oberen Stockwerk hochstieg, fragte er sich: Was hast du wohl verbrochen, daß du als erfahrener Frontsoldat – Träger des EK II, EK I, der Wintermedaille, des Infanterie-Sturmabzeichens, des Deutschen Kreuzes in Gold und des Silbernen Verwundetenabzeichens, alles im Dienst des Infanterie-Regiments 9 und in vielen Nahkämpfen erworben – vor ein Kriegsgericht geladen wirst? Oben an der Treppe erwartete ihn ein Unteroffizier, salutierte. »Herr Oberleutnant, würden Sie mir bitte folgen.« Er geleitete ihn zu einer Tür, öffnete sie und ließ ihn eintreten.

Ein lähmender Schock überkam Becker. In einem großen Halbkreis saßen drei Generale. Ihre rotgoldenen Kragenspiegel hatten etwas Gefährliches. Becker sah noch zehn, zwölf Personen, Schreibkräfte, Beisitzer ... Man forderte ihn auf, in der Mitte des Raumes auf einem Stuhl Platz zu nehmen. Zu allem Überfluß verspürte Becker in diesem Moment Hunger. Er mußte zunächst Angaben zu seiner Person zu machen.

»Ich heiße Gottfried Hermann Richard Becker, Oberleutnant, geboren am 26. Juli 1916 als Sohn des Königlich-preußischen Revierförsters Richard Becker, zwei ältere Geschwister. Beruf Forstanwärter, nicht verheiratet. Am 3. November 1937 beim Infanterie-Regiment 9 in Potsdam eingerückt. Einsatz in Polen, Frankreich und Rußland. Zur Zeit Führer des I. Bataillons, Grenadier-Regiment 67, vormals Grenadier-Regiment 9.«

Der in der Mitte saß, war Kriegsrichter im Generalsrang – die anderen waren offensichtlich militärische Beisitzer. Der Richter blätterte in Papieren, sagte schließlich: »Nun erzählen Sie uns mal, was da auf Moon passiert ist. Welchen Auftrag hatten Sie?«

Becker spürte fast schmerzhaft, wie die Blicke aller Anwesenden auf ihn gerichtet waren. Also deswegen saß er hier!

Er räusperte sich und beschrieb seinen Auftrag, wie er sich die Verteidigung der Insel vorgestellt, wie er zu diesem Zweck die vier Kompanien verteilt hatte, daß ihm aber dann der bis dahin völlig unbekannte Inselkommandant, der Major Melzer, vor die Nase gesetzt wurde und seine Einteilung wieder aufgehoben hatte, obwohl Becker ihn davor warnte.

Während er sprach, studierte er die Gesichter der Generale, die über ihn zu Gericht saßen. War da bei dem rechts Sitzenden nicht für einen Moment der Anflug eines freundlichen Lächelns zu sehen gewesen? Oder war es ein mokantes Grinsen, das bedeutete: Bürschchen, wir kriegen dich schon! War er bereits vorverurteilt? Oder ließen sie sich von seinen Ausführungen beeindrucken?

Ein stundenlanges Verhör begann. Bevor Becker zur Antwort ansetzte, sagte ihm eine innere Stimme: Gottfried, sag die Wahrheit! Sie befragten ihn nach Gefechtsstärken, Ausrüstung, Einsatzplänen der einzelnen Kompanien, dem Verlauf der Kampfhandlungen. Irgendwo im Saal verrückte jemand mit lautem Scharren seinen Stuhl.

Die Generale machten gelegentlich bedenkliche Gesichter, schauten sich für Bruchteile einer Sekunde an, wobei sich Becker nicht im klaren war, ob sie seine Worte bezweifelten oder aber das dilettantische Verhalten des Inselkommandanten quittierten. »Fahren Sie fort, Oberleutnant Becker«, sagte der Vorsitzende. Nur nicht dramatisieren, Gottfried, sachlich bleiben, redete sich Becker ein. Er berichtete, welche Befehle er erteilt hatte – an Offiziere, wie Gruppen- und Zugführer. Getreulich schilderte Becker alle Einzelheiten, nannte den Feldwebel, den Kradmelder, die Oberjäger mit Namen. Die Verhandlung zog sich bis in den Nachmittag hinein.

Die Generale verließen abwechselnd den Raum, offensichtlich, um essen zu gehen. Für Becker gab es keine Pause. Acht Stunden Befragung ohne Punkt und Komma. Der Hunger, den er zu Beginn der Verhandlung bereits verspürt hatte, wurde immer quälender. Gegen 16.00 Uhr waren seine Vernehmer des Fragens müde. »Ist noch irgend etwas ungeklärt?« fragte der in der Mitte, schaute zunächst zu dem General zur Rechten, dann zur Linken. Beide schüttelten den Kopf. »Ja, dann können Sie wieder zum Bataillon zurückfahren«, schloß der Vorsitzende. »Sie hören noch von uns.« Becker wußte nicht, wie er dieses »Sie hören noch von uns« auslegen sollte. War es eine Drohung? Eine unverbindliche Verabschiedung?

Er stand auf und spürte, daß er vom langen Sitzen völlig verspannt war. Andererseits wunderte sich Becker, daß er nach dem stundenlangen Verhör, abgesehen von seinem Hunger, körperlich noch ganz gut bei Kräften war. Er stieg die Treppe hinab, vor dem Gebäude wartete sein Kradmelder. Er bemerkte den neugierigen Bick des Mannes, der versuchte, in Beckers Gesicht zu lesen, wie die Verhandlung ausgegangen war. Becker verspürte keine Lust, sich mit ihm in ein Gespräch einzulassen. »Zurück zum Bataillon«, sagte er eine Spur zu scharf. Der andere konnte ja nichts dafür, daß er vors Kriegsgericht mußte.

Becker war tief deprimiert. Sein Idealismus, seine Begeisterung fürs Militär hatten drei Generale gründlich zerstört. Überhaupt, was für ein Aufwand, selbst wenn man bedachte, daß außer ihm auch noch andere vernommen wurden: drei Generale! Wenn auch von Hitler eigens geschickt. Er verstand auch Weizsäcker nicht, als dieser ihn anrief und ihm sagte: »Becker, Sie müssen mal nach Arensburg zum Stab der Division kommen, um persönlich zu berichten, was da schiefgegangen war.« Kein Wort von dem Kriegsgericht, das ihn erwartete. Sonst hätte er sich doch vorbereiten können! So hatte er sich wie ein dummer Junge gefühlt. Dabei hatte er sich all die Zeit mit Weizsäcker gut verstanden. Da war zum Beispiel die Geschichte mit den Beförderungen. Becker hatte nach seiner dritten Verwundung die Kompanie wieder übernommen, war durch die Stellung gegangen und hatte sich mit den Leuten abends unterhalten, um vor allem die Neuen näher kennenzulernen. So etwas tat der Truppenmoral gut und stärkte die Kampfkraft. Er hatte sie nacheinander gefragt: »Wie lange bist du Soldat?« – »Gefreiter, vier Jahre.« Oder: »Gefreiter, fünf Jahre.« Und so fort.

Am nächsten Tag hatte Becker sich aufgeschrieben, wer seiner Meinung nach längst für eine Beförderung überfällig war. »Das ist eine Sauerei«, hatte er vor sich hin geschimpft. »Diese Kerle waren jahrelang in Rußland, schleppten Munitionskästen, haben zum Teil mehrere Verwundungen hinter sich, wurden hin und her versetzt und darum nicht zum Obergefreiten befördert. Mal acht Wochen bei dieser Truppe, dann wieder zwölf bei einer anderen. Rumgeschobenes Menschenmaterial, Kanonenfutter, das noch seinem Schicksal entgangen war.«

Anderntags reichte er 16 Namen schriftlich zur Beförderung beim Regimentsadjutanten ein. Abends klingelte das Telefon. Am Apparat Weizsäcker: »Sagen Sie mal, sind Sie im Rausch, daß Sie plötzlich 16 Mann befördern wollen? Warum nicht gleich eine ganze Kompanie? Das geht nicht, Becker.«

»Herr Hauptmann«, hatte er geantwortet, »bedenken Sie doch bitte, daß die Männer vier, fünf Jahre Soldat sind und von Truppe zu Truppe verschoben wurden, ohne die Anerkennung einer Beförderung. Das ist nicht gut für die Kampfmoral. Ich würde mich riesig freuen, wenn Sie diese Kerle beim Regimentskommandeur durchbekämen.«

Weizsäckers Stimme hatte schon versöhnlicher geklungen: »Das ist aber ein dicker Hund. Das ist mir noch nie passiert. Da wird der Kommandeur staunen.«

»Ach, Herr von Weizsäcker, versuchen Sie es doch mal. Vielleicht kriegen wir doch was durch, vor allem, wenn Sie sich die Lebensläufe dieser Männer ansehen. Sie haben sich bisher alle korrekt benommen.«

Weizsäcker hatte versprochen, sein Möglichstes zu tun. Eine Weile verstrich, und dann - welche Überraschung - kamen sämtliche Beförderungen durch, von ihm in einem offiziellen Schreiben bestätigt.

Und so, wie sie seitdem zueinander standen, hätte er erwartet, von Weizsäcker gewarnt zu werden. Die nächsten zwei Tage verrichtete Becker seinen Dienst lustlos. Nachts hatte er schlecht geschlafen. Der Krieg interessierte ihn nicht mehr. Am dritten Tag morgens - Becker hatte gerade die Stellungen kontrolliert, war hundemüde, hatte nasse Beine - betrat ein Melder seinen Gefechtsstand. »Der General kommt!«

»Donnerlüttchen! Wer ist da?«

»Der General!« Becker ergriff seine Dienstmütze und stürzte raus. Wahrhaftig, da hielt schon ein Wagen mit einem General. Aber es war nicht der Divisionskommandeur, den er erwartet hatte, sondern der Vorsitzende des Kriegsgerichts. Jovial grüßte er. »Sagen Sie mal, Becker, soweit es die Lage erlaubt, hätte ich gern mal Ihre vier Kompaniechefs gesprochen. Und dann auch den Feldwebel, der auf Moon die ganze Zeit bei Ihnen war. Und die Oberjäger, die Sie genannt hatten ...« Er stockte, griff in die rechte Außentasche seines Uniformrockes, zog ein Papier heraus, entfaltete es und las die Namen von 14 Personen vor. »Die hätte ich gerne nacheinander gesprochen. Wie gesagt, wenn es die Lage zuläßt.«

»Das läßt sich machen, es ist im Augenblick ruhig.«

»Wie lange wird das dauern, bis Sie die Männer zusammengetrommelt haben?«

»Höchstens eine Dreiviertelstunde. Möchten der Herr General in der Zeit eine Tasse Kaffee trinken?« Der Herr General mochte und wurde bewirtet. Becker verdrückte sich. Er hielt es für angebracht, dem Kriegsgerichtsvorsitzenden bei der Urteilsfindung nicht in die Quere zu kommen. Nacheinander trafen die herbeizitierten Kompanieführer und

Unteroffiziere ein. Ihnen wurde ein Aufenthaltsraum zugewiesen, von wo aus sie einzeln zum General befohlen wurden. Die Vernehmungen währten den ganzen Tag. Es wurde bereits dunkel. Wenn der General rauskommt, dachte sich Becker, fragst du ihn, welchen Eindruck er von den Zeugenaussagen hat und zu welchem Urteil er kommen wird. Ist ja doch inzwischen alles egal. Die werden mich in die Pfanne hauen. Gegen 17.00 Uhr öffnete sich plötzlich die Tür des Vernehmungszimmers, der General trat auf den Korridor. Sein Gesicht war von der Anstrengung des Tages gerötet.

»Verzeihen Sie gehorsamst, Herr Generalrichter. Darf ich mir eine Frage erlauben?« Dieser nickte. »Zu welcher Entscheidung sind Sie gekommen?«

»Ist schon gut, mein Junge, ist gut. Warte mal ab«, sagte er. Mehr nicht. Dann bestieg der General seinen Wagen, der in die Dunkelheit der Nacht entschwand. Becker hatte eine unruhige Nacht. Die Unruhe währte auch noch während des Dienstes am Tage, aber irgendwie stumpfte seine Neugier ab. Er hatte sich längst auf eine Abberufung, wenn nicht sogar auf eine Degradierung eingestellt. Drei Tage später traf ein Telegramm des Oberbefehlshabers der Heeresgruppe Nord, Generaloberst Schörner, ein. »Ich danke den tapferen Offizieren von Moon für die Verteidigung der Insel . . .« Das darf doch nicht wahr sein, war Beckers erster Gedanke. Obwohl er allen Anlaß hatte, sich zu freuen, fühlte er sich nun beinahe schon verhöhnt. »Den tapferen Offizieren . . .« Becker wäre gern tapfer gewesen. Mit nur zwei Kompanien an der Hand hätte er die Landung der Sowjets verhindern oder zumindest hinauszögern können. Doch so waren sie einfach durchgefahren in der Nacht und waren fast vor ihm und seinen Leuten am Damm eingetroffen. Recht zu haben ist schön, dachte Becker, aber nicht immer unbedingt befriedigend.

47 Weiterer Rückzug: »Mein Führer, ich habe Sworbe geräumt«

Das I. Bataillon bekam einen neuen Führer. Die älteren Soldaten – Feldwebel, Unteroffiziere und »Oberschnäpser«, wie Obergefreite genannt wurden – beäugten fachmännisch seine Auszeichnungen: beide Eisernen Kreuze, Infanterie-Sturmabzeichen, Verwundetenabzeichen, Ostmedaille ... Wenigstens kein Etappenhengst, keiner, der sich erst noch an der Front Orden verdienen mußte, weil ihn vielleicht sonst seine Braut nicht heiratete. Das war beruhigend zu wissen.

Der Neue hieß Hermann Ulrichs, 27, gebürtig in Pommernland, gelernter Landwirt, eigentlich Kavallerist, hatte den Polen-Feldzug noch als Reiterzug- und Spähtruppführer zu Pferd mitgemacht. Danach zur Infanterie versetzt, Kriegsdienst von Anbeginn. In der Kesselschlacht von Demjansk hatte er als Oberleutnant bereits fünf Monate lang ein Bataillon geführt, normalerweise die Position für einen Hauptmann oder gar Major. Er hatte deutsche Soldaten sterben sehen – im Kugelhagel des Gegners, aber auch durch ein Exekutionskommando wegen Selbstverstümmelung und damit Zersetzung der Wehrkraft.

Als das geschah, diente er beim Infanterie-Regiment 411. Gleich sechs Soldaten aus seinem Bataillon hatten versucht, auf diese Weise von der Front weg in die sichere Heimat zu kommen. Sie schossen sich durch den Fuß oder durch die Hand. Einer hatte ein Kommißbrot vor die beabsichtigte Einschußstelle gehalten, der andere eine Postkarte, um keine Schmauchspur zurückzulassen. Aber der Arzt hatte sofort Pulverschleim in der Wunde, Brotkrumen beziehungsweise Fetzen der Postkarte entdeckt und Meldung gemacht. Nur zwei Kilometer hinter der Front fand in einem Bunker das Kriegsgerichtsverfahren statt. Verteidiger war ein Offizier des Bataillons und Volljurist. Den Vorsitz hatte der Kriegsrichter der Division. Auf Selbstverstümmelung stand automatisch laut Kriegsstrafgesetzbuch die Todesstrafe. Aber das Urteil mußte durch den Oberbefehlshaber der Armee, in diesem Fall Generalfeldmarschall Busch, bestätigt werden. Der verlangte für jeden verurteilten Soldaten drei Stellungnahmen: je eine des Kompaniechefs, des Bataillonsführers und des Regimentskommandeurs. Wenn einer dieser drei die Todesstrafe ablehnte, mußte er dies begründen. Und wenn die Einwände den Generalfeldmarschall überzeugten, wurde sie umgewandelt in 15 Jahre Haft.

Ulrichs hatte sich für einen Hitler-Jugendführer aus Mannheim eingesetzt. Sein Vater war im Ersten Weltkrieg gefallen, der Sohn nun der Ernährer der Familie. Die Todesstrafe sei in diesem Fall nicht angebracht. Dieser Soldat und zwei andere wurden begnadigt, die drei übrigen jedoch standrechtlich erschossen.

Die Exekution wurde bei Dunkelheit ausgeführt. Die Hälfte des Bataillons mußte zur Abschreckung der Hinrichtung beiwohnen. Die anderen waren an der Front unabkömmlich. Ein Leutnant und sechs Mann bildeten das Erschießungskommando. Die Verurteilten wurden an einen Pfahl gebunden, ein Geistlicher – er hielt den Soldaten das Kreuz kurz entgegen – sprach Trost zu und betete mit ihnen. Dann wurden ihnen die Augen verbunden, und ein Arzt heftete jedem ein rotes Schildchen in der Größe einer halben Postkarte dort an, wo das Herz schlägt. Dann kam das Kommando: »Geeewehr hoch! Legt an!« Die Karabiner krachten in die Schultern. Jeweils zwei Gewehrläufe richteten sich auf ein rotes Schildchen. Das Kommando »Gebt Feuer!« wurde vom Krachen der Salve verschluckt. Die Getroffenen sackten zusammen, nur noch von Stricken gehalten. Den Angehörigen wurde schriftlich mitgeteilt, ihr Sohn beziehungsweise Ehemann sei wegen Zersetzung der Wehrkraft, begangen durch Selbstverstümmelung, von einem Kriegsgericht zum Tode verurteilt und das Urteil am soundsovielten vollstreckt worden. Keine Mitteilung über die Grablage, geschweige denn, daß die Gräber gekennzeichnet wurden.

Nach mehreren Verwendungen war Ulrichs, inzwischen zum Hauptmann befördert, im Herbst zur Führer-Reserve Nord und von dort zum 5. Oktober zur 23. Infanterie-Division nach Ösel versetzt worden. Geplante Verwendung: Bataillonskommandeur. Die Anreise über See – die 23. Infanterie-Division war ja mit der gesamten Heeresgruppe Nord auf der Festlandseite eingeschlossen – war etwas abenteuerlich: Da die Insel keinen richtigen Hafen besaß, sondern nur in Arensburg einen Landungssteg für kleinere Boote, mußte auf der Reede von dem Seeschiff auf kleine Leichter umgestiegen werden, mit denen er und sechs Leutnants, die ebenfalls als Ersatz der Division zugeteilt worden waren, an Land gebracht wurden.

Er hatte sich zunächst beim Kommandeur der Division, Generalleutnant Hans Hugo Schirmer, melden müssen und wurde anschließend abends noch auf einem Nachschub-LKW 30 Kilometer nordostwärts zum Regiment und seinem Bataillon gefahren. Der winzige Ort hieß Peude. Dort, im Pastorat, hatte Regimentskommandeur Graf Eulenburg seinen Gefechtsstand. Während der rumpligen Fahrt hatte sich Ulrichs des Dichters Walter Flex erinnert, der, bekannt durch sein Buch *Der Wanderer zwischen beiden Welten* über eigene Kriegserlebnisse, im Ersten Weltkrieg 1917 auf Ösel gefallen war.

Gegen 17.00 Uhr waren sie am 4. Oktober am Ziel. In einem spärlich möblierten Raum mußten Ulrichs und die sechs Leutnants antreten. Regimentsadjutant von Weizsäcker war mit dem Troß auf das Festland verlegt worden. Er wurde durch einen Leutnant Hermann vertreten. Dieser hatte zuvor die Neuankömmlinge begrüßt und meldete sie, als »die Eule« eintrat – ohne Mütze und Koppel, groß, zweifellos eine imposante Figur. Ob mit dem gut Kirschen essen ist? fragte sich Ulrichs. Nach der Meldung sagte Graf Eulenburg kurz: »Stehen Sie bequem, meine Herren.« Dann ging er auf den ersten Leutnant zu.

»Waren Sie schon einmal an der Front?«

»Jawohl, Herr Oberst.«

»Wo?«

»Kuban-Brückenkopf.«

»Quatsch, keine Front. 2. Kompanie. Abtreten.« Eulenburg ging zum nächsten: »Waren Sie schon mal an der Front?«

»Jawohl, Herr Oberst.«

»Wo?«

»Einsatz Fahnenjunkerschule Metz.«

Ulrichs erinnerte sich, daß diese Fahnenjunker, nur mit Gewehren, Panzerfäusten und MG 42 bewaffnet, für längere Zeit die amerikanischen Truppen aufgehalten hatten. Jungens, die ganz schneidig gewesen waren. Auf Eulenburg machte das keinen Eindruck. »6. Kompanie! Raus!« So pfiff er einen nach dem anderen an. Ulrichs dachte: Freundchen, mit mir nicht. Als die »Eule« alle sechs jungen Leutnants abgefertigt, quasi rausgeschmissen hatte, stand ihm nur noch Ulrichs gegenüber. Eulenburg änderte seinen Ton, fragte beinahe konziliant: »Haben Sie schon mal ein Bataillon geführt?«

»Jawohl, Herr Oberst.«

»Wie lange?«

»Nicht so lange, aber wenn ich alles zusammenrechne, sicher zehn Monate.«

»Große Aussicht vorhanden. Hier führen Leutnants Bataillone. Aber ich kenne Sie noch nicht, ich muß Sie erst mal beschnuppern. Sie kriegen hier ein Zimmer auf dem Gefechtsstand, und heute abend würde ich mit Ihnen gerne zusammen essen.« Sprach's und verließ den Raum. Leutnant Hermann zeigte ihm das Zimmer. »In einer Stunde hole ich Sie zum Essen ab.«

Ulrichs achtete darauf, daß er die Kartoffeln nicht mit dem Messer schnitt, daß er beim Zuprosten das Glas bis zum dritten Knopf seiner Uniformjacke hochhielt, eine Verbeugung andeutete, den Rotwein kenntnisreich kommentierte (»starkes Bukett«). Dann Feuer reichen zur Zigarre, erstens nur mit Streichholz und zweitens so, daß der Kommandeur das brennende Streichholz entgegennehmen konnte. Der kleine Benimm-Test war bestanden. Dann redeten sie von Gott und der Welt und leerten eine Rotweinflasche nach der anderen. Schließlich fiel Ulrichs aufs Bett. Das nächste, was er mitbekam, war, daß er plötzlich durch Lärm und ungeheure Geschäftigkeit geweckt wurde. Er hatte Mühe zu begreifen, wo er sich befand, dann, langsam, erkannte er seinen neuen Kommandeur. Der hatte auf einem Tisch neben einem Feldfernsprecher die Stellungskarten ausgebreitet. »Die Russen sind gelandet«, sagte er beiläufig. Genausogut hätte er sagen können: »Draußen regnet es.« Ulrichs fuhr hoch, griff nach den neben ihm liegenden Uniformteilen. Weiter kam er nicht. Eulenburg bestimmte: »Sie bleiben liegen, ich muß erst mal führen.« War es der Befehl, der aus diesen Worten herausklang, oder sein Brummschädel – Ulrichs ließ sich zurückfallen.

Am 5. Oktober, um fünf Uhr morgens, waren die ersten Sowjets auf Ösel gelandet. Als um sechs Uhr der Adjutant des I. Bataillons, Leutnant Binder, auf dem Gefechtsstand erschien und Eulenburg die hoffnungslose Lage des Bataillons schilderte, daß die Stellung verloren und das Bataillon im Zurückgehen begriffen sei, wagte Leutnant Hermann zu Ulrichs die Bemerkung: »Ich glaube, Sie stehen doch besser auf.« Um sieben Uhr quollen die Sowjets in 800 Meter Entfernung bereits in Mengen aus einem Waldrand. Eulenburg blieb die Ruhe in Person. Dennoch: »Hier kann ich nicht führen. Verlege zwei Kilometer zurück in eine Meierei. Ulrichs, ich gebe Ihnen 25 Mann vom Regiments-Reiterzug. Sie verteidigen dieses Pastorat.« Gerade erst 14 Stunden hier, und schon geht der Schlamassel los, dachte Ulrichs. Mit 25 Mann, die ich gar nicht kenne, eine Stellung halten – na, mal sehen.

Ein Leutnant kam herein: »25 Mann vom Reiterzug zu Ihrer Verfügung, Herr Hauptmann.« Ulrichs grüßte knapp: »Dann laßt uns mal auf den Dachboden dieser alten Wehrkirche klettern. Von oben müßte man alles herrlich übersehen und den Russen ordentlich auf die Badehose schießen können.« Mit mehreren Soldaten stieg er ins oberste Geschoß, schlug ein paar Ziegel raus und hatte in der Tat von dort oben einen Rundblick wie von einem Feldherrenhügel. Die Sowjets waren inzwischen bis auf etwa 200 Meter herangekommen. Ulrichs gab »Feuer frei!« Aus ihren automatischen Schnellfeuergewehren prasselten die Kugeln auf den Gegner herab, als würden sie einen Sack voll Murmeln ausschütten. Während die ersten bereits getroffen zu Boden fielen, blieben die Angreifer verdutzt stehen. Im Nu lagen überall verstreut Tote. Sie wiederholten den Angriff im Laufe des Tages einige Male, fortan vorsichtig und jede Deckung nutzend, aber es gelang ihnen nicht, das Pastorat und die wenigen Häuser von Peude zu nehmen. Indes, mit Anbruch der Dunkelheit wurde die Situation heikel. Nun würden die Sowjets unentdeckt einsickern. Just in dem Moment rief einer seiner Soldaten: »Herr Hauptmann, hier ist ein Melder vom Regimentsstab.«

»Vorführen«, rief Ulrichs vom Dachboden herunter. Der Melder war noch etwas außer Atem. »Befehl vom Herrn Oberst: Sofort zum Regimentsgefechtsstand verlegen!« Nichts tat Ulrichs lieber. Er gab seinen Männern Zeichen, ihm zu folgen. Schnell und umsichtig stieg er die Treppe hinab zum Erdgeschoß und verließ mit ihnen, nicht ohne vorher nach rechts und links gesichert zu haben, sowie den Posten, die er draußen aufgestellt hatte, den Ort. Der Melder brachte sie im Schutz der Steinwälle, welche die Einwohner statt Zäunen zur Begrenzung ihrer Viehweiden errichtet hatten, ohne Verluste zum neuen Gefechtsstand. Ulrichs meldete: »Stellung bis zuletzt gehalten!«

Eulenburg nickte. »Gut gemacht, Ulrichs. Draußen parkt ein Kradmelder. Den nehmen Sie sich und fahren los. Um sechs Uhr habe ich das letzte Mal von meinem I. Bataillon Meldung erhalten. Das lag an der Küste, aber da ist es nicht mehr. Also fahren Sie los, und suchen Sie es.«

»Jawohl, Herr Oberst.«

Draußen wartete ein Soldat mit einer BMW 500. »Anlassen!« befahl Ulrichs. »Wir müssen das I. Bataillon suchen. Fahren Sie zurück in Richtung Peude.« Dann schwang er sich auf den Sozius. Auf halber

Strecke zweigte ein beiderseits mit Bäumen bestandener Landweg ab. »Fahren Sie da mal lang!« schrie er dem Kradfahrer ins Ohr. Nach etwa 1000 Metern klopfte er ihm auf die Schulter: »Anhalten!« Der Mann stoppte ruckartig. Ulrichs wurde mit seinem Oberkörper leicht gegen den Rücken des Fahrers gedrückt, aber der war offensichtlich darauf gefaßt gewesen und bewahrte sie beide sowie die Maschine vor dem Sturz, indem er sich gegen den Lenker gestemmt hatte. »Stellen Sie mal den Motor ab!« Der Fahrer tat wie geheißen. Es war stockfinstere Nacht, nur ab und zu fielen in der Ferne einzelne Schüsse. Dann – da war doch was? Seine Sinne waren auf das Äußerste gespannt. Er stierte in die Nacht. Jawohl, das war das unverkennbare klappernde Geräusch heranmarschierender Soldaten. »Hören Sie das nicht auch?« flüsterte er dem Kradmelder zu. »Sind das Russen oder Deutsche?« Jetzt hörte auch der andere das Scheppern, Schlurfen und Trampeln, das sich in der Dunkelheit heranschob. »Das sind Russen.« Er wollte die Maschine schon wenden.

»Halt, halt! So klappert nur deutsche Ausrüstung!« Ulrichs war ein wenig zur Seite getreten. Und dann sahen sie plötzlich die Umrisse der auf sie zukommenden Marschkolonne. Ulrichs erkannte deutsche Stahlhelme, der Kradmelder rief: »Das ist das I. Bataillon. Vorne rechts marschiert Oberleutnant Becker!«

Nun hatte auch Becker die beiden Gestalten am Wegesrand wahrgenommen und als deutsche Soldaten identifiziert. Er hob die Hand zum Gruß. Während sich die Offiziere bekannt machten, dachte Ulrichs: Das also ist Becker, den sie völlig zu Unrecht vors Kriegsgericht gestellt hatten. Becker machte selbst jetzt noch, Tage später, einen niedergeschlagenen Eindruck.

»Eulenburg hat mich rausgeschickt, um Sie und das Bataillon zu suchen. Er hatte seit heute früh keine Verbindung mehr mit Ihnen.«

»Wir waren den ganzen Tag damit beschäftigt, uns den Iwan von der Pelle zu halten.«

»Ist in Ordnung, Becker. Ich fahre schon mal zurück zum Gefechtsstand, melde, daß ich Sie gefunden habe und daß Sie im Anmarsch sind.«

»Jawohl, Herr Hauptmann.« Die beiden legten die Hand zum Gruß an ihre Mützen. Ulrichs schwang sich wieder auf den Sozius des Motorrads, das der Kradmelder bereits gewendet und angelassen hatte. Kurzes Aufheulen des Motors, dann brummte die BMW mit sattem Ton in die einsame Nacht. Zurück auf dem Gefechtsstand meldete Ulrichs dem Kommandeur: »Das Bataillon und Becker sind schon auf dem Anmarsch hierher. Sie müßten in zehn Minuten eintreffen.«

»Danke, gut gemacht.«

Als hätte Ulrichs mit dem Namen Becker ein Stichwort gegeben, fing Eulenburg an zu erzählen: »Ja, ja, die Moon-Affäre. Das war so dilettantisch, aber von Hitler persönlich befohlen. 93 Kilometer Küste. Die 2. Kompanie unter Leutnant Renne sollte mit 80 Mann einen Abschnitt von 17 Kilometern verteidigen. Wahnsinn, das Ganze! Und Becker saß mit seinem Stab im Inneren der Insel. Dort, wo sich zwei große Wege kreuzen, stand das Bürgermeisterhaus, so zweistöckig. Dort saß der arme Becker drin. Mit den paar Gewehrschützen, die ihm zur Verfügung standen, hielten sich die Sowjets gar nicht auf. Die hatten ja amerikanische Schwimmwagen mit starken Motoren und einer Schiffsschraube hinten. Dazu montierte 2-cm-Zwillingsgeschütze. Die Inselbewohner hatten zudem alle deutschen Stellungen verraten. Das war vorher alles erkundet. Von einer Verteidigung konnte überhaupt nicht mehr die Rede sein. Das brach zusammen wie ein Kartenhaus. So idiotisch geplant. Becker konnte sich mit der 1., 3. und 4. Kompanie noch über den Moon-Damm nach Ösel retten. Aber Leutnant Renne mit der Zweiten kam zu spät. Da hatten Pioniere den Damm schon gesprengt. Nun waten Sie mal mit einer Kompanie unter Beschuß durch Brackwasser. Renne brachte gerade noch 60 Mann ans andere Ufer.«

Eulenburg schaute auf die Lagekarte, schüttelte den Kopf und fuhr mit monotoner Stimme fort, als wenn er nur zu sich selbst spräche: »Dann schickt Adolf persönlich den Obersten Kriegsrichter der deutschen Wehrmacht per Flugzeug nach Ösel. Das muß man sich mal vorstellen! Läßt hier große Verhöre veranstalten, warum Moon gefallen sei. Die Beschuldigten sahen sich schon mit dem Kopf unter dem Arm oder zumindest degradiert, Strafbataillon und was es da sonst noch gibt. Und zu allerletzt plötzlich das Telegramm von Schörner: ›Ich danke den tapferen Offizieren von Moon für die Verteidigung der Insel ...‹ Für Renne und andere Offiziere kamen dicke Pakete mit Cointreau-Likör, Zigarren und den schönsten Schokoladen. ›Für den tapferen Führer der 2. Kompanie, Grenadier-Regiment 67.‹ Vom Kriegsrichter aus dem ›Führer‹-Hauptquartier geschickt.« Eulenburg tippte sich an die Stirn.

Es klopfte, und Becker trat ein. Wie er da stand, in feldmarschmäßiger Ausrüstung, verstaubt, die Uniform zerknittert, mit tiefen Schatten unter den Augen und einem teilnahmslosen Blick, konnte er einem leid tun.

»Becker, das haben Sie sehr gut gemacht«, sagte die »Eule«. Er sagte es, als sei eine Anerkennung überfällig. »Sie haben schwer was aushalten müssen. Schlafen Sie sich aus. Hauptmann Ulrichs wird das Bataillon übernehmen.« Beide schauten auf Becker, wie er die Abgabe der Befehlsgewalt auffassen würde. Als Kränkung? Als Erlösung? Beckers Gesicht blieb ausdruckslos. Er nahm Haltung an. »Zu Befehl, Herr Oberst«, grüßte und verließ den Raum. Anderntags erhielt er eine andere Einheit.

Ulrichs hegte sehr schnell eine geheime Bewunderung für Eulenburg. Am nächsten Tag stellte sich heraus, daß die Stellung an der Nordost-Küste von Ösel gegenüber von Moon auch nicht zu halten war. Die Division wies dem Regiment eine neue Auffangstellung, etwa 20 Kilometer weiter landeinwärts, zu. Als Eulenburg die neue Position besichtigte, gefiel sie ihm nicht. Kurzerhand verlegte er sein Regiment einige Kilometer weiter zurück. Ohne den Divisionskommandeur vorher zu fragen, der nun umdisponieren mußte. Eulenburg übertrieb aber nicht mit solchen Eigenmächtigkeiten. Er beging jedesmal eine Gratwanderung zwischen Eigenmächtigkeit und Ungehorsam; auf jeden Fall ging er nicht so weit, daß Generalleutnant Schirmer ihm etwas am Zeug flicken konnte.

Am dritten Tag der sowjetischen Invasion bezogen beide Regimenter der 23. Infanterie-Division eine Riegelstellung, die etwa in der Mitte der Insel lag. Das heißt, eine Hälfte der Stellung war bereits von der Roten Armee erstürmt worden. Obwohl die Deutschen mit zwei 5-cm-Panzerabwehrkanonen ausgerüstet waren, brachen die Sowjets, unterstützt von Panzern, durch. Nun erlebte Ulrichs etwas für ihn bis dahin Unvorstellbares: Deutsche Soldaten gingen stiften, fast die ganze Division. Jeder wollte sich möglichst noch auf die Halbinsel Sworbe im Süden der Insel retten, ehe der schmale Zugang von den Sowjets abgeschnitten werden würde. Hinterher erinnerte sich Ulrichs: »Pferde galoppierten, Soldaten liefen zurück – kurz, ein Bild der Verzweiflung.«

Nur die Bedienungen von zwei schweren Maschinengewehren behielten die Nerven und feuerten aus einer gut getarnten Stellung mit dem Mut der Verzweifelten auf die beiden vordersten sowjetischen Panzer. Obwohl sie mit ihrer MG-Munition der Panzerung des Gegners nichts anhaben konnten, stoppten diese und wagten sich nicht weiter vor. Die beiden Maschinengewehr-Bedienungen hielten die Sowjets so lange in Schach, bis die meisten Angehörigen der Division sich auf Sworbe gerettet hatten.

Unter anderen Umständen wären sie für diese Tat mit dem »Schwarzen Max«, dem Ritterkreuz, geehrt worden. Aber der »Führer« hatte in seinem Zorn über die Aufgabe der Insel Moon verfügt, daß für sechs Wochen keine Ritterkreuz-Auszeichnungen an Ösel/Sworbe-Kämpfer verliehen werden durften. Genauso hatte er befohlen: »Es kommt mir keiner von der Insel, es sei denn nach Sibirien!« Hinter diesen in Wut diktierten Befehlen steckte sein Haß gegenüber den Resten des Grenadier-Regiments 9, dessen Offiziere zu einem großen Teil in den Anschlag auf sein Leben am 20. Juli verstrickt gewesen waren. Das hatte er nicht vergessen!

Auf Sworbe schienen die Reste des im I. Bataillon/Gren.Rgt. 67 zusammengefaßten Grenadier-Regiments 9 zunächst sicher zu sein. Die Halbinsel war etwa 23 Kilometer lang, im Durchschnitt nur 6 Kilometer, an ihrer Verbindungsstelle zur Mutterinsel Ösel nur knapp 2000 Meter breit. Ideal für eine Verteidigung. Das Bataillon Ulrichs und das Nachbarbataillon, das II., unter Hauptmann Ritter erhielten Befehl, bei beginnender Dunkelheit eine neue Stellung zu beziehen, die den Namen »Ariste-Riegel« hatte und den weiteren Zugang zur Halbinsel absichern sollte. Zunächst marschierten beide Bataillone nebeneinander, bis Ulrichs angewiesen wurde, mit seinen Leuten links abzubiegen und die an die Küste gelehnte Stellung zu erreichen. Das II. Bataillon marschierte in der Dunkelheit noch weiter, bis plötzlich vor Mitternacht eine andere Kolonne neben ihm aufschloß – dort, wo zuvor das I. Bataillon marschiert war. Neugierig äugten die Soldaten des Hauptmanns Ritter zu den Neuankömmlingen hinüber, bis sie plötzlich erkannten, daß neben ihnen Sowjets marschierten! Was in diesen Minuten in den Köpfen der gegnerischen Soldaten vorging – niemand erfuhr es jemals. Eine halbe Stunde lang marschierten die Kolonnen der sich im Krieg befindlichen Staaten so nebeneinander, als seien jeweils die anderen Luft. Dann verlor einer die Nerven: Eine wüste Schießerei brach aus, Schreie von Getroffenen gellten durch die Nacht, alles stob auseinander, Schutz in der Dunkelheit suchend. Als Hauptmann Ritter sein II. Bataillon wieder sammeln konnte, waren es gerade noch 160 von ursprünglich etwa 360 Mann.

Oberleutnant Becker, mit seiner neuen Einheit ebenfalls am »Ariste-Riegel« eingesetzt, wurde am folgenden Tag durch eine Stalinorgel-

Granate verwundet und auf dem Seeweg ins Lazarett nach Danzig transportiert. Dort empfing ihn derselbe Stabsarzt, der ihn zur Strafe, weil er eine Verbandsstunde versäumte, ohne den zustehenden Heimaturlaub an die Front geschickt hatte. »Ach, Sie sind's wieder«, sagte der Mann im weißen Kittel. Und dann: »Der Nächste bitte.«

Am 10. Oktober begann der erste große sowjetische Angriff gegen den »Ariste-Riegel«. Was die deutschen Soldaten nicht ahnten, es sollte eine sechswöchige Abwehrschlacht mit hohen Verlusten werden. Ulrichs spürte das fast schon vergessene Beben der Erde beim Einschlag der Granaten. Mal für Mal duckten sich seine Männer beim Heranrauschen der Granaten, als verneigten sie sich vor einem Gott. Dem Kriegsgott? Die Sowjets wandten eine neue, sehr unangenehme Taktik an. Jeden Tag, wenn sich im Osten die Sonne erhob, ließen sie mehrere Fesselballons aufsteigen, in deren Körben Artilleriebeobachter standen, die von dort oben das Feuer auf die deutschen Stellungen leiteten; und zwar auf alles, was sich bewegte, vor allem auf herangeführten Nachschub aus dem Hinterland. »Verdammt noch mal, wo bleibt Hermanns Luftwaffe?!« fluchte Ulrichs. In sechs Wochen sah er nur ein einziges Mal zwei deutsche Jagdflugzeuge am Himmel, die aber sofort wieder abdrehten.

Am fünften Tag des Angriffs gelang den Sowjets auf dem linken Flügel des I. Bataillons ein Einbruch. Blitzschnell handelte Ulrichs, griff sich zwei gerade auf seinem Gefechtsstand befindliche Melder, zwei Funker und zwei Telefonisten und stürmte mit diesen sechs Mann den Laufgraben entlang zum linken Flügel. Er sprang über die ersten Toten hinweg, hörte das schrille »Urrä« der Russen, sah Gesichter unter flatternden Pelzmützen und gab kurze Feuerstöße aus seiner Maschinenpistole. Seine sechs Soldaten verteilten sich im Grabensystem und taten es ihm nach. Innerhalb kürzester Zeit war im Nahkampf die Lage bereinigt, waren die Sowjets geflüchtet. Als Ulrichs zu seinem Gefechtsstand zurückkehrte, traf im selben Moment Oberst Eulenburg ein und nahm die Meldung entgegen: »Einbruch auf dem linken Flügel gehabt, mit sechs Mann die Lage persönlich bereinigt!« Der Stolz in seinem Gesicht war unübersehbar. Eulenburg strahlte, was er selten tat. »Ulrichs, ich glaube, es gibt doch noch Potsdamer Grenadiere!« Das sollte das höchste Lob bleiben, das Ulrichs je von seinem Kommandeur bekam.

Die Sowjets versuchten es daraufhin mit einer anderen Taktik, landeten sowohl an der West- als auch an der Ostküste der Halbinsel mit ihren amerikanischen Ford-Schwimmwagen, wurden jedoch von der Küstensicherung wenn nicht schon in der Brandung, dann bei der Landung zusammengeschossen. Aber am 19. Oktober, nach intensiver Artillerievorbereitung, gelang ihnen doch der Durchbruch durch den »Ariste-Riegel«. Sie überrannten sogar die nächste vorbereitete Abwehrstellung, den »Ranna-Riegel«. Ulrichs Bataillon, das zur Auffrischung ein paar Tage zuvor, am 16. Oktober, aus der vordersten Front herausgezogen worden war, wurde alarmiert und erhielt Befehl, den »Ranna-Riegel« im Nachtangriff zu besetzen. Im Vorgehen durch einen Graben entlang der Oststraße der Insel gerieten sie in heftiges Artilleriefeuer, das besonders die 3. Kompanie schwer traf. 70 Prozent der Männer fielen aus. Auch Regimentskommandeur Graf Eulenburg wurde bei diesem Artillerieüberfall durch den Druck einer Detonation so schwer verletzt, daß er ins nächste Lazarett und später in die Universitätsklinik von Königsberg transportiert werden mußte.

Da Ulrichs vor dem Ausrücken bereits die 4. Kompanie hatte abgeben müssen, besaß er nun nur noch zwei, mit denen er allerdings kampflos den »Ranna-Riegel« erreichte. Als großer Nachteil während der sowjetischen Angriffe in den nächsten Tagen erwies sich, daß er in dem Durcheinander der Nacht seinen Funktrupp verloren hatte, so daß eine Abstimmung mit dem Regimentsgefechtsstand oder die Anforderung von Artillerieunterstützung unmöglich war. Nach drei Tagen besaß Ulrichs, der mal ein Bataillon mit über 300 Soldaten übernommen hatte, nur noch 25 Mann, mit denen er den linken Eckpfeiler des »Ranna-Riegels« – mitten im Wald – verteidigen mußte. Am Nachmittag des 23. Oktober griffen zwei kampfstarke Schützenbataillone der Roten Armee an, die den Deutschen weit überlegen waren. Ulrichs und seine wenigen Soldaten zogen sich in die dritte vorbereitete Rückzugsstellung auf Sworbe zurück, den »Leo-Riegel«, benannt nach einem Gut namens Leo, das an der Westküste lag.

Aber schon in der folgenden Nacht erhielt er Befehl, sich mit seinen Soldaten auf dem Regimentsgefechtsstand zu melden. Dort erwartete ihn der neue Regimentsführer, Major der Reserve Scharlow. Die 4. Kompanie, die Ulrichs vor Beginn der Verteidigungsaufgaben hatte abgeben müssen, wurde ihm wieder unterstellt, so auch die Reste der beim Vorgehen zusammengeschossenen 3. Kompanie, so daß er nunmehr wieder über ein wenn auch nicht kriegsstarkes, so doch ausreichendes Bataillon verfügte. Hinzu kam, daß sich der einzige Ritterkreuzträger des Bataillons, Oberleutnant Brentführer, als Genesender zurückmeldete und seine alte 4. Kompanie übernahm. Das Bataillon bezog 1200 Meter hinter der Hauptkampflinie als Eingreifreserve der Division Stellung.

In jenen Tagen hallte plötzlich ein Schreckensruf durch die militärischen Stäbe: »Schörner kommt!« Also jener gefürchtete Befehlshaber der Heeresgruppe Nord, der für sein scharfes, bisweilen an Irrsinn grenzendes Durchgreifen berüchtigt war. Er traf mit einem Schnellboot auf der Halbinsel ein. Fünf weitere Schnellboote, die ihn eskortierten, wurden unterwegs von sowjetischen Schlachtfliegern einsatzunfähig geschossen. Er trug die Skimütze der Gebirgsjäger und sah mit seiner Brille eher wie ein Studienrat der damaligen Zeit aus. Schörner wollte an Ort und Stelle nachforschen, warum der »Führer«-Befehl, die baltischen Inseln um jeden Preis zu halten, nicht eingehalten worden war. Die Bataillonskommandeure wurden zum Regimentsgefechtsstand befohlen. Zu ihrer Überraschung erlebten sie einen milde gestimmten Feldherrn, der sie nach ihren Sorgen befragte. Keiner der Offiziere, auch nicht Ulrichs, hielt mit seiner Meinung zurück. »Was wir als Ersatz bekommen, sind Troßknechte, ausgekämmt aus den Stäben vom Festland. Es fehlt uns Luft- und schwere Artillerieunterstützung. Die wenige Artilleriemunition wird erst freigegeben, wenn der Feind angreift, nicht schon, wenn er sich in der Bereitstellung sammelt.« Schörner reiste beeindruckt ab. Fast hätte er das Festland nicht wieder erreicht, denn sowjetische Schlachtflieger griffen seinen Schnellbootekonvoi an. Der Generaloberst traf mit dem letzten Boot ein. Kurz darauf erhielten die Sworbe-Kämpfer Winterbekleidung, Marketenderware, Feldpost, Munition und einige weitreichende Geschütze. Schörner hatte sich von einer bis dahin unbekannten Seite gezeigt.

Am 24. Oktober griffen die Sowjets mit zwei neu herangeführten Schützendivisionen den »Leo-Riegel« an. Zwar wurden nun die Deutschen von der Schiffsartillerie des auf See liegenden Kreuzers *Lützow* unterstützt, aber am dritten Tag, dem 26. Oktober, gelang der Roten Armee im westlichen Teil des »Leo-Riegels« der Einbruch, ausgerechnet auch noch bei der hervorragend geführten Kampfgruppe Hoßfeld der Marine-Infanterie. Divisionskommandeur Schirmer funkte an das I. Bataillon: »Einbruch bei Hoßfeld – Ulrichs sofort antreten!« Die Kompanien waren schnell alarmiert, und Ulrichs eilte an ihrer Spitze in Richtung der befohlenen Stellung, die sich bis an das westliche Ufer der

Halbinsel zog. Er kam gerade rechtzeitig, denn vor sich auf einer freien Fläche sah er 150 bis 200 Gegner, die schon 1500 Meter diesseits der Hauptkampflinie und nur noch 700 Meter vom Regimentsgefechtsstand entfernt waren. Wie zu Zeiten Friedrichs des Großen in offener Feldschlacht brüllte Ulrichs: »I. Bataillon links um – Hurra!!!« Nach kurzem, aber heftigem Gefecht – 70 Tote und etwa 80 Gefangene auf seiten der Sowjets – war die Lage bereinigt. Die deutschen Ausfälle waren bis zu diesem Moment gering. Dann jedoch, 500 Meter vor der Stellung der Marine-Infanteristen, zu deren Hilfe sie beordert worden waren, wurden Ulrichs und seine Männer voll von einem Feuerschlag der gefürchteten Stalinorgeln getroffen. Mit nur zwölf Soldaten erreichte er die Kampfgruppe Hoßfeld. Der Rest seines Bataillons war gefallen, verwundet oder durch den schweren Beschuß in Deckung gehalten worden. Zu allem Überfluß erwies sich der Einsatz als unnötig: Die Kampfgruppe Hoßfeld hatte den Einbruch in ihre Stellung selbst schon behoben.

Der November brach an, Sworbe war noch in deutscher Hand. Die Aufklärungsvorstöße der Sowjets häuften sich. Die zur Verstärkung herangeführten Rotarmisten trugen Strohbündel unter dem Arm, was bei den deutschen Beobachtern zunächst Unverständnis auslöste. Bis sie dahinterkamen, daß die Sowjets mit diesen Strohbündeln für die Nacht ihre Schützenlöcher auspolsterten. Munition und Verpflegung wurden mit Panje-Wagen herangekarrt. Die Logistik des Feindes war primitiv, aber sie funktionierte. Am 18. November, Punkt 7.30 Uhr, setzte schweres sowjetisches Trommelfeuer ein. Es »regnete«, wie die deutschen Soldaten den Dauerbeschuß verharmlosend nannten, eineinhalb Stunden. Die todbringenden Feuerstöße lagen voll auf dem »Leo-Riegel«. Die Stimmung in den deutschen Gräben war bei dem erst kurz vorher eingetroffenen Ersatz von Angst, bei den fronterfahrenen Soldaten von höchster Spannung geprägt. Die meisten verbrachten die Zeit mit Rauchen. Um die Einschlagstellen war die Erde verbrannt, hier und da lagen auch geschwärzte Tote. Zweimal erhielt Ulrichs von der 2. Kompanie über Funk Meldung, daß feindliche Einbrüche »ausgebügelt« worden seien. Einmal kam von der 3. Kompanie dieselbe Nachricht. Von da ab herrschte Funkstille. Ulrichs war beunruhigt, schickte einen Feldwebel zum Nachrichtenbunker. Der Mann kam nicht wieder. Nach eineinhalb Stunden legte die sowjetische Artillerie plötzlich ihr Feuer auf das Gelände hinter der deutschen Stellung.

Ulrichs wußte, daß jetzt die sowjetische Infanterie angreifen würde. Er lugte über die Grabenkante und erschrak: Überall stürmten Russen mit den unverkennbaren Pelzmützen vor. Er zog blitzschnell den Kopf ein, drehte sich um und rief in seinen Erdbunker: »Leutnant Binder, raus! Die Russen sind da!« Er griff sich seine Maschinenpistole, flankte über die Grabenkante und rannte nach hinten über eine etwa 40 Meter breite Pläne und stürzte, mehr als daß er lief, den Hang einer Kiesgrube hinunter. Unten lief er wie ein Hase im Zickzack über deckungsloses Gelände. Aus den Augenwinkeln sah er, daß oben am Rand der Kiesgrube an die 15 Sowjets standen, die auf ihn Scheibenschießen veranstalteten. Das Echo der Schüsse war begleitet von rechts und voraus hochspritzenden, kleinen Sandfontänen. Aber er erreichte unversehrt am anderen Ende der Kiesgrube die Oststraße, eine Verbindungsstraße der Insel, in deren Straßengraben er Deckung fand. Als er merkte, daß die Rotarmisten von ihm abgelassen hatten, sprang er auf und hetzte über ein schmales Feld und eine anschließende Wiese, um schließlich in einem Gelände mit niedrigem Baumbestand unterzutauchen. Mein Gott, dachte er, ganz außer Atem, das war wieder einmal knapp. Die MPi in der Rechten, mit der Linken lästige Zweige beiseite biegend, gelegentlich stolpernd, orientierte er sich gen Süden. Unterwegs sah er vier abgeschossene, noch rauchende T 34, ebenso vorgehende sowjetische Infanterie, die rote Leuchtzeichen schoß.

Nach einer Weile stieß er auf seinen Adjutanten, Leutnant Binder, den er vor den anstürmenden Sowjets noch hatte warnen können. Dieser hatte also auch mit heiler Haut die eigenen Truppen erreicht. Binder war nicht alleine, weitere Offiziere seines Bataillons standen bei ihm. »Was stehen wir hier herum?« rief Ulrichs mit erregter Stimme. »Los, alle Mann nach vorn! Versuchen wir einen Gegenstoß!«

Zwölf Offiziere und sechs Soldaten schlossen sich ihm an, pirschten sich in Richtung Feind, schlugen einen Haken und stießen einem vorgeprellten gegnerischen Bataillon mit dem übermächtigen Wunsch, sich zu rächen, und lautem »Hurra!« in den Rücken. Das Überraschungsmoment zahlte sich aus. Sie erbeuteten zwei 4,5-cm-Panzerabwehrkanonen und nahmen deren Bedienungen gefangen. Die Sowjets, nun zwischen zwei deutsche Fronten geraten, merkten jedoch bald, daß Ulrichs und seine Männer in der Minderzahl waren. Sie wehrten sich heftig, schossen aus ihren Kalaschnikows, was das Zeug hergab. Ulrichs Melder, Obergefreiter Eisenbart, wurde mit einem Kopfschuß gefällt; andere wurden leicht verwundet. Das Häuflein der aufrechten Zwölf schmolz zusammen. Dennoch: Unter Mitnahme aller Verwundeten erreichte die kleine Gruppe im großen Bogen wieder die Auffangstellung.

Auch an anderen Frontabschnitten war es turbulent zugegangen. Im Bereich der 4. Kompanie durchbrach der Gegner die Hauptkampflinie. Oberleutnant Brentführer hatte längere Zeit seinen Kompaniegefechtsstand in Rundum-Verteidigung gehalten. Am Ende waren alle seine Soldaten gefallen, verwundet oder, wie er selbst, gefangengenommen worden. Sofort waren die Sowjets auf Brentführers glitzernden Halsorden scharf. Einer wollte ihm das Ritterkreuz abreißen, aber ein anderer schlug ihm die Hand runter. Die beiden palaverten kurz miteinander und beschlossen, ihn dann doch, weil er offensichtlich etwas Besonderes war, zu einer höheren Befehlsstelle zu bringen. Sie nahmen ihm Maschinenpistole und Pistole ab, eine Eierhandgranate in der Hosentasche übersahen sie.

Vier in sowjetischen Diensten stehende ältere estnische Soldaten führten ihn alsdann ab. Vorher hatten sie ihm durch Handzeichen bedeutet, während des Marsches die Hände hinter dem Kopf verschränkt zu halten. Brentführer sah bereits in der Ferne den feindlichen Gefechtsstand, wo man ihn wahrscheinlich abliefern wollte. Er fragte die Esten, die gut deutsch verstanden, ob er sich die Nase putzen dürfe. Sie nickten. Er schneuzte sich umständlich, und als er scheinbar das Taschentuch wieder zurücksteckte, entsicherte er gleichzeitig die in derselben Hosentasche befindliche Handgranate, wartete zwei Sekunden, zog sie heraus, warf sie blitzschnell den Esten vor die Füße und sprang in Deckung. Entsetzt schauten ihn die Esten an, mit Gesichtern, die noch während der Detonation Erstaunen widerspiegelten. Brentführer sprang auf, entriß einem der Esten die Maschinenpistole und schoß die übrigen nieder. Dann ergriff er die Flucht und erreichte ungeschoren den eigenen Gefechtsstand.

Mochte man in den Stäben auf dem Festland noch glauben, Sworbe sei zu halten, die Soldaten und ihre Offiziere in den Schützengräben rochen längst das unweigerliche Ende. Sie waren psychisch und physisch am Ende. Die pausenlosen Angriffe der Sowjets verfolgten sie noch im Schlaf. Da half auch nicht mehr die Unterstützung durch Schiffsgeschütze der auf See vor Anker gegangenen Armada: die schweren Kreuzer *Lützow, Scheer* (Geschützkaliber 28 Zentimeter) und *Prinz Eugen,* eskortiert von Zerstörern und U-Booten. Die Granaten der Kreuzer brachten die Angriffe der Sowjets nur vorübergehend zum Stehen. »Mein Gott, warum hat man uns die nicht früher geschickt«, entfuhr es Ulrichs. Jetzt war es zu spät. Bis vor kurzem hatten er und seine Männer nur rechts und links das Meer gesehen. Am 21. November standen sie auch mit dem Rücken zum Wasser.

Am Abend kontrollierte Ulrichs die Stellungen. Den Chef der 4. Kompanie, Oberleutnant Brentführer, traf er bei einem zerbombten Gebäude, neben dem sich zwei verängstigte Soldaten aufhielten. »Was ist denn mit euch los?«

»Da drüben in unseren ehemaligen Schützenlöchern sind bereits die Russen!« Ulrichs versuchte ohne Erfolg, in der Dunkelheit irgend etwas zu erkennen.

»Dann räuchern wir sie mit ein paar Handgranaten aus«, schlug er vor. Nur, keiner hatte auch nur eine einzige dabei. »Dann werfen wir eben ein paar Steine hinüber. Vielleicht glaubt der Iwan, das seien Handgranaten, und geht in Erwartung der Detonation in Deckung. Das gibt uns Zeit, sie anzugreifen.«

Die beiden Soldaten schauten ihn ungläubig und sichtlich verunsichert an. Mit Steinen gegen den Feind? Er ließ sie gar nicht länger überlegen, bückte sich, fand zwei Steine, gab Brentführer einen, und auf Kommando »Los« warfen sie die Dinger in Richtung der Rotarmisten. Als sie den Aufschlag hörten, rannten sie, »Hurra!« schreiend, los. Doch es war eine Rechnung mit dem Teufel, die nicht zu ihren Gunsten aufging. Ulrichs registrierte gerade noch das gelbe Mündungsfeuer eines feindlichen MGs. In der nächsten Sekunde begriff er, daß nur noch er allein vorwärts stürmte. Er sprang hinter einen großen Steinbrocken, duckte sich und fühlte, daß ihm warmes Blut aus dem linken Ärmel lief. Er war getroffen worden.

Während er fieberhaft den nächsten Schritt überlegte, hörte er von dort, wo die feindlichen Soldaten lagen, vielleicht nur 15 Meter entfernt, estnische Wortfetzen. Es waren also Esten, die auf sowjetischer Seite kämpften. »Kiwi ... Käsigranaadid ...«, was soviel bedeutete wie »hinter dem Stein« liegt nur einer, den befördern wir mit einer »Handgranate« ins Jenseits. Ulrichs versuchte gar nicht erst den Helden zu spielen, sondern tat das einzig Richtige: Er drehte sich um und wetzte zurück hinter das ausgebombte Gebäude, von wo aus er gekommen war. Das feindliche MG bellte, Kugeln klatschten gegen das Mauerwerk, trafen ihn aber nicht. Er atmete tief durch – und erschrak. Vor ihm lag regungslos, durch einen glatten Herzschuß gefällt, Oberleutnant Brentführer. Auch die beiden Posten, die auf die Esten aufmerksam gemacht hatten, waren gefallen.

»Brentführer!« rief er, obwohl ein Blick ihm sagte, daß der andere tot war. Ulrichs wollte nicht begreifen. Eben noch hatte er mit dem Kameraden gesprochen, und im nächsten Moment hatte der Ritterkreuzträger Oberleutnant Gerhard Brentführer sein Leben ausgehaucht, mit 23 Jahren für Führer, Volk und Vaterland gefallen, nur noch ein Name auf der Ehrentafel des Potsdamer Grenadier-Regiments 9? Das war für ihn zu viel, um es auf Anhieb zu kapieren. Benommen ging Ulrichs zurück zum Bataillonsgefechtsstand, traf auf seinen Adjutanten, Leutnant Binder, und zeigte nur auf seinen blutbesudelten Ärmel: »Übernehmen Sie das Bataillon, ich begebe mich zum Hauptverbandsplatz.«

Dort roch es nach Chloroform. Bei Ulrichs stellten sie einen Durchschuß in der linken Schulter fest. Die Sanitäter waren nervös, lauschten von Zeit zu Zeit nach draußen. Sie wußten auch, daß es ständig zurückging, und wollten nicht den Anschluß verpassen. Solange auf dem vorbeiführenden Weg noch Fahrzeuge zu hören waren, konnten sie beruhigt sein. Wehe, wenn der Fahrzeugstrom abriß. Dann war auch schon die eigene, kämpfende Infanterie durchgezogen. Stille bedeutete, daß als nächstes die Sowjets kämen.

Nachdem Ulrichs ärztlich versorgt worden war, fuhren sie ihn zum alleräußersten Südzipfel der Halbinsel, zu der Anlegestelle für die Marinefährprähmen. Um ein Uhr legte ein Boot mit Hauptmann Ulrichs an Bord ab. Die Fahrt über die Ostsee zum lettischen Hafen Windau dauerte fünf Stunden. Sie brachten ihn ins Lazarett nach Zabeln in Kurland. Dort behielten sie ihn zehn Tage.

In der übernächsten Nacht, vom 23. auf den 24. November, überließ die Großdeutsche Wehrmacht Sworbe den Sowjets. Der letzte, der gegen 6.30 Uhr ein Marineboot bestieg, war der Oberst und Kampfgruppenführer des Grenadier-Regiments 386, Reuter. Anderntags meldete Generaloberst Schörner seinem »Führer«: »Ich habe heute nacht Sworbe geräumt.« Hitler resignierte, bestrafte Schörner nicht einmal für diese Eigenmächtigkeit. Das I. Bataillon, also der Rest des Grenadier-Regiments 9, hatte in dem sechswöchigen Kampf auf Sworbe rund 1600 Ausfälle, davon etwa 400 Gefallene. An 23 Tagen war es in Nahkämpfe verwickelt gewesen. Die Wehrmacht ließ neben zahlreichen Waffen und Ausrüstungsgegenständen 1403 Truppenpferde zurück, die man vorher getötet hatte, damit sich der Feind nicht ihrer bedienen konnte. Die Kampfstärke der 23. Infanterie-Division hatte nur noch die eines Bataillons, von der kämpfenden Truppe des ursprünglichen Grenadier-Regiments 9 kehrten ein Leutnant, ein Unteroffizier und ein gemeiner Soldat auf das Festland zurück.

Lange lag Ulrichs nicht im Lazarett. Eines Tages erschien ein Zahlmeister seiner Einheit mit einem Beiwagen-Krad. »Herr Hauptmann, ich soll Sie abholen. Wir verlegen.« Ulrichs bat um Entlassung aus dem Lazarett. Da es keine schwere Verwundung war, versicherte er dem leitenden Arzt, der Bataillonsarzt könne die Weiterbehandlung übernehmen. Eile war geboten. Die Reste der 23. Infanterie-Division mit den letzten Soldaten des Grenadier-Regiments 9 würden bereits am nächsten Tag im Hafen von Libau verladen und nach Danzig transportiert werden, um von dort aus einen neuen Standort im ostpreußischen Masuren zu beziehen. An der Pier von Libau traf Ulrichs zum erstenmal auf Oberstleutnant Trittel und dessen Regimentsadjutanten von Weizsäcker. Er war gespannt, wie er mit beiden auskommen würde.

Am 27. November wurde Hauptmann Ulrichs durch Nennung im Ehrenblatt des Heeres ausgezeichnet. Dafür gab es eine Spange, die auf dem Band des Eisernen Kreuzes getragen wurde. Sie war 1944 für besondere Leistung im Krieg eingeführt worden. Im übrigen erhielten alle Sworbe-Kämpfer zehn Tage Sonderurlaub. Ulrichs tat etwas, was auch in jenen Tagen eine Menge Überlebenswillen voraussetzte. Er heiratete.

48 Schnapsidee: Kasinoabend mit Hitlers SS-Schergen

Potsdam im November 1944. Im Offizierskasino des Regiments, Am Kanal 2, war Herrenabend angesagt. An den Wänden hingen dieselben Bilder, auf der Tafel glänzte dasselbe Silber wie bei der Mobilmachung 1939. Nur in einem bestand ein gravierender Unterschied: Als Gäste waren SS-Führer des berüchtigten Reichssicherheitshauptamtes eingeladen – und hatten erstaunlicherweise zugesagt. Immerhin war das I.R. 9, seit Herbst 1942 Grenadier-Regiment 9, das Regiment mit den meisten Beteiligten am Umsturzversuch vom 20. Juli. Gastgeber waren Offiziere des Regiments, darunter der sechsmal verwundete, beinamputierte, inzwischen zum Major beförderte Axel Freiherr von dem Bussche. Er rief nach Erhalt der Benachrichtigung einen Kameraden beim Ersatzbataillon an: »Was soll denn das im Herbst 1944?!? Unser Regiment mit all diesen aufgehängten Leuten. Das wird doch nur peinlich!«

»Also, hör mal zu: Wir sind den ganzen Sommer und Herbst über von diesen Brüdern aus der Prinz-Albrecht-Straße verhört worden. Da haben Dr. Meyer [Kommandeur des Ersatzbataillons 9] und ich beschlossen: Die laden wir alle zum Herrenabend ein, damit die Verdächtigungen endgültig beseitigt werden. Nicht vergessen: Großer Dienstanzug mit Orden!«

Nach einiger Überwindung hatte sich Bussche die Uniform angezogen, alle Orden und Ehrenzeichen angelegt: das schwarz-weiß-rote Band des Eisernen Kreuzes II. Klasse im Knopfloch, auf der linken Brust der Uniformjacke das Eiserne Kreuz I. Klasse, das Goldene Verwundetenabzeichen und das Infanterie-Sturmabzeichen. Rechts das im Namen des »Führers« und Obersten Befehlshabers verliehene Deutsche Kreuz in Gold und schließlich am obersten Kragenknopf eingehängt das respektheischende Ritterkreuz zum Eisernen Kreuz. Mit seinen Einssechsundneunzig, seinen zahlreichen Blessuren und den Orden bot er den Anblick eines klassischen Helden, dessen Erscheinung auch die SS-Schergen beeindrucken mußte.

Die Herren vom Reichssicherheitshauptamt gaben sich allerdings sehr selbstsicher. Als Mitglieder des »Ordens unter dem Totenkopf« betrachteten sie sich als die Elite der Nation. Wahrscheinlich waren sie der Meinung, daß sie die »Hechte aus dem Fischteich« ausgefischt hatten. Sie hatten Lüninck, Schulenburg, Klausing und die anderen Mitverschwörer hinrichten lassen. Jetzt sehen wir uns mal die Trümmer an, die übriggeblieben sind, mögen sie gedacht haben. Und dann kamen sie vielleicht zu der Erkenntnis: So schlecht sind die ja gar nicht, sind nur bei der falschen Waffengattung.

Während des Kasinoabends saß Bussche neben einem Sturmbannführer. Das Essen war im sechsten Kriegsjahr mehr als bescheiden, dafür wurde viel getrunken. Der Alkohol war es denn wohl auch, der Bussche auf eine gefährliche Idee brachte. Zu seinem Nachbarn gewandt, sagte er: »Herr Sturmbannführer«, der SS-Dienstgrad entsprach dem seinen als Major in der Wehrmacht, »bis diese ambulante Behandlung meiner Verwundung vorbei ist, habe ich eigentlich gar nichts Rechtes zu tun. Andererseits müßte man doch bis zum Endsieg weiterdienen. Kann ich mich nicht im Rahmen Ihrer Behörde nützlich machen?«

Nützlich machen – das war natürlich blanker Hohn. Wenn sie ihn in ihrem Amt tatsächlich arbeiten ließen, würde er versuchen, Befehle und andere wichtige Unterlagen verschwinden zu lassen. Der Sturmbannführer zögerte: »Tja, hm – ein interessanter Vorschlag. Das muß ich einmal untersuchen lassen. Es ist denkbar, daß Sie halbtags irgend etwas bei uns machen. Melden Sie sich doch mal bei mir im Amt.«

Am nächsten Tag, als sich der Alkohol aus seinem Kopf verflüchtigt hatte, bekam Bussche Angst vor der eigenen Courage und fuhr zu einem Freund namens Hugo Küttelhaus, der als Buchautor und Zeichner in Caputh, südlich von Potsdam, lebte und Gefreiter im Gren.Rgt. 9 war. Ihn fragte er geradeheraus: »Hugo, ich habe mir da was eingeredet. Traust du mir zu, daß ich mit verdeckten Karten im Reichssicherheitshauptamt bis zum Endsieg mitspiele?«

»Nee, das traue ich dir nicht zu. Das laß mal lieber sein.«

Küttelhaus blieb bei dieser Meinung, als ihm Bussche erklärte, wie nützlich er sich vielleicht im Widerstand gegen das Regime machen könnte. Schließlich sah auch Bussche ein, daß er sich wohl übernehmen würde.

»Wie komme ich denn da raus?«

»Da machst du einfach gar nichts. Der Herr Sturmbannführer hat das schon längst vergessen.«

Der Herrenabend mit der SS war natürlich angesichts der wahren Lage eine Farce. Nach wie vor fanden vor dem Volksgerichtshof Prozesse gegen die Teilnehmer vom 20. Juli und ihre Helfershelfer statt. Die Gefängnisse waren vollgestopft mit Männern und Frauen, die auf ihre Verurteilung oder Hinrichtung warteten.

Und noch etwas unterschied den Kasinoabend im Herbst 1944 von jenem bei Ausbruch des Krieges: Regimentskommandeur Oberst Freiherr von und zu Gilsa fehlte. Er hatte seinerzeit die Tafel mit den Worten aufgehoben: »Meine Herren, es ist soweit. Mir liegen die Einsatzbefehle vor. Morgen früh geht es los. Ich wünsche Ihnen viel Soldatenglück!« Nachdem er das Regiment durch Polen und im Frankreich-Feldzug geführt hatte und noch als Regimentskommandeur zum Generalmajor befördert wurde, stieg er zum General der Infanterie und Kommandierenden General eines Armeekorps auf. Im Frankreich-Feldzug wurde er mit dem Ritterkreuz, in Rußland mit dem Eichenlaub zum Ritterkreuz dekoriert. Im Winter 1941/42 hatte er mit der von ihm befehligten 216. Infanterie-Division gegen eine vielfache sowjetische Übermacht die kleine Stadt Suchinitschi verteidigt. Sie war als Kreuzungspunkt der Eisenbahnlinien Smolensk-Kursk und Brjansk-Moskau von strategischer Bedeutung. Hinzu kam, daß die gesamte Flanke der 4. deutschen Armee offen lag und nur noch durch Gilsas Division geschützt wurde. Zehn Tage hielten Gilsas Soldaten dem Ansturm der Sowjets stand, bis die 18. deutsche Panzerdivision zu ihnen stieß, die Gefahr gebannt und ein großer Sieg des Gegners verhindert war.

Aber dann passierte im März 1944 die Geschichte mit den im schlesischen Sagan auf einer Festung gefangengehaltenen englischen Offizieren, die ausbrachen, zum Teil aber wieder gefangen und auf Befehl Hitlers erschossen wurden. Ein Vorfall ohne Beispiel. Die Brutalität sprach sich in der Wehrmacht herum, war auch eines Tages im Offizierskasino der Heeresgruppe, zu der Gilsa gehörte, Gesprächsthema. In Gegenwart seines Oberbefehlshabers sagte er, was er von diesem Verstoß gegen das Völkerrecht und die Menschlichkeit hielt: »Herr Generaloberst, ich muß feststellen, ich kann mich mit der Ehrauffassung unseres Führers nicht mehr identifizieren.« Das war natürlich eine Beleidigung Hitlers ersten Grades. Gilsa wurde daraufhin sofort abgelöst und auf die Wartebank geschickt – offiziell der Führerreserve beim stellvertrenden Generalkommando in Berlin zugeteilt.

Deutschland vor dem sechsten Kriegswinter, das bedeutete: In Berlin gab es keine Kartoffeln mehr zu kaufen. Das Konzentrationslager Auschwitz wurde vor der heranrückenden Roten Armee geräumt. Später, am 27. Januar 1945, befreiten die Sowjets hier noch 5000 nicht evakuierte Menschen. Die amerikanischen Truppen unter General Patton besetzten am 22. November 1944 Metz und erreichten das Saar-Tal. Hitler hatte zwei Tage zuvor seine geliebte »Wolfsschanze« in Ostpreußen verlassen und sein Hauptquartier nach Hessen verlegt. Da immer mehr deutsche Truppenteile eingekesselt und von der Hauptfront abgeschnitten kämpfen mußten, verordnete er »todesmutige Tapferkeit« und »standhaftes Ausharren«. Offiziere, die kapitulieren wollten, hätten ihr Kommando an Untergebene abzugeben, die bereit seien, den Kampf fortzusetzen.

Was jetzt noch an die Front geworfen wurde, war das letzte Aufgebot. Oberleutnant von Gottberg, der ehemalige Adjutant des Ersatzbataillons 9, der wegen »politischer Unzuverlässigkeit« auf Befehl des Oberkommandos des Heeres abgelöst worden war, wurde unter anderem auf dem Truppenübungsplatz Jüterbog, südlich von Berlin, für die Aufstellung eines Infanterie-Bataillons eingesetzt. Die Einheit bestand ausschließlich aus jungen, unerfahrenen Luftwaffensoldaten, die als Infanteristen erst ausgebildet werden mußten. Als diese Soldaten zum Einsatz im Raum Aachen verlegt werden sollten, waren sie mangelhaft vorbereitet. Sie hatten nicht einmal im Kompanieverband geübt. Zur Verabschiedung erschien der Kommandierende General aus Berlin. Gottberg gab zu bedenken: »Herr General, es ist überhaupt nicht zu verantworten, diese Soldaten mit ihrer ungenügenden Ausbildung und unzureichenden Ausrüstung an die Front zu schicken.« Der General schwieg einen Moment, sagte dann: »Sie müssen trotzdem in Marsch gesetzt werden. Die Ausrüstung wird ihnen nachgeschickt.« Gottberg fragte sich, ob der General sich selbst belog, oder ob er sich belügen ließ. Jedenfalls sollten nur wenige der jungen Soldaten diesen ersten Einsatz überleben.

49 Drama in Ostpreussen: Das Regiment wird gespalten

Im Dezember wurde die 23. Infanterie-Division aufgefrischt, und es gab wieder das Grenadier-Regiment 9.

Langsam trudelten sie alle ein: Hauptmann Ulrichs aus dem Hochzeitsurlaub. Leutnant Brandes, den sie nach seiner zweiten Verwundung und nach neunmonatiger Genesung zunächst in eine ihm völlig fremde Einheit, die 250. Infanterie-Division, gesteckt hatten, wo er ein drittes Mal verwundet wurde, war nach langer Odyssee endlich wieder eingetroffen. Dort übernahm er seine alte Kompanie, die 6. Er fand, Weizsäcker habe sich in den fast eineinhalb Jahren, da sie sich nicht mehr gesehen hatten, kaum verändert. Er traf ihn auf dem Regimentsgefechtsstand in Eichendorf, nördlich des Spirding-Sees, im ostpreußischen Masuren. Das Regiment war nach dem Abtransport von Libau über See nach Danzig und von dort über Thorn und Allenstein in diesen Raum verlegt worden. Oberleutnant Becker, der vorübergehend das I. Bataillon geführt hatte, erhielt nicht seine alte Kompanie zurück, sondern mußte eine Ausbildungskompanie übernehmen.

Das Grenadier-Regiment 9 wurde mit Nachschub an Menschen, Waffen und Geräten aufgefüllt: Die Soldaten erhielten automatische Sturmgewehre, leichte und schwere Granatwerfer. Das Regiment erhielt einen Zug mit 3,7-cm-Panzerabwehrkanonen, leichte Infanterie-Geschütze, vier Langrohrgeschütze und Munition zum Panzerbeschuß. Diese Ausstattung mit hoher Feuerkraft erfolgte nach dem neuen Konzept der »Infanterie-Division 45«. So gut waren sie während des ganzen Krieges nicht ausgestattet gewesen. Die Neuzugänge waren vorwiegend zur Infanterie abkommandierte Marinesoldaten, die sich jedoch als besonders tüchtig erwiesen.

Hinzu stieß auch der Heeres-Fahnenjunker-Feldwebel Hermann Priebe vom Grenadier-Ersatzbataillon 9 in Potsdam, ein Mann von Mitte 30, vor seiner Einberufung Leiter der Versuchs- und Forschungsanstalt für Landwirtschaft in Potsdam-Bornim. Er wurde am 22. Januar

1945 Führer der 1. Kompanie. Weizsäcker kannte seine Personalakte, und was er dort gelesen hatte, machte ihm Priebe besonders sympathisch. Er war nach dem Attentat auf Hitler am 20. Juli verhaftet worden, weil er nicht nur persönliche Verbindungen zu Haupttätern wie Werner von Haeften, Ferdinand Lüninck und Schulenburg besaß, sondern auch Räume seiner Forschungsanstalt für Geheimtreffs der Widerstandsgruppen zur Verfügung gestellt hatte. Über mehrere Monate hinweg war er von der Gestapo im Berliner Zuchthaus Lehrter Straße eingesperrt und verhört worden. Da ihm aber die Vernehmer keine unmittelbare Beteiligung am Putschversuch nachweisen konnten, wurde er zum Fronteinsatz entlassen, um die »Schande« der persönlichen Verbindung mit den Verschwörern wiedergutzumachen. Daß er nun ausgerechnet zum Grenadier-Regiment 9, einer Keimzelle des Widerstandes, versetzt wurde, war entweder bürokratische Fahrlässigkeit oder aber der hinterlistige Einfall eines »Maulwurfs«, der der Gestapo ein Schnippchen schlagen wollte. Die kam jedoch bald dahinter, wohin man den »Volksschädling« Priebe abkommandiert hatte, und forderte ihn postwendend zurück. Weizsäcker als Regimentsadjutant erhielt den Überstellungsbefehl. Er wußte, wenn er diesen befolgen würde, war das Priebes Ende. Kurzerhand vernichtete er die Aufforderung und benachrichtigte nicht einmal den betroffenen Priebe, um ihn nicht unnötig zu beunruhigen.

Man lag in der Etappe, machte Ausbildungsdienst und hoffte, noch möglichst lange vom Fronteinsatz verschont zu bleiben. Selbst der »Führer« glaubte nicht an eine bevorstehende sowjetische Offensive. Was ihn zu der Fehlschätzung verleitet hatte, war die relative Ruhe an der gesamten Ostfront seit dem Herbst, ausgenommen die Kämpfe auf den baltischen Inseln.

Die Front verlief etwa von der Grenze Ostpreußens bis zum Narew, von dort aus bis zu seiner Mündung in die Weichsel, entlang der Weichsel bis zur Einmündung des San und wiederum entlang dieses Flusses bis zu den Karpaten. Die Flüsse waren zwar natürliche Hindernisse, doch sie waren auf Grund starker Vereisung passierbar. Außerdem hatten die Sowjets auf der Westseite einige Brückenköpfe gebildet. Hinzu kam, daß die deutschen Armeen truppenmäßig unterbesetzt waren und für ein Halten der 700 Kilometer langen Front nicht ausreichten. Vergebens hatte der neue Generalstabschef des Heeres, Generaloberst Guderian, gewarnt: »Die Ostfront ist wie ein Kartenhaus. Wird die Front an einer einzigen Stelle durchstoßen, fällt sie zusammen.«

Die riskante Lage im Osten war unter anderem dadurch entstanden, daß Hitler sich in den Kopf gesetzt hatte, noch einmal im Westen einen Sieg zu erringen und dies, obwohl die Alliierten bereits die deutsche Reichsgrenze an verschiedenen Stellen erreicht und zum Beispiel am 21. Oktober 1944 Aachen besetzt hatten. Er dachte an eine große Gegenoffensive in den Ardennen. In seinem neuen Hauptquartier »Adlerhorst« auf Schloß Ziegenberg in Hessen hatte er die herbeibeorderten Befehlshaber in seine Pläne eingeweiht. Die Generale waren in doppelter Hinsicht entsetzt: Zum einen hielten sie die Offensive nicht zuletzt wegen des akuten Treibstoffmangels für relativ aussichtslos. Der Vorstoß sollte über die Maas bis nach Antwerpen erfolgen. Dafür standen zwar 250000 Soldaten, 1900 Geschütze und 970 Panzer zur Verfügung. Nach den Maßstäben der Materialschlachten des Zweiten Weltkrieges war dies jedoch viel zu wenig. Entsetzt waren sie auch über Hitlers gesundheitlichen Verfall. Er zog ein Bein nach, sein linker Arm zitterte, was er durch Festhalten mit der rechten Hand zu vertuschen versuchte. Er sprach mit gebrochener Stimme, die erst nach längerem Reden an Festigkeit gewann.

Dennoch, trotz der Vorbehalte der Generalität, begann am 16. Dezember 1944, um 5.30 Uhr, es war eisig, in den Ardennen lag der Schnee 60 Zentimeter hoch, die letzte deutsche Offensive des Zweiten Weltkrieges nach kurzer heftiger Artillerievorbereitung. Unter den 250000 Soldaten focht ein Luftwaffenoberleutnant namens Helmut Schmidt*, Chef einer 3,7-cm-Flak-Batterie. Nach anfänglichen Überraschungserfolgen blieb der Großangriff mangels ausreichenden Treibstoffes für die Panzer stecken. Nach 14 Tagen war der deutsche »Erfolg« schon weitgehend verspielt. Nur noch die Hälfte des gewonnenen Gebietes konnte gehalten werden. Annähernd 100000 Mann waren verlorengegangen, dazu Material, das dringend an anderen Fronten gebraucht wurde.

Am 9. Januar 1945 herrschte in Hitlers Hauptquartier »dicke Luft«. Generalstabschef Guderian kam von einer Inspektion der Ostfront zurück. Er warnte Hitler: Der Beginn einer Großoffensive der Roten Armee könne nur noch eine Frage von Stunden sein. Hitler bekam einen seiner typischen Wutanfälle, verlangte, daß der verantwortliche Offizier für die Feindlage-Beurteilung an der Ostfront sofort in ein Irrenhaus zu sperren sei. Niemals würden die Sowjets jetzt einen Angriff starten.

* Der spätere sozialdemokratische Bundeskanzler

Und wie sah die Lage beim Grenadier-Regiment 9 an der Masurischen Seenplatte aus?

Oberleutnant Becker überwachte in seiner Ausbildungskompanie den Dienst. Waffenkunde war angesagt: das Maschinengewehr 42. Er hatte die Fragen und Antworten hundertmal gehört, aber jedesmal faszinierte es ihn, wenn die Fragen der Ausbilder wie am Schnürchen beantwortet wurden. Er wußte, die Beherrschung der Waffe, und dazu gehörte die Kenntnis ihrer Funktionsweise, war mit entscheidend für die Kampfkraft der deutschen Soldaten.

»Beschreiben Sie das MG 42«, verlangte ein Unteroffizier von den Männern seiner Gruppe. Ein junger Soldat sprang auf. »Es ist ein Rückstoßlader mit beweglichem Rohr, dessen Lade- und Bewegungsvorgänge durch die Kraft der Pulvergase bewirkt werden.«

Der Unteroffizier nickte. »Der Nächste! Das Rohr erklären.«

»Das Rohr besteht aus dem eigentlichen Rohr und dem Verriegelungsstück«, schnarrte ein Soldat sein Wissen herunter. »Vier Züge und Felder geben dem Geschoß einen Rechtsdrall. Das Verriegelungsstück ist auf das Rohr aufgeschraubt und dient zum Verriegeln des Rohrs mit dem Verschluß . . .«

»Und der Verschluß?«

»Der Verschluß besteht aus Verschlußgehäuse mit Rollenbolzen und Auswerferbuchse, Verschlußkopf mit Verriegelungsrollen, Auszieher mit Druckstück und Feder, Schlagbolzen, Schlagbolzenhalter, Auswerfer, Verschlußsperre.«

Weiter kam der Soldat nicht. In diesem Moment erscholl ein gellender Ruf: »Alaaarm!« Oberleutnant Becker eilte zum Kompaniegefechtsstand. »Die Russen greifen an, Herr Oberleutnant! Marschbereitschaft ist angeordnet.« Becker schaute auf einen Taschenkalender: Es war der 13. Januar 1945. Was er in diesem Augenblick nicht wußte: Die 3. Weißrussische Front unter Marschall Tschernjakowskij war an der gesamten Ostgrenze Ostpreußens zum Angriff angetreten. Für das Grenadier-Regiment 9 begann die letzte große Schlacht seiner Geschichte.

Und nicht nur in Ostpreußen griffen die Sowjets an – tags zuvor hatten sie zum Sturm auf Schlesien angesetzt –, sondern ab dem 14. Januar an der gesamten Ostfront, vom Baltikum bis zu den Karpaten, teils mit neuen, hochmodernen »Stalin-Panzern«, teils mit kaum bewaffneten asiatischen Truppen. Hitler verlegte sein Hauptquartier aus Hessen in die Berliner Reichskanzlei. Er hatte von dem Plan, im Westen die

Initiative zurückzugewinnen, Abstand genommen. Überhaupt, der große Feldherr hatte sich wieder einmal grundsätzlich geirrt.

Im Osten wurde die militärische Lage insofern sehr schnell kritisch, als die auf seinen ausdrücklichen Befehl viel zu nahe an der Front bereitgehaltenen Truppenreserven durch das vorbereitende Feuer der sowjetischen Artillerie schwere Verluste erlitten. Und wie immer bei plötzlichen Ereignissen, ging es zunächst drunter und drüber. Das Grenadier-Regiment 9 und die 23. Infanterie-Division unterstanden mal der 4., dann wieder der 2. Armee, wurden hin und her beordert, bei Fußmärschen in tiefverschneiter Landschaft. Es wurde vorwiegend nachts marschiert. Sobald die Dämmerung anbrach, griffen Schlachtflugzeuge des Gegners an. Das Grenadier-Regiment 9 zog östlich des Spirding-Sees in Richtung Johannisburg, um von dort aus per Bahntransport in den Großraum von Goßlershafen, im Süden Westpreußens, verlegt zu werden. Die Rote Armee sei im Anmarsch auf Thorn und Bromberg.

Aber der Truppentransport kam nicht weit. Im Raum Allenstein wurde er auseinandergerissen. Die ersten Züge kamen noch durch – so die Ausbildungskompanie mit Oberleutnant Becker und der größte Teil der Division. Der Rest mit dem Grenadier-Regiment 9 wurde vor Allenstein gestoppt. An Mauern und Masten klebte ein vervielfältigtes Armee-Telegramm: »Feind hat gestern nachmittag überraschend Allenstein genommen. Mit Feind aus Richtung Allenstein muß jederzeit gerechnet werden.« Der Lokomotivführer weigerte sich weiterzufahren. Kurzerhand befahl Regimentskommandeur Trittel, auf freier Strecke auszusteigen und schweres Gerät und Waffen auszuladen. »Jeder nimmt sein Bataillon und marschiert so lange in Richtung Kanonendonner, bis ihr auf Russen trefft!«

Fortan war das Regiment, verstärkt durch je ein Bataillon der Schwesterregimenter 67 und 68, auf sich allein gestellt. Nach etwa sechs Kilometern Marsch stieß das I. Bataillon unter Hauptmann Ulrichs vor dem Dorf Mokainen, südlich Wartenburg, auf den Feind. Daraufhin erhielten zwei Kompanien Befehl anzugreifen. Nun bewährte sich zum erstenmal die Ausrüstung mit modernen Schnellfeuergewehren. Vorwärtsstürmend, dabei aus der Hüfte schießend, wurde im Nu das Dorf geräumt. Die Sowjets, ob der ungewohnt enormen Feuerkraft der Deutschen entsetzt, flüchteten in Scharen. Deutsche Verluste gab es so gut wie keine. Wenig später fing das Bataillon einen unverschlüsselten Funkspruch der Sowjets ab. Wie immer, wenn die Lage brenzlig wurde, ließen die Kommandeure der Roten Armee unverschlüsselt funken. Diesmal lautete der Text: »Die Fritzen sind vollkommen verrückt geworden ... Sie schießen aus allen Knopflöchern ... Jeder Mann trägt ein MG!«

Nach Einnahme des Dorfes war die Feindberührung verlorengegangen. Es fehlte auch nach wie vor der Kontakt zu deutschen Einheiten. Seine eigene Division stand längst in Westpreußen, und dazwischen lagen die Sowjets.

Zwei Kilometer südlich des knapp 6000 Einwohner zählenden Städtchens Wartenburg stieß die 1. Kompanie von Ulrichs' Bataillon auf das Gut Sappuhnen. Den Morgendunst nicht beachtend, liefen die deutschen Soldaten zu dicht auf eine nicht erkannte sowjetische Stellung. Im einsetzenden Kugelhagel fielen 30 Mann innerhalb weniger Minuten aus. Unter den Gefallenen auch der Kompanieführer, Leutnant Oehlke. Ulrichs kannte sich in dieser ostpreußischen Gegend ganz gut aus, denn in Allenstein hatte er in Friedenszeiten beim Kavallerie-Regiment 4 (»Die Blauen Dragoner ...«) seine Wehrpflicht abgeleistet. Das vom Gegner besetzte Gut wurde umgangen und der Marsch auf Wartenburg fortgesetzt.

Das Städtchen, von einer Ende des 14. Jahrhunderts erbauten, dreischiffigen, gotischen Hallenkirche mit einem mächtigen Turm überragt, wurde besetzt. Man bezog sofort Stellungen gegen die erwarteten Sowjets. Am 26. Januar kreuzten sich die Angriffe von den Sowjets, die Ost- und Westpreußen zu trennen versuchten, und den Deutschen, die ebendies verhindern wollten. Die Sowjets setzten Panzer mit aufgesessener Infanterie ein. Hauptmann Ulrichs berichtete später kurz und bündig: »Die aufgesessene Infanterie wurde heruntergeschossen. Die Panzer selbst fuhren kreuz und quer durch die Stadt und schossen mit ihren Kanonen die Straßen entlang. Wo sich die Gelegenheit bot, wurde hier und da einer mit der Panzerfaust zur Strecke gebracht.« Nachts verließen die sowjetischen Panzer die Stadt. Das Bataillon blieb Herr der Lage.

Am zweiten Tag bekam Ulrichs mehrmals Meldungen gleichen Inhalts: »Da treiben sich im Stadtgebiet sonderbare Gestalten herum!«

»Dann greift sie und bringt sie zu mir auf den Gefechtsstand«, lautete sein Befehl.

Als die ersten vorgeführt und befragt wurden, stellte sich heraus, daß es Sträflinge des Wartenburger Zuchthauses waren, deren Wächter beim Herannahen der Front die Zellentüren geöffnet und sich aus dem Staub gemacht hatten. Ulrichs befahl: »Die Männer festhalten! Außerdem schickt ein Kommando los und greift alle Zuchthäusler auf, derer ihr habhaft werden könnt.« Es dauerte nicht lange, dann hatte man 70 Mann beisammen.

Ulrichs hielt eine zündende Ansprache: »Das Vaterland braucht zur Verteidigung jeden Mann. [. . .] Hier bietet sich eine Chance, begangene Straftaten wiedergutzumachen. [. . .] Seid ihr bereit, mit uns gegen den Bolschewismus zu kämpfen? Ihr werdet anständig bewaffnet und ausgebildet!«

Die Sträflinge nickten, einige riefen sogar lauthals »Ja!« Alle 70 waren jedenfalls bereit. Wann sonst hätten sie – der jeder nach der Terminologie der Nazis als »wehrunwürdig« galt – jemals die Chance bekommen, das »Ehrenkleid des deutschen Mannes« anzulegen? Wie in Friedenszeiten wurde eine ordentliche Musterung vorgenommen: Der Bataillonsarzt machte Einstellungsuntersuchungen, dann wurden die für tauglich befundenen 55 bis 60 Zuchthäusler in drei Gruppen eingeteilt und von je einem Unteroffizier zur Einkleidung und Kurzausbildung fortgeführt. Am nächsten Tag lernten sie den Gebrauch von Gewehr und Handgranaten. Die Gefahr, daß sie mit diesen Waffen sich gegen ihre neue Herrschaft wenden könnten, war offensichtlich gleich Null. Am zweiten Tag mußten sie Verwundete zurück und Munition nach vorne transportieren. Und bereits am dritten Tag hatten sie Gelegenheit, bei einem örtlichen Einbruch der Sowjets in der Stellung der 2. Kompanie zusammen mit den regulären Soldaten den Feind zurückzuwerfen. Sie taten es mit Elan.

Der Fahnenjunker-Feldwebel Hermann Priebe lag am südlichen Stadtrand von Wartenburg. Er hatte nach dem Tod von Leutnant Oehlke die Führung der 1. Kompanie übernommen. Es begannen schwere tagelange Kämpfe. Er erinnerte sich später: »Am Rande der kleinen Stadt unter einem fahlen Winterhimmel. Ich stand auf der Anhöhe, die rote Backsteinmauer der alten Ordensburg im Rücken. Ich sollte eine zerschlagene Kompanie ablösen und das Kommando in diesem Abschnitt übernehmen. Der Melder, ein schmaler junger Unteroffizier mit den Silberstreifen des Fahnenjunkers, erklärte die Lage: ›300 Meter geradeaus ein russisches MG, in den Gärten rechts die Panzer, und hinter uns das Kriegsgericht‹, fügte er hinzu, wie kommen wir da heraus? Dann ging ich durch den Abschnitt, mir anvertraut durch Befehl, aber das war nicht genug. Gewiß, Verantwortung für die restlichen 60 Männer meiner Kompanie, für diesen Abschnitt der Front. Aber das reichte alles nicht, hier galt nicht mehr die Überzeugung, unsere eigene Lebensordnung zu verteidigen, wir fühlten uns von einer nicht mehr anerkannten Macht eingesetzt und sinnlos zwischen den Fronten geopfert. Und so hieß es ganz einfach: Vom Schicksal hierher gestellt, ging es um die alte Menschheitsfrage, wer bist du, und wie nimmst du das an, das dir nun aufgetragen ist.

Ehe der russische Angriff begann, erzitterte die Luft von der Stalinorgel. Da gab es bald keine Kompanie mehr. Ich stand allein, da sprang der Regimentskommandeur aus einem Panzerfahrzeug mit gezogener Pistole auf mich zu: Wo ist Ihre Kompanie? Mir war, als ob der Schrei dieser militärischen, dieser deutschen Katastrophe selbst die Stalinorgel übertönte. – Dann kam die Nacht, der eisige Ostwind, die treibenden Schneeflocken, die wenigen letzten Männer verwehten in den Schneelöchern, und das war nun die letzte Front Europas nach Osten. Dann stand ich im Morgengrauen auf der Anhöhe und sah, wie wir langsam eingeschlossen wurden. Da schlug die Granate neben mir ein [und verwundete Priebe schwer]. Nun galt kein Befehl mehr, der Abschied von den letzten Männern der 1. Kompanie in den Schneelöchern war zugleich der Abschied von einer ganzen Welt, die mit dem Infanterie-Regiment 9 und seiner preußischen Tradition zugrunde ging.«

Ulrichs verlor nicht nur den Kompanieführer Priebe. Ständig wurden ihm neue Ausfälle gemeldet. Sein Gefühl, Herr der Lage zu sein, schwand. Am 27. Januar wurden er und sein Bataillon in Wartenburg eingeschlossen. 300 deutsche Soldaten auf verlorenem Posten. Viel Zeit zum Nachdenken blieb nicht. Eine Funkverbindung zum Regiment oder zur Division existierte nicht mehr. Die Batterien in den wenigen vorhandenen Geräten waren zu schwach. Das Wichtigste für Ulrichs war jetzt, daß seine Soldaten mit der Munition sparsam umgingen. Die Verpflegung bildete kein Problem. In den meisten von der Bevölkerung geräumten Häusern waren ausreichend Lebensmittel vorhanden. Sorgen bereiteten die Verwundeten, die nicht mehr abtransportiert werden konnten. Ein Notlazarett wurde im Zentrum der Stadt eingerichtet.

Drei Tage lang griff die Rote Armee von allen Seiten an. Die kleine Schar der Belagerten hielt tapfer stand. Am 29. Januar hatten jedoch die vier Panzerabwehrkanonen und die vier Langrohrgeschütze nur noch vier Granaten pro Rohr zur Verfügung. Wenn nicht bald ein Befreiungsschlag vom Regiment unternommen würde, war an einer Hand abzuzählen, wie lange das I. Bataillon noch aushalten könnte. Am nächsten Tag kämpften sich tatsächlich zwei vom Regiment entsandte Grenadier-Kompanien, angeführt von einem deutschen Panzer und einer 2-cm-Vierlingsflak, nach Wartenburg durch. Es war der 30. Januar. Genau zwölf Jahre zuvor hatten die Nazis in Deutschland die Macht übernommen.

Durch den freigekämpften Korridor wurden zunächst die Verwundeten abtransportiert, darunter Priebe. Dann wurde die Räumung Wartenburgs auf die kommende Nacht, beginnend 00.00 Uhr, festgelegt und pünktlich durchgeführt. Die Sowjets bekamen zwar die Absetzbewegung mit, eröffneten auch ein wüstes Artilleriefeuer, konnten den Männern des I. Bataillons jedoch keine Verluste beibringen. Es war bereits morgens, als das Bataillon Gronau passierte. Das Dorf war drei Tage im Besitz der Roten Armee gewesen. Frauen und Greise, Säuglinge, Kinder und französische Kriegsgefangene lagen erschossen in Höfen, Häusern, Gärten oder auf der Straße. Auch das Vieh war getötet, viele Gehöfte niedergebrannt. Erschüttert marschierten die Soldaten weiter, keiner sprach ein Wort. Bei Groß-Lemkendorf trafen sie auf den Regimentsgefechtsstand, Oberstleutnant Trittel und seinen Adjutanten, Hauptmann von Weizsäcker. Ein Gefühl der Geborgenheit überkam die Männer, die mehrere Tage lang abgeschnitten gewesen waren.

Auch das II. Bataillon, vor allem die 6. Kompanie unter Leutnant Brandes, war in schwere Abwehrkämpfe verwickelt gewesen. Auf einer Landenge zwischen zwei Seen hielt sie starke sowjetische Angriffe für 24 Stunden auf, so daß zwei deutsche Divisionen unbeschadet zurückgeführt werden konnten. Über diese Landenge wollten die Sowjets in Richtung Königsberg vorstoßen. Selbst in der Nacht, was sehr selten geschah, versuchten sie, die 6. Kompanie zu überrennen. Diese lag jedoch gut gesichert in ausgehobenen Schneelöchern. Sobald der Gegner angriff, riß Brandes seine mit Schnellfeuergewehren ausgerüsteten Soldaten zum Gegenangriff hoch. Mit Panzerfäusten schossen sie auf die Sowjets, die Artilleriebeschuß vermuteten, in Panik gerieten und sich zurückzogen. Am Tage versuchten sie es mit Panzern. Dabei wurden mehrere ihrer Panzer abgeschossen. Versuche, die deutsche Abwehrstellung über den zugefrorenen Großen Aarsee zu umgehen, wurden mit Vierlingsflak verhindert. Für sein schneidiges Aushalten wurde Leutnant Brandes fünf Wochen später mit dem Ritterkreuz ausgezeichnet.

50 Im Brückenkopf am Frischen Haff: Heimflug nur für »Lungen-« und »Bauchschüsse«

Aller Heldenmut einzelner konnte nicht verhindern, daß die Wehrmacht in Ostpreußen eingekesselt wurde. Am 26. Januar 1945 erreichte die 2. Weißrussische Front Marschall Rokossowskijs vom Süden Richtung Norden vorstoßend das Frische Haff an der Ostsee. Die Sowjets drangen in Tolkemit ein, einen Tag später in das etwa 50 Kilometer südöstlich von Danzig gelegene Elbing. Damit war die 4. deutsche Armee unter General Hoßbach abgeschnitten und mit ihr das Grenadier-Regiment 9, das nicht einmal mehr Kontakt zu seiner Division hatte. 350 000 Soldaten und einige 100 000 Flüchtlinge waren eingekesselt.

Hitler, der aus seinen militärischen Niederlagen nichts gelernt hatte und nicht bereit war, die Kriegführung an seine Generale abzutreten, befahl General Hoßbach, sich in Ostpreußen einzuigeln. Damit drohte der Wehrmacht ein zweites Stalingrad. Hoßbach jedoch bewies außergewöhnlichen Mut. Er widersetzte sich dem »Führer«-Befehl und befahl am 26. Januar einem Teil seiner Truppen, den Durchbruch nach Westen zu versuchen. In einem Gewaltmarsch von 200 Kilometern bei zum Teil 30 Grad Kälte und tiefem Schnee erreichten zwei Divisionen fast ihr Ziel.

Am 29. Januar trennten sie im Westen nur noch 20 Kilometer von der 2. deutschen Armee! Hoßbach hoffte, daß seine Soldaten noch im Laufe des Tages die Verbindung herstellen könnten. Als es Nacht wurde, mußte er einsehen, daß der erbitterte Widerstand der Roten Armee auf den letzten 20 Kilometern nicht gebrochen werden konnte.

Für ihn persönlich kam es noch schlimmer: Hitler erfuhr von der Befehlsverweigerung und auch davon, daß Hoßbachs Vorgesetzter, der Oberbefehlshaber der Heeresgruppe Nord, Generaloberst Hans Reinhardt, davon gewußt hatte. »Das ist Verrat! Sie gehören vor ein Kriegsgericht. Die beiden stecken mit Seydlitz unter einer Decke«, schrie er.

Mit »Seydlitz« meinte er General Walther von Seydlitz-Kurzbach, aus schlesischem Uradel, dessen Vorfahre der berühmteste Reitergeneral Friedrichs des Großen gewesen war. Der Nachfahre geriet bei Stalingrad in sowjetische Gefangenschaft und gründete im September 1943 den »Bund deutscher Offiziere«, der mit dem »Nationalkomitee Freies Deutschland« zusammenarbeitete. Beide Organisationen hatten sich zum Ziel gesetzt, Hitler und das nationalsozialistische Regime zu beseitigen und einen raschen Frieden herbeizuführen. Hitler argwöhnte nunmehr, Seydlitz und mit ihm verbündete Offiziere könnten nach der Eroberung Ostpreußens durch die Sowjets eine deutsche Gegenregierung ausrufen.

Reinhardt und Hoßbach wurden ihrer Posten enthoben. Hitler ernannte zwei treue Nazis zu ihren Nachfolgern: Der Generaloberst Lothar Rendulic wurde neuer Oberbefehlshaber der Heeresgruppe, und das Kommando über die 4. Armee erhielt General Friedrich-Wilhelm Müller.

Rendulic erließ folgenden Befehl: »Ab 3. Februar mittags sind alle Soldaten aller Wehrmachtteile, die abseits ihrer Einheit auf Straßen, in Ortschaften, in Trossen oder Ziviltrecks, auf Verbandsplätzen, ohne verwundet zu sein, angetroffen werden und angeben, Versprengte zu sein und ihre Einheit zu suchen, standrechtlich zu erschießen. Hierzu sind möglichst viele fliegende Standgerichte zu errichten. [...] Es ist von größter Wichtigkeit, daß dieser Befehl schnellstens bis zu jedem einzelnen Soldaten durchdringt.«

Die Wahnwitzigkeit des Durchhaltebefehls wurde besonders deutlich in Anbetracht des Vormarsches der Roten Armee an anderen Frontabschnitten. Die Oder war am 31. Januar überschritten worden. Bei Frankfurt gab es zwei sowjetische Brückenköpfe auf dem Westufer. Dort, wo die Russen bereits übergesetzt hatten, trennten sie nur noch 70 Kilometer von Berlin. Im Süden erreichten sie die Neiße.

Der Kommandeur des Grenadier-Regiments 9, Oberstleutnant Trittel, brauchte nach wie vor Anschluß an das Kommando einer Division. Das sollte allerdings nicht irgendeine sein, sondern ein Verband mit Tradition und erwiesener Tapferkeit. Das war man dem eigenen Renommee schuldig. Diese Voraussetzungen trafen auf die in der Nähe operierende 24. Panzer-Division unter Generalmajor Gustav Adolf von Nostitz-Wallwitz zu, die aus der 1. Ostpreußischen Kavallerie-Division hervorgegangen war. Trittel und sein Regiment, das zu diesem Zeitpunkt eine Kampfstärke von 1415 Mann besaß, wurden am 26. Januar mit offenen Armen aufgenommen. Weil man wußte, daß man es mit dem berühmten Potsdamer Infanterie-Regiment 9 zu tun hatte, wurde Trittels Truppe fortan in den Befehlen der Division auch wieder so bezeichnet.

Im Divisionsverband kämpfte sich das Regiment ab dem 1. Februar langsam über die Orte Launau, Heilsberg, Raum Landsberg, Zinten nach Norden in Richtung auf das Frische Haff durch. Immer wieder versuchte es, die Stellung zu halten, mußte jedoch mit ansehen, wie die Sowjets rechts oder links durchbrachen und oft bereits im Rücken des Regiments operierten. Die eigenen Verluste waren wie so oft in diesem Feldzug hoch. Am 8. Februar fiel der Adjutant des I. Bataillons, jener Leutnant Binder, der bisher immer Glück gehabt hatte. Die eingeschlossene 4. Armee verlor in drei Wochen 1327 Offiziere, 48037 Unteroffiziere und Mannschaften.

Am 13. Februar stand das I. Bataillon im Raum von Zinten. Hauptmann Ulrichs hatte seinen Gefechtsstand auf dem Gut Bükuhnen eingerichtet. Am Morgen, es dämmerte noch, stürzte ein Melder herein: »Die Russen sind im Garten!« Ulrichs sprang auf, streifte sich die Winterkombination über, stürzte vor die Haustür und blieb kurz auf der obersten von drei Stufen stehen, um sein Koppelschloß zu schließen. Im nächsten Moment schlugen mit ohrenbetäubendem Krach zwei Granaten vor ihm ein. Er sah nur noch grelles Feuer vor den Augen. Ulrichs brach, von mehreren Splittern getroffen, zusammen. Sein linkes Bein war am Unter- und Oberschenkel verletzt. Er blutete links aus Bauch und Brust. Und als sei das noch nicht genug, hatte es ihn auch am linken Oberarm erwischt, und in der rechten Schulter trug er einen Granatsplitterdurchschuß davon. Er wurde sofort von seinen Männern geborgen, ins Haus zurückgezogen und durch einen anderen Ausgang hinter die Scheune des Gutes getragen, wo ein Panje-Wagen für den Abtransport von Verwundeten stand. Sie brachten ihn zunächst auf den Regimentsgefechtsstand, der in einem Schulgebäude einige 100 Meter weit entfernt untergebracht war, und legten ihn dort behutsam auf ein Sofa. Überall färbte sich seine Winterkombination mit Blut. Stabsarzt Dr. Aeffner gab ihm eine Tetanusspritze, und während ihn Sanitäter verbanden, hörte er, wie Trittel mit Aeffner tuschelte: »Wie steht es um ihn? Kann er nicht doch bei uns bleiben?«

»Dieser Bauchschuß, der macht Sorgen.«

Ulrichs begriff, daß sein Abtransport unumgänglich wäre, und unberechenbar, wie der Mensch nach schwerer Verletzung im Schockzustand ist, rappelte er sich hoch, um sich – es lebe die Potsdamer Erziehung! – von seinem Kommandeur »anständig« abzumelden. Ehe er jedoch die Hand ganz zum militärischen Gruß hochstrecken konnte, »kippte ich über die linke Tragfläche ab«, erinnerte er sich später. Als er wieder zu sich kam, beugte sich Trittel zu ihm hinunter: »Ist schon gut, Ulrichs. Alles Gute, gute Besserung!« Im Hintergrund stand Weizsäcker.

Dann brachten sie ihn zum Hauptverbandsplatz der Division, gaben ihm dort eine Narkosespritze und operierten seine Brustverletzung. Nebenbei klauten ihm die Sanitäter seine Pistole und seinen Finnendolch, auf den er so stolz war. Vom Hauptverbandsplatz ging es zu einer Verwundetensammelstelle. Dort lag er zusammen mit verwundeten russischen »Hiwis« – Hilfswilligen, die in der Wehrmacht dienten, darunter einige mit Kopf- oder Bauchschüssen. Sie schrien: »Tschaj, tschaj – Tee, Tee!« Sie wurden von russischen Frauen und Mädchen versorgt. Die mit den Kopfschüssen torkelten nachts im Wahn herum und traten auf andere, die daraufhin vor Schmerz schrien. Morgens wurden die in der Nacht Gestorbenen hinausgetragen. Es war die Hölle.

Die Verwundeten mußten aus dem Brückenkopf herausgeschafft werden. Aber wie? Die Sammelstelle lag in Rosenberg, einem kleinen Hafen am Frischen Haff. Der nächstgrößere war Pillau, am Ausgang des Königsberger Seekanals. Bis dahin waren es Luftlinie nur etwa 20 Kilometer. Aber es war strenger Winter. Durch das Eis des Haffs gab es zwar eine Fahrrinne, doch wenn diese zugefroren war, konnten die Marineprahme die Verwundeten nicht zu den seegängigen Transportschiffen nach Pillau bringen. Der Chefarzt des Lazaretts wollte es mit Pferdewagen versuchen. Aber die Bauern rückten ihre Gespanne zunächst nicht heraus. Da wurde ein SS-Obersturmführer vom Sicherheitsdienst eingeschaltet. Vor dem hatten sie Angst und stellten rund 60 Panje-Wagen zur Verfügung.

Es war ein gespenstischer, herzzerreißender Transport, der sich dann am Morgen in Bewegung setzte. Jeweils zwei, zum Schutz gegen die Kälte in Papiersäcken verschnürte Verwundete wurden auf jeden Wagen gelegt – einer immer mit dem Kopf an den Füßen des anderen. Zusätzlich wurden um sie angewärmte Ziegelsteine gepackt und ihnen Kanister mit heißem Tee mitgegeben. Die Fahrzeit betrug, wenn nicht gerade Schneestürme über das Haff fegten, sechs bis acht Stunden. Erfrierungen während des Transports waren unausbleiblich.

Aber noch gefährlicher waren die sowjetischen Schlachtflieger, die im Tiefflug die Verwundetentransporte angriffen. Die Kutscher, in der Regel russische Bauern, wollten natürlich nicht von ihren eigenen Landsleuten erschossen werden. So droschen sie auf die Pferde ein und kurvten nach rechts und nach links, um den Geschoßgarben auszuweichen, ohne Rücksicht darauf, daß ihnen der eine oder andere Verwundete vom Wagen fiel.

Immerhin, Hauptmann Ulrichs gelangte unbeschadet nach Pillau. Damit war er aber längst noch nicht in Sicherheit. Er wartete in einer Krankenstube mit mehreren Verwundeten auf seinen Abtransport über See in die Heimat. Alle anderen wurden im Laufe des Tages abgeholt; nur er nicht. Als sich das am nächsten Tag wiederholte, wurde er unruhig und ließ sich den Hauptfeldwebel kommen. »Was ist hier eigentlich los? Alle anderen werden abtransportiert, nur ich nicht?«

»Herr Hauptmann, ich kläre das. Ich werde Ihnen mal den Stabsarzt schicken.«

Der Stabsarzt kam, Ulrichs stellte ihm dieselbe Frage.

»Das weiß ich auch nicht, das muß ich erst aufklären.« Nach einer halben Stunde kam er wieder. »Jetzt habe ich rausgekriegt, weshalb Sie nicht verlegt werden. Sie sind ein liegender Verwundeter, und wir sind eine Krankenstelle für sitzende Verwundete. Wir können Sie nicht abtransportieren.«

Ulrichs bekam einen Brüllanfall, wie er ihm gegenüber seinen dämlichsten Rekruten nie passiert war: »Sie Oberarschloch! Was fällt Ihnen ein, mich hier verenden zu lassen? Sie Bürohengst mit Ihren Vorschriften. Wenn ich nicht heute hier rauskomme, sprenge ich den Laden in die Luft. Beeilen Sie sich!«

Der Stabsarzt verließ entsetzt das Zimmer. Als er zurückkehrte, war er verlegen und unterwürfig. »Alles, was ich für Sie tun kann, ist, Sie hier in Pillau in ein Kriegslazarett zu verlegen.«

»Dann tun Sie das! Aber tun Sie es schnell!«

Er kam vom Regen in die Traufe. Das Kriegslazarett war in einer alten Schule untergebracht. Betten übereinander. Alle waren belegt, darum lagen Verwundete auch auf den Gängen. Ulrichs schoben sie erst einmal unter ein Bett. Nach etwa drei Tagen, als mehrere Verwundete gestorben oder abtransportiert waren, legten sie ihn in ein Bett.

Nun aber begannen die Sowjets, mit schwerer Artillerie vom Kaliber 20,3 Zentimeter Pillau zu beschießen. Ihm wurde höchst ungemütlich in seinem Bett. Durch die Gänge wanderte gelegentlich ein alter ostpreußischer Feldwebel mit schlohweißem Haar über einem geröteten Gesicht, in dem leuchtend blaue Augen strahlten. Das Ganze wurde abgerundet durch einen Kaiser-Wilhelm-Bart. Die Verwundeten nannten ihn »Opachen«. Sie bettelten ihn an, endlich in die Heimat verlegt zu werden. »Opachen« verteilte Schiffskarten. Eines Tages bat auch Ulrichs: »Opachen, ich möchte auch mal 'ne Schiffskarte haben.«

»Hauptmannchen, ich werd' machen.« Er war ein Mensch mit einem Herzen aus Gold. Nach einer Stunde kam er wieder und schob Ulrichs heimlich eine Schiffskarte unter die Decke.

»Danke schön, Opachen.«

Nach dem Mittagessen kamen die Krankenträger, richtige Schlachtergesellen, die ohne Rücksicht auf die Schmerzen der Verwundeten zupackten. »Wer hat Schiffskarten?«

»Hier!« meldete sich Ulrichs. Sie richteten ihn auf, um ihn auf die Trage zu heben. Da schoß ihm in hohem Strahl das Blut aus der Brust. »Mensch«, sagte der größere der beiden Krankenträger, »der ist ja überhaupt nicht transportfähig! Den bringen wir mal sofort in den Operationssaal.«

Der Chirurg hatte fast fünf Tage und Nächte durchoperiert und war selbst mit Zigaretten und stärkstem Bohnenkaffee kaum mehr wachzuhalten. Aus kleinen Schweinsäuglein besah er sich die Bescherung. Er rief einen Namen, und ein weiterer Arzt tauchte auf. Zusammen mit zwei Sanitätssoldaten und einem Operationsgehilfen setzten sie Ulrichs auf den OP-Tisch. Zwei hielten ihm die Arme hoch, die anderen hielten ihn so fest, damit er keine Sperenzchen machte. Die Brust war geschwollen und blutverschmiert. Gelassen nahm der Chirurg das Skalpell in die Hand, schaute Ulrichs kurz prüfend in die Augen, und eh sich dieser versah, schnitt er ihm bei vollem Bewußtsein etwa 20 Zentimeter lang von oben nach unten die Brust auf. Als Ulrichs laut aufstöhnte, fragte er gelassen: »Ist was?«

Zum zweitenmal bekam Ulrichs einen Wutanfall. »Sind Sie Viehdoktor?«

Der Arzt überhörte die Beleidigung. Die Operation war jedenfalls ein Erfolg. Das Blut schoß nicht mehr aus der Wunde. Tags darauf wurde Hauptmann Ulrichs mit seiner von »Opachen« erhaltenen Schiffskarte auf den Hilfskreuzer *Potsdam* geschafft.

Das Schiff brachte Ulrichs ohne Zwischenfall nach Danzig, wo er mit anderen Verwundeten in die Landesfrauenklinik verlegt wurde. Auf dem Dach befand sich als Symbol ein künstlicher Storch. In diesem Haus war er genau auf den Tag am 28. Februar 1917, also vor 28 Jahren, zur Welt gekommen. Die Krankenschwester war gerührt, als sie das hörte, fand ein paar Schneeglöckchen und einen halben Riegel Ersatzschokolade als Geburtstagsgeschenk. Aber sein schönstes Geschenk war, aus dem ostpreußischen Kessel herausgekommen zu sein.

Dort wurde die Lage zunehmend bedrohlicher. Der Brückenkopf am Frischen Haff reichte seit dem 10. Februar nur noch im Norden von Brandenburg vor Königsberg bis nach Frauenburg im Süden, zirka 40 Kilometer. An der Ostgrenze des Brückenkopfes, in Höhe von Zinten, versuchte die Rote Armee die deutschen Truppen zu spalten. Die Rückzugskämpfe des Grenadier-Regiments 9 markierten Ortsnamen wie: Guttstadt, Kanditten, Groß-Klausitten, Mehlsack, Frauenburg. Mit Gegenstößen wurde versucht, die gegnerischen Angriffe abzuwehren. In Zinten konzentrierte sich der Kampf um die Panzerkaserne, die von den Sowjets besetzt war und mit Panzern verteidigt wurde.

Leutnant Brandes bekam den Befehl, mit der 6. Kompanie einen Kasernenblock zurückzuerobern. Zur Unterstützung erhielt er mehrere, ursprünglich für die Flugzeugabwehr gedachte 8,8-cm-Geschütze. Mit den etwa 60 Soldaten, auf die seine Kompanie zusammengeschmolzen war, gelang es ihm tatsächlich, den Kasernenblock zu stürmen, überlebende Sowjets herauszuholen und gefangenzunehmen.

Als alles vorüber war und die nervliche Anspannung wich, wollte er eine Zigarette rauchen. Das heißt, während er noch vor der Kaserne stand und im Begriff war, sich eine anzuzünden, ging auf dem Dach ein Fenster auf und ein Russe, den man bei der Erstürmung übersehen hatte, feuerte auf Brandes! Der erste Schuß ging durch die Uniformmütze, der zweite, ein Brustschuß, traf seine Lunge. Die Wucht des Geschosses warf Brandes um. Blut und Schaum quollen aus seinem Mund, liefen über Kinn und Wange. Er konnte nur schwer atmen, hatte aber keine Schmerzen. Jetzt reicht's aber, dachte er, wenigstens kommst du aus dem verdammten Kessel raus.

Auch er wollte sich, wie Ulrichs, noch von Trittel und Weizsäcker abmelden. Dazu ließ man ihm jedoch keine Zeit mehr, hob ihn statt dessen in einen Sanka und brachte ihn mit anderen Verwundeten nach

Heiligenbeil, wenige Kilometer landeinwärts von der Haff-Küste. Dort waren bereits zirka 25 000 Verwundete zusammengetragen worden! Kleine Lazaretteinheiten schleusten bis zu 13 000 Verwundete pro Monat durch. Wenige Kilometer nördlich von Heiligenbeil lag der kleine Hafen von Rosenberg.

Brandes atmete schwer, konnte nach wie vor nur vorsichtig Luft holen. Nach etwa einer Stunde ging eine Ärztekommission durch die Reihen der Verwundeten und sortierte aus, wer mit dem Schiff, wer mit dem Flugzeug aus dem Kessel geschafft werden sollte.

»Was haben Sie?« wurde Brandes gefragt.

»Lungenschuß.«

»Mit dem Flugzeug raus.«

»Lungen-« und »Bauchschüsse« wurden sofort ausgeflogen. Alle anderen Verwundeten, so sie transportfähig waren, wurden auf Schiffe gebracht. Trotz des Weltuntergangsszenarios klappte die Organisation. Brandes und weitere Verwundete wurden in einer JU 52 nach Stolp in Pommern geflogen. Nachdem er gerade ausgeladen worden war und noch auf einer Tragbahre auf dem Flugfeld lag, erscholl plötzlich der Ruf: »Panzeralarm! Der Russe ist durchgebrochen!« In dem sofort entstehenden Durcheinander hatte man ihn anscheinend vergessen. Hilflos lag er auf seiner Trage. Da kam ein junger Fliegerleutnant vorbei, sah Brandes in seiner blutverschmierten Pelzjacke. »Na, Kamerad, dich hat's wohl schwer erwischt? Wo kommst du denn her?«

»Lungenschuß. Aus Ostpreußen.«

»Und wo wollt' ihr hin?«

»Weiß ich nicht. Auf jeden Fall sollten wir weiter ins Reich geflogen werden. Hast du nicht ein Flugzeug?«

»Ja, ich muß noch zur Geschäftsstelle hier. Dort kann ich gleich angeben, daß ich dich mitnehme. Schwerverwundeter Leutnant. Lungenschuß, nicht wahr?«

Brandes nickte dankbar. Schwein muß man im Krieg haben. Sonst überlebt man nicht, dachte er sich, während ihn fröstelte.

Es währte nicht lange, dann kam der Leutnant zurück. Er hatte seinen Funker dabei. Gemeinsam trugen sie Brandes bis zur Maschine, eine zweisitzige »Messerschmidt«. Vorsichtig hoben sie ihn auf die Tragfläche und dann auf den hinteren Sitz. Den mußte er sich mit dem Funker teilen. Es war eng, aber ein Freiflug in die Heimat, und weg von den Sowjets!

Nach einem etwa einstündigen Flug landeten sie in Neuruppin, nördlich von Berlin. Dort war eine Leitzentrale der Luftwaffe, und das Flugzeug, mit dem Brandes in Sicherheit gebracht wurde, war eine Kuriermaschine. Er wurde sofort operiert. Der Schuß war links vom Schlüsselbein, ohne den Knochen zu verletzen, ein- und in Nähe der Wirbelsäule ausgetreten. Der Ausschuß war hühnereigroß. Die Operation war kein Problem, aber im weiteren Verlauf wollte die Wunde nicht so recht heilen; der Schußkanal war immer leicht vereitert.

51 Letzter Gegenangriff: die mutige Tat des Hauptmann von Weizsäcker

An den übrigen Fronten tobte der Kampf weiter. Die Rote Armee stand in Pommern ebenfalls schon an der Ostsee. Alliierte Bomber warfen innerhalb von 24 Stunden über Berlin 3000 Sprengbomben ab und töteten bei diesem einzigen Angriff 22000 Menschen. Am 13./14. Februar 1945 war Dresdens historische Innenstadt durch drei aufeinanderfolgende Angriffe völlig zerstört worden. Die Stadt war mit etwa 500000 Flüchtlingen vollgestopft. Die Zahl der Opfer würde man nie genau klären. Sie lag irgendwo zwischen 60000 und 245000 Toten. Britische und kanadische Truppen kämpften bereits im Reichswald bei Kleve. Die britische Armee erreichte auf 15 Kilometer Breite den Rhein. Ende März befand sich das gesamte Westufer des Rheins in der Hand der Alliierten.

Im Osten schrieb der Kommandeur der 24. Panzer-Division, dem sich das Grenadier-Regiment 9 unterstellt hatte, Generalmajor von Nostitz-Wallwitz, am 26. Februar 1945 in einem Tagesbefehl an seine Soldaten: »Seit über einem Monat steht jetzt unsere Division im härtesten Kampf um Ostpreußen. In schwerem und vor allem ununterbrochenem Kampf hat sie die Heimat verteidigt und dem Feind hohe Verluste zugefügt. Vernichtet wurden in der Zeit vom 22.1. bis zum 23.2.1945: 209 Panzer, 146 Geschütze und Pak, 73 Granatwerfer, zahlreiche Fahrzeuge. Von den Panzern wurden 23 durch tapfere Einzelkämpfer mit Nahkampfmitteln erledigt.« In der Geschichte der Division stand außerdem: »Der Brükkenkopf war nun schon sehr klein geworden, die Gefechtsstärken waren erschreckend gering, immer mehr Versprengte wurden zu ihrer Auffüllung eingesetzt; Reste zerschlagener Infanterie-Divisionen wurden der Division unterstellt, aber Verlaß war nur auf die eigenen Divisionseinheiten und das I.R. 9, welches sich nun bereits völlig als Stammeinheit der Division fühlte.«

Ende Februar/Anfang März ließen die Kämpfe etwas nach. Es begann zu tauen, der Frühling kündigte sich an, das Eis zwischen dem Haff, das bis dahin eine Überquerung mit Schlitten oder Pferdewagen ermöglicht hatte, begann zu schmelzen. Aber die Ruhe war trügerisch. Jeder erfahrene Soldat wußte, daß es die Ruhe vor dem großen Sturm war.

Beim Gren.Rgt. 9 gab es nur noch wenige vertraute Gesichter: den Kommandeur, Oberstleutnant Trittel, seinen Adjutanten, Richard von Weizsäcker, und den Stabsarzt Dr. Walter Aeffner.

Im Nordosten waren jetzt die Deutschen in drei Brückenköpfen eingeschlossen: in Kurland, in Samland mit Königsberg und im Brükkenkopf um Heiligenbeil-Rosenberg-Balga. Allein in diesem Kessel hofften schätzungsweise eine Million Flüchtlinge verzweifelt auf die Rettung über die Ostsee. Gegenüber, auf der Frischen Nehrung, hockten zusätzlich Zigtausende von Soldaten, Verwundeten, russischen »Hiwis« und Flüchtlingen, die in Dünen, Nadelwäldern und Fischerdörfern ebenfalls auf die Evakuierung über See warteten. Der Abtransport mit Schiffen war wegen der sowjetischen U-Boote gefährlich. Ein deutsches Schiff mit 2000 Verwundeten an Bord war kurz nach Auslaufen aus Pillau nach einem Torpedo-Treffer innerhalb von Minuten untergegangen. Nur wenige überlebten.

Verwundete erhielten bei der Verladung einen doppelten Begleitzettel, wovon ihnen einer vor dem An-Bord-Gehen abgenommen und an Land aufbewahrt wurde, um im Falle einer Versenkung zu wissen, wer auf die Verlustliste zu setzen sei. Die Soldaten nannten diesen doppelten Begleitzettel sarkastisch »Torpedo-Fahrkarte«. Schädelverletzte konnten noch mit dem Flugzeug ausgeflogen werden, vorausgesetzt, die Piloten erhielten als Prämie einen Sack Zucker. Den konnten sie in der Heimat auf dem Schwarzmarkt verhökern. Der Zucker wiederum stammte aus einer geplünderten Zuckerfabrik. Verladen werden konnte überhaupt nur noch nachts. Die Sowjets waren bereits bis auf wenige Kilometer an die kleine Stadt Heiligenbeil herangekommen.

Am 13. März begann der Großangriff der 3. Weißrussischen Front unter Befehl von Marschall Wassilewskij. Die sowjetische Artillerie konnte jetzt jeden Punkt im Brückenkopf erreichen. Sie beschoß die Stellungen der Deutschen unaufhörlich. An keiner Stelle war die Rote Armee mehr als zwölf Kilometer vom Haff-Ufer entfernt. Das Grenadier-Regiment 9 kämpfte in der Nähe der Ortschaft Vogelsang. Das Dorf wechselte mehrmals den Besitzer. Stabsfunktionen existierten längst nicht mehr. Regimentskommandeur Trittel und sein Adjutant Weizsäcker kämpften mit der Waffe in der Hand. Ab dem 18. März gab es in der ganzen Division keinen einzigen Mann mehr, der nicht im Kampf eingesetzt war.

Es war ein Ende mit Schrecken. Der Armee-Arzt hatte allen Lazaretteinheiten befohlen, in Heiligenbeil zu bleiben und an die Sowjets zu übergeben. Nur jene Lazarette, die geräumt, deren Verwundete in Sicherheit gebracht worden waren, durften sich auch nach Rosenberg zum Einschiffen absetzen. Das Pendel der Geschichte schlug zurück, nun hatten die Deutschen ihr Dünkirchen. Unter den Flüchtlingen befand sich nicht nur deutsche Zivilbevölkerung, sondern auch französische und sowjetische Kriegsgefangene, die wie die russischen Mädchen, die in den Lazaretten als Hilfskrankenschwestern gearbeitet hatten, nicht in die Hände der Roten Armee fallen wollten.

Das zerschossene Städtchen bot einen trostlosen Anblick. Überall verstreut Kriegsgerät. Im Hafen von Rosenberg lagen zwischen toten Pferden und zurückgelassenen Wagen Verwundete, dem Artilleriebeschuß schutzlos preisgegeben. Granaten, die im Hafenbecken einschlugen, ließen weiße Wasserfontänen aufsteigen. Die Blicke der Menschen waren stumpf und drückten Hoffnungslosigkeit aus. Alle quälte nur ein Gedanke: Kommen wir aus diesem Hexenkessel noch heraus? Schon am nächsten Tag konnte das Feuer der Roten Armee so heftig sein, daß die Marineprähme, die sie nach Pillau zum Umsteigen in die seetüchtigen Schiffe bringen sollten, nicht mehr anlegen würden.

Am 24. März fiel Heiligenbeil, die Sowjets rückten die letzten vier Kilometer auf Rosenberg vor. Das Grenadier-Regiment 9 bezog ostwärts von Rosenberg am Ufer, dort, wo das Haff am breitesten ist, eine neue Stellung. Der Strand war übersät mit Fahrzeugen, Panzern, Geschützen. Der Kontakt zur 24. Panzer-Division war zeitweise unterbrochen. Als im Laufe des 25. März schließlich die Verbindung wiederhergestellt wurde, zählte die Division noch etwa 500 Mann.

Der Kommandeur, Generalmajor von Nostitz-Wallwitz, überreichte am 25. März Oberstleutnant Trittel das ihm wegen besonderer Tapferkeit verliehene Eichenlaub zum Ritterkreuz des Eisernen Kreuzes. Wie der Orden in den Brückenkopf gelangte, bleibt ein Geheimnis. Die Dekoration mußte formlos in einem Schützenloch erfolgen. Das Ritterkreuz hatte Trittel bereits im August 1943 erhalten.

Die Deutschen, bar jeder Artillerieunterstützung oder Panzer, konnten sich nur mit Handfeuerwaffen wehren. Die Sowjets griffen nicht nur mit Schlachtfliegern an, sondern setzten fast pausenlos ihre Artillerie, vor allem aber die gefürchteten Stalinorgeln, ein. Ihr ohrenbetäubendes Geheul hatte eine starke Wirkung auf die Psyche der deutschen Soldaten. Immer mehr Soldaten, Flüchtlinge und vor allem Verwundete drängten sich auf dem schmalen Strandstreifen zusammen. Das leicht hügelige Dünengelände bot nur wenig Schutz. In aller Eile hatten Offiziere wie Mannschaftsdienstgrade Schützenlöcher zur Deckung ausgehoben; auch Trittel und Weizsäcker.

Nur einen Tag nach der »Eichenlaub«-Verleihung an Trittel, als der Kommandeur und sein Adjutant im Gelände standen, vernahmen sie plötzlich das sich schnell steigernde Heranheulen von Granaten. »Weizsäcker, springen Sie in das Loch da!« brüllte Trittel. Weizsäcker landete mit einem Riesensatz im nächsten Schützenloch und spürte fast im selben Moment das volle Körpergewicht des sich auf ihn werfenden Kommandeurs, als in derselben Sekunde eine furchtbare Detonation die Luft zerriß. Aufeinanderliegend kauerten die beiden Männer in dem viel zu kleinen Schützenloch. Als nächstes vernahm Weizsäcker das Stöhnen Trittels: »Mich hat's erwischt.«

Überall schrien Verwundete. Auch Divisionskommandeur von Nostitz-Wallwitz wurde schwer verletzt. So gut es ging, wurden die Verwundeten verbunden und zum Abtransport über das Haff bereitgelegt. Endlich, am Abend, im Schutz der Dunkelheit, konnte Trittel zusammen mit anderen Verwundeten in einem Boot nach Pillau evakuiert werden. Ab sofort übernahm der vierundzwanzigjährige Hauptmann von Weizsäcker die Führung des Regiments. Da auch der Divisionskommandeur ausgefallen war und es nicht einmal mehr im eigentlichen Sinne eine Division, sondern nur noch eine Kampfgruppe gab, war ab dem 27. März sein Vorgesetzter der Ia der Division, Major von Knebel-Doeberitz.

Im »Führer«-Hauptquartier spielten sich derweil groteske Szenen ab. Hitler, der inzwischen aus einem Befehlsbunker 130 Stufen unterhalb der Berliner Reichskanzlei die militärischen Operationen leitete, war zunächst strikt gegen die Evakuierung der Menschen aus dem Brückenkopf am Haff. Überhaupt, Generale, die zum Rückzug riefen, zieh er wütend der »Unfähigkeit« und »Feigheit vor dem Feinde«. Gegen Heeres-Generalstabschef Guderian, der gewagt hatte, ihm zu widersprechen, ging er mit erhobener Faust vor. Generalfeldmarschall Keitel machte hinterher Guderian Vorwürfe: »Wie können Sie dem Führer so widersprechen? Was soll werden, wenn er bei solchem Anlaß vom Schlag getroffen wird?« Sogar Himmler, der mit einer neugebildeten Heeresgruppe »Weichsel« Berlin schützen sollte, war in Ungnade gefallen und hatte sich, angeblich krank, ins SS-Lazarett Hohenlychen zurückgezogen.

Endlich, in der Nacht zum 25. März erlaubte Hitler die Evakuierung auf dem Seeweg. Die Reste der 4. Armee sollten mittels Marineprähmen vom Strand etwa einen Kilometer südlich von Balga, das wiederum rund 40 Kilometer südwestlich von Königsberg liegt, abgeholt werden. Dies konnte aber wegen der sowjetischen Angriffe nur im Schutz der Nacht erfolgen.

Wer bis zum Morgen des 27. März keinen Platz auf den Booten gefunden hatte, mußte den ganzen Tag über am Strand verharren. Während die Hilfesuchenden dort zu Tausenden am Steilhang des Haffs lagerten, schoß die sowjetische Artillerie Dauerfeuer. Die Verluste waren enorm, die auf engem Raum zusammengepferchten Deutschen konnten nicht ausweichen. Dem direkten Beschuß durch Panzer ausgesetzt zu sein, oft aus einer Entfernung von nur 500 Metern, war grausam, zumal zur eigenen Verteidigung nur Handfeuerwaffen zur Verfügung standen. Und dann im Rücken das Wasser des Haffs. Als die Sowjets begannen, vom Süden her den Strandabschnitt aufzurollen und den Ort Balga anzugreifen, schien das Schicksal der auf Verladung wartenden Soldaten besiegelt zu sein.

Da befahl Kampfgruppenführer von Knebel-Doeberitz einen Gegenangriff. Von seinem Befehls-Schützenpanzer aus forderte er durch Zuruf alle, die ihn hören konnten, auf, sich zu sammeln. Etwa 300 Soldaten, vorwiegend aus Stäben und Trossen, stellten sich bereit. Weizsäcker, der diese Aufforderung gehört hatte, sammelte die verbliebenen Grenadiere seines Regiments und schloß sich dem Angriff der Kampfgruppe an.

Die Sowjets versuchten, den Gegenangriff mit Feuer aus allen Kalibern zu stoppen. Ein mörderisches Gefecht setzte ein. Weizsäcker und seine Männer liefen schießend vor, warfen sich in Deckung, sprangen wieder auf, griffen weiter an. Weizsäcker riß mit seinem Beispiel die schon in dumpfe Teilnahmslosigkeit verfallenen Soldaten mit. Immerhin konnten etwa 1500 Meter an Boden gewonnen und eine neue

Verteidigungsstellung ausgehoben werden. Das war auf den ersten Blick nicht viel. Doch dank dieser Erweiterung des Brückenkopfes konnten sich in der folgenden Nacht noch einmal die Marineboote dem Strand nähern, Soldaten und Verwundete aufnehmen.

Weizsäcker wurde bei diesem Einsatz, es war am 27. März, am Oberschenkel verwundet. Am frühen Morgen des 28. März, über dem Wasser lag noch Dunst, es war Gott sei Dank noch nicht hell, ging er mit den letzten Soldaten seines Regiments in die Boote. Der kleine Schiffskonvoi erreichte unbehelligt die gegenüberliegende Nehrung, wo sich am Kilometerstein 40 die 24. Panzer-Division, genauer gesagt, was davon übriggeblieben war, sammelte.

Zurück am Strand blieben Reste der 102. Schlesischen Infanterie-Division. Ihre Regimenter 84 und 216 sollten die Nachhut bilden, das heißt, den winzigen Brückenkopf einen weiteren Tag verteidigen, um sich dann in der Nacht vom 28. zum 29. mit den letzten Booten nach Pillau abzusetzen. Der Führer des Infanterie-Regiments 216 war Major Erich Mende*. Tagsüber waren er und seine Kameraden wieder schwerstem Artilleriebeschuß ausgesetzt. Kurz vor Mitternacht, als die Soldaten mit ihrer Evakuierung rechneten, erfuhren die Regimentsführer von ihrem Divisionskommandeur, General Werner von Bercken, daß zwar für ihn noch ein Boot bereitstünde, aber für niemanden sonst. »Meine Herren, Sie sind hiermit von Ihrem Kommando entbunden, Sie können tun und lassen, was Sie wollen - kapitulieren, sich einzeln oder geschlossen nach Westen durchschlagen.« Betroffene Gesichter. Die Offiziere fühlten sich von ihrem Vorgesetzten im Stich gelassen.

Mende: »Herr General, das ist das Schlimmste, was einer Infanterie-Nachhut überhaupt passieren kann, im Stich gelassen zu werden.«

»Mende, Sie kennen mich, ich schäme mich als General, aber als Mensch sage ich Ihnen, ich werde alles tun, was in meinen Kräften steht, damit Sie hier nicht sitzengelassen werden!«

Dann entschwand der General in Richtung Strand, wo das letzte Boot auf ihn wartete. Die zurückbleibenden Offiziere unterrichteten ihre Unteroffiziere, hielten Kriegsrat und beschlossen, noch einen Tag am Strand auszuhalten, sich Baumstämme und Kanister zu besorgen und damit Flöße zusammenzuzimmern, um in der nächsten Nacht auf eigene Faust die Überquerung des Haffs zu wagen.

* Nach dem Krieg FDP-Vorsitzender und Vize-Kanzler

Als das Häuflein der Verlassenen ein Stück Richtung Strand ging, um eine neue Stellung für die Nacht und den kommenden Tag einzunehmen, hörten sie von See her durch das eintönige Rauschen der auflaufenden Wellen lautes Rufen. »Nun kommt doch, ihr Idioten! Ich kann nicht mehr lange warten! Hierher, hierher! Macht, daß ihr endlich kommt, ich haue sonst ab!« Sie stutzten, schauten angestrengt in Richtung Wasser. Da gewahrte Mende eine »Seeschlange« von etwa 20 großen Schlauchbooten, an der Spitze ein Motorboot mit laufendem Motor. »Alle mir folgen«, rief er, so laut er konnte, nach rückwärts. Ihre Waffen hoch über die Köpfe haltend, das Wasser zunächst bis zum Bauch, dann bis zur Brust, wateten sie in Richtung Schlauchboote. Was dann folgte, beschrieb Mende später so:

»Ohne daß in dem allgemeinen überraschenden Aufbruch irgendeine Panik ausbrach, erreichten wir die 20 großen Schlauchboote, eigentlich Floßsäcke. Man warf sich über sie. Jeder Floßsack trug etwa 15, 20 Soldaten, die zum Teil mit dem Unterkörper noch im Wasser hingen, aber sich an den Stricken festhielten. Das Führungsboot setzte sich in Marsch, und langsam und unbemerkt von den Russen und ohne unter Feuer genommen zu werden, tuckerten wir ab in Richtung Haff-Mitte. Nach etwa ein bis eineinhalb Kilometer erreichten wir einen kleinen Haff-Dampfer, auf dem Leute mit Strickleitern schon auf uns warteten, so daß wir auf diesen Haff-Dampfer übernommen wurden. Dann fuhr der Maat der Marine mit der Seeschlange zurück und brachte noch einmal etwa 100 unserer Soldaten wiederum an Bord des kleinen Haff-Dampfers, so daß schließlich rund 500 Soldaten der Nachhut der 102. Division gerettet werden konnten. Als sich der Haff-Dampfer in Richtung Pillau, etwa fünf bis sechs Kilometer entfernt, in Marsch setzte, sahen wir auf der Höhe der Balga-Nase die Freudenfeuer der Rotarmisten. Sie schossen mit Leuchtspurmunition in die Luft – Leuchtraketen, weiß, rot, grün! Man hörte das Singen, man hörte einzelne Musikinstrumente. Offensichtlich befand sich bereits der Rotarmist im Siegestaumel, denn die Schlacht um Ostpreußen war beendet. Auch für uns! Noch in letzter Minute hatte uns ein gütiges Geschick durch den Mut eines Marine-Maats und durch einige glückliche Zufälle aus dem Griff der Russen befreit und uns der Rettung in Pillau nähergebracht.«

52 Nach über 200 Jahren: der Untergang des Regiments

Während Mende und die Reste der 102. Schlesischen Infanterie-Division nach Pillau marschierten, wo sie das kleine deutsche Handelsschiff *Dora Ahrens* ausfindig machten, das sie nach zwei Wochen Wartezeit über die Ostsee sicher bis nach Swinemünde brachte, mußte das Grenadier-Regiment 9 an Pillau und Königsberg vorbei an die Nordspitze der Samland-Küste marschieren, um auf dem Fliegerhorst Neukuhren auf einen neuen Einsatzbefehl zu warten. Während es dort mit der Kampfgruppe Knebel lag, beschloß deren Führer, Major von Knebel-Doeberitz, von Weizsäcker für sein tapferes Verhalten während der letzten 24 Stunden zur Nennung im »Ehrenblatt des Deutschen Heeres« vorzuschlagen.

Der Vorschlag mußte auf dem Dienstweg an das Oberkommando des Heeres mit den Unterschriften des Regiments- und Divisionskommandeurs weitergeleitet werden. Da jedoch Trittel und Nostitz-Wallwitz verwundet waren und noch in einem Lazarett in Neutief auf der Nehrung lagen, holte Knebel-Doeberitz durch seinen Vertreter, Major von Langen-Steinkeller, deren Unterschrift ein. Der Divisionskommandeur fügte dem Antragstext hinzu: »Hauptmann von Weizsäcker hat sich als Regimentsadjutant im infanteristischen Einsatz durch ganz besonderen Schneid ausgezeichnet. Ich befürworte die Nennung dieses tapferen Offiziers im Ehrenblatt des Deutschen Heeres ganz besonders.« Der Vorschlag, der das Datum vom 1. April 1945 trägt, ging per Fernschreiben raus. Weizsäcker erfuhr davon nichts. Die Auszeichnung wurde auch nicht mehr vollzogen, da dem die Kapitulation zuvorkam.

Bei der Kampfgruppe Knebel und den Resten des Grenadier-Regiments 9 traf statt der Order für einen neuen Einsatz am 5. April der Auflösungsbefehl ein. Spezialisten, die für die Neuaufstellung einer Panzer-Division in der Heimat gebraucht werden könnten, und Verwundete sollten per Schiff ins Reichsgebiet transportiert, der Rest bei der Verteidigung von Königsberg eingesetzt werden. Obwohl Weizsäcker trotz der Oberschenkelverwundung noch gehfähig war, entschied Major Knebel-Doeberitz, daß er zu den abzutransportierenden Soldaten gehöre.

Als es soweit war, ging Weizsäcker zu ihm: »Hauptmann von Weizsäcker meldet sich hiermit ab.«

»Ich wünsche Ihnen alles Gute, vielleicht sehen wir uns nach dem Krieg einmal wieder.«

Dann salutierten die Offiziere, und Weizsäcker verließ das Regiment, in dem er über sechs Jahre gedient hatte, das ihm zur zweiten Heimat geworden war und das seine Freunde unter den Offizieren stolz und in Ablehnung des nationalsozialistischen Regimes die »Republik der freien Grenadiere« nannten.

Das relativ kleine Schiff – oder, wie die Marineleute zu sagen pflegten, Boot – war für ihn eine fremde Welt, die gleichwohl Geborgenheit ausstrahlte. Es roch nach Dieselöl, auf dem Stahldeck war jeder Schritt zu hören. Die Niedergänge waren ungewohnt steil, man mußte sich festhalten. Ständig war das Summen der Generatoren zu hören. Das elektrische Licht flimmerte ab und zu. Die Mannschaft trug ungewohnte Dienstgradabzeichen, rief statt »Vorsicht!« »Warschau!« Sie redeten von »Brückennock«, »Steuerbord«, »Backbord«, »Bug« und »achtern«. Das Boot war überfüllt. Unter und auf dem Deck lagen, hockten zusammengekrümmt oder standen Soldaten, Verwundete und Kranke. Als es Nacht wurde, sprangen die Motoren an, ließen das ganze Boot vibrieren.

Weizsäcker saß in einer Kajüte, gab sich jenem wohligen Gefühl hin, das einen Mann überkommt, der bisher ständig Entscheidungen treffen mußte, der für das Leben von Tausenden von Soldaten verantwortlich gewesen war und der nun für die Tage und Nächte der Überfahrt nichts zu entscheiden brauchte. Oben auf der Brücke standen »Seelords«, die ihr Schiff beherrschten, mit ihren Nachtgläsern das Wasser absuchten. Das monotone Geräusch der Schiffsmotoren schläferte ihn ein. Er wußte nicht, wie lange er geschlafen hatte, plötzlich wachte er auf, weil die Motoren stillstanden. Die Ruhe beunruhigte ihn. Am Ziel konnten sie unmöglich sein!

Da ging die Kabinentür auf und der Kommandant erschien, ein junger Kapitänleutnant, also gleichrangig mit dem Hauptmann von Weizsäcker. Er sagte: »Wat 'ne Schiet. Jetzt liegen wir wieder an derselben Stelle wie am Abend vorher!« Weizsäcker schaute ihn ungläubig an.

Der »Kaleu«, wie sie bei der Seefahrt einen Kapitänleutnant nennen, registrierte den Erklärungsbedarf. »Wir liefen gestern abend aus, um uns weit draußen vor dem Hafen zu versammeln, bis ein Geleitzug zusammengestellt ist und wir die Danziger Bucht verlassen können. Aber irgendwie hat das nicht geklappt, und wir bekamen über Funk Befehl, wieder in den Hafen einzulaufen.«

Beim zweiten Versuch klappte es. Der Geleitzug nahm Kurs 248 Grad. Nach 35 Seemeilen war die Reede zwischen Gdingen und der Halbinsel Hela erreicht. Mehrere große Schiffe ankerten bereits. Weizsäcker und die anderen Soldaten wurden auf ein großes Passagierschiff umgeladen. Dann wurden dessen Anker gelichtet, und der Schiffsriese nahm Fahrt auf Richtung Kopenhagen. Die See war leicht bewegt mit weißen Schaumkrönchen. Schiffsschrauben quirlten eine gleichmäßige weiße Spur durch die Ostsee. Die Möwen, die anfangs das Schiff mit gierigen Schreien umkreist hatten, verschwanden nach und nach. Das Artilleriefeuer der Roten Armee, mit dem die Sowjets noch immer deutsche Stellungen an der Küste beschossen, war bald nicht mehr zu hören. Auch dieses Schiff war vollgestopft mit Menschen – Soldaten, Verwundeten, Flüchtlingen –, die froh waren, den Sowjets entronnen zu sein.

Gelegentlich drangen fremde Laute an Weizsäckers Ohr. Freiwillige und Zwangsrekrutierte aus fast allen europäischen Ländern dienten inzwischen in der Wehrmacht. Über zwei Millionen Menschen, davon 680 000 Flüchtlinge, wurden vom Anfang des Jahres 1945 bis zur Kapitulation am 9. Mai aus den Häfen Königsberg, Pillau, Danzig, Gotenhafen und Hela über den Seeweg im Rahmen einer gigantischen Evakuierungsoperation der deutschen Kriegsmarine in den Westen gebracht.

Für Weizsäckers Schiff war die Gefahr noch nicht gebannt. Wenige Wochen zuvor, am 30. Januar, hatten drei als Fächerschuß abgegebene Torpedos eines sowjetischen U-Bootes (ein viertes Torpedo blieb im Rohr stecken) die 25 484 Bruttoregistertonnen große *Wilhelm Gustloff* mit über 5200 Menschen an Bord auf den Meeresgrund geschickt. Nur 838 Menschen überlebten. In Höhe von Bornholm wurde es besonders kritisch. Hier pflegten sich die U-Boote auf die Lauer zu legen. Aber Gott schien seine schützende Hand über das Schiff zu halten. Am Morgen lief es wohlbehalten in den Hafen von Kopenhagen ein. Als sechsjähriger Knirps hatte Weizsäcker in der Petri-Schule von Kopenhagen Lesen und Schreiben gelernt – auf dänisch, denn sein Vater war damals Gesandtschaftsrat an der deutschen Vertretung.

Es war Frühling, die Tulpen blühten auf den Beeten der städtischen Anlagen. Hauptmann von Weizsäcker erkannte die Türme der Stadt, die Lagerschuppen des Hafens, das Zollhaus und die Wälle der alten Zitadelle wieder. Im Spätherbst 1942 hatte er in Dänemark die Neuaufstellung des Grenadier-Regiments 9 erlebt. Obwohl das erst knapp zweieinhalb Jahre zurücklag, kam es ihm wie eine Ewigkeit vor. Außerdem war es ein noch ungewohntes Gefühl, daß die Waffen schwiegen. Aber er verspürte Dankbarkeit, diesen Krieg im Gegensatz zu seinem gefallenen Bruder Heinrich und vielen Kameraden lebend überstanden zu haben. Für eine persönliche Rechenschaft war es auch noch zu früh, zumal die Enttäuschung über die totale Niederlage des Vaterlandes schwer wog. Und da war schließlich noch die Ungewißheit über das Schicksal der Eltern, des Bruders Carl Friedrich und der Kameraden.

Über 3,2 Millionen Tote und Vermißte hatte allein das deutsche Heer seit Kriegsausbruch bis zum 31. Januar 1945 zu verzeichnen. Glücklich die, die – ob verdient oder nicht – das Schicksal auserkoren hatte, zu überleben.

Den zurückgebliebenen Offizieren der Kampfgruppe Knebel, darunter auch die Reste des Grenadier-Regiments 9, wurde am 6. April ein Abschiedsbefehl des immer noch im Lazarett liegenden schwerverwundeten Divisionskommandeurs verlesen. Danach sollten die letzten Soldaten des Grenadier-Regiments 9 zur Verteidigung nach Königsberg geschickt werden. Das klappte aber nicht mehr, da die Sowjets am 6. April zu einer Großoffensive auf die zur Festung erklärte Stadt antraten und sie bereits eingekesselt hatten.

Daraufhin wurden die Grenadiere im Süden der Samland-Front bei der 561. Volks-Grenadierdivision eingesetzt. Sie schlugen sich mit traditioneller Tapferkeit. Oberfeldwebel Holtz, Führer der 3. Kompanie, wurde mit dem Ritterkreuz ausgezeichnet.

Am 13. April begannen die Sowjets auf breiter Front den Angriff gegen das Samland. Die täglichen Eintragungen in das »Lagebuch« des Wehrmachtführungsstabes lesen sich wie die Fieberkurve vor einem Exitus.

»14. April 1945, Armeeoberkommando Ostpreußen: Im Samland wurde der feindliche Großangriff weiter fortgeführt.

15. April 1945, Einbrüche im Samland. Vorbereitet ist ein Tagesbefehl des Führers: Appell an die im Osten kämpfenden Streitkräfte: ›Berlin bleibt deutsch, Wien wird wieder deutsch!‹

16. April 1945: Im Samland wurden die eigenen Kräfte zurückgedrängt.

17. April 1945: Die eigenen Kräfte im Samland sind fast ganz aus Pillau zurückgedrängt. Die feindliche Luftwaffe macht alle Bewegungen unmöglich.

18. April 1945: Die Kräfte im Samland sind jetzt auf Riegel westlich Fischhausen zusammengedrückt. Artilleriefeuer und Luftangriffe gegen den Raum von Pillau.

19. April 1945: Im Samland Einbruch in den Riegel. Starkes Feuer auf den Raum von Pillau, dadurch starke Verluste (vier Divisionskommandeure fielen aus).«

Dann wurden die Samland-Kämpfer nicht mehr erwähnt, was bedeutete, daß ihre Einheiten zerschlagen worden waren. Und mit ihnen das stolze Grenadier-Regiment 9, das zum Schluß von dem einunddreißigjährigen Stabsarzt Dr. Walter Aeffner geführt wurde. Bis zuletzt hatte es getreu seinem Regimentsschwur »semper talis – immer der Gleiche« gekämpft. Nun war das ruhmreiche Regiment mit seiner über zweihundertjährigen Geschichte ausgelöscht.

53 Potsdam: Die Särge Friedrichs des Grossen und seines Vaters werden in Sicherheit gebracht

Der Oberleutnant Peter Kraske, nach schwerer Verwundung wieder genesen, meldete sich am 1. März 1945 beim Ersatzbataillon zurück. Wenige Tage später erhielt er vom Potsdamer Stadtkommandanten den geheimen Auftrag, die Särge Friedrichs des Großen und seines Vaters, Friedrich Wilhelms I., nach Thüringen in Sicherheit zu bringen. Die sterblichen Überreste der beiden Könige, die den Begriff des preußischen Offiziers und Beamten geprägt hatten, waren seit 200 beziehungsweise 150 Jahren in der Gruft der Garnisonkirche aufgebahrt gewesen.

Um sie vor der Zerstörung durch alliierte Bombenangriffe zu schützen, hatte man sie bereits im April 1943 in einen Bunker des Luftwaffenhauptquartiers in Potsdam-Eiche verlagert. Den Auftrag dazu hatte seinerzeit Oberleutnant von Gottberg erhalten. Hauptmann Paul Klasen, als Chef der Marschkompanie, und einige seiner Unteroffiziere führten die Überführung aus. Der Stadtkommandant, General von Wulffen, wohnte damals dem Akt bei. Er war Träger des ihm im Ersten Weltkrieg verliehenen Pour le mérite.

Die Särge standen in Marmorsarkophagen und diese wiederum in einem ziemlich kleinen Mausoleum unterhalb des Altars. Sechs Unteroffiziere wurden in das Mausoleum geschickt, um die Särge aus den Sarkophagen herauszunehmen. Dabei mußten zunächst die Marmorplatten abgehoben werden. Der Sarg Friedrichs des Großen war leicht herauszuheben und in das Kirchenschiff gebracht. Anders war es bei seinem Vater, dem Soldatenkönig. Aus Sparsamkeit hatte er verboten, seinen Sarg innen mit Zinn auszukleiden. Bei dem Versuch, den Sarg herauszuheben, zerbrach der Sargdeckel. So konnten General von Wulffen, Hauptmann Klasen und Oberleutnant von Gottberg die sterblichen Überreste des Königs sehen, der für die spätere Größe Preußens die Grundlagen geschaffen hatte. Durch die vier ruhenden Luftschichten war der Leichnam noch überraschend gut erhalten. Der König trug den schlichten blauen Rock des 1. Garde-Regiments, auf der linken

Brustseite den Stern zum schwarzen Adlerorden, die Hände, auf dem Leib gefaltet, hielten den Dreispitz. Friedrich Wilhelm I. trug hohe gelbe Stulpenstiefel, die bis weit über die Knie reichten. Die drei Offiziere berieten, was zu tun sei. Es wurde beschlossen, Sargmeister aus der Junkerstraße mit der Umbettung zu beauftragen. Diese wurde in erstaunlich kurzer Zeit durchgeführt. Das 200 Jahre alte Leinen wurde von beiden Seiten straffgezogen und mit dem darauf liegenden Körper in den Sarg gelegt. Der Leichnam Friedrich Wilhelms I. wurde nach der Umbettung, einem Ritual folgend, durch den Divisionspfarrer erneut eingesegnet. Beide Särge wurden dann mit einem Fahrzeug der Luftwaffe in das Luftwaffenhauptquartier in einem unterminierten Berg gebracht.

Die Beteiligten waren naturgemäß von diesem Erlebnis tief bewegt, wie Gottberg sich weiter erinnerte, »wohl auch in Gedanken einen Vergleich ziehend zwischen damals und heute, zwischen dem Monarchen von einst, der die preußischen Tugenden durch sein Vorbild geschaffen und weitervererbt hatte, und dem, der sich nun in diesem Land gleichsam als Monarch aufspielte: Wie stand es um uns und unser Vaterland?«

Nun also sollte Oberleutnant Kraske die Särge zusammen mit den hinzugekommenen sterblichen Überresten des ehemaligen Feldmarschalls und Reichspräsidenten Paul von Hindenburg und seiner Frau vor den herannahenden sowjetischen Truppen in Sicherheit bringen. Er erinnerte sich später: »In der Nacht fuhren wir los. Dies wegen der beständigen Bedrohung durch Tieffliegerangriffe. Bei unserer Ankunft am 14. März in Bernterode, 20 Kilometer westlich von Nordhausen, werden wir schon erwartet – und zwar in einem stillgelegten Kalibergwerk, das als Munitionsdepot benutzt wird. Wir fahren ein bis auf Tiefe von 563 Metern. So tief unten sind Preußens große Könige noch nie gewesen.« Aber dafür waren sie nunmehr sicher. Denn über Potsdam brauten sich dunkle Wolken zusammen.

54 Die Kapitulation: nur nicht in sowjetische Gefangenschaft geraten

In den letzten Kriegswochen hatten die Sowjets einen zweiten Kessel großräumig um Danzig gebildet. In ihm saß der Stab der 23. Infanterie-Division mit den Einheiten, die beim Eisenbahntransport über Allenstein noch durchgekommen und nicht, wie das Grenadier-Regiment 9, abgespalten worden waren. In dieser Falle hockte auch Oberleutnant Becker mit seiner Ausbildungskompanie. Das war ein zusammengewürfelter Haufen. Ein Zug bestand aus Ukrainern. Einige kamen eines Tages zu ihm: »Herr Oberleutnant, warum können wir denn nicht weg von hier? Warum müssen wir jetzt gerade gegen die Russen eingesetzt werden? Warum nicht im Westen?«

»Tja, Kinder, da kann ich für euch nichts machen«, hatte er versucht, sie zu trösten, wissend, daß die Ukrainer als »Verräter« sofort erschossen werden würden, fielen sie den Sowjets in die Hände.

Becker war vorübergehend in Danzig im Lazarett wegen Behandlung einer erfrorenen Hand gewesen. Nunmehr wieder zu seiner Kompanie zurückgekehrt, sollte er sich in Richtung Dirschau, einem Städtchen an der Weichsel, in Marsch setzen, um dieses in Form einer »Inselverteidigung« vor der Eroberung durch die in den Kessel drückende Rote Armee zu schützen. Gott sei Dank hatte er einen mutigen Oberstleutnant als Vorgesetzten, der sich gegen diesen Befehl von höchster Stelle wehrte: »Das können wir nicht. Der Russe ist doch längst mit allem unterwegs. Wir verlieren beim Anmarsch durch eigene Verluste mehr, als wir durch die Verteidigung Dirschaus erreichen würden.«

Wider Erwarten hatte man bei der Division ein Einsehen. Der neue Marschbefehl lautete: »Über Schievenhorst (Danziger Bucht) sich zur Einschiffung nach Kiel bereithalten.« Das war aber nur noch Wunschdenken. Ordonnanzoffizier Leutnant von Witzendorff klärte Becker auf: »In Schievenhorst ist Schluß. Dort müssen wir kapitulieren.«

»Wie bitte?«

»Wir müssen in Schievenhorst kapitulieren.«

»Woher hast du denn diese Information?«

»Das habe ich über Funk gehört.«

»Du lieber Gott«, entfuhr es Becker, Verzweiflung stand in seinem Gesicht. »Nun kriegen uns doch noch die Russen.« Er und seine Kameraden waren sich stets einig gewesen: Lieber erschossen werden, als in russische Gefangenschaft geraten. Am besten beim Ami hinter Stacheldraht. Die Kapitulation war auf den 8. Mai, 24.00 Uhr, festgelegt. Nichtsdestotrotz schossen die Sowjets nach der vereinbarten Uhrzeit noch einige Salven mit 18-cm-Granaten in den Versammlungsraum für die deutschen Truppen in und um Schievenhorst. Dann überflogen sie die deutschen Einheiten, um ihr Verhalten zu kontrollieren. Becker und seine Ausbildungskompanie waren in einem Gutshof in Schievenhorst untergekommen. Mit ihnen waren noch ein paar Trosse sowie der Oberleutnant Nöll und der Oberstleutnant Bloch. Die Herren Offiziere schauten in Erwartung der Sowjets aus den Fenstern des Gutshauses. Plötzlich hörten sie das Trommeln von Hufen! Im nächsten Moment kamen im Galopp von der Straße in den Gutshof Rotarmisten auf schweren belgischen Pferden gedonnert, zum Teil mit ihren Frauen ebenfalls auf dem Pferderücken. »Du lieber Himmel. Hier hat sich Europa was eingeladen«, knurrte Becker. »Ob wir die jemals wieder loswerden?«

Dann versteckte er seine Armbanduhr vorsichtshalber im Stiefelschaft. Die Zimmertür flog auf, herein trat ein sowjetischer Hauptmann, Mütze und Koppel verrutscht, stockbesoffen, in seiner Begleitung eine Frau. »Woina kaputt, woina kaputt«, lallte er und meinte: »Der Krieg ist aus!« Dann nahm er Oberstleutnant Bloch die Uhr weg. Über seine Begleiterin, die deutsch sprach, befahl er, die deutschen Soldaten im Hof antreten zu lassen. Als das geschehen war, wurden sie aufgefordert, ihre Waffen niederzulegen. Anschließend wurde jeder einzelne »gefilzt«. Auf Uhren und Schuhe waren die Soldaten der Roten Armee besonders scharf. Was sie gebrauchen konnten, behielten sie. Am 12. Mai mußten die deutschen Gefangenen zum Büßermarsch durch Danzig antreten. Auf derselben Hauptstraße, auf der Adolf Hitler am 19. September 1939 in einem Fahnen- und Blumenmeer triumphalen Einzug gehalten hatte, zog nun über Schutt und Asche, eingerahmt von Trümmern ausgebrannter Häuser, eine graue Schlange besiegter, ausgemergelter, zerlumpter deutscher Soldaten. Becker würde diesen Anblick nie vergessen. Danzigerinnen, denen man ansah, daß sie mißhandelt worden waren, kamen aus verschiedenen Richtungen herbeigelaufen, um den deutschen Soldaten Trost zuzusprechen. Sie waren nicht die einzige Einheit, die diesen beklagenswerten Durchmarsch absolvieren mußte. Auch Truppen von der Halbinsel Hela, wo 1939 bei Ausbruch des Krieges durch ein deutsches Kriegsschiff die ersten Schüsse auf Polen fielen, waren darunter. Alles in allem etwa 40000 deutsche Soldaten. Danach marschierte Beckers Division weiter nach Dirschau, das sie einmal in Igelstellung hätte verteidigen sollen. Unterwegs hatten Becker und zwei Leutnants noch geplant zu flüchten, aber dann den Gedanken verworfen. Einer hatte zu bedenken gegeben: »Mensch, das ganze Gelände ist doch vermint! Dann treten wir noch auf so ein Teufelsding und verrecken hier. Lassen wir das mal besser.« Schließlich erfolgte der Befehl: »Das Ganze halt!« Das Kommando über die Division hatte ein Oberst Remer, Bruder des Kommandeurs des Berliner Wachbataillons, für den bisherigen Divisionskommandeur, Generalleutnant Hans Hugo Schirmer, übernommen, den die Sowjets samt seinem Stab sofort festgesetzt und abtransportiert hatten. Remer rief: »Alle Offiziere bitte sich dort drüben auf der Anhöhe sammeln!« Etwa 120 Offiziere folgten seiner Aufforderung. Als sie sich um ihn im Halbkreis aufgebaut hatten, bekamen sie Anweisungen: »Die Mannschaften werden nach Deutsch Eylau gebracht und in etwa vier bis sechs Wochen entlassen werden. Alle bekommen dort Ausweise, die wir in Deutschland benötigen. Darum soll keiner abhauen, jeder ohne Ausweis wird eingesperrt.« Nach der Ermahnung, in den Einheiten für Ordnung zu sorgen, schloß er: »Hat irgend jemand der Herren eine Frage?« Großes Schweigen. Da hob Becker als einziger die Hand. Oberst Remer nickte. »Verzeihen Sie, Herr Oberst, ich kann Ihren Worten keinen Glauben schenken. Wohl kommen wir vielleicht nach Deutsch-Eylau, aber von dort geht es ab in Gefangenschaft, und wenn wir Glück haben, sind wir in fünf bis sieben Jahren wieder in Deutschland.« Unter den Offizieren machte sich Unruhe bemerkbar. Remer bellte: »Halten Sie den Mund, sonst zwingen Sie mich, den Russen Meldung zu machen!«

Becker lag mit seiner Prophezeiung gar nicht so weit daneben. Er kam nach vier Jahren sowjetischer Gefangenschaft – mit einer Tuberkulose-Erkrankung – heim, Oberst Remer behielten sie zehn Jahre.

55 Weizsäcker zurück in Potsdam: blass und abgemagert

Leutnant Ernst Brandes, der noch rechtzeitig aus dem Kessel von Heiligenbeil herausgeflogen worden war und mit einer nicht heilenden Brustverletzung in einem Neuruppiner Lazarett lag, wünschte endlich Klarheit zu bekommen, ob ihm für sein tapferes Verhalten in Ostpreußen tatsächlich das Ritterkreuz verliehen wurde, wie ihm Kameraden wiederholt berichtet hatten. Er hatte im Januar 1945 mit der 6. Kompanie am Aarsee für 24 Stunden heftigsten Angriffen starker sowjetischer Kräfte standgehalten und somit die Heranführung von zwei deutschen Divisionen zur Verteidigung Königsbergs ermöglicht. Noch war ihm der hohe Orden nicht überreicht worden. Wo aber Genaues erfahren? Vielleicht in Potsdam beim Ersatzbataillon? Also setzte er sich gegen den Rat seines Arztes auf eigene Verantwortung in einen Zug und fuhr in seine alte Garnison. Kaum hatte er das Kasernengelände betreten, sprach ihn der Leutnant Groß an: »Mensch, warum trägst du denn dein Ritterkreuz nicht?«

»Weil ich mir nicht sicher bin, ob es mir wirklich verliehen wurde.«

»Aber es ist doch im Rundfunk bekanntgegeben worden!«

»Ich hab' nichts gehört, und ich hab' auch kein Ritterkreuz.«

Er meldete sich beim Führer des Ersatzbataillons. Das war inzwischen der Hauptmann Paul Klasen, der ihn mit Erstaunen begrüßte: »Brandes, wo kommen Sie denn her?«

»Aus dem Lazarett in Neuruppin, Herr Hauptmann. Ich bin aber noch nicht ganz gesund. Ich wollte nur mal hören, ob es stimmt, daß ich das Ritterkreuz bekommen haben soll. Leutnant Groß behauptet, das hätten alle gehört, als es über Radio mitgeteilt wurde.«

Während er Hauptmann Klasen, dem mit eingetretenen Leutnant Groß und zwei weiteren Offizieren erzählte, wann und wofür er die hohe Auszeichnung verdient haben könnte, ging die Tür auf – und herein trat Weizsäcker! Er sah blaß und abgemagert aus. Nach der Begrüßung berichtete die Herrenrunde, worüber sie sich gerade unterhalten hatte. Weizsäcker schaute Brandes kurz an.

»Ja, ich habe Ihr Ritterkreuz in der Hand gehabt. Am 5. März ist es Ihnen offiziell verliehen worden, und etwa um den 10. ist es beim Regiment eingetroffen. Weil Sie schon seit fast vier Wochen verwundet waren, wir aber Ihren Aufenthaltsort nicht kannten, haben wir es zurückgeschickt.« Dann berieten sie eine Weile, was zu tun wäre, bis es Weizsäcker zu bunt wurde. »Brandes, Soldbuch her!« Er sah sich in der Bataillonsschreibstube um, fand, was er suchte – Federhalter und Tinte –, und trug in das Soldbuch auf einer der hinteren Seiten ein: »Ritterkreuz verliehen am 5.3.45, v. Weizsäcker, Hptm. und Regts-Adjt.«

Dann erzählte er noch von den Kämpfen am Haff: »Es war die Hölle, vor allem diese Stalinorgeln. Und dann der Gedanke, von der Marine nicht mehr rausgeholt zu werden und in russische Gefangenschaft zu geraten . . .« Nach etwa einer halben Stunde löste sich die Runde auf. Vor der Tür sagte einer zu Brandes: »Nun hast du die Eintragung im Soldbuch, aber immer noch kein Ritterkreuz!«

»Ich hab's«, rief Leutnant Groß, »wir schmieden einfach mein Eisernes Kreuz II. Klasse um!« Warum nicht? Sie freuten sich diebisch. Also bauten sie ihm einen »Schwarzen Max« und hätten beinahe noch Ärger bekommen, denn Hauptmann Klasen wollte das Ritterkreuz Leutnant Brandes persönlich überreichen. Aber natürlich nur das echte. Die einzige Dienststelle, die Brandes über den Verbleib des ihm zugedachten Ordens Auskunft geben konnte, war das Heerespersonalamt in Berlin. Er fuhr in die Reichshauptstadt und erhielt endlich aus der Hand eines Majors ein echtes Ritterkreuz.

»Kann ich denn auch noch eine Bescheinigung über die Verleihung bekommen?«

»Sagten Sie nicht, daß es bei Ihnen im Soldbuch bereits eingetragen ist? Dann ist doch alles in Ordnung.« Daß die Eintragung »selbstgestrickt« war, erzählte Brandes natürlich nicht.

Berlin im April 1945 steckte voller Aberwitzigkeiten. Die Sowjets standen bereits an der Oder, aber in den Fabriken und Büros wurde weitergearbeitet, als könnte man durch Arbeit den Untergang eines ganzen Volkes einfach verdrängen. Die Hybris der Macht erlaubte keine Realität. Nur so waren Spruchbänder zu verstehen, die auf Straßen und an Bahnhöfen prangten: »Wer an Hitler glaubt, glaubt an den Sieg«, »Der Bolschewismus steht vor seiner vernichtendsten Niederlage«.

Brandes sah zu, daß er die Stadt so schnell wie möglich verlassen konnte. Das Ritterkreuz mußte natürlich gefeiert werden. Aber das tat er lieber in Potsdam im Kreise seiner Kameraden. Danach, man schrieb den 14. April 1945, fuhr er zurück ins Lazarett nach Neuruppin.

Auch Hauptmann von Weizsäcker verließ an diesem Tag die Garnisonsstadt. Vom Ersatzbataillon hatte er die notwendigen Papiere für den ihm zustehenden Genesungsurlaub erhalten. Dabei mochten seine Vorgesetzten auch gedacht haben: Mit dem Namen ist es besser, er fällt den Sowjets nicht in die Hände. Er fuhr zunächst mit der S-Bahn nach Berlin zum Anhalter Bahnhof. Dort setzte er sich in einen Zug, um nach Lindau am Bodensee zu gelangen, wo er in der Nähe seine Großmutter väterlicherseits, seine verwitwete Schwester mit zwei Töchtern und weitere Verwandte auf einem kleinen Bauernhof wußte.

Als der Zug den Bahnhof verließ, heulten die Luftschutzsirenen mit jenem penetranten Ton auf, der einem Schauer über den Rücken jagte, weil vor einem bevorstehenden Angriff gewarnt wurde. Die deutsche Luftabwehr hatte sich jedoch geirrt: Ziel der anfliegenden Bomberschwärme, die bis zu 1200 Maschinen ausmachten, war an diesem 14. April nicht die Reichshauptstadt, sondern Potsdam, das bis dahin von Zerstörungen aus der Luft weitgehend verschont geblieben war. Dem Oberbürgermeister und dem Stadtkommandanten war es bis dahin gelungen, Potsdam, auch wegen der vielen Lazarette, als »offene Stadt« zu belassen. Dann war es auf Befehl Hitlers doch noch zur »Festung« erklärt worden. Das rechtfertigte den Luftangriff der Alliierten.

Auch bei dem nun folgenden Angriff wurden die Zielmarkierungen für die nachfolgenden britischen Bomber, die »Christbäume«, zwar abgetrieben, so daß Sanssouci, das Traumschloß Friedrichs des Großen, wo er einst im Konzertzimmer Flöte gespielt und in der holzgetäfelten Bibliothek mit dem französischen Philosophen Voltaire seine Streitgespräche geführt hatte, erhalten blieb. Statt dessen aber brannte das Stadtschloß völlig nieder, ebenso das alte Zentrum, die berühmte Garnisonkirche wurde schwer beschädigt; erst durch Brandbomben, die den Turm wie eine Fackel brennen ließen, dann durch eine Sprengbombe, wonach die Kuppel des Turms in die Tiefe stürzte. Ausgelöst durch die enorme Hitze des Brandes, ertönte plötzlich das Glockenspiel »Üb' immer Treu und Redlichkeit . . .«

Weizsäcker brauchte für die Strecke Berlin-Lindau sechs Tage. Das Ziel war überhaupt nur noch über Prag zu erreichen. Züge wurden ständig umgeleitet, immer wieder mußte er umsteigen, dann gab es vielleicht einen ganzen Tag lang keinen Anschluß, und gelegentlich mußten gerade zerbombte Gleise erst notdürftig wieder zusammengeflickt werden. Oder – schlimmer – man mußte aussteigen und mit dem Gepäck in der Hand über Gleisschotter die zerstörten Strecken zu Fuß bis zum nächsten Zug zurücklegen. Und wenn man Pech hatte, wurde man dabei von Tieffliegern angegriffen. Zu jedem Zug wurden die Papiere der Reisenden von Polizei- und Militärstreifen kontrolliert. Wenn kaum mehr etwas klappte, die Bürokratie funktionierte bis zum letzten Atemzug. Das Reisen durch Deutschland war in jener Endzeit ein Abenteuer.

Am 20. April traf Weizsäcker bei seinen Verwandten ein. Am selben Tag beging Hitler seinen 56. Geburtstag. Die Deutschen, soweit sie noch nicht alliierter Besatzungsmacht unterworfen waren, mußten die Hakenkreuzfahnen heraushängen. In der Reichskanzlei, genauer gesagt in den wenigen noch nicht zerstörten Räumen, hielt Hitler ein Defilee ab: Dönitz, Ribbentrop, Bormann. Wer sich von den Paladinen noch nicht wie Reichsmarschall Göring in Sicherheit gebracht hatte, machte dem »Führer« ein letztes Mal seine Aufwartung. Es war eine gespenstische Veranstaltung.

Der nächste Tag, der 21. April, war aus zwei Gründen bemerkenswert: Es war ein wunderschöner Frühlingstag, und auf dem Berliner Stadtgebiet schlugen die ersten sowjetischen Granaten ein. Die Rote Armee hatte Berlin erreicht. Am 25. April war die Reichshauptstadt mit ihrem »Führer« eingekesselt und Westdeutschland in Auflösung begriffen. Nun galt die Parole: »Rette sich, wer kann.«

Das galt auch für Ritterkreuzträger Brandes. Aus Berlin ins Reservelazarett nach Neuruppin zurückgekehrt, war er gerade noch dem Luftangriff auf Potsdam entgangen. Kurz darauf erhielt er Besuch von einem Regimentskameraden, mit dem er in Dänemark stationiert gewesen war.

»Menschenskind, warum liegst du denn hier im Lazarett? Ich bin Standortkommandant in Hohenlychen. Da hast du im SS-Lazarett eine viel bessere Versorgung. Ich kenne Chefarzt Professor Karl Gebhardt persönlich!«

»Wenn du meinst. Langsam werde ich unruhig, weil die Wunde immer noch nicht verheilt ist.«

Zwei Tage später holte ihn besagter Kamerad ab und brachte ihn im SS-Lazarett unter. Nach Axel von dem Bussche war er der zweite I.R.-9-

Offizier, der ausgerechnet in *dem* SS-Lazarett behandelt wurde. Der Chefarzt war nicht nur Himmlers Leibarzt, sondern auch dessen Jugendfreund und führte zudem den Dienstgrad »Reichsarzt-SS und Polizei«. Professor Gebhardt untersuchte Brandes kurz. »Da müssen wir noch einmal operieren.« Nach dem chirurgischen Eingriff klärte er ihn auf: »Ich fand Fetzen von ihrer Uniformjacke in der Wunde. Kein Wunder, daß sie ständig eiterte.«

Noch lag das SS-Lazarett außerhalb des Kessels von Berlin. Es war aber nur eine Frage von Tagen, wenn nicht Stunden, wann die Rote Armee im Norden Berlins weiter gen Westen vorstoßen und damit auch Hohenlychen erreichen würde. Gebannt lauschte jeder am Radio. Der Wehrmachtsbericht vom 24. April lautete: »In der Schlacht um die Reichshauptstadt stießen die Bolschewisten trotz erbitterten Widerstandes unserer Truppen und Volkssturmeinheiten bis in die Räume südöstlich Brandenburg, südlich Potsdam, nördlich Königs Wusterhausen und in die Randgebiete der östlichen und westlichen Stadtteile vor ...«

Professor Gebhardt fand, es sei an der Zeit, für sich und sein Lazarett das Schicksal in die Hand zu nehmen. Er eröffnete Leutnant Brandes: »Also, Sie sind der einzige Infanterie-Offizier, der noch hier ist. Sie können Landkarten lesen. Ich bitte Sie darum, führen Sie, wenn wir alle Landser aus dem Lazarett raus haben, meinen chirurgischen Stab nach Flensburg.«

Kurz darauf setzten sie sich mit mehreren Fahrzeugen in Richtung Flensburg ab. Brandes hatte von seinem Freund, dem Standortkommandanten, der sich der Gruppe Gebhardt anschloß, einen Sechszylinderwagen zur Verfügung gestellt bekommen. Der Konvoi kam relativ problemlos ans Ziel.

In Flensburg eingetroffen, entließ Professor Gebhardt seine Begleiter. »Mich hängen sie doch auf. Hier sind für euch die Entlassungsscheine. Ich wünsch' euch viel Glück.«

Den Sechszylinder durfte Brandes behalten. Nun hatte er zwar ein Auto, war aber noch nicht zu Hause. Dazu hätte er nach Bergen bei Celle gemußt. Dazwischen lag die englische Heeresgruppe des Feldmarschalls Montgomery. »Wenn du mich nach Bergen bringst«, sagte er zu seinem Chauffeur, »schenke ich dir das Auto und du kannst damit abhauen.« Sie kamen aber nur etwa 60 Kilometer weit: In Rendsburg war Endstation. Dort standen schon die Engländer. Jemand sagte ihnen: »In Brunsbüttel schafft ihr es noch. Da ist ein bombiger englischer Major, der läßt einen noch rüber.« Also fuhren sie längs des Nord-Ostsee-Kanals bis nach Brunsbüttel an der Elbe. Der Chauffeur parkte den Wagen in einer Nebenstraße. »Ich warte hier.«

Brandes fand tatsächlich besagten englischen Major. Der war freundlich, aber freundlich abweisend: »Sorry, da ist nichts mehr zu machen. Sie befinden sich in einem Sperrgebiet, und aus dem dürfen Sie nicht mehr raus.« Brandes ging zurück. In der Straße, wo er Fahrer und Auto zurückgelassen hatte, stand kein Wagen mehr. Aber ein Stück weiter sah er das Auto plötzlich. Neben dem Fahrer ein junges Mädchen. »Also«, sagte sein Chauffeur, »ich hab' das alles schon geregelt. Die haben hier in ihrem Leben noch keine Einquartierung gehabt. Hier sollten wir bleiben.« Er grinste.

So zogen sie bei einer deutschen Familie ein. Da gab es noch ein Flüchtlingsmädchen aus Hinterpommern. Brandes verliebte sich Hals über Kopf in die junge Frau. Nach vier Wochen, als er aus der Gefangenschaft, sprich aus dem Sperrgebiet, entlassen wurde, fragte er seine junge Liebe: »Willst du meine Frau werden? Bis ich wiederkomme, behältst du mein Ritterkreuz und die Wehrmachtsuhr«, schwang sich auf ein geborgtes Rad und strampelte in die Freiheit.

56 Der Zusammenbruch: Wem die Stunde schlägt

Major Hans Sievers lag in der schwarzen Marmor-Badewanne des mächtigsten Industriellen in Deutschland, Alfried Krupp von Bohlen und Halbach, und genoß den doppelten Luxus: ein warmes Bad und gepflegte Umgebung. Nach seiner Abkommandierung vor einem halben Jahr vom Grenadier-Regiment 9 zur Kriegsschule 5 in Mielowicz bei Prag war er – nach einer Zwischenstation – bei der neu aufgestellten 324. Infanterie-Division als Adjutant und IIa gelandet. Die Einheit wurde zur Verteidigung des Ruhrgebietes eingesetzt. Die Wehrmacht war dort so gut wie eingeschlossen. Im Kriegstagebuch des Oberkommandos der Wehrmacht tauchten in rascher Folge bekannte Städtenamen auf wie 50 Jahre später Stauberichte im Verkehrsfunk. So hieß es im Lagebuch unter dem 5. April 1945: »Heeresgruppe B: Angriffe von Norden und Nordosten gegen Soest und die Autobahn. Nordwestlich Dortmund erzielte der Gegner tiefe Einbrüche ...« 10. April: »Weiterer starker Druck auf die Nord- und Ostfront. Soest ging verloren. Ein Übersetzversuch bei Leverkusen wurde abgewiesen. An der Südfront nichts Besonderes ...« 11. April: »Im Ruhrgebiet schwere Einbrüche zwischen Essen und Dortmund. In Bochum Häuserkämpfe. An der Südfront keine besondere Änderung, jedoch an der Südost-Ecke an der Armeenaht ein 15 Kilometer tiefer Einbruch des Feindes nach Nordosten bei Olpe ...«

Sievers' Divisionskommandeur, Generalmajor Steinmüller, war ein besonders pfiffiger Mann. Er hatte gesagt: »Sievers, wir müssen in die Villa Hügel vom alten Krupp. Die lassen die Alliierten heil. Da wollen sie mal ihr Oberkommando reinsetzen.« So bezog der Divisionsstab auf Villa Hügel Quartier. So ganz glaubte Sievers seinem General nicht. Abends, wenn die anglo-amerikanischen Bomber über Essen hinwegzogen, während er mit seinem General im ersten Stock der riesigen Villa die besten Weine der Familie Krupp probierte, war ihm doch mulmig zumute. Der Hausherr ließ sich übrigens nur morgens bei den deutschen Offizieren sehen.

Dann mußte plötzlich das feudale Quartier aufgegeben werden. Die Amerikaner hatten den Ruhrkessel auf einen West-Ost-Schlauch von nur noch zwölf Kilometern Breite zusammengedrückt. Sievers und die Division verließen Essen, setzten sich über die Ruhr gen Süden ab, sprengten den Rundfunksender Langenberg, kamen noch bis Neviges, nördlich von Wuppertal, dann war endgültig Schluß. Die Division besaß keine Munition mehr. Sievers: »Alles ist verballert.« Der General sagte nur: »Na, was sollen wir denn noch?« Sie vergruben die Schreibmaschine des Divisionsstabes und die letzten drei Handgranaten.

Im Morgengrauen des 16. April fuhren die Amerikaner in ihren olivgrünen Jeeps mit dem weißen Stern auf der Kühlerhaube in das Dorf, wo der Divisionsstab seine letzte Zuflucht gefunden hatte. Keiner verspürte mehr Lust zu kämpfen. Weder die Deutschen noch die Amerikaner. Weil Sievers von einem Englandaufenthalt her der englischen Sprache mächtig war, fungierte er als Dolmetscher, wenngleich er Schwierigkeiten hatte, das breite Texanisch der Amis (»We take you guys to Gummersbach«) zu kapieren.

In Gummersbach sortierten sie General Steinmüller aus. Die übrigen Soldaten einschließlich der Offiziere wurden auf Trucks nach Remagen am Rhein gebracht. Dort wurden sie einfach auf Rübenäcker abgekippt. Amerikanische Soldaten hoben ringsum Löcher aus, in die sie Pfähle rammten und dazwischen Stacheldrahtzäune spannten. Dann bauten sie noch Wachtürme. Die Deutschen kampierten im Freien, es regnete Tag und Nacht, es war kalt, es gab nichts zu essen. Jeden Morgen legten sie etwa 20 Tote zum Abholen an den Zaun.

Oberleutnant Helmut von Gottberg geriet als zweiter Ordonnanzoffizier der 1. Armee bei herrlichem Sonnenschein im schönen St. Johann, nicht weit von Kitzbühel, in amerikanische Gefangenschaft.

Die 1. Armee hatte in den letzten Kriegsmonaten im Elsaß und in der Pfalz gekämpft und dabei bis zu 80 Prozent ihrer Infanterie verloren. Die Kapitulation nahm der Kommandeur der 42. amerikanischen Infanterie-Division, Generalmajor Harry J. Collins, entgegen. Die US-Division hatte bereits im Ersten Weltkrieg an der Marne und Aisne gekämpft, rekrutierte sich aus Soldaten vieler amerikanischer Staaten, weshalb sie als Divisionszeichen einen Regenbogen trug. Sie hatte sich im Zweiten Weltkrieg durch Saarbrücken, Fürth, Schweinfurt, Nürnberg gekämpft, die 32 000 Insassen des Konzentrationslagers Dachau befreit und war als erste amerikanische Einheit in München eingerückt. General Collins war ein Gentleman, dem es widerstrebte, die deutschen Generale hinter Stacheldraht zu setzen. Allerdings machte er ihnen die Auflage, sich nicht von St. Johann zu entfernen. Ein deutscher General mißbrauchte die gewährte Freiheit, indem er sich mit einem Militärlastwagen Möbel aus Ostdeutschland heranschaffen ließ. Daraufhin schickte Collins alle deutschen Generale ins Gefangenenlager.

Gottberg mußte von Anfang an nicht ins Lager. Als zweiter Ordonnanzoffizier im Armeestab war er die rechte Hand des Oberquartiermeisters und für die Versorgung der Truppe verantwortlich. Die Soldaten der 1. Armee galten offiziell nicht als Kriegsgefangene, sondern – das war eine Absprache der Kapitulation – nur als »entwaffnete Deutsche«. Der Unterschied: Kriegsgefangene mußten nach der Genfer Konvention genauso gut verpflegt werden wie die eigene Truppe. Dazu waren die Amerikaner auf Grund von Nachschubproblemen nicht in der Lage.

Die Verpflegung, an deren Verteilung Gottberg beteiligt war, kam dennoch von den Amerikanern. Mithin saß Gottberg an der Quelle. Er hatte einen Dienstwagen und trug eine weiße Armbinde. Auf zwei Dinge war er besonders erpicht: auf einen Entlassungsschein und auf Gift! Das Gift wollte er für den Fall nehmen, daß er als geborener Potsdamer zusammen mit anderen Ostdeutschen von den Amerikanern an die Sowjets als Arbeitskräfte ausgeliefert werden würde. Dann wollte er lieber den Freitod wählen. »Du«, sagte er darum eines Tages zum stellvertretenden deutschen Armee-Arzt, »ich hab' nicht von vornherein die Absicht, mir das Leben zu nehmen. Aber da wir nicht wissen, was auf uns zukommt, wäre es mir doch ganz lieb, wenn du mir schon mal eine bestimmte Kapsel verabreichen könntest.« Der Arzt lachte. »Wir sind längst ausverkauft. Da waren noch andere, die auf diese Idee kamen.«

Mehr Glück hatte er mit der Beschaffung des Entlassungsscheins. Es wurde schubweise entlassen. Durch seine Beziehungen wußte er, welche Gruppe gerade dran war – eine Zeitlang nur Landarbeiter, dann wieder Soldaten, die im Westen Deutschlands beheimatet waren, mal diese, mal jene Gruppe. Eines Tages hörte er, im Augenblick könne jeder entlassen werden. Daraufhin zog er seine Militärhosenbeine etwas hoch, faltete sie zu Knickerbockern, halblangen Überfallhosen, damit er nicht ganz so preußisch aussähe, ließ die Uniformjacke im Quartier und marschierte in diesem wilden Zivil zur amerikanischen Entlassungsstelle. Er hatte einen Sonntagvormittag gewählt, »weil ich wußte, daß den Amerikanern an Sonn- und Feiertagen nicht besonders der Sinn nach Arbeit stand, und sie mittags sehr pünktlich Schluß machten«. Bevor man an den Tisch herantrat, wo man den Entlassungsschein erhielt, mußten Wehrpaß und Soldbuch in einen großen Korb geworfen werden. Das wußte er. Aber er wollte sich von diesen wichtigen Ausweisen nicht trennen. Er warf, ohne daß die Amerikaner es merkten, irgend etwas anderes in den Korb und erhielt seinen Entlassungsschein, blieb aber zunächst bei seiner Truppe. Erst Ende Juni verließ er St. Johann und ging zunächst in die englische Besatzungszone, wo er witzigerweise ein zweites Mal entlassen wurde. Einmal eingezogen, aber zweimal entlassen.

Die Militärjustiz hatte den Oberjäger Walter Henze, den sie wegen »mangelnder Dienstaufsicht« beim Abbrennen einer russischen Kate im März 1944 zur Rechenschaft ziehen wollte, nicht vergessen. Nach seiner schweren Verwundung bei der Erstürmung des »Pfingstbergs« im Quellgebiet der Welikaja war er nach Aufenthalten in verschiedenen Lazaretten in der Neurochirurgischen Abteilung II des Reservelazaretts Pützchen/Bonn gelandet. Für den 27. Juli 1944 war beim Gericht der 406. Division in Bonn eine Hauptverhandlung angesetzt worden, welcher Henze aber nicht Folge leisten wollte. Die Ärzte bescheinigten ihm »strengste Bettruhe«.

Getreu dem russischen Sprichwort »Jeder Prozeß gleicht einem Strick und jedes Gericht einem Galgen« ließen die Herren Richter nicht locker. Selbst im Februar 1945, als die Alliierten auf einer Frontbreite von 15 Kilometern den Rhein erreicht hatten, verlangten sie immer noch den Skalp des Oberjägers. Aber Gott sei Dank hatte er Ärzte, die nicht nur etwas von ihrem Handwerk verstanden, sondern sich überdies ihren gesunden Menschenverstand bewahrt hatten. Ein neuerliches Ersuchen, ihn vor Gericht zu stellen, schmetterten sie mit einem Schreiben an das Gericht im Wehrkreis VI, Hagen in Westfalen, vom 28. Februar 1945 ab: »Auf Ihre Anfrage wird mitgeteilt, daß der Oberjäger Walter Henze noch weiter der Lazarettbehandlung bedarf.« Der Justizposse wurde erst mit dem Einmarsch der Amerikaner ein Ende bereitet.

Am 7. März 1945 war der US-Armee der Übergang über den Rhein bei Remagen geglückt. In den nächsten Tagen eroberte sie die rechtsrheinischen Ortschaften Linz, Unkel, Honnef und stand vor Königswinter, schräg gegenüber von Bonn. Dort, in der Drachenfelsstraße, wohnte

Henze, der sich vorher selbst aus dem Lazarett entlassen hatte. Als er bereits amerikanische Soldaten mit entsichertem Gewehr die Häuser durchkämmen sah, versteckte er schnell seine Uniformjacke unter Kohlen im Keller. Die G.I.s schlugen Türen ein, schossen die Schlösser kaputt. Henze stellte sich in seinem Räuberzivil – über einem vergipsten Bein trug er eine Tarnhose des Afrikakorps – vor die Haustür, gestützt auf Krücken. Ein schwarzer Soldat kam um die Ecke und schoß, traf Henze aber nicht. Als nächstes wollte er eine Handgranate durch das Kellerfenster in das Haus werfen. Henze konnte ihn gerade noch daran hindern, denn im Keller lag eine Frau mit einem Schlüsselbeinschuß. Henze rief aufgebracht: »Hier nix, hier nix!« Der Farbige ließ daraufhin von seinem Vorhaben ab. Dann kam ein amerikanischer Militärarzt, der das Gipsbein für eine Attrappe hielt und es aufschnitt. Als er die Narben der schweren Verwundung erkannte, stellte er eine Bescheinigung aus, Henze wäre »wounded in combat«.

Im benachbarten Zementwerk hielt ein deutscher Leutnant mit drei Soldaten und Maschinengewehren die Stellung, schoß auf jeden Amerikaner, der sich näherte, verblendet von den nazistischen Durchhalteparolen: »Ein deutscher Soldat ergibt sich nicht.« Acht Tage lang versuchten die Amerikaner vergeblich, den Leutnant und seine Mannen auszuschalten. Dann zogen sich die vier Deutschen ein paar Kilometer stromabwärts nach Dollendorf zurück, wo sie sich noch einmal acht Tage lang verteidigten. Erst im übernächsten Ort Küdinghoven konnten sie getötet werden. Da lagen sie dann hingestreckt auf der Mitte der Straße, wo sonst Markt abgehalten wurde. Die Bewohner, die sich nach der Schießerei aus den Häusern wagten, machten einen scheuen Bogen um die Leichen. Als Henze den toten Leutnant in seinem Blut liegen sah, wußte er: Nun ist der Krieg tatsächlich aus.

Oberleutnant der Reserve Hermann Jannsen, einer der Regimentsadjutanten des I.R. 9, den die Gestapo 1940 der Begünstigung jüdischer Bürger bezichtigt hatte, worauf er vorübergehend mit der Begründung entlassen wurde, »er sei nicht würdig, die Uniform der Wehrmacht des Dritten Reiches zu tragen«, war später wieder einberufen und – inzwischen Hauptmann – zum Rüstungskommando Frankfurt/Oder in Marsch gesetzt worden. Nun setzte er in den letzten Kriegswochen alles daran, um nicht in sowjetische, sondern in amerikanische Kriegsgefangenschaft zu gelangen.

Seine Dienststelle war zuerst nach Cottbus und dann nach Guben verlegt worden. Als in der zweiten April-Hälfte bereits das Grummeln der herannahenden sowjetischen Artillerie zu hören war, ging Jannsen zu seinem Kommandeur, einem General Wolf. »Ich glaube, es wird Zeit, daß wir abrücken.« Der General hatte selbst längst das Bedürfnis verspürt, sich abzusetzen, sich aber geniert, den Befehl zu geben. Nun war er froh, daß jemand anderes den Vorschlag machte. In zwei Autos brachen sie - sechs Offiziere - gen Westen auf. Die Straßen waren von Flüchtlings- und Militärkolonnen heillos verstopft.

Die Offiziere wollten die Elbe bei Torgau überqueren. Jannsen warnte: »Es wird Schwierigkeiten geben!« Die Brücken über den Fluß waren zerstört. Es existierte nur ein Behelfsverkehr mit Booten. Zwei SS-Männer am Ufer stoppten die Wehrmachtsoffiziere beim Verlassen der Wagen, mit denen sie ohnehin nicht hätten übersetzen können: »Führerbefehl! Kein Angehöriger des Heeres darf die Elbe nach Westen überschreiten.«

Jannsen ließ sich auf keine Diskussion ein. »Entweder ein Boot, oder es knallt.« Dabei hatte er die rechte Hand auf seine Pistolentasche gelegt. Wider Erwarten lenkten die Posten ein. Nur mit Handgepäck ließen sich die sechs Offiziere übersetzen.

Am anderen Ufer angekommen, setzten sie ihren Marsch gen Westen fort. Aber weiter als etwa 30 Kilometer kamen sie nicht. Plötzlich, sie lagerten gerade, standen amerikanische Infanteristen mit entsicherten Waffen vor ihnen. Die deutschen Offiziere hoben die Hände, die Amerikaner machten erst einmal Beute, kassierten Armbanduhren und Soldbücher. Dann ging es auf einem Armeelastwagen über Halle nach Bad Hersfeld. Da wurden sie auf einem umzäunten Acker abgeladen. Nach zwei Tagen ging es weiter, Endstation ein Kriegsgefangenenlager in der Nähe von Büdesheim bei Bingen. Hoffentlich übergeben sie uns nicht den Sowjets, dachten Jannsen und seine Kameraden. Denn: 50000 ungarische Offiziere und Soldaten wurden sofort in Eisenbahnwaggons mit Ziel nach Osten verladen. Auch deutsche Offiziere, die in Rußland oder Polen Stadtkommandanten gewesen waren, wurden automatisch an die Sowjets ausgeliefert. Jannsen traf im Lager Oberleutnant Ekkehard von Saldern, der gleich ihm I.R.-9-Regimentsadjutant, später Stadtkommandant in Polen gewesen war und nun an die Sowjets ausgeliefert werden sollte.

Ende Juni 1945 hieß es: »Alle Kriegsgefangenen aus Thüringen und der Provinz Sachsen zur Entlassung melden!« Jannsen meldete sich. Denn als die Luftangriffe der Alliierten auf die deutschen Städte ab 1943 immer stärker wurden, hatte Jannsen seine Frau in die damalige Provinz Sachsen (heute Sachsen-Anhalt) nach Sangerhausen, westlich von Halle, ausquartiert. Dort, in einer Maschinenfabrik, deren Aufsichtsratsvorsitzender er war, hatte seine Frau Unterkunft gefunden. Also wurde Jannsen entlassen. Gott sei Dank, dachte er, nun bin ich der drohenden Auslieferung an die Sowjets entkommen. Drei Tage nach seiner Ankunft in Sangerhausen räumten die Amerikaner in der Nacht zum 1. Juli die Stadt und übergaben diese wie die von ihnen besetzten Teile Sachsens, Thüringens und Mecklenburgs im Austausch gegen die Berliner Westsektoren an die Rote Armee. In der Nacht vor dem Einmarsch der Sowjets in Sangerhausen konnte sich Jannsen über die neue Demarkationslinie in den Westen retten.

Jonas Graf zu Eulenburg, erst Kompaniechef, dann Bataillonskommandeur im I.R. 9, auf Sworbe bei einer Detonation verletzt, hatte, inzwischen zum Festungskommandant von Glogau in Schlesien ernannt, das Ritterkreuz erhalten. Weil die Stadt bereits von den sowjetischen Truppen eingeschlossen war, wurde der Orden im Päckchen von einer Luftwaffenmaschine abgeworfen. Beim Ausbruchversuch aus der Festung Glogau fiel er im Stadtforst von Bunzlau am 8. April 1945.

Werner Freiherr von und zu Gilsa, fünf Jahre Regimentskommandeur des I.R. 9, brachte es bis zum General der Infanterie, Kommandierenden General eines Armeekorps und Träger des Eichenlaubs zum Ritterkreuz. Im Winter 1941/42 hatte er mit der 216. Infanterie-Division in der russischen Stadt Suchinitschi der Roten Armee eine blamable Niederlage bereitet. Nachdem er wegen seiner kritischen Bemerkung über Hitlers Moralbegriff seinen Posten als Kommandierender General verloren hatte, wurde er Anfang 1945 Kommandant von Dresden, das Hitler in seinem bedingungslosen Durchhaltewahn zur »Festung« erklärte.

Gilsa hielt von der Idee nichts, das bereits durch die schweren Luftangriffe zertrümmerte Dresden noch zu verteidigen. Auch über sein eigenes Schicksal machte er sich keine Hoffnungen mehr. Am 4. März 1945 besuchte er in der Trachauerstraße die dort lebende Familie seines Ia, des Majors Eberhard Matthes, und erklärte im Verlauf des Besuchs:

»Der Krieg kann ausgehen, wie er will. Gewinnen ihn die Alliierten, hängen mich die Russen auf, weil sie mir meine harten Maßnahmen zum Schutze meiner Soldaten im Suchinitschi-Kessel nie verzeihen können. Gelingt es Hitler aber doch noch, durch Verträge oder seine angekündigten Wunderwaffen den Krieg für sich zu entscheiden, wird mein Schicksal ebenso besiegelt sein, denn Freisler verzeiht mir nie, daß ich mich im Generals-Prozeß geweigert habe, als Beisitzer im Volksgerichtshof meine Kameraden zum Tode zu verurteilen.« Gilsa fügte hinzu: »Und dennoch müssen wir bis zum bitteren Ende als Soldaten unsere Pflicht tun und notfalls bis zum letzten Atemzug unsere Bevölkerung zu schützen versuchen.«

Fast täglich hatte er als »Festungskommandant« von Dresden mit dem ihm unterstellten SS-Obergruppenführer und Generalleutnant der Polizei, von Alvensleben, Auseinandersetzungen. Dieser wollte fortlaufend in der Bevölkerung Exempel statuieren. Zum Beispiel wenn jemand wegen defätistischer Äußerungen angezeigt worden war. Gilsa, im »Festungsbereich« auch Gerichtsherr, weigerte sich, Todesurteile zu unterschreiben. Und wenn er von beabsichtigten Exekutionen im Landgericht hörte, griff er sofort ein.

Als sich die Truppen der Roten Armee der Stadt näherten, weigerte sich Gilsa, Dresden zu verteidigen, was die restlose Vernichtung der Stadt bedeutet hätte. Nach der allgemeinen Kapitulation des Deutschen Reiches suchten er und sein Stab Anschluß zu den deutschen Truppen in der Tschechoslowakei. Unterwegs, schon auf tschechischem Gebiet, ließ er halten und ging in ein Gebüsch. Plötzlich fiel ein Schuß. Entsetzt rannten seine Begleiter dorthin, wo der Schuß gefallen war. Am Boden lag der General. Er hatte sich erschossen.

Nach der Zerstörung der Industriegebiete an Saar und Ruhr war Oberschlesien Hitlers letzte schwerindustrielle Versorgungsbasis. Ohne Schlesien, glaubte er, sei eine Fortführung des Krieges unmöglich. Sein »Durchhalte-Feldmarschall« Schörner hatte wieder einmal, wie schon in den ostpreußischen Brückenköpfen, das Kommando übertragen bekommen. Aber als es Spitz auf Knopf stand, als eine schlesische Stadt nach der anderen von der anstürmenden Roten Armee genommen wurde, flüchteten die Spitzen von Staat und Partei. Der Gauleiter der NSDAP für Schlesien, Karl Hanke, der die Verteidigung Breslaus »bis zum letzten Mann und bis zur letzten Frau« angeordnet hatte, türmte mit einem für ihn eigens reservierten Flugzeug vom Typ Fieseler-Storch. Schörner wartete immerhin die Kapitulation ab. Aber anstatt dann mit seinen Soldaten in die Gefangenschaft zu gehen, ergriff auch er die Flucht. In Zivil ließ er sich ebenfalls mit einem Fieseler-Storch nach Österreich fliegen. Dort geriet er zunächst in amerikanische Gefangenschaft. Die Amerikaner lieferten ihn an die Sowjets aus. Nach knapp zehn Jahren wurde er nach Deutschland entlassen, hier zu viereinhalb Jahren Gefängnis verurteilt, unter anderem, weil er im März 1945 einen Gefreiten hatte erschießen lassen, dessen »Verbrechen« darin bestanden hatte, betrunken am Steuer eines LKW eingeschlafen zu sein und eine Straße blockiert zu haben.

Ebenfalls in Schlesien, allerdings als Genesender, noch nicht frontverwendungsfähig, hielt sich im Januar 1945 Major Max von Arnim auf. Nach seiner schweren Kiefer- und Handverwundung auf dem langen Marsch nach Riga war er rechtzeitig auf dem Seeweg nach Norddeutschland transportiert und in Kiel mehrfach operiert worden. Im September war ihm eine Tochter geboren worden, und nach einem kurzen Besuch in Wien hielt er sich mit Frau und Kind in seiner Wohnung im oberschlesischen Carlsruhe - zwischen Breslau und Oppeln gelegen - auf. Als Schwerverwundeter besaß er einen Sonderausweis D, mit dem er sich ohne Schwierigkeiten frei bewegen konnte und mußte, da er ständig zwischen seiner Wohnung und dem Lazarett in Oppeln gezwungen war zu pendeln.

Am 17. Januar abends warnte ihn ein Nachbar, der gerade von einer Volkssturm-Besprechung in Oppeln zurückkam: »Ich gebe dir den dringenden Rat, packt euren Kram und haut schon morgen ab.«

»Ist denn der Russe schon so nah? Man hört gar nicht die Front.«

»Macht euch auf den Weg, ehe eventuell ein generelles Treck-Verbot für die Zivilbevölkerung ausgesprochen wird.«

Zu siebt - seine Schwägerin mit ihren drei Kindern war dabei - brachen sie am nächsten Morgen in einem DKW auf. Es wurde ein monatelanger Treck, wobei sie wochenlange Pausen einlegten, um Benzin zu sparen, denn Treibstoff war nicht nur knapp, sondern streng rationiert und kaum zu beschaffen. Man hangelte sich von Verwandten zu Verwandten beziehungsweise Bekannten mit dem Ziel durch, vor allem die amerikanischen Linien zu erreichen - ein Ziel, das Millionen Flüchtlinge in Ostdeutschland anstrebten.

Unterwegs erfuhr Arnim aus dem Radio von Hitlers Tod (30. April) und von der Kapitulation (8. Mai). Er wunderte sich, wie wenig ihn das noch interessierte. Aber gewundert hätte er sich schon, wenn er erfahren hätte, daß die letzten Soldaten, die in Berlin Hitlers Bunker verteidigten, ausgerechnet Franzosen waren: SS-Freiwillige der Division »Charlemagne«!

Über Breslau, Hohenbocka und Kriebstein bei Waldheim erreichten Arnim und seine Angehörigen schließlich den Fluß Mulde. Auf der anderen Seite einer alten Steinbrücke in Rochlitz kampierten bereits die amerikanischen Streitkräfte. Sie hatten die Brücke mit spanischen Reitern und Posten gesperrt, um dem gewaltigen Flüchtlingsstrom Einhalt zu gebieten, teils weil deren Ernährung für sie zum Problem wurde, teils aus Rücksicht gegenüber ihren sowjetischen Alliierten.

Arnim tauschte seine Majorsuniform gegen einen Zivilanzug und ging zunächst zu Fuß unbehelligt über eine Hängebrücke, die, neben der Hauptbrücke angebracht, dem kleinen Grenzverkehr diente, und meldete sich auf der amerikanischen Kommandantur. Sein Gesicht war von den zahlreichen Kieferoperationen immer noch geschwollen, und eine Hand trug er nach wie vor im Verband. Im Vorzimmer des Kommandanten herrschte reges Kommen und Gehen. Leute aus allen Gegenden Europas wollten das gleiche: einen Passierschein für Familie, Hab und Gut. Inmitten des Trubels entdeckte er die Vorzimmerdame, eine dunkelhaarige, gutaussehende Frau, von der er den Eindruck hatte, daß sie jedem in seiner Sprache antwortete. Er nannte ihr sein Anliegen und seinen Namen.

»Sind Sie mit Oskar von Arnim verwandt?«

»Mein Bruder heißt Oskar. Er wohnte in Berlin.«

»Ihr Bruder hat mir einmal in einer sehr üblen Situation geholfen. Sie können sich darauf verlassen, ich helfe Ihnen auch.«

Wie er hinterher erfuhr, handelte es sich bei seiner Gesprächspartnerin um eine griechische Schauspielerin. Sie hatte auch in Berlin gelebt und Probleme bei einem Engagement für den Berliner Rundfunk bekommen. Da hatte Arnims Bruder, der, bevor er von der Gestapo 1938 eingesperrt wurde, ebenfalls beim Rundfunk arbeitete, geholfen.

Sie fuhr fort: »Ich weiß nicht, wann die Brücke über die Mulde aufgemacht wird. Aber wenn es soweit ist und Sie eine Übertrittsgenehmigung erhalten, müssen Ihre Familie und Ihre Verwandten am anderen Ufer bereitstehen, denn die Brücke kann schnell wieder gesperrt werden.«

Er veranlaßte, daß seine Angehörigen am nächsten Tag mit dem DKW an der Brücke warteten. Gerade noch zur rechten Zeit. Denn von einem deutschen Ehepaar erfuhr er, daß dieses soeben die Übertrittsgenehmigung erhalten hatte und die Brücke in Kürze aufgemacht werden würde.

Er eilte zu der schönen Griechin, die ihn schon erwartete. »Machen Sie mal Ihre Angaben.« Er zählte Frau, Kind, Schwägerin und deren Kinder auf. »Und wie lautet Ihre Autonummer?« Die wußte er Gott sei Dank auch. Dann bekam er einen zweisprachigen Passierschein. »Der Inhaber dieses Ausweises, Herr Max von Arnim, ist ermächtigt, mit zwei Frauen und vier Kindern über die Brücke nach Königsfeld zu gehen. Er benutzt das Auto IK 261 644.« Er eilte zurück. Mit furchtbarem Geknatter wurde der DKW angeworfen und an der Sperre vorgefahren. Zwei amerikanische Soldaten prüften das Dokument genau, verglichen die im Passierschein eingetragene Autonummer mit der auf dem Kennzeichenschild. Dann zogen sie die spanischen Reiter zur Seite, und Arnim fuhr über die Brücke in amerikanisches Besatzungsgebiet. Ihm fiel ein Stein vom Herzen.

Hauptmann Hermann Ulrichs, letzter Kommandeur des I. Bataillons, war am 18. März aus der zum Lazarett umgewandelten Danziger Landesfrauenklinik auf die *General St. Martin*, ein 15 000 Bruttoregistertonnen großes Passagierschiff, gebracht worden, das in Friedenszeiten auf der Südamerika-Route verkehrte. Im Krieg war es für den Transport von bis zu 5000 Verwundeten umgerüstet worden. Jeweils 16 Tragbahren mit je einem Verwundeten waren an der Kaimauer auf eine Palette gelegt, auf Kommando von einem Kaikran hochgehievt und durch eine Luke in einen Laderaum tief im Schiffsbauch versenkt worden.

Derart beladen lief die *General St. Martin* schließlich mit Kurs auf Kopenhagen aus. In Höhe der Stolper-Bank, wo sieben Wochen zuvor die *Wilhelm Gustloff* versenkt worden war, schrillten die Alarmglocken. Marinehelferinnen stülpten sich Stahlhelme auf die Bubiköpfe, rannten durch die auf Holzwolle gelagerten Verwundeten und kletterten die Niedergänge hoch, um die Flugzeugabwehr-Geschütze an Deck zu besetzen. »Was is'n los?« fragten einige Landser naiv. Ulrichs wußte, was das bedeutete: Flak- oder U-Boot-Alarm! Ein Angriff blieb dieses Mal Gott sei Dank aus.

Als die *General St. Martin* nach zwanzigstündiger Überfahrt in Kopenhagen einlief, mußten die Verwundeten für einige Tage an Bord bleiben, weil eine als Lazarett vorgesehene Schule noch nicht geräumt war. Während die Verwundeten wartend vor sich hindösten, fielen von Zeit zu Zeit Gewehrschüsse. Diesmal war Ulrichs der Ahnungslose.

Er fragte ein vorbeikommendes Besatzungsmitglied: »Wer schießt denn da?«

»Keine Angst, das sind unsere Leute. Die dänischen Untergrundkämpfer versuchen, ein Loch in unsere Schiffe zu sprengen, indem sie mit der Strömung in Pappkartons versteckte Sprengladungen auf unsere Schiffe zutreiben lassen. Aber unsere Posten auf der Pier bringen den Sprengstoff vorher mit gezielten Schüssen zur Explosion.«

Na, wenn das man immer klappt, dachte Ulrichs und war erleichtert, als alle von Bord in die Schule verlegt wurden. Dort war zunächst ein Arzt für 500 bis 600 Verwundete zuständig.

Nach sieben Wochen erfuhren sie aus dem Radio von der für die Kämpfe in Holland, Nordwestdeutschland und Dänemark vereinbarten Waffenruhe. Sie sollte am 5. Mai, acht Uhr, in Kraft treten. Im Wehrmachtsbericht hieß es: »Diese Waffenruhe wurde nach fast sechsjährigen, ehrenvollen Kämpfen auf Befehl des Großadmirals Dönitz [Anmerkung: Nachfolger Hitlers] vereinbart, da der Krieg gegen die Westmächte seinen Sinn verloren hat und nur zum Verlust kostbaren deutschen Blutes, vor allem durch den Bombenkrieg, führt. Der Widerstand gegen die Sowjets aber wird fortgesetzt, um möglichst viele deutsche Menschen vor dem bolschewistischen Terror zu bewahren. Alle nicht von der Waffenruhe betroffenen Streitkräfte der Wehrmacht setzen den Kampf gegen jeden Angreifer fort.«

Zuständig für die Kapitulation der deutschen Truppen in Dänemark war der dortige Oberbefehlshaber, Generaloberst Georg Lindemann. Er hatte zunächst Mühe, die jeweiligen Kapitulationseinzelheiten auszuhandeln. Die Engländer waren noch auf dem Vormarsch durch Norddeutschland. Ein britischer General mit seinem Stab mußte erst eingeflogen werden. Es dauerte dann immer noch zwei Tage, bis die britischen Truppen auf dem Landweg Kopenhagen erreichten.

In der Zwischenzeit versuchten dänische Freiheitskämpfer, die im Freihafen liegenden deutschen Kriegsschiffe, darunter der schwere Kreuzer *Prinz Eugen*, der leichte Kreuzer *Nürnberg* und mehrere Zerstörer, in ihren Besitz zu bekommen. Als sie im Begriff waren, die *Prinz Eugen* zu entern, ließ der Kommandant Maschinengewehre und 2-cm-

Fla-Kanonen auf sie richten. Zunächst zogen sich die Dänen zurück, um es dann verstärkt noch einmal zu versuchen. Der Kommandant verkündete daraufhin durch einen Parlamentär: »Wenn Sie nicht mit Ihrem Versuch aufhören, das Schiff zu entern, werden wir unsere 20,3-cm-Rohre drehen und Kopenhagen zusammenschießen.« Das wirkte.

Ulrichs lag mit elf Verwundeten in einem ehemaligen Klassenzimmer. Er schaute eines Tages aus dem Fenster und sah plötzlich, wie zwei »Hiwis« des Lazarettpersonals die Reichskriegsflagge, die offizielle Flagge der Kriegsmarine, herunterholten. Er richtete sich auf. »Leute, hier stimmt was nicht. Die Iwans ziehen die Fahne runter.« Alles richtete sich auf. Es währte nicht lange, da bremste ein LKW vor dem Haus, und Männer in blauen Overalls, Patronengurte umgehängt, Helme auf, sprangen ab. Sie legten sich auf den Asphalt und richteten ihre Waffen auf das Lazarett.

Der herbeigerufene Oberstabsarzt des Lazaretts setzte sich mit dem Führer des dänischen Kommandos, einem ehemaligen Oberleutnant der aufgelösten dänischen Armee, in Verbindung. Die Herren verständigten sich nach den Regeln der Haager Landkriegsordnung: Die Dänen besetzten das Lazarett, aber ohne Waffengewalt.

Es waren monarchistische Partisanen. Außer ihnen gab es noch sozialdemokratische, kommunistische und parteilose Freiheitskämpfer. Allen vier Gruppierungen ging es nicht um die Verwundeten, sondern um die Bestände an Spirituosen, Kaffee, Schokolade und Zigaretten. Am Nachmittag versuchten aus diesem Grund Kommunisten, den Königstreuen das Lazarett abzunehmen. Sie wurden jedoch von ihren Landsleuten in die Flucht geschlagen. Dabei fielen Schüsse. Ebenso bei dem Versuch, die deutschen Kriegsschiffe zu kapern.

Ulrichs saß eines anderen Tages gerade mit entblößtem Oberkörper aufrecht im Bett, um sich von einer Schwester den Verband seiner Brustverletzung erneuern zu lassen. Da zersplitterte krachend ein 2-cm-Geschoß das Fensterkreuz. Die Schwester, von einem Splitter am Kopf getroffen, fiel Ulrichs über die Füße. Er selbst wurde am Rücken von zahlreichen Splittern verwundet. Die Bilanz des Tages: 15 frisch Verletzte. Es war Ulrichs fünfte und letzte Verwundung. »Nun ist aber das Goldene Verwundetenabzeichen fällig«, sagte er bei der nächsten Visite zum Oberstabsarzt.

»Mein Lieber, der Krieg ist aus. Jetzt gibt es keine Orden mehr.«

Im Juni 1945 wurde Ulrichs als geheilt entlassen und in die Zitadelle von Kopenhagen als Kriegsgefangener überstellt. Dort verbrachte er drei unangenehme Wochen. Wenn ein Gefangener das Kopfsteinpflaster des Zitadellenhofes überquerte, machten sich die britischen Bewacher ein Vergnügen daraus, mit Abprallern hinter ihm herzuschießen. Schließlich wurden sie auf Schiffe verladen und im Konvoi nach Holstein gebracht, das ein einziges Gefangenenlager war. Deutsche Offiziere mußten unter Beibehaltung ihrer Rangabzeichen und Waffen für Ordnung sorgen. So wurde Ulrichs lange nach der Kapitulation in Friedrichsthal, Kreis Oldenburg/Holstein, wo eine Patentante von ihm ein Gut besaß, noch einmal - Kuriosität der damaligen Zeit - Ortskommandant.

Ende August konnte er seine Frau, die einen Fußmarsch von etwa 800 Kilometern hinter sich hatte, in die Arme nehmen. Sie, die Schwiegereltern, Ulrichs' Vater und weitere Angehörige hatten sich, als die Sowjets nahten, aus ihrer Heimat im Danziger Raum auf den Weg Richtung Westen gemacht, nur Landwege benutzt und dies vorwiegend nachts. Auch dann noch, als die sowjetischen Besatzer für die Deutschen ein Treck-Verbot erließen, um ihre Truppen nicht zu behindern. In Mecklenburg verdingten sich Ulrichs' Angehörige zeitweilig als Landarbeiter. Aber ihr Ziel bieb die westliche Demarkationslinie. Ständig waren sie von Angst und Verfolgung getrieben. Denn bevor sie von zu Hause aufgebrochen waren, passierte etwas Furchtbares: Rotarmisten erschossen Ulrichs' Schwiegermutter und deren Schwester. Den anderen gelang die weitere Flucht.

Bei Ratzeburg schlichen sie sich von der sowjetischen in die britische Besatzungszone.

Für manche brachte die Stunde Null, der Beginn der neuen Zeitrechnung im tiefsten Chaos, persönliches Glück. Leutnant Joachim Kredel, der nach der Ausheilung seines wolynischen Fiebers im Herbst 1943 nicht mehr dem Grenadier-Regiment 9, sondern einer Frontleitstelle der 122. Infanterie-Division zugeteilt und am 4. Januar 1944 noch einmal schwer verwundet worden war, landete nach einer Odyssee durch zahlreiche Lazarette und Operationssäle schließlich im bayerischen Bad Aibling bei Rosenheim. Dort geriet er in ein amerikanisches Gefangenenlager. Mit ihm die Krankenschwester Renate Grainer, die ihn 16 Monate gepflegt hatte. Vier Tage nach der Kapitulation - er ging noch an Krücken - heirateten die beiden.

Und wie erlebte Richard von Weizsäcker das Kriegsende?

57 Nach freudiger Pflichterfüllung: die »Schuld«, überlebt zu haben

Ihr Alten, deren zögernd klugen Händen,
Ein Stärkerer die Zügel längst entwunden,
Die dienend hofften, durch die Pflicht gebunden,
Ein unaufhaltsam Unheil abzuwenden.

Ihr Jungen, die Ihr in den Bränden,
Der Zeit des Meineids und der tausend Wunden,
Wohl einen Glauben und ein Ziel gefunden,
Doch keinen Weg, den Schrecken zu beenden.

Zu spät war's, als Verzweiflung euch gebot,
Das fast vollendete Geschick zu beugen,
Mit Menschenkraft zu treffen die Dämonen.

Doch unvergeßlich macht Euch Euer Tod,
Gemartert und verleumdet bliebt Ihr Zeugen,
Nun tragt auch Ihr die kostbarste der Kronen.

Carl Friedrich von Weizsäcker

Am 30. April, einem Montag, besetzten französische Streitkräfte Lindau am Bodensee. Der Besitzer des Gasthauses *Idyll*, Julius Klink, war den Franzosen entgegengefahren und hatte um Schutz und Nichtzerstörung der Stadt gebeten. Auf dem Turm der Stiftskirche wehte die weiße Fahne zum Zeichen der Kapitulation. Punkt 9.12 Uhr rollte der erste französische Panzer über die Seebrücke in die Stadt. Polizei und deutsche Soldaten wurden entwaffnet, für die Zeit von 20.00 bis 6.30 Uhr Ausgangssperre verhängt.

Als vorwiegend marokkanische Kolonialsoldaten die umliegenden Ortschaften durchkämmten, trafen sie in Reutin auf einem Gehöft einen jungen Mann in Zivil. Er sprach sie sofort in flüssigem Französisch an, was sie verunsicherte, denn sie lebten in der Furcht vor ihren französischen Offizieren. So verzichteten sie darauf, sich die Uhren der Bewohner dieses Bauernhofes anzueignen und den Frauen nachzustellen. Was sie nicht ahnten: Der junge Mann trug einen bekannten Namen. Es war der ehemalige Regimentsadjutant im Infanterie-Regiment 9, Richard von Weizsäcker, der einer Aufforderung des französischen Standortkommandanten, daß sich alle deutschen Männer zwischen 18 und 50 Jahre angeblich für Arbeitszwecke zu melden hätten, nicht nachgekommen war. Das ersparte ihm wahrscheinlich die Gefangenschaft.

Der Hof, auf dem er bei seiner verwitweten Schwester, ihren beiden Töchtern und der Großmutter väterlicherseits lebte, war ein bescheidenes Anwesen mit drei Kühen und einer Hühnerfarm. Richard war zuständig für Grünfutter und Heu, lernte mähen und das Dengeln der Sense. Er hatte ausgiebig Zeit, darüber zu philosophieren, warum das Schicksal gerade ihn dazu auserkoren hatte, diesen Krieg zu überleben.

Eines Tages erreichte ihn über einen Kriegskameraden, den ehemaligen Leutnant Werner Wächter, eine Nachricht von seinem Freund Axel Bussche: »Komm möglichst schnell nach Göttingen. Ich habe uns beide an der Universität für das juristische Studium einschreiben lassen.«

Mit Beginn des Wintersemesters 1945/46 nahmen Weizsäcker, inzwischen 25, und Bussche, 26, das Studium auf. Die »Uni« zählte damals 5500 Studenten, davon 1571 Erstsemester. Man hatte kaum etwas zu heizen. Mindestens so wichtig wie Vorlesungstermine war die Frage, wo gibt es ohne Lebensmittelkarten etwas zu essen. Das »Höchste« war ein Einzelzimmer zur Untermiete bei einer Familie in der Altstadt. Die meisten lebten zu mehreren auf einem Zimmer ohne fließendes Wasser. Stromsperren in ganz Göttingen waren die Regel.

Die meisten Studierenden waren ehemalige Kriegsteilnehmer. Sie trugen umgefärbte Militärklamotten. Alle Studenten hatten politisch einen großen Nachholbedarf. Nach zwölf Jahren Nazi-Diktatur konnte zum erstenmal ohne Furcht vor Verfolgern und Denunzianten frei gesprochen werden. Im Sommer diskutierten sie manchmal, auf Mülltonnen sitzend, bis drei Uhr nachts.

Sie wählten den ehemaligen Major und Ritterkreuzträger Axel Freiherr von dem Bussche zum ASTA-Vorsitzenden. Als er auf einer öffentlichen Veranstaltung der Sozialistischen Studentengruppe einen Vortrag zur Geschichte des 20. Juli 1944 hielt und von seinen bedrückenden Erlebnissen in der Ukraine erzählte, wo er Zeuge von Massenexekutionen an wehrlosen Juden geworden war – »Ich bin am darauffolgenden Tage im Ghetto gewesen. Man machte Jagd auf versteckte Einzelgänger. Eine Frau hat mich im Sinne des Wortes kniefällig um ihr Leben gebeten. Ich hab' ihr nicht helfen können« –, stürzte er die Versammlung in einen heftigen Zwiespalt. Die einen riefen: »Warum konnten Sie das Leben dieser Frau nicht retten? Sie sind doch auch mit dem eigenen davongekommen!« Andere hielten dagegen: »Selbst wenn solche Schweinereien passierten, das rechtfertigt noch nicht, den Eid zu brechen, den man geschworen hat, nur um Hitler umzubringen. Im Krieg ist das Verrat!«

Axel von dem Bussche wurde mit der »Schuld«, überlebt zu haben, nie fertig. »Für den, der sehend geworden war, lagen die Dinge unendlich verwickelt. Der Resignierte konnte in verzweifelt kühnem Kampf an der Front den Tod suchen. Viele haben auf diesem Wege ihrem Leben ein Ende gesetzt. Für den, der leben wollte, [gab es] angesichts der Ungeheuerlichkeiten, die geschahen, drei Möglichkeiten: Man konnte überlaufen, sich ins Ausland flüchten, oder man mußte in die aktive Opposition gehen. Es gibt in jedem Volk einen verschwindend geringen Kreis von Menschen, der für sich das Recht in Anspruch nehmen kann, im Wissen um die eigene künftige Bestimmung abzuwarten und nichts zu tun, der nur die Pflicht hat übrigzubleiben. Die Lösung ihrer Schuldfrage zwischen sich und Gott müssen sie mit sich selbst austragen.«

Gelegentlich sprachen er und Weizsäcker über ihren letzten Kommandeur, Oberstleutnant Rudolf Trittel. Er war zwar schwer verwundet in den letzten Kriegstagen aus dem ostpreußischen Brückenkopf auf dem Seeweg nach Dänemark evakuiert worden, aber dort am 18. Mai 1945 seinen Verletzungen erlegen. An der weißgekalkten Kirchhofsmauer von Kastrup auf der dänischen Insel Seeland wurde er beerdigt. Eingerahmt von einem schönen großen Baum und einem übermannshohen Holzkreuz liegt er in einem Gemeinschaftsgrab mit einem Obergefreiten namens Jakob Paul, dem Grenadier Hans Rudolf und dem russischen »Hiwi« Iwan Havanow. Der Tod hob nicht nur die Barrieren militärischer Ränge auf, sondern führte auch einstige Gegner zusammen.

Richard von Weizsäcker bewahrt ein Foto von dieser Grabstätte auf. Schließlich liegt dort der Mann begraben, der ihm das Leben rettete.

Literaturhinweise

Bamm, Peter: Die unsichtbare Flagge. München 1952.

Bouhler, Philipp: Reden Adolf Hitlers. München 1942.

Brandt/Reibert: Der Dienstunterricht im Heere. Frankfurt am Main 1949.

Brustat-Naval, Fritz: Unternehmen Rettung. Herford 1970.

Cartier, Raymond: Der Zweite Weltkrieg. 2 Bde. 7. Aufl. München 1985.

Churchill, Winston: Der Zweite Weltkrieg. Bd. I-VI. Hamburg 1950-1954.

Eschen, Fritz: Romantic Potsdam. Berlin 1956.

Filmer, Werner/Heribert Schwan: Richard von Weizsäcker. Düsseldorf, Wien 1984.

Gerdau, Kurt: Ubena - Rettung über See. Herford 1985.

Harenberg, Bodo: Chronik des 20. Jahrhunderts. Braunschweig 1982.

Hassell, Ulrich von: Die Hassell-Tagebücher 1938-1944. Berlin 1989.

Hoffmann, Peter: Claus Schenk Graf von Stauffenberg und seine Brüder. Stuttgart 1992.

Höhne, Heinz: Der Orden unter dem Totenkopf. Gütersloh 1967.

Jacobsen, Hans-Adolf: 1939-1945. Der Zweite Weltkrieg in Chronik und Dokumenten. Darmstadt 1959.

Knopp, Guido: Der verdammte Krieg. München 1991.

Krönig, Waldemar/Klaus-Dieter Müller: Nachkriegs-Semester. Stuttgart 1990.

Mende, Erich: Das verdammte Gewissen. München, Berlin 1982.

Michaelis, Herbert/Walther Hubatsch u. a.: Der Zweite Weltkrieg. Gütersloh 1968.

Mühleisen, Horst: Hellmuth Stieff - Briefe. Berlin 1991.

Paul, Wolfgang: Das Potsdamer Infanterie-Regiment 9, 1918-1945. Text und Dokumentenband. 2. Aufl. Osnabrück 1985.

Schramm, Percy E. (Hg.): Kriegstagebuch des Oberkommandos der Wehrmacht. 8 Bde. München 1982.

Wein, Martin: Die Weizsäckers. Stuttgart 1988.

Weizsäcker, Ernst von: Erinnerungen. München, Leipzig, Freiburg 1950.

Zahn, Peter von: Die Stimme der ersten Stunde. Stuttgart 1991.

Wehrmachtsformationen

Bezeichnung	(bestehend aus)	Kriegsstärke*
Gruppe	kleinste Einheit	12 Soldaten
Zug	(3 Gruppen)	50 Soldaten
Kompanie	(3 Züge)	160 Soldaten
Bataillon, Inf.	(4 Kompanien, Bataillonsstab)	700–800 Soldaten
Regiment, Inf.	(3 Bataillone, Panzerjäger-Komp. Stabskompanie Nachrichtenzug Reiterzug, Meldezug Sanitätszug, Geschützkompanie ...)	3200 Soldaten
Division, Inf.	(3 Inf. Regimenter, 1 Artillerie-Rgt. Pionierbataillon Nachrichtenabteilung Nachschubabteilung Bäckereikompanie Sanitätskomp. mit Hauptverbandsplatz ...)	12000 Soldaten
Armeekorps	(2–3 Divisionen Sanitätsabteilung)	bis 36000 Soldaten
Armee	(3–4 Armeekorps, Schwere Artillerie Brückenbau- und Nachrichteneinheiten Heeres-Aufklärungsflieger Kurierflugstaffel Sanitätsabteilungen Armeelazarett)	bis 160000 Soldaten
Heeresgruppe	(3–4 Armeen)	bis 500000 Soldaten

* Höhere Zahlen als die reine Addition der Einheiten ergeben

Wehrmachtsdienstgrade (Heer)

Mannschaften

Schütze, Grenadier, Jäger etc.
Oberschütze, Obergrenadier etc.
Gefreiter
Obergefreiter
Hauptgefreiter
Stabsgefreiter

*Unteroffizier ohne Portepee**

Unteroffizier, Oberjäger,
Fahnenjunker**
Unterfeldwebel

Unteroffiziere mit Portepee

Feldwebel, Fähnrich**
Oberfeldwebel, Oberfähnrich**
Hauptfeldwebel (»Spieß«)
Stabsfeldwebel
Oberstabsfeldwebel

Offiziere

Leutnant
Oberleutnant
Hauptmann
Major
Oberstleutnant
Oberst

Generalmajor
Generalleutnant
General der Infanterie,
General d. Artillerie,
General d. Panzer
usw.
Generaloberst
Generalfeldmarschall

* Portepee: silberverzierte Degen- oder Dolchhalterung
** Offiziersanwärter

Orts- und Personenregister